Die Chronik-Bibliothek des 20. Jahrhunderts

Die Chronik-Bibliothek des 20. Jahrhunderts

Die Chronik-Bibliothek des 20. Jahrhunderts
wird herausgegeben von Bodo Harenberg

Richard Heckner/Dietmar Schade

Chronik 1965

Tag für Tag in Wort und Bild

Chronik Verlag

Abbildungen auf dem Schutzumschlag
(oben links beginnend)
Königin Elisabeth II. – hier mit Bundespräsident Heinrich Lübke – besucht die Bundes-
republik Deutschland
Der US-amerikanische Bürgerrechtler Martin Luther King während des Protestmar-
sches nach Montgomery
Winston Churchill (Gemälde); der britische Politiker stirbt am 27. Januar 1965
SPD-Kandidat Willy Brandt im Bundestagswahlkampf
Brigitte Bardot und Jeanne Moreau in dem Spielfilm »Viva Maria«
US-Marineinfanteristen im Einsatz gegen Vietcong-Guerillas in Vietnam
Schwergewichts-Weltmeister Cassius Clay (stehend) und sein Herausforderer Sonny
Listen: K. o. in der ersten Runde
US-Astronaut Edward White schwebt frei im Weltraum

Chefredakteur: Dr. Dirk Bavendamm
Redaktion: Manfred Brocks; Bernd Uhlmannsiek (Text), Klaus zu Klampen (Bild)
Fachautoren: Dr. Ingrid Loschek (Mode), Jochen Rentsch (Musik)
Anhang: Ludwig Hertel, Bernhard Pollmann, Karl Adolf Scherer
Herstellung: Barbara Reppold-Hinz, Annette Retinski
Satz: Systemsatz, Dortmund
Druck: westermann druck GmbH, Braunschweig

Leihgeber für Zeitungen und Zeitschriften: Institut für Zeitungsforschung, Dortmund

© Chronik Verlag
in der Harenberg Kommunikation Verlags- und Mediengesellschaft mbH & Co. KG
Dortmund 1989

ISBN 3-611-00082-5

Inhalt

Der vorliegende Band aus der »Chronik-Bibliothek des 20. Jahrhunderts« führt Sie zuverlässig durch das Jahr 1965 und gibt Ihnen – aus der Sicht des Zeitzeugen, aber vor dem Hintergrund des Wissens von heute – einen vollständigen Überblick über die weltweit wichtigsten Ereignisse in Politik und Wirtschaft, Kultur und Sport, Alltag und Gesellschaft. Sie können das Jahr in chronologischer Folge an sich vorüberziehen lassen, die »Chronik 1965« aber auch als Nachschlagewerk oder als Lesebuch benutzen. Das »Chronik«-System verbindet eine schier unübersehbare Fülle von Artikeln, Kalendereinträgen, Fotos, Grafiken und Übersichten nach einheitlichen Kriterien und macht damit die Daten dieses Bandes mit jedem anderen Band vergleichbar. Wer die »Chronik-Bibliothek« sammelt, erhält ein Dokumentationssystem, wie es in dieser Dichte und Genauigkeit nirgends sonst zu haben ist.

Hauptteil (ab Seite 8)

Jeder Monat beginnt mit einem Kalendarium, in dem die wichtigsten Ereignisse chronologisch geordnet und in knappen Texten dargestellt sind. Sonn- und Feiertage sind durch farbigen Druck hervorgehoben. Pfeile verweisen auf ergänzende Bild- und Textbeiträge auf den folgenden Seiten. Faksimiles von Zeitungen und Zeitschriften, die im jeweiligen Monat des Jahres 1965 erschienen sind, spiegeln Zeitgeist und herausragende Ereignisse.
Wichtige Ereignisse des Jahres 1965 werden – zusätzlich zu den Eintragungen im Kalendarium – in Wort und Bild beschrieben. Jeder der 399 Einzelartikel dieses Bandes bietet eine in sich abgeschlossene Information. Die Pfeile des Verweissystems machen auf Artikel aufmerksam, die an anderer Stelle dieses Bandes ergänzende Informationen zu dem jeweiligen Thema vermitteln.
610 teils farbige Abbildungen und grafische Darstellungen illustrieren die Ereignisse und Entwicklungen des Jahres 1965 und werden damit zu einem historischen Kaleidoskop besonderer Art.
Hinter dem Hauptteil (auf S. 210) geben originalgetreue Abbildungen einen Überblick über alle Postwertzeichen, die im Jahr 1965 in der Bundesrepublik Deutschland neu ausgegeben wurden.

Übersichtsartikel (ab Seite 21)

20 Übersichtsartikel, am blauen Untergrund zu erkennen, stellen Entwicklungen des Jahres 1965 zusammenfassend dar.
Alle Übersichtsartikel aus den verschiedenen Jahrgangsbänden ergeben – zusammengenommen – eine sehr spezielle Chronik zu den jeweiligen Themenbereichen (z. B. Film von 1900 bis 2000).

Anhang (ab Seite 211)

Der Anhang zeigt das Jahr 1965 in Statistiken und anderen Übersichten. Ausgehend von den offiziellen Daten für die Bundesrepublik Deutschland, Österreich und die Schweiz, regen die Zahlen und Fakten zu einem Vergleich mit vorausgegangenen und nachfolgenden Jahren an.
Für alle wichtigen Länder der Erde sind die Staats- und Regierungschefs im Jahr 1965 aufgeführt und werden wichtige Veränderungen aufgezeigt. Die Zusammenstellungen herausragender Neuerscheinungen auf dem Buchmarkt sowie der Premieren auf Bühne und Leinwand werden zu einem Führer durch das kulturelle Leben des Jahres.
Das Kapitel »Sportereignisse und -rekorde« spiegelt die Höhepunkte des Sportjahres 1965.
Internationale und deutsche Meisterschaften, die Entwicklung der Leichtathletik- und Schwimmrekorde sowie alle Ergebnisse der großen internationalen Wettbewerbe im Automobilsport, Eiskunstlauf, Fußball, Gewichtheben, Pferde-, Rad- und Wintersport sowie im Tennis sind wie die Boxweltmeister im Schwergewicht nachgewiesen.
Der Nekrolog enthält Kurzbiographien von Persönlichkeiten, die 1965 verstorben sind.

Register (ab Seite 232)

Das *Personenregister* nennt – in Verbindung mit der jeweiligen Seitenzahl – alle Personen, deren Namen in diesem Band verzeichnet sind.
Werden Personen abgebildet, so sind die Seitenzahlen kursiv gesetzt. Herrscher und Angehörige regierender Häuser mit selben Namen sind alphabetisch nach den Ländern ihrer Herkunft geordnet.
Wer ein bestimmtes Ereignis des Jahres 1965 nachschlagen möchte, das genaue Datum oder die Namen der beteiligten Personen aber nicht präsent hat, findet über das spezielle *Sachregister* Zugang zu den gesuchten Informationen.
Oberbegriffe und Ländernamen erleichtern das Suchen und machen zugleich deutlich, welche weiteren Artikel und Informationen zu diesem Themenfeld im vorliegenden Band zu finden sind. Querverweise helfen bei der Erschließung der immensen Informationsvielfalt.

Das Jahr 1965

1965 ist ein Jahr der Übergangs. In der Bundesrepublik Deutschland nähert sich die restaurative Phase der Nachkriegszeit ihrem Ende. Wenn der »kalte Krieg« im geteilten Europa auch noch nicht überwunden ist, so sind doch Anzeichen für eine Entwicklung im Ost-West-Verhältnis zu erkennen.

Die CDU, die seit 1949 unangefochten als stärkste Partei den Regierungschef stellt, kann sich auch bei der Bundestagswahl im September noch einmal mit Ludwig Erhard als Kanzler behaupten. Dennoch bahnt sich das Ende der christdemokratischen Ära an. Die »Adenauer-Zeit« hat die Westintegration der Bundesrepublik bewerkstelligt, das »Wirtschaftswunder« auf den Weg gebracht und Millionen von Flüchtlingen und Vertriebenen integriert. Der Nachfolger Adenauers, Erhard, regiert zu einer Zeit, in der sich das Selbstverständnis des jungen Staates verändert, in der sich aber auch erstmals wirtschaftliche Schwierigkeiten abzeichnen. Die beginnende wirtschaftliche Rezession nimmt dem Baumeister der »sozialen Marktwirtschaft« viel von seinem öffentlichen Glanz: Schon vor der Wahl wird Erhard selbst von manchen Parteifreunden als Fehlbesetzung angesehen. Das schnell aufkommende Wort vom »Wirtschaftskanzler« zeigt an, daß diesem Kanzler die Gestaltung großer Politik nicht zugetraut wird. Mit seinem innenpolitischen Leitslogan von der »formierten Gesellschaft«, den er in seiner Regierungserklärung an exponierter Stelle erläutert, erntet Erhard Unverständnis, ja Heiterkeit bis in die Unternehmerverbände hinein. Dieser Begriff – so sehr er auch in manchen seiner Intentionen mißdeutet wurde – paßt nicht mehr in das Bild einer sich entfaltenden »nivellierten Mittelstandsgesellschaft« (Ralf Dahrendorf), in der jeder sich vom anderen zu unterscheiden sucht.

Das in den 50er Jahren entwickelte politische und gesellschaftliche Selbstverständnis der Bundesrepublik wandelt sich. Die Regierungsbeteiligung der Sozialdemokratie, verwirklicht in der großen Koalition 1966, wird vom politischen Vordenker der SPD, Herbert Wehner, als greifbare Möglichkeit erkannt. Der CDU-Vorsitzende Konrad Adenauer und Bundespräsident Heinrich Lübke denken unmittelbar nach der Bundestagswahl im September 1965 öffentlich über eine große Koalition nach und schwächen damit das Ansehen des Kanzlers und seiner neugebildeten Regierung. Die SPD formuliert eigene deutschlandpolitische Zielsetzungen und drängt damit die »kalten Krieger« der konservativen Flügel in CDU und CSU in den Hintergrund. Immer mehr Bürgern erscheint eine SPD-Regierung als wünschenswerte Alternative zur CDU, die sich noch nicht von ihrem öffentlichen Bild als »Kanzlerwahlverein« hat lösen können. Mit der nachwachsenden jungen Generation entwickelt sich ein neues, offeneres politisches Klima, das die Studentenbewegung der späten sechziger Jahre vorbereitet.

Belastet bleibt nach wie vor das Verhältnis der beiden deutschen Staaten zueinander. Die DDR sucht die internationale Anerkennung als eigener Staat, was dem Alleinvertretungsanspruch Bonns widerspricht. Ägypten erkennt die DDR durch die Einladung des DDR-Regierungschefs Walter Ulbricht zu einem Staatsbesuch faktisch als eigenen Staat an. Von nun an bröckelt der Alleinvetretungsanspruch der Bundesrepublik für die ganze deutsche Nation. Und die DDR läßt – tatkräftig von der Sowjetunion unterstützt – zum letzten Mal und verhalten die Säbel rasseln, indem sie während der provokativ in Berlin (West) abgehaltenen Sitzung des Bonner Parlaments Düsenjäger über den Westsektoren ihre Tiefflugschleifen drehen läßt. Aber im Grunde sehen die Regierenden in Ost und West, daß man die durch den Krieg und die politische Neuordnung in Europa geschaffenen Realitäten anerkennen muß und daß Entspannung das Gebot der Stunde ist.

Die westliche Führungsmacht USA sieht sich mit zwei Konflikten konfrontiert, die bald tiefe Gräben in der US-Gesellschaft freilegen werden. Die Auseinandersetzung in Vietnam nimmt kriegerische Konturen an. Die Vereinigten Staaten erweitern durch die Bombardierung Nordvietnams den bewaffneten Kampf auf das ganze geteilte Land. Noch ist die vorherrschende Überzeugung, daß die Weltmacht den Konflikt in kurzer Zeit gegen den kommunistischen Herrschaftsanspruch entscheiden kann. Aber durch ihre Kriegführung kommen die USA mit ihren eigenen moralischen Prinzipien von Freiheit, Gleichheit und Menschlichkeit in Konflikt, die sie in Vietnam zu verteidigen vorgaben. Dagegen formiert sich schon in diesem Jahr der innere Widerstand in Demonstrationen und in Teach-ins an den Hochschulen. Intellektuelle appellieren an die Regierung in Washington, die Truppen vom Kriegsschauplatz in Indochina abzuziehen.

Zugleich wird das Land von einer eminenten innenpolitischen Krise erschüttert. Die Schwarzen fordern unüberhörbar das Recht auf Teilhabe am politischen Gemeinwesen, am Wohlstand des Landes und klagen die soziale Gleichberechtigung in der alltäglichen Realität ein. Mit dem Mord an Malcolm X und an weißen Rassentrennungsgegnern wird deutlich, daß »God's own country« die selbstgesetzten Ansprüche an demokratisches Miteinanderleben nicht für alle Bürger realisiert hat. Die Regierung in Washington muß Bundestruppen nach Alabama entsenden, um den Schwarzen die Wahrung ihrer durch die Verfassung garantierten Rechte zu gewährleisten.

Beide Weltmächte erreichen einen Durchbruch in der Raumfahrt. Das US-amerikanische Ziel des bemannten Mondflugs rückt mit dem ersten bemannten Flug im Orbit und dem »Gemini«-Koppelungsmanöver zweier Raumflugkörper im All näher. Der Sowjetunion gelingt der erste Ausstieg eines Astronauten aus einem Raumflugkörper im Orbit. Die technische Konkurrenz der Supermächte wird aber noch als Bestandteil und Mittel des »kalten Krieges« gesehen – nicht als Fortschritt der ganzen Menschheit. Jeder Fortschritt der einen Seite motiviert Anstrengungen der anderen, da beide Staaten den jeweiligen sichtbaren Fortschritt in der Raumfahrt auch als Hinweis auf die Überlegenheit des gesellschaftlichen Systems deuten.

Richard Heckner/Dietmar Schade

◁ *US-Soldat als »Beschützer« südvietnamesischer Zivilisten. Der Vietnamkrieg eskaliert 1965, Frauen und Kinder sind die Hauptleidtragenden.*

Januar 1965

Mo	Di	Mi	Do	Fr	Sa	So
				1	2	3
4	5	6	7	8	9	10
11	12	13	14	15	16	17
18	19	20	21	22	23	24
25	26	27	28	29	30	31

1. Januar, Neujahr

In seiner Neujahrsansprache ruft Bundespräsident Heinrich Lübke zum engagierten Eintreten für die Demokratie auf. Wenn der einzelne dem Staat zu viele Rechte übertrage, drohe ein neuer Obrigkeitsstaat. → S. 13

Die Thai Patriotische Front, die Nachfolgeorganisation der im November 1964 gegründeten thailändischen Unabhängigkeitsbewegung, beginnt den bewaffneten Kampf gegen das Militärregime des Ministerpräsidenten General Thanom Kittikachorn, der US-amerikanische Militärstützpunkte für den Kampf gegen Nordvietnam in Thailand zuläßt. Die Aufständischen operieren vor allem im Nordosten des Landes.

Die chinesische Regierung erneuert ihren Anspruch auf indische Gebiete im Himalaya, die mit 78 000 km² fast so groß sind wie Niedersachsen und Nordrhein-Westfalen zusammen. Zugleich werden in Indien über 1000 chinatreue Kommunisten verhaftet.

Mit Inkrafttreten der vom Deutschen Bundestag 1964 beschlossenen Lohnsteuersenkung werden 1,1 Mio. abhängig Beschäftigte von der Lohnsteuerpflicht befreit. → S. 14

Der Tagessold der Wehrdienstleistenden in der Bundeswehr steigt für einfache Soldaten von 2,30 DM auf 2,70 DM und für Gefreite von 2,90 DM auf 3,40 DM.

In der Bundesrepublik Deutschland sind 11,62 Mio. zulassungspflichtige Kraftfahrzeuge registriert, 790 000 mehr als vor einem Jahr.

Der Anteil der in Flaschen verkauften Milch geht immer mehr zurück. Seit 1955 verdreifachte die Tütenmilch ihren Anteil am Gesamtumsatz von 17,5% auf über 50%.

Die Zölle im Handelsverkehr innerhalb der Europäischen Wirtschaftsgemeinschaft (EWG) werden um 10% gesenkt. → S. 15

Der gemeinsame Markt zwischen den fünf arabischen Staaten Vereinigte Arabische Republik, Irak, Syrien, Jordanien und Kuweit tritt in Kraft. → S. 17

2. Januar, Samstag

Bei den Präsidentschaftswahlen in Pakistan wird der Amtsinhaber, Feldmarschall Mohammed Ayub Khan, von den Wahlmännern in seinem Amt bestätigt. In der Folge kommt es zwischen den Anhängern Ayub Khans und Anhängern von Fatima Dschinnah, der Kandidatin der Oppositionsparteien, zu blutigen Auseinandersetzungen wegen des Vorwurfes des Wahlbetruges.

Die erste offene Feldschlacht zwischen Truppen Südvietnams und Vietcong-Einheiten endet mit einer Niederlage der Regierungstruppen. → S. 16

Ein Präsidentendekret verfügt die Verstaatlichung von 107 Industrieunternehmen in Syrien. Die syrische Regierung setzt damit ihre Bemühungen um die Nationalisierung der Wirtschaft fort.

Mit dem Inkrafttreten des 2. Gesetzes zur Sicherung des Straßenverkehrs drohen bundesdeutschen Verkehrssündern höhere Strafen. → S. 15

3. Januar, Sonntag

Im Rahmen der seit dem 19. Dezember laufenden Weihnachtsbesuchsperiode der Berliner Passierscheinvereinbarungen sind über 820 000 Passierscheine ausgegeben worden (→ 5. 2./S. 38).

In Washington beziehen die ersten Kongreßabgeordneten das Sam-Rayborn-Gebäude. Das im neoklassizistischen Stil gehaltene, mit 122 Mio. US-Dollar (488 Mio. DM) teuerste Bürogebäude der Welt bietet 169 von 435 Abgeordneten Arbeitsräume.

4. Januar, Montag

In einer Rede vor beiden Häusern des Kongresses, die von Rundfunk und Fernsehen direkt übertragen wird, verkündet der US-amerikanische Präsident Lyndon B. Johnson seine Forderung nach einer »Great Society« der USA. → S. 17

In Peking endet die am 20. Dezember 1964 eröffnete erste Session des Dritten Nationalen Volkskongresses mit dem Rechenschaftsbericht von Chinas Ministerpräsident Chou En-lai über den Ausbau der sozialistischen Revolution (→ Dezember/S. 201).

5. Januar, Dienstag

Das Parlament von Kuwait billigt die Vereidigung des neuen Kabinetts unter dem bisherigen Ministerpräsidenten Scheich Sabah As Salim As Sabah, nachdem es am 15. Dezember 1964 die Vereidigung von Ministern abgelehnt hatte, die auch im Staatsamt Privatgeschäfte betreiben wollten.

Das Präsidium des Obersten Sowjets der UdSSR veröffentlicht seinen Erlaß vom 28. August 1964 über die Rehabilitierung der Wolgadeutschen, die 1941 nach Sibirien zwangsumgesiedelt worden waren.

6. Januar, Mittwoch

Im Irak wird das seit Juli 1958 über das ganze Land verhängte Kriegsrecht aufgehoben.

Der Verband der bundesdeutschen Ersatzkassen fordert eine Erhöhung der Krankenversicherungspflichtgrenze; andernfalls müßten die Beiträge, die etwa 7,5% des zu versteuernden Einkommens betragen, angehoben werden.

In Hamburg wird die erste deutsche Akademie für Verkehrswissenschaften gegründet; sie ist für Hörer aller Fachbereiche offen.

Der US-amerikanische General Lucius D. Clay, Mitinitiator und Organisator der Luftbrücke während der Berlin-Blockade 1948/49, wird für seine Verdienste um die Stadt Berlin mit dem Großkreuz des Verdienstordens der Bundesrepublik ausgezeichnet. → S. 15

7. Januar, Donnerstag

Der indonesische Staatspräsident auf Lebenszeit, Achmed Sukarno, erklärt den Austritt Indonesiens aus den Vereinten Nationen. Sukarno zieht damit die angekündigten Konsequenzen aus der Aufnahme Malaysias in den Sicherheitsrat der Vereinten Nationen. → S. 17

Bundespräsident Heinrich Lübke übergibt dem Wachbataillon der Bundeswehr in Bonn die erste der Truppenfahnen, die von nun an alle Bataillone führen sollen (→ 24. 4./S. 80).

8. Januar, Freitag

Der Regierende Bürgermeister von Berlin (West) und Kanzlerkandidat der Sozialdemokratischen Partei Deutschlands, Willy Brandt, und die Führung der SPD kündigen für den Fall eines Sieges bei den Bundestagswahlen im September eine neue Ostpolitik an. → S. 14

Den Beziehern von Schreibtischkalendern in der Sowjetunion wird ein Austauschblatt für den 17. April zugestellt, auf dem im Geburtstagsvermerk für den 1964 gestürzten Parteichef Nikita S. Chruschtschow fehlt.

9. Januar, Samstag

Die vier im Bundestag vertretenen Parteien SPD, CDU, CSU und FDP verpflichten sich in einem Abkommen, das bis zum 31. Dezember 1965 gelten soll, zu einem fairen Wahlkampf für die Bundestagswahl am 19. September (S. 154) und einer Beschränkung der Wahlkampfkosten.

Beim Lauberhorn-Rennen in Wengen (Schweiz) belegen bei den Herren österreichische Skifahrer die ersten fünf Plätze. → S. 29

10. Januar, Sonntag

Zehnkampf-Olympiasieger Willi Holdorf wird in Baden-Baden als Sportler des Jahres 1964 ausgezeichnet. → S. 28

11. Januar, Montag

Die südafrikanische Regierung suspendiert unter dem Druck der Öffentlichkeit das sog. »90-Tage-Gesetz«, das der Polizei erlaubte, jeden Verdächtigen mehrmals bis zu 90 Tagen ohne richterliche Untersuchung zu inhaftieren. → S. 17

US-Präsident Lyndon B. Johnson und der japanische Ministerpräsident Eisaku Sato beginnen in Washington zweitägige Gespräche über das Verhältnis beider Länder und ihre künftige Politik gegenüber der Volksrepublik China.

Die 5000 Beschäftigten der belgischen Mineralölindustrie treten geschlossen in den unbefristeten Streik zur Durchsetzung von 20%igen Lohnerhöhungen.

12. Januar, Dienstag

Mit einem 48stündigen Generalstreik bekräftigen die buddhistischen Organisationen ihre Forderungen nach Rücktritt der Regierung unter Tran Van Huong und nach Regierungsbeteiligung der Buddhisten (→ 2. 1./ S. 16).

In Florenz werden 24 wertvolle Gemälde der Uffizien von einem unbekannten Täter beschädigt. → S. 26

13. Januar, Mittwoch

Der Sekretär des Zentralkomitees der KPdSU, Nicolai W. Podgorny, beendet seinen am 4. Januar begonnenen Besuch in der Türkei. Podgorny hatte während seines Aufenthalts in Ankara zugegeben, daß die Sowjetunion Mitschuld an den schlechten Beziehungen zwischen beiden Ländern trage.

14. Januar, Donnerstag

Der Vorsitzende der SPD-Fraktion im Bundestag, Fritz Erler, schlägt auf einer Pressekonferenz in Berlin direkte Gespräche mit Polen über die deutsch-polnische Grenze vor. Die Bundesregierung reagiert mit heftiger Ablehnung.

In Belfast treffen die Premierminister von Irland (Freistaat Eire), Seán Lemass, und von Nordirland (Ulster), Terence O'Neill, zu Gesprächen über eine engere Zusammenarbeit auf wirtschaftlichem Gebiet und über bestehende Grenzschwierigkeiten zusammen. → S. 20

Bei der zweiten Verleihung des Adolf-Grimme-Preises, des Fernsehpreises des Deutschen Volkshochschulverbandes, erhalten der Autor Heinar Kipphardt und der Regisseur Franz Peter Wirth den Preis in Gold für das Fernsehspiel »Die Geschichte des Joel Brand«.

In bundesdeutschen Großstadtkinos läuft der James-Bond-Film »Goldfinger« mit Sean Connery und Gerd Fröbe in den Hauptrollen an. → S. 29

15. Januar, Freitag

Das Bundesverfassungsgericht in Karlsruhe stellt fest, daß Handelsverkehr zwischen der Bundesrepublik und der DDR weder Außenhandel noch reiner Binnenhandel sei, da die Grenze zwischen den beiden Staaten eine Herrschaftsgrenze, aber keine Staatsgrenze darstelle. Es läßt damit beim Warenverkehr zwischen beiden deutschen Staaten Sonderzölle zu, die weder den Binnenzöllen noch den Außenzöllen der EWG entsprechen müssen.

Nach Mitteilung des nordrhein-westfälischen Sozialministers, Herbert Grundmann, ist die Luft im Ruhrgebiet wegen des Anwachsens von Industrie und Verkehr trotz nachhaltiger Bemühungen noch immer nicht sauberer geworden. → S. 26

Wegen des für 1965 erwarteten beträchtlichen Defizits von 2 Mrd. DM kürzt die Deutsche Bundesbahn vorgesehene Investitionen in Höhe von fast 3 Mrd. DM um 885 Mio. DM.

Das Titelbild des »stern« vom 3. Januar 1965 zeigt das gemalte Porträt des Führers der Kommunistischen Partei Chinas, Mao Tse-tung, Mann des Jahres 1964.

HEFT NR. 1 · HAMBURG, 3. JANUAR 1965 · 70 PFENNIG · AUSGABE F: C 8041 C

stern

MANN DES JAHRES MAO

16. Januar, Samstag

Die Sowjetunion verweigert der Bundesregierung die Übergabe von Unterlagen über Naziverbrechen, weil die damit ermöglichte Strafverfolgung nur dazu dienen werde, im Ausland den Eindruck zu erwecken, gegen alle NS-Straftäter würden vor der Verjährung von Kriegsverbrechen im Mai Verfahren eingeleitet. Die UdSSR befürchtet, daß bei einer Nichtverlängerung der Verjährung (→ 25. 3./S. 60) zahlreiche NS-Verbrechen ungesühnt bleiben.

US-Präsident Lyndon B. Johnson bekräftigt die Absicht der USA, innerhalb der Nordatlantischen Verteidigungsgemeinschaft (NATO) eine integrierte Atomstreitmacht (»Multilateral Force«, MLF) aufzubauen, um den Mitgliedern ohne Atomwaffen die Teilnahme an der nuklearen Verteidigung zu ermöglichen (→ 11. 5./S. 90).

Beim Arlberg-Kandahar-Rennen in St. Anton (Österreich) distanzieren die österreichischen Skifahrer die gesamte Konkurrenz (→ 9. 1./S. 29).

Der Australier Ron Clarke stellt in Hobart auf der Insel Tasmanien mit 13:34,8 min einen Weltrekord über 5000 m auf (→ 14. 7./S. 133).

17. Januar, Sonntag

Der Verband Deutscher Studentenschaften (VDS) protestiert gegen Pläne, die bisher ungeregelte Studienlänge gesetzlich zu beschränken, und fordert eine Reform des Studiums, u. a. mehr Mitwirkungsrecht für Studenten an der »Ordinarienuniversität«.

18. Januar, Montag

Der Präsident des Deutschen Bundestages, Eugen Gerstenmaier, setzt sich in einer Rundfunkrede für die Wiederherstellung des Deutschen Reiches ein. → S. 12

Im ersten Programm des Deutschen Fernsehens läuft der dreiteilige Thriller »Die Schlüssel« von Francis Durbridge an. → S. 27

Die Regierung der ČSSR sagt der Bundesregierung die Übermittlung aller ihr verfügbaren Unterlagen über NS-Verbrechen zu. Sie kritisiert zugleich die Weigerung Bonns, in der ČSSR rechtskräftig verurteilte Kriegsverbrecher auszuliefern.

19. Januar, Dienstag

Bundeskanzler Ludwig Erhard (CDU) trifft zu einem zweitägigen Arbeitsbesuch beim französischen Staatspräsidenten Charles de Gaulle in Rambouillet bei Paris ein. → S. 12

In Reno im US-Bundesstaat Nevada gelingen Versuche von Wissenschaftlern, eine 426 m hohe Nebelbank durch Berieselung mit Kohlensäureschnee zum »Abschneien« zu bringen.

20. Januar, Mittwoch

Bei der Debatte des Bundestages über

die Lage der Bundeswehr kommt es zu einer scharfen Auseinandersetzung über die Tauglichkeit des Jagdflugzeugs »Starfighter«. → S. 13

Lyndon B. Johnson wird in Washington feierlich für seine zweite Amtsperiode als Präsident der USA vereidigt. → S. 17

Die Staaten des Warschauer Paktes kündigen Maßnahmen gegen die geplante integrierte Atomstreitmacht (MLF) des Nordatlantischen Verteidigungsbündnisses (NATO) an und fordern die Einberufung einer europäischen Sicherheitskonferenz sowie den Abschluß eines Nichtangriffspaktes zwischen den beiden Militärbündnissen (→ 11. 5./S. 90).

Papst Paul VI. warnt bei seiner wöchentlichen Generalaudienz im Vatikan vor der Preisgabe von Glaubenswahrheiten der katholischen Kirche aus Zweckmäßigkeitsüberlegungen zugunsten der Einheit des Christentums.

21. Januar, Donnerstag

Die Bundesanwaltschaft in Karlsruhe leitet Ermittlungsverfahren wegen angeblichen Landesverrates gegen die Militärexperten der »Frankfurter Allgemeinen Zeitung«, Adalbert Weinstein, und den »Spiegel«-Herausgeber, Rudolf Augstein, ein. Sie werden beschuldigt, geheime Informationen über den Plan der Bundeswehr veröffentlicht zu haben, an der innerdeutschen Grenze einen Atomminengürtel zu legen (→ 13. 5./S. 90).

Bei Nachwahlen zum Unterhaus unterliegt der Kandidat der Labour-Partei, Außenminister Gordon Walker, seinem konservativen Gegenkandidaten und muß aus dem Kabinett ausscheiden. Zum Nachfolger ernennt Premierminister Harold Wilson den bisherigen Erziehungsminister Michael Stewart.

22. Januar, Freitag

Bei den deutschen Eiskunstlauf-Meisterschaften gewinnen die 20jährige Sonja Pfersdorf und der 24jährige Günter Matzdorf den Paarlauf. → S. 28

23. Januar, Samstag

Die Hamburger Schulbehörde wirbt in Anzeigen um männliche Hochschulabsolventen, die als Volks- und Realschullehrer eingestellt werden sollen. → S. 22

24. Januar, Sonntag

Der britische Staatsmann und Historiker Sir Winston Churchill stirbt im Alter von 90 Jahren in London. → S. 18

Die Weltgesundheitsorganisation legt einen Bericht über Erfolge beim Kampf gegen die Malaria vor. → S. 26

Eine Umfrage des Institutes für Demoskopie in Allensbach ergibt, daß sich 13,5 Mio. und damit 29% der bundesdeutschen Erwachsenen übergewichtig fühlen und abnehmen möchten. Besonders ausgeprägt ist dieser Wunsch bei den bayerischen Frauen mit 40%. Seit 1949 ist das Durchschnittsgewicht der Männer um 4 auf 75,5 kg, das der Frauen um 3,5 auf 66,5 kg gestiegen.

Das finnische Team Timo Mäkinen/Paul Easter gewinnt die diesjährige Rallye Monte Carlo. → S. 28

25. Januar, Montag

Der SPD-Vorstand schlägt in einer Studie über die Beziehungen zu osteuropäischen Staaten und Völkern die gemeinsame Entwicklung von technischen Projekten mit osteuropäischen Regierungen vor. Dadurch soll deren Selbständigkeit gegenüber der Sowjetunion gefördert werden.

Die 300 000 bundesdeutschen Wehrpflichtigen des Geburtsjahrganges 1946 werden als erste während der Musterung einem Eignungs- und Verwendungstest unterzogen. Das bisher geltende Losverfahren zur Bestimmung der späteren Verwendung der Rekruten wird damit abgeschafft.

Das erste Gespräch über neue Passierscheinabkommen für die Oster- und Pfingstfeiertage zwischen dem Vertreter des Westberliner Senats, Senatsrat Horst Korber, und dem Vertreter der DDR, Staatssekretär Erich Wendt, scheitert an der Forderung der DDR nach Maßnahmen gegen »Grenzprovokationen« durch die Westberliner Bevölkerung (→ 5. 2./S. 38).

In Südindien brechen am Vorabend der geplanten offiziellen Einführung des Hindi als Staatssprache, die von der Verfassung von 1950 für spätestens 1965 gefordert wird, blutige Unruhen aus. → S. 17

26. Januar, Dienstag

Das britische Verteidigungsministerium gibt bekannt, daß sämtliche Valiant-Bomber wegen Materialermüdungserscheinungen außer Dienst gestellt werden müssen. Da jedoch die Victor- und Vulcan-Bomber weiterhin einsatzbereit seien, könne die Luftwaffe ihren Verteidigungsplan noch erfüllen.

Umfragen der Technischen Hochschule Hannover ergeben, daß die Wanderungsbereitschaft der bundesdeutschen Hochschüler gering ist und die meisten am Heimatort studieren wollen. Obwohl nur 20% der Bevölkerung in Städten mit einer Hochschule wohnen, kommen annähernd 40% der Studenten aus diesen Städten.

27. Januar, Mittwoch

Der Bundestag verabschiedet ein »Gesetz über Hilfsmaßnahmen für Deutsche aus der sowjetischen Besatzungszone und dem Sowjetsektor Berlins« (»Flüchtlingshilfegesetz«). → S. 14

Die Bundesrepublik ratifiziert als fünftes europäisches Land die Europäische Sozialcharta, die damit vertragsgemäß in Kraft tritt. Die Charta bildet die Ergänzung der Menschenrechtskonvention des Europarates von 1950 auf sozialem Gebiet.

Der Bundestag beschließt eine sog. Kuponsteuer für Gebietsfremde auf die Zinsen festverzinslicher Wertpapiere. Das Parlament will auf diese Weise uner-

wünschten Zufluß ausländischen Kapitals eindämmen.

Die Zeitungen in Berlin (Ost) geben den bevorstehenden Besuch des DDR-Staatsratsvorsitzenden Walter Ulbricht in der Vereinigten Arabischen Republik (VAR) bekannt. Die Bundesregierung bezeichnet die Einladung der VAR an Ulbricht als »Affront« (→ 24. 2./S. 36).

28. Januar, Donnerstag

Das Bundesforschungsministerium in Bonn legt den ersten »Bundesbericht Forschung« vor. → S. 22

Mit der Unterstellung der 12. Panzerdivision in Tauberbischofsheim unter das Kommando der Nordatlantischen Verteidigungsgemeinschaft erreicht das Heer die mit den Vertragspartnern vereinbarte Stärke von 12 Divisionen.

29. Januar, Freitag

Die Landesregierung von Nordrhein-Westfalen legt einen »Smog-Plan« vor. → S. 26

Nach einer Umfrage des Allensbacher Institutes für Demoskopie haben in der Bundesrepublik 60% der Frauen das Gefühl, keine Freundin, und 53% der Männer das Gefühl, keinen Freund zu haben.

30. Januar, Samstag

Der Bürgermeister von Berlin (West), Pfarrer Heinrich Albertz, erklärt in einer Festsitzung des Vereins für die Geschichte Berlins, daß am »Unglück der deutschen Geschichte« einige Österreicher und Bayern die Schuld trügen, nicht aber Preußen.

Sog. »Alco-Test-Geräte« (Atem-Alkohol-Prüfgeräte) gelangen in den Handel. Angeblich können Autofahrer damit den Alkoholanteil im Blut messen (→ S. 15).

31. Januar, Sonntag

Der Bund der Heimatvertriebenen proklamiert das Jahr 1965 anläßlich des 20. Jahres der Vertreibung aus den ehemaligen deutschen Ostgebieten zum »Jahr der Menschenrechte«. Bei einer Kundgebung in Lübeck betont Vizekanzler Erich Mende (FDP), daß die Regierung dies als Zeichen der Versöhnung werte.

In der laotischen Hauptstadt Vientiane putschen antikommunistische Armee- und Polizeieinheiten unter dem Kommando von General Phoumi Novasan gegen den Oberkommandierenden der Armee, General Kouprasith Abhay. Der Putsch wird innerhalb weniger Tage niedergeschlagen.

Das Wetter im Monat Januar

Station	Mittlere Lufttemperatur (°C)	Niederschlag (mm)	Sonnenscheindauer (Std.)
Aachen	2,6 (1,8)	298* (72)	– (51)
Berlin	1,7 (– 0,4)	160* (43)	– (56)
Bremen	2,6 (0,6)	195* (57)	– (47)
München	0,5 (– 2,1)	187* (55)	– (56)
Wien	– (– 0,9)	– (40)	– (56)
Zürich	0,8 (– 1,0)	70 (68)	40 (46)

( ) Langjähriger Mittelwert für diesen Monat
– Wert nicht ermittelt
* Nov. 1964 – Febr. 1965

Mit Bildern von den Posen einer schönen Glücksbringerin im erotisch gestalteten Schornsteinfeger-Kostüm führt die Illustrierte »Quick« vom 3. Januar 1965 ihre Leser ins neue Jahr.

QUICK

Prosit Neujahr 1965

»Deutsche Wiedervereinigung nur in geeintem Europa«

19./20. Januar. Bei einem zweitägigen Arbeitsbesuch von Bundeskanzler Ludwig Erhard beim französischen Staatspräsidenten Charles de Gaulle auf Schloß Rambouillet bei Paris wird die langfristig angelegte Position Frankreichs zur deutschen Wiedervereinigung deutlich.

In den Gesprächen über die Weiterentwicklung der Europäischen Wirtschaftsgemeinschaft (EWG) zu einer politischen Union Westeuropas lehnt de Gaulle die Wiedervereinigung Deutschlands unter dem Einfluß der Sowjetunion und der Vereinigten Staaten ab und enttäuscht damit die bundesdeutschen Erwartungen über die Bereitschaft Frankreichs zur politischen Unterstützung der Wiedervereinigung. Die Deutschen wären töricht, wenn sie von einer sowjetisch-US-amerikanischen Verständigung Chancen für die deutsche Einheit erhofften. Zwar sei die deutsche Teilung ein Faktor der Instabilität in Europa, dies aber stelle eine politische Aufgabe nur für die Europäer dar. Die Wiedervereinigung Deutschlands sei daher nur im Rahmen eines vom Atlantik

Frankreichs Staatspräsident Charles de Gaulle (l.) begrüßt Bundeskanzler Ludwig Ehrhard auf Schloß Rambouillet

Erhard winkt vor seiner Abfahrt zum Treffen mit de Gaulle vor der deutschen Botschaft den Parisern zu

bis zum Ural geeinten Europa vorstellbar (→ 11. 9./S. 158).

Die französische regierungsnahe Tageszeitung »Le Monde« stellt fest: Nach de Gaulles Ansicht gibt es zwischen den Vereinigten Staaten und der Sowjetunion »kein gemeinsames Interesse an der Wiederherstellung der deutschen Einheit, und wenn sie je zu einer Verständigung

kämen, dann auf einer Basis, die zu einer Neutralisierung Europas führte, das dann nicht mehr wäre als eine Art Glacis der Supergroßen.« In den Vereinigten Staaten ruft das Treffen der beiden Politiker Befürchtungen vor einem neuen deutschen Nationalismus hervor, der die Wiedervereinigung unabhängig von der Westeinbindung der Bundesrepu-

blik betreiben könnte (→ 12. 9./S. 158; 15. 10./S. 166).

Bundesdeutsche Kommentatoren erwarten starken politischen Druck der USA für den Fall, daß die Regierung in Washington den Kanzlerbesuch bei dem stets auf europäische Autonomie bedachten de Gaulle als Zeichen der Abwendung von den Vereinigten Staaten auffaßt.

Gerstenmaier für Wiederherstellung des Deutschen Reiches

18. Januar. Am Jahrestag der Gründung des Deutschen Reiches 1871 wendet sich der Präsident des Deutschen Bundestages, Eugen Gerstenmaier, mit einer Rede im Westdeutschen Rundfunk an die Bevölkerung der DDR. Der CDU-Politiker spricht sich für die Wiederherstellung des Deutschen Reiches unter friedlicher Zielsetzung aus und geht damit weit über die Forderung nach Wiedervereinigung hinaus. Der DDR-Regierung wirft er in scharfen Worten vor, der Bundesrepublik Deutschland allein die Folgelasten aus dem Untergang des Deutschen Reiches zu überlassen. Allein mit Uniform und Paradeschritt lasse sich aber kein geschichtliches Verantwortungsbewußtsein bekunden. Gerstenmaier erläutert im einzelnen:

»Man möchte sich nicht dem Mißverständnis oder der Mißdeutung aussetzen, mit der deutschen Einheit auch alte unheilvolle Ziele und Methoden anzustreben, die uns vor dem ersten Weltkrieg nicht bewahrt oder in den zweiten Weltkrieg geführt haben. Die Entscheidung darüber, ob der Name Deutsches Reich überhaupt aufgegeben werden soll oder muß, ist auf jeden Fall noch nicht gefallen. Muß er denn überhaupt aufgegeben werden? Die Entscheidung darüber ist noch keineswegs gefallen. Sie kann und darf Rechtens jedenfalls nur von einer gesamtdeutschen verfas-

sunggebenden Nationalversammlung oder von einem gesamtdeutschen Reichstag getroffen werden ... Da das Deutsche Reich mit der bedingungslosen Kapitulation vom 8. Mai 1945 völkerrechtlich nicht untergegangen ist, folgt daraus lediglich, daß anderweitige staatliche oder staatenähnliche Organisationen auf deutschem Boden nur als zeitweilige Notorganisationen gelten können. Die Bundesrepublik bezeichnet sich in ihrem Grundgesetz ausdrücklich als Provisorium

---

Politiker und engagierter Christ

Eugen Gerstenmaier (Abb.), geboren am 25. August 1906 in Kirchheim unter Teck, studierte Theologie, Philosophie und Germanistik. Als Gegner des Nationalsozialismus und Mitglied der Bekennenden Kirche wurde er 1944 zu sieben Jahren Zuchthaus verurteilt. Nach Ende des Zweiten Weltkriegs widmete er sich dem Aufbau des Hilfswerks der Evangelischen Kirche in Deutschland. Seit 1949 ist er Mitglied des Deutschen Bundestages und seit 1954 dessen Präsident. Gerstenmeier tritt engagiert für europäische Aussöhnung und für die Normalisierung der politischen Beziehungen zu Israel ein.

und macht die Wiedervereinigung zur Verfassungspflicht. Die Zonenregierung aber hat sich kurzerhand vermessen, das Deutsche Reich einfach durch eine ›DDR‹ zu ersetzen ... Heute läßt es sich freilich leichter als damals sagen, daß der von Pankow [DDR-Regierung in Berlin-Pankow] versuchten Beseitigung des Deutschen Reiches wahrscheinlich überzeugender und angemessener begegnet worden wäre, wenn man sich hier bei uns trotz aller verständlichen Bedenken dazu entschlossen hätte, auch für die notwendige Übergangsordnung an dem Namen des völkerrechtlich bestehenden Deutschen Reiches festzuhalten ... Die Vorstellungen über die geschichtlichen Ziele und Aufgaben Deutschlands haben sich ebenso gewandelt wie die Ziele von ehedem. Aber indem wir dazu mit Bewußtsein ja sagen, ist es uns verstattet, auch ja zu sagen zu der Wiederherstellung des Deutschen Reiches.«

Wehrdebatte um den »Starfighter«

20. Januar. In der Wehrdebatte des Bundestages in Bonn kommt es zu einer scharfen Auseinandersetzung zwischen dem Verteidigungsminister Kai Uwe von Hassel (CDU) und den Wehrexperten der oppositionellen SPD-Fraktion, Karl Wienand und Karl Wilhelm Berkhan, über die Tauglichkeit des Kampfflugzeuges »Starfighter«. Seit der Einführung dieses Waffensystems bei der Bundeswehr 1961 sind bei einem Bestand von über 600 Maschinen 25 Flugzeuge abgestürzt.

Wienand und Berkhan werfen der Regierung Leichtfertigkeit im Umgang mit der Sicherheit von Piloten und Zivilbevölkerung vor und fordern die sofortige Einstellung von Übungsflügen bis zur Klärung der Absturzursachen.

Von Hassel bestreitet eine überdurchschnittliche Häufung von Unglücksfällen im internationalen Vergleich und im Vergleich mit früheren Kampfflugzeugtypen. Die Abstürze seien auf Schwierigkeiten bei der Umrüstung des reinen Flugzeugs (Typ F-104) auf ein Mehrzweckflugzeug zurückzuführen, das auch zum Bombentransport verwendet werden kann (Typ F-104 G). Auf absehbare Zeit sei allerdings mit einer befriedigenden Aufstockung des Fachpersonals bei den Bodentruppen nicht zu rechnen, da die Bundeswehr in der Konkurrenz mit den attraktiven Stellenangeboten in der Industrie einen schweren Stand habe. Zudem seien an den Abstürzen fast nur unerfahrene Piloten beteiligt, die sich die nötige Erfahrung unvermeidlicherweise noch erfliegen müßten.

Einig ist sich der Bundestag in der Verurteilung seines Wehrbeauftragten, Vizeadmiral a. D. Hellmuth Heye, der in einer Artikelserie in der Illustrierten »Quick« die innere Verfassung der Bundeswehr als autoritär und antidemokratisch gerügt hatte. Heye hatte behauptet, die Bundeswehr entwickele sich zu einem Staat im Staate. Demgegenüber betont das Parlament in einer Entschließung vom 21. Januar, daß nach wie vor der Soldat als »Staatsbürger in Uniform« das Leitbild sei. Wegen der scharfen Kritik an seinen Äußerungen scheidet der Wehrbeauftragte auf eigenen Wunsch am 31. März 1965 aus dem Amt aus (→ 15. 7./S. 126).

In Neujahrsreden Sorge um die Demokratie

1. Januar. In seiner Neujahrsansprache warnt Bundespräsident Heinrich Lübke vor Demokratiemüdigkeit, die zum Totalitarismus führe. Der Staatsratsvorsitzende der DDR, Walter Ulbricht, fordert normale Kontakte mit der Bundesrepublik. Papst Paul VI. warnt vor unversöhnlichem Klassenhaß, aber auch vor dem Verfall der Brüderlichkeit in Westeuropa.

Heinrich Lübke, geboren am 6. Oktober 1894, saß 1931 bis 1933 für die Zentrumspartei im preußischen Landtag. Der seit 1959 amtierende Bundespräsident ruft die Bürger dazu auf, eine aktive Rolle im demokratischen Staat zu übernehmen:

»Wer ist dieser Staat? Etwa eine anonyme Macht, die über allem schwebt, verheißend und drohend? Nein, der Staat, das sind wir alle. Der Staat ist die Gemeinschaft freier Bürger, in dessen Schutz sich der einzelne, die Familien und die verschiedenen Gruppen und Schichten unseres Volkes zu ihrem eigenen Wohl und zum Wohle des Ganzen entfalten sollen. Deshalb nutzen wir uns selbst, wenn wir diesem Staat mit ganzer Kraft und steter Treue dienen. Früher hieß es: Wir sind alle Diener des Staates. Heute hat man den Eindruck, als ob der Staat unser aller Diener wäre, der verantwortlich gemacht werden kann für Erfolg oder Mißerfolg . . . Unsere parlamentarische Demokratie wird kraftlos und damit auch erfolglos, wenn die Bürger, die sie tragen und mit Leben erfüllen sollen, ihr die Mitarbeit versagen. Wer seine Pflichten im Staat nicht erfüllt, alle seine Sorgen aber auf den Staat wirft, verlangt damit gleichzeitig, daß der Staat immer mehr Rechte und Befugnisse erhält. Damit kommt aber auch der Zeitpunkt, an dem aus der Demokratie ein Einparteien- oder Obrigkeitsstaat wird. Man sollte meinen, daß unsere Erfahrungen ausreichen, um uns vor solchen Lösungen zu bewahren . . . In Europa und in der ganzen Welt kann der Friede erst einkehren, wenn es in Deutsch-land keine Unterdrücker und keine Unterdrückten mehr gibt. Deshalb bleibt das Selbstbestimmungsrecht für unser Volk eine Forderung, auf die wir nie verzichten werden.«

Walter Ulbricht, geboren am 30. Juni 1893, trat 1919 der KPD bei und ist seit 1950 Chef der SED. Der Vorsitzende des DDR-Staatsrats (seit dessen Einrichtung 1960) hält zur Sicherung des Friedens Beziehungen zwischen beiden deutschen Staaten auf der Ebene der Gleichberechtigung für notwendig:

»In dieser ernsten Zeit, in der die Regierung in Bonn die Vertiefung und Zementierung der Spaltung Deutschlands betreibt, wenden wir uns an die Bürger der westdeutschen Bundesrepublik, die herrschenden Kreise in Bonn zu veranlassen, mit der Regierung der DDR auf gleichberechtigter Basis Verhandlungen über die Sicherung des Friedens zu führen . . . Weshalb – so frage ich – sollte es denn nicht möglich sein, daß sich die Regierungen der beiden deutschen Staaten über Maßnahmen der Humanisierung einigen? Eine solche Verständigung ist möglich, wenn beide Seiten von der Sicherung des Friedens ausgehen und bereit sind, mit einer Reihe von Schritten zu beginnen. Solche Schritte wären:

▷ 1. Rüstungsstopp in beiden deutschen Staaten und Verwendung der eingesparten Gelder für soziale und Bildungszwecke.

▷ 2. Verzicht beider deutscher Staaten auf Atomrüstung in jeder Form.

▷ 3. Verhandlungen über die Herstellung normaler Beziehungen zwischen beiden deutschen Staaten und zwischen der DDR und dem besonderen Gebiet Westberlin . . .

Da die Überwindung der Spaltung Deutschlands nur in gesichertem Frieden, in Freiheit und Demokratie möglich ist, sollten sich die Regierungen der deutschen Staaten verpflichten, konsequent für die internationale Entspannung, für die Ächtung und Abschaffung al-ler Atomwaffen, für die Minderung der Kriegsgefahr und für Abrüstungsmaßnahmen mit dem Ziel der allgemeinen und vollständigen Abrüstung einzutreten.«

Papst Paul VI., geboren als Giovanni Battista Montini am 26. September 1897 in Concesio bei Brescia, geißelt in seiner Rede Nationalismus und Rassenhaß und fährt dann fort:

»Könnten Wir bei dieser traurigen Aufzählung von Hindernissen gegen die brüderliche Verbundenheit den Klassengeist vergessen, der noch so scharf und stark ist in der Gesellschaft von heute? Und den Geist der Parteiungen, der Ideologien, Methoden, Interessen, Organisationen im ganzen Gefüge der verschiedenen Gemeinschaften selbst einander entgegenstellt? Auf der einen Seite bringen diese verwickelten und ausgedehnten sozialen Gegebenheiten die Menschen mit gemeinsamen Interessen zur Einheit untereinander, aber andererseits reißen sie so oft unüberbrückbare Abgründe auf zwischen den verschiedenen menschlichen Schichten und machen aus deren systematischer Abwehrhaltung eine Lebensfrage; damit geben sie unserer technisch und wirtschaftlich hochentwickelten Gesellschaft das traurige und bittere Antlitz der Zwietracht und des Hasses. Die Gesellschaft ist nicht glücklich, weil sie nicht brüderlich ist. Wir kennen die gewaltigen Schwierigkeiten, welche die Probleme des freien und freundschaftlichen sozialen Zusammenlebens scheinbar unlösbar machen. Doch was Uns betrifft, werden Wir nicht müde werden, die Liebe zum Nächsten als das Grundprinzip einer wahrhaft menschlichen Gesellschaft zu predigen . . . Dies ist heute mehr denn je Unser Programm, da Wir überzeugt sind, daß die Welt Liebe braucht. Sie muß die Fesseln des Egoismus überwinden und sich für eine aufrichtige, moderne und weltweite Brüderlichkeit öffnen.«

Hilfe für DDR-Flüchtlinge beschlossen

27. Januar. Der Bundestag verabschiedet ein Gesetz über Hilfsmaßnahmen für Deutsche aus der DDR und dem Sowjetsektor Berlins (»Flüchtlingshilfegesetz«) und trägt damit der oftmals schwierigen materiellen Situation der Flüchtlinge Rechnung. Das Bonner Parlament will damit solche Personen wirksam unterstützen, die nicht nach dem Lastenausgleichsgesetz von 1952 für Vertriebene aus den ehemaligen deutschen Ostgebieten entschädigt werden können.

DDR-Flüchtlinge erhalten fortan eine einmalige Einrichtungsbeihilfe von 1200 DM, zusätzlich für den Ehegatten 200 DM und für weitere Angehörige 150 DM. Diese Zuschüsse sind an Einkommensgrenzen gebunden. Personen im Rentenalter, die Vermögensansprüche aus selbständiger Tätigkeit oder privater Vorsorge verloren haben, erhalten als Rentenersatz eine Beihilfe, die den Sätzen des Lastenausgleichs entspricht. Den Erwerbsfähigen können Wohnungsbaudarlehen und Existenzgrün-

dungsdarlehen für den Aufbau einer beruflichen Selbständigkeit gewährt werden. Zudem ermächtigt das Gesetz die Regierung zu Hilfsmaßnahmen für Personen aus Zonenrandgebieten, die durch die Spaltung Deutschlands von ihrer Erwerbsquelle abgeschnitten wurden.

Ausdrücklich von der Nutznießung des Gesetzes ausgeschlossen werden Flüchtlinge, die »dem Terrorsystem der Sozialistischen Einheitspartei Deutschlands SED erheblich Vorschub geleistet haben, gegen Grundsätze der Menschlichkeit und Rechtsstaatlichkeit verstoßen, die freiheitlich demokratische Grundordnung bekämpft« haben oder allein wegen Taten, die auch nach bundesdeutschem Recht kriminell sind, aus der DDR geflüchtet sind.

Die voraussichtlichen Kosten der Hilfen werden auf etwa 1,75 Mrd. DM pro Jahr veranschlagt, von denen der Bund 75% und die Länder den Rest aufzubringen haben.

Da Flüchtlinge aus der DDR Deutsche im Sinne des Grundgesetzes sind und somit nicht ins Ausland fliehen, können sie nicht als politische Flüchtlinge im Sinne des Völkerrechtes behandelt werden. Mit dem Flüchtlingshilfegesetz wird jedoch die gesetzliche Grundlage für Leistungen geschaffen, die denen für politische Flüchtlinge vergleichbar sind (→ 26. 5./S. 91).

In einem Fleischwagen aus der DDR nach Berlin (West) geflohen: Die beiden Ehepaare und ihre insgesamt zehn Kinder besitzen nichts außer ihrer Kleidung

(→ 26. 5./S. 91)

Bürger aus dem Osten seit 1945

2,8 Millionen Flüchtlinge aus der DDR und 8,1 Millionen Vertriebene aus den ehemaligen deutschen Ostgebieten sowie anderen osteuropäischen Staaten haben sich seit 1945 bzw. 1949 auf dem Territorium der Bundesrepublik angesiedelt.

Seit dem Bau der befestigten Grenze zwischen den beiden deutschen Staaten 1961 liegt die Zahl der Flüchtlinge aus der DDR bei etwa 20 000 jährlich. In den Jahren davor (seit 1949) flüchteten nie weniger als 130 000 Personen; ihre Zahl erreichte 1956 mit 280 000 einen Höhepunkt.

Vertrieben wurden seit 1945 mehr als 12 Mio. Personen, davon 7,5 Mio. aus den ehemaligen deutschen Ostgebieten. Die übrigen Vertriebenen stammen aus osteuropäischen Ländern. Aus Schlesien kamen mehr als 2 Mio., aus Ostpreußen 1,3 Mio., aus Pommern 890 000 und aus Brandenburg östlich der Oder-Neiße-Linie 67 000 Personen. 4,5 Mio. Vertriebene nahmen ihren Wohnsitz in der DDR, 8,1 Mio. in der Bundesrepublik.

Aus westeuropäischen Staaten und aus Übersee wurden etwa 125 000 Deutsche vertrieben.

Lohnsteuer wird gesenkt

1. Januar. Aufgrund des Steueränderungsgesetzes 1965 zahlen nunmehr 25% aller Arbeitnehmerhaushalte keine Lohnsteuer mehr. Insgesamt werden die Lohn- und Einkommensteuerzahler 1965 um etwa 2,2 Mrd. DM entlastet; die für 1966 bereits beschlossene nächste Stufe der Steuerreform bringt nochmals eine Mrd. DM an Ermäßigungen.

Die Reform setzt sich aus mehreren Einzelmaßnahmen zusammen. Der Grundsteuersatz in der Proportionalzone, in der die Steuerbelastung unabhängig von der Einkommenshöhe gleich bleibt, wird von 20% auf 19% gesenkt. Mit diesem Steuersatz beginnt zukünftig auch die Progressionszone, in der die Steuer mit zunehmendem Einkommen prozentual ansteigt. Bisher stieg die Steuerbelastung beim Überschreiten der Schwelle von 8000 DM bei Ledigen

bzw. 16 000 DM zu versteuerndem Jahreseinkommen bei Verheirateten sprunghaft um 7,2% auf 27,2%. Auch innerhalb der Progressionszone wird die Steuerkurve abgeflacht, so daß Erwerbstätige mit mittleren Einkommen von etwa 15 000 (30 000) DM bis zu 13% weniger Steuern bezahlen müssen.

Für Arbeitnehmer wird ein Freibetrag von 240 DM eingeführt, der die größeren Möglichkeiten der Selbständigen bei der Bestimmung der Steuerlast durch Abschreibungen und Betriebskosten ausgleichen soll. Der Weihnachtsfreibetrag bleibt unverändert bei 100 DM. Die Erhöhung der Sonderausgabenpauschale um 300 auf 936 DM trägt der zunehmenden Belastung der Privathaushalte durch Versicherungen und Beiträge für die gesetzliche Rentenversicherung Rechnung.

»Simplicissimus«: Ludwig Erhards Finanzpolitik scheitert!

SPD wirbt für ihre neue Ostpolitik

8. Januar. Mit einer Erklärung über ihre Regierungspolitik im Falle eines Sieges bei den Bundestagswahlen am → 19. September (S. 154) leitet die SPD ihren bundesweiten Wahlkampf ein (→ S. 140).

Als Schwerpunkt einer zukünftigen Regierungsarbeit benennen die Sozialdemokraten eine Politik der »kleinen Schritte« gegenüber den Staaten Osteuropas, die auf kontinuierliche menschliche Erleichterungen setze, nicht aber auf die unrealistische Lösung der alsbaldigen Wiedervereinigung. Ein weiterer Akzent liegt auf dem Bildungssystem, das Kindern aus einkommensschwachen Familien nach wie vor das Recht auf die Wahrnehmung von Bildungschancen über den Besuch der Volks- und der Realschule hinaus verweigere.

Harte Strafen für Verkehrssünder

2. Januar. In der Bundesrepublik tritt das zweite Gesetz zur Sicherung des Straßenverkehrs in Kraft. Es sieht höhere Geldbußen für kleinere Gesetzesübertretungen und deutlich härtere Strafen für Trunkenheit am Steuer vor. Besonders rücksichtslosen Autofahrern drohen nun empfindliche Gefängnisstrafen. Die Strafverschärfung für verkehrsgefährdendes Verhalten von Kraftfahrern soll die Zahl der schweren Unfälle im Straßenverkehr verringern helfen. Von Januar bis Oktober 1964 wurden auf den bundesdeutschen Straßen 13 146 Menschen bei Verkehrsunfällen getötet und 370 108 Menschen verletzt.

Mit dem Gesetz treten u. a. folgende Regelungen in Kraft:

▷ Wer durch besonders rücksichtsloses Fahren Leib und Leben anderer gefährdet oder fremde Sachen von bedeutendem Wert beschädigt, muß künftig mit einer Höchststrafe von fünf Jahren Gefängnis rechnen. Bisher lag die Höchststrafe bei zwei Monaten Gefängnis oder einer Geldstrafe von 10 000 DM

▷ Kraftfahrer, die unter Alkoholeinfluß am Steuer sitzen, müssen in Zukunft auch dann mit einer Gefängnisstrafe rechnen, wenn sie keinen Verkehrsunfall verursacht haben

Der CDU-Verkehrsexperte Ernst Müller-Hermann (r.) führt gemeinsam mit dem Essener Kaufmann Hans-Joachim Stender einen Alkoholtest durch

▷ Kleinere Verkehrsverstöße wie das Überschreiten der zulässigen Höchstgeschwindigkeit können mit Geldbußen bis zu einer Höhe von 500 DM geahndet werden; die höchste Geldbuße betrug bisher 150 DM

▷ Als zusätzliche Maßnahme kann ein Fahrverbot für drei Monate ausgesprochen werden. Nach Ablauf dieser Frist erhält der Verkehrssünder seinen Führerschein zurück. Bisher mußten Kraftfahrer, denen die Fahrerlaubnis entzogen worden war, in jedem Fall den Führerschein neu erwerben

▷ Das Fahren ohne Führerschein wird mit Gefängnis bis zu einem Jahr bedroht; diese Strafe erwartet auch Fahrzeughalter, die Personen ohne Führerschein mit ihrem Auto fahren lassen.

Da die Strafandrohung allein die angestrebte Abschreckung für Verkehrsrowdys nicht gewährleistet, kündigen die Polizeibehörden verstärkt Kontrollen an. Das neue Gesetz ist in der Öffentlichkeit umstritten, da die angedrohten Strafen vielfach als zu hart empfunden werden. Der Gedanke der Abschreckung durch Strafe wird als nicht mehr zeitgemäß kritisiert.

US-General Clay wird hoch geehrt

6. Januar. Lucius DuBignon Clay erhält das Großkreuz des Verdienstordens der Bundesrepublik Deutschland. Der US-General wird für seine Verdienste um Berlin geehrt.

Der US-amerikanische General Lucius D. Clay, geboren am 23. April 1897, stammt aus einer alteingesessenen Familie. Sein Vater war 14 Jahre lang Senator von Georgia, sein Urgroßvater war im 19. Jahrhundert Senator und US-Außenminister.

Clay war Mitinitiator und Organisator der Luftbrücke während der Berlinblockade durch die Sowjetunion 1948/49 und zur Zeit der Berlinkrise um den Bau der Mauer 1961/62 US-Präsident John F. Kennedys persönlicher Beauftragter für Berlinfragen. Schon 1947 bis 1949 kämpfte er als Nachfolger Dwight D. Eisenhowers im Amt des Militärgouverneurs der US-Besatzungszone auch gegen alliierten Widerstand entschlossen für die Rückgabe der Verwaltung in deutsche Hände. Im alliierten Kontrollrat widersetzte er sich sowjetischen Demontageforderungen, um im besetzten Deutschland einen Lebensstandard vergleichbar dem der Nachbarländer zu ermöglichen.

»Wir werden ein Volk von Vorbestraften«

Automobil-Clubs, aber auch Verkehrsrichter befürchten, daß die verschärften Bestimmungen des neuen Verkehrssicherheitsgesetzes eine Flut von Strafverfahren gegen Autofahrer wegen vergleichsweise geringer Gesetzesübertretungen nach sich ziehen, und erwarten ein »Volk von Vorbestraften«.

Im Vergleich zu anderen Delikten erscheinen vielen Autofahrern die Strafen für Fehlverhalten im Verkehr viel zu hoch. Besondere Empörung löst die Tatsache aus, daß Autofahrer, die sich unter Alkoholeinfluß ans Steuer setzen, nun »wie Kriminelle« behandelt werden, auch wenn sie keinen Unfall verursacht haben. Das Gesetz sieht empfindliche Strafen für das

Fahren »unter erheblichem Alkoholeinfluß« vor, wobei aber die Grenze des verträglichen Alkoholkonsums nicht genau festgelegt

Titelbild der Zeitschrift »Kristall«

wird. Als kritisch gilt ein Alkoholanteil im Blut von 0,7 bis 0,8 Promille; Fahruntüchtigkeit wird ab 1,5 Promille vermutet.

Diejenigen unter den 11 Mio. bundesdeutschen Autofahrern, die sich bereits mit einem Bein im Gefängnis sehen, können allerdings selbst nachmessen. Ein findiger Unternehmer bietet die gefürchteten »Pusteröhrchen«, mit denen die Polizei den Alkoholgehalt der Atemluft mißt und daraus den Blutalkoholgehalt erschließt, für 2,50 DM im freien Verkauf an. In der ersten Februarhälfte werden 2 Mio. Stück verkauft.

Die Polizei warnt jedoch: Bei der Blutprobe stelle sich oft heraus, daß ein Röhrchen den Blutalkoholgehalt nur ungenau messe.

EWG-Freihandel vorangetrieben

1. Januar. Die Handelszölle innerhalb der Europäischen Wirtschaftsgemeinschaft werden um 10% herabgesetzt. Sie sinken damit auf 30%

Walter Hallstein, geboren am 17. November 1901, war 1950 bis 1958 Staatssekretär der Bonner Regierung und ist seitdem Präsident der Kommission der EWG.

des Standes bei Inkrafttreten der EWG-Verträge 1958. Verbände verschiedener Mitgliedsländer lehnen diesen Schritt als Gefährdung ihrer einheimischen Wirtschaft ab (→ 1. 6./S. 111; 26. 11./S. 167).

Erste offene Feldschlacht gegen Vietcong

2. Januar. Etwa 60 km südöstlich der südvietnamesischen Hauptstadt Saigon endet die erste offene Feldschlacht des Vietnamkonfliktes mit dem überraschenden Rückzug der Vietcong-Einheiten. Bei der Stadt Binh Gia waren am 28. Dezember 1964 südvietnamesische Regierungstruppen auf Vietcong-Einheiten gestoßen. In den sechstägigen Kämpfen erleiden die Regierungstruppen ihre bisher größte Niederlage gegen die Partisanen.

Nach US-amerikanischen Angaben werden 200 Soldaten der Regierungstruppen, darunter fünf US-amerikanische Militärberater, getötet und fast ebenso viele verwundet; 65 Soldaten werden vermißt. Die Südvietnamesen verlieren zudem

große Mengen an militärischer Ausrüstung, darunter drei US-Hubschrauber. Die Verluste der Partisanen sollen sich auf 140 Tote und drei Gefangene belaufen.

Mit der offenen Feldschlacht erreicht der Vietnamkonflikt eine neue Eskalationsstufe. Seit dem Ende der französischen Kolonialherrschaft nach dem Fall der Festung Diên Biên Phu 1954 hatte es zu Lande kein Zusammentreffen regulärer Truppen mit der vietnamesischen Guerilla mehr gegeben.

Beunruhigend für die südvietnamesische Regierung ist die Ausrüstung der Vietcongtruppen mit modernsten Waffen bis hin zu weitreichender Artillerie. Sie werden aus der Volksrepublik China und der So-

wjetunion, Verbündeten der Demokratischen Republik Vietnam, über den Ho-Chi-Minh-Pfad durch die benachbarten Länder Laos und Kambodscha in die Kampfgebiete transportiert. Die im gesamten südvietnamesischen Territorium operierenden Vietcongtruppen werden von der »Nationalen Befreiungsfront von Süd-Vietnam« (FNL) unterstützt, die große Teile der ländlichen Gebiete in Südvietnam kontrolliert und von Teilen der Zivilbevölkerung aktiv unterstützt wird.

Die US-amerikanische Armeeführung wertet das Ergebnis der Kampfhandlungen als weiteren Beleg für ihre Auffassung, daß die südvietnamesischen Truppen zu einer wirkungsvollen Bekämpfung der Vietcongeinheiten nicht fähig seien. Am 15. Januar beschließt die US-amerikanische Regierung eine Vergrößerung der südvietnamesischen Regierungstruppen um 100 000 auf 630 000 Mann im Rahmen ihres Militärhilfeprogramms mit 60 Mio. US-Dollar (240 Mio. DM) zu unterstützen. Zugleich baut sie ihre Militärpräsenz in Südvietnam von 25 000 Mann im Juli 1964 auf 54 000 Mann im Juni 1965 aus.

Daneben flammen die Auseinandersetzungen zwischen der buddhistischen Bevölkerungsgruppe in Südvietnam, die Beteiligung an der Regierung fordert, und der von der katholischen Minderheit beherrschten Regierung in Saigon wieder auf und führen zu Demonstrationen und Streiks (→ 15. 3./S. 50; 10. 6./S. 107; 31. 10./S. 170).

Der Vietnamkonflikt fordert immer mehr Tote auch unter den US-amerikanischen Soldaten; per Flugzeug werden diese Särge mit Gefallenen in die USA transportiert; seit 1950 befinden sich US-Militärberater in Vietnam

Buddhisten demonstrieren in der südvietnamesischen Hauptstadt Saigon für Gleichberechtigung gegenüber der katholischen Führungsschicht

Mit Gewaltlosigkeit gegen die südvietnamesischen Regierungstruppen: Dieser buddhistische Mönch will die Soldaten davon abhalten, gegen protestierende Jugendliche in Saigon vorzugehen

Anhänger begrüßen Johnson stürmisch auf einem Festball

Johnson (l.) bei der Vereidigung vor dem Capitol in Washington

Beamte schützen das tanzende Präsidentenpaar vor Festgästen .

Der Präsident und die First Lady können endlich entspannen

US-Präsident Johnson beschreibt in Antrittsrede Ziel einer »Great Society« sozialer Gerechtigkeit

20. Januar. Lyndon Baines Johnson wird vor dem Capitol in Washington feierlich für seine zweite Amtszeit vereidigt. Der 36. US-Präsident trat als Stellvertreter von John F. Kennedy nach dessen Ermordung am 22. November 1963 in das Präsidentenamt ein und wurde bei der Wahl im November 1964 mit großer Mehrheit im Amt bestätigt. Seine bisherige Regierungszeit stand unter den Vorzeichen der Rassenkonflikte in den Südstaaten der USA.

In seiner Inauguralrede vor dem Kongreß beschwört Johnson sein Ziel einer »Great Society« der sozialen Gerechtigkeit, spielt aber auch auf das Engagement der USA im Vietnamkonflikt an: »Wir müssen nunmehr daran ar-

beiten, das Wissen und die Verhältnisse zu schaffen, durch die die Entfaltungsmöglichkeiten jedes einzelnen Bürgers vergrößert werden können. Unser feierlicher Amerikanischer Bund verlangte von uns, daß wir den Weg zur Befreiung des Menschen zeigen helfen. Das ist noch immer unser Ziel ... Wir können niemals wieder in hochmütiger Isolation abseits stehen. Furchtbare Gefahren und Unruhen, die wir einst fremd nannten, sind heute Bestandteil unseres Lebens. Wenn heute in Ländern, die wir kaum kennen, Amerikaner sterben müssen und amerikanisches Gut vergeudet wird, dann ist das der Preis, den der Wandel unserem altbewährten Bund abverlangt.«

Wirtschaftsunion arabischer Länder

1. Januar. Zwischen der Vereinigten Arabischen Republik (VAR), Irak, Syrien, Jordanien und Kuwait tritt der im August 1964 vereinbarte Vertrag über die Errichtung eines gemeinsamen arabischen Marktes in Kraft. Innerhalb von fünf Jahren sollen die Zölle auf landwirtschaftliche und innerhalb von zehn Jahren die Zölle auf Industrieprodukte schrittweise beseitigt werden. Zudem wird ein grenzüberschreitender freier Arbeitsmarkt angestrebt.

Die VAR (ab 1971: VAR Ägypten) produziert vor allem Baumwolle und Maschinen. Syrien und Jordanien sind weitgehend landwirtschaftlich orientiert; Kuwait und Irak haben besondere Bedeutung als Erdölförderländer.

Indonesien verläßt Vereinte Nationen

7. Januar. Aus Protest gegen die Wahl des Nachbarstaates Malaysia in den Sicherheitsrat der Vereinten Nationen kündigt der Staatspräsident Indonesiens, Achmed Sukarno, die Mitgliedschaft seines Landes in der UNO auf. Sukarno bezeichnet das westlich orientierte Malaysia, das 1963 gegründet wurde, als Vorposten des britischen Kolonialismus.

Der diktatorisch regierende Sukarno hatte als Führer der nationalistischen Indonesischen Nationalpartei 1949 das Ende der niederländischen Kolonialherrschaft erzwungen. Beobachter werten Sukarnos Maßnahme als Versuch, die Autorität der UNO bei anderen antiwestlichen Regierungen zu erschüttern (→ 1. 10./S. 169).

Südafrika hebt Willkürgesetz auf

11. Januar. Der südafrikanische Justizminister Balthazar Johannes Vorster gibt die Aufhebung des sog. »90-Tage-Gesetzes« vom Mai 1963 bekannt, das die Polizei ermächtigte, jede Person bis zu 90 Tagen ohne gerichtliche Untersuchung zu inhaftieren, die sie regierungsfeindlicher Aktionen verdächtigte.

Das Gesetz war zur Einschüchterung der schwarzen Widerstandsorganisationen »Afrikanischer Nationalkongreß« (ANC) und »Panafrikanischer Kongreß« (PAC) geschaffen worden, die für ein Ende der Rassentrennungspolitik in Südafrika eintreten. Es wurde international als menschenrechtswidrig kritisiert. Vorster zufolge hat das Gesetz seine Wirkung erreicht.

Sprachenstreit spaltet Indien

25. Januar. Am Tage vor der geplanten Einführung des Hindi als Staatssprache brechen in den südindischen Provinzen, vor allem in Madras, blutige Unruhen aus.

Die drawidisch sprechenden Südinder fürchten, daß die Einführung des indogermanischen Hindi als Verwaltungssprache sie im Alltag überfordert, sie ihrer gemeinsamen Sprachkultur beraubt und so zu Unterdrückung und Übervorteilung durch die Hindi-Sprecher aus dem Norden des Landes führt. Damit scheitert die Erfüllung des Verfassungsauftrages von 1950, der den Übergang zum Hindi als Staatssprache innerhalb von 15 Jahren vorschreibt.

Der Sprachenstreit führt zur Stärkung der 15 Regionalsprachen.

Die Welt nimmt Abschied von Sir Winston Churchill

24. Januar. Im Alter von 90 Jahren stirbt in London der britische Staatsmann und Historiker Sir Winston Churchill an den Folgen eines Schlaganfalles. Eine Woche lang dauern die Feierlichkeiten zu Ehren des Verstorbenen, der am 30. Januar auf dem Friedhof seines Heimatortes Bladon in Oxford beigesetzt wird.

Die große Glocke der Londoner St.-Pauls-Kathedrale verkündet am Morgen den Tod des Staatsmannes. Diese Ehre wird sonst nur Königen, Bischöfen und den Oberbürgermeistern von London zuteil. Drei Tage lang liegt der Tote in der Westminster Hall aufgebahrt. Beide Häuser des britischen Parlaments treten zu einer Gedenkstunde zu Ehren Churchills zusammen, der den Briten vor allem wegen seiner politischen Leistung als Premierminister im Zweiten Weltkrieg als nationale Symbolfigur gilt und in aller Welt als einer der größten Staatsmänner des Jahrhunderts angesehen wird.

An der Trauerfeier am 30. Januar in der St.-Pauls-Kathedrale nehmen Monarchen, Staatsoberhäupter und Politiker aus 111 Staaten teil. Erstmals in der britischen Geschichte ist die Königin von England bei einer Trauerfeier für einen Staatsbürger persönlich anwesend. Die Fernsehübertragung der Feierlichkeiten gibt 350 Mio. Zuschauern in allen westlichen Staaten Gelegenheit, das Ereignis am Bildschirm zu verfolgen.

7000 Soldaten und 10 Musikkapellen geleiten den Sarg von der Kathedrale zum Tower of London. Gemäß dem Wunsch des Verstorbenen trägt eine Barkasse die sterblichen Überreste Churchills über die Themse. Vom Bahnhof Waterloo Station wird der Sarg mit einem Sonderzug nach Bladon überführt. Dort findet die Beerdigung im engsten Familienkreis statt.

Ehrungen, wie sie Großbritannien dem 1953 geadelten Churchill erweist, wurden bisher außer Monarchen nur zwei Männern zuteil: Dem Sieger über Napoleon bei Waterloo, Arthur Wellsley, Herzog von Wellington, und dem Premierminister des späten neunzehnten Jahrhunderts, William E. Gladstone.

Winston Churchill in majestätischer Haltung mit den Insignien des Hosenband-Ordens (Gemälde)

Als Kriegspremier höchstes Ansehen

Winston Churchill, geboren am 30. November 1874, begann seine politische Karriere 1900 als konservativer Unterhaus-Abgeordneter. Nach seinem Übertritt zu den Liberalen (1904) wurde er 1908 Handelsminister und 1910 Innenminister. Am Ersten Weltkrieg nahm er 1915/16 als Offizier teil; 1919 wurde er Kriegsminister. 1924 kehrte er zu den Konservativen zurück und amtierte bis 1929 als Schatzkanzler. Von 1940 bis 1945 stärkte er als Premierminister den Widerstandswillen der Briten im Zweiten Weltkrieg nachhaltig. Nachdem er 1945 nicht wiedergewählt worden war, wurde er 1951 bis 1955 zum zweiten Mal Premierminister.

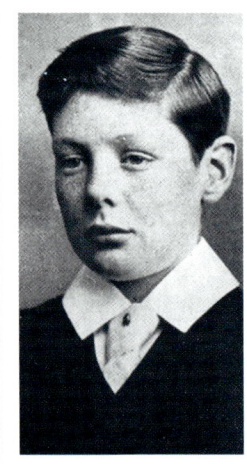

Der achtjährige Winston Churchill 1882 als Schüler des Internats im Londoner Stadtteil Harrow; bei den Lehrern der Eliteschule galt der kleine rothaarige Junge als der Frechste seiner Klasse; der spätere Premierminister tat sich während der Schulzeit nur einmal als Gewinner einer Fechtmeisterschaft hervor.

Mit diesem Foto steckbrieflich gesucht: Im Burenkrieg zwischen Südafrika und Großbritannien (1899–1902) konnte Churchill nach seiner Internierung 1899 aus einem Kriegsgefangenenlager fliehen. Die Buren setzten auf den »Engländer, 25 Jahre alt, ungefähr 1,73 m groß, ... lispelt das S ...« 25 Pfund Belohnung aus. Churchill beobachtet den Krieg als Korrespondent der britischen Tageszeitung »Morning Post«.

Churchill (M.) und seine Ehefrau Clementine, mit der er seit 1908 verheiratet ist, 1910 bei einem Besuch in der britischen Garnisonsstadt Aldershot, 50 km südwestlich von London, r. General Bruce Hamilton; Churchill, Abkömmling der britischen Hocharistokratie, wurde nach Ausbildung und Erziehung in Harrow und der Kadettenanstalt Sandhurst Kavallerieleutnant (1895–1899), nahm an den Feldzügen in Kuba (1896), Indien (1897/98) und im Sudan (1898) teil; 1910 ist er Innenminister.

Vor Downing Street 10 in London, dem Sitz der britischen Regierung: Churchill 1930 mit seiner Tochter Diana; 1921/22 Kolonialminister und 1924 bis 1929 Schatzkanzler, ist Churchill 1930 ohne Regierungsamt, jedoch wieder Mitglied des Unterhauses, nachdem er 1922 bis 1929 keinen Sitz im Parlament innehatte.

Ehrengeleit für Churchill zur letzten Ruhestätte

Churchill aufgebahrt in der Londoner Westminster Abtei

Aus Ost und West: Lob für Churchill

Die Nachricht vom Tod Winston Churchills wird in aller Welt mit großer Anteilnahme aufgenommen. Viele Staatsoberhäupter senden Beileidsschreiben an Königin Elisabeth II., an Premierminister Harold Wilson und an die Witwe Lady Clementine Churchill.

US-Vizepräsident Hubert Horatio Humphrey drückt seine Trauer mit den Worten aus: »Die Freiheit hat einen großen Vorkämpfer verloren. Sein Mut, sein staatsmännisches Können und sein Pflichtbewußtsein werden in den Herzen freier Menschen ewig leben.«

Der französische Staatspräsident Charles de Gaulle schreibt in seinem Beileidstelegramm: »Für alle Franzosen ist und wird Sir Winston immer derjenige bleiben, der durch die bewundernswerten Leistungen Großbritanniens den Endsieg herbeigeführt und dadurch äußerst wirkungsvoll zur Rettung des französischen Volkes und der Freiheit in der Welt beigetragen hat.«

Bundeskanzler Ludwig Erhard sagt in seinem Nachruf: »Deutschland hat ihn als großen Gegner, aber auch als großen Vorkämpfer der Versöhnung erlebt. Er hat den Krieg mit Härte geführt, aber sich niemals den Blick für die Gebote des Friedens trüben lassen.«

Jugoslawiens Staatspräsident Josip Tito würdigt Churchill als Mitstreiter gegen den Faschismus und gedenkt »mit Dankbarkeit seines kämpferischen Geistes, seiner unermüdlichen Arbeit und seines großen Beitrages zum Sieg.«

Auch der sowjetische Ministerpräsident Alexei N. Kossygin rühmt die Verdienste des Verstorbenen: »In der Sowjetunion erinnern wir uns der unermüdlichen Anstrengungen Churchills in den Jahren des Krieges gegen Hitler.« Gleichwohl kritisiert die sowjetische Nachrichtenagentur TASS Churchill als »führenden Kopf des kalten Krieges« und als den »Erfinder des Schlagwortes vom Eisernen Vorhang.«

Zwei Finger zum »V« für »Victory« (Sieg) gespreizt: Churchill, seit Mai 1940 Premierminister, symbolisiert selbst als Person und mit dieser Geste den Durchhaltewillen der Briten während des Zweiten Weltkriegs.

Premierminister Winston Churchill (l.) mit den Regierungschefs der USA und der Sowjetunion, Franklin D. Roosevelt (M.) und Josef W. Stalin (r.), während der Konferenz von Jalta vom 4. bis 11. Februar 1945, auf der die »Großen Drei« sich über eine politische Neuordnung Europas nach der absehbaren Niederlage des Deutschen Reichs im Zweiten Weltkrieg einigen: Deutschland soll in vier Besatzungszonen geteilt und dauerhaft entmilitarisiert werden; Churchill hatte früher für eine Isolierung Preußens und eine Westverschiebung Polens bis zur Oder sowie eine Zusammenfassung Süddeutschlands mit Österreich zu einer Donauföderation plädiert, konnte sich aber letztlich nicht gegen seine Verbündeten Stalin und Roosevelt durchsetzen.

Am 3. März 1945 besucht Premierminister Churchill, der als maßgeblicher Initiator der Allianz zwischen Großbritannien, den USA und der Sowjetunion sowie als Motor des entschlossenen britischen Widerstands gegen Hitler bedeutenden Anteil an der bevorstehenden Niederlage des nationalsozialistischen Deutschland hat, mit hohen Offizieren die Neunte US-Armee an deren Frontabschnitt bei Jülich, das Ende Februar 1945 in die Hände der Alliierten gefallen war; in der ersten Reihe v. l. n. r.: Feldmarschall Allan Brooks, Churchill, Feldmarschall Bernard Law Montgomery und Gastgeber Generalleutnant William H. Simpson.

Irische Staatschefs suchen Kooperation

14. Januar. In der nordirischen Hauptstadt Belfast kommt es erstmals seit der Spaltung Irlands 1921 in die katholische Republik Irland und das britisch beherrschte Nordirland zu einem Treffen der Premierminister beider Länder. Seán Lemass (Republik Irland) und Terrence O'Neill (Nordirland) konferieren über Fragen der wirtschaftlichen Zusammenarbeit und über die Beilegung von Grenzstreitigkeiten.

Die politischen Differenzen zwischen beiden Regierungen über die irische Einheit und die Rolle Großbritanniens in Irland sowie der Religionskonflikt zwischen den Katholiken und den nordirischen anglikanischen Protestanten werden sorgfältig ausgespart. Nach Meinung von Beobachtern versuchen beide Politiker, dem Widerstand gegen die britische Präsenz in Nordirland durch ihre Zusammenarbeit die Grundlage zu entziehen.

Das Treffen der Regierungschefs kommt für die Öffentlichkeit völlig überraschend zustande und ist durch die Kabinette beider Länder nicht vorbereitet worden. Insbesondere in Nordirland führt das Bekanntwerden der Zusammenkunft zu einer optimistischen Erwartungshaltung der Geschäftswelt, die auf

Terence Marne O'Neill, seit 1963 Ministerpräsident von Nordirland

Seit 1959 als Regierungschef der Republik Irland im Amt: Seán Lemass

gesteigerte Investitionen aus dem Ausland sowie eine gemeinsame irische Energieversorgung hofft. Die irisch-republikanische Industrie erwartet von ihrem Premierminister Bemühungen um den Aufbau einer gemeinsamen irischen Fischfangflotte und um die Erneuerung des irischen Straßennetzes, das wegen der politischen Teilung der Insel zu verfallen droht.

Als Voraussetzung für eine künftige gemeinsame Wirtschaftspolitik sieht Nordirland den Abbau der hohen Zollschranken der Republik Irland an. Sie wurden von der republikanischen Seite bisher mit der starken Subventionierung der nordirischen Industrie durch die britische Regierung in London gerechtfertigt. Beide Seiten hoffen auf eine Belebung des Tourismus.

Seit 1541 von den Briten beherrscht

Seit dem 12. Jahrhundert streiten Briten mit den einheimischen Iren um die Oberherrschaft über die Insel:

▷ 1541: König Heinrich VIII. erzwingt die britische Herrschaft in Irland. Die anglikanische Staatsreligion kann aber im katholischen Irland nicht durchgesetzt werden.

▷ 1801: Irland wird mit Großbritannien vereinigt.

▷ 1908: Die irisch-nationalistische Sinn Féin-Bewegung nimmt den militärischen Kampf gegen die britische Herrschaft auf.

▷ 6. 12. 1921: Großbritannien und die Befreiungsbewegung Sinn Féin beschließen die Teilung Irlands in die katholische Irische Republik und das anglikanische Nordirland unter britischem Einfluß. Breiter Widerstand in der illegalen Irisch-Republikanischen Armee (IRA) gegen die Aufgabe Nordirlands führt zum Bürgerkrieg.

▷ 18. 4. 1949: Die unabhängige gesamtirische Republik Eire wird ausgerufen.

Stausee bedroht Tiere im Urwald

Im Regenwald am Oberlauf des Surinam-Flusses, des bedeutendsten Wasserwegs in dem lateinamerikanischen Staat Surinam, organisiert die Gesellschaft zum Schutz der Tiere aus dem US-Bundesstaat Massachusetts eine Rettungsaktion für Zehntausende bedrohter Waldtiere.

Das Auffüllen des Brokopondo-Plaau-Stausees, der eine Fläche von 870 Quadratmeilen (etwa 2253 km²) überdecken soll, läßt den Wasserspiegel schnell steigen und zwingt die Tiere auf höhergelegene Stellen. Sobald auch diese überflutet werden, brechen die Tiere in Panik aus und drohen erschöpft zu ertrinken.

Der Staudamm mit Wasserkraftwerk dient der Aluminiumgesellschaft Surinams zur Energiegewinnung; er soll zur Industrialisierung des kleinen Landes beitragen.

Viele Tiere sind dem Wasser schutzlos ausgeliefert; auch der kleine Affe wird von Helfern der Operation »Gwamba« (Ureinwohnersprache: Tier) geborgen

John Walsh von der Gesellschaft zur Rettung der Tiere rettet ein verängstigtes Reh; zum Schutz vor Verletzungen werden dem Tier die Hufe zusammengebunden

Arbeit und Soziales 1965:

Vollbeschäftigung, Automation und Gewinnbeteiligung

Vollbeschäftigung und Arbeitskräftemangel kennzeichnen 1965 die Situation auf dem Arbeitsmarkt in der Bundesrepublik. Das Fehlen von Arbeitskräften führt sogar zu einem leichten Absinken der Steigerungsrate (8,0%) des realen Bruttosozialprodukts im Vergleich mit dem Vorjahr (8,3%).

Die Nettorealverdienste der Arbeitnehmer weisen mit 6,5% eine der höchsten Zuwachsraten seit 1950 auf. Die erfolgreiche Lohnpolitik der Gewerkschaften wird durch die für Arbeitnehmer günstige Situation am Arbeitsmarkt ermöglicht. Die Arbeitslosigkeit erreicht mit 0,7% (147 000 Erwerbslosen) den niedrigsten Stand seit Gründung der Bundesrepublik 1949. Zwar steigt die Zahl ausländischer Arbeitnehmer um 231 000 auf über 1,1 Mio. und damit von 4,1% auf 5,5% der Beschäftigten. Dieser Zuwachs wird aber durch mehrere Faktoren ausgeglichen:

▷ In mehreren Bundesländern wird das neunte Pflichtschuljahr eingeführt, das den Zugang der Jugendlichen zum Arbeitsmarkt verzögert

▷ Den gleichen Effekt hat der zunehmende Besuch weiterführender Schulen

▷ Die durchschnittliche tarifliche Arbeitszeit sinkt weiter – 1965 allein um 0,6 Stunden (1,4%) auf 42,8 Stunden pro Woche.

Die Bundesvereinigung der Arbeitgeberverbände befürchtet daher einen Arbeitskräftemangel in der bundesdeutschen Wirtschaft bis tief in die siebziger Jahre hinein. Auf diese Gefahr reagiert Bundeskanzler Ludwig Erhard in seiner Regierungserklärung vom → 10. November (S. 184) mit der unpopulären Forderung nach einer Stunde Mehrarbeit pro Woche für alle bundesdeutschen Arbeitnehmer.

Das Fehlen von Arbeitskräften führt zu einer verstärkten Suche nach Möglichkeiten der Rationalisierung und der Automatisierung. Insbesondere in der Massen- und Serienfertigung in Eisen- und Stahlwerken, in Erdölraffinerien sowie in der Nahrungsmittelindustrie werden Arbeitsabläufe standardisiert und mechanisiert. Nicht nur in der Fertigung, sondern auch in der Steuerung der Produktionsabläufe wird menschliche Arbeitskraft immer entbehrlicher.

Elektronische Datenverarbeitung macht sich vor allem die chemische Industrie zunutze. Wenige Fachleute reichen aus, um die Tätigkeit des »Elektronengehirns« zu überwachen. Anfang 1965 gibt es in der Bundesrepublik über 1800 Anlagen dieser Art, die in der Produktion sowie in der Verwaltung für die Lohnabrechnung, die Lagerhaltung und den Materialeinkauf verwendet werden. Die bundesdeutsche Wirtschaft ist damit führend in Europa. Sie weist jedoch einen erheblichen Rückstand im Vergleich mit den Vereinigten Staaten auf, wo 1964 bereits 16 500 elektronische Rechner installiert waren.

Vollbeschäftigung und gute Aussichten auf lukrative Arbeitsverträge bei anderen Firmen zwingen

In der chemischen Industrie wird Chlor vollautomatisch auf elektrolytischem Wege hergestellt

die Unternehmen dazu, darüber nachzudenken, wie sie die Mitarbeiter an die Arbeitsplätze binden können. Mehr als hundert Betriebe in der Bundesrepublik praktizieren bereits die Gewinnbeteiligung für Arbeitnehmer. Sie kommen damit Forderungen von SPD und Gewerkschaften nach einer gerechteren Verteilung der Unternehmensgewinne und des Volkseinkommens entgegen. Eine Sonderstellung nimmt dabei die Textilfirma Paul Spindler in Hilden bei Düsseldorf ein, bei der trotz der unbefrie-

Durch Vollautomatisierung umgeht ein Geschäft in Wiesbaden das unflexible Ladenschlußgesetz

digenden Ertragslage in der Textilindustrie fast 700 von 1000 Firmenangehörigen Mitunternehmerverträge unterschrieben haben. Dabei werden die Mitarbeiter sowohl an den Gewinnen wie auch an den wirtschaftlichen Risiken des Unternehmens beteiligt.

Sozialpolitiker aller Parteien erwarten wegen des fallenden Anteils der Erwerbstätigen an der Gesamtbevölkerung in naher Zukunft Finanzierungslücken in der Rentenversicherung. Der Altersaufbau der Bevölkerung zeigt deutliche Verschiebungen. Seit 1950 sinkt der Anteil der 15 bis 60jährigen (von 62,7% auf 59,3%), während der Anteil der über 60jährigen (von 13,8% auf 18,1%) steigt. Gleichzeitig zeichnet sich ein Ende des seit 1960 beobachteten hohen Geburtenüberschusses ab. Bevölkerungsstatistiker erklären die fallende Geburtenrate mit einem Rückgang des Anteils von kriegsbedingten Spätehen. Auch die Kinderzahl pro Familie sinkt stetig (1950: 2,07/1965: 1,78); der Trend geht zur Zweikinder-Familie.

Die sozialstaatliche Absicherung der Familie wird zunehmend Thema der Sozialpolitik. Das erste Wohngeldgesetz vom → 1. April (S. 77) spricht Familien mit geringem monatlichen Einkommen staatliche Mietbeihilfen zu.

Der Textilunternehmer Gert Spindler (ohne Brille) zahlt ein Viertel des Gewinns an die Belegschaft, davon wird ein Monatslohn als Risikorücklage einbehalten; seine Arbeiter sind gewissermaßen Mitunternehmer

Erster Forschungsbericht

28. Januar. Der Bundesminister für wissenschaftliche Forschung, Hans Lenz (FDP), stellt der Öffentlichkeit den ersten Bericht über die Förderung der wissenschaftlichen Forschung vor. Der Bundesforschungs-

Hans Lenz wurde am 12. Juli 1907 geboren. Seit 1953 für die FDP im Bundestag und seit 1960 stellvertretender Parteivorsitzender, war Lenz 1961/62 Bundesschatzminister und ist seit dem 7. Dezember 1962 Bundesminister für Wissenschaft und Forschung.

bericht soll von nun an im Abstand von drei bis vier Jahren in aktualisierter Form erscheinen. Lenz erfüllt damit einen Auftrag des Bundestages aus dem Jahr 1963.

Der Bericht faßt die Maßnahmen des Bundes zur Forschungsförderung zusammen und schätzt den Bedarf an Forschungsmitteln langfristig voraus. Insbesondere kritisiert er die Rückständigkeit der Forschungsförderung in der Bundesrepublik im Vergleich mit anderen westlichen Industrienationen.

Fünf Bereiche werden als besonders forschungswürdig ausgewiesen; auf sie entfallen schon jetzt 87% der Bundesforschungsausgaben:

▷ Hochschulen, Max-Planck-Gesellschaft und Deutsche Forschungsgemeinschaft
▷ Kernforschung
▷ Weltraumforschung (→ 13. 5. / S. 93)
▷ Verteidigungsforschung
▷ Studienförderung für Begabte nach dem Honnefer Modell.

Vor allem bei Weltraumforschung und Kernforschung ist eine Zusammenarbeit von Universität und Industrie unerläßlich. Wesentliches Ziel ist daher die Koordinierung gemeinsamer Forschung. Bis 1970 soll der Anteil der Forschungsförderung aus Mitteln der Industrie und der öffentlichen Hand von 1,3 auf 3,0% des Bruttosozialproduktes (etwa 15 Mrd. DM) angehoben werden.

Neue Wege der Lehrersuche

23. Januar. Auf ungewöhnliche Weise versucht die Schulbehörde des Stadtstaates Hamburg, den Lehrermangel an den Volks- und Realschulen zu mildern. Sie wirbt in Anzeigen um männliche Hochschulabsolventen, die nach einer pädagogischen Kurzausbildung eingestellt werden sollen.

Im hessischen Dillenburg demonstrieren 800 Gymnasiasten gegen Sparmaßnahmen im Bildungswesen

Schon seit den fünfziger Jahren bemühen sich die Kultusminister aller Bundesländer, den zunehmenden Lehrermangel durch die Einstellung von Personal ohne pädagogische Vollausbildung zu mildern.

Seit 1950 ist im Bundesgebiet die Zahl der Klassen an den allgemeinbildenden Schulen von 173 500 auf 232 950 gestiegen. Im selben Zeitraum sank die durchschnittliche Schülerzahl pro Klasse an den Volksschulen von 46 auf 34, an den Realschulen von 33 auf 25 und an den Gymnasien von 22 auf 20 Schüler. Dies wird jedoch als nicht ausreichend gesehen.

Fachleute erwarten, daß wegen der bevorstehenden Einführung des neunten Pflichtschuljahres und der Einführung von Fremdsprachenunterricht auch an den Volksschulen sich der Lehrermangel in den nächsten Jahren noch vergrößert. Erst für die Mitte der 70er Jahre wird mit einer entspannten Personallage an den Schulen gerechnet.

Lehramtsstudenten sehen durch die »Hilfslehrer« ihr Studium entwertet und fürchten um ihre spätere Einstellung. Sie warnen vor unzureichend ausgebildeten Lehrkräften.

Der große Empfangsraum des Kanzlerbungalows kann durch versenkbare Wände vergrößert werden; im Vordergrund Sitzecke mit Ledersesseln

Die Sitzecke des großen Empfangsraums wird durch das Gemälde »Die Schmiede Vulkans« des deutschen Malers Alexander Camaro geschmückt

Die Möglichkeit zur doppelten Nutzung als Konferenzraum und als Speisesaal entspricht der von Bundeskanzler Erhard propagierten Sparsamkeit

Amtssitz für den Kanzler

Januar. Erstmals nimmt ein Regierungschef der Bundesrepublik eine Dienstwohnung. Bundeskanzler Ludwig Erhard (CDU) und seine Frau Luise beziehen den neu erbauten Kanzlerbungalow, der für ihn und seine Amtsnachfolger im Park des Bundeskanzleramtes am Rheinufer erbaut worden ist.

Erhards Vorgänger Konrad Adenauer hatte es vorgezogen, in seiner Privatvilla zu residieren und dort auch hohe Gäste zu empfangen. Doch für Repräsentationspflichten selbst bescheidenster Art ist das Vier-Zimmer-Eigenheim Erhards nicht geeignet. So erwies sich der Umzug für den Kanzler – seit 1963 im Amt – als unausweichlich.

Der Kanzlersitz besteht aus zwei quadratischen einstöckigen Atriumhäusern, die aneinandergrenzen und über Wanddurchbrüche miteinander verbunden sind. Die Architektur ist von zeittypischer moderner Sachlichkeit. Die Innenhöfe lockern die geschlossene Bauweise von innen her auf und gewährleisten helles Tageslicht in allen Räumen. Die breiten Außenflächen sind hoch verglast und dokumentieren so einladende Offenheit und Weitläufigkeit. Die Glaswände der Speisezimmer lassen sich versenken, so daß bei guter Witterung Parties und Empfänge drinnen und draußen zugleich veranstaltet werden können. Ein offener Kamin ermöglicht es, auch bei kühlerem Wetter im Freien zu verweilen.

Das Zwillingshaus gibt sich betont nüchtern. Der Verzicht auf alle Symbole, die auf die herausgehobene Position des Bewohners hindeuten, soll die Stellung des Regierungschefs als Diener seines Volkes und als »Fachmann in Regierungsfragen« unterstreichen.

Der größere Bau ist für den Empfang hoher Staatsgäste und andere Repräsentationszwecke gedacht. Der kleinere, etwas niedriger gebaute dient der Kanzlerfamilie als Privatwohnung. Personal-, Kinder- und Gästezimmer liegen außerhalb des Kerns des Hauses mit den Privatsuiten Erhards und seiner Frau, die sich um den Innenhof gruppieren. Beide verfügen über eigene Arbeitszimmer, Schlafzimmer, Bäder und Ankleidezimmer. Die für den Kanzler typische Sparsamkeit zeigt sich daran, daß der Familie Erhard ein Raum als Eßzimmer und Wohnzimmer zugleich dient. Gästezimmer und Nebenräume abgerechnet, umfassen die Privatgemächer zur ausschließlich persönlichen Nutzung für Erhard – das Eßzimmer eingerechnet – 121,3 m². Die Empfangsräume, die Speiseräume für Gäste, das Musikzimmer und die Küche befinden sich im Repräsentationstrakt des Doppelbungalows. Diese architektonische Lösung dokumentiert die Nähe von Arbeitsalltag und Privatleben des Kanzlers.

Die Fußböden der Bungalows sind mit italienischem Kalkstein ausgelegt. Die Wände der Repräsentationsräume sind teils mit hellem Spaltklinker vermauert, teils mit Nußbaum aus den USA verkleidet. Die Decken bestehen aus Latten von kanadischer Kiefer. Die Einrichtung gehört zum Bungalow und ist damit Staatseigentum wie die ganze Anlage. Der Kanzler nimmt jedoch Einfluß auf die jeweilige Ausstattung und gibt dem Wohnsitz damit eine persönliche Note.

Die weiten Flächen rund um den Doppelbungalow dienen auch dazu, jederzeit einen unauffälligen, aber wirksamen Personenschutz für den Bundeskanzler und seine in- und ausländischen Gäste zu gewährleisten. Eine abstrakte Skulptur des Bildhauers Bernhard Heiliger schmückt den Rasen zwischen dem Kanzler-Bungalow und dem nahegelegenen Rheinufer.

Mitten im Regierungsviertel gelegen, wirkt der Kanzlerbungalow wie ein Landsitz im Grünen; der alte Baumbestand wurde geschickt genutzt

Nüchtern dekorierter Salon des Kanzlerbungalows mit hellen Möbeln und Hängelampe

Speiseraum in der für den Amtsinhaber und seine Familie angegliederten Privatwohnung des Bonner Kanzlerbungalows

Theater 1965:

Belebung der Überlieferung und Erprobung der Moderne

Im Sprechtheater der Spielzeiten 1964/65 und 1965/66 haben die ehemals als Provokation empfundenen Stücke des absurden Theaters von Autoren wie z. B. Samuel Beckett ihren festen Platz. Daneben zeigt sich das Bestreben nach der Aktualisierung historischer Dramenstoffe für die Gegenwart.

Das absurde Theater, das Mitte der fünfziger Jahre das Publikum schockierte, wird kaum noch als irritierend empfunden, sondern wirkt als »moderner Klassiker«. Die Kritik bewertet die Inszenierung von Becketts »Warten auf Godot« am Berliner Schiller-Theater, zwölf Jahre nach der Uraufführung in Paris und der aufsehenerregenden deutschen Erstaufführung im Berliner Schloßparktheater, vor allem nach ästhetischen und darstellerischen Gesichtspunkten. Die Botschaft des Stückes – Verzweiflung über die Orientierungslosigkeit und Handlungsunfähigkeit des Einzelnen in der modernen Welt – tritt in den Hintergrund. Auch die Ulmer Inszenierung des »Endspiels« (Uraufführung und deutsche Erstaufführung 1957) demonstriert die großen Bühnenmöglichkeiten dieses zweiten »Beckett-Klassikers«, indem sie die clownesken und surrealen Aspekte des Stückes hervor-

Szene aus der Uraufführung von »Joel Brand«, r. Robert Graf in der Titelrolle, 2. v. l. R. Pekny als Eichmann

Horst Bollmann (l.) als Wladimir und Stefan Wigger als Estragon in der Neuinszenierung von »Warten auf Godot«

hebt und das endzeitlich-nihilistische Weltbild ausblendet.

Einen Skandal löst die Uraufführung des Stückes »Saved« (Gerettet) am 3. November im Londoner Royal Court Theatre aus. In naturalistisch anmutender Spielweise wird hier eine Familiensituation aus dem Londoner Eastend auf die Bühne gebracht, die in einer die Zuschauer schockierenden Steinigung eines Babys gipfelt. Für den 1934 geborenen britischen Autor Edward Bond sind Brutalität und eine äußerst verknappte Sprache Metaphern für eine Weltsicht ohne jede Hoffnung.

Neun Jahre nach dem Tod Bertolt Brechts bemühen sich die bundesdeutschen Bühnen um einen sowohl gegenwartsbezogenen wie unbefangenen Stil im Umgang mit seinem Werk. Seit 1949, als der marxistische Dramatiker zur Überraschung vieler aus dem Exil nicht in die Bundesrepublik, sondern in die DDR zurückkehrte, gab es das Bestreben, den Kommunisten gegen den Künstler Brecht auszuspielen. Nunmehr nimmt die Bereitschaft zu, auch die im Weltbild des »kalten Krieges« als Propaganda für den Kommunismus betrachteten Werke dem Bühnenexperiment auszuset-

zen. Unter den 15 Inszenierungen von Brecht-Stücken des Jahres an großen deutschen Bühnen ragt die von Peter Palitzsch in Köln hervor. Seine Aufführung des Stücks »Mutter Courage und ihre Kinder« (Uraufführung am 19. 4. 1941 in Zürich) zeigt die Geschichte der gewinnsüchtigen Marketenderin im Dreißigjährigen Krieg nüchtern und distanziert und versucht, mit Hilfe von Requisiten aus verschiedenen Zeiten im Bühnenbild das Stück auf unterschiedliche historische Situationen zu übertragen.

Mit seiner Inszenierung von William Shakespeares »Hamlet« an den

»Living Theatre«
für die Anarchie

Auf seiner Tournee durch die Bundesrepublik stößt das New Yorker »Living Theatre« (Lebendiges Theater) aufgrund seiner grellen und aggressiven Spielweise bei einem Großteil des Publikums auf Unverständnis. Die 1951 von Julian Beck und Judith Malina gegründete Theatertruppe hat die Aufhebung des Gegensatzes von Kunst und Leben zum Ziel und wendet sich gegen jegliche staatliche Organisation. Die Weigerung, Steuern zu zahlen, zog 1963 die Zwangsschließung ihres Studios nach sich. Ihre ideologische und ästhetische Radikalität wird zum Vorbild für neue Künstlergruppen in den USA und Westeuropa.

Julian Beck und Judith Malina, ▷ Gründer des Living Theatre, l. in Jean Genets »The Maids« in Berlin

Städtischen Bühnen in Frankfurt am Main will Harry Buckwitz einen als verstaubt empfundenen Klassiker neu beleben. Die persönlich-psychologische Situation des Helden Shakespeares, der vom Geist seines Vaters, des ermordeten Königs von Dänemark, zur Rache für seinen Tod aufgefordert wird, erhält bei Buckwitz eine politische Dimension. Hamlet erscheint als Rebell, der mit einem Schlag den Staat aus den Händen von Mördern reißen will. Requisiten, die an den Nationalsozialismus erinnern, stiften den zeitgeschichtlichen Bezug.

An 19 Bühnen zugleich startet das Stück »Die Ermittlung. Oratorium in 11 Gesängen« des Schriftstellers, Malers und Filmregisseurs Peter Weiss, das den Frankfurter Prozeß von 1963/64 gegen Verantwortliche für die Judenvernichtung in Auschwitz zum Thema hat. Die Anlage des Dramas beeindruckt durch das Verfahren, die auf der Bühne kaum darstellbaren Verbrechen der Nazis indirekt durch die Worte von Schuldigen und Zeugen zu vergegenwärtigen (→ 19. 10./S. 176). Die zweite Uraufführung eines bedeutenden dokumentarischen Theaterstückes, »Joel Brand. Die Geschichte eines Geschäftes« von Heinar Kipphardt an den Münchener Kammerspielen am 5. Oktober unter der Regie von Jörg Zimmermann, zeigt, wie der Obersturmbannführer Eichmann durch die Vermittlung des Juden Brand von den Alliierten für die Entlassung ungarischer Juden aus den Händen der SS Lastkraftwagen einzuhandeln versucht.

Beunruhigt von der Konkurrenz durch das Fernsehen befragt die Fachzeitschrift »Theater heute« die Theaterbesucher nach ihrem Verhältnis zum »Flimmerkasten«. Von den 15 000 Befragten geben 57% an, daß sie überhaupt nicht fernsehen. Dagegen besuchen 90% von ihnen im Monat durchschnittlich 1,1 Kinovorstellungen. Die Fernseh-Enthaltsamkeit der Theaterbesucher ist besonders groß in den Universitätsstädten Freiburg, Berlin und München. Das Schauspiel liegt in der Besuchergunst weit vorn; die Oper bevorzugen doppelt so viele Bühnenfreunde wie die Operette. Nur 1,6% stellen das Musiktheater prinzipiell über das Sprechtheater.

(Siehe auch »Uraufführungen« im Anhang.)

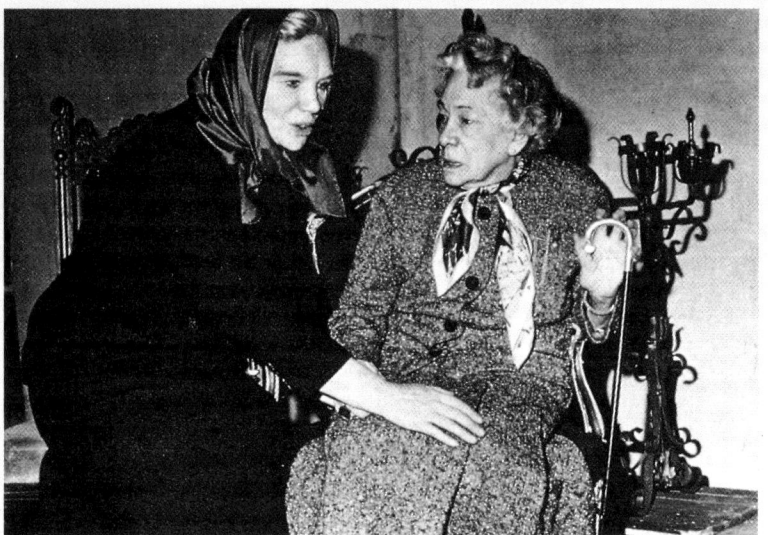

◁ *Zwei große Damen des deutschsprachigen Theaters gastieren in Münster: Tilla Durieux (r.), geboren 1880, der bereits zu Beginn des Jahrhunderts als »Salome« in Oscar Wildes gleichnamiger Tragödie unter der Regie von Max Reinhardt der Durchbruch gelang, und Elisabeth Flickenschildt, Jahrgang 1905, spielen in T. S. Eliots Drama »Der Familientag« (The Family Reunion) zwei rivalisierende alte Schwestern. Für die Inszenierung hat »die Flickenschildt« erstmals in ihrer Karriere die Kostüme selbst entworfen. Seit dem Tod Gustaf Gründgens 1963, mit dem sie viele Jahre zusammengearbeitet hatte, geht sie keine feste Bühnenbindung mehr ein.*

◁ *Paul (l.) und Attila Hörbiger, geboren 1894 bzw. 1896, spielen am Wiener Burgtheater die Hauptrollen in dem romantisch-satirischen Märchen »Der Alpenkönig und der Menschenfeind« des österreichischen Dichters Ferdinand Raimund. Wegen eines Familienstreits waren die berühmten Brüder jahrelang verfeindet und konnten nicht zu gemeinsamen Bühnenauftritten bewegt werden.*

▽ *Der Schauspieler Ernst Deutsch (r.), geboren 1890 in Prag, als König Philipp II. in Friedrich Schillers »Don Carlos«, einer Aufführung des Westberliner Schillertheaters im New Yorker Lincoln Center*

Bildzerstörungen in den Uffizien

12. Januar. *In dem für seine bedeutende Sammlung alter Meister bekannten Museum Galleria degli Uffizi (den »Uffizien«) in Florenz beschädigt ein unbekannter Täter 24 der mehr als 500 Gemälde in den 42 Ausstellungsräumen. Die geringe Zahl von Wächtern erleichterte dem Täter sein Werk. Erst nach dreitägigen Nachforschungen gewinnt die Museumsleitung einen Überblick über die Zerstörungen. Der vermutlich seelisch gestörte Täter hat mit einem spitzen Gegenstand bei 24 Bildern die Leinwand im Bereich der Augen und des Unterleibes dargestellter Personen aufgeschlitzt.*

Bekämpfung der Malaria zeigt Erfolge

24. Januar. 813 Mio. Menschen sind seit dem Beginn des Malariafeldzuges der Weltgesundheitsorganisation (WHO) von dieser Krankheit befreit worden. Das teilt die WHO in ihrem Seuchenbericht mit. Gleichzeitig kündigt die 1946 gegründete Organisation der Vereinten Nationen die Intensivierung ihrer Bemühungen bis zur völligen Ausrottung der Malaria an.

Eine Impfung gegen die Malaria konnte bislang nicht entwickelt werden. Daher richtet sich die Bekämpfung der Krankheit vor allem gegen den Zwischenwirt, die Anophelesmücke. Die Maßnahmen sind jedoch mit Risiken behaftet:

▷ Durch die Trockenlegung von Sümpfen werden der Mücke zwar Brutplätze entzogen. Der Bau von Stauseen erzeugt aber zugleich große neue Brutgebiete

▷ Die Chemikalie DDT befreit befallene Gebiete zuverlässig. Sie reichert sich aber in der Nahrungskette an und gefährdet so Nutztiere und Menschen. Zudem werden zunehmend Mückenarten gegen das Gift resistent

▷ Dic Aussetzung sterilisierter Mückenmännchen kann bislang nur kleinflächig durchgeführt werden.

Der Bericht der Weltgesundheitsorganisation wird daher von Fachleuten als zu optimistisch kritisiert.

Malariagefährdet sind 1965 vor allem tropische und subtropische Gebiete. In den gemäßigten Breiten Nordamerikas und in Europa ist die Malariagefahr weitgehend gebannt. Noch um 1900 gab es in Italien mehr als 300 000 Malariaerkrankungen jährlich. Zeitweilig reichte im 19. Jahrhundert die nördliche Grenze des malariabefallenen Gebietes in Europa bis nach Schweden.

Die Malaria, auch Sumpffieber oder Wechselfieber genannt, ist eine durch Sporentierchen hervorgerufene Infektionskrankheit. Die unreifen Sporenformen gelangen mit dem Stich von Malariamückenarten, sog. Anophelesmücken, in den menschlichen Körper und entwickeln sich dort zu höheren Formen, die bei der gefährlichsten Malariaerkrankung, der Malaria tropica, tödliche Fieberanfälle auslösen.

Sticht eine Anophelesmücke einen infizierten Menschen, nimmt sie mit seinem Blut den Krankheitserreger wieder auf. In ihrem Körper vermehren sich die Erreger und werden dann in einem gefährlichen Kreislauf als neuer Krankheitskeim an den Menschen weitergegeben.

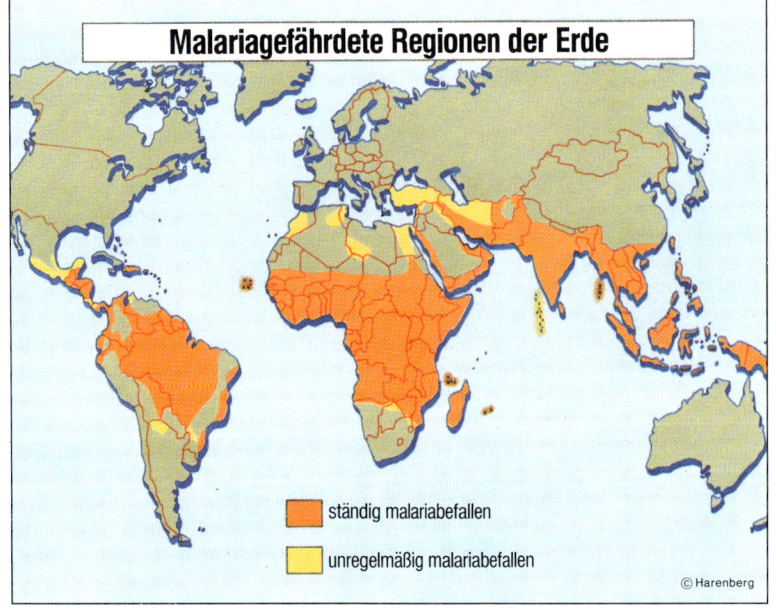

Malariagefährdete Regionen der Erde

ständig malariabefallen

unregelmäßig malariabefallen

© Harenberg

Smogplan sieht Fahrverbote vor

29. Januar. In 15 Städten des Ruhrgebietes kann künftig bei Smog-Gefahr der private Kraftfahrzeugverkehr ganz oder teilweise stillgelegt werden. Das sieht der »Smog-Plan« der nordrhein-westfälischen CDU-FDP-Landesregierung vor, der dem Landesparlament in Düsseldorf vorgestellt wird.

Die Landesregierung reagiert damit auf die ansteigende Luftverschmutzung im Kohlenrevier, die zu nachhaltigen Atmungsstörungen und Gesundheitsbeschwerden vor allem bei älteren Menschen führt. Die bisherigen Bemühungen zur Vermeidung industrieller Luftverschmutzung gleichen die Zunahme von Schadstoffen in der Atemluft durch die stark steigende Zahl an Kraftfahrzeugen nicht aus.

Vorgesehen ist eine zweistufige Regelung. Bei einer drohenden Smog-Wetterlage bereitet die Verwaltung die Sperrung voraussichtlich betroffener Gebiete durch das Aufstellen verhüllter Hinweisschilder vor. Diese werden beim Überschreiten dcr Grenzwerte enthüllt.

Smog, ein Kunstwort aus den englischen Wörtern Smoke (Rauch) und Fog (Nebel), entsteht bei sog. austauscharmen Wetterlagen, wenn sich eine Glocke warmer Luft über die erdnahe kalte und verbrauchte Luftschicht legt und so den Luftaustausch verhindert.

1. FERNSEH-PROGRAMM

MO 18. JAN.

KANÄLE: WDR 5–11, 24, 30, 32, 58 – NDR 2, 4–11, 41, 43, 50, 53, 55 – Südwestfunk 6, 23, 25, 47 – Frankfurt 7, 8

VORMITTAGSSENDUNGEN

Nur über die Sender des NDR mit Radio Bremen, Meißner Kanal 7, Kreuzberg Kanal 3 und Ochsenkopf Kanal 4

10.00 Nachr. – 10.05 Tagesschau (Wiederholung). – 10.20 Die Sportschau. – 10.50 Die Reporter der Windrose berichten, Ltg. Peter von Zahn: ›Trockenmilch und ERP‹. – 11.20 ›4 + 1 Klavier‹. Ein Studio-Bummel mit Horst Jankowski. Regie: Klaus Kirschner. – 12.00–13.00 Das aktuelle Magazin.

17.00 Für Sie
Eine Sendung nicht nur für die Frau

18.10 DF Nachrichten der Tagesschau
(Alle Sender außer Bayerischer und Hessischer Rundfunk, bis 18.15)

WESTDEUTSCHER RUNDFUNK:
18.30 Hier und Heute
19.15 Unbekannte Welt: Bericht über eine Himalaja-Expedition
19.45 Alte deutsche Städte ostwärts der Elbe: Potsdam

SÜDWESTFUNK:
18.15 Geheimauftrag für John Drake, Kriminalfilm: ›Gefährliche Operation‹
18.45 Die Abendschau mit Sport
19.12 Nachrichten der Tagesschau
19.24 Humboldt-Schule: Das Preisausschreiben

HESSISCHER RUNDFUNK:
18.15 Sprung aus den Wolken, Filmfolge: ›Krach mit Charlie‹
18.40 Das Sandmännchen
18.50 Die Hessenschau mit Sport
19.10 Nachrichten der Tagesschau
19.20 Alte Tapeten. Fernsehspiel
19.50 Heute in Hessen

20.00 DF Tagesschau
Das Wetter morgen

20.15 Panorama
Berichte – Analysen – Meinungen

21.00 Die Schlüssel
Von Francis Durbridge in der Übersetzung von Marianne de Barde, 1. Teil
Personen: Eric Martin (Harald Leipnitz). Inspektor Hyde (Albert Lieven). Philip Martin (Peter Thom). Thomas Quayle (Hans Quest). Vanessa Curtis (Dagmar Altrichter). Douglas Talbot (Friedrich Joloff). Dr. Linderhof (Helmut Peine). Ruth Sanders (Ruth Scheerbarth). Clare Seldon (Anna Smolik). Andy Wilson (Christian Wolff). Cliff Fletcher (Benno Hoffmann). Arthur (Gert Wiedenhofen). Miß Silence (Herta Worell). Doreen (Annemarie Schlaebitz). Blinder (Rudolf Kleinfeld-Keller).
Musik: Peter Thomas
Szenenbild: Alfons Windau
Regie: Paul May

Francis Durbridge arbeitet seit 1933 für den britischen Rundfunk; schon 1938 entstand sein erstes ›Paul Temple‹-Hörspiel. Aber erst vor drei Jahren, als sein geheimnisvoller ›Halstuch‹-Mörder über die bundesdeutschen Bildschirme geisterte, wurde er hierzulande schlagartig berühmt.

22.30 DF Tagesschau
Das Wetter morgen
Anschließend:
Kommentar

22.50 Jazz – gehört und gesehen
Joachim E. Berendt stellt vor: ›The Original Tuxedo Jass Band‹
Szenenbild: Günther Kieser
Regie: Horst Lippmann
(Sendeschluß: 23.35)

BERLIN · HAMBURG · BREMEN · MÜNCHEN
FRANKFURT · BADEN-BADEN · SAARBRÜCKEN
KÖLN · STUTTGART · DF DEUTSCHES FERNSEHEN

Oben: Philip Martin (Peter Thom, links) hat drei Wochen Urlaub. In London erwarten ihn sein Bruder Eric (Harald Leipnitz) und dessen Sekretärin (Ruth Scheerbarth). Phil erzählt, er müsse gleich weiter

Oben: »Eine interessante Zeitschrift haben Sie da, Mrs. Curtis.« Dr. Wolf Linderhof (Helmut Peine) plaudert ganz harmlos mit Vanessa Curtis (Dagmar Altrichter), der Besitzerin des Royal Falcon-Hotels

21.00

DIE SCHLÜSSEL

1. TEIL

> Lieber Eric, bitte verzeih mir. Aber es gibt keinen anderen Ausweg. Phil.‹ So lautet die letzte Botschaft Philip Martins an seinen Bruder Eric. Philip Martin ist tot. Man hat ihn im Zimmer 17 eines kleinen Hotels gefunden, ein Loch im Schädel und eine Pistole neben sich. Klarer Fall von Selbstmord. Wirklich ein klarer Fall? Da sind ein paar Begleitumstände, die Philips Tod in einem recht sonderbaren Licht erscheinen lassen. Was suchte er überhaupt in jenem Hotel? Zwei Tage vorher hatte er sich von seinem Bruder verabschiedet, um nach Dublin zu fahren. Er wollte der Witwe eines Kameraden eine Brieftasche überbringen. Die ist nun verschwunden. Und wieso hat Philip vor seinem Ende zwei Tage lang ausgerechnet in einem Gedichtband gelesen? Er, der sonst niemals ein Buch anfaßte . . .

Oben: Der schweigsame Gast von Zimmer 17 ist tot. Der Hausdiener Arthur findet ihn erschossen auf seinem Bett liegend. Arthur entdeckt auch den nichtssagenden Abschiedsbrief des jungen Mannes. Rechts: Inspektor Hyde (Albert Lieven) zweifelt nicht daran, daß Philip Selbstmord begangen hat

TV-Straßenfeger »Die Schlüssel«

18. Januar. Im Deutschen Fernsehen läuft die erste Folge des dreiteiligen Kriminalfilmes »Die Schlüssel« des britischen Drehbuchautors Francis H. Durbridge. Wegen des überaus hohen Zuschauerinteresses bleiben die Straßen zur Sendezeit menschenleer; Kinos, Theater und Restaurants haben nur wenige Kunden.

Der britische Modephotograph Eric Martin, dargestellt von Harald Leibnitz, glaubt dem Anschein nicht und versucht, den vermeintlichen Selbstmord seines Bruders Philip aufzuklären. Nach Umwegen, in deren Verlauf Eric selbst unter Mordverdacht gerät, gelingt ihm der Nachweis, daß sein Bruder von einem Kunsthändler ermordet worden ist. Die drei Kriminalfolgen werden am Montag, Mittwoch und Freitag zur besten abendlichen Sendezeit ausgestrahlt. Nach Angaben der Koordinationsstelle des Deutschen Fernsehens sind zur ersten Folge 82% aller Fernsehgeräte angeschaltet, bei der dritten Folge 87%. Die Bewertung der Sendung im Zuschauerurteil sinkt dabei allerdings von +7 auf +5 auf einer Bewertungsskala von +10 bis –10.

Francis H. Durbridge hatte schon im Jahr 1962 mit der Krimifolge »Das Halstuch« einen vergleichbaren Erfolg beim deutschen Fernsehpublikum. Die 1963/64 ausgestrahlten TV-Krimis »Es ist soweit«, »Tim Frazer I« und Tim Frazer II« fanden allerdings weniger Zuspruch.

Kritiker sehen den Grund für Durbridges Erfolg vor allem darin, daß er die Spannung geschickt über mehrere Folgen dehnt.

Das Deutsche Fernsehen erreicht immer mehr Haushalte. Am 31. 12. 1964 konnte der zehnmillionste Fernsehteilnehmer geehrt werden.

◁ Die Zeitschrift »Hör Zu« weckt durch Anspielungen die Neugier der Leser

Sportjournalisten ehren Olympiasieger

10. Januar. Vor 750 geladenen Gästen wird im Kursaal von Baden-Baden der Goldmedaillengewinner im Zehnkampf bei den Olympischen Spielen von Tokio, Willi Holdorf, als deutscher Sportler des Jahres 1964 geehrt. Damit wird erstmals einem »König der Leichtathleten«, wie ein Zehnkämpfer volkstümlich genannt wird, der begehrte Titel zuerkannt. Den »Sportler des Jahres« wählen die deutschen Sportjournalisten seit 1947. Jeder Stimmberechtigte kann bis zu 55 Punkte vergeben: 10 für Platz 1, 9 für Platz 2 usw. Holdorf wird auf 485 von 543 Stimmzetteln auf Platz 1 verzeichnet. Mit 5254 Punkten liegt er deutlich vor dem dreifachen Silbermedaillengewinner von Tokio in Schwimmwettbewerben Hans-Joachim Klein (3424 Punkte) und dem Segel-Olympiasieger im Finn-Dingi, Willi Kuhweide (2988 Punkte).

Bei den Damen gilt ein vereinfachtes Wahlverfahren, bei dem drei Punkte

Bei seinem Olympiasieg stieß Holdorf die Kugel 14,95 m weit

für den ersten, zwei Punkte für den zweiten und ein Punkt für den dritten Rang vergeben werden. Sportlerinnen des Jahres werden die Olympiasiegerinnen im Zweierkajak, Annemarie Zimmermann und Roswitha Esser, mit 717 Punkten. Die nächsten Ränge nehmen Goldmedaillengewinnerinnen aus der DDR ein, die 1964 in Tokio für die gesamtdeutsche Mannschaft gestartet sind: Zweite wird die Kunstspringerin Ingrid Engel-Krämer (636 Punkte) und Dritte die Olympiasiegerin über 80 m Hürden, Karin Balzer.

Mannschaft des Jahres ist der Vierer mit Steuermann vom Berliner Ruderclub (988 Punkte) vor dem deutschen Bahn-Vierer im Mannschaftsverfolgungsfahren (658 Punkte) und der Nationalmannschaft der Springreiter (619 Punkte).

Damit enden die Wahlen mit einem Triumph für die letzte gesamtdeutsche Olympiamannschaft. Nichtolympische Sportarten werden kaum gewürdigt. Den besten Platz hinter den Olympioniken erreicht der 1. FC Köln als erster Deutscher Fußballmeister aus der 1963 gegründeten Bundesliga, der bei den Mannschaften des Jahres Vierter wird.

Pfersdorf/Matzdorf Paarlauf-Meister

22. Januar. Die 20jährige Sonja Pfersdorf und der 24jährige Günter Matzdorf vom 1. FC Nürnberg gewinnen den Paarlauf bei den Deutschen Eiskunstlauf-Meisterschaften in Köln mit 302,3 Punkten. Sie werden damit Nachfolger von Marika Kilius und Hans-Jürgen Bäumler, die 1963 und 1964 die Deutsche Meisterschaft gewannen, Welt- und Europameister wurden und danach ins Profi-Lager wechselten.

Sonja Pfersdorf steht seit dem fünften Lebensjahr auf dem Eis, Günter Matzdorf lernte erst mit 17 Jahren das Eislaufen. Wie bei ihren Vorgängern ist auch bei den jungen Siegern die Läuferin eleganter und sicherer als ihr Partner.

Die internationale Bewährungsprobe der Deutschen Meister bei den Europameisterschaften in Moskau am 13. Februar mißlingt wegen eines Sturzes, der die Chance auf die Bronzemedaille zunichte macht.

Rallye Monte Carlo in Eis und Schnee

24. Januar. Der Finne Timo Mäkinen und sein britischer Beifahrer Paul Easter gewinnen auf einem BMC Mini Cooper die Rallye Monte Carlo. Die Schlußetappen der 4000 km langen Strecke müssen bei klirrendem Frost und starkem Schneefall durchfahren werden. Von 237 Teilnehmern kommen nur 24 ins Ziel, lediglich zwei Teams bleiben strafpunktfrei.

Die Rallye Monte Carlo verläuft dreiteilig: Von mehreren Orten in Europa und Nordafrika starten die Teilnehmer sternförmig ins Fürstentum Monaco an der Côte d'Azur, zu dem das Seebad Monte Carlo gehört. Auf diesem Streckenteil müssen die Fahrer ein vorgeschriebenes Tempo von etwa 60 km/h einhalten. Eine 24-Stunden-Prüfung mit neun Spezialetappen führt dann von Monaco über die Seealpen in das östlich von Lyon gelegene Chambery und nach Monaco zurück. In der Schlußnacht wird eine kleine Schleife um Monaco mit einer Reihe von Spezialprüfungen gefahren.

Timo Mäkinen ist der erste finnische Fahrer, der die seit dem Jahr 1911 – mit Unterbrechung von 1940 bis 1948 – jährlich ausgetragene Rallye Monte Carlo gewinnt.

Birke Bruck inszeniert ihre Galaszene

Spannung entwickelt sich im Publikum

Gleich erlischt das Licht

Striptease auf der Bühne: Birke Bruck als unkeusche Geliebte

Die Düsseldorfer Kammerspiele bieten bei der deutschen Erstaufführung der Komödie »Der Manager« von Félicien Marceau den Striptease der 26jährigen Birke Bruck. Der Held liebt drei Damen: Zärtlich einen Teenager, häuslich die Gattin und erotisch die Geliebte.

Moralischen Widerspruch gegen die Entkleidung der Geliebten auf der Bühne vermeidet ein Theaterkniff: Mit dem Fallen der Hüllen wird es dunkel, und im wiederaufflammenden Licht steht zur amüsierten Verblüffung des Publikums die ältliche Sekretärin.

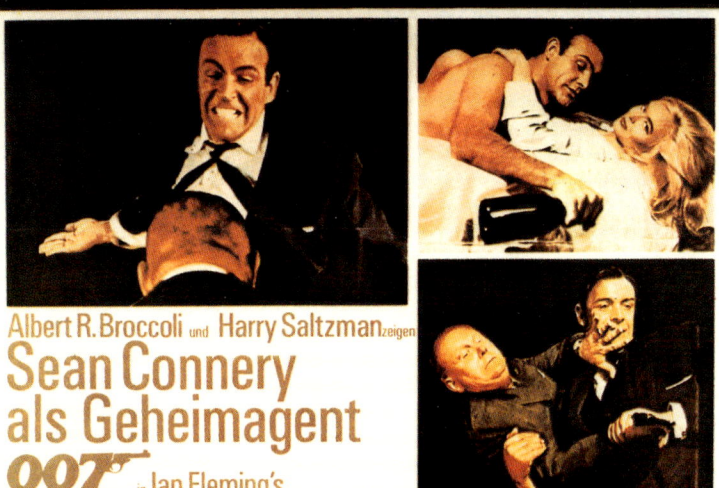

Das Filmplakat zeigt, wie Bond lebt: Kämpfend, liebend, trinkend und als cooler Playboy

Geheimagent 007 weiter auf Erfolgskurs

14. Januar. *In bundesdeutschen Großstädten läuft der englische Spielfilm »Goldfinger« von Guy Hamilton nach dem Thriller von Ian Fleming an. Sean Connery als Geheimagent James Bond jagt Goldfinger (Gert Fröbe), der die US-amerikanischen Goldreserven in Fort Knox atomar verseuchen will, um den Kurswert seiner eigenen Goldvorräte zu steigern. Wie schon in den vorangegangenen Filmen »James Bond – 007 jagt Dr. No« (1962) und »Liebesgrüße aus Moskau« (1963), bewährt sich »007« als Agent Ihrer Majestät, der Königin von England, im Kampf gegen einen teuflischen Gegenspieler mit widerlichen Charakterzügen. Bond ist strahlender, waffenkundiger Held, cooler Verführer schöner Frauen und Gentleman mit besten Manieren. Der große wirtschaftliche Erfolg der Filme wird auf den Vorbildcharakter dieser Attribute für das Kinopublikum zurückgeführt. Die bisherigen »Bond«-Filme sahen allein in den Vereinigten Staaten 36 Mio. Besucher – jeder sechste Bürger des Landes (→ 17. 12./S. 207).*

Österreicher in der Ski-Abfahrt vorn

9. Januar. Beim Internationalen Lauberhorn-Rennen, das seit 1930 bei Wengen in der Schweiz ausgetragen wird, belegen in der Abfahrt fünf Österreicher die ersten Plätze; sie distanzieren damit die gesamte internationale Konkurrenz. Überraschender Sieger wird der 23jährige Außenseiter Stefan Sodat in 3:25,26 min nach 4360 m mit einer Höhendifferenz von 1012 m vor dem 19jährigen Werner Bleiner. Der Favorit Karl Schranz belegt mit einem Rückstand von 3,74 sec den dritten Rang. Mit fast 5 sec Rückstand erreichen die besten Fahrer aus der Schweiz die Plätze Sechs und Sieben. Die herausragenden Plazierungen von Sodat und Bleiner werden durch einen plötzlichen Temperatursturz begünstigt, der den Schnee schneller macht. Überraschend können die beiden mit hohen Startnummern ins Rennen gegangenen Läufer den lange führenden Schranz, der schon als Sieger gefeiert wurde, überholen. Eine Woche später, am 16. Januar, gewinnt Schranz mit dem Arlberg-Kandahar-Rennen von St. Anton in Österreich den bedeutendsten alpinen Wettbewerb nach den Olympischen Spielen. Der 1938 geborene Skifahrer unterstreicht damit seine derzeitige Ausnahmestellung unter den Abfahrtsläufern. Zweiter und Dritter werden seine Landsleute Gerhard Nenning und Heini Meßner.

Die österreichische Vormachtstellung in der Abfahrt zeigt sich auch bei den Damen mit den Siegen von Christl Haas in Grindelwald (6. 1.) und in Schruns (10. 1.). Nur die Französin Annie Famose macht mit ihrem Sieg beim Arlberg-Kandahar-Rennen der Österreicherin den Titel in einem wichtigen Abfahrtsrennen streitig.

Den bundesdeutschen Skiläufern gelingt in dieser Saison mit Ludwig Leitners erstem Platz in der Abfahrt des 25. Hahnenkammrennens von Kitzbühel (24. 1.) nur ein Sieg. Erfolgreicher sind die Damen. Die 24jährige Heidi Schmid-Biebl gewinnt die Slalomwettbewerbe in Grindelwald (6. 1.) und beim Arlberg-Kandahar-Rennen (17. 1.)

Fast alle erfolgreichen Rennläufer fahren mit Kunststoffskiern, die den erst seit wenigen Jahren benutzten Metallski verdrängen. Noch 1958 wurden ausschließlich Holzskier benutzt. Die neuen Kunststoffskier liegen »wie ein Brett« auf der Piste.

Heidi Schmid-Biebl, Siegerin der Slalomwettbewerbe in Grindelwald

Annie Famose aus Frankreich gewinnt die Arlberg-Kandahar-Abfahrt

Ludwig Leitner, bundesdeutscher Sieger der Hahnenkammabfahrt

Februar 1965

Mo	Di	Mi	Do	Fr	Sa	So
1	2	3	4	5	6	7
8	9	10	11	12	13	14
15	16	17	18	19	20	21
22	23	24	25	26	27	28

1. Februar, Montag

Die britische Königin Elisabeth II. beginnt einen Staatsbesuch in Äthiopien, der bis zum 8. Februar dauert. → S. 35

In München beginnt der Bau der städtischen Untergrundbahn. → S. 41

In Leningrad sind 400 000 Menschen an Grippe erkrankt. → S. 41

Im Fernsehen der Schweiz werden erstmals Werbesendungen ausgestrahlt. Der Minutenpreis für die drei Vierminutenblöcke des Tages beträgt 6000 Franken (5532 DM).

Der Australier Ron Clarke stellt mit 13:33,6 min erneut einen Weltrekord über 5000 m auf (→ 14. 7./S. 133).

2. Februar, Dienstag

Die britische Regierung schränkt aus Kostengründen den Bau eigener Militärflugzeuge ein und beschließt den Ankauf US-amerikanischer Flugzeugtypen.

Die Polizei faßt drei Jugendliche, die bei Manövern US-amerikanischer Truppen in Nordrhein-Westfalen Waffen, Munition und Ausrüstungsgegenstände in großem Umfang gestohlen haben. Das sichergestellte Diebesgut füllte mehrere Lastkraftwagen.

3. Februar, Mittwoch

Die Volkskammer der DDR in Berlin (Ost) richtet eine Botschaft an die Parlamente der Welt, in der sie dazu aufruft, gegen die drohende Verjährung von Nazi- und Kriegsverbrechen in der Bundesrepublik zu kämpfen (→ 25. 3./S. 60).

Auf einer Geheimtagung bei Madrid konstituiert sich aus verschiedenen Gruppen spanischer Christdemokraten die Christlich-Demokratische Union. Die Partei tritt für die nationale Aussöhnung, eine Landreform zugunsten der Bauern, die Trennung von Staat und Kirche und für die Selbstverwaltung der Hochschulen ein.

4. Februar, Donnerstag

Die Bundesregierung legt den »Bericht über die Lage der Landwirtschaft« (»Grüner Plan«) vor, der für 1965 finanzielle Aufwendungen des Bundes in Höhe von 2,518 Mrd. DM vorsieht.

Der 50jährige ehemalige SS-Oberscharführer Heinrich Klaustermeyer wird vom Bielefelder Schwurgericht wegen Mordes an neun Juden im Warschauer Getto 1941 bis 1943 neun Mal zu lebenslänglicher Haft verurteilt.

Im US-amerikanischen Bundesstaat Alabama werden 2600 Gegner der Rassentrennung bei Demonstrationen verhaftet. Der ebenfalls festgenommene Friedensnobelpreisträger Martin Luther King verzichtet auf die Entlassung gegen Kaution, um die Weltöffentlichkeit auf den Befreiungskampf der nordamerikanischen Schwarzen aufmerksam zu machen (→ 21. 2./S. 34).

Über 100 000 Bewohner küstennaher Gebiete in Kalifornien und Japan fliehen in hochgelegene Gebiete, da sie eine große Flutwelle als Folge eines Seebebens im nördlichen Pazifik befürchten.

5. Februar, Freitag

Die Verhandlungsführer in der Passierscheinfrage in Berlin, DDR-Staatssekretär Erich Wendt und Senatsrat Horst Korber, einigen sich über die Besuchsregelungen zu Ostern und Pfingsten. → S. 38

Unter strengster Geheimhaltung beginnen in der Bundesrepublik Deutschland vorbereitende Maßnahmen, um die Ernährung der Bevölkerung in Krisenzeiten sicherzustellen.

Der Weltweizenrat billigt die Verlängerung des Weltweizenabkommens um ein Jahr bis zum 31. Juli 1966. Das Abkommen regelt Abnahme- und Lieferverpflichtungen von Import- und Exportländern innerhalb festgelegter Preisspannen.

6. Februar, Samstag

Der belgische Außenminister Paul Henri Spaak und der Ministerpräsident der Republik Kongo, Moïse Tschombé, unterzeichnen in Brüssel Abkommen über die Übergabe von Beteiligungen der ehemaligen belgischen Kolonialverwaltung an 150 Privatunternehmungen im Kongo an die kongolesische Regierung.

Die Australierin Pamela Kilborn verbessert in Melbourne den seit 1960 gültigen Weltrekord über 80 m Hürden um eine Zehntelsekunde auf 10,4 sec.

Erstmals findet der Münchner Volksskilauf für Teilnehmer aller Leistungs- und Altersklassen statt. → S. 45

7. Februar, Sonntag

US-Präsident Lyndon B. Johnson ordnet die Evakuierung der Familien US-amerikanischer Soldaten aus Südvietnam an (→ 15. 3./S. 53).

8. Februar, Montag

Die britische Regierung untersagt Tabakwerbung im Fernsehen und erhofft sich von dieser Maßnahme eine Senkung des Zigarettenkonsums (→ 26. 2./S. 37).

Eine Kältewelle führt in Griechenland zu heftigen Schneestürmen und Temperaturen bis zu −16 °C.

9. Februar, Dienstag

Nach Untersuchungen des Statistischen Bundesamtes in Wiesbaden beeinflußt der »Terry-Bericht« über die gesundheitsschädigenden Wirkungen des Rauchens, der Ende 1963 erschienen ist, den Zigarettenkonsum nicht (→ S. 96).

Im Auftrag der Staatsanwaltschaft Gießen suchen 20 Pioniere der Bundeswehr in dem Gipsstollensystem bei Osterode im Harz unter Verwendung schweren Geräts nach Dokumenten aus der Nazi-Zeit, die dort in den letzten Kriegstagen verborgen worden sein sollen. Die Suche bleibt ergebnislos.

10. Februar, Mittwoch

Der Deutsche Bundestag hält erstmals die neu eingeführte »Aktuelle Stunde« ab. → S. 38

Die kommunistischen Vietcongtruppen führen einen schweren Angriff auf den US-amerikanischen Stützpunkt in Qui Nanh, der etwa 400 km südöstlich von Saigon liegt (→ 2. 1./S. 16).

Nach einer von der Bundesvereinigung der Deutschen Arbeitgeberverbände durchgeführten Erhebung verdrängt die bargeldlose monatliche Lohnzahlung die wöchentliche Lohntüte nur langsam. → S. 41

11. Februar, Donnerstag

In Großbritannien richtet die Regierung im Einvernehmen mit Arbeitgebern und Gewerkschaften den Nationalrat für Preise und Einkommen ein. → S. 37

Mit ihrem bisher größten Vergeltungsschlag beantworten die Vereinigten Staaten und Südvietnam den Vietcong-Angriff auf Qui Nanh vom 10. Februar. Etwa 150 Jagd- und Kampfflugzeuge bombardieren zwei Militäranlagen in Nordvietnam (→ 15. 3./S. 50).

Die guatemaltekische Militärregierung unter Oberst Enrique Peralta Azurdia verhängt den unbefristeten Ausnahmezustand über das Land und suspendiert die in der Verfassung verankerten Bürgerrechte.

Die Bundesbahn übernimmt die erste Elektrolokomotive vom Typ E 03 von der Henschel AG in Kassel. → S. 42

40 junge Inderinnen aus Kerala treffen in der Universitätsklinik von Tübingen ein, wo sie ausgebildet werden und für sechs Jahre als freiwillige Helferinnen arbeiten sollen. → S. 39

12. Februar, Freitag

Der Deutsche Bundestag verabschiedet ein neues Ausländergesetz, das Ausländern alle Grundrechte zusichert, soweit sie nicht nach dem Grundgesetz den Deutschen vorbehalten sind. → S. 39

Bundeskanzler Ludwig Erhard teilt den Beschluß des Kabinetts mit, zukünftig keine Waffenlieferungen aus der Bundesrepublik Deutschland in Spannungsgebiete zuzulassen (→ 24. 2./S. 36).

Die der FDP angehörenden Minister des Bundeskabinetts lehnen eine Verlängerung der Verjährungsfrist für NS-Verbrechen ab (→ 25. 3./S. 60).

13. Februar, Samstag

US-Präsident Lyndon B. Johnson ordnet den Bombenkrieg gegen militärische Ziele in Nordvietnam an. Die Vereinigten Staaten greifen zunehmend mit Bodentruppen in die Kämpfe in Südvietnam ein (→ 15. 3./S. 50).

14. Februar, Sonntag

China droht den USA Gegenschläge in Südvietnam für den Fall an, daß die Amerikaner weiterhin die Demarkationslinie zwischen Nord- und Südvietnam verletzten (→ 15. 3./S. 50).

Das israelische Parlament lehnt bundesdeutsche Finanzhilfen als Ausgleich für noch ausstehende zugesagte Waffenlieferungen aus der Bundesrepublik ab, da die Existenz des Staates Israel von seiner Verteidigungsfähigkeit und damit von den Waffenlieferungen abhängig sei (→ 24. 2./S. 36).

Der italienische Radrennfahrer Renato Longo verteidigt in Cavaria den Profi-Weltmeistertitel im Querfeldeinfahren. Zweiter wird der Kölner Mitfavorit und Ex-Weltmeister Rolf Wolfshohl. → S. 45

15. Februar, Montag

Der Erste Sekretär des Zentralkomitees der Sozialistischen Einheitspartei Deutschlands (SED), Walter Ulbricht, fordert die Loslösung der Bundesrepublik von der atomaren Schutzmacht USA. Nur so sei eine friedliche Lösung der deutschen Frage möglich.

Während eines Besuches in der belgischen Hauptstadt Brüssel erklärt der polnische Außenminister Adam Rapacki, daß für Polen die Oder-Neiße-Grenze unabhängig von einer Wiedervereinigung Deutschlands unrevidierbar sei.

Der französische Ministerpräsident Georges Pompidou beendet seine am 5. Februar begonnene Reise nach Indien und Pakistan, deren Ziel es war, engere politische Beziehungen zu den Ländern des indischen Subkontinents anzuknüpfen. Von den europäischen Staaten unterhält bisher die ehemalige Kolonialmacht Großbritannien die engsten Beziehungen mit diesen Ländern.

Großbritannien und die Sowjetunion unterzeichnen in Moskau ein Kulturabkommen über den Austausch von Studenten und Künstlern.

In der Bundesrepublik läuft eine Bücherspendenaktion der SPD an. 10 000 Schulen sollen mit Titeln aus einem Sortiment ohne parteipolitische Tendenz bedient werden. Die SPD verzichtet damit demonstrativ auf einen Teil der 6,5 Mio. DM, die ihr aus der 1964 von CDU und FDP beschlossenen Erhöhung der Wahlkampfkostenerstattung zustehen.

Der Essener Bischof Franz Hengsbach verkündet das Bibelwort mit Hilfe eines Laufschriftbandes auf einem Hochhausdach. → S. 41

In Rom wird eine Aufführung von Rolf Hochhuths Theaterstück »Der Stellvertreter« von der Polizei unterbunden. In dem 1963 uraufgeführten Drama kritisiert Hochhuth die Haltung von Papst Pius XII. gegenüber dem Dritten Reich.

Als politisches Manöver gegen die Bundesrepublik Deutschland gerichtet: Der auf Einladung Gamal Ab del Nassers erfolgte Staatsbesuch Walter Ulbrichts in der Vereinigten Arabischen Republik vom 24. Februar bis zum 2. März ist Titelgeschichte des Nachrichtenmagazins »Der Spiegel« vom 24. Februar 1965.

DER SPIEGEL

24. FEBRUAR 1965 · NR. 9
19. JAHRGANG · 1,20 DM
ERSCHEINT WÖCHENTLICH
HAMBURG · C 6380 C

SPIEGEL- GESPRÄCH MIT
Ägyptens Staatschef

BONNS HERAUS- FORDERER NASSER

Im Kölner Opernhaus wird unter der musikalischen Leitung von Michael Gielen die Oper »Die Soldaten« von Bernd Alois Zimmermann uraufgeführt. → S. 45

In Santa Monica (US-Bundesstaat Kalifornien) stirbt der schwarze US-amerikanische Jazzmusiker Nat »King« Cole (Nathaniel Coles) mit 48 Jahren.

Der italienische Fußballverband untersagt Verpflichtungen ausländischer Spieler und Trainer für die Zeit bis zum 31. Juli 1966. → S. 45

16. Februar, Dienstag
Nach einem Urteil des Bundesgerichtshofs in Karlsruhe ist die Scheidung von Ehen gegen den Willen eines Ehepartners zulässig, wenn dieser die Ehe nur wegen der finanziellen Versorgung weiterführen will.

Die Vereinigten Staaten schießen von Kap Kennedy den Satelliten »Pegasus« zur Erforschung des Meteoritenstaubes in den Weltraum. Damit sind seit Beginn der Raumfahrt 1000 Satelliten gestartet worden, von denen noch 500 – funktionierend oder verstummt – die Erde umkreisen (→ S. 58).

Im New Yorker »Warner's Cinerama Theatre« findet die Uraufführung der Bibelverfilmung »The greatest story ever told« (»Die größte Geschichte aller Zeiten«) statt. → S. 44

17. Februar, Mittwoch
Wegen der Einführung des neunten Pflichtschuljahres in mehreren Bundesländern und wegen der zunehmenden Zahl von Mittel- und Oberschülern wird nach Angaben des Bundesverbandes der deutschen Arbeitgeberverbände der Arbeitskräftemangel in der Bundesrepublik bis weit in die siebziger Jahre hinein bestehen bleiben. Bis 1971 sei ein Rückgang der Erwerbstätigenzahl um 600 000 zu erwarten.

Indien führt eine 10%ige Sondersteuer auf alle Einfuhren mit Ausnahme von Getreide, Düngemitteln, Büchern und Hilfsmitteln zur Familienplanung ein, um durch eine Erschwerung von Importen seine Außenhandelsbilanz dauerhaft zu verbessern.

Im Sauerland müssen nach starken Schneefällen Lawinen losgesprengt werden, um Gefahren für den Straßenverkehr zu bannen. In Südbayern drohen zahlreiche Gebäudedächer unter der meterhohen Schneelast einzubrechen.

18. Februar, Donnerstag
Die Gehälter von 250 000 führenden und mittleren Wirtschaftsfunktionären in der DDR werden nach einem Beschluß des Ministerrats leistungsabhängig gestaltet. Bei Planübererfüllung können sie um bis zu 20% steigen, bei Nichterfüllung um bis zu 10% gesenkt werden.

Die bisherige britische Kronkolonie Gambia erhält die staatliche Unabhängigkeit und wird 20. Mitglied des Commonwealth. → S. 35

Die Vollversammlung der Vereinten Nationen in New York billigt einen Antrag von UNO-Generalsekretär Sithu U Thant, demzufolge die Mitgliedsstaaten 80% der Vorjahresbeiträge als Vorauszahlung für 1965 entrichten sollen, um akute Finanzprobleme zu bewältigen.

Bundeswohnungsbauminister Paul Lücke (CDU) stellt aus dem Bundeshaushalt 20 Mio. DM einkommensschwachen Altbaubesitzern für die Gebäuderenovierung zur Verfügung.

An der Londoner Börse werden 1,25 Mio. Aktien der »Beatles«-Musikfirma »Northern Songs« aufgelegt. → S. 42

Die Gewerkschaft Erziehung und Wissenschaft (GEW) fordert für die Bundesländer die Aufnahme der Sexualerziehung in die Lehrpläne der Volksschulen. → S. 40

19. Februar, Freitag
Der Bundesrat in Bern beschließt die Begrenzung und Verringerung der Zahl ausländischer Arbeitskräfte in der Schweiz.

Die in Stockholm lebende 73jährige jüdische Dichterin Nelly Sachs erhält als erste Frau den Friedenspreis des Deutschen Buchhandels zugesprochen. → S. 44

20. Februar, Samstag
Der Parteiunabhängige Suat Hayri Ürgüplü bildet nach dem Rücktritt von Ministerpräsident Ismet Inönü wegen des Scheiterns seiner Haushaltsvorlage im Parlament eine neue Regierung in der Türkei.

Die US-amerikanische Mondsonde »Ranger VIII« sendet vor dem Aufprall auf die Mondoberfläche etwa 7000 Aufnahmen, die teilweise bisher unbekannte Felsformationen zeigen (→ 24. 3./S. 58).

21. Februar, Sonntag
Der hessische Ministerpräsident Georg August Zinn eröffnet die Internationale Frankfurter Frühjahrsmesse, die größte Verbrauchsgütermesse in Europa. Die bis zum 25. Februar laufende Verkaufsschau nutzen 2600 Aussteller aus dem In- und Ausland (→ 27. 2./S. 42).

Der militante Schwarzenführer Malcolm Little aus den Vereinigten Staaten, bekannt als Malcolm X, wird in Harlem (New York) durch Pistolenschüsse auf offener Straße ermordet. Als Tatverdächtige werden drei Anhänger der islamischen Sekte »Black Muslims« festgenommen. → S. 34

22. Februar, Montag
Bundesinnenminister Hermann Höcherl (CSU) verweigert den Oberhausener Kurzfilmtagen wegen deren angeblicher politischer Einseitigkeit einen zugesagten Zuschuß aus der Bundeskasse. → S. 44

Papst Paul VI. ernennt 27 neue Kardinäle, unter ihnen den Erzbischof von Paderborn, Lorenz Jaeger. → S. 40

Der Italiener Walter Bonatti ersteigt als erster das Matterhorn allein in der direkten Fallinie, der sog. »Direttissima«. → S. 45

23. Februar, Dienstag
NRW-Kultusminister Paul Mikat (CDU) bringt in den nordrhein-westfälischen Landtag ein neues Schulpflichtgesetz ein, das die Einführung des neunten Schuljahres vorsieht.

Aus Protest gegen die befürchtete Weiterbeschäftigung des unter dem Verdacht des Judenmordes verhafteten früheren SS-Obersturmbannführers Oswald Schäfer legen 600 von 800 Beschäftigten in der Mühlheimer Maschinenfabrik Clark die Arbeit nieder.

Die DDR experimentiert an der innerdeutschen Grenze wieder mit der Aufstellung von Puppen in der Uniform von Grenztruppen, um personalsparend eine dichtere Postenkette vortäuschen zu können. Erste Versuche mit »Pappkameraden« wurden im Sommer 1958 beobachtet.

In einem Weißbuch zur Verteidigungspolitik erwägt die britische Regierung die Verringerung der Rheinarmee, da bei einer nuklearen Auseinandersetzung in Mitteleuropa das Ausmaß der Zerstörungen eine konventionelle Kriegführung nahezu unmöglich mache.

Der US-Kongreß hebt die 25%ige Golddeckung für Einlagen der Geschäftsbanken bei den Staatsbanken auf. Dadurch wird Gold im Wert von 4,75 Mrd. US-Dollar (19 Mrd. DM) für internationale Transaktionen frei.

Die Altbaubesitzer im Zentralverband der deutschen Haus- und Grundeigentümer dringen gegenüber der Bonner Regierung darauf, auch in den noch bestehenden 104 »Schwarzen Kreisen« mit Mietpreiszwangsbewirtschaftung die Mieten erhöhen zu können.

Die tschechoslowakische Regierung verkauft verstaatlichte Einfamilienhäuser an Privatleute. Sie will damit den Staatshaushalt entlasten. → S. 37

Der Filmkomiker Stan Laurel (eigtl. Arthur Stanley Jefferson) stirbt 74jährig in der kalifornischen Stadt Santa Monica.

Wegen der anhaltenden Kältewelle in Südeuropa sperrt die spanische Regierung den gesamten Export von Zitrusfrüchten, damit das Ansehen des spanischen Obstes nicht durch den Export frostgeschädigter Früchte herabgesetzt wird.

24. Februar, Mittwoch
Das Bundeskabinett in Bonn stellt die Militärhilfe für Tansania ein und erwägt einen Stopp der wirtschaftlichen Hilfen, weil der Staatspräsident von Tansania, Julius K. Nyerere, in Daressalam die Eröffnung eines DDR-Hauptkonsulats zugelassen hat (→ 24. 2./S. 36).

Der Bundestag beschließt die Herabsetzung des Einberufungsalters zur Bundeswehr von 20 auf 18 Jahre und die Ab-

lösung des Loßsystems für die Rekrutenauswahl durch ein Musterungsauswahlverfahren mit Eignungs- und Verwendungstests.

Der DDR-Staatsratsvorsitzende Walter Ulbricht trifft zu einem Staatsbesuch in der ägyptischen Hauptstadt Kairo ein. Für den Ersten Sekretär der SED ist es der erste Aufenthalt in einem Land außerhalb des Ostblocks. → S. 36

Auf dem Gelände der Universität Madrid kommt es bei Demonstrationen gegen das Verbot einer Vortragsreihe über aktuelle politische Probleme zu schweren Zusammenstößen zwischen Studenten und der Polizei. → S. 37

Zwischen 11.30 und 11.45 Uhr findet der erste bundeseinheitliche Probealarm statt. → S. 41

25. Februar, Donnerstag
In der DDR tritt das »Gesetz über das einheitliche sozialistische Bildungswesen« in Kraft, das die Organisation der Vorschulerziehung, der zehnklassigen polytechnischen Oberschulen, der Berufsschulen sowie der Universitäten und Hochschulen regelt.

Die Rotary-Clubs in aller Welt feiern den 60. Jahrestag der Vereinsgründung. Der erste von fast 12 000 Clubs wurde 1905 von Angehörigen der Kaufmannschaft und der akademischen Berufe in Chicago ins Leben gerufen.

26. Februar, Freitag
Der niedersächsische Ministerpräsident Georg Diederichs und Nuntius Corrado Bafile unterzeichnen ein Konkordat zwischen dem Land Niedersachsen und dem Heiligen Stuhl. → S. 40

In den Niederlanden tritt die Regierung von Ministerpräsident Victor Gérard Marie Marijnen zurück. → S. 37

27. Februar, Samstag
Das US-Außenministerium veröffentlicht in Washington ein Weißbuch über die kommunistische Infiltration aus Nord- nach Südvietnam.

Der Ministerpräsident der DDR, Willi Stoph, eröffnet die Leipziger Frühjahrsmesse. → S. 42

28. Februar, Sonntag
In Nürnberg wird der jugoslawische Anführer der sog. Operation Z gefaßt, die über 2000 Jugoslawen mit gefälschten Pässen illegal über Österreich in die Bundesrepublik geschleust hat.

Das Wetter im Monat Februar

Station	Mittlere Lufttemperatur (°C)	Niederschlag (mm)	Sonnenscheindauer (Std.)
Aachen	0,4 (2,1)	298* (59)	– (74)
Berlin	−0,8 (0,4)	160* (40)	– (78)
Bremen	1,1 (0,9)	195* (48)	– (68)
München	−4,7 (−0,9)	187* (50)	– (72)
Wien	(0,6)	(41)	– (81)
Zürich	−3,2 (0,2)	89 (61)	98 (79)

( ) Langjähriger Mittelwert für diesen Monat
– Wert nicht ermittelt
* Nov. 1964 – Febr. 1965

Heroisierung und Legitimierung des Einsatzes von US-Truppen in Vietnam betreibt das wöchentlich erscheinende US-amerikanische Nachrichtenmagazin »Time« auf seiner Titelseite vom 19. Februar 1965: General William Childs Westmoreland ist seit 1964 Befehlshaber der US-amerikanischen Streitkräfte in Süd-Vietnam.

FEBRUARY 19, 1965

ATLANTIC EDITION

ESCALATION IN VIET NAM

TIME

THE WEEKLY NEWSMAGAZINE

U.S. COMMANDER
WESTMORELAND

ALGERIA . Alg. D. 1.80	EGYPT . . . . Pi 17	IRAN . . . . Rls 27	LIBYA . . . . . Pts. 13	PORTUGAL&POSS.Esc.10	SWITZERLAND . Fr 1.50
AUSTRIA S.9	ETHIOPIA . . .Eth 50.90	IRAQ . . . . . 130 fils	MALAWI 2/6	RHODESIA 2/6	SYRIA . . . . . Pi 135
BELGIUM . . B. Fr. 18	FINLAND . . Fmk1.15	IRELAND 2/6	MAURITIUS . . Rs 1.70	SAUDI ARABIA . SR 1.60	TANZANIA . . . 2/50
BRITISH ISLES . . 2/6	FRANCE & FRENCH	ISRAEL . . . . 1£1.00	MOROCCO . . DH 1.80	SIERRA LEONE LEONE.25	TURKEY . . . . . Krs 325
BRITISH POSS. . 2/6	UNION . . . . 1.80 FF	ITALY . . . . . L 220	NETHERLANDS . fl 1.25	SOUTH AFRICA 22½ cents	TRUCIAL STATES Rs 1.70
CONGO . . C. Fr. 65	GERMANY . . DM 1.40	JORDAN . . . .130 fils	NIGERIA 2/3	SPAIN . . . . . Pts 22	U.S. ARMED FORCES 35¢
CYPRUS . . . 130 mils	GHANA 2/6	KUWAIT . . . .130 fils	NORWAY . . . Kr 2.50	SUDAN . . . . . Pi 13	YUGOSLAVIA . . Din 250
DENMARK . D. Kr. 2.50	GREECE . . . . Dr 11	LEBANON . . . Pi 110	POLAND ZL-15	SWEDEN . . . . Kr 1.85	ZAMBIA 2/6
EAST AFRICA . . 2/50	ICELAND . . . . Kr 15	LIBERIA . . . . . 35¢			

(REG. U.S. PAT. OFF.)

33

Malcolm X bei Rede vor Anhängern in Harlem erschossen

21. Februar. Während einer Rede im New Yorker Schwarzenviertel Harlem wird der Führer der militanten »Organisation für Afro-Amerikanische Einheit«, Malcolm X, durch mehr als zehn Pistolenschüsse getötet. Nach einem Tumult nimmt die Polizei unter den rund 500 Anhängern den 22jährigen Thomas Hayer und zwei weitere Schwarze als Tatverdächtige fest; alle drei sind Anhänger der islamischen Sekte »Black Muslims«, von der sich Malcolm X Ende 1963 losgesagt hatte. Hayer, der selbst von einem Leibwächter angeschossen worden ist, steht in einem Krankenhaus unter scharfer Polizeibewachung.

Bereits Anfang Februar brannte das Haus ab, das Malcolm X im New Yorker Stadtteil Queens mit seiner sechsköpfigen Familie bewohnte. Das Feuer wurde durch Brandbomben entzündet. Die »Black Muslims« hatten zuvor das Haus als Dienstwohnung für sich reklamiert und auf Räumung geklagt.

In wessen Auftrag die Mörder tatsächlich handelten, bleibt unklar. Der Führer der »Black Muslims«, Elijah Muhammad, erklärt vor der Presse, daß keinerlei Verbindung zwischen seiner Organisation und der Ermordung von Malcolm X bestehe. Der Schwarzenführer sei durch die gleiche Gewalttätigkeit gestorben, die er immer gepredigt habe.

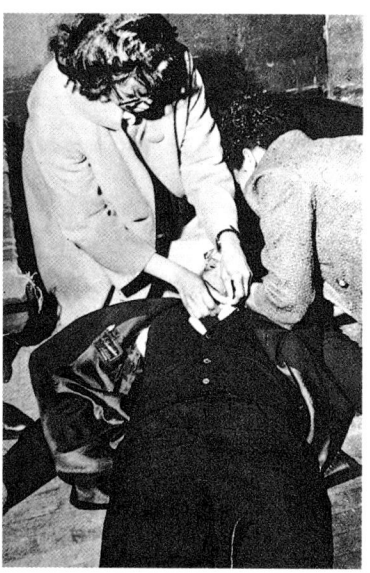

Malcolm X, getroffen von mehr als zehn Pistolenkugeln; r. seine Frau

Nachdem X, der seit seinem Austritt aus den »Black Muslims« nur noch mit Leibwächtern in der Öffentlichkeit erschien, hatte dagegen schon mehrfach seine Ermordung durch Anhänger Muhammads vorhergesagt: »Nur die Black Muslims können mich töten, ich habe es ihnen selbst beigebracht.«

Die New Yorker Polizei befürchtet offene Feindseligkeiten zwischen den »Black Muslims« und Anhängern von Malcolm X. Das Haus des Führers der Black Muslims in Chicago wird vorsorglich unter Polizeischutz gestellt.

In Harlem besitzt die von Malcolm X geführte »Organisation für Afro-Amerikanische Einheit« den größten Einfluß. Im Unterschied zur pazifistischen Bürgerrechtsbewegung der USA wertete Malcolm X revolutionäre Gewalt als legitime Waffe der Unterdrückten. Auf den sonntäglichen Versammlungen seiner Organisation in Audubons Ballroom im New Yorker Stadtteil Harlem erhielt Malcolm Little – so sein bürgerlicher Name – tosenden Beifall, wenn er ausführte: »So etwas wie eine gewaltlose Revolution gibt es nicht . . . Die Revolution ist blutig, die Revolution ist feindlich, die Revolution kennt keinen Kompromiß, die Revolution stürzt alles und zerstört alles, was ihr in den Weg tritt.« Der Sprecher der Bürgerrechtsbewegung, Martin Luther King, kommentiert den Mord mit den Worten: »Diese teuflische Tat sollte von Leuten guten Willens verurteilt werden. Diese heimtückische Ermordung sollte unsere ganze Gesellschaft einsehen lassen, daß Gewalt und Haß böse Kräfte sind, die auf ewig in den Abgrund geworfen werden müssen.« Nach dem Tod von Malcolm X glauben die meisten seiner Anhänger, daß zwar Schwarze die Schüsse abgegeben hätten, daß aber der US-amerikanische Geheimdienst CIA die eigentliche Verantwortung für den Mord trage. Der weißen Öffentlichkeit war Malcolm X der Inbegriff schwarzer Zerstörungswut und des blinden Rassismus. Die Schwarzen in den Slums von New York verehren Malcolm X dagegen als Märtyrer im Kampf gegen die Vorherrschaft der Weißen (→ 21. 3./S. 54).

Militanter Führer der Schwarzen

Malcolm X, am 19. Mai 1925 in Omaha im US-Bundesstaat Nebraska als Sohn eines schwarzen Baptistenpfarrers und einer westindischen Mulattin geboren, wurde als Kind Zeuge, wie Mitglieder des rassistischen Ku-Klux-Klan (→ 26. 3./S. 55) seinen Vater zu Tode prügelten.

In New York trat Malcolm X nach einer siebenjährigen Haftstrafe 1952 den »Black Muslims« unter Führung von Elijah Muhammad bei. Innerhalb weniger Jahre wurde Malcolm X zum Symbol des militanten schwarzen Widerstandes und bis zu seinem Austritt 1963 nach Elijah Muhammad mächtigster Mann der schwarzen islamischen Sekte. Im Anschluß gründete Malcolm X 1964 die »Organisation für Afro-Amerikanische Einheit«, eine nicht religiös geprägte militante Schwarzenorganisation, die vor allem in den Großstadtvierteln mit überwiegend schwarzer Bevölkerung hohen Zuspruch erhielt.

In der Öffentlichkeit zeigt sich Malcolm X stets in der gepflegten Kleidung des weißen Mittelstandes

Als glänzender Redner wirbt Malcolm X auf Kundgebungen für eine weltweite Bürgerrechtsbewegung

Der schwer verwundete schwarze Bürgerrechtler wird mit Eile zum nächsten Krankenhaus transportiert

Viele Schwarze nehmen weinend Abschied vom aufgebahrten Toten; in allen Gesichtern steht Betroffenheit

Black Muslims für Trennung von den Weißen

Bis 1963 entwickelte sich die 1932 von Elijah Muhammad gegründete islamische Sekte »Black Muslims« zu einer führenden Kraft des Widerstands in den Schwarzenvierteln der US-Großstädte. Mit radikalen Parolen fordern die Muslims die Trennung vom weißen Amerika und den Aufbau einer selbstbewußten schwarzen Gesellschaft auf der Grundlage des Islam. In Umkehrung des Rassismus der Weißen lehren die »Black Muslims« die Überlegenheit der schwarzen Rasse.

Ihre Mitglieder unterwerfen sich einer strengen Disziplin. Die Sekte unterhält eigene Restaurants, Läden, Schulen und eine

so sagte er seinen Zuhörern, »ihr aber seid noch im Gefängnis.« Bis 1963 wuchs die Zahl der Anhänger der »Black Muslims« nach Schätzungen auf 100 000 bis 200 000 Mitglieder an.

Je lauter der militante schwarze Widerstand in den Ghettos und das pazifistische Aufbegehren der Bürgerrechtsbewegung in den Südstaaten der USA wurde, um so intensiver suchte Malcolm X nach einer revolutionären Theorie und neuen politischen Kampfformen. Diese Entwicklung führte Ende 1963 zum Bruch mit Elijah Muhammads vorwiegend religiös und weniger politisch orientierten Black Muslims. Zwei Reisen in

Auf einer Kundgebung der Black Muslims 1963 in Harlem (New York) fordert Malcolm X (im Hintergrund, M.) die Freilassung von verhafteten Glaubensgenossen. Er habe bei US-Präsident John F. Kennedy den Mißbrauch politischer Macht gegen die schwarze Gemeinde angeprangert. Religionsfreiheit (vorderes Plakat) ist eine Forderung der Black Muslims. Die Tafel (Hintergrund) weist auf die Überzahl nichtweißer Menschen hin.

Muslim Universität in Chicago. Zum Schutz gegen Übergriffe verfügt sie mit den »Fruit of Islam« über einen eigenen Polizeiverband. Die Muslims haben Tausende von Rauschgiftsüchtigen, Alkoholikern, Verbrechern und Gefängnisinsassen für ihre Organisation gewonnen und diesen neue Selbstachtung gegeben.

Auch Malcolm X nahm erste Kontakte zu den »Black Muslims« aus der Haft auf. Als fähiger Redner und glänzender Organisator wurde er bald zum populären Symbol der schwarzen Selbstbefreiung. »Ich war im Gefängnis«,

den Nahen Osten und nach Afrika im Sommer 1964 trugen entscheidend dazu bei, daß Malcolm X die schwarze Emanzipation als Teil eines internationalen Befreiungskampfes verstand, ohne Ansehen der Hautfarbe. Im Anschluß an diese Reisen gründete er die militante »Organisation für Afro-Amerikanische Einheit«, die gleiche Rechte und Chancen für die Schwarzen in den USA wie für die Weißen forderte. Bei den ersten Ghettoaufständen 1964 in Harlem, Rochester und Philadelphia erlangte die OAUU große Popularität zu Lasten der »Black Muslims«.

Im offenen Wagen fahren Königin Elisabeth II. und Prinz Philip durch die Straßen von Addis Abeba

Elisabeth II. auf Staatsbesuch in Äthiopien

1. Februar. *Königin Elisabeth II. trifft zusammen mit ihrem Ehemann, Prinz Philip, zum ersten Staatsbesuch eines britischen Staatsoberhauptes in Äthiopien ein. Während des Besuches, der bis zum 8. Februar dauert, gibt sie dem äthiopischen Kaiser Haile Selassie I. Krone und Siegel des früheren äthiopischen Kaisers Tewodros II. zurück, die britische Truppen unter Robert Napier während des Abessinien-Feldzuges 1867/68 nach England verbracht hatten. Die Königin erklärt bei einem Festbankett diese Geste als Zeichen der Achtung für den äthiopischen Thron und die Person Haile Selassies (→ 18. 5./S. 88).*

Gambia wird unabhängig

18. Februar. In der gambischen Hauptstadt Bathurst findet in Anwesenheit von Vertretern der britischen Krone die Proklamation der staatlichen Unabhängigkeit Gambias statt. Die bisherige Kolonie wird auf Wunsch der regierenden People's Progressive Party wie auch der Opposition zugleich 20. unabhängiges Mitglied des Commonwealth mit Königin Elisabeth II. als Staatsoberhaupt.

Im Zuge der weiteren Entkolonialisierung Afrikas entsteht damit ein neuer Zwergstaat mit 315 000 Einwohnern auf einer Staatsfläche von 11 295 km². Gambia besteht aus einem Landstreifen zu beiden Seiten des Oberlaufes des Gambia-Flusses und bildet so eine Enklave mit offenem Atlantikzugang in der ehemaligen französischen Kolonie Senegal. Gambia trennt auf diese Weise den Senegal in zwei erst tief im Landesinneren verbundene Teile.

Diese territorale Gestaltung wurde 1889 von den rivalisierenden Kolonialmächten Frankreich und Großbritannien vereinbart. Die Regierung Gambias unterzeichnet am

Tage der Unabhängigkeit ein Abkommen mit Senegal über die gemeinsame Entwicklung des Gambiabeckens, das dem Senegal die Nutzung der bedeutendsten Wasserstraße der Region ermöglicht.

Dawda Jawara, seit 1963 gambischer Premierminister, mit Frau und Tochter bei einem Besuch in London

Ulbricht erstmals Staatsgast in der VAR

24. Februar. Der Staatsratsvorsitzende der DDR und Chef der SED, Walter Ulbricht, trifft zu einem Staatsbesuch der Vereinigten Arabischen Republik (VAR) in deren Hauptstadt Kairo ein. Ulbricht, der bis zum 2. März bleibt, wird mit allen Ehren für ein Staatsoberhaupt empfangen. Die VAR (bis 1958: Ägypten) erkennt damit scheinbar die DDR als souveränen Staat an.

Seit Veröffentlichung der Einladung des Staatspräsidenten der VAR, Gamal Abd el Nasser, an Ulbricht am 27. Januar im SED-Zentralorgan »Neues Deutschland«, droht die Bonner Regierung der VAR gemäß der »Hallstein-Doktrin« den Abbruch der diplomatischen Beziehungen an. Dem 1955 vom damaligen Staatssekretär Walter Hallstein formulierten Grundsatz zufolge bricht Bonn die diplomatischen Beziehungen zu allen Staaten ab, die den Alleinvertretungsanspruch der Bundesrepublik Deutschland für das deutsche Volk dadurch zurückweisen, daß sie diplomatische Beziehungen zur DDR aufnehmen.

In den Wochen nach der Einladung wurde deutlich, daß der Staatsbesuch sowohl ein Manöver der DDR gegen den Alleinvertretungsanspruch der Bundesrepublik ist wie

Ägyptens Staatspräsident Gamal Ab del Nasser (r.) begrüßt den DDR-Staatsratsvorsitzenden Walter Ulbricht (l.) am zweiten Tag des Besuchs in Kairo

auch ein Schachzug der VAR gegen Waffenlieferungen der Bonner Regierung an Israel.

Gespannt verfolgte die Presse die Entwicklung der Ereignisse, bis mit dem tatsächlichen Eintreffen Ulbrichts in der VAR alle Erwartungen auf ein Umschwenken Nassers widerlegt werden.

Die VAR sucht als Mitglied der Arabischen Liga mit der Intensivierung ihrer Beziehungen zur DDR einen Weg, die Bundesregierung zur Beendigung der Waffenlieferungen an Israel zu veranlassen, mit dem die arabischen Staaten seit dessen Staatsgründung 1948 verfeindet sind.

Als Gegenleistung für eine in Aussicht gestellte formelle Anerkennung der DDR, erhofft sich die VAR Zugang zu billigen Krediten der DDR und zu weiterer Militärhilfe aus der Sowjetunion.

Bereits am 1. Februar hatte Bundeskanzler Ludwig Erhard den Botschafter der Bundesrepublik in Kairo, Georg Federer, nach Bonn zurückberufen und mit der Einstellung wirtschaftlicher Hilfen gedroht. Die VAR hielt dennoch die Einladung an Ulbricht aufrecht und forderte am 7. Februar die Bundesregierung ultimativ zur Einstellung aller Waffenlieferungen an Israel auf. Die Bundesregierung ging mit ihrem Beschluß vom 12. Februar, keine Waffen mehr in Spannungsgebiete, also auch nicht in den Nahen Osten, zu liefern, indirekt auf die ägyptischen Bedingungen ein, erreichte damit aber keine Absage des Ulbricht-Besuches. Am 16. Juni eröffnet die VAR ein Generalkonsulat in Berlin (Ost), verweigert aber vorerst die volle diplomatische Anerkennung der DDR.

Die Spannungen zwischen der Bundesrepublik und Israel wegen des Ausbleibens von Waffenlieferungen geben einen weiteren Anlaß zu Gesprächen, die am 12. Mai zur Aufnahme diplomatischer Beziehungen zwischen beiden Ländern führen (→ 19. 8./S. 138). Am nächsten Tag brechen neun arabische Staaten die diplomatischen Beziehungen zur Bundesrepublik ab, wie schon im März dreizehn arabische Staaten.

In Karnak bei Luxor als Staatstouristen: Lotte und Walter Ulbricht besichtigen den Amuntempel

SED-Chef verläßt erstmals den Ostblock

Der Staatsbesuch in der VAR ist zugleich der erste Aufenthalt des 71jährigen Walter Ulbricht außerhalb der Staaten des Warschauer Paktes. Wegen der durch Ägyptens Einladung heraufbeschworenen politischen Konflikte ist die Berichterstattung über den Besuch verzerrt: Westliche Medien kommentieren das Besuchsprogramm des Staatsratsvorsitzenden bei Baudenkmälern der ägyptischen Geschichte mit sarkastischen und diskriminierenden Schlagzeilen und Bildern.

Regierung stürzt über TV-Werbung

26. Februar. Das niederländische Koalitionskabinett aus Katholiken, Protestanten und Liberalen scheitert nach 20monatiger Amtszeit an einem Gesetzsentwurf, mit dem das Verbot kommerzieller Fernsehwerbung aufgehoben werden soll.

Die Regierung hatte im Dezember 1964 den illegalen Reklamesender TV Nordzee verboten, zugleich je-

Victor Gérard Marie Marijnen, geboren am 21. Februar 1917, studierte Jura an der katholischen Universität in Nimwegen. 1959 wurde er als Mitglied der Katholischen Volkspartei Landwirtschaftsminister und am 24. Juli 1963 Chef einer Koalitionsregierung aus vier Parteien.

doch zugesichert, bis zum März einen Gesetzentwurf zur Fernsehwerbung vorzulegen. Protestantische und liberale Kabinettsmitglieder verweigerten jedoch dem Vorschlag des Regierungschefs Victor G. M. Marijnen ihre Zustimmung und forderten eine grundlegende Reform des gesamten TV-Systems, das von vier Gesellschaften mit politischer und einer Gesellschaft mit religiöser Orientierung betrieben wird. Am selben Tag kündigen die Koalitionsparteien im Deutschen Bundestag CDU/CSU und FDP einen Gesetzentwurf für ein Werbeverbot in Rundfunk und Fernsehen an. Am 8. Februar hatte die britische Regierung als Teil einer Kampagne gegen das Rauchen die Tabakwerbung im Fernsehen untersagt.

Mit Gummiknüppeln auseinandergetrieben: Studenten der Madrider Universität auf der Flucht vor den Polizeieinheiten

Madrids Studenten fordern von General Franco Hochschulautonomie

24. Februar. *Wegen des Verbotes einer Vortragsreihe über aktuelle politische Probleme Spaniens kommt es an der Universität Madrid zu schweren Zusammenstößen zwischen der Polizei und mehreren tausend Studenten, die unter der Führung von vier Professoren gegen die Unterdrückung bürgerlicher Freiheitsrechte durch die Regierung des Diktators Francisco Franco Bahamonde demonstrieren. Die Studenten* *fordern die Freiheit der Lehre von staatlichen Eingriffen, finanzielle Selbständigkeit der Hochschulen, freie Wahl des Universitätsrektors durch das Professorenkollegium und das Recht, Studentenvertretungen zu bilden. Innerhalb der nächsten Wochen breitet sich die Protestbewegung auf die großen Städte des Landes aus. Die spanische Regierung antwortet darauf mit der zeitweiligen Schließung von Hochschulen.*

ČSSR reprivatisiert Einfamilienhäuser

23. Februar. Die Regierung der ČSSR gibt etwa die Hälfte der 100 000 Einfamilienhäuser, die nach der Machtübernahme durch die Kommunistische Partei 1948 verstaatlicht worden waren, für den Verkauf an Privatleute frei; die übrigen 50 000 Häuser werden weiterhin als Kindergärten, Büros usw. genutzt. Dadurch soll der Staatsetat von den Instandhaltungskosten entlastet werden.

Der Preis liegt je nach Zustand der Häuser zwischen 840 und 1930 Kronen pro m² Wohnfläche (etwa 445 bis 1022 DM). Wegen des geringen Einkommens der Arbeiter von etwa 1500 Kronen monatlich werden Interessenten Kredite mit 20jähriger Laufzeit angeboten. Nach offizieller Sicht stützt die Maßnahme den Entschluß der Kommunistischen Partei vom 29. Januar, im Wirtschaftsleben des Landes das »Prinzip der materiellen Interessiertheit und Verantwortung« stärker zu akzentuieren.

Preiskontrolle in England

11. Februar. Die britische Labour-Regierung richtet einen »Nationalrat für Preise und Einkommen« ein, der überprüfen soll, ob die Gestaltung der Preise sowie der Löhne, Gehälter und anderer Geldeinkommen im nationalen Interesse liegt. Das Gremium tritt neben den 1962 von der damaligen konservativen Regierung eingerichteten »Nationalrat für wirtschaftliche Entwicklung«, der sein Ziel, das Wirtschaftswachstum nachhaltig zu stützen und die Inflation einzudämmen, bisher nicht erreicht hat. Entgegen angestrebten 4% stieg das Bruttosozialprodukt 1964 nur um 2%.

Dem neuen Gremium gehören Vertreter der Regierung, der Unternehmerschaft und der Gewerkschaften an. Richtmaß seiner Arbeit ist die Norm der Regierung für jährliche Erhöhungen der Einkommen von maximal 3 bis 3,5% unter der Voraussetzung stabiler Preise. Alle Unternehmen einschließlich der staatlichen Stahl- und Automobil-Industrie sollen Preise nur unter eng festgelegten Bedingungen erhöhen. Darüber hinaus werden sie auf Preissenkungen für den Fall sinkender Produktionskosten verpflichtet.

George Brown, Wirtschaftsminister der britischen Labour-Regierung

Vor dem Parlament in Den Haag: Marijnen (l.) nach dem Rücktritt

Neu im Bundestag: »Aktuelle Stunde«

10. Februar. Erstmals hält der Bundestag in Bonn eine »Aktuelle Stunde« ab. Thema der Aussprache ist der Besuch von Bundeskanzler Ludwig Erhard (CDU) beim französischen Staatspräsidenten Charles de Gaulle (→ 19. 1./S. 12). Die oppositionelle SPD hat auf der Grundlage der neuen Einrichtung die Sitzung einberufen, weil sie befürchtet, daß Bundeskanzler Erhard um der Verständigung mit Frankreich willen de Gaulles deutschlandpolitischer Position nicht so energisch widersprochen hat, wie es in ihren Augen notwendig ist.

Der engagierteste Sprecher der Opposition ist der Vorsitzende der SPD-Fraktion, Fritz Erler. Der 1913 geborene Politiker zeigt sich beunruhigt über mehrere Aussagen de Gaulles. So hatte der französische Staatspräsident die Wiedervereinigung Deutschlands als eine Sache der Europäer bezeichnet und damit die Rolle der Vereinigten Staaten in Frage gestellt. Zudem erwartet er Pressemeldungen zufolge die Wiedervereinigung Deutschlands erst dann, wenn »Osteuropa befreit« ist, was heißen soll: Wenn die Sowjetunion nicht mehr kommunistisch beherrscht ist.

Blick in das Plenum des Bundestages während der ersten »Aktuellen Stunde«; Thema der Aussprache ist der Frankreichbesuch des Bundeskanzlers

Der Kanzler weist die Vorwürfe zurück und nimmt zu Fragen Stellung. Erhard betont die Bedeutung seiner Politik der kleinen Schritte für menschliche Erleichterungen. Im Gespräch mit de Gaulle seien weitausgreifende Perspektiven entworfen worden, die jenseits der Tagespolitik stehen.

Die »Aktuelle Stunde« dient Themen von aktuellem Interesse. Für ihre Einberufung reichen die Stimmen von 5% der Abgeordneten. Auch Minderheiten im Parlament können damit schnelle Antworten der Regierung auf ihre Fragen erzwingen. Obwohl keine Beschlüsse gefaßt werden dürfen, wird die »Aktuelle Stunde« bald »das Florett der Opposition« genannt, weil sie schnell öffentlichkeitswirksam wird.

Der Zeitrahmen der »Aktuellen Stunde« umfaßt genau eine Stunde, wobei aber die Wortbeiträge der Regierungsvertreter nicht mitzählen. Die maximale Dauer eines Beitrages beträgt fünf Minuten. Das Ablesen vorbereiteter Reden ist untersagt.

Besuchsregelung für Berliner vereinbart

5. Februar. Die Verhandlungsführer für das zweite Passierscheinabkommen für Berlin, DDR-Staatssekretär Erich Wendt und der Westberliner Senatsrat Horst Korber, einigen sich auf die Zeiträume für Verwandtenbesuche Westberliner Bürger im Ostteil der Stadt zu Ostern und Pfingsten des Jahres.

Danach geben die Passierscheinstellen vom 8. März bis zum 3. April die Berechtigungsscheine für den Osterbesuchszeitraum (12.–25. 4.) und den Besuchszeitraum über Pfingsten (31. 5.–13. 6.) aus. Der Himmelfahrtstag (27. 5.) wird in die Besuchsregelung nicht einbezogen.

Gemäß dem Rahmenabkommen zwischen der DDR und dem Senat von Berlin (West) vom 24. September 1964 – die Bundesregierung ist aufgrund des Viermächtestatus Berlins nicht verhandlungsberechtigt – werden alle Modalitäten detailliert geregelt. Die Besuchserlaubnis gilt von 7 Uhr bis 24 Uhr an einem frei gewählten Tag innerhalb des vereinbarten Zeitraums. Die Genehmigungsstellen werden im Westteil der Stadt eingerichtet, sind aber zu gleichen Teilen mit Personal der DDR und des öffentlichen Dienstes von Berlin (West) besetzt. Jede Seite trägt die bei ihr entstehenden Personal- und Sachkosten.

Wie schon bei früheren Passierscheinregelungen werden nachträgliche Genehmigungen von der DDR ausgeschlossen. Auch werden die Gebühren für nicht genutzte Passierscheine nicht erstattet.

Zwischen Wendt und Korber hatten bereits im Januar Verhandlungen stattgefunden. Sie waren jedoch an der Forderung Wendts gescheitert, der Senat solle Maßnahmen gegen »Störaktionen, die von Westberlin aus gegen die DDR unternommen würden«, garantieren. Der Vertreter der DDR verlangte damit Schritte des Senats gegen die Unterstützung von fluchtwilligen DDR-Bürgern vom Westen aus. Der Senat hatte dazu jede Stellungnahme abgelehnt, da er in der Forderung ein erpresserisches Manöver erblickte.

Senatsrat Horst Korber ist mit dem Verhandlungsergebnis zufrieden

Bonner Parlament verabschiedet neues Ausländergesetz

12. Februar. Der Deutsche Bundestag verabschiedet ein Ausländergesetz, das die bestehenden Vorschriften zusammenfaßt und aktualisiert. Das Bonner Parlament reagiert damit auf den stark ansteigenden Ausländerzuzug in das Bundesgebiet.

Die wichtigste Neuregelung besteht darin, daß Ausländern ausdrücklich alle Grundrechte zugestanden werden, soweit sie dem Grundgesetz zufolge nicht Deutschen vorbehalten sind. Diese Einschränkung betrifft im wesentlichen die Versammlungsfreiheit, die Vereinigungsfreiheit und das Recht auf Freizügigkeit innerhalb des Bundesgebietes. Damit bleibt faktisch auch das Recht auf die freie Wahl des Arbeitsplatzes und der Ausbildungsstätte für Ausländer weiterhin eingeschränkt.

◁ Arbeitnehmer aus Marokko, tätig im Ruhrbergbau; ihre Freizeit verbringen die »Gastarbeiter« u. a. wegen der Vorurteile vieler deutscher Kollegen meistens unter sich

▽ ◁ In der Bauwirtschaft sind ausländische Arbeitskräfte längst unentbehrlich geworden; hier arbeiten ein Türke, ein Deutscher, ein Jugoslawe, ein Araber und ein Italiener einträchtig zusammen

▽ Im Urlaub besuchen die ausländischen Arbeitnehmer ihr Heimatland; auf der Reise werden die zahlreichen Mitbringsel begutachtet

Seit 1960 spürbarer Anstieg

Jahr	Ausländische Arbeitnehmer in der BR Deutschland	Anteil an der Erwerbsbevölkerung
1956	98 800	0,5%
1957	108 200	0,6%
1958	127 100	0,6%
1959	166 800	0,8%
1960	329 400	1,5%
1961	548 900	2,5%
1962	711 500	3,2%
1963	828 700	3,7%
1964	985 600	4,4%
1965	1 216 800	5,7%

Die politische Betätigung von Ausländern wird prinzipiell als rechtmäßig anerkannt. Sie kann aber eingeschränkt werden, wenn sie

▷ die freiheitliche demokratische Grundordnung gefährdet
▷ Bestrebungen außerhalb des Bundesgebietes fördert, die dem Grundgesetz widersprechen oder
▷ das Völkerrecht verletzt.

Das Gesetz versucht so zu verhindern, daß auf dem Territorium der Bundesrepublik menschenrechtswidrige Ziele in fremden Staaten verfolgt und unterstützt werden.

Das neue Ausländergesetz wird von Sozialverbänden, aber auch von der liberalen Presse abgelehnt. Insbesondere die Regelung über mögliche Ausweisungen wird als unzureichend empfunden, da der § 10 des neuen Gesetzes über zehn Ausweisungstatbestände hinaus noch den Ausweisungsgrund »Belange der Bundesrepublik« anführt, der wegen seiner Ungenauigkeit und weil er vom Betroffenen nicht beeinflußt werden könne, rechtsstaatlichen Maßstäben nicht genüge.

Junge Inderinnen sollen Pflegenotstand in Krankenhäusern mildern

11. Februar. In der Universitätsklinik von Tübingen treffen 40 junge Frauen aus dem südindischen Bundesstaat Kerala ein, die nach einer Ausbildung zur Krankenschwester sechs Jahre lang in der Bundesrepublik arbeiten und danach als ausgebildete Kräfte nach Indien zurückkehren sollen.

Initiator der Aktion ist der katholische Priester Hubert Debatin aus dem nordbadischen Dorf Stettfeld. Der eklatante Mangel an Pflegepersonal in bundesdeutschen Krankenhäusern, der nach Meinung von Fachleuten durch die Unterbezahlung der Arbeitskräfte im öffentlichen Dienst verursacht ist, brachte ihn auf diese Idee. Die Aktion soll beiden Seiten nützen. An Krankenschwestern herrscht in Indien Mangel, so daß die ausgebildeten Kräfte nach ihrer Rückkehr in die Heimat sinnvoll eingesetzt werden können.

Für die nächsten Monate werden mehrere hundert junge Inderinnen erwartet, die in Krankenhäusern und in psychiatrischen Landeskliniken insbesondere im süddeutschen Raum die dreijährige Ausbildung in der Krankenpflege antreten sollen.

Unterricht für fünf junge Inderinnen durch eine deutsche Schwester (r.) in der Krankenpflegeschule des Gladbecker St. Barbara-Hospitals

Konkordat in Hannover unterzeichnet

26. Februar. Der niedersächsische Ministerpräsident Georg Diederichs (SPD) und der vatikanische Nuntius Corrado Bafile unterzeichnen in Hannover ein Konkordat zwischen dem Land Niedersachsen und dem Heiligen Stuhl. Es handelt sich um das erste Konkordat zwischen dem Vatikan und einem Bundesland seit dem Reichskonkordat von 1933, in dem Rom die Anliegen der katholischen Kirche mit dem religionsfeindlichen Nazi-Regime regelte. Dieser Vertrag hat auch weiterhin für die Bundesrepublik Gültigkeit. Bereits 1955 hatten Niedersachsen und die Evangelische Kirche im Loccumer Vertrag wechselseitige Rechte und Pflichten definiert.

Die vertragliche Vereinbarung zwischen Niedersachsen und dem Vatikan bezieht sich vor allem auf kulturelle und schulische Belange, auf die Seelsorge in Krankenhäusern und die Pfarrerbesoldung, die in der föderalistischen Bundesrepublik der Länderhoheit unterliegen. Sie verpflichtet das Land zur Neueinrichtung von katholischen Bekenntnisschulen und zur Einstellung katholischer Lehrer gemäß dem katholischen Schüleranteil. Zudem wird die katholische Religionslehre ordentliches Unterrichtsfach, das die Schulverwaltung gemeinsam mit der Kirche gestalten muß.

Nach vierjährigen Verhandlungen unterschreiben bei einer Feierstunde in Hannover Nuntius Bafile und Regierungschef Diederich (r.) das Konkordat

Eine zwangsläufige Folge dieser Regelung wäre die Einführung der konfessionellen Grundschule als Regelschule. Nach der Unterzeichnung des Konkordates entwickelt sich im Laufe der Diskussion um die erforderliche Änderung des Schulpflichtgesetzes durch das Landesparlament breiter öffentlicher Widerstand. Lehrerverbände und Studentenvereinigungen des vorwiegend protestantischen Landes demonstrieren gegen den katholischen Ein-fluß auf das Schulwesen des Landes und stellen auf Umzügen die konfessionelle Bekenntnisschule als Autowrack dar, das vom sog. Niedersachsenroß, dem Wappentier des Landes, mühevoll gezogen werden muß. Die in Koalition mit der SPD regierende FDP kündigt an, dem Konkordat die parlamentarische Zustimmung zu verweigern, obwohl sie an der Ausarbeitung des Vertragswerks maßgeblich beteiligt war (→ 19. 5./S. 90).

(→ 19. 5./S. 90).

Für Sexualerziehung in der Volksschule

18. Februar. Die Gewerkschaft Erziehung und Wissenschaft fordert auf einem Kongreß in Düsseldorf die Aufnahme der Sexualerziehung in die Lehrpläne der Volksschulen. Zugleich müßten die Lehrpläne an den Pädagogischen Hochschulen entsprechend erweitert werden.

Bisher gibt es nur in Berlin Sexualerziehung als Pflichtunterricht an den Volksschulen. In Hessen werden Richtlinien für die Sexualerziehung an den Schulen vorbereitet. In den anderen Bundesländern gibt es bislang nur Initiativen der Eltern- und Lehrerverbände, die zumeist von den Kultusministerien wohlwollend unterstützt werden. Auch die katholische Kirche steht der Sexualerziehung aufgeschlossen gegenüber, nachdem das II. Vatikanische Konzil (→ 8. 12./S. 198) die Bedeutung der Geschlechtlichkeit für die Entwicklung der Person anerkannt hat.

Die DGB-Gewerkschaft betont, daß die sexuelle Aufklärung durch die Eltern in der Regel viel zu spät beginne und nicht offen genug sei. Aber nur mit den Eltern zusammen könne Sexualaufklärung betrieben werden. Ziel der Erziehungsarbeit müsse die Entwicklung einer freien und bejahenden Haltung zur Sexualität und die Abkehr von der überkommenen repressiven Sexualmoral sein.

Papst Paul VI. erweitert das Kollegium der Kardinäle

22. Februar. In einem Kardinalskonsistorium im Apostolischen Palast im Vatikan ernennt Papst Paul VI. 27 neue Kardinäle und erweitert damit das Heilige Kollegium auf 103 Mitglieder. Gemäß dem überkommenen Zeremoniell verliest er die Namen und stellt dann den anwesenden alten Kardinälen die Frage: »Quid vobis videtur?« (»Was sagt ihr dazu?«), worauf diese ihr purpurrotes Käppchen abnehmen und sich zum Zeichen der Zustimmung verneigen.

Die Ernannten sind fast ausnahmslos Bischöfe oder Erzbischöfe, nicht aber Mitglieder der römischen Kurie. Unter den neuen Kardinälen befinden sich nur sechs Italiener. Der Papst setzt damit die Internationalisierung des Kardinalskollegiums fort, die Pius XII. (1939–1958) begonnen hatte, indem er durch die Ernennung von Nichtitalienern die absolute Mehrheit der römischen Kurie brach. Zugleich überschreitet er die von Sixtus V. 1586 festgelegte Höchstzahl von 70 Kardinälen deutlich, die Johannes XXIII. mit 76 Kardinälen nur geringfügig verletzt hatte. Er begründet diese Maßnahme mit dem Wachstum der Kirche über den ganzen Weltball seit dem 16. Jahrhundert, das Gottes Hilfe ermöglicht habe.

Neuernannter Kardinal: Lorenz Jaeger, Erzbischof von Paderborn

Das Oberhaupt der katholischen Kirche (M.) eröffnet das geheime Konsistorium, bei dem die Namen der neuen Kardinäle bekanntgegeben werden

Lohntüte behauptet sich

10. Februar. Die bargeldlose monatliche Lohnzahlung verdrängt die wöchentliche Lohntüte nur langsam. Das ergibt eine Umfrage der Bundesvereinigung der Deutschen Arbeitgeberverbände bei 270 Unternehmen der Metallindustrie, des Bergbaus und der chemischen Industrie. Die Befragung erfaßt damit die Art der Lohnzahlung bei mehr als 1,7 Mio. Arbeitern. Von den befragten Betrieben zahlen den Lohn
▷ 33% monatlich
▷ 43% vierzehntägig
▷ 24% wöchentlich.
Sie übergeben den Lohn
▷ zu 11% bargeldlos
▷ zu 41% in bar
▷ zu 48% teils bar, teils bargeldlos.
Insgesamt 76% der Betriebe sind danach bereits von der wöchentlichen Lohnzahlung abgerückt; die ausschließliche Überweisung auf ein Girokonto hat sich aber nur in 11% der Firmen durchgesetzt.
Die Untersuchung zeigt eine unbefriedigende Nutzung moderner Möglichkeiten der Datenverarbeitung in den Personalstellen der Betriebe. Elektronenrechner erstellen die Lohnabrechnung von mehr als 20 000 Beschäftigten in einer Stunde und bieten damit große Rationalisierungsmöglichkeiten.
Allerdings verfügen viele Arbeiterhaushalte noch immer nicht über

Lohntüte überflüssig: Die Firma dieses Arbeiters zahlt aufs Girokonto

ein Girokonto. Für sie ist oft das Sparbuch die einzige Verbindung zu einem Geldinstitut, obwohl einige Banken und Sparkassen seit mehreren Jahren Überziehungskredite für private Girokonten anbieten.
Für die Geldinstitute bedeutet die Lohnüberweisung eine Entlastung von der Bereitstellung großer Bargeldmengen zum Monatsende. Die Guthaben auf den Girokonten, die erst im Laufe des Monats von den Kontoinhabern schrittweise abgehoben werden, ermöglichen den Banken zudem eine Ausweitung des Kreditgeschäftes.

Bibelverkündigung mit Laufschriftband

15. Februar. Der Bischof des Bistums Essen, Franz Hengsbach, beschreitet neue Wege in der Verkündigung des Hirtenwortes: Von einem neu eingerichteten Laufschriftband auf dem Dach eines siebenstöckigen Hochhauses am zentral gelegenen Essener Porscheplatz leuchten nicht nur Meldungen aus Politik und Wirtschaft dem Betrachter entgegen, sondern auch kurze Predigten. Worte der Heiligen Schrift erscheinen dabei nicht, wie die anderen Texte, in gelbem, sondern in rotem Licht. 4000 Glühlampen verschaffen dem 18 m breiten Leuchtband Aufmerksamkeit auch auf große Entfernung.
Bischof Hengsbach verlangt für die neue Art der Verkündigung auch eine neue sprachliche Form und damit eine Abkehr vom alten Predigtstil. Ein Team von Geistlichen und Laien ist mit der Abfassung der Predigten beauftragt, die nur vier bis fünf Sätze umfassen.
Das Hirtenwort soll darin nicht in traditioneller Theologensprache, sondern mit modernen Wendungen vermittelt werden. Diese dürfen sich sogar der Werbesprache nähern: »Wir testen alles: Autos, Gesinnung, Möbel, Radios. Auch Gott wird einmal testen – unser Leben. Wenn wir Rechenschaft ablegen müssen – werden wir bestehen?«

Sirenensignale in der Bundesrepublik Deutschland

Im Frieden:	Im Verteidigungsfall:
Dauerton, unterbrochen oder nicht unterbrochen, bedeutet Feuer- oder Katastrophenalarm.	Heulton, unterbrochen oder nicht unterbrochen, bedeutet Luftangriff oder ABC-Alarm.
Feueralarm:	**Luftalarm:**
Zur Alarmierung der Feuerwehr bei Bränden und Unglücksfällen 2× unterbrochener Dauerton von 1 Minute.	Unmittelbare Gefahr von Luftangriffen oder Fernwaffenbeschuß 1 Minute Heulton.
Katastrophenalarm:	**ABC-Alarm:**
Zur Alarmierung des Katastrophenschutzes und zur Warnung der Bevölkerung bei Sturmflutgefahren, Groß- und Flächenbränden, Reaktorunfällen und dergleichen. 2× unterbrochener Dauerton von 1 Minute, nach einer Pause von 12 Sekunden 1 Minute Dauerton.	Unmittelbare Gefahr von radioaktiven Niederschlägen und vor biologischen oder chemischen Kampfmitteln. 2× unterbrochener Heulton von 1 Minute Dauer. Nach einer Pause von 30 Sekunden nochmals 2× unterbrochener Heulton von 1 Minute Dauer.
Entwarnung:	
Ende der unmittelbaren Gefahr.	1 Minute Dauerton.

© Harenberg

Bundesregelung für Probealarm

24. Februar. Zum ersten Mal findet ein einheitlicher Probealarm aller 45 000 Sirenen im gesamten Bundesgebiet statt.
Die zehn Warnämter leiten die Alarmprobe um 11.30 Uhr mit dem Signal für Entwarnung ein. Es folgen in kurzen Abständen die Alarmtöne für »Luftalarm«, »ABC-Alarm« und »Feueralarm«. Probealarm soll zukünftig bundeseinheitlich im Februar und im August erfolgen.

Leningrad leidet unter Grippe-Epidemie

1. Februar. Der ungewöhnlich harte Winter führt zu einer Grippe-Epidemie in Osteuropa. In Leningrad sind mehr als 400 000 Menschen akut erkrankt; die Schulen bleiben geschlossen, und alle öffentlichen Bediensteten werden verpflichtet, sich vor Ansteckung durch weiße Mulltücher zu schützen. Die Stadt erweckt so den gespenstischen Eindruck, sie sei voller Operateure und Krankenschwestern.
Die Nachricht von der Grippewelle in Osteuropa, angeblich eine asiatische Grippe, ruft in der Bundesrepublik Deutschland angstvolle Erinnerungen an die Grippe-Epidemie von 1918/19 hervor, an der europaweit 200 Mio. Menschen erkrankten, von denen 20 Mio. starben. Die asiatische Grippe ist zu Unrecht gefürchtet, denn sie endet – anders als die lebensgefährliche spanische Grippe – nur selten tödlich.

Verkäuferinnen mit Mundschutz in einem Moskauer Kaufhaus; alle Mitarbeiter öffentlicher Betriebe müssen sich so gegen Ansteckung schützen

Baubeginn für die Münchner U-Bahn

1. Februar. In München beginnt der Bau der städtischen Untergrundbahn. Die geplanten Trassen führen radial aus dem Stadtzentrum heraus; eine Ringstrecke soll nach 1990 folgen. Die Stadtväter folgen damit dem Beispiel Berlins und Hamburgs, wo schon vor dem Ersten Weltkrieg ein selbständiges U-Bahn-System neben dem Straßenbahnsystem aufgebaut wurde.
Selbständige U-Bahn-Netze erfordern besondere Wagentypen und ein eigenständiges Leitsystem. Köln und Frankfurt am Main, wo seit 1961 gebaut wird, beschränken sich auf unterirdische Teilstrecken für die Straßenbahn. München erwartet von der U-Bahn eine Verbesserung der Verkehrsstruktur und größere Chancen bei der Bewerbung um die Ausrichtung der Olympischen Spiele 1972 (→ 29. 11./S. 192).

Deutschlandpolitik prägt Messejubiläum

»Beatles«-Firma geht an die Börse

27. Februar. Mit einer Feierstunde im Großen Opernhaus der Stadt eröffnet der Ministerratsvorsitzende der DDR, Willi Stoph, die Leipziger Messe des Jahres 1965. Sie dauert bis zum 4. März.

Die Industrieausstellung wird als Jubiläumsmesse zum 800. Jahrestag der Marktstadt Leipzig ausgerichtet, obwohl die Datierung nicht gesichert ist. Im 12. Jahrhundert entstand bei der 1015 angelegten deutschen Burg »urbs Libzi« ein Marktflecken, der zwischen 1161 und 1170 Stadtrechte erhielt.

Zu den Jubiläumsfeierlichkeiten sind alle sozialistischen Staaten mit hochrangigen Delegationen vertreten. Die Festreden stehen unter dem Eindruck des bundesdeutschen Protestes gegen den Besuch des Staatsratsvorsitzenden der DDR, Walter Ulbricht, in der Vereinigten Arabischen Republik (→ 24. 2./S. 36). Der sowjetische Ministerpräsident Alexei N. Kossygin und sein polnischer Amtskollege Józef Cyrankiewicz betonen in ihren Ansprachen den Anspruch der DDR auf staatliche Souveränität und warnen vor Gefährdungen des freien Handels durch den Alleinvertretungsanspruch der

Die Halle »Elektrotechnik« auf dem Messegelände; während bei den offiziellen Feiern die Staatsembleme das Bild prägen, dominiert hier Firmenwerbung

Bundesrepublik Deutschland. Wirtschaftliche Aspekte stehen am Eröffnungstag im Hintergrund.

Mit über 9000 Ausstellern aus mehr als 70 Ländern und etwa 30 000 Einkäufern aus über 100 Staaten ist die diesjährige Messe gegenüber den Vorjahren international deutlich aufgewertet. Auch die bundesdeutsche

Wirtschaft und die Aussteller aus Berlin (West), die getrennte Flächen zugewiesen bekommen, erweitern ihr Warenangebot beträchtlich. Die wichtigste Handelsmesse der DDR konkurriert damit erfolgreich mit der Frankfurter Frühjahrsmesse, die vom 21. bis 26. Februar stattfand (→ 13. 6./S. 111; 4. 9./S. 156).

18. Februar. Neue Wege der Vermarktung beschreitet die vierköpfige Liverpooler Popmusik-Gruppe »The Beatles«: An der Londoner Börse werden 1,25 Mio. Aktien ihrer Musikfirma »Northern Songs« aufgelegt, deren Eigentum im wesentlichen aus den Verwertungsrechten an den mittlerweile 56 Songs besteht, die Paul McCartney und John Lennon geschrieben haben.

Der Nominalwert der Aktie beträgt zwei Shilling (etwa 1,10 DM); der Ausgabewert, zu dem das Papier erstanden werden kann, liegt bei etwa 4,00 DM. Bereits nach wenigen Minuten sind die Aktien zehnfach überzeichnet.

Das große Interesse der Anleger an den »Northern Songs«-Aktien resultiert aus dem kometenhaften Aufstieg der »Pilzköpfe«, wie die Musiker wegen ihres unkonventionellen Haarschnitts genannt werden, seit Anfang der 60er Jahre. 6 Mio. DM Firmengewinn erwarten Insider für das laufende Jahr. Für exakt diese Summe hat »Northern Songs« Lennon und McCartney gegen alle erdenklichen Risiken versichern lassen (→ 11. 6./S. 115; 29. 7./S. 132).

Eine neue Generation von Elektroloks bei der Bundesbahn

11. Februar. Die Deutsche Bundesbahn übernimmt die erste Elektrolokomotive vom Typ E 03 von der Henschel-AG in Kassel, die schon seit 1848 Eisenbahnloks baut. Die Schnellzuglokomotive soll in den kommenden Jahren auf den Hochgeschwindigkeitsstrecken der Deutschen Bundesbahn die Typen E 19 11/12 (seit 1940 im Einsatz) und E 10 (seit 1952) ablösen.

Die sechs Fahrmotoren des neuen Modells leisten 8750 PS, kurzzeitig sogar bis zu 12 000 PS. Ein Zug von 400 t (acht Waggons) erreicht in nur 170 sec nach 6,3 km die Höchstgeschwindigkeit von 200 km/h. Mit der Einführung des neuen Lokomotivtyps der Baureihe 103 will die Bundesbahn den in ihrer Werbung formulierten Anspruch einlösen, »doppelt so schnell wie das Auto und halb so schnell wie das Flugzeug« zu sein. Der fahrplanmäßige Einsatz der E 03 findet als Dauerversuch auf der Schnellfahrstrecke

München – Augsburg statt. Die 61,9 km durchfahren die Züge in 26 min, also mit einer Durchschnittsgeschwindigkeit von fast 143 km/h. Nach Abschluß der Fahrversuche Mitte 1966 werden die vier bestellten Probemaschinen als Triebköpfe für die TEE-Züge »Hans Sachs«,

»Blauer Enzian« und »Gambrinus« eingesetzt. Die E 03-Loks erweisen sich als außerordentlich robust und belastbar. Ihre Fahrleistungen von 1050 km je Betriebstag liegen weit über dem Durchschnitt; die Betriebskosten sind dagegen um etwa 30% geringer als bei anderen Loko-

motivtypen. Die Laufleistung ist etwa 2,5mal so groß wie bei älteren Zugmaschinen.

Bezogen auf das Gewicht der angehängten Personenwagen und die Dauerleistung kann die E 03 schadlos mit 20 bis 40% überbelastet werden (→ 25. 6./S. 110).

Bundesbahnpräsident Heinz Oeftering bei Übernahme der ersten E 03

Wegen der aerodynamisch günstigen Kopfform ist der Führerstand der E 03 sehr beengt; er läßt sich nur vom Maschinenraum her betreten

Bildungswesen 1965:

Experten fordern grundlegende Reform des Schulwesens

Neue Kommunikations- und Lehrtechniken sowie die Forderungen von Experten, Gewerkschaften und Studentenverbänden nach grundlegenden Reformen und dem Recht auf Bildung für alle Bürger bestimmen 1965 die Entwicklung im Bildungswesen.

Mit der Universität in Bochum nimmt die erste Hochschule im Ruhrgebiet den Lehrbetrieb auf und ermöglicht damit in einer Region mit traditionell hohem Arbeiteranteil das Studium. Seit der Reichsgründung 1871 war der Aufbau weiterführender Bildungseinrichtungen im »roten Kohlenpott« aus politischen Gründen immer wieder verhindert worden (→ 30. 6./S. 114).

Nachdem der Philosoph Georg Picht im Vorjahr mit seinem Buch »Die deutsche Bildungskatastrophe« auf Ausbildungsmängel im naturwissenschaftlichen Bereich und die im internationalen Vergleich geringe Zahl von Abiturienten hingewiesen hatte, gründen die Bildungs- und Erziehungsminister der Länder am 15. Juli den »Deutschen Bildungsrat«.

Das mit Vertretern des Bundes, der Länder und der kommunalen Spitzenverbände besetzte Gremium stimmt die länderübergreifende Bildungsplanung ab. Die Vereinheitlichung von Lehrplänen und Prüfungsverfahren, deren Festlegung unter die Kulturhoheit der Bundesländer fällt, ist wesentliches Ziel der Arbeit.

Eine Expertenkommission des Bildungsrates aus 18 Wissenschaftlern erarbeitet Grundlagenstudien zu pädagogischen und schulpraktischen Problemen und unterstützt damit Bemühungen, das als demokratiefremd empfundene dreigliedrige System aus Volksschule, Realschule und Gymnasium durch eine Gliederung in Primarstufe (1.–4. Klasse), Sekundarstufe I (5.–10. Klasse) und Sekundarstufe II (11.–13. Jahrgang) zu ersetzen und damit durchlässiger zu machen sowie die Chancen von Arbeiterkindern zu verbessern.

Als viertes Bundesland führt nun auch Nordrhein-Westfalen das neunte Pflichtschuljahr und den Fremdsprachenunterricht an den Volksschulen ein.

Im Hochschulseminar ist die gelockerte Sitzordnung nicht mehr auf den Professor hin ausgerichtet.

Studentendemonstrationen für eine zeitgemäße Bildungspolitik stoßen noch auf breites Unverständnis

Chemikalische Versuche kann das Telekolleg plastisch darstellen; der Schüler beobachtet sogar genauer als von hinteren Schulbänken aus

Fernlehrformen werden populär

In mehreren Bundesländern laufen Vorbereitungen zur Einrichtung von Telekollegs, bei denen der Fernsehzuschauer zum Schüler wird. Hier geht es um Grundbildung in den Naturwissenschaften, der Technik und den Sprachen, deren Lerninhalte durch Zeichnungen, Grafiken und Versuchsvorführungen fernsehgerecht aufbereitet werden können. Das Lernprogramm zwingt alle Teilnehmer zu gleicher Lerngeschwindigkeit. Diesen Nachteil kennt dagegen der langsam populär werdende Fernunterricht nicht.

Effizientes Lernen im Sprachlabor

Das in den USA entwickelte Sprachlabor setzt sich auch in der Bundesrepublik Deutschland durch. Bei dieser Form des programmierten Unterrichts üben alle Schüler zeitgleich Artikulation, Vokabeln und Grammatik einer Fremdsprache. Das Tonbandprogramm überspielt Aufgaben und gibt nach der Übungsphase Lösungsvorschläge. Der Lehrer kann sich einschalten und helfen.

Als nachteilig gilt die strenge Zeitdisziplin dieser Lernmethode. Intelligente Schüler werden leicht unterfordert. Kritiker sprechen von »industrialisiertem Lernen«.

In den USA hat sich das Sprachlabor bereits durchgesetzt; alle Schüler üben zeitgleich, die Lehrerin (vorn) kann sich jederzeit zuschalten

»Die Bibel«: Adam (Michael Parks) und Eva (Ulla Bergryd) im Garten Eden, noch ohne Schuld und Scham

». . . und sie erkannten, daß sie nackt waren«

Einzug der Tiere in die Arche Noah

Kain, von Gott gezeichnet

Abraham (George C. Scott) mit Isaak und Sarah (Ava Gardner)

»Die größte Geschichte . . .«: Jesus reitet nach Jerusalem

Max von Sydow als Jesus

Das Volk fordert vom römischen Statthalter Pilatus die Kreuzigung

Altes Testament und Neues Testament in aufwendigen Verfilmungen

16. Februar. *Während vor einem ausgewählten Publikum im New Yorker Warner's Cinerama Theatre die Verfilmung des Leben Jesu »The greatest story ever told« (»Die größte Geschichte aller Zeiten«) mit Max von Sydow in der Hauptrolle unter der Regie von George Stevens uraufgeführt wird, dreht Regisseur John Huston im Auftrag des italienischen Produzenten Dino De Laurentiis »Die Bibel«, einen Monumentalfilm über den gesamten biblischen Stoff von der Geschichte Adams bis zum Stammvater Abraham.*
Stevens variiert die Überlieferung des Neuen Testa- *mentes relativ frei; der Film soll durch Würde und Feierlichkeit das Frömmigkeitsgefühl ansprechen und sich damit vom Kolossalstil Hollywoods abgrenzen. Die Hauptrollen spielen Max von Sydow, Charlton Heston und Telly Savalas. De Laurentiis setzt dagegen darauf, filmische Wirkung durch schnelle Handlungsfolgen und große Stoffülle zu erzielen – wie z. B. in seiner früheren Produktion »Krieg und Frieden« (1956). Sein Regisseur John Huston stetzt in wichtigen Hauptrollen neben Ava Gardner und Peter O'Toole auch unbekannte Schauspieler ein.*

Kein Zuschuß für »rotes Festival«

22. Februar. Den 1954 ins Leben gerufenen »Oberhausener Kurzfilmtagen« soll der erwartete Zuschuß aus der Bundeskasse in Höhe von 40 000 DM verweigert werden. So entscheidet Bundesinnenminister Hermann Höcherl in einem Brief an den Rat der Stadt Oberhausen.

Der CSU-Politiker wirft dem angesehenen Filmfestival vor, einseitig Regisseure aus osteuropäischen Staaten und der DDR zu bevorzugen. Gelobt hätten das Festival in der Berichterstattung früherer Jahre »vor allem der Ostblock und westdeutsche Journalisten, die ständig mit der Demokratie im Mund die Freiheit systematisch lächerlich machen und eine höchst merkwürdige Bewunderung für fast alle Produkte der kommunistischen Diktaturen haben.« Die Filmtage seien »ein rotes Festival«.

Oberhausener Lokalpolitiker aller Parteien weisen die Vorwürfe empört zurück; aber auch einer Delegation von CDU-Politikern gelingt es nicht, Höcherl umzustimmen. Oberbürgermeisterin Luise Albertz von der SPD hält ihm vor, daß die Oberhausener Filmtage auch von allen regierungsnahen Zeitungen positiv rezensiert worden seien.

Dichterin erhält Friedenspreis

19. Februar. Die jüdische Dichterin Nelly Sachs erhält als erste Frau den Friedenspreis des Deutschen Buchhandels zuerkannt. Die Auszeichnung, die am 17. Oktober in der Frankfurter Paulskirche übergeben wird, verleiht der Börsenverein der Ausschreibung zufolge für die »Förderung des Gedankens des Friedens, der Menschlichkeit und der Völker untereinander«.

Die 73jährige Lyrikerin und Dramatikerin, die 1940 nach Schweden emigrierte, schrieb u. a. die Gedichtbände »In den Wohnungen des Todes« (1947) und »Sternverdunkelung« (1947). Das zentrale Motiv ihres Schaffens ist das Schicksal des jüdischen Volkes, das als Beispiel für jedes verfolgte Volk steht.

Preisträger der seit 1950 verliehenen Auszeichnung waren u. a. Albert Schweitzer (1951), Hermann Hesse (1955) und Carl Friedrich von Weizsäcker (1963).

Longo gewinnt Querfeldein-WM

14. Februar. Bei der Querfeldein-Weltmeisterschaft der Profi-Radsportler im oberitalienischen Cavaria verteidigt der Italiener Renato Longo erfolgreich seinen Titel gegen den

Rolf Wolfshohl, geboren am 27. Dezember 1938, war 1956 Deutscher Jugendmeister der Straßenfahrer. 1960, 1961 und 1963 gewann der siebenfache Deutsche Meister im Querfeldeinfahren (1958 – 1964) in dieser Disziplin die Weltmeisterschaft der Profis. 1959, 1962 und 1964 war Renato Longo erfolgreich.

Kölner Mitfavoriten und Ex-Weltmeister Rolf Wolfshohl. Longo benötigt für die sieben Runden zu jeweils 3,4 km 58:23 min und ist damit 13 sec schneller als Wolfshohl. Dritter wird der Italiener Amerigo Federini mit 1:21 min Rückstand auf den Sieger.

Querfeldeinrennen (Cyclo-Cross), ausgetragen auf einem etwa 2 km langen Rundkurs über insgesamt ungefähr 22 km, führen über fahrtaugliche Wege und (etwa 25%) natürliche oder künstliche Hindernisse und schwierige Geländestrecken. Das Rad kann auch getragen oder geschoben werden.

»Importsperre« für Fußballspieler

15. Februar. In Italien dürfen bis zum 31. Juli 1966 keine ausländischen Fußballspieler mehr verpflichtet werden. Dies beschließt der italienische Fußballverband bei seiner Sitzung in Rom, um die italienischen Profi-Vereine zu schützen, von denen sich viele beim Kauf ausländischer Stars hoch verschuldet haben. Zur Zeit spielen in den drei Ligaklassen mehr als 45 Ausländer, darunter sechs Deutsche.

Vom Anwerbeverbot betroffen sind auch ausländische Trainer. Die bereits verpflichteten Fußballehrer dürfen zwar bei ihrem Verein weiterarbeiten, aber bis zum Ablauf der Sperrfrist den Verein nicht wechseln. Den ausländischen Spielern wird eine derartige Beschränkung nicht auferlegt.

Die Reaktionen gegen die neue Bestimmung sind zum Teil heftig. Das Präsidium des FC Turin droht, den Verein aus dem laufenden Meisterschaftswettbewerb herauszunehmen, falls bereits eingeleitete Verhandlungen mit ausländischen Spielern nunmehr scheitern sollten. Seit mehreren Wochen gibt es Gerüchte, daß Turin den Mittelstürmer von 1860 München, Rudi Brunnenmeier, verpflichten will.

Letzte Startergruppe sind die Touristen

Skilauf für alle

6. Februar. *Erstmals findet der Münchner Volksskilauf für Läufer aller Alters- und Leistungsklassen statt. Die Loipe führt über 40 km von Bad Tölz nach Thanning (Oberbayern). Von mehr als 700 Teilnehmern halten 600 bis zum Ziel durch. Vorbild des vom Münchner Skigau organisierten Laufs ist der seit 1921 jährlich durchgeführte populäre sog. Wasa-Lauf von Sälen nach Mora in Schweden.*

»Direttissima« allein bezwungen

22. Februar. Erstmals ersteigt ein Einzelgänger das Matterhorn in der direkten Fallinie der Nordflanke, der sog. »Direttissima«. Nach einem viertägigen Aufstieg meistert der 34jährige Italiener Walter Bonatti damit eine der letzten großen Herausforderungen der Alpen.

Das Matterhorn im Schweizer Kanton Wallis in den Walliser Alpen an der italienischen Grenze ist eine steile Felspyramide; wegen des über weite Strecken fast senkrechten Falles mit zahlreichen Überhängen aus hartem, glattem Stein, in den Haken kaum eingeschlagen werden können, gilt die Nordflanke des 4478 m hohen Berges als kaum bezwingbar. Bei seinem Aufstieg hält der erfahrene Alpinist den Kontakt mit seinen Helfern durch Lichtsignale in den Nachtstunden aufrecht. Bonatti wirft auf der Schlußstrecke Proviant und Gerät ab, um trotz beginnender Entkräftung seinen ehrgeizigen Plan vollenden zu können.

Die Erstbesteigung des Matterhorns gelang einer britisch-französischen Seilschaft unter Leitung des Briten Edward Whymper am 14. Juli 1865. Die Erstdurchsteigung der Nordwand gelang 1931 den Brüdern Franz und Toni Schmid (→ 14. 7./S. 129).

Zimmermanns Oper »Die Soldaten« in Köln uraufgeführt

15. Februar. Als Auftragswerk der Stadt Köln wird die Oper »Die Soldaten« von Bernd Alois Zimmermann unter der musikalischen Leitung von Michael Gielen und der Regie von Hans Neugebauer im Kölner Opernhaus uraufgeführt. Die Inszenierung, die bereits für das Jahr 1960 geplant war, danach aber wegen angeblicher »Unspielbarkeit« ausgesetzt wurde, gestaltet sich zu einem Triumph für alle Mitwirkenden.

Der Oper liegt die bitter-sozialkritische Komödie »Die Soldaten« (1774/75) von Jakob Michael Reinhold Lenz (1751 – 1792) zugrunde. Marie, die Braut eines Tuchhändlers, gerät in den Sog der amourösen Vergnügungslust von Grafen, Baronen und Offizieren und sinkt – verführt, aber dies klar erkennend und damit unschuldig-schuldig – von Stufe zu Stufe, bis sie heruntergekommen in der Gosse landet, wo sie ihren Vater anbettelt, der sie nicht mehr erkennt. Das Stück kritisiert

Edith Gabry (Marie) und Zoltan Kelemen (Vater) in »Die Soldaten«

die Sittenverderbtheit des adligen Offizierskorps, aber auch die Großmannssucht des Bürgertums, das sich dem Adel andient, um selber sozial erhöht zu werden, dabei aber Opfer des feudalen Milieus und seiner Sitten wird.

Lenz zerstört dabei die überkommene Dramaturgie und ihre Forderung nach chronologischer Entfaltung der Handlung in einem geordneten Bühnenraum. Die Sprache der Figuren ist alltäglich, ohne metrische Formung, eruptiv, impulsiv und ausdrucksstark.

Die Oper des Kölner Komponisten übernimmt diese Sprache. Ihre formale Neuerung besteht vor allem in der simultanen Darstellung verschiedener Szenen mit verschiedenartigsten musikalischen Mitteln. Zeitliche Raffungen, Zeitsprünge, Ortswechsel und Parallelführung von Szenen auf der Bühne, die des Zuschauers Aufmerksamkeit aufs äußerste beanspruchen, lösen die Einheit des Ortes auf und schaffen eine »Kugelgestalt der Zeit«, in der das ganze Geschehen zeitgleich präsent ist. Moderne technische Mittel wie Einblendungen mehrerer Filme

gleichzeitig sowie die Verlagerung des Tonzentrums von der Bühne in den Zuschauerraum durch dort aufgestellte Lautsprecher stützen diese Darstellungsabsicht. Das musikalische Material wiederholt die Vielschichtigkeit der Handlungsführung: Zimmermann benutzt normsprengende Intervallreihen, Zwölftonreihen, Jazz-Elemente, Gregorianik und Bachsche Choräle neben elektronischen Klängen. Die Gleichzeitigkeit historischer und moderner Formen trägt so den Gedanken, daß die Vergangenheit in die Gegenwart hineinreicht und nicht als überholt abgetan werden kann.

Das Werk wird wegen seiner provozierenden, alle Regeln der »schonen Oper« verletzenden Gestaltung als neuer Maßstab für das Musiktheater im 20. Jahrhundert gefeiert. Die absolut neuartige Form fordert für die Oper völligen Vorrang der künstlerischen Mittel vor der Eingängigkeit einer nachvollziehbaren Handlung.

März 1965

Mo	Di	Mi	Do	Fr	Sa	So
1	2	3	4	5	6	7
8	9	10	11	12	13	14
15	16	17	18	19	20	21
22	23	24	25	26	27	28
29	30	31				

1. März, Montag

In Moskau findet eine »Konsultativkonferenz« kommunistischer Parteien über die Festigung der kommunistischen Weltbewegung statt, der die KP Chinas demonstrativ fernbleibt.

Bei den ersten allgemeinen Parlamentswahlen im britischen Protektorat Botswana erhält die Botswanaland Democratic Party (BDP) unter dem früheren Stammeshäuptling Seretse Khama mit ihrem Programm eines gemischtrassischen Nationalstaates 90% der Sitze. Unterstützt wurde sie durch die weißen Grundbesitzer.

Der Bundesrechnungshof in Frankfurt am Main rügt in einer Denkschrift das Auswärtige Amt scharf für seine verschwenderische Gewährung von Zulagen an Beamte im Auslandsdienst.

Buchhandelsfunktionäre der DDR kritisieren in Leipzig die »Diffamierung« der ostdeutschen Buchproduktion in der Bundesrepublik.

In Australien führt das Todesurteil für den 16jährigen Tom Trantum aus Perth wegen Mordes an der Ehefrau seines Arbeitgebers zur Forderung nach Abschaffung der Todesstrafe.

In den Karnevalshochburgen an Rhein und Ruhr erreicht die »fünfte Jahreszeit« mit dem Rosenmontag ihren Höhepunkt. Einer Umfrage zufolge steigt die Karnevalsbegeisterung weiter an. 1962 nahmen erst 28% der Bevölkerung an Karnevalsveranstaltungen teil, 1965 sind es bereits 31%.

2. März, Dienstag

Die Bundesregierung veröffentlicht einen Bericht über die Verfolgung von Nazi-Verbrechen, in dem sie behauptet, daß ein großer Teil der Straftaten vollständig aufgeklärt sei (→ 25. 3./S. 60).

Die USA verstärken ihr Engagement in Vietnam durch die Entsendung von zwei Bataillonen Marineinfanterie, der sog. Ledernacken. → S. 52

Die große Tarifkommission der Industriegewerkschaft Metall nimmt nach heftiger Diskussion den Einigungsvorschlag der Schlichtungsstelle im Tarifkonflikt der nordrhein-westfälischen Stahlindustrie an. Es gibt rückwirkend vom 1. Februar 7,5% Lohnerhöhung, zwei weitere Urlaubstage und mindestens 40% des Monatseinkommens als jährliche Sonderzuwendung (»Weihnachtsgeld«), aber keinen finanziellen Ausgleich für den Verzicht auf Arbeitszeitverkürzung.

Eine laufende Befragung von 2000 Studenten über ihr Sexualverhalten wird wegen vorzeitiger Veröffentlichungen über das Projekt abgebrochen. Die Forscher des Instituts für Sexualforschung an der Universität Hamburg befürchten unwahre Aussagen der Befragten aus Angst vor Indiskretionen.

3. März, Mittwoch

Der Ministerrat der Europäischen Wirtschaftsgemeinschaft (EWG) beschließt in Brüssel die Fusion der Kommissionen der EWG, der Europäischen Atomgemeinschaft und der Hohen Behörde der Montanunion.

4. März, Donnerstag

Vor der US-amerikanischen Botschaft in Moskau demonstrieren etwa 2000 Studenten aus asiatischen und afrikanischen Ländern gegen die Angriffe der US-Luftwaffe auf Nordvietnam. → S. 57

Nach Erkenntnissen des Bundesinnenministeriums sinkt die Zahl rechtsradikaler Organisationen beständig. → S. 60

In bundesdeutschen Kinos läuft der italienische Spielfilm »Hochzeit auf italienisch« an. → S. 64

In Colorado-Springs (USA) gewinnt das Ehepaar Ludmilla Belousowa und Oleg Protopopow aus der UdSSR die Weltmeisterschaft im Eiskunst-Paarlauf. Die Deutschen Meister Sonja Pfersdorf und Günther Matzdorf belegen den fünften Platz.

5. März, Freitag

Die Industriegewerkschaft Bau, Steine, Erden und der Arbeitgeberverband Bauindustrie einigen sich auf den ersten Tarifvertrag in der Bundesrepublik, der vermögenswirksame Leistungen zugunsten der Arbeitnehmer vorsieht. → S. 61

Die syrische Regierung verstaatlicht sechs syrische und drei westliche Mineralölvertriebsgesellschaften und beschlagnahmt deren gesamte Einrichtungen. Westliche Gesellschaften kontrollieren in Syrien 70% des Ölgeschäfts.

Die evangelisch-lutherische Landessynode in Bayern erlaubt als erste evangelische Landeskirche ihren Gläubigen die aktive Empfängnisverhütung, wenn diese nicht »sündigem Egoismus« dient.

In einer Meinungsumfrage stellt das Bielefelder Emnid-Institut fest, daß nur jeder zweite Einwohner des Bundesgebietes die Aufgabe des Bundestages kennt. Häufig erfolgt eine Verwechslung des Bundestages mit der Regierung.

Der Spielfilm »Für eine Handvoll Dollar« (BRD/Spanien/Italien) von Sergio Leone wird in der Bundesrepublik erstaufgeführt. → S. 66

In Colorado Springs (USA) wird die 18jährige Kanadierin Petra Burka Weltmeisterin im Eiskunstlauf. Der Franzose Alain Calmat gewinnt bei den Herren.

6. März, Samstag

Der britische Premierminister Harold Wilson bekräftigt bei einem Staatsbesuch in Berlin (West) die britischen Sicherheitsgarantien für den Westteil der Stadt.

7. März, Sonntag

Die US-amerikanischen Streitkräfte beginnen einen systematischen Luftkrieg gegen Nordvietnam und die vom Vietcong kontrollierten Gebiete in Südvietnam. Gleichzeitig greifen US-Bodentruppen in den Kampf ein. → S. 50

Die Bundesregierung beschließt die Einstellung der Wirtschaftshilfe für die Vereinigte Arabische Republik (Ägypten) als Sanktion wegen des Staatsbesuches von Walter Ulbricht, dem Staatsratsvorsitzenden der DDR, in Kairo (→ 24. 2./ S. 36).

Mit dem Sieg der Christdemokraten erringt erstmals in Chile eine Partei bei den Parlamentswahlen die absolute Mehrheit. → S. 57

8. März, Montag

In Da Nang treffen die US-Eliteeinheiten für den Einsatz im Vietnam-Krieg ein. → S. 52

Der Verband Deutscher Studentenschaften (VDS) fordert die Erhöhung des monatlichen Förderungsbetrages für Studenten nach dem »Honnefer Modell« von 250 auf 320 DM. Auf diese Weise soll die Werksarbeit für die Studierenden überflüssig werden.

Auf der Abschlußtagung des Schriftstellerkongresses in Moskau (seit dem 3. März) wird die Kritik an Josef W. Stalin unter dem 1964 gestürzten Staats- und Parteichef Nikita S. Chruschtschow als ungerechtfertigt zurückgewiesen.

Nach einer Umfrage der Wickert-Institute in Tübingen ist die Tageszeitung bei 52% der bundesdeutschen Bevölkerung nach wie vor das beliebteste Informationsmedium. Es folgen das Fernsehen mit 27%, das Radio mit 18% und die Illustrierte mit 3%.

9. März, Dienstag

Die Vereinigte Arabische Republik (Ägypten) setzt ihre Streitkräfte in Alarmbereitschaft, um ihre Pläne zur Umlenkung der Quellflüsse des Jordan gegen israelische Drohungen durchsetzen zu können. → S. 56

Im Ruhrgebiet beginnt die Verladung von 150 000 t Hochofenschlacke und anderer Verhüttungsrückstände für den Deichbau bei Campen (Norden) zur Erhöhung der Sturmflutsicherheit.

10. März, Mittwoch

Großbritannien und Norwegen unterzeichnen als erste Anrainerstaaten ein Abkommen über die Grenzziehung zwischen beiden Ländern auf dem Meeresboden in der Nordsee. → S. 57

Der ägyptische Staatspräsident Gamal Abd el Nasser droht für den Fall der diplomatischen Anerkennung Israels durch die Bundesrepublik mit der Anerkennung der DDR durch sein Land, der Zwangsverwaltung deutscher Vermögen in Ägypten, dem Abzug aller arabischen Botschafter aus Bonn und dem Abbruch der wirtschaftlichen Beziehungen aller arabischen Länder zur Bundesrepublik (→ 19. 8./S. 138).

In Selma (US-Bundesstaat Alabama) kommt es erneut zu Rassenunruhen. → S. 54

»Die Memoiren der Fanny Hill« werden von der Bundesprüfstelle auf die Liste der jugendgefährdenden Schriften gesetzt. → S. 66

11. März, Donnerstag

Die Deutsche Bundesbahn beschließt die Abschaffung aller Kontrollen an Bahnsteigzugängen. → S. 66

12. März, Freitag

Der Bundestag verabschiedet gegen die Stimmen der SPD den Bundeshaushalt 1965 mit einem Gesamtvolumen von 63,9 Mrd. DM.

Wegen seiner Berichte über die Einrichtung von Konzentrationslagern in der Sowjetunion unter Josef W. Stalin wird der jugoslawische Schriftsteller und Hochschullehrer Mihajlo Mihajlov verhaftet. In der bedeutendsten jugoslawischen Literaturzeitschrift »Delo« hatte er behauptet, es habe KZs in der Sowjetunion bereits früher als im Deutschen Reich gegeben.

Das Münchner Landgericht spricht 14 ehemalige Pflegerinnen der Heil- und Pflegeanstalt Obrawalde von der Anklage der Beihilfe zum Mord an Geisteskranken während des Nazi-Regimes frei. → S. 60

Beim 13. Internationalen Reitturnier in der Dortmunder Westfalenhalle gewinnt der Elmshorner Springreiter Kurt Jarasinski im Großen Preis der Bundesrepublik Deutschland auf Torro mit 0 Fehlern. → S. 67

13. März, Samstag

Die Lockheed-Werke in Burbank (Kalifornien) stellen ein neuartiges Düsenantriebssystem für Schiffe vor, die damit eine Spitzengeschwindigkeit von 150 km/h erreichen können. Das System ist vor allem für Tragflügelboote gedacht.

In einem mit großer Härte geführten Fußball-Länderspiel trennen sich die Bundesrepublik Deutschland und Italien im Hamburger Volksparkstadion 1:1.

14. März, Sonntag

Die israelische Regierung unter Ministerpräsident Levi Eschkol beschließt, das Angebot der Bundesrepublik zur Aufnahme voller diplomatischer Beziehungen anzunehmen (→ 24. 2./S. 36; 19. 8./S. 138).

Bei den 14. Eishockey-Weltmeisterschaften in Tampere (Finnland) gewinnt die Sowjetunion den Titel zum dritten Mal in Folge und zum fünften Mal insgesamt. → S. 67

Am 21. März treten schwarze und weiße Bürger-rechtler – unter ihnen Martin Luther King – in Selma (US-Bundesstaat Alabama) einen Protestmarsch zur Hauptstadt Montgomery an

LIFE

RUSSIA'S FABULOUS ART MUSEUM
THE HERMITAGE
HISTORIC TURNING POINT FOR THE NEGRO'S CAUSE

With Archbishop Iakovos, Walter Reuther and other supporters in Selma, Ala., Martin Luther King holds a wreath to the martyred Reverend James Reeb

MARCH 26 · 1965 · 35¢

15. März, Montag

Über 100 US-Flugzeuge bombardieren ein großes Munitionslager beim nordvietnamesischen Ort Phu Qui, etwa 160 km südlich von Hanoi. Drei Maschinen werden abgeschossen. → S. 50

Der seit 1954 amtierende ägyptische Staatspräsident Gamal Abd el Nasser wird in einer von der Verfassung vorgeschriebenen Volksabstimmung mit 99,999% der abgegebenen Stimmen in seinem Amt bestätigt.

Nach Bandenkämpfen zwischen Mods – Halbwüchsigen auf Motorrollern – und Rockern zum Auftakt der Badesaison bleibt am Strand des englischen Seebades Clacton von den Badeeinrichtungen nur ein Trümmerhaufen übrig.

16. März, Dienstag

Die britische Königin Elisabeth II. beendet den 1936 verhängten Hofbann gegen die Herzogin von Windsor. → S. 64

Der 38jährige Autor Richard Hey erhält den 14. Hörspielpreis der Kriegsblinden für sein Hörspiel »Nachtprogramm« zuerkannt. → S. 67

17. März, Mittwoch

Die Bundesregierung in Bonn beschließt, daß befähigte Beamte auch ohne weitere Qualifikationsprüfung in den mittleren und gehobenen Dienst aufsteigen können.

US-Präsident Lyndon B. Johnson legt dem Kongreß ein Gesetz gegen die Rassendiskriminierung vor. → S. 55

Aus Protest gegen die Anbahnung diplomatischer Beziehungen zwischen Israel und der Bundesrepublik Deutschland (→ 19. 8./S. 138) stürmen Demonstranten die bundesdeutschen Botschaften in Bagdad (Irak) und Sana (Jemen).

18. März, Donnerstag

Die Bundesregierung erleichtert den Außenhandel mit den Ostblockländern dadurch, daß ab sofort Bundesbürgschaften mit Kreditlaufzeiten bis zu fünf Jahren gewährt werden können.

Die italienische Regierung unter Ministerpräsident Aldo Moro (Christdemokraten) erläßt ein Gesetz zur Ankurbelung der Wirtschaft und zur Überwindung der Arbeitslosigkeit.

Der sowjetische Kosmonaut Alexei A. Leonow ist der erste Mensch, der sein Raumschiff im All verläßt. → S. 59

Der seit seinem Sturz durch General Ali Muhammad Nagib am 23. Juli 1952 im Exil lebende Ex-König von Ägypten, Faruk I., stirbt in Rom. → S. 65

19. März, Freitag

Der Bundesvorstand des Deutschen Gewerkschaftsbundes (DGB) verabschiedet ein neues Aktionsprogramm. Schwerpunkte sind Fragen der betrieblichen Mitbestimmung sowie der Vermögensbildung bei Arbeitnehmern. → S. 61

Nach langen Verhandlungen zwischen den Gewerkschaften und den Arbeitgebern aus Bund, Ländern und Gemeinden wird die Altersversorgung der Arbeiter und Angestellten im öffentlichen Dienst reformiert. → S. 61

Die österreichische Regierung nimmt Beitrittsverhandlungen mit der Europäischen Wirtschaftsgemeinschaft (EWG) auf. → S. 57

Mit vier Jahren Zuchthaus bestraft die Erste Große Strafkammer des Landgerichts Frankfurt am Main den 35jährigen Kurt Langguth, weil er 1958 einen von den Staatsorganen der DDR gesuchten Bundesbürger unter einem Vorwand an die Zonengrenze gelockt und dem Staatssicherheitsdienst der DDR zugespielt hatte.

Im Londoner Auktionshaus Christie's wird Rembrandts Porträt seines Sohnes Titus für umgerechnet 8,8 Mio. DM versteigert.

20. März, Samstag

US-Präsident Lyndon B. Johnson legt dem Kongreß einen Gesetzentwurf zur Beseitigung aller Beschränkungen des Wahlrechts für farbige Bürger vor und verfügt die Unterstellung der Nationalgarde des Bundesstaates Alabama unter Bundesbefehl, um so einen geplanten Demonstrationszug von Bürgerrechtskämpfern zu schützen (→ 17. 3./S. 55).

Als erster US-Show-Star tritt der Jazzmusiker Louis Armstrong mit seinen »All Stars« in der DDR auf. → S. 66

21. März, Sonntag

Weiße und schwarze Bürgerrechtler starten in Selma (US-Bundesstaat Alabama) einen Protestmarsch gegen die Rassendiskriminierung in ihrem Bundesstaat. → S. 54

Eine britische Versicherungsgesellschaft führt eine Versicherung gegen Lungenkrebs ein. Bei einem Jahresbeitrag von umgerechnet 16,80 DM erhält der Versicherungsnehmer im Krankheitsfall 5600 DM. Eine ärztliche Untersuchung vor Aufnahme in die Versicherung findet nicht statt.

22. März, Montag

Nicolae Ceauşescu wird zum neuen Vorsitzenden der Rumänischen Arbeiterpartei gewählt. → S. 57

Frankreich und die UdSSR vereinbaren die gemeinsame Verwendung des in Frankreich entwickelten Farbfernsehsystems SECAM (→ 7. 4./S. 78).

23. März, Dienstag

Die USA starten von Kap Kennedy (Kap Canaveral; Florida) aus die »Gemini-III«-Kapsel mit dem Astronauten Virgil Grissom, der damit als erster Mensch zum zweiten Mal im Weltraum ist. → S. 59

Gegen den früheren »Sachbearbeiter für Spionageabwehr« im Bundesamt für Verfassungsschutz Werner Paetsch, der 1963 die Öffentlichkeit auf die Telefonab-

hörpraktiken seiner Behörde aufmerksam gemacht hatte, wird beim Bundesgerichtshof in Karlsruhe Anklage wegen Geheimnisverrats erhoben.

24. März, Mittwoch

Die österreichische Staatsanwaltschaft leitet Ermittlungen gegen den Wiener Hochschullehrer Taras Borodajkewycz wegen nationalsozialistischer Äußerungen ein. Beim Aufeinandertreffen von Sympathie- und Protestdemonstranten danach kommt es zu schweren Auseinandersetzungen (→ 5. 4. / S. 77).

In Fabrik- und Auslandslagern warten mehr als 3 Mio. japanische Kameras auf Käufer. Damit liegt mehr als eine Jahresproduktion auf Halde.

Das US-amerikanische Fernsehen zeigt in einer Direktübertragung von der Raumsonde »Ranger IV« Nahaufnahmen von der Mondoberfläche. → S. 58

Nach drei unentschiedenen Spielen gegen den FC Liverpool scheidet der 1. FC Köln durch das Los im Viertelfinale des Fußball-Europapokals der Landesmeister aus. → S. 67

Der US-amerikanische Senator Robert F. Kennedy ersteigt den nach seinem 1963 ermordeten Bruder benannten Mount Kennedy in Yukon. → S. 65

25. März, Donnerstag

Der Deutsche Bundestag beschließt die Verlängerung der Verjährungsfrist für Verbrechen aus der Zeit des Nationalsozialismus. → S. 60

Die Sowjetunion protestiert in Noten an die drei Westmächte gegen die für den 7. April in Berlin (West) vorgesehene Bundestagssitzung (→ 7. 4./S. 76).

Nach dem Sieg der westlich orientierten United National Party über die sozialistische Regierungspartei, die Sri Lanka Freedom Party, bei den Parlamentswahlen vom 22. März wird Parteichef Dudley Shelton Senanayake als neuer Ministerpräsident Ceylons vereidigt.

Die Bundesrepublik gewährt Indonesien einen Kredit von 154,5 Mio. DM für den Ausbau der Schiffahrt und für den Aufbau eines Stahlwerkes auf Sumatra.

Die »Interessengemeinschaft für Contergangeschädigte« aus Frankfurt am Main beschuldigt die zuständige Staatsanwaltschaft Aachen, die Schadenersatzforderungen von Eltern contergangeschädigter Kinder bewußt schleppend abzuwickeln. Sie dringt auf eine Beschleunigung des Verfahrens.

26. März, Freitag

Im US-Bundesstaat Alabama werden vier Mitglieder des Ku-Klux-Klan verhaftet, die unter Verdacht stehen, eine weiße Bürgerrechtlerin ermordet zu haben. → S. 55

In Cardiff findet die Uraufführung des Schauspiels »The homecoming« (»Die Heimkehr«) des 34jährigen britischen Dramatikers Harold Pinter statt.

27. März, Samstag

Nach der Stillegung des Wochenendverkehrs auf dem Verschiebebahnhof von Kingsmoor in Großbritannien werden über 100 Arbeiter nur für die Anwesenheit zur »Geisterschicht« von Samstag, 22.00 Uhr bis Sonntag, 6.00 Uhr bezahlt.

Bei dichtem Nebel stoßen im Ärmelkanal der norwegische Tanker »Nora« (8998 t) und die unter liberianischer Flagge fahrende »Otto N. Miller« zusammen. Die beschädigten Schiffe hinterlassen eine 120 km lange Ölspur. Südenglische Badestrände sind dadurch von einer Ölpest bedroht.

28. März, Sonntag

Die Volksrepublik China bietet den südvietnamesischen kommunistischen Guerillakämpfern (Vietcong) offiziell militärische Hilfe an.

Ein schweres Erdbeben führt in chilenischen Städten zu Verwüstungen und fordert Hunderte von Toten.

29. März, Montag

Mit der Schließung der Grube »St. Georg« in Willroth enden 2000 Jahre Erzbergbau im Siegerland. → S. 61

Die Deutsche Akademie der Wissenschaften in Berlin (Ost) verleiht dem Dichter Johannes Bobrowski den Heinrich-Mann-Preis für den Roman »Levins Mühle«. 34 Sätze über meinen Großvater«. → S. 67

30. März, Dienstag

Bei einem Bombenanschlag auf die US-amerikanische Botschaft in der südvietnamesischen Hauptstadt Saigon finden über 20 Menschen den Tod. → S. 52

Aus Protest gegen die hohe Besteuerung der Filmproduktion in Frankreich öffnen die Pariser Lichtspielhäuser ihre Tore zum kostenlosen Kinobesuch.

31. März, Mittwoch

Das österreichische Parlament verabschiedet auf Antrag der beiden Regierungsparteien Österreichische Volkspartei (ÖVP) und Sozialistische Partei Österreichs (SPÖ) ein Gesetz, das die geltende Verjährungsfrist von 20 Jahren für Mord aufhebt. Das neue Gesetz ermöglicht die weitere Verfolgung von NS-Verbrechen (→ 25. 3./S. 60).

Die bundesdeutsche Automobilindustrie stellt mit 283 680 Kraftwagen einen neuen Rekord für die Monatsproduktion auf und übertrifft die Bestmarke vom Oktober 1964 um 7400 Fahrzeuge.

Das Wetter im Monat März

Station	Mittlere Lufttemperatur (°C)	Niederschlag (mm)	Sonnenscheindauer (Std.)
Aachen	5,0 (5,5)	197* (49)	129 (125)
Berlin	2,3 (3,9)	122* (31)	142 (151)
Bremen	3,3 (4,0)	130* (42)	122 (117)
München	1,7 (3,3)	187* (46)	120 (142)
Wien	4,5 (4,9)	44 (42)	142 (–)
Zürich	3,8 (4,2)	99 (69)	116 (149)

( ) Langjähriger Mittelwert für diesen Monat – Wert nicht ermittelt; * März/April 1965

Einblick in die Privatsphäre der italienischen Schauspielerin Gina Lollobrigida verspricht »Film und Frau« der Leserschaft

FILM UND FRAU

Frühlingsmode aus Berlin, Florenz und Rom

Zu Gast bei Gina Lollobrigida

Unsere Serie: Die Frau von heute – 20 Jahre länger jung

6

C 2833 D

N 2837 D
Ausgabe Koblenz

90 Pf. 9. März 1965 zuzüglich ortsüblicher Zustellgebühr
1. Vierteljahr 1965
Oesterreich S 7.—
Schweiz Fr. 1.10
Schweden skr. 1.25 inkl. oms.
Italien L. 180.—
Belgien F. B. 12.—
United Kingdom 2/6 sh
Canada can. $ —.45
USA US $ —.45
Richtpreis Übersee
US $ —.40
Israel 85 Agoroth
Printed in Germany

USA eröffnen Bombenkrieg gegen Nordvietnam

15. März. Mehr als 100 US-Flugzeuge vernichten ein Waffenlager in Phu Qui, etwa 160 km südlich der nordvietnamesischen Hauptstadt Hanoi. Hierbei werden erstmals im Vietnamkrieg Napalm-Brandbomben eingesetzt, die Brände mit Temperaturen von mehr als 2000 °C erzeugen. Mit diesem Angriff gelingt der US-Luftwaffe der weiteste Vorstoß auf nordvietnamesisches Territorium seit der offiziellen Eröffnung des Bombenkrieges durch Präsident Lyndon B. Johnson am 13. Februar. Die Vereinigten Staaten forcieren die Bombardements nordvietnamesischer Militäreinrichtungen, um den Nachschub für die in Südvietnam operierenden Guerillaeinheiten des Vietcong zu unterbinden. Bereits nach nur sechs Monaten, kommt es zum 1000. Angriff.

Anfänglich findet die US-Luftwaffe kaum Gegenwehr. Im März nehmen die Abschüsse von US-Maschinen durch Flugabwehrkanonen jedoch kontinuierlich zu. Am 4. April kommt es zum ersten Luftkampf zwischen einem Verband von südvietnamesischen und US-amerikanischen Fliegern auf der einen und sowjetischen MiG-Düsenjägern auf der anderen Seite. Ein Luftgefecht mit chinesischen Düsenjägern findet am 9. April statt. Seit die Volksrepublik China und die Sowjetunion Nordvietnam durch Waffenlieferungen unterstützen, müssen US-Bomber stets mit Luftangriffen rechnen. Die Vereinigten Staaten reagieren auf die Eskalation des Luftkrieges am 1. Mai mit dem Angebot an den nordvietnamesischen Staatspräsidenten Ho Chi Minh, die Bombenangriffe einzustellen, wenn die Einschleusung von Menschen und Material nach Südvietnam beendet werde. Die probeweise Einstellung der Bombenangriffe zwischen dem 13. und dem 18. Mai führt allerdings zu keiner Verminderung der Vietcong-Aktivitäten. Zahlreiche Vermittlungsversuche auch dritter Staaten bleiben erfolglos. Die USA beharren auf ihrer Verpflichtung zum Schutz Südvietnams, und Nordvietnam betrachtet die USA nach wie vor als Aggressor.

Mit dem Abwurf von 3 Mio. Flugblättern über nordvietnamesischen Städten informieren die USA die Bevölkerung über ihre Kriegsziele und rufen sie auf, die Nähe von Bombenzielen zu meiden.

△ Mit einem Dampfkatapult wird dieser Jagdbomber der US-Navy auf dem Flugzeugträger »Ticonderoga« gestartet. Vom Südchinesischen Meer aus nimmt er Kurs auf feindliche Ziele in Nordvietnam.

◁ Nordvietnamesische Flak im Gebiet um Nuhe An und Vinh Linh; im Hintergrund Bauern bei der Maisernte; die agrarische Struktur Nordvietnams erschwert den US-Einheiten ein wirkungsvolles Vorgehen gegen die nach Südvietnam eindringenden Vietcong; neben wirtschaftlichen und militärischen Zielen bombardieren die USA vor allem den Ho-Chi-Minh-Pfad als wichtigsten Nachschubweg.

Vietcong-Einfluß nimmt ständig zu

Seit der »Amerikanisierung« des Vietnamkonfliktes um 1960 durch die zunehmende Entsendung US-amerikanischer Militärberater nach Südvietnam wächst die Zahl der aus dem kommunistischen Nordvietnam einsickernden Kader konstant. Die in der Front National de Libération du Vietnam Sud (FNL, Nationale Befreiungsfront von Süd-Vietnam) organisierten Vietcong-Guerillakämpfer – zumeist kommunistische Südvietnamesen, die nach der Teilung des Landes 1954 in den Norden gegangen waren – bauen auf dem Land eine eigene Verwaltung auf und rekrutieren hier ihren Nachwuchs. Die FNL beherrscht das Grenzgebiet nach Laos und Kambodscha, den gan-

Nachschubwege des Vietcong in das von ihm besetzte Gebiet (rot); Faksimile aus »Bunte« 21. 7. 65

Südvietnamesisches Geschwader mit Napalmbomben im Angriff auf einen Vietcong-Stützpunkt in Nordvietnam

Mit Flugzeugen und schweren Waffen gegen Guerillakämpfer

Mit dem Bombenkrieg bleiben die Vereinigten Staaten ihrer Strategie treu, den Krieg mit schweren Waffen und geschlossenen Verbänden zu führen. Trotz der Luftüberlegenheit der USA zeigt sich schnell die beschränkte Tauglichkeit von Bombardierungen, da das agrarische Nordvietnam nur wenige Produktionsanlagen besitzt, deren Beschädigung die Wirtschaft des Landes empfindlich stören könnte.

Obwohl deutlich in der Überzahl, sind die südvietnamesischen Regierungstruppen wegen ihrer Fixierung auf den Frontenkrieg der Guerillataktik des Vietcong unterlegen. Die kommunistischen Kämpfer agieren gemäß der Befreiungskriegstheorie des nordvietnamesischen Verteidigungsministers Vo Nguyên Giap sowohl in größeren Verbänden als auch im Bewegungskrieg kleinster Gruppen. Zermür-

bung des Gegners ist nach dieser Strategie wichtiger als der Sieg in einer offenen Feldschlacht.

Die südvietnamesischen Streitkräfte haben eine Stärke von etwa 850 000 Mann an regulären Truppen und Miliz. Die USA sind Anfang 1965 mit etwa 20 000 Mann präsent. Diese Zahl erhöht sich zum Jahresende auf 170 000 Soldaten. Die Vietcong verfügen über etwa 10 000 Mann, die FNL über etwa 50 000 Mann.

zen Süden des Landes und große Teile des Ostens.

Die südvietnamesische Regierung in Saigon kontrolliert allenfalls noch ein Drittel aller Dörfer. Die Gewaltherrschaft des von 1954 bis 1963 amtierenden Präsidenten Ngô Dinh Diêm führte dazu, daß auch nationalgesinnte bürgerliche Kräfte sich der Befreiungsfront anschlossen.

Saigon: Bombenattentat des Vietcong auf US-Botschaft

30. März. Bei einem von Vietcong-Kämpfern verübten Bombenattentat auf die US-amerikanische Botschaft in der südvietnamesischen Hauptstadt Saigon sterben 22 Menschen, davon 20 Vietnamesen.

Der offenbar präzise vorbereitete Anschlag aus einem haltenden Auto spielt sich innerhalb weniger Minuten ab. Unter Vortäuschung eines Motorschadens stellen die Attentäter ihren Wagen vor der Botschaft ab und gewinnen so genügend Zeit, die Bombe zu zünden.

Aus Saigoner Polizeikreisen verlautet, daß der Attentatsplan den südvietnamesischen und den US-amerikanischen Behörden schon Anfang März zugespielt worden war. Die Sicherheitsvorkehrungen seien daraufhin verstärkt worden und würden jetzt durch US-amerikanische Soldaten weiter intensiviert.

Unter den Getöteten befinden sich zwei US-Amerikaner, die im Augenblick der Explosion im Botschaftsgebäude waren, sowie einer der Attentäter. Die meisten Opfer sind vietnamesische Passanten und Kunden der gegenüberliegenden Geschäfte.

Hinterhof der US-Botschaft nach dem Attentat; auch in den oberen Etagen des Gebäudes werden Fensterscheiben zerstört

Angestellte der Botschaft tragen Leichen und Verletzte weg; noch ist das Gelände nicht abgesperrt

Mehr als 180 Personen erleiden zum Teil schwere Verletzungen. Die Vereinigten Staaten drohen zur Vergeltung für diesen ersten Anschlag auf eine diplomatische Vertretung weitere Bombardierungen nordvietnamesischer Stützpunkte an.

Mit dem Anschlag reagieren die Vietcong auf die Bombardierung nordvietnamesischen Territoriums durch die US-Luftwaffe (→ 15. 3./S. 50). In den folgenden Monaten häufen sich Bombenattentate auf zivile Einrichtungen in südvietnamesischen Städten, bei denen der Tod auch von Vietnamesen willkürlich in Kauf genommen wird. Am 25. Juni fordert ein Anschlag auf ein Saigoner Restaurantschiff mehr als 25 Menschenleben. Ein Bombenattentat auf den US-amerikanischen Botschafter in Südvietnam, Maxwell D. Taylor, scheitert am 20. Juli nur knapp. Hohe Beamte des Pentagon setzen in der Folgezeit bei Präsident Lyndon B. Johnson die Entsendung weiterer großer Truppenkontingente nach Südvietnam durch; dies hatte Johnson bislang zu vermeiden gesucht.

Eine Spezialausbildung erhalten die »Ledernacken« für ihren Einsatz bei Landungen von See her oder aus der Luft

Vietnamesische Frauen empfangen die US-Soldaten mit Blumen

Patrouillierender US-Panzer auf einem Friedhof nahe dem südvietnamesischen Luft- und Marinestützpunkt Da Nang

Mit den »Ledernacken« kommen erstmals US-Elitetruppen

8./9. März. Die beiden ersten Bataillone von US-Marineinfanteristen – 3700 Soldaten – treffen auf dem Militärflughafen Da Nang ein, 170 km südlich des 17. Breitengrades, der Grenze zwischen Nord- und Südvietnam. Damit entsenden die Vereinigten Staaten erstmals Eliteeinheiten nach Südvietnam, die für den Kampf zu Wasser und zu Lande unter den besonderen geographischen Bedingungen des Landes ausgebildet wurden.

Die Regierungen Südvietnams und der USA erklären gemeinsam, daß die sog. Ledernacken nur militärische Anlagen schützen und damit vietnamesische Truppen für den offensiven Einsatz freistellen sollen. Anfang April kommt es zum ersten Einsatz der Ledernacken bei Da Nang. Unter den extremen klimatischen Bedingungen erleiden 40% der Soldaten Hitzschläge und Kreislaufzusammenbrüche, ohne daß es zu Feindberührung kommt.

Im Juni (→ 10. 6./S. 106) werden die kontinuierlich aufgestockten Marineinfanterie-Einheiten zum ersten Mal zur Unterstützung der südvietnamesischen Armee im eigenständigen Bodenkampf eingesetzt.

Attentäter lenken Sicherheitskräfte mit Finte ab

Die »Frankfurter Allgemeine Zeitung« beschreibt in ihrer Ausgabe vom 31. März unter dem Eindruck des Ereignisses das Bombenattentat auf die US-Botschaft in Saigon:

»Der offenbar seit langem sorgfältig geplante Anschlag spielte sich nach Agenturberichten aus Saigon innerhalb weniger Augenblicke ab. Ein schwarzes Auto hielt um elf Uhr Ortszeit unmittelbar vor dem scharf bewachten Botschaftsgebäude, der Fahrer stieg aus und erklärte dem ihn zur Weiterfahrt auffordernden vietnamesischen Polizeibeamten am Tor, er habe Motorschaden. Im gleichen Moment bremste ein Motorroller hinter dem Wagen, der Autofahrer sprang auf den Soziussitz, und die beiden Attentäter rasten im Feuer der Polizei wild um sich schießend davon. Ein Polizist wurde tödlich getroffen, ein zweiter holte den Fahrer des Motorrollers mit einem Schuß aus dem Sattel. In diesem Augenblick detonierte die in dem Wagen verborgene, mehr als 100 Kilogramm schwere Bombe. Der Attentäter auf dem Soziussitz, mehrere Polizeibeamte und einige Passanten wurden durch Bombensplitter auf der Straße getötet.

Der Anschlag kostete zwei Amerikanern – einer Sekretärin und einem Militärpolizisten – sowie zehn Vietnamesen das Leben. Verletzt wurden 45 US-Amerikaner und rund 106 Vietnamesen. Einige der verletzten Amerikaner sind inzwischen zur Behandlung auf die Philippinen geflogen worden.

Die Gewalt der Explosion war so stark, daß die schweren Eisengitter des Zaunes durch die Hauswand in die Büros im Erdgeschoß des Botschaftsgebäudes schlugen. Die nordöstliche Ecke des Gebäudes wurde weggerissen. Ein auf dem Gelände liegender Bungalow stürzte zusammen und begrub die Bewohner unter seinen Trümmern, alle an der Nordseite stehenden Botschaftsfahrzeuge wurden zerstört. Die zerfetzten Reste von Trolleybussen blockierten die Straße, auf der sich Polizeiwagen und Ambulanzen den Weg zu den Opfern des Attentats bahnten. Selbst hundert Meter entfernt stehende Fahrzeuge fingen Feuer. Die Dächer der leichten Holzhäuser wurden von der Explosionswelle davongetragen. Alle Fensterscheiben im Umkreis mehrerer hundert Meter gingen zu Bruch.«

Verletzte nach dem Attentat auf die US-Botschaft; die Zivilbevölkerung in den Städten wird immer häufiger mit Terroranschlägen konfrontiert

US-Marineinfanteristen beim Einsatz

US-Familien werden evakuiert

Die Evakuierung der Familienangehörigen von US-Militärberatern in Südvietnam wird im März fortgesetzt. Wegen der zunehmenden Gefährdung von Zivilisten hatte US-Präsident Lyndon B. Johnson diese Maßnahme am 7. Februar angeordnet. Die meisten der etwa 1800 Frauen und Kinder leben in Garnisonen in Saigon und im Truppenstützpunkt Da Nang, etwa 170 km südlich des 17. Breitengrades, der Grenze zwischen den verfeindeten Landesteilen Nord- und Südvietnam.

Als die US-Berater 1960 nach Südvietnam kamen, wurden sie von den antikommunistischen Teilen der Bevölkerung begeistert begrüßt, weil dies ein baldiges Ende des Bürgerkrieges versprach. Mit dem Abzug der Familienangehörigen verrät die US-Regierung nun, daß sie sich auf eine lange Kriegsdauer einstellt. Trotz strenger Bewachung von Kasernen und Garnisonen durch südvietnamesische Miliz können die im Lande befindlichen Angehörigen nicht mehr vor Angriffen der Vietcong-Guerillakämpfer geschützt werden, die eine Trennung von Militär und Zivilisten nicht anerkennen. Unter den zurückbleibenden Ehemännern und Familienvätern befinden sich nicht nur Soldaten, sondern auch Ärzte und Verwaltungsfachleute. Die Militärberater waren von Anfang an auch aktiv an den Kampfhandlungen beteiligt, da sie die beweglichen US-Helikopter zur Aufklärung und zur Vorbereitung von Einsätzen gegen Vietcong-Truppen auf südvietnamesischem Territorium flogen; ihre Stützpunkte sind daher von Überfällen besonders bedroht.

General W. C. Westmoreland, US-Befehlshaber

Kämpfende »Ledernacken« in Hoa My

King (M.) und Abernathy (r.) am zweiten Tag des Marsches

Abschlußkundgebung in Montgomery; neben dem Redner M. L. King seine Frau Coretta

Schwarze protestieren gegen Wahlbenachteiligungen

21. März. In Selma im US-Bundesstaat Alabama beginnen 300 weiße und schwarze Bürgerrechtler unter Führung der schwarzen Nobelpreisträger Martin Luther King und Ralph J. Bunche einen Protestmarsch zur 80 km entfernten Hauptstadt Montgomery.

Auf der fünfstündigen Abschlußkundgebung des sog. Alabamamarsches in Montgomery am 25. März fordern 25 000 Menschen den Gouverneur Alabamas, George Wallace, auf, alle Benachteiligungen schwarzer Wähler aufzuheben. Wallace, der als harter Verfechter der Rassentrennung gilt, weigert sich, eine entsprechende Petition der Bürgerrechtler entgegenzunehmen.

In den drei überwiegend von Schwarzen bewohnten US-Bundesstaaten Alabama, Louisiana und Mississippi sind Anfang 1965 nur etwa 3 bis 7% der Schwarzen in den Wahllisten registriert. Schikanöse bundesstaatliche Einzelbestimmungen wie sog. Bildungs- und Charaktertests verhindern die Registrierung schwarzer Wähler.

Aus diesem Grund eröffnete der Bürgerrechtler Martin Luther King im Februar in Selma eine Protestkampagne, in deren Verlauf mindestens 3000 Schwarze inhaftiert und von der Polizei mißhandelt wurden. Nach der Massenkundgebung in Montgomery wird die 39jährige weiße Bürgerrechtlerin Viola Liuzzo von Mitgliedern des Ku-Klux-Klan auf offener Straße brutal niedergeschossen (→ 9. 5./S. 92).

◁ *Aufbruch zum Protestmarsch in Selma; Martin Luther King (vorn 4. v. l.) und Ralph Abernathy (3. v. l.) führen den Demonstrationszug an, der nach einem Gottesdienst die Kirche von Selma verläßt.*

▽◁ *Bürgerrechtsdemonstration im Dezember vor dem Weißen Haus in Washington: Im Feierabendverkehr blockieren weiße und schwarze Demonstranten die Pennsylvania Avenue.*

▽ *Ein weißer Gegendemonstrant hält bei Selma Bürgerrechtlern die Flagge entgegen, unter der elf Südstaaten der USA für die Beibehaltung der Sklaverei 1861 bis 1865 den Sezessionskrieg gegen die Nordstaaten führten.*

Neues Wahlrechtsgesetz

17. März. US-Präsident Lyndon B. Johnson legt dem US-amerikanischen Kongreß ein Wahlrechtsgesetz vor, das Diskriminierungen schwarzer Wähler in den Südstaaten verhindern soll. Es findet am 4. August die Zustimmung des Parlaments. Darüber hinaus unterstellt Johnson am 20. März die Nationalgarde des Bundesstaates Alabama der Bundesaufsicht, um weitere Übergriffe der Polizei gegen Bürgerrechtler zu verhindern.

Die Kontrolle des Bundes über die Nationalgarde von Alabama war nötig geworden, nachdem der Sheriff der Kreisstadt Selma vor den Augen der Weltöffentlichkeit mit Polizeistöcken, elektrisch geladenen Rinderstöcken, Tränengas und Wasserwerfern auf friedliche Bürgerrechtler losgegangen war, die von dem Nobelpreisträger Martin Luther King angeführt wurden. In seiner Ansprache vor dem Kongreß betont der US-Präsident die Berechtigung der schwarzen Proteste gegen die verfassungswidrige Einschränkung des Wahlrechts in den Südstaaten. Der Gesetzentwurf solle verhindern, daß Schwarzen das Wahlrecht versagt bliebe, weil sie bei der Registrierung zur Wahl Wörter falsch abkürzten bzw. Bildungs- und Charaktertests nicht bestünden. Die weitreichendsten Bestimmungen des Gesetzes räumten den Bundesbehörden in solchen Fällen Eingriffsmöglichkeiten in die Selbstverwaltung der einzelnen Bundesstaaten ein. Johnson weist nachdrücklich auf die US-Verfassung hin, die es verbiete, einem US-Bürger das Wahlrecht aufgrund seiner Hautfarbe zu verweigern. Es sei ein Jahrhundert vergangen, seit die Schwarzen befreit wurden, und trotzdem seien sie noch nicht ganz frei. Ein Jahrhundert sei vergangen, seit man ihnen Gleichheit versprochen habe, doch sie seien immer noch nicht gleich. Die Zeit der Gerechtigkeit sei nun da.

Johnson für Bürgerrechte

US-Präsident Lyndon B. Johnson wurde am 27. August 1908 im südlichen US-Bundesstaat Texas geboren und lernte dort den Rassismus gegenüber Minderheiten kennen. Johnson kam 1932 nach Washington und leitete dort im Auftrag von US-Präsident Franklin D. Roosevelt eine Arbeitsvermittlung für arbeitslose Jugendliche. Von 1937 bis 1949 war er demokratischer Abgeordneter im Repräsentantenhaus, von 1949 bis 1961 Senator von Texas.

Schon 1957 setzte sich Johnson als Fraktionsvorsitzender der Demokraten im Senat für das erste US-amerikanische Bürgerrechtsgesetz ein.

Nach dem Tod John F. Kennedys 1963 rückte Johnson als dessen Stellvertreter ins Amt des US-Präsidenten auf (→ 10. 1./S. 17). Er verkündete das Programm der »Great Society«, in der alle Bürger gleichberechtigt sein sollten. Das zunehmende Vietnam-Engagement der USA verhindert jedoch eine Durchsetzung gesellschaftspolitischer Reformen.

Wallace gegen Bürgerrechtler

George C. Wallace wurde am 15. August 1919 in Clio im US-Bundesstaat Alabama geboren. Ab 1942 war er Rechtsanwalt und wenig später stellvertretender Staatsanwalt in Alabama. Von 1947 bis 1953 gehörte Wallace für die demokratische Partei dem Parlament seines Bundesstaates an. Als Richter (1953 – 1959) tat er sich bereits hervor durch seinen Kampf gegen die US-Kommission für Bürgerrechte. Seit 1963 ist Wallace Gouverneur von Alabama.

Im Juni 1963 verwehrte Wallace zwei schwarzen Studenten eigenhändig den Zugang zur staatlichen Universität von Tuscaloosa; Präsident Kennedy mußte Bundespolizei einsetzen.

Im September 1963 setzte der konservative Politiker Nationalgardisten ein, um die Aufnahme schwarzer Schüler in verschiedenen Schulen zu verhindern. Dabei kam es zu schweren Zwischenfällen. Der damalige US-Präsident John F. Kennedy mußte eingreifen, indem er die Nationalgarde Alabamas den Bundesbehörden unterstellte.

Nächtlicher Fackelzug des Ku-Klux-Klan in Salisbury (North Carolina)

Ku-Klux-Klan übt Terror aus

26. März. Die US-Bundespolizei verhaftet vier Mitglieder des Ku-Klux-Klan in Birmingham im US-Bundesstaat Alabama. Den Mitgliedern der rechtsextremen Terrororganisation wird der Mord an der am → 25. März (S. 54) erschossenen Bürgerrechtlerin Viola Liuzzo vorgeworfen.

Terroraktionen wie Brandstiftungen, Auspeitschungen und Fememorde des vor allem in den Südstaaten verbreiteten Geheimbundes richten sich in den letzten Jahren immer häufiger gegen die allmählich vollzogene Gleichberechtigung der Schwarzen.

1865 wurde der Ku-Klux-Klan als überregionaler »Femebund« von Heimkehrern aus dem Sezessionskrieg in der Kleinstadt Pulski im US-Bundesstaat Tennessee gegründet. Ab 1915 richteten sich die Aktivitäten der Terrororganisation auch gegen Minderheiten wie Juden und Katholiken. 1925 erreichte der Klan mit schätzungsweise 4 bis 5 Mio. Mitgliedern den Höhepunkt seiner Macht. Im Zeichen der wirtschaftlichen Depression und des Zweiten Weltkrieges verlor der Klan an Macht, erlangt jedoch in den 60er Jahren mit der schwarzen Bürgerrechtsbewegung neuen Aufschwung.

Geheimbündler in Kapuzentracht mit Flammenkreuzsymbol

Die US-amerikanische Bundespolizei hat es schwer, den Klan, dessen Stärke derzeit auf 40 000 Mitglieder geschätzt wird, wirkungsvoll zu bekämpfen, da zahlreiche Polizisten, Richter und Politiker in den Südstaaten dem Geheimbund angehören.

Nach dem Mord an der Bürgerrechtlerin Viola Liuzzo kündigt US-Präsident Lyndon B. Johnson harte Schritte gegen die Geheimorganisation an. Auf die Kampfansage aus dem Weißen Haus antwortet der »Reichshexenmeister« Robert Shelton: »Wir werden auch mit Präsident Johnson fertig.«

In Kairo demonstrieren ägyptische Arbeiter im Gleichschritt und mit geballten Fäusten gegen Israel; ihre Regierung schürt den Haß auf den jüdischen Staat

Militärparade in der israelischen Hauptstadt Jerusalem; gegen die Front feindseliger Nachbarn setzt das kleine Land auf militärische Stärke

Arabisch-israelischer Konflikt um Wasser des Jordan

9. März. Wegen der Drohung Israels, mit Waffengewalt gegen die Arbeiten arabischer Länder zur Aufstauung und Umleitung der Jordan-Quellflüsse in den Anrainerstaaten Syrien, Jordanien und dem Libanon vorzugehen, setzt Ägypten (1958–1971: Vereinigte Arabische Republik, VAR) seine Streitkräfte in Alarmbereitschaft. Die arabischen Maßnahmen bedrohen Israel mit schwerer Wassernot, die auch durch in Planung befindliche Meerwasserentsalzungsanlagen nicht behoben werden könnte.

Der Konflikt um die Verteilung des Trinkwassers schwelt seit der Gründung des Staates Israel 1948. Wegen der Befürchtung der arabischen Staaten, Israel durch eine gemeinsame Wasserwirtschaft diplomatisch aufzuwerten, scheiterten 1953 US-amerikanische Vermittlungsversuche zur Verteilung der insgesamt 800 Mio. m³ jährlich. Danach sollten Syrien und Libanon gemeinsam 120, Israel 320 und Jordanien 360 Mio. m³ des verfügbaren Wassers erhalten.

Israel dagegen orientierte sich an dem Vermittlungsvorschlag und begann zur Bewässerung der Negev-Wüste 1955 mit dem Aufbau eines Pipeline-Systems, das Wasser aus dem See Genezareth in den Süden leitet. Es nimmt unterwegs Wasser aus der vom Nordwesten kommenden Pipeline auf, die nahe der libanesischen Grenze gefördertes Brunnenwasser heranführt. Wegen der israelischen Pläne, vom südwestlichen Ufer des Sees Genezareth aus

das Jordantal zu bewässern, beginnen die arabischen Staaten im Frühjahr 1964 mit dem Aufstauen der Flüsse im Norden; zudem soll die Umbettung des Jarmuk-Unterlaufes auf jordanisches Gebiet intensiviert werden.

Damit sieht Israel die Quotenregelung von 1953 verletzt und droht militärische Aktionen gegen die nur wenige Kilometer vor seiner Grenze liegenden Staudammbauten an.

Die mit Israel verfeindeten arabischen Staaten können sich letztlich nicht auf eine gemeinsame Strategie gegen Israel einigen, weil Ägypten für den bewaffneten Schutz der Staudammbauten die Stationierung seiner Truppen in den befreundeten Ländern verlangt, um so seinen Führungsanspruch in der arabischen Welt zu bekräftigen. Aus Furcht vor Ägyptens Vormachtstellung sind die übrigen Anrainerstaaten Israels – Libanon, Syrien und Jordanien – zur Aufnahme ägyptischer Truppen nicht bereit.

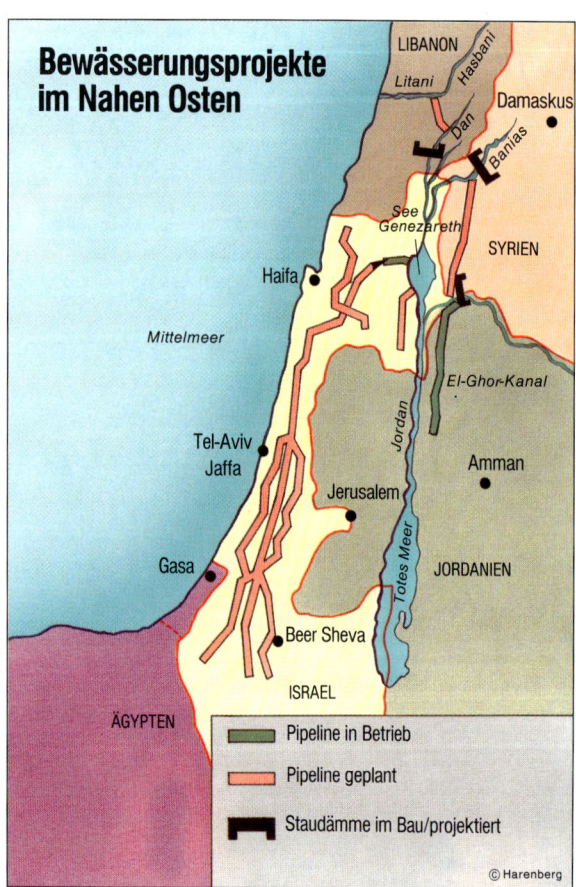

Bewässerungsprojekte im Nahen Osten

LIBANON
Litani
Hasbani
Dan
Banias
Damaskus
See Genezareth
SYRIEN
Haifa
Mittelmeer
El-Ghor-Kanal
Tel-Aviv
Jaffa
Jordan
Jerusalem
Amman
Gasa
Totes Meer
JORDANIEN
Beer Sheva
ISRAEL
ÄGYPTEN

■ Pipeline in Betrieb
■ Pipeline geplant
■ Staudämme im Bau/projektiert

© Harenberg

Posten im jordanischen Teil Jerusalems; der Streit um das Wasser verschärft die Lage in der geteilten Stadt

Peking steuert Demonstration in Moskau

4. März. Berittene Polizei löst eine durch die Volksrepublik China gelenkte Demonstration von etwa 2000 Studenten aus afrikanischen und asiatischen Ländern vor der US-amerikanischen Botschaft am Tschaikowski-Boulevard in Moskau auf. Die Studenten aus Nordvietnam, Nordkorea, Indonesien, Japan, Kambodscha, Laos, Mali, Dahomey (Benin), Kamerun, Burundi, Somaliland, Äthiopien, Kuba, Mexiko und der Volksrepublik China protestieren gegen die Kriegseskalation durch die US-amerikanischen Bombardierungen in Vietnam (→ 15. 3./S. 50).

Etwa 600 Polizisten und 200 Soldaten schützen das Botschaftsgebäude in vier Verteidigungsringen, von denen einer aus Schneepflügen besteht; trotzdem werden mehrere hundert Fenster zerstört. Erst nach dreistündigen Auseinandersetzungen, bei denen Dutzende von Polizisten und Demonstranten zum Teil schwer verletzt werden, ziehen die Studenten unter Absingen der »Internationale« ab.

Häufiger organisiert die sowjetische Regierung gegen die US-amerikanische Außenpolitik gerichtete Demonstrationen, an denen sich die

3200 Studenten der Moskauer Patrice-Lumumba-Universität beteiligen. Die vom chinesischen Botschafter in Moskau, Pan Tsu-li, gelenkte Demonstration trägt jedoch nun den Richtungsstreit zwischen den verfeindeten kommunistischen Parteien beider Länder in das Stadtleben Moskaus und zwingt die Sowjetunion, sich bei den USA für die Übergriffe zu entschuldigen.

Die chinesische Führung unter KP-Chef Mao Tse-tung verurteilt die sowjetische Politik der friedlichen Koexistenz mit den USA als Verrat an der kommunistischen Bewegung und wirft Moskau vor, die Vietcong nur halbherzig zu unterstützen.

Protestierende chinesische Studenten vor der US-amerikanischen Botschaft in Moskau; Angriffspunkt ist die Vietnam-Politik von Präsident Johnson

Christdemokraten siegen in Chile

7. März. Bei den Parlamentswahlen in Chile erringt die von Staatspräsident Eduardo Frei Montalva geführte regierende Christdemokratische Partei 82 von 147 Sitzen. Damit erringt erstmals in der Geschichte

Eduardo Frei Montalva, geboren am 16. Januar 1911 in Santiago de Chile, strebte als Vorsitzender des Jugendverbandes der Konservativen Partei sozialen Ausgleich an. Seit 1949 gehörte er mehrfach dem Senat an. Seit 1964 ist er chilenischer Staatspräsident.

des Landes eine Partei die absolute Mehrheit.

Frei will eine große Landreform zugunsten der Kleinbauern und die Übernahme der Kapitalmehrheit an den Kupferminen des Landes, die bislang bei US-Unternehmen liegt. Damit soll die wirtschaftliche Krise Chiles gemeistert werden.

Ceaușescu neuer Parteichef

22. März. Die Rumänische Arbeiterpartei (RAP) wählt in Bukarest einstimmig das 47jährige Mitglied des Politbüros Nicolae Ceaușescu zu ihrem Ersten Sekretär und damit in das wichtigste Amt der Partei. Ceaușescu ist Nachfolger des am 19. März verstorbenen Gheorghe Gheorghin-Dej.

Ceaușescu beruft kurz nach seiner Wahl den IV. Parteitag der RAP für den 19. bis 24. Juli ein, der im Vorjahr ohne Begründung ausgefallen war und setzt die Umbenennung der RAP in Rumänische Kommunistische Partei (RKP) durch. Vor den Chefs der Kommunistischen Parteien der Sowjetunion, Chinas und der DDR, Leonid I. Breschnew, Teng Hsiao-p'ing und Walter Ulbricht, fordert der Parteisekretär die Entwicklung von freundschaftlichen Beziehungen zu allen Staaten mit dem Ziel der Auflösung der Militärblöcke NATO (Nordatlantisches Verteidigungsbündnis) und Warschauer Pakt. Zugleich kündigt Ceaușescu die Fortführung der Industrialisie-

rungspolitik und die Einführung einer genossenschaftlichen Unternehmensführung an. Die einheitliche Führung der Kommunistischen Weltbewegung zuungunsten der nationalen Entwicklung sozialistischer Demokratien weist er zurück.

Nicolae Ceaușescu will ein Rumänien ohne enge UdSSR-Anbindung

Anrainerstaaten teilen Nordsee auf

10. März. Als erste Anrainerstaaten der Nordsee unterzeichnen Großbritannien und Norwegen in London ein Abkommen, das die Grenzen beider Länder auf dem Meeresboden festlegt.

Dieser Vertrag soll internationale Konflikte vermeiden, falls Probebohrungen in der Nordsee die Hoffnung auf reiche Erdöl- und Erdgaslager bestätigen. 1963 war erstmals ein großes Erdgaslager in der niederländischen Provinz Groningen entdeckt worden.

Nach der »Genfer Konvention über den Festlandssockel« der Vereinten Nationen vom 29. April 1958 haben alle Unterzeichnerstaaten das Recht zur alleinigen Ausbeutung ihrer Küstengewässer bis zu einer Tiefe von 200 m, die in der Nordsee an wenigen Stellen überschritten wird.

Dieser Konvention zufolge werden die Staatsgrenzen ins Meer hinein fortgeführt und bestimmen so den nationalen Anteil am Festlandssockel. Für die Nordsee sind gesonderte Vereinbarungen erforderlich, weil die geographischen Gegebenheiten eine einfache Anwendung der Regel nicht zulassen.

Österreich sucht Zutritt zur EWG

27. März. Eine österreichische Delegation unter der Leitung von Handelsminister Fritz Bock beginnt in Brüssel Verhandlungen mit der Kommission der Europäischen Wirtschaftsgemeinschaft (EWG) über den Beitritt Österreichs.

Aufgrund der zunehmenden Harmonisierung der Zoll- und Handelsbestimmungen in der EWG (→ 1. 1./S. 15) befürchtet Österreich, seine Produkte aus Landwirtschaft und Schwerindustrie nicht mehr auf dem geschützten EWG-Binnenmarkt absetzen zu können.

Die Verhandlungen scheitern am Einspruch der Sowjetunion, die bei einem EWG-Beitritt Österreichs dessen Verpflichtung zur Neutralität verletzt sieht. Österreich war im Staatsvertrag von 1955 auf diese Verpflichtung eingegangen, um das Besatzungsstatut nach dem Zweiten Weltkrieg abzulösen und die staatliche Souveränität wiederzuerlangen. Ein Freihandelsvertrag mit der EG kommt erst 1977 zustande.

Nach 80 Jahren große Siege der Weltraumtechnik

Im März überschlagen sich die Ereignisse im Weltraum förmlich. Als erster Mensch schwebt der sowjetische Kosmonaut Alexei A. Leonow frei im All. US-Präsident Lyndon B. Johnson forciert das Gemini-Programm, in dessen Rahmen am 23. März der erste bemannte Flug stattfindet. Direktübertragungen vom Mond halten die Fernsehzuschauer in den USA in Atem. Weit war der Weg der Weltraumpioniere bis zu diesen Erfolgen.

Der erste wissenschaftliche Entwurf eines Raketenflugapparats stammt von dem Russen Konstantin E. Ziolkowski (1857–1935), der in seiner Arbeit »Freier Raum« (1883) die Funktionsweise eines Raumschiffs mit Rückstoßantrieb beschrieb. Der Forscher entwickelte auch die sog. Raketengrundgleichung, nach der die Raketengeschwindigkeit in Abhängigkeit von Raketenmasse, Geschwindigkeit der Treibstoffverbrennung und Ausstoßenergie berechnet werden kann.

Der US-amerikanische Physiker Robert H. Goddard (1882–1945) erkannte die beschränkte Leistungsfähigkeit von festen Treibstoffen in der Raketentechnik und konstruierte die erste Flüssigtreibstoffrakete. Das 3 m lange, mit Benzin und flüssigem Sauerstoff betriebene Fluggerät erreichte im ersten Flüssigraketenversuch am 16. März 1926 bei einer Flugdauer von 2,5 sec und einer Flugstrecke von 56 m eine Beschleunigung von etwa 100 km/h.

Der dritte Raketenpionier, der Siebenbürgener Hermann Oberth (geb. 1894), entwarf 1920 den Plan einer Wasserstoff-Sauerstoff-Rakete und trieb damit die theoretische Vorbereitung zur Konstruktion von Flüssigkeitstriebwerken maßgeblich voran. In seinem Werk »Die Rakete zu den Planetenräumen« (1923) beschrieb Oberth die Leistungsanforderungen für einen Mondflugkörper und entwickelte technische Details.

Der deutsche Ingenieur Rudolf Nebel (1894–1978) gründete 1930 in Berlin den ersten Raketenstartplatz der Welt und erreichte bei Versuchsstarts Flughöhen bis 1000 m. 1932 wurde die deutsche Raketenversuchsforschung durch die Reichswehr übernommen und in den Dienst der Kriegführung gestellt. Unter der Leitung Werner von Brauns (1912–1977) wurde seit 1937 in Peenemünde die erste Großrakete »A 4« entwickelt, die ab September 1944 unter dem Namen »V 2« (»Vergeltungswaffe«) zu mehr als 3000 Einsätzen vor allem gegen die britische Zivilbevölkerung kam.

Bereits in den 30er Jahren, verstärkt seit dem Ende des Zweiten Weltkrieges, entwickelten USA und UdSSR Raketen für militärische Zwecke und für den Satellitentransport. Die wichtigsten US-amerikanischen Raketenfamilien sind »Saturn« (seit 1958), die für das »Apollo«-Mondfahrtprogramm verwendet wird, »Thor-Delta« (seit 1960), die vor allem zum Transport von Satelliten dient, und »Atlas« (seit 1957), die für bemannte Erdumrundungen und für Sonnen- und Planetensatelliten eingesetzt werden. Die wichtigsten sowjetischen Trägerraketen sind die Interkontinentalrakete SS 6 (seit etwa 1955) und die neuentwickelte Interkontinentalrakete SS 9.

US-Fernsehen zeigt Livebilder vom Mond

24. März. Zwischen 14.52 Uhr und 15.08 Uhr MEZ können die Fernsehzuschauer in den USA erstmals Direktbilder vom Mond betrachten, die von der unbemannten Raumsonde »Ranger 9« vor dem Aufprall auf der Mondoberfläche gesendet werden.

Die Bilder zeigen anfangs einen Mondausschnitt von mehr als 1300 km² in gleißendem Sonnenlicht. Auch der Krater »Alphonsus« ist zu sehen. Alle fünf Sekunden sendet die Sonde immer schärfere Bilder von bisher unerreichter Qualität, bis kleinste Details des Kraterbodens zu erkennen sind. Der 100 km² große Krater »Alphonsus« gilt wegen seines etwa 3000 m hohen Ringwalles, der einen guten Meteoritenschutz verspricht, als möglicher Landeplatz einer bemannten Mondfähre.

Mit dieser Bildübertragung endet das US-amerikanische Mondforschungsprogramm »Ranger«, das seit August 1961 läuft. Nach anfänglichen Mißerfolgen lieferte erstmals »Ranger 7« 1964 vor dem Aufschlag scharfe Bilder. Mit dem Nachfolgeprogramm »Surveyer« sollen unbemannte Raumflugkörper auf dem Mond landen.

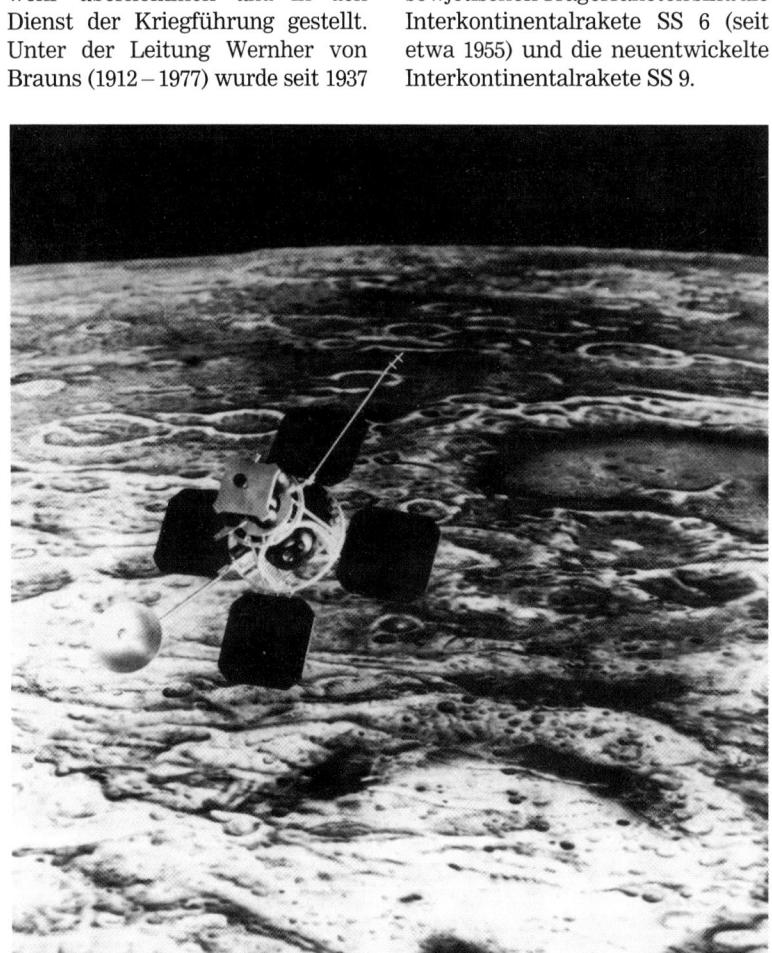

»Ranger«-Modell; die von der Sonde übertragenen Bilder verblüffen durch ihre Schärfe; sie zeigen Einzelheiten mit einem Durchmesser von 25 cm

Wichtige Stationen der Weltraumfahrt

Die Geschichte der Raumfahrt ist nach dem Zweiten Weltkrieg ein erbitterter Wettlauf zwischen den Großmächten. Dabei liegt die UdSSR zunächst vorn.

4. 10. 1957: »Sputnik 1«; die Sowjetunion überrascht die Weltöffentlichkeit mit dem ersten Satellitenstart der Geschichte, der die westlichen Länder zu großen Anstrengungen auf technologischem Gebiet anspornt (»Sputnik-Schock«).

3. 11. 1957: »Sputnik 2« begibt sich mit einem Lebewesen, der Polarhündin Laika, in den Orbit.

31. 1. 1958: »Explorer 1«, der erste Satellit der USA, entdeckt den Strahlengürtel der Erde.

12. 9. 1959: Die sowjetische Mondsonde »Lunik 2« erreicht als erste ihr Ziel.

4. 10. 1959: »Lunik 3« sendet die ersten Bilder von der Mondrückseite.

27. 6. 1960: »Solrad 1«; den USA gelingt ein »Huckepack«-Start von zwei Satelliten mit einer Rakete.

12. 4. 1961: »Wostok 1«; der Sowjetrusse Juri A. Gagarin ist der erste Mensch im Weltraum (Flugdauer: 108 min).

5. 5. 1961: Mit »Mercury 3« gelingt es auch den USA, einen Menschen auf eine ballistische Flugbahn ins All zu bringen (Alan Shepard).

6. 8. 1961: »Wostok 2« (UdSSR); erster längerer Raumflug, bei dem die Erdanziehungskraft aufgehoben ist.

20. 2. 1962: Mit »Mercury 6« gelingt auch den USA ein Raumflug im Orbit.

13. 4. 1962: »Ranger 4« ist die erste US-Mondsonde, die ihr Ziel erreicht.

11. 8. 1962: »Wostok 3/Wostok 4«; erster Doppelflug von Raumkapseln.

27. 8. 1962: Die US-amerikanische Raumsonde »Mariner 2« fliegt an der Venus vorbei.

28. 7. 1964: »Ranger 7« liefert Bilder vom Anflug auf den Mond.

28. 11. 1964: »Mariner 4« gelingen die ersten Marsbilder.

12. 10. 1964: Die sowjetische »Woschod 1« ist die erste Raumkapsel mit drei Mann Besatzung.

(Die Daten bezeichnen jeweils den Tag des Starts.)

Der sowjetische Kosmonaut Alexei Leonow bei seinem »Weltraumspaziergang«; durch eine Luftschleuse hat Leonow das Raumschiff verlassen; zehn Minuten lang schwebt er mit teilweise heftigen Bewegungen neben »Woschod II« dahin.

Erstmals schwebt ein Mensch frei im All

18. März. Mit dem Raumflug von »Woschod II« (»Sonnenaufgang«) gelingt der Sowjetunion ein spektakulärer Fortschritt in der Raumfahrttechnik.

30 Minuten nach dem Start vom Kosmodrom Baikonur im Süden des asiatischen Teils der UdSSR verläßt der 30jährige Oberstleutnant Alexei A. Leonow durch eine Luftschleuse das Raumschiff und schwebt zehn Minuten lang bis zu 5 m vom Raumschiff entfernt frei im Weltraum. Er ist nur durch eine Fangleine mit der Kapsel, die auf einer Umlaufbahn um die Erde kreist, verbunden. Während seines freien Fluges bei 8 km/sec fotografiert Leonow das Raumschiff und die Erde. Nach Leonows Rückkehr in das Raumschiff setzt »Woschod II« seinen Flug fort und landet nach 26 Stunden und 17 Erdumkreisungen westlich des Ural bei Perm.

Mit dem erfolgreichen Aussteigemanöver bestätigt die Sowjetunion ihren Vorsprung in der bemannten Raumfahrt vor den USA. Die freie Bewegung im Weltraum ist eine wesentliche Bedingung für das Ziel, große Raumstationen aufzubauen. Diese sollen stückweise in eine Erdumlaufbahn gebracht und dort montiert werden. Bisher verbrachten sowjetische Astronauten 454 Stunden, ihre US-amerikanischen Kollegen dagegen nur 53 Stunden im All.

»Gemini III« probt freies Manövrieren

23. März. Die USA starten mit der »Gemini-III«-Raumkapsel den ersten bemannten Raumflug des »Gemini«-Programms. Die Astronauten Virgil I. Grissom und John W. Young führen während des fünfstündigen Fluges u. a. Experimente über das Verhalten des Organismus unter Schwerelosigkeit durch. Beim Wiedereintritt in die Atmosphäre gelingt es erstmals, die Funkverbindung trotz der Ionisierung der Strömungsluft durch die Reibungshitze aufrechtzuerhalten.

Während des Fluges verändern die Astronauten mehrmals die Flugbahn und erproben so die Manövrierfähigkeit für Kopplungsmanöver im All. Sie erfüllen damit ein wesentliches Ziel des 1961 angelaufenen »Gemini«-Programms, das den bemannten Mondflug (»Apollo«-Projekt) vorbereitet (→ 15. 12./S. 206).

Die US-amerikanischen Astronauten Virgil Grissom (l.) und John Young in ihrer »Gemini-III«-Raumkapsel; an Bord befinden sich Computer-Systeme, die die Astronauten aktiver als bisher in die Steuerungsprozesse einbeziehen.

NS-Verbrecher werden weiter verfolgt

25. März. Das Bonner Parlament beschließt mit 344 gegen 96 Stimmen bei vier Enthaltungen die Verlängerung der Verjährungsfrist für Verbrechen mit lebenslänglicher Strafandrohung und ermöglicht damit die Verfolgung von NS-Tätern über die bisher geltende 20jährige Frist hinaus. Diese liefe im Mai 1965 ab. Dem Gesetz zufolge wird die Zeit zwischen dem 8. Mai 1945, dem Tag der deutschen Kapitulation, und dem 31. Dezember 1949, dem Gründungsjahr der Bundesrepublik Deutschland, bei der Berechnung der Verjährungsfrist nicht angerechnet. Damit verlängert sich der Zeitraum, in dem die Staatsanwaltschaften neue Verfahren einleiten können, um etwa viereinhalb Jahre. Noch nicht verfolgte Straftaten mit geringerer Strafandrohung bleiben dagegen ungesühnt.

Das Gesetz ist ein Kompromiß zwischen verschiedenen Auffassungen im Parlament. Abgeordnete der SPD scheitern mit der Forderung, die Nichtverjährbarkeit von Mord ins Grundgesetz aufzunehmen. Die FDP-Fraktion und Abgeordnete der CDU/

»Heil mir! Lese soviel von Verjährung und so – liegt gegen mich was vor, bittschön?« (Karikatur in der Satire-Zeitschrift »Simplicissimus«)

CSU-Fraktion sahen in einer nachträglichen Änderung der Verjährungsregelung die Gefahr der Rechtsbeugung durch den Gesetzgeber. Unschlüssige CDU/CSU-Abgeordnete überwanden ihre Bedenken angesichts der Tatsache, daß es zwischen dem Kriegsende und der Gründung der Bundesrepublik keine funktionierende Rechtsprechung gab. Die Neuregelung stelle insofern keine rechtswidrige Fristverlängerung dar. Die FDP stimmt mit ihrem Bundesjustizminister Ewald Bucher geschlossen gegen das Gesetz. Bucher erklärt nach der Annahme des Gesetzes durch den Bundestag seinen Rücktritt.

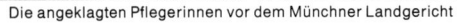

Die angeklagten Pflegerinnen vor dem Münchner Landgericht

Die Hauptangeklagte mit ihrem Anwalt im Gerichtssaal

»Euthanasie«-Prozeß in München endet mit Freisprüchen

12. März. *Das Schwurgericht des Landgerichts München spricht 14 ehemalige Pflegerinnen der Heil- und Pflegeanstalt Obrawalde von der Anklage frei, während des Zweiten Weltkrieges Beihilfe zum Mord an Geisteskranken geleistet zu haben. Während des Krieges wurden in der Anstalt mehr als 8000 Menschen durch Giftinjektionen getötet. Die Angeklagten hatten die Opfer vorgeführt und festgehalten. Ärzte und Oberpfleger, die den Patienten die Spritzen setzten, sind bereits verstorben oder verschollen. Das Gericht stellt fest, daß man zu Unrecht von »Euthanasie«* *(griech.: »Schöner Tod«) spreche, die Leidende auf humane Weise von unheilbaren Schmerzen erlöst. Die Angeklagten seien aber für die Morde nicht verantwortlich, da ihnen das Unrecht der nationalsozialistischen Gesetzgebung nicht bewußt gewesen sei: »Seit vielen Jahren eingespannt in einen aufopferungsvollen Pflegedienst . . ., an Gehorsam und Unterordnung gewöhnt, ausgestattet mit schlichten Geistesgaben, beinahe automatisch reagierend wie Roboter, wären diese Frauen überfordert gewesen, hätte man von ihnen die Einsicht verlangt: Der Götze Gesetz war hier Unrecht.«*

Ehrlicher Zugang zu NS-Zeit angemahnt

Unter der Überschrift »Für Völkermord gibt es keine Verjährung« veröffentlicht »Der Spiegel« ein Gespräch mit dem Philosophen Karl Jaspers, in dem dieser die Bedeutung der parlamentarischen Auseinandersetzung mit der Vergangenheit des Nazi-Regimes würdigt:

»Was entschieden wird, ist in bezug auf die materielle Realität ganz unbedeutsam. Aber in bezug auf die Erscheinung unseres politischen Wesens kann die Entscheidung gar nicht hoch genug eingeschätzt werden. Denn viele Dinge würden dann in anderer Richtung als bisher von der Bundesrepublik entschieden werden. Nehmen wir teil an dem einmütigen Gewissen des Abendlandes oder nicht? Behandeln wir auch solche Dinge opportunistisch, mit Halbwahrheiten, mit Tricks, mit Hintergedanken? Begründen wir eine neue Verlogenheit? Oder wird der Ernst unseres politischen Willens einfach, schlicht, in klarer Sprache überzeugend in dem Parlament, das uns vertritt, in Erscheinung treten?«

Rechtsradikalismus weiter rückläufig

4. März. Bundesinnenminister Hermann Höcherl (CSU) legt einen Verfassungsschutzbericht über die Beobachtung und Abwehr rechtsradikaler und antisemitischer Tendenzen in der Bundesrepublik vor. Danach zersplittern sich die rechtsradikalen Organisationen immer weiter. Die Zahl der Organisationen wuchs seit 1959 zwar von 86 auf 119 an; die Mitgliederzahl aller Organisationen sank dagegen von 56 200 auf 22 500. Nur acht Organisationen haben mehr als 500 Mitglieder.

Dem Bericht zufolge scheiterten alle Sammlungsbemühungen der politischen Rechten in den letzten 15 Jahren an inneren Zwistigkeiten oder an Gegenmaßnahmen konkurrierender Gruppen.

Erstmals seit Jahren gingen auch die Auflagenzahlen der rechtsradikalen Presse zurück. Bei einer täglichen Zeitungsauflage von etwa 20 Mio. (1964) erreichten 45 nationalistische Organe eine durchschnittliche Auflage von 183 200. 1963 seien es noch 52 Organe mit 223 000 Exemplaren gewesen.

Für Mitbestimmung und Vermögensbildung

19. März. Der Bundesvorstand des Deutschen Gewerkschaftsbundes (DGB) beschließt in Düsseldorf ein neues Aktionsprogramm, das vor allem den Ausbau der innerbetrieblichen gewerkschaftlichen Mitbestimmung und die Vermögensbildung bei Arbeitnehmern fordert.

Die DGB-Forderungen sollen stufenweise im Laufe der nächsten zehn Jahre erfüllt werden, damit die Kosten Betriebe und öffentliche Haushalte nicht überfordern. Der DGB-Vorsitzende Ludwig Rosenberg begründet das Programm mit der Mitverantwortung der Gewerkschaften für die Gestaltung des demokratischen Gemeinwesens und mit den großen Produktivitätssteigerungen sowie den hohen Gewinnen der bundesdeutschen Industrie.

Im einzelnen fordert der DGB in seinem Aktionsprogramm:

▷ den Achtstundentag sowie die Fünftagewoche

▷ einen höheren Anteil der Arbeitnehmer am Wirtschaftsertrag, gleichen Lohn für gleichwertige Arbeit und ein 13. Monatsgehalt

▷ eine gerechtere Vermögensverteilung durch die Steuer-, Finanz- und Sozialpolitik

▷ Urlaub von mindestens vier Wochen pro Jahr (für über 50jährige mindestens sechs Wochen) sowie ein zusätzliches Urlaubsgeld

▷ erweiterten Kündigungsschutz für ältere Arbeitnehmer sowie Schutz vor Automatisierungsfolgen

▷ gesetzliche Lohnfortzahlung für sechs Wochen im Krankheitsfall

▷ Arbeitslosengeld von zwei Dritteln des vorherigen Arbeitseinkommens

▷ eine Altersrente von 75 % des letzten Arbeitsentgeltes

▷ Senkung der Altersgrenze auf 60 Jahre für alle Arbeitnehmer

▷ paritätisch besetzte Aufsichtsräte in allen Großunternehmen nach dem Vorbild der Montan-Mitbestimmung, die einen Neutralen mit ausschlaggebender Stimme bei Stimmengleichheit vorsieht

▷ zehnjährige Schulpflicht, gebührenfreies Hochschulstudium, Förderung der Erwachsenenbildung und bezahlten Bildungsurlaub.

Die Bundesvereinigung der Arbeitgeberverbände weist das DGB-Programm als »utopischen Wunschzettel« zurück und warnt die Gewerkschaften vor überhöhten Ansprüchen, weil dies zu steigenden Kosten führe und damit die Exportchancen der Industrie mindere.

Bereits am 5. März hatten sich die Industriegewerkschaft Bau, Steine, Erden und der Arbeitgeberverband Bauindustrie auf den ersten Tarifvertrag in der Geschichte der Bundesrepublik mit vermögenswirksamen Leistungen zugunsten der Arbeitnehmer geeinigt. Auf vermögenswirksam angelegte 2 Pf pro Arbeitsstunde zahlen die Arbeitgeber 9 Pf dazu.

Erzhalde der Zeche »San Fernando« bei Herdorf im Siegerland

Aus für historischen Siegerland-Erzbergbau

29. März. Mit der Schließung der Grube »St. Georg« in Willroth und der Grube »Füsseberg« bei Biersdorf eine Woche zuvor enden 2000 Jahre Erzbergbau im Siegerland. In einer Phase allgemeiner Hochkonjunktur (→ S. 168) werden damit in einer strukturschwachen Region mehr als 800 Beschäftigte arbeitslos.

Schon Anfang der 50er Jahre konnten Schließungen von Erzgruben nur durch staatliche Subventionen verhindert werden. Die bundesdeutschen Eisenhütten kauften lieber gleichwertiges, aber billigeres Eisenerz im Ausland, das dort in neuerschlossenen Lagerstätten oft im Tagebau gefördert werden kann. Im Siegerland dagegen sind die immer noch bedeutenden Lagerstätten schon seit dem 19. Jahrhundert nur noch im Untertagebau erreichbar. Trotz großer Rationalisierungsbemühungen mußten 1961 die ersten Gruben geschlossen werden.

Die Erzbergbau Siegerland AG sieht die Ursache für die hohen Produktionskosten im Erzbergbau vor allem im Arbeitgeberanteil von 22 DM pro 100 DM Lohnsumme für die Berufsgenossenschaft. Die Gewerkschaften verweisen auf Konflikte der Arbeitgeber mit der Bundesregierung, die deshalb keine weiteren Subventionen gewähre, weil die Hüttenbesitzer in früheren Jahren mit der Schließung von Erzgruben gedroht hätten, wenn sie keine gesonderte Steuerbefreiung erhielten.

Öffentlicher Dienst: Neue Altersversorgung

19. März. Nach dreijährigen Verhandlungen einigen sich die Tarifpartner des öffentlichen Dienstes – die Gewerkschaft Öffentliche Dienste, Transport und Verkehr (ÖTV), die Tarifgemeinschaft deutscher Länder und die Vereinigung kommunaler Arbeitgeberverbände – auf eine Neustrukturierung der Altersversorgung von 1,3 Mio. Arbeitern und Angestellten.

Danach werden die Arbeiter und Angestellten bei den Gebietskörperschaften zukünftig bei der Versorgungsanstalt des Bundes und der Länder (VBL) in Karlsruhe pflichtversichert. Versicherte und Hinterbliebene erhalten eine Versorgung, die nach Dienstzeit und Entgelt berechnet wird.

Die Gesamtversorgung für den Fall der Erwerbsunfähigkeit oder das Erreichen der Altersgrenze beträgt nach fünf Jahren Pflichtversicherungszeit 35% der Bemessungsgrundlage; sie steigt zehn Jahre lang um jährlich 2% und weitere 20 Jahre lang um jährlich 1%, so daß nach 35 Versicherungsjahren der Höchstwert von 75% erreicht wird. Bemessungsgrundlage für die Altersversorgung ist das Durchschnittseinkommen der letzten drei Kalenderjahre vor Eintritt des Versorgungsanspruchs. Damit gelten dieselben Steigerungsformeln wie für Beamte.

Veränderungen der tariflichen Einkommen werden zukünftig bei der Berechnung der Versorgungsbezüge berücksichtigt, wodurch die Gesamtversorgung an die Einkommensentwicklung im öffentlichen Dienst angekoppelt wird: Im öffentlichen Dienst steigt nunmehr die Rente so stark wie das Einkommen der Aktiven.

Auch die Hinterbliebenen erhalten Leistungen nach diesem Maßstab. Die Witwenversorgung beträgt 60%, die Vollwaisenversorgung 20% und die Halbwaisenversorgung 12% der Versorgungsbezüge des Verstorbenen.

Der Eigenbeitrag zur Altersversorgung liegt nach bisher 9% für die gesetzliche Rentenversicherung einheitlich bei 8,5% des steuerpflichtigen Einkommens für alle Einkommensgruppen. Auch die Angehörigen des öffentlichen Dienstes mit einem Einkommen über der Pflichtversicherungsgrenze von derzeit 1250 DM monatlich können für diesen Beitrag eine Anwartschaft erwerben.

Mit dieser Neuregelung erreichen die Arbeitnehmer eine bedeutsame Verbesserung ihrer Altersversorgung. Die Rentenformel der gesetzlichen Rentenversicherung geht für ihre Berechnung vom Lebensdurchschnittseinkommen aus, das in der Regel deutlich unter dem nunmehr für den öffentlichen Dienst maßgeblichen Einkommen der letzten Berufsjahre liegt. Außerdem werden Rentenerhöhungen gesetzlich festgelegt, während die Ruheständler des öffentlichen Dienstes nun auf die Kampfbereitschaft ihrer diensttuenden Kollegen in den Tarifauseinandersetzungen bauen können.

61

Rekorde in der Produktion bei nachlassender Konjunktur

Einen Produktionsrekord stellt die bundesdeutsche Automobilindustrie auf. Mit 283 680 Kraftwagen wird im März der bisherige Höchstwert vom Oktober 1964 um 7000 Fahrzeuge übertroffen.

Immer mehr wird das Automobil zu einem selbstverständlichen Bestandteil des alltäglichen Lebens. Die Fahrt zum Arbeitsplatz und der Einkauf mit dem Privatwagen lösen die Fahrt mit der Straßenbahn und den Gang zum Eckladen ab. Auch in den einkommensschwächeren Bevölkerungsschichten gilt ein Auto nicht mehr als Wohlstandssymbol, sondern als Gebrauchsgegenstand. Die Automobilindustrie reagiert darauf mit neuen Akzenten.

Dem Bedürfnis nach großräumigen Familienwagen mit umfangreichem Kofferraum kommen Kombis entgegen, die mit klangvollen Namen und attraktivem Design die Assoziation an die Lieferwagen verblassen lassen. Die meist fünftürigen Kombis heißen »Turnier« (Ford), »Caravan« (Opel), »Countryman« (Austin), »Traveller« (Morris), »Familiale« (Peugeot), »Tourisme« (Simca), »Variant« (Volkswagen) und »Universal« (Mercedes).

Ein anspruchsvoller Käuferkreis mit sportlichen Ambitionen wird von dem neuen 2000 CS von BMW angesprochen. Der Diplomat Coupé von Opel mit einer 230-PS-Maschine und der Mercedes 250 SE vereinen

Der R 16 des größten französischen Automobilproduzenten Renault ist ein geräumiger Familienwagen mit sportlichen 55 PS aus 1470 cm; der elegante Wagen kostet 7490 DM und wird vom deutschen Markt gut angenommen

sportliche Akzente mit gediegener Repräsentativität.

Als Renner auf dem Markt der Luxuskarossen erweist sich der im Herbst des Vorjahres vorgestellte Mercedes 600. Der V-8-Motor mit 250 PS beschleunigt die etwa 2,5 t schwere Limousine in weniger als 10 sec auf 100 km/h und schlägt damit manchen Sportwagen. In der Härte einstellbare Stoßdämpfer, Luftfederung und Servolenkung garantieren auch bei hohen Geschwindigkeiten von über 200 km/h hohen Fahrkomfort. Manche der zahlreichen technischen Finessen wie die ausgeklügelte Innenraumbeleuchtung, die verstellbare Lenksäule und die hydraulisch einstellbaren Sitze heben den Wagen deutlich von Konkurrenten ab.

Bislang sind etwa 150 »Sechshunderter« ausgeliefert worden. Zwei Drittel der Produktion gehen in den Export. Bei einem Auftragsbestand von 500 Stück beträgt die Wartezeit im März über ein Jahr. Auf der Kundenliste steht nach einer Meldung der in Hongkong erscheinenden Zeitung »Star« auch der chinesische KP-Chef Mao Tse-tung mit einer 100 000 DM teuren Sonderanfertigung.

Trotz der neuen Produktionsrekorde deutet sich im Laufe des Jahres ein Nachlassen der in den Vorjahren überhitzten Konjunktur an. Für den Automobilmarkt bedeutet dies Unterauslastung der Kapazitäten und die Gefahr von Absatzeinbrüchen. Das Verkaufsmanagement reagiert darauf mit weiteren Rationalisierungen in der Produktion und mit Preissenkungen bei Klein- und Mittelklassewagen. Dabei handelt es sich nur selten um die

Fünf Herren vom BMW-Vorstand in München präsentieren den schnittigen Sportwagen 2000 CS, der die erfolgreiche Modellpolitik der Vorjahre fortsetzt

Als Marktführer in der Oberklasse sieht die Daimler-Benz AG den neuen 250 SE; Werbeanzeige mit Nadja Tiller und Walter Giller

mittlerweile eingebürgerten Preisnachlässe für sog. Auslaufmodelle. Bereits im März 1964 hatte BMW den Preis für den 700 LS um 335 auf 4985 DM gesenkt; NSU hatte den Prinz 4 von 4650 auf 4390 DM verbilligt. Zum Jahreswechsel folgten Renault, Peugeot und Simca mit Preissenkungen bei verschiedenen Modellen, obwohl die verbilligten Modelle mit technischen Neuerungen wie Scheibenbremsen oder leistungsstärkeren Motoren aufwarten. Die Fiat AG senkt den Preis für das dem alten 1100 entsprechende Modell Europa im Laufe des Jahres gleich mehrfach und versucht so, ihre Kunden trotz der vielfach beklagten Korrosionsanfälligkeit ihrer Automobile an die Marke zu binden. NSU verbilligt das neue Modell 1000 um 300 DM. Elegant umgeht VW das Problem der Unterschreitung festgesetzter Listenpreise, indem die Wolfsburger Firma den neuen VW 1200 A trotz beinahe gleicher Ausstattung – lediglich der 34-PS-Motor ist durch eine 30-PS-Maschine mit günstigerem Verbrauch ersetzt – zu einem niedrigeren Preis als das Vorläufermodell anbietet.

Mit dem 1600 TL (56 PS) bietet VW darüber hinaus eine Weiterentwicklung des 1500 S als Tourenlimousine mit Fließheck an. In der Automobilkonstruktion setzt sich die Leichtbauweise immer mehr durch. Bisher galten nur schwere Wagen als stabil; daher sahen es die Konstrukteure als ihre Aufgabe an, möglichst viel Material in die Karosserie aufzunehmen. Jetzt dringen Erkenntnisse über verwindungssteife Karosseriekonstruktionen bei sparsamer Metallverwendung vor allem aus dem Flugzeugbau in die Automobilindustrie ein. Verstärkungsprofile und Holmkonstruktionen gleichen den Stabilitätsverlust der Karosserie durch die geringere Blechdicke aus. Weil das Leistungsgewicht der Wagen (kg pro PS) durch das geringere Gesamtgewicht in ein günstigeres Verhältnis gesetzt wird, können die Hersteller dem Wunsch des Publikums nach sportlicheren Fahrzeugen entsprechen, ohne die Motoren zu groß – und das heißt auch: zu teuer – dimensionieren zu müssen. Ein Musterbeispiel für gelungene Leichtbauweise ist der NSU Prinz mit einem Leistungsgewicht von 19,4 kg/PS – im Gegensatz zum Citroën 2 CV, der »Ente«, mit 34,7 kg/PS.

Die verschiedenen Opel-Rekord-Modelle erhalten neue Motoren von 1,5 bis 1,9 Litern; der familienfreundliche Wagen hat außerdem neue rechteckige Scheinwerfer

Der VW 1600 TL gewährt durch das abgerundete Fließheck mehr Kopffreiheit für die Beifahrer auf dem Rücksitz und bietet ferner einen großzügigen Kofferraum

Der VW 1300 ist äußerlich nur durch seine Lochscheibenräder vom 1200 Export zu unterscheiden; innen jedoch bieten 23 Verbesserungen mehr Bequemlichkeit

Blickfang auf der Frankfurter Automobilausstellung: Der neue Opel Kadett erscheint mit größerer Karosserie und kann jetzt auch viertürig geliefert werden

Geheimnisumwoben ist der neue Audi bis zur Automobilausstellung: Die Auto-Union in Ingolstadt geht mit ihm ab von ihrer bisherigen 3-Zylinder-Zweitakt-Bauweise und stellt nun einen Viertakter mit Frontantrieb vor

Der Fiat 850 Coupé ist ein spurtschneller und beweglicher Stadtwagen; mit seinen 47 PS erreicht er eine Geschwindigkeit von 135 km/h; der leichte und elegante Sportwagen aus Turin ist zudem recht sparsam

Maßarbeit: Die Karosserie des Glas 1700 GT stammt von dem italienischen Auto-Designer Pietro Frua aus Turin; Motor und Unterbau kommen aus der kleinsten bundesdeutschen Autofabrik; der Firma Hans Glas in Dingolfing

Mit dem NSU Typ 110 bemühen sich die Neckarsulmer Konstrukteure, ihren Ruf, spurtfreudige Autos zu bauen, weiter zu festigen; die Motorleistung beträgt 53 PS, die damit zu erzielende Spitzengeschwindigkeit 145 km/h

Elisabeth II. vor der Londoner Klinik; die Königin hat ihren Onkel, den Herzog von Windsor, besucht, der sich einer Augenoperation unterzogen hatte

Der italienische Filmproduzent Carlo Ponti (M.) nach Erhalt der französischen Staatsbürgerschaft in Nizza; Sophia Loren hat Blumen geschickt

Herzogin wird rehabilitiert

16. März. Die britische Königin Elisabeth II. trifft bei einem Besuch am Krankenbett des Herzogs von Windsor, 1936 als Eduard VIII. britischer König, erstmals mit ihrer Tante, der Herzogin von Windsor, zusammen und beendet damit den 29jährigen Bann des Hofes gegen die Herzogin.

W. Simpson und Eduard VIII. 1937

Die britische Öffentlichkeit nimmt die Nachricht von der Versöhnung in der königlichen Familie mit großer Freude auf.

Nach dem Tod seines Vaters, König Georg V., am 20. Januar 1936 war der Herzog von Windsor als Eduard VIII. zum König ausgerufen worden. Während der Krönungsvorbereitungen wurde die Öffentlichkeit auf das Verhältnis des Thronerben mit der zweifach geschiedenen Wallis Simpson aus Baltimore (USA) aufmerksam, über das US-amerikanische Zeitungen schon im Vorjahr berichtet hatten. Vom Parlament und von der anglikanischen Kirche zu einer Stellungnahme gezwungen, bekannte sich Eduard zu seiner Geliebten.

In den folgenden Monaten entbrannte eine erbitterte Auseinandersetzung um die bevorstehende Heirat. Die Zeitungen »Daily Express« und »Daily Mail« verfochten offen das Recht des Königs auf freie Partnerwahl. Die Mehrheit der Bürger verwarf aber gleichzeitig die Vorstellung, daß der britische König mit einer geschiedenen US-Amerikanerin verheiratet sein dürfe. Unter dem Druck der anglikanischen Kirche stellte der konservative Premierminister Stanley Baldwin den König vor die Entscheidung, entweder auf den Thron oder aber auf die Ehe mit der Geschiedenen zu verzichten. In einer dramatischen Rundfunkansprache erklärte Eduard am 10. Dezember 1936 seinen Rücktritt zugunsten seines Bruders, der als Georg VI. bis zu seinem Tod 1952 regierte. Nachfolgerin wurde seine Tochter, Elisabeth II.

Mit seinem Rücktritt verließ Eduard England und lebte nach der Heirat mit Wallis Simpson in Frankreich. Nur selten kam es zu Treffen mit den Familienangehörigen, bei denen die verstoßene Herzogin von Windsor aber nie zugegen sein durfte.

»Hochzeit auf italienisch«

4. März. In bundesdeutschen Kinos läuft der italienische Spielfilm »Hochzeit auf italienisch« an. Regisseur Vittorio de Sica erzählt die Geschichte der Geliebten eines spießigen Parvenüs, die nach einem jahrzehntelangen Verhältnis mit einer List die Ehe erzwingt.

Das Filmthema der ewigen Bindung durch die Ehe ist für die Hauptdarstellerin Sophia Loren und den Produzenten Carlo Ponti auch privat bedeutsam. Die Liebe des 51jährigen verheirateten Ponti und der 39jährigen Schauspielerin hat bisher nicht in die Ehe münden können, weil das strenge italienische Familienrecht die Scheidung prinzipiell verbietet. Nunmehr hat Ponti einen legalen Weg zur Lösung seiner alten Ehe gefunden: Die Annahme der französischen Staatsangehörigkeit unterwirft ihn dem scheidungsfreundlicheren französischen Recht.

Diesem Vorbild wollen viele scheidungswillige Italiener folgen. In Italien leben etwa 1,2 Mio. Verheiratete mit einem neuen Partner zusammen. Bei durchschnittlich zwei Kindern je Verbindung leben damit etwa 5 Mio. Italiener in Familien ohne kirchlichen Segen.

Carlo Ponti mit Sophia Loren in Paris; Ponti wurde am 11. Dezember 1913 in Mailand geboren; er arbeitete zunächst als Rechtsanwalt und gründete 1950 mit Dino de Laurentiis eine eigene Produktionsfirma; seit 1954 ist er selbständiger Produzent u. a. von »Europa, 51« von R. Rossellini, »Die Straße« von F. Fellini und »Krieg und Frieden« von King Vidor.

Auf dem Gipfel des Mount Kennedy wird bei eisiger Kälte zuerst die Familienfahne der Kennedys gesetzt; l. Senator Robert F. Kennedy

Der ägyptische Ex-König Faruk I. bei einem Festbankett am Weihnachtsabend in Monaco; neben ihm seine ständige Begleiterin Irma Capece Minutulo

Erstbesteigung Kennedys

24. März. Nach einem zweitägigen Aufstieg gelingt dem demokratischen Senator für New York, Robert F. Kennedy, gemeinsam mit einer Seilschaft aus vier erfahrenen Bergsteigern die erste Besteigung des Mount Kennedy im kanadischen Bundesstaat Yukon.

Der 4235 m hohe Berg war 1964 von der kanadischen Regierung nach dem 1963 ermordeten US-Präsidenten John F. Kennedy, dem Bruder des Senators, benannt worden.

Mit der Besteigung, die zeitlich vorgezogen wurde, um anderen Seilschaften zuvorzukommen, will Kennedy das Andenken seines Bruders ehren, aber auch seine Popularität steigern.

Robert F. Kennedy (r.) während einer Rast am Fuße des Berges

Als persönliches Andenken an John F. Kennedy verbleiben auf dem Gipfel eine Gedenkmünze und eine Kopie der Ernennungsurkunde zum Präsidenten

Exilierter König Faruk tot

18. März. In Rom stirbt der 45jährige frühere ägyptische König Faruk I. nach einem pompösen Abendessen an den Folgen eines Schlaganfalls. Der hier im Exil lebende König hatte das Leben eines reichen Müßiggängers ohne die Chance einer Rückkehr in sein Heimatland geführt.

Der am 11. Februar 1920 geborene Faruk kam nach dem Tod des ägyptischen Königs Fuad I., der 1917 mit britischer Erlaubnis als Erster Sultan von Ägypten den Thron bestiegen hatte, als dessen einziger Sohn 1936 schon in jugendlichem Alter an die Macht. Prinzessin Farida Zulkifar, die er 1938 geheiratet hatte, gebar drei Töchter, aber keinen männlichen Thronfolger. Daher wurde diese Ehe aufgelöst und eine zweite Ehe mit der ägyptischen Diplomatentochter Nariman Sadek geschlossen, aus der 1952 der Thronerbe Ahmed Fuid hervorging.

Nach dem Zweiten Weltkrieg bildete sich in Ägypten eine starke Opposition gegen den Freundschafts- und Beistandspakt mit Großbritannien von 1936, mit dem die britische Kolonialherrschaft beendet und Ägypten die volle Souveränität zugesprochen wurde. Proteste richteten sich hauptsächlich gegen die britische Militärpräsenz in der Sueskanalzone. Im Gefolge antibritischer Unruhen wurde Faruk am 23. Juli 1952 von einer Gruppe junger Offiziere unter General Ali Muhammad Nagib gestürzt und verließ das Land. Der König wurde 1959 Bürger von Monaco, nachdem ihm die Revolutionsregierung 1958 die ägyptische Staatsbürgerschaft aberkannt hatte. Faruk, dessen Vermögen als König 250 Mio. Dollar (1 Mrd. DM) betrug, kam nach der Exilierung wegen seiner Geldschwierigkeiten in die Schlagzeilen der Regenbogenpresse, die 1959 meldete, er suche eine Ar-

Irma C. Minutulo beim Begräbnis

beitsstelle, weil er seinen Verpflichtungen nicht mehr nachkommen könne. Im Dezember 1964 erstritt der Ex-König in Mailand von einem Unternehmen, das seinen Namen für eine Schokoladenwerbung benutzt hatte, 500 000 US-Dollar (2 Mio. DM) Schadenersatz. In den letzten Jahren lebte Faruk zurückgezogen in Rom.

Italo-Western nach japanischer Vorlage

5. März. In den bundesdeutschen Kinos läuft die italienisch-spanisch-bundesdeutsche Koproduktion »Für eine Handvoll Dollar« (1964) mit Clint Eastwood in der Hauptrolle an. Der erste bedeutende Italo-Western des Regisseurs Sergio Leone erzählt die Geschichte des US-amerikanischen Ex-Sergeanten Joe, der um 1870, nach dem amerikanischen Bürgerkrieg, zwei rivalisierende Sippen im mexikanischen San Miguel gegeneinander ausspielt.

Joe schließt wechselnde Bündnisse mit der Baxter-Familie und dem Rocco-Clan, die sich in Überfällen und in einer wilden Schlacht auf dem Friedhof des Dorfes gegenseitig dezimieren. Nachdem alle Baxters umgekommen sind, tötet Joe, der sich durch eine List den Kämpfen entzogen hat, die letzten fünf Mitglieder der Rocco-Familie. Dann zieht er mit dem Gold davon, das die Roccos beim Überfall auf einen mexikanischen Goldtransport erbeutet hatten. Die Bewohner des Städtchens sind damit von den Gangster-Clans befreit.

Clint Eastwood als Joe in Leones Western »Für eine Handvoll Dollar«

Leone imitiert in Ausgangssituation und Handlungsführung den Film »Yojimbo« (1961) des japanischen Regisseurs Akira Kurosawa, der den Untergang der alten Samurai-Kriegerkaste im modernen Japan zeigt. Im Gegensatz zur US-Westernproduktion erzählt Leone unterkühlt und ohne Sentimentalität. Die Brutalität der Handlung und die erfolgreiche Selbstjustiz Joes erscheinen wie selbstverständlich.

»Fanny Hill« gilt als jugendgefährdend

10. März. Die Bundesprüfstelle für jugendgefährdende Schriften setzt den erotischen Roman »Die Memoiren der Fanny Hill« auf ihre Verbotsliste. Sie spricht dem 1749 erschienenen Werk des britischen Großkaufmanns John Cleland (1709 – 1789) damit die Seriosität ab und verbietet den Verkauf an Jugendliche.

Das Werk schildert in zwei Briefen der jungen Britin Fanny an eine Freundin, wie sie als unerfahrenes Dorfkind in das lebenslustige London kommt und dort, ohne dies anfänglich selbst zu erkennen, zur Mätresse wohlhabender älterer Herren und schließlich zur Dirne wird. Am Ende steht ihre Liebesheirat mit einem jungen Gentleman, der ihr damit den Weg in bürgerlich-ehrsame Kreise ermöglicht.

Die detaillierte Schilderung erotischer Beziehungen, in der die Jugendgefährdung gesehen wird, dient dabei immer der Absicht des Autors, in der Einheit von seelischer und körperlicher Liebe die Fähigkeit des Menschen zu vollkommenem Glück aufzuzeigen.

Louis Armstrong gastiert in der DDR

20. März. Der US-amerikanische Jazztrompeter und -sänger Louis Daniel (»Satchmo«) Armstrong gastiert

Louis Daniel »Satchmo« Armstrong, geboren am 4. Juli 1900 in New Orleans, hat als Trompeter und Sänger die Entwicklung des Jazz aus seinen ursprünglichen Quellen im Klangbild und in der Improvisation maßgeblich geprägt. Mit seinen Gruppen »Hot Five« und »Hot Seven« entwickelte er den sog. »klassischen Jazz«.

mit seiner Band »All Stars« vor mehr als 3000 begeisterten Zuhörern im ausverkauften Ostberliner Friedrichstadt-Palast. Der Musiker ist der erste große US-Showstar, der in der DDR auftritt.

Die regierungsamtliche Tageszeitung der DDR, »Neues Deutschland«, wertet Armstrongs Gastspiel als Politikum: »Er besucht das Land, das es auf den Karten bestimmter Leute nicht gibt. Das ist gut so. Armstrong und seine Musiker spielen für alle Menschen.«

Deutsche Bundesbahn schafft Kontrollen auf Bahnsteigen ab

11. März. Die Deutsche Bundesbahn beschließt, die Bahnsteigsperren aufzuheben. Ausgenommen werden davon nur solche Bahnhöfe, an denen Sicherheit und Ordnung auch weiterhin Kontrollen des Bahnsteigzugangs erfordern. Das ist aber nur in wenigen Großstadtbahnhöfen der Fall.

Fast die Hälfte aller Bahnhofsvorstände wurde bereits angewiesen, die Wärterhäuschen an den Bahnhofszugängen für immer zu schließen. Für die Abschaffung der Bahnsteigkontrollen wartet die Hauptverwaltung der Bundesbahn in Frankfurt am Main noch auf die endgültige Erlaubnis des Bundesverkehrsministeriums. Dieses soll auch eine begleitende Neuerung billigen, die Einführung von »Fahrpreiszuschlägen« für Personen, die sich ohne Fahrausweis in einem Zug befinden.

Bisher konnte der Fahrgast kaum »aus Versehen« in einen Zug einsteigen. Die wachsamen Bahnsteigwärter kontrollierten die Fahraus-

weise und bildeten eine wirksame Hilfe für eilige Fahrgäste – und einen wirksamen Schutz vor »Schwarzfahrern«. Nunmehr steigt – so mutmaßt die Bahn – die Versuchung, den Erwerb eines Fahrscheins zu »vergessen«, und dagegen will man mit einem Zuschlag bis zu 20 DM eine nachhaltige Erinnerungsstütze setzen.

Von der Abschaffung der Zugangskontrollen verspricht sich die Bahn ein günstigeres Erscheinungsbild nach außen. Jeder, der Freunde oder Verwandte zur Abfahrt auf den Fahrsteig begleiten wollte, mußte zu seinem Ärger für den Zutritt 20 Pfennig für die Bahnsteigkarte lösen. Nur dann konnte er die Gäste winkend verabschieden. So

blieb es oft bei einem gequälten gemeinsamen Warten in der zugigen Bahnhofshalle, bis der vorrückende Uhrzeiger die Reisenden endlich zum Zug rief. Die Bahn wird praktischer und zeitgemäßer; sie verliert mit den Wärterhäuschen an den Gleiszugängen aber gleichzeitig etwas von ihrem vertrauten Erscheinungsbild.

Bahnreisende am Fahrkartenschalter des Frankfurter Hauptbahnhofes; der Zwang, nach einem Verwandtenbesuch für ein Abschiedswinken auf Bundesbahnhöfen eine Bahnsteigkarte lösen zu müssen, wurde häufig als Ärgernis empfunden.

Kriegsblinde geben Hörspielpreis an Hey

16. März. Für sein Hörspiel »Nachtprogramm« wird dem 38jährigen Dramatiker und Hörspielautor Richard Hey in Köln der Hörspielpreis der Kriegsblinden zugesprochen. Den 1951 vom Bund der Kriegsblinden Deutschlands gestifteten Preis erhält jedes Jahr der Autor des besten Hörspiels aus dem ARD-Programm des Vorjahres.

In Heys Hörspiel geht es um die Lebensstationen eines Adligen aus altem Geschlecht, der sich durch Zirkusleben und den Verzicht auf sein Erbe allen Verpflichtungen aus seiner Herkunft widersetzt. Die Außenseiterexistenz des Helden erscheint als einzige redliche Lebensform.

Die 18 Juroren – neun Literaturkritiker und neun kriegsblinde Rundfunkhörer – wählen Heys Hörspiel vor allem wegen des gelungenen Einsatzes rundfunkspezifischer Gestaltungsmittel. In dem Hörspiel führt der Autor alte private Tonaufnahmen vor und kommentiert sie ironisch. Rundfunkgerecht erscheinen Gegenwart und Vergangenheit so nur im Tondokument.

Zwei Preisträger für Heinrich-Mann-Preis

29. März. Die Akademie der Künste der DDR in Berlin (Ost) ehrt den 47jährigen Lyriker und Romancier Johannes Bobrowski und die 31jährige Erzählerin Brigitte Reimann mit dem »Heinrich-Mann-Preis«.

Bobrowski schildert in seinem Roman »Levins Mühle. 34 Sätze über meinen Großvater« (1964) vom Kampf des Erzählers gegen seinen deutschnationalen Großvater in Westpreußen 1874, der den jüdischen Mühlenbesitzer Levin tyrannisiert. Der Großvater steht für das deutsche Herrenmenschendenken gegenüber den polnischen Nachbarn.

Brigitte Reimann stellt in ihrem Roman »Die Geschwister« (1963) die Entfremdung einer jungen Frau von ihrem in die Bundesrepublik geflüchteten Bruder dar und beschreibt so die Teilung Deutschlands im Leben von DDR-Bürgern. Während »Levins Mühle« die Juroren durch neuartige Erzählmethoden überzeugt, ist Reimanns Roman vor allem wegen des Aufgreifens von in der DDR bislang unterdrückten Themen bedeutsam (→ S. 118).

Zum fünften Mal Weltmeister: Die siegreiche Eishockeymannschaft der UdSSR vor ihrem Spiel gegen Norwegen, das die Sowjets 14:2 gewinnen

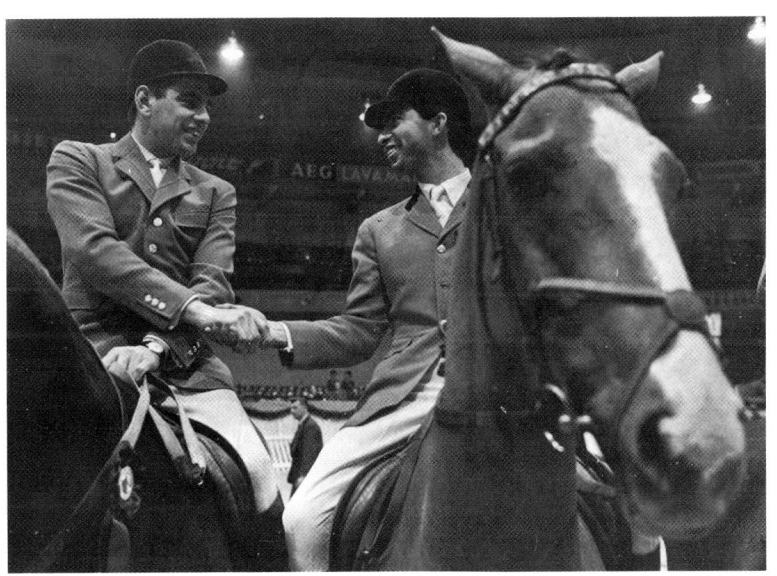

Der Sieger Kurt Jarasinski (l.) nimmt die Glückwünsche des Brasilianers Nelson Pessoa entgegen, der in Dortmund den dritten Platz belegt

Eine spielentscheidende Abseitsentscheidung von Schiedsrichter Schaut sorgt für heftige Proteste; r. der Kölner Spielmacher Wolfgang Overath

UdSSR beherrscht die Eishockey-WM

14. März. Mit sieben Siegen erringt die sowjetische Eishockey-Nationalmannschaft bei den Weltmeisterschaften im finnischen Tampere nach elf Wettkampftagen zum fünften Mal die Eishockey-Weltmeisterschaft. Den zweiten Platz belegt die ČSSR, die sich nur dem Titelverteidiger mit 1:3 beugen mußte.

Die bundesdeutsche Mannschaft verfehlt in der B-Gruppe nach einem blamablen 1:6 gegen die Schweiz und zwei Unentschieden gegen Ungarn und Polen den erwarteten Wiederaufstieg. Die Mannschaft der DDR dagegen behauptet sich unerwartet mit 6 Punkten auf dem 5. Platz der A-Gruppe.

Jarasinski gewinnt Springreiter-Preis

12. März. Der 26jährige Springreiter Kurt Jarasinski aus Elmshorn gewinnt beim 13. Internationalen Reitturnier in der Dortmunder Westfalenhalle den Großen Preis der Bundesrepublik Deutschland. Bundespräsident Lübke überreicht dem Sieger, der bei den Olympischen Spielen 1964 im Mannschaftswettbewerb der Springreiter Gold errungen hatte, den Ehrenpreis.

Jarasinski setzt sich im Stechen mit einem fehlerfreien Ritt gegen den ebenfalls fehlerfrei reitenden Niederländer Antoon Ebben in 30,7 gegen 35,8 sec durch. Dritter wird der Brasilianer Nelson Pessoa mit vier Fehlerpunkten.

1. FC Köln scheidet durch das Los aus

24. März. Nach einem 2:2 im Entscheidungsspiel in Rotterdam scheidet der 1. FC Köln durch einen Losentscheid gegen den englischen Meister FC Liverpool im Viertelfinale aus dem Wettbewerb um den Europapokal der Landesmeister aus. Hin- und Rückspiel endeten jeweils mit torlosem Unentschieden.

Nach drei dramatischen Spielen wird der Losentscheid auch vom Sieger als unglücklich empfunden. Der Europäische Fußballverband erwägt als spielgerechte Entscheidung die Einführung der Doppelzählung von Auswärtstoren und des Elfmeterschießens.

Kritische Akzente gegen die Macht der Konsumwelt

Der Trend zur Abstraktion setzt sich auch 1965 fort; dabei treten sozialkritische Absichten wieder stärker hervor. Die meisten Künstler bemühen sich in ihren Werken um einen deutlichen Wirklichkeitsbezug. Komplexität und Undurchschaubarkeit der modernen Gesellschaft erschweren jedoch eindeutige Stellungnahmen bzw. das Aufzeigen gesellschaftlicher Perspektiven durch die Kunst.

Die in den USA und Großbritannien in den 50er Jahren entstandene »Pop-art« wird zunehmend auch in der Bundesrepublik rezipiert, obwohl die bundesdeutschen Städte noch nicht so deutlich wie die US-amerikanischen von Werbung und Konsum geprägt sind und damit die Vorlagen für die popart-typischen Symbole nicht aufweisen. In ihren Anfängen Mitte der 50er Jahre hatte sich die neue Stilrichtung programmatisch darum bemüht, die Grenze zwischen Kunst- und Alltagsrealität aufzuheben: Alltagskleidung, Nahrungsmittelwerbung, Filmstars, Zeitungsillustrationen, also die gesamte banale Umwelt der modernen Konsum- und Mediengesellschaft, wurde für bildwürdig erklärt. Die dadurch auch zum Ausdruck gebrachte unkritische Freude an den Dingen, die als Verherrlichung der Konsumgesellschaft interpretiert werden konnte,

A. R. Pencks »Großes Weltbild«: »Strichmännchen«-Gruppen geben ein Bild über die gestörte Harmonie der Gesellschaft

wird nunmehr zurückgenommen. An ihre Stelle tritt die Analyse der »Erfahrung aus zweiter Hand«, die für moderne Lebensstile als typisch angesehen wird. Die führenden Repräsentanten, die US-Amerikaner Roy Lichtenstein (*1923, »Great Painting No. 6«), Andy Warhol (*1927), Claes Oldenburg (*1929),

Tom Wesselmann (*1931) und Allen Jones (*1937, »Der gefältelte Rock«) zeigen in grellen, großformatigen Bildern, wie die Denk- und Gefühlsklischees aus Werbung und Medien die Erlebnishaltungen des modernen Stadtbürgers prägen, bleiben aber dabei für jeden Konsumenten attraktiv. Sie riskieren damit nach

wie vor, selbst Teil der Kulturindustrie zu werden. Die Décollagen, zerstörte und zerrissene Plakatgestaltungen von Wolf Vostell (*1932) und die metallisch-kalten Bilder Konrad Klaphecks (*1935) von Maschinen und technischen Geräten (»Der Krieg«) zitieren den Alltag dagegen auf verfremdende Weise und

Seh-Experimente in der »Neon-art«

In der »Neon-Art« wird das Kunstobjekt in extremer Weise vom Gegenständlichen gelöst; das ästhetische Erlebnis resultiert aus der Lichtkonfiguration und ihrem Environment, einem künstlerisch gestalteten Raumgebilde. Der 29jährige Franzose Martial Raysse zitiert ironisch und aggressiv Symbole aus Technik und Werbung und zeigt damit thematische Nähe zur »Popart«. In der Erzeugung »virtueller (möglicher) Effekte«, die nicht primär vom Bild ausgehen, sondern im Akt der Beobachtung des Betrachters entstehen, ist die »Neon-art« der »Op-art« (Optical Art = optische Kunst) verpflichtet. Ein wichtiges Gestaltungsmittel hierbei sind »Raumskulpturen« aus Lichtkörpern.

Neon-Art-Ausstellung »America, America« in Pennsylvania (USA); vorne l. »Apple at the End of a Rainbow« (»Apfel am Ende eines Regenbogens«) von dem US-Amerikaner Billy Apple; hinten Martial Raysses »America, America«

schockieren den Betrachter, indem sie die latente Aggressivität der kapitalistischen Dingwelt und der Bewußtseinsmanipulation durch die Medien aufdecken. Diese sozialkritische Intention nimmt ihren Bildern jede leichte Konsumierbarkeit.

Ohne Rücksicht auf die offizielle Kulturdoktrin des sozialistischen Realismus malt der Dresdner A. R. Penck (eigentl. Ralf Winkler, *1939), dessen Bilder in den Westen geschmuggelt werden und 1965 erstmals große Aufmerksamkeit finden. Sie zeigen in flächiger Anordnung archaische Symbole, die sowohl an Hieroglyphen als auch an magische Zeichen und an moderne Piktogramme zur Orientierung in der Großstadt erinnern. Pencks Bilder unterlaufen die vom Staat geforderte Parteilichkeit für die sozialistische Politik durch das Ausblenden von – positiven oder negativen – Stellungnahmen und durch die Reduktion der gesellschaftlichen Dimension auf primitive »Strichmännchen«-Konfigurationen. In ihrer Ausdruckskraft erinnern sie vordergründig an die Malerei von Kindern und erlauben Verweise auf die Kunst der sog. Naturvölker, die im Zuge der Entkolonisierung Afrikas die europäische Kunst beeinflußt.

Die Abstraktion von der Realität wird in der aufkommenden Concept-art noch weiter getrieben, in der Künstler nicht eine materielle Realisation ihrer Ideen, sondern nur einen Entwurf oder ein Konzept vorstellen. Der New Yorker Joseph Kosuth (*1945) zeigt dies beispielhaft an seinem Objekt »One and Three Chairs« (»Einer und drei Stühle«), das aus einem Stuhl, seiner Fotografie und einer Lexikondefinition des Begriffes »Stuhl« mit allen seinen Bedeutungen besteht. Der Betrachter soll erkennen, daß die künstlerische Darstellung eines Objekts willkürlich ist und das Objekt nicht erschöpfend zeigen kann. Damit stellt die Concept-art die Kunst selbst in Frage und verlagert das Kunstschaffen in die produktive Vorstellungskraft des Betrachters.

Eben dies ist auch die Absicht der zahlreichen Happenings, in denen Künstler wie Wolf Vostell, Joseph Beuys, Bazon Brock und Hermann Nitsch in provokativen, teils tagespolitisch bezogenen Aktionen die Absurdität des Alltags aufzeigen und die Grenze zwischen Kunst und Leben sprengen wollen.

»Liebespaar II« von Sigmar Polke (Saatchi Collection, London)

Dalí-Spektakel im spanischen Cadaquès: Der Künstler empfängt die Königin der Venus; im Hintergrund – zum Dessert – ein apokalytisches Feuer

Polke ironisiert den Alltag des Käufers

Der 1942 in Niederschlesien geborene Sigmar Polke nutzt banale Gegenstände und Alltagsmotive als Grundlage für einen ironischen Trivialrealismus, der wie die Pop-art Symbole und Gesten der Werbe- und Konsumwelt zitiert. Polke studierte 1956 bis 1960 Glasmalerei und ist seit 1961 an der Staatlichen Kunstakademie Düsseldorf Schüler von Gerhard Hoehme und Karl-Otto Goetz. Sein kritisch-distanziertes Verhältnis zum Kunstmarkt brachte der Student 1963 gemeinsam mit seinen Freunden Konrad Lueg und Gerhard Richter durch eine Ausstellung »Kapitalistischer Realismus« in einem Düsseldorfer Möbelgeschäft zum Ausdruck, die durch Kunstpräsentation in einem »Einkaufstempel« die Mechanismen der Konsumgesellschaft denunzieren sollte.

Der Künstler benutzt u. a. gemusterte Stoffe und Wolldecken als Malhintergrund, um seine Bilder auch über den Tastsinn erfahrbar zu machen. Einige Bildserien imitieren das Punktraster der Zeitungsfotografie, in der die Abbildung nicht mehr als »naturalistisch«erlebt werden kann, und erweitern damit die Formensprache der Malerei.

Dalí-Happening für »stern«-Reporter

Der Altmeister des Surrealismus, der spanische Künstler Salvador Dalí, nutzt die Begeisterung des Publikums für Happenings zur Selbstdarstellung. Für die Publikumszeitschrift »stern« zelebriert er die Erschaffung eines neuen Kunstwerks«, indem er in einer »schwarzen Messe« eine junge Frau als appetitanregende Mahlzeit drapiert. Der wohl umstrittenste moderne Maler hatte bereits in den 20er und 30er Jahren im Kreis der französischen Surrealisten an der Entwicklung wirklichkeitsverfremdender Kunstformen mitgewirkt und durch provokative öffentliche Aktionen Aufsehen erregt.

Die neue, spontane Kreation Dalís, der sich selbst für den größten Künstler der Gegenwart ausgibt, zeigt allerdings nach Meinung vieler Kritiker nur, wie das Interesse an Publicity die künstlerische Gestaltung korrumpieren kann.

April 1965

Mo	Di	Mi	Do	Fr	Sa	So
			1	2	3	4
5	6	7	8	9	10	11
12	13	14	15	16	17	18
19	20	21	22	23	24	25
26	27	28	29	30		

1. April, Donnerstag

In der Bundesrepublik Deutschland tritt die Reform der Strafprozeßordnung in Kraft. Untersuchungshäftlinge werden fortan von Strafgefangenen getrennt; Bild- und Tonübertragungen aus dem Gerichtssaal werden verboten. → S. 77

Der Deutsche Bundestag löst das System der Mietbeihilfen durch das Wohngeld ab. → S. 77

Bei der Bundeswehr läuft die »Aktion Seesack« an: Die Reservisten erhalten eine Grundausrüstung zur häuslichen Aufbewahrung. → S. 77

König Husain II. von Jordanien proklamiert seinen 17jährigen Bruder Hassan ben Talal zum Kronprinzen und Thronfolger und schließt damit seine Söhne von der Thronfolge aus.

In Bielefeld wird die 54jährige Lina Pesut im sog. »Heiratsschwindlerprozeß« zu 30 Monaten Gefängnis wegen fortgesetzten Betruges verurteilt. Ohne heiratswillige Männer vorweisen zu können, hatte sie über 1000 Frauen einen Ehepartner versprochen und dafür mehr als 200 000 DM erhalten.

2. April, Freitag

Der Deutsche Bundestag beschließt im Gesetz zur Beseitigung von Härten in der Rentenversicherung die Erhöhung der Renten für Witwen auf 60% des Betrages, der ihren verstorbenen Ehemännern zugestanden hätte, und Verbesserungen bei der Anrechnung von Ausfallzeiten und Ersatzzeiten.

Der tschechoslowakische Staatspräsident und KP-Chef Antonín Novotný fordert auf einer Kundgebung in Preßburg zum 20. Jahrestag der Vertreibung deutscher Besatzungstruppen aus der Tschechoslowakei durch Truppen der sowjetischen Roten Armee die vollständige Annullierung des Münchner Abkommens von 1938. Mit diesem Vertrag hatten Großbritannien, Frankreich und Italien der Okkupation von tschechischen Gebieten durch das nationalsozialistische Deutsche Reich zugestimmt.

Der Regierende Bürgermeister von Berlin (West), Willy Brandt (SPD), übergibt das neu errichtete Europa-Center am Breitscheidplatz seiner Bestimmung. → S. 81

3. April, Samstag

Vereinbarungsgemäß schließt die Deutsche Demokratische Republik die 16 Passierscheinstellen in Berlin, die für Verwandtenbesuche zu Ostern und Pfingsten eingerichtet worden waren. Es wurden fast 800 000 Passierscheine ausgestellt (→ 5. 2./S. 38).

4. April, Sonntag

Bei Angriffen von 150 südvietnamesischen und US-amerikanischen Militärflugzeugen auf Ziele in Nordvietnam kommt es zum ersten Luftkampf seit dem Beginn der Auseinandersetzungen (→ 15. 3./S. 50)

Der von den Vereinigten Staaten gestartete erste Weltraumreaktor erreicht seine Umlaufbahn um die Erde und wird durch Funk aktiviert. → S. 78

5. April, Montag

In Österreich ruht für fünf Minuten die Arbeit zum Gedenken an den 67jährigen Rentner Ernst Kirchweger, der bei einer Demonstration von einem Rechtsradikalen getötet wurde. → S. 77

Der 35jährige Franzose Antoine Senni bricht nach mehr als vier Monaten seinen Aufenthalt in einer Höhle bei Nizza ab. → S. 78

Das Film-Musical »My Fair Lady« erhält acht Oscars. → S. 80

6. April, Dienstag

Die Vereinigten Staaten starten im Rahmen des COMSAT-Programmes den ersten kommerziellen Nachrichtensatelliten. → S. 78

Das Wilhelm-Busch-Museum eröffnet im Wallmoden-Schlößchen in Hannover eine Ausstellung zum 100. Jahrestag der Erstveröffentlichung von »Max und Moritz«.

7. April, Mittwoch

Mit Protestnoten und Störungen durch Tiefflieger reagieren die Sowjetunion und die DDR auf die Plenarsitzung des Deutschen Bundestages in Berlin (West). → S. 76

Der Bundestag stimmt einer Teilprivatisierung der Vereinigten Elektrizitäts- und Bergwerks-AG (VEBA) und der Ausgabe von »Volksaktien« zu, um die Vermögensbildung der Arbeitnehmer zu fördern (→ 19. 8./S. 141).

Die Partei des bisherigen Premierministers Seán Lemass, die Fianna Fáil (irisch für »Schicksalskämpfer«), gewinnt bei den Parlamentswahlen in Irland mit 72 von 143 Sitzen die absolute Mehrheit.

Die Internationale Farbfernsehkonferenz in Wien kann sich nicht auf die Einführung eines einheitlichen Farbfernsehsystems in Europa einigen. → S. 78

In der Deutschen Oper in Berlin (West) wird die Oper »Der junge Lord« von Hans Werner Henze uraufgeführt. → S. 83

8. April, Donnerstag

Nach einer stürmischen Debatte beschließt der bayerische Landtag in München die Fortführung staatlicher Spielbanken. → S. 77

Der nordrhein-westfälische Ministerpräsident Franz Meyers (CDU) gibt 100 Mio. DM für zinsverbilligte Kredite zur Entstaubung der Emissionen von Steinkohlekraftwerken frei, um die Luftqualität im Ruhrgebiet zu verbessern.

Papst Paul VI. richtet ein Sekretariat für die Ungläubigen ein, das pastorale Initiativen zur Minderung des Atheismus fördern soll. → S. 80

In Warschau wird der sowjetisch-polnische »Vertrag über Freundschaft, Zusammenarbeit und gegenseitigen Beistand« von 1945 um 20 Jahre verlängert; die Sowjetunion erkennt dabei ausdrücklich die Unantastbarkeit der Oder-Neiße-Linie als Westgrenze Polens an.

Die bulgarischen Sicherheitskräfte nehmen Armeemitglieder und Parteikader fest, die angeblich einen Putsch vorbereitet haben. Ziel der Verschwörung war Verlautbarungen zufolge die Einführung der Selbstverwaltung nach jugoslawischem Vorbild.

9. April, Freitag

Die »Wohngeld-Fibel« des Bonner Instituts für Städtebau erscheint erstmals. Die Broschüre erleichtert die Berechnung von Wohngeldansprüchen nach dem neuen Wohngeldgesetz vom → 1. April (S. 77).

In der Stobie-Nickel-Grube im Distrikt Sugbury in der kanadischen Provinz Ontario wird ein Sprengrekord im Bergbau aufgestellt. 460 t Sprengstoff in 16 700 Bohrlöchern lösen 3,5 Mio. t Erz und 1,4 Mio. t Gestein.

Erstmals findet ein Spiel der US-amerikanischen Baseball-Liga in einer Halle statt. → S. 81

10. April, Samstag

Mit der Unterstellung der 12. Panzerdivision in Würzburg unter das Kommando der Nordatlantischen Verteidigungsgemeinschaft (NATO) erfüllt die Bundesrepublik ihre 1955 eingegangene Verpflichtung zum Aufbau eines stehenden Heeres von zwölf Divisionen.

Einer Umfrage des französischen Meinungsforschungsinstituts IFOP zufolge sehen 20% der Franzosen in der Bundesrepublik ihren besten Freund unter den Staaten. 14% favorisieren Großbritannien, 12% die Vereinigten Staaten und 11% Belgien.

11. April, Sonntag

Die kommunistischen Parteien der Sowjetunion und Chinas reagieren mit scharfer Ablehnung auf die Einladung des US-amerikanischen Präsidenten Lyndon B. Johnson zu Gesprächen ohne Vorbedingungen über die Beilegung des Vietnam-Konfliktes und fordern den Rückzug aller US-amerikanischen Truppen aus Vietnam als Voraussetzung für Friedensverhandlungen (→ 30. 3./S. 50).

Die verbotene Kommunistische Partei Ägyptens beschließt ihre Selbstauflösung und empfiehlt ihren Mitgliedern den Eintritt in die Arabische Sozialistische Union.

Der Durchschlag für den 6,6 km langen Autotunnel bei San Bernardino (Schweiz) erfolgt nach dem Aushub von mehr als 600 000 m³ Gesteins. Die wintersichere Nord-Süd-Verbindung soll Ende 1967 fertiggestellt sein.

12. April, Montag

Erstmals in der Geschichte des Deutschen Gewerkschaftsbundes (DGB) wird mit Anni Moser in der Gewerkschaft Handel, Banken und Versicherungen eine Frau Vorsitzende einer Einzelgewerkschaft.

Die gaullistische Pariser Zeitung »La Nation« bezweifelt in einem weitbeachteten Kommentar, daß die Bundesrepublik Deutschland auf Dauer auf die Anerkennung der Hallstein-Doktrin durch westliche Staaten vertrauen könne. Die von dem damaligen Staatssekretär im Auswärtigen Amt Walter Hallstein 1955 formulierte Doktrin schließt diplomatische Beziehungen der Bundesrepublik zu Ländern – mit Ausnahme der Warschauer-Pakt-Staaten – aus, die Beziehungen zur DDR unterhalten (→ 24. 2./S. 36).

Schwere Wirbelstürme fordern in den frühen Morgenstunden über 200 Todesopfer in den US-amerikanischen Bundesstaaten Indiana, Iowa, Illinois und Wisconsin.

13. April, Dienstag

Grenzbeamte der DDR verweigern den Bewohnern der Westberliner Exklave Steinstücken den Zugang ohne Visum und erklären damit das Gebiet zu einem Teil der Bundesrepublik. Die Bundesrepublik bleibt bei ihrer Auffassung, daß Steinstücken Teil von Berlin (West) sei.

Die Bundesbank in Frankfurt am Main übt in einem Geschäftsbericht scharfe Kritik an der Finanz- und Wirtschaftspolitik der Bonner Bundesregierung, die nach Meinung der Notenbank die Gefahr einer Inflation in sich berge.

Nach der Darstellung der Bundesanstalt für Bodenforschung ist das 1964 stillgelegte Kalibergwerk Asse II im Landkreis Wolfenbüttel zur Aufnahme von Atommüll geeignet.

Die Industriegewerkschaft Chemie-Papier-Keramik legt einen Bericht über schwere Hormonstörungen bei Personen vor, die in der Herstellung von Anti-Baby-Pillen beschäftigt sind.

Wegen der politischen Auseinandersetzungen der Bundesrepublik Deutschland mit arabischen Staaten um die geplante Aufnahme diplomatischer Beziehungen zu Israel (→ 19. 8./S. 138) bildet die Bayer AG in Leverkusen erstmals besondere Rücklagen für Auslandsrisiken in Höhe von 15 Mio. DM.

14. April, Mittwoch

Die Vereinigten Staaten werfen über den größeren Städten Nordvietnams von Flugzeugen aus Flugblätter ab, um die Bevölkerung über ihr Kriegsziel der Eindämmung des Kommunismus zu informieren (→ 15. 3./S. 50).

Der Wettlauf im All geht weiter: Anfang April bringen die US-Amerikaner einen Weltraumreaktor und den ersten kommerziellen Nachrichtensatelliten in den Orbit

NR. 10 OFFENBURG, 7. APRIL 1965. 3 Z 2013 C. 70 PFENNIG

A $ -.30 · England 2/6 d · Schweiz -.90 F · Italien 150 L · Frankreich 1.20 F · Schweden 1.25 skr. inkl. oms.

BUNTE
ILLUSTRIERTE

Münchner/Frank

Großer Farbbericht:
Wettlauf zum Mond

Schiffstaufe in Piräus: Königin Annemarie stand Pate

Die erste elektronische Verkehrsanlage Europas geht in Berlin-Wilmersdorf in Betrieb. Die Anlage paßt die Dauer der Ampelphasen automatisch der jeweiligen Verkehrssituation an.

15. April, Donnerstag

Die Bonner Bundesregierung veröffentlicht im Bundesgesetzblatt ein Muster des neugestalteten Stimmzettels für die Bundestagswahl am → 19. September (S. 154), auf dem die Wähler besonders auf den Unterschied von Erststimme (für den Direktkandidaten) und Zweitstimme (für die Landeslisten der Parteien) hingewiesen werden.

Der französische Staatspräsident Charles de Gaulle begnadigt 115 Personen, die wegen subversiver Tätigkeit in der Organisation de l'Armée Secrète (OAS), einer Geheimorganisation von Franzosen gegen die Entkolonisierung Algeriens, verurteilt wurden, sowie 361 im Zusammenhang mit dem Algerienkrieg Verurteilte.

Das US-Peace-Corps, eine 1961 vom damaligen US-Präsident John F. Kennedy gegründete Organisation freiwilliger Entwicklungshelfer, stellt als letzte Hilfsorganisation der Vereinigten Staaten seine Tätigkeit in Indonesien ein und zieht damit die Konsequenz aus der beständigen Verschlechterung der Beziehungen beider Länder.

In Italien beginnt eine Streikwelle bei Eisenbahnangestellten, Krankenhauspersonal und Hotelangestellten, die zu chaotischen Zuständen an den Grenzen und in den Ferienzentren führt.

16. April, Karfreitag

Zum Abschluß seines dreitägigen Besuches in den Vereinigten Staaten erklärt der britische Premierminister Harold Wilson seine Zustimmung zu der Vietnam-Politik von US-Präsident Lyndon B. Johnson.

Die Spitzenorganisation der bundesdeutschen Filmwirtschaft (SPIO) wendet sich in Wiesbaden gegen die drohende Bevormundung erwachsener Kinobesucher durch die in mehreren Städten der Bundesrepublik gestartete Aktion »Saubere Leinwand« und kündigt als Gegenmaßnahme eine Plakataktion an.

17. April, Samstag

Die italienische Abgeordnetenkammer in Rom billigt in geheimer Abstimmung einen von der Regierung eingebrachten Gesetzentwurf zur Bekämpfung der wirtschaftlichen Rezession. Der Schwerpunkt der geplanten Maßnahmen liegt in staatlichen Bauvorhaben.

18. April, Ostersonntag

400 »Mods« – modisch gekleidete Jugendliche auf Motorrollern – liefern der Polizei im britischen Seebad Brighton eine Schlacht mit Kieselsteinen.

19. April, Ostermontag

Auf den Abschlußkundgebungen der diesjährigen Ostermärsche in der Bundesrepublik Deutschland ruft die Kampagne für Abrüstung dazu auf, die Bereitschaft zur Abrüstung zum Wahlprüfstein für die Bundestagswahl am → 19. September (S. 154) zu machen.

20. April, Dienstag

Die Volksrepublik China bietet Nordvietnam militärische Unterstützung im Konflikt mit Südvietnam an.

Erstmals in diesem Jahr erhalten die Bürger Moskaus eine Zuteilung von Weizenmehl, das seit der Mißernte 1963 knapp ist.

Nach einer Umfrage des Godesberger Instituts für Angewandte Sozialwissenschaften sprechen sich in der Bundesrepublik 72% der Männer und 68% der Frauen gegen die Erwerbstätigkeit von Frauen aus. Die Zustimmung zur weiblichen Erwerbsarbeit steigt mit höherem Bildungsgrad an.

21. April, Mittwoch

Die drei Westmächte protestieren beim sowjetischen Vertreter in der Berliner Luftsicherheitszentrale gegen Störungen der Radareinrichtungen für die Luftkorridore zur Bundesrepublik. Durch den Abwurf von Metallstreifen aus sowjetischen Flugzeugen, an denen die Radarstrahlen reflektiert werden, entstehen Fehlmeldungen auf den Radarschirmen.

Nach fast fünfjähriger Unterbrechung tritt in New York auf sowjetischen Antrag die große Abrüstungskommission der Vereinten Nationen zusammen, der alle UNO-Mitglieder angehören.

22. April, Donnerstag

Der tunesische Staatspräsident Habib Burgiba befürwortet in Tunis die Anerkennung Israels durch die arabischen Länder für den Fall, daß Israel die besetzten palästinensischen Gebiete räumt und die arabischen Palästina-Flüchtlinge wiederansiedelt. Die arabischen Staaten lehnen den Vorschlag als Verrat an den Palästinensern ab.

Der Aufsichtsrat der Volkswagen-AG in Wolfsburg beschließt eine Dividende von 20% auf das Aktienkapital von 600 Mio. DM. Nach 16% Dividende im Vorjahr ist dies der größte Dividendenzuwachs seit dem Zweiten Weltkrieg.

23. April, Freitag

Die tschechoslowakischen Schulbehörden ordnen für alle allgemeinbildenden Schulen neben dem Fach Russisch den Unterricht in einer weiteren Fremdsprache an. Damit wird für die Mehrzahl der Schüler der Deutschunterricht obligatorisch.

Die Sowjetunion startet ihren ersten Fernsehsatelliten (→ 6. 4./S. 78).

24. April, Samstag

470 Bataillone und selbständige Einheiten der Bundeswehr nehmen bei einer Parade im Preußenstadion von Münster die neuen, von Bundespräsident Heinrich Lübke genehmigten Truppenfahnen entgegen. → S. 80

In Karlsruhe gewinnt die deutsche Fußball-Nationalmannschaft ein Qualifikationsspiel für die Endrunde der Weltmeisterschaft in England 1966 gegen Zypern 5:0 (→ 14. 11./S. 193).

25. April, Sonntag

Die pakistanische Regierung ordnet die Mobilmachung der Streitkräfte an. Sie reagiert damit auf die Scharmützel von Grenztruppen Indiens und Pakistans im sog. Ran von Kutsch am westlichen Teil der gemeinsamen Grenze. → S. 75

Der sowjetische Außenminister Andrei A. Gromyko kommt zu einem sechstägigen offiziellen Besuch nach Paris. In Gesprächen mit dem französischen Ministerpräsidenten Georges Pompidou wird die distanzierte Haltung Frankreichs zur US-amerikanischen Position im Vietnam-Konflikt deutlich.

26. April, Montag

In der japanischen Hauptstadt Tokio demonstrieren 30 000 Menschen gegen die Vietnam-Politik der USA (→ S. 75).

Nach Mitteilungen von US-Verteidigungsminister Robert S. McNamara betragen die Kriegskosten der Vereinigten Staaten in Vietnam täglich 4 Mio. US-Dollar (umgerechnet 16 Mio. DM).

Mit der Übergabe des 28 km langen Autobahnabschnittes zwischen Hamminkeln und Emmerich an den Verkehr wird die sog. Hollandlinie vollendet. Damit existiert erstmals eine lückenlose Autobahnverbindung zwischen den Niederlanden und dem Ruhrgebiet.

Die Deutsche Bundesbank in Frankfurt am Main gibt erstmals 500-DM-Noten aus. → S. 77

Nach Mitteilung des Deutschland-Dienstes der CDU/CSU hat die Bundesrepublik mit 35% den höchsten Anteil berufstätiger Frauen innerhalb der Europäischen Gemeinschaft. Die entsprechende Quote beträgt in Frankreich 32%, in Italien 25% und in den Niederlanden 19%.

27. April, Dienstag

Die britische Labour-Regierung beschließt die Verstaatlichung der bedeutendsten Stahlwerke, die fast 90% der Stahlproduktion des Landes erbringen und annähernd 220 000 Arbeitskräfte beschäftigen. Premierminister Harold Wilson löst damit ein Versprechen aus dem Wahlkampf ein.

Anläßlich des 20. Jahrestages der Gründung der zweiten österreichischen Republik warnt der Erzbischof von Wien, Franz Kardinal König, vor dem Wiedererwachen religiösen und rassischen Hasses (→ 5. 4./S. 77).

28. April, Mittwoch

Die Vereinigten Staaten intervenieren militärisch gegen putschende Armeeteile in der Hauptstadt der Dominikanischen Republik, Santo Domingo. → S. 74

Der hessische Ministerpräsident Georg August Zinn (SPD) präsentiert in Wiesbaden den sog. »Großen Hessenplan« mit dem Titel »Ein neuer Weg in die Zukunft«, der bereits 1951 angekündigt worden war. Damit legt Hessen als erstes Bundesland eine langfristige Planung für Investitionsvorhaben und politische Zielsetzungen vor.

Bei einer Demonstration von mehr als 10 000 Studenten und Jugendlichen vor der tunesischen Botschaft in Kairo wegen der tunesischen Bereitschaft zur Anerkennung Israels kommt es zu schweren Auseinandersetzungen mit der ägyptischen Polizei.

In der Nähe des Luftwaffenstützpunktes Da Nang kommt es zum ersten Luftlandeeinsatz im Vietnam-Konflikt. Eine Kompanie der US-Marineinfanterie stürmt ein von Vietcong-Einheiten besetztes Dorf (→ 15. 3./S. 50).

Die Bundesregierung beschließt Krediterleichterungen für die Deutsche Werftindustrie, um deren Wettbewerbsnachteil gegenüber Staaten mit subventioniertem Schiffbau auszugleichen.

Fünfzigjährig beendet der britische Fußballspieler Sir Stanley Matthews seine Karriere mit einem Spiel einer britischen gegen eine kontinentale Auswahl. → S. 81

29. April, Donnerstag

Im Landestheater von Linz (Österreich) erlebt die Oper »Der Kardinal« von Heinrich Eder ihre Uraufführung. → S. 83

Bundespräsident Heinrich Lübke eröffnet in Essen die Bundesgartenschau in der bereits 1929 gegründeten Großen Ruhrländischen Gartenbauausstellung (Gruga). → S. 81

30. April, Freitag

Mit den ersten Wahlen zur Nationalversammlung erlangt die britische Kronkolonie Basutoland gemäß den Bestimmungen der Verfassung von 1964 die innere Selbstverwaltung.

Bei den Parlamentswahlen in der Demokratischen Republik Kongo gewinnt die CONACO unter Führung von Ministerpräsident Moïse Kapenda Tschombé die absolute Mehrheit. → S. 75

Der Dozent für russische Literatur an der Universität Zagreb Mihajlo Mihajlov wird vom Bezirksgericht Zagreb wegen seiner Veröffentlichungen über Konzentrationslager in der Sowjetunion unter Josef Stalin in der Belgrader Literaturzeitschrift »Delo« zu zehn Monaten Gefängnis verurteilt.

Das Wetter im Monat April

Station	Mittlere Lufttemperatur (°C)	Niederschlag (mm)	Sonnenscheindauer (Std.)
Aachen	7,7 (8,8)	197* (63)	101 (178)
Berlin	7,9 (8,3)	122* (41)	109 (193)
Bremen	7,4 (8,2)	130* (50)	107 (185)
München	6,1 (8,0)	187* (59)	120 (173)
Wien	9,2 (9,6)	131 (54)	193 (–)
Zürich	6,6 (8,0)	187 (88)	120 (173)

( ) Langjähriger Mittelwert für diesen Monat
– Wert nicht ermittelt; * März/April 1965

»Epoca –
eine euro-
päische
Zeit-
schrift« ist
ein ge-
meinsames
Projekt
des Mai-
länder
Verlages
Montadori
und des
Süddeut-
schen Ver-
lages
(München)

B 4078 E

EPOCA

Eine Europäische Zeitschrift

Nr. **4** *April 1965*

Süddeutscher Verlag, München;
Arnoldo Mondadori Editore, Mailand;
DM 2,-; Österreich S 12,-;
Schweiz sfr 2.30; Italien L. 300

HERZ-OPERATION REGENSBURG

Pläne zur Erhaltung
der wertvollsten
deutschen Altstadt

ZWANZIG JAHRE DANACH

Rückblick in Hoffnung
und Zorn

WAS HAT UNS BISMARCK NOCH ZU SAGEN?

Zum 150. Geburtstag des
großen Staatsmannes

DUELL MIT ZWEI EINSAMKEITEN

Epoca als Sekundant

Um das Weltbild unserer Zeit

in der Folge:

Woher wir kommen

USA entsenden Truppen in die Dominikanische Republik

28. April. Nach bewaffneten Auseinandersetzungen rivalisierender Offiziersgruppen in Santo Domingo besetzen 400 US-Soldaten die Hauptstadt der Dominikanischen Republik. Bis zum 6. Mai steigt ihre Zahl auf mehr als 30 000. Sie sollen 2300 US-Amerikaner in der bürgerkriegsähnlichen Situation schützen.

Unmittelbar nach ihrem Putsch gegen den Militärdiktator Donald Reid Cabral am 24. April, der seinerseits 1963 den gewählten Staatspräsidenten Juan Bosch abgesetzt hatte, eröffneten revoltierende Armeeteile den Kampf gegeneinander. Konservative Aufständische befürworten ein autoritäres Regierungssystem; junge Offiziere streben Demokratie und die Rückkehr Boschs an.

Wegen heftiger Straßenkämpfe der aufständischen Truppenteile untereinander und gegen regimetreue Soldaten bricht bis in den August hinein das öffentliche Leben der Stadt zusammen. Seinen Truppen befiehlt US-Präsident Lyndon B. Johnson neutrales Verhalten.

Die Kämpfe fordern mehr als 4000 Opfer vor allem unter der Zivilbevölkerung in den Stadtteilen, die von Truppen besetzt sind, deren Führer für eine autoritäre Regierung eintreten. Erst am → 3. September (S. 158) kommt es auf Vermittlung und Druck der USA sowie der Organisation amerikanischer Staaten (OAS), die Ende Juni Friedenstruppen in die Dominikanische Republik entsenden, zur Bildung einer provisorischen Regierung. Die Unruhen halten jedoch weiter an.

Die USA sehen in dem Bürgerkrieg einen kommunistisch gesteuerten Putsch in ihrer Einflußsphäre. Dies wird bereits im Mai deutlich. Der im Exil lebende Bosch und die demokratische Offiziersfraktion verurteilen dies als Diffamierung einer demokratischen Revolution gegen eine korrupte Oberschicht, die ihre Pfründe aus der Zeit der Diktatur von Rafael Leonidas Trujillo y Molina nicht aufgeben wolle, der von 1930 bis 1961 das Land beherrschte. Frankreich, die Partei der Demokraten in den USA und die OAS, der fast alle Staaten des amerikanischen Kontinents angehören, unterstützen dies und stellen sich damit gegen die US-Regierung. Der US-Präsident reagiert mit der nach ihm benannten »Johnson-Doktrin« für die Außenpolitik (→ 3. 5./S. 92).

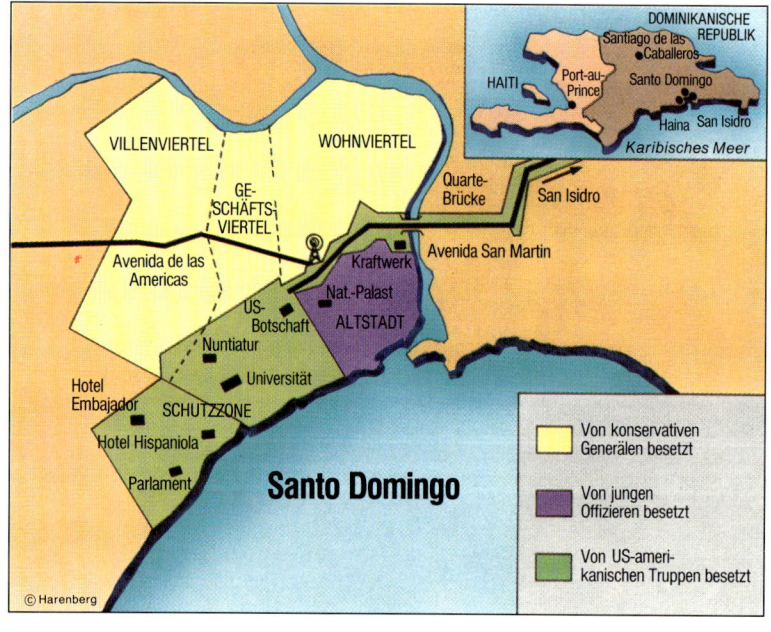

△ Einer von 400 amerikanischen Soldaten, die von US-Präsident Lyndon B. Johnson nach Santo Domingo geschickt werden. Sie sollen nach Aussage der Regierung in Washington die dort lebenden US-Bürger angesichts der militärischen Auseinandersetzungen schützen.

◁ Die Karte verdeutlicht die Situation in Santo Domingo Ende Mai: Die konservativen Offiziere halten die Villen-, Geschäfts- und Wohnviertel besetzt, die jungen, demokratisch gesonnenen Offiziere die Altstadt. Dazwischen liegt der von US-Truppen kontrollierte Kanal mit der strategisch wichtigen Duarte-Brücke. Ein großes Gebiet – die Schutzzone – wird durch die amerikanischen Truppen vom bewaffneten Kampf freigehalten.

Jugend kritisiert US-Engagement in Vietnam

Mit der Eröffnung des Bombenkriegs gegen Nordvietnam durch die US-Luftwaffe (→ 15. 3./S. 50) erwachen in den Vereinigten Staaten die Studenten aus ihrer bisherigen politischen Lethargie. Die Hochschüler kritisieren die offizielle Politik der Eindämmung des Kommunismus als Neokolonialismus, der sich nicht scheue, den Saigoner Polizeistaat zu stützen.
Die Meldungen über die Leiden der Zivilbevölkerung in Vietnam (→ 31. 10./S. 171) führen zu Demonstrationen gegen den »schmutzigen Krieg«. Zahlreiche Jugendliche melden Zweifel daran an, daß die USA eine Rolle als »Weltpolizei« spielen sollten. Sie haben Angst vor neuen hohen Opfern wie im Koreakrieg (1950 – 1953).

Im April demonstrieren mehr als 15 000 Studenten und Professoren in Washington für einen Rückzug der US-Truppen aus Vietnam

Protest gegen US-Militär in Vietnam in New York: »Verbrennt Einberufungsbefehle, nicht Kinder«

Tausende demonstrieren vor dem Weißen Haus in Washington gegen die Vietnampolitik der USA

Pläne zur Einberufung von Reservisten, die Bewilligung hoher Summen für die Kriegführung und Überlegungen zum Einsatz von Nuklearwaffen gegen den Vietcong erzeugen an den Hochschulen Proteste gegen die Regierungspolitik. Mit der neuen Form des »Teach-in« kreieren die Studenten Informationsveranstaltungen, auf denen in demonstrativer Art gesellschaftliche Mißstände aufgedeckt werden sollen. Die oft von ihnen selbst abgehaltenen Seminare finden in einer entkrampften Atmosphäre statt; auch die Professoren sind Fragende und Lernende.
In dieser Atmosphäre politischen Aufbruchs wächst auch die Bereitschaft junger Weißer, für die Bürgerrechte der Schwarzen einzutreten (→ S. 34/35; 21. 3./S. 54).

Sit-in von sieben Bürgerrechtlern im Washingtoner Außenministerium

Trotz dieser Geste schreitet die Polizei gegen Demonstranten ein

Trotz Wahlen kein Frieden im Kongo

30. April. Bei den Parlamentswahlen in der Demokratischen Republik Kongo (ab 1971: Zaïre) gewinnt die im Februar gegründete Convention Nationale Congolaise (CONACO) unter Führung des westlich orientierten Ministerpräsidenten Moïse Kapenda Tschombé 86 der 166 Sitze und damit die absolute Mehrheit der Mandate.
Die erhoffte Beruhigung im Bürgerkrieg, der das Land ins Chaos gestürzt hat, tritt allerdings nicht ein. Anhänger des im Januar 1961 mutmaßlich von Verbündeten Tschombés ermordeten Patrice E. Lumumba behaupten die umkämpften nordöstlichen Provinzen. Etliche Abgeordnete der CONACO unterstützen die Kongolesische Nationalbewegung (MNCL), die im Sinne Lumumbas eine Politik der Beseitigung aller Strukturen aus der belgischen Kolonialzeit anstrebt. Tschombés Position, der die MNCL mit weißen Söldnern bekämpft und bis 1964 Unterstützung von UN-Truppen erhielt, wird ständig schwächer (→ 25. 11./S. 183).

Grenzstreit zwischen Indien und Pakistan

25. April. Im Westen des indisch-pakistanischen Grenzgebietes liefern sich bei Khas im sog. Großen Ran von Kutsch indische und pakistanische Truppen heftige Feuergefechte. Indische Einheiten werfen etwa 4000 pakistanische Soldaten zurück, die mit Panzer- und Kampfbomberunterstützung 12 km weit auf indisches Gebiet vorgedrungen sind. Daraufhin ordnet der pakistanische Staatschef Mohammed Ayub Khan die Generalmobilmachung an.
Die Grenzstreitigkeiten zwischen beiden Staaten bestehen seit der Abspaltung des überwiegend von Moslems bewohnten Pakistan 1947 von Indien, wo die Hindus in der Mehrheit sind; die streitenden Parteien führen den Konflikt bis zu Auseinandersetzungen verfeindeter Fürsten im 9. Jahrhundert zurück. Das umstrittene Gebiet – etwa 9300 km² Salzsteppe – wird heute nur von Wildeseln bewohnt. Durch britische Vermittlung findet der Grenzkonflikt am 30. Juni ein vorläufiges Ende, bis er im September an der strittigen Kaschmir-Frage wieder aufflackert (→ 6. 9./S. 158).

Tiefflieger stören Bundestag in Berlin

7. April. Tiefflüge von Düsenjägern der Sowjetunion über der Kongreßhalle von Berlin (West) stören die Plenarsitzung des Bundestages über die Teilprivatisierung des VEBA-Konzerns nachhaltig (19. 8./S. 141). DDR und Sowjetunion sehen eine Rechtsverletzung darin, daß das Bonner Parlament in der geteilten Stadt tagt.

In den Tagen vor und nach der Sitzung leidet die Bevölkerung unter dem Lärm der Flugzeuge, deren Druckwellen beim Durchbrechen der Schallmauer zahlreiche Scheiben platzen lassen.

Mit der fünften Parlamentssitzung in Berlin (West) seit 1955 betont Bonn dessen Zugehörigkeit zur Bundesrepublik. Bereits am 15. März hatten Frankreich, Großbritannien und USA der Sitzung zugestimmt. Die DDR betrachtet die Plenarsitzung als Völkerrechtsverletzung, weil der Bundestag nicht befugt sei, außerhalb der bundesdeutschen Grenzen zu tagen.

Die Abgeordneten müssen mit dem Flugzeug anreisen, weil die DDR ihnen die Einreise über die Transitstrecken verweigert. Die DDR-Behörden fertigen den Transitverkehr vom 1. bis zum 11. April nur schleppend ab. Als Konsequenz aus den Vorfällen sprechen sich die Westmächte am 11. April gegen weitere Plenarsitzungen in Berlin aus.

Zwei »Suchjo«-Überschalljäger über der Kongreßhalle: Vom 5. bis 7. April proben die Sowjets in 132 Tiefflügen Angriffe auf Ziele in Berlin (West)

Gerstenmaier: »Recht auf freien Zugang nach Berlin rücksichtslos verletzt«

Zu Beginn der Plenarsitzung des Deutschen Bundestages in Berlin (West) am 7. April gibt Bundestagspräsident Eugen Gerstenmaier (CDU) eine Erklärung zum Verhalten der DDR ab.

»Wir freuen uns, nach Jahren wieder einmal in Deutschlands Hauptstadt zu einer regulären Sitzung des Deutschen Bundestages zusammentreten zu können. Ich stelle fest, daß alle Mitglieder des Hauses, die nicht durch Krankheit oder andere zwingende Gründe verhindert sind, an dieser Sitzung teilnehmen. Mit Drohungen und Schikanen haben die in Pankow residierenden Handlanger einer fremden Besatzungsmacht uns an der Ausübung unseres Rechtes zu verhindern versucht, hier in Berlin zu tagen. Als wir zum ersten Male 1955 in Berlin tagten, begrüßte uns die Ost-Berliner Volkskammer mit einem freundlichen Telegramm. Was hat sich inzwischen geändert? Die Rechtslage in keiner Weise. Aber an die Stelle des werbenden Wortes sind inzwischen hemmungslose Beschimpfungen und Bedrohungen getreten. Sie sind würdelos und haben noch nicht einmal den Schein des Rechts für sich. Ich weise sie mit Nachdruck zurück. Zugleich protestiere ich in aller Form gegen die Verkehrsbehinderungen, durch die das in internationalen Verträgen festgelegte Recht auf freien Zugang von und nach Berlin . . . in rücksichtsloser Willkür verletzt wird . . . Es sind dieselben Leute, die auch die Viermächte-Vereinbarungen über Berlin so mißachten, daß sie nicht einmal vor der Errichtung einer Zuchthaus-Mauer zurückschrecken. So verwerflich und brutal das alles ist, so wenig darf es uns davon abhalten, immer wieder das zu tun, was ein sinnfälliger Ausdruck unseres Rechtes und unserer Pflicht ist, für ganz Deutschland das Wort zu führen. Wir lieben den Frieden von ganzem Herzen, und wir stehen Seite an Seite mit allen, die ihm dienen. Aber dem Frieden in ganz Deutschland und in der Welt wird nicht gedient, wenn man sich vor ihm duckt, anstatt ihm die Stirne zu bieten. Wer das Provokation nennt, mißdeutet nicht nur unsere Gesinnung: Nein, er sagt bewußt die Unwahrheit.

Ich danke unseren Verbündeten, daß sie nicht nur unsere Rechte mitverteidigen, sondern auch die Gesinnung würdigen, in der wir auf diesen Rechten bestehen. Als Schutzmächte haben sie die Freiheit der Stadt auch in den kritischsten Situationen gesichert . . .

Die Bereitschaft, solche Nervenproben gelassen zu bestehen, ist auch in Zukunft eine Voraussetzung dafür, daß wir Deutsche das lange und bittere Ringen um unsere Freiheit und Einheit eines Tages doch noch gewinnen.«

DDR-Vorschlag zur Deutschlandpolitik

In seinem Sieben-Punkte-Plan zur Deutschlandpolitik, der er das Ziel der Sicherung des Friedens in Europa voranstellt, fordert der DDR-Staatsratsvorsitzende Walter Ulbricht am 26. April Abrüstungsschritte und eine Anerkennung des nach dem Zweiten Weltkrieg entstandenen Status quo.

»Es wird jetzt im westlichen Blätterwald viel über eine ›Deutschlandinitiative‹ geschrieben, aber es wird nichts gesagt, wie eine solche Initiative aussehen soll. Eine Deutschlandinitiative muß ausgehen von den Interessen des deutschen Volkes, d. h. von der Sicherung des Friedens. Eine solche Initiative könnte folgende Vorschläge enthalten:

▷ Verzicht beider deutscher Staaten auf Atomrüstung und auf jedwede Beteiligung an Atomrüstungen

▷ Schaffung einer kernwaffenfreien Zone in Europa

▷ Herstellung normaler Beziehungen mit der DDR

▷ Anerkennung aller bestehenden Grenzen in Europa

▷ Abschluß eines Nichtangriffspaktes zwischen den Mitgliedstaaten der NATO und des Warschauer Vertrages

▷ Beseitigung der Überreste des Zweiten Weltkrieges

▷ Maßnahmen zur Erweiterung der Zusammenarbeit der europäischen Staaten . . .

In diesen Tagen hat der sozialdemokratische Wirtschaftswissenschaftler Prof. Dr. Baade erneut darauf hingewiesen, daß die DDR bis zum Jahr 1961 Verluste im Betrag von rund 100 Mrd. Mark erlitten hat. Nach unseren noch nicht vollständigen Berechnungen nähern sie sich einem Wert von 120 Mrd. Mark. Dieser Betrag setzt sich zusammen aus den Reparationen, die die DDR für ganz Deutschland geleistet hat, unseren Verlusten an Nationaleinkommen durch Produktionsausfall, durch den gesellschaftlichen Aufwand für den Unterhalt, die Erziehung und die Ausbildung der abgeworbenen Kader, . . . sowie einige andere Verluste. Selbstverständlich fordern wir von der Bundesrepublik die Begleichung dieser Schulden an die DDR.«

Wohngeldgesetz wird novelliert

1. April. Die Novellierung des Wohngeldgesetzes vom 1. Juli 1960 tritt in Kraft. Damit werden Haushalte mit geringem Einkommen auch in den sog. »weißen Kreisen« wohngeldberechtigt, in denen die Mietpreisbindung aufgehoben ist. Bei Unterschreiten bestimmter Einkommensgrenzen wird das Wohngeld als Lastenzuschuß auch an Bauherren und Besitzer von Eigenheimen und

Paul Lücke, geboren am 13. November 1914, trat 1945 der CDU bei, für die er seit 1949 im Bundestag sitzt. Seit 1957 streitet er als Bundesminister für Wohnungswesen, Städtebau und Raumordnung für ein Mietrecht, das dem Konzept der sozialen Marktwirtschaft entspricht.

Eigentumswohnungen gezahlt. Damit fügt es sich in den nach dem Bundeswohnungsbauminister benannten »Lücke-Plan« ein, der auch Bürger mit geringerem Einkommen zur Schaffung privaten Wohneigentums bewegen will. Gegenüber den bisherigen Miet- und Lastenbeihilfen werden die Mietobergrenzen angehoben. Der vom Mieter selbst zu zahlende Mietanteil wird gesenkt und die anrechenbare Wohnfläche vergrößert.

Neue StPO mit mehr Angeklagtenrechten

1. April. Mit dem Inkrafttreten der reformierten Strafprozeßordnung (StPO) wird in der Bundesrepublik Deutschland die Position des Angeklagten gegenüber Staatsanwaltschaft und Polizeibehörden gestärkt. Untersuchungshäftlinge müssen fortan getrennt von Strafgefangenen untergebracht werden und behalten ihre Zivilkleidung. Die Dauer der Untersuchungshaft darf die Dauer der bei erwiesener Schuld zu erwartenden Haftstrafe nicht mehr übersteigen. Bei Bagatelldelikten darf der Beschuldigte auch dann nicht mehr inhaftiert werden, wenn Flucht- oder Verdunkelungsgefahr besteht. Spätestens nach sechs Monaten muß das Oberlandesgericht den Haftgrund noch einmal prüfen. Der Strafverteidiger darf nunmehr allein mit seinem Klienten sprechen. Bisher war dies nur im Beisein des Richters möglich. Nicht erst vor dem Richter, sondern schon bei der Polizei muß der Beschuldigte auf sein Recht zur Aussageverweigerung hingewiesen werden. Der Staatsanwalt muß ihn anhören, was die Klageerhebung allein nach Aktenlage unmöglich macht.

Zudem werden Bild- und Tonübertragungen aus dem Gerichtssaal untersagt, um eine Beeinflussung des Gerichts durch die Medien auszuschließen.

Neu: 500-DM-Note

26. April. *Die Deutsche Bundesbank in Frankfurt am Main beginnt mit der Ausgabe von 500-DM-Noten. Die Vorderseite zeigt das Bild eines bartlosen Mannes, gemalt von Hans Maler (Maler zu Schwaz), die Rückseite die Burg Eltz bei Cochem. Vorgänger hat die Note in kurzzeitig umlaufenden Scheinen zu 500 Reichsmark 1922/23.*

Bayerische Casinos bleiben erhalten

8. April. Nach stürmischer Debatte beschließt der bayerische Landtag in München mit 107 gegen 53 Stimmen die Fortführung des staatlichen Spielbankenbetriebs in Garmisch-Partenkirchen, Bad Wiessee, Bad Reichenhall und Bad Kissingen. Damit endet die seit der Vergabe von Spielbanklizenzen 1955 an private Konzessionäre anhaltende Diskussion.

Die damalige Vier-Parteien-Koalition unter Ministerpräsident Wilhelm Hoegner (SPD) hatte gegen die Stimmen der stärksten Fraktion, der CSU, private Spielbanken erlaubt. Unregelmäßigkeiten bei der Konzessionsvergabe führten zu einem Strafverfahren, das 1959 mit Zuchthausstrafen für drei führende Politiker der Bayernpartei endete. 1961 beschloß der Landtag auf Antrag der CSU, die inzwischen verstaatlichten Spielbanken Ende 1965 zu schließen und die früheren Konzessionäre mit 8 Mio. DM abzufinden.

In der Aussprache verteidigt die seit 1957 regierende CSU nunmehr ihre Bereitschaft, für den Spielbankenerhalt zu stimmen, mit der Verwendung der Gelder im sozialen Wohnungsbau, die damit einem sozialen Zweck dienten. Abgeordnete der FDP und der Bayernpartei werfen ihr Heuchelei, »Unmoral« und Wirtschaften mit »Sündengeld« vor.

Österreich: Streik gegen Antisemitismus

5. April. Nach einem Aufruf der Gewerkschaften ruht in Österreich für fünf Minuten die Arbeit zum Gedenken an den 67jährigen Ernst Kirchweger, der am 30. März bei einer Demonstration von einem Rechtsradikalen schwer verletzt wurde und zwei Tage später starb.

Anlaß für die Demonstration waren als antisemitisch verurteilte Äußerungen des Historikers Taras Borodajkewycz. Sie entzünden eine breite öffentliche Diskussion über Österreichs Haltung zum Nationalsozialismus.

Auseinandersetzung am 30. April in Wien zwischen Gegnern und Befürwortern der Borodajkewycz-Äußerungen

Zahlreiche Verbände demonstrieren in Wien gegen die als antisemitisch verurteilten Vorträge des Professors

Bundeswehr startet »Aktion Seesack«

1. April. In der Bundeswehrverwaltung läuft die »Aktion Seesack« an, bei der etwa 500 000 Reservisten einen Bekleidungs- und Gerätesack mit einer militärischen Grundausrüstung in Empfang nehmen und zu Hause sorgfältig aufbewahren müssen. In einem Probevorlauf haben mehr als 3000 Wehrpflichtige aus sechs Bataillonen bei ihrer Entlassung in den letzten Märztagen den Seesack bereits übernommen.

Die Bundeswehr entlastet sich damit von der Lagerung von Ausrüstung, die zum größten Teil aus Kleidungsstücken, aber auch aus Ausrüstung besteht. Waffen und Munition zählen nicht zum Inhalt des Sackes. Nur auf besonderen Antrag können sich Wehrpflichtige mit beengten Wohnverhältnissen von der Aufbewahrungspflicht befreien lassen.

Erster kommerzieller Nachrichtensatellit

6. April. Die Vereinigten Staaten starten von Kap Kennedy aus den ersten kommerziellen Nachrichtensatelliten der Welt.

»Early Bird« (»Frühaufsteher«) wird in eine vorläufige Erdumlaufbahn geschossen, von wo aus er sich bis zum 10. April durch mehrere Antriebsschübe in eine geostationäre Bahn in 36 000 km Höhe bewegt. Von dort aus erscheint der Satellit dem Beobachter auf der Erde unbeweglich wie ein Stern.

Nach einer Nutzungsphase als Forschungssatellit erweitert »Early Bird« ab dem 1. Juni die Kapazität der nordamerikanisch-europäischen Fernmeldeverbindungen um 240 Zweiweg-Sprechkanäle; seine zwei Fernsehkanäle werden später auch für transatlantische TV-Direktübertragungen genutzt.

Damit ergibt sich die Chance für eine Amortisation der hohen Investitionssummen in der Satellitenforschung. Mit dem technisch verwandten Satelliten Syncom III, den die Vereinigten Staaten zur Fernsehübertragung der Olympischen

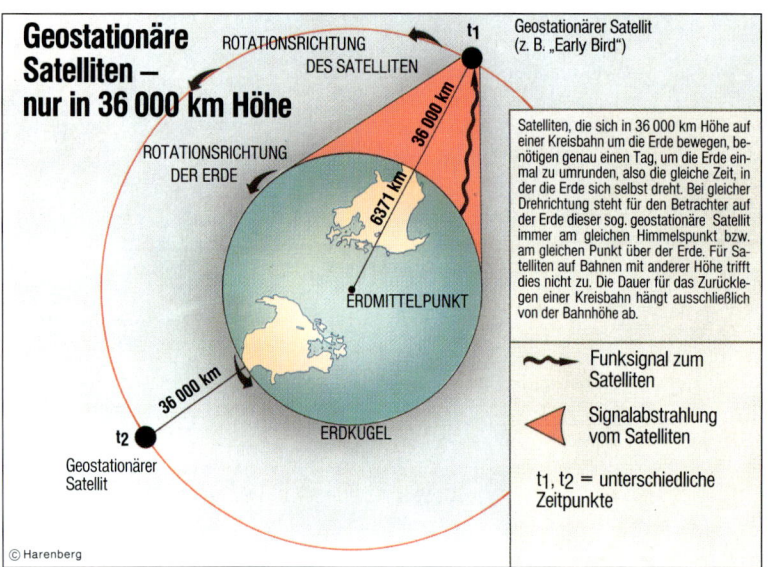

Spiele 1964 in Japan über den Pazifik gestellt hatten, liegen erfolgversprechende Erfahrungen vor.

»Early Bird« ist das erste Projekt der Internationalen Konferenz zur Schaffung eines weltweiten kommerziellen Systems zur Nachrichtenübermittlung durch Satelliten (COMSAT) seit ihrer konstituierenden Sitzung vom 21. bis 24. Juli 1964 in Washington, an der 19 Staaten teilnahmen. Mittlerweile beteiligen

sich 45 Staaten an der gemeinsamen Finanzierung von Nachrichtensatelliten-Projekten, unter ihnen der Vatikan, aber keine osteuropäischen und südostasiatischen Staaten. Die Vereinigten Staaten halten einen Anteil von etwa 60% am Kapital von zur Zeit 300 Mio. US-Dollar; die anderen Staaten zwischen 8 und 0,05%.

Am 23. April startet die Sowjetunion ihren ersten, nicht stationären Nachrichtensatelliten »Molnija 1a«.

Erster Satellit mit Reaktorenergie

29. April. Der am 9. März vom US-amerikanischen Luftwaffenstützpunkt Vandenberg in Kalifornien mit einer Atlas-Agenda-Rakete gestartete erste Satellit mit einem Kernreaktor, »Snap 10-A«, erreicht seine Umlaufbahn, die ihn nahezu kreisförmig in etwa 1300 km Höhe um die Erde führt.

Der Miniaturreaktor erzeugt eine Leistung von etwa 500 Watt, die für den Betrieb des elektrostatischen Ionentriebwerks benötigt werden. Ionentriebwerke gelten als leistungsfähiger Raumschiffantrieb der Zukunft; mit »Snap 10-A« testen die Vereinigten Staaten die Verwendbarkeit von Kernenergie für den Betrieb derartiger Triebwerke. Ein vergleichbares Triebwerk konnte im Juli 1964 für 19 min unter Weltraumbedingungen in Betrieb gehalten werden.

Der Reaktor an der Spitze des 3 m hohen Satelliten hat 37 stabförmige Brennelemente aus Uran 235 und Zirkonhydrid. Die Reaktionswärme wird durch flüssiges Metall zum Triebwerk an der Kegelbasis geführt.

Einheitliche Farbfernsehnorm scheitert

7. April. Mit einer Abstimmung über konkurrierende Farbfernsehsysteme endet die seit dem 24. März in Wien tagende Internationale Farbfernsehkonferenz. Für das französische SECAM-System stimmen 21 Staaten, für die miteinander verwandten US-amerikanischen und bundesdeutschen Entwicklungen NTSC und PAL, die sich der Konferenz gemeinsam als QAM-System präsentieren, stimmen 18 Staaten. Damit scheitern die Bemühungen um ein einheitliches Farbfernsehsystem.

Das NTSC-System wird seit 1954 in den Vereinigten Staaten und in Japan eingesetzt, den bislang einzigen Staaten mit Farbfernsehprogrammen. Das hieraus entwickelte PAL-System eignet sich besonders für gebirgige Regionen mit schlechten Empfangsmöglichkeiten. Die QAM-Systeme übertragen die Farbsignale für jede Bildzeile gleichzeitig, während SECAM sie über zwei Zeilen moduliert. Beide Systeme können schwarzweiß empfangen werden. Sendungen anderer Systeme erfordern technische Zusatzeinrichtungen.

Der bundesdeutsche Ingenieur Walter Bruch (r.), Erfinder des PAL-Systems

18 Staaten nehmen PAL/NTSC

Für PAL entscheiden sich neben der Bundesrepublik Deutschland Dänemark, Finnland, Irland, Island, Italien, Norwegen, Neuseeland, Österreich, Schweden und die Schweiz.

Für das NTSC-System stimmen Australien, Brasilien, Kanada, die Vereinigten Staaten, Japan, die Niederlande und Großbritannien.

Damit wird in 13 europäischen Staaten und auf dem amerikanischen Kontinent das PAL-System eingeführt. Für die Bundesrepublik ist das erste Farbfernsehprogramm für 1967 projektiert.

SECAM-System wollen 21 Länder

Das SECAM-System bevorzugen aus Europa Frankreich, Griechenland, Luxemburg, Monaco und Spanien sowie die afrikanischen Staaten Algerien, Kamerun, Gabun, Obervolta, Mali, Marokko, Niger und Tunesien, ehemalige Kolonien Frankreichs.

Der sowjetischen Entscheidung für SECAM folgen die osteuropäischen Staaten Bulgarien, Ungarn, Polen, Rumänien, Tschechoslowakei und die von der UNO als Staaten anerkannten Sowjetrepubliken Ukraine und Weißrußland.

Höhlenexperiment für Weltraumfahrt

5. April. Der 35jährige französische Möbeltischler Antoine Senni bricht seinen am 30. November 1964 begonnenen Aufenthalt in einer Höhle des Audibergue-Massivs bei Grasse in Südfrankreich ab und überbietet damit den bisherigen »Höhlenweltrekord« von 105 Tagen um 12 Tage.

Senni hatte während des Aufenthaltes Licht und ausreichend Nahrungsmittel, aber keine Uhr. Die Verbindung zur Außenwelt wurde durch ein Telefon aufrechterhalten.

Das von dem französischen Höhlenforscher Michel Siffre betreute Experiment dient der Untersuchung menschlicher Belastbarkeit bei Einsamkeit und beim weitgehenden Verlust der natürlichen Zeitorientierung. Damit sollen zukünftige Arbeitsbedingungen von Astronauten wirklichkeitsnah imitiert werden. Bereits während des Aufenthaltes wurden zahlreiche psychologische und medizinische Tests durchgeführt.

Schon am 14. März beendete die Hebamme Josie Laures durch ihren Aufstieg aus einer benachbarten Höhle einen Parallelversuch Siffres.

Verkehr 1965:

U-Bahnen sollen die Zentren der Großstädte entlasten

Der motorisierte Individualverkehr in der Bundesrepublik Deutschland steigt weiter mit hohen Raten; zugleich suchen Wirtschaft und Politik nach Alternativen für den öffentlichen Personenverkehr. Vor allem der U-Bahn-Bau wird forciert.

1965 wächst der Pkw-Bestand im Verlauf des Jahres von 9,267 Mio. auf 10,784 Mio. Autos. Damit besitzt fast jeder dritte Privathaushalt ein eigenes Auto. Der Anstieg ist mit 16% wegen der sich zur Jahresmitte abzeichnenden wirtschaftlichen Rezession geringer als 1964 (+18%).

Mit 15,8 Personenkraftwagen auf 100 Einwohner liegt die Bundesrepublik in der Motorisierungsdichte hinter Frankreich, Großbritannien und Luxemburg auf dem vierten Platz in Europa. Stark rückläufig ist die Zahl der Motorräder und Motorroller, die zunehmend vom luxuriöseren und bequemeren Wagen ersetzt werden.

Seit 1960 ist der gesamte Personenverkehr mit öffentlichen und privaten Verkehrsmitteln von 251 auf 361 Mrd. Personenkilometer gestiegen. 95% des Zuwachses entfallen auf 110 Mrd. Personenkilometern auf den privaten Autoverkehr. Die Zahl der auf Straße und Schiene beförderten Personen nimmt im selben Zeitraum nur um 457 Mio. auf 7,4 Mrd. zu. Bei vergleichsweise geringer Erhöhung der Personenzahl steigt die Länge der einzelnen Fahrten beträchtlich. Der private Pkw ermöglicht immer mehr Arbeitnehmern eine flexible Zeitgestaltung und damit auch die Annahme eines Arbeitsplatzes in größerer Entfernung von der Wohnung.

Die Zahl der an Verkehrsunfällen Beteiligten ist seit 1960 trotz der höheren Verkehrsdichte um 57 900 auf 604 700 Personen gefallen. Im gleichen Zeitraum sinkt die Zahl der Verletzten von 455 000 auf 433 500 Personen. 1965 sind allerdings mit 15 753 mehr Verkehrstote als 1960 (14 406) zu beklagen. Verkehrsexperten fordern insbesondere eine Senkung des hohen zulässigen Blutalkoholwerts von 1,5‰.

Die Verkehrsplaner begegnen der zunehmenden Verkehrsbelastung der Innenstädte mit dem Ausbau des öffentlichen Nahverkehrssystems. Die U-Bahn-Bauten in Berlin, Frankfurt am Main und Hamburg schreiten zügig voran; neben Hannover (im November) beginnt auch München mit dem Bau einer städtischen U-Bahn (→ 1. 2./S. 41).

Mit der Inbetriebnahme der ersten Elektrolok vom Typ E 03 (→ 11. 2./S. 42) bereitet die Deutsche Bundesbahn den Aufbau eines konkurrenzfähigen Schnellzugsystems für Geschäftsreisende vor.

Verharmlosung: Vier Glas Bier für Fahrer angeblich erlaubt

Die bundesdeutschen Autobahnen, insgesamt 3204 km lang, sind einbezogen ins Netz der Europastraßen (hier »E 36« und »E 73«)

Wie ein unendliches Band: Von europaweit 6000 Autobahn-Kilometern liegen 3200 km in der BRD

Gebündeltes Licht soll Nebel aufhellen: Versuchsanlage an der Autobahn Heilbronn-Weinsberg

Autoschlange auf der Bundesstraße 4 in Bad Harzburg; der innerstädtische Verkehr ist blockiert

Nach Frankfurt und Mannheim auch in München: Politessen zur Überwachung des ruhenden Verkehrs

Acht Oscars für Musical »My Fair Lady«

5. April. Die Verfilmung des Musicals »My Fair Lady« erhält in Hollywood acht Oscars der US-amerikanischen Academy of Motion Picture Arts and Sciences (Hochschule für Filmkunst und Filmwissenschaften). In der Geschichte der seit 1927 verliehenen Auszeichnungen haben bisher nur zwei Filme mehr Academy Awards erhalten: »Ben Hur« (1961) mit elf und »West Side Story« (1962) mit zehn Oscars.

Der Brite Rex Harrison wird als bester Schauspieler des Jahres 1964 für seine Darstellung des Professors Henry Higgins, den er auch in der Bühnenfassung des Musicals über mehrere Jahre am Broadway verkörperte, mit dem begehrtesten aller Filmpreise geehrt. Weitere Oscars erhalten Jack L. Warner (Produktion), George Cukor (Regie), Harry Stradling (Kamera), Gene Allen, Cecil Beaton und George James Hapkins (Ausstattung und Bauten), Cecil Beaton (Kostüme), George R. Groves (Ton) und André Previn (Musik). Vorlage des Filmmusicals ist die 1913 uraufgeführte Komödie »Pyg-

Strahlende Preisträger mit drei der acht Academy Awards für »My Fair Lady«; v. l. Produzent Jack L. Warner; Audrey Hepburn spielte die Eliza Doolittle; Rex Harrison wird als bester Schauspieler, George Cukor als bester Regisseur ausgezeichnet.

malion« des britischen Dramatikers George Bernard Shaw (1856 – 1950). Der selbstherrliche Linguistikprofessor Higgins unterwirft die vulgäre, aber natürliche und herzensvolle Blumenverkäuferin Eliza Doolittle (Audrey Hepburn) einem gnadenlosen Sprachdrill, um zu beweisen, daß allein die korrekte Intonation über den gesellschaftlichen Rang eines Menschen entscheidet.

Eliza erkennt schließlich, daß sie für den Professor nur ein »Versuchskaninchen« ist, zieht sich nach einem heftigen Streit mit Higgins zurück und besinnt sich auf ihre eigene Zukunftsgestaltung.

Den Oscar als die beste weibliche Schauspielerin erhält Harrisons Broadway-Partnerin, Julie Andrews, für ihre Darstellung der Mary Poppins in dem Musical-Film.

Neues Sekretariat für Ungläubige

8. April. Papst Paul VI. richtet im Vatikan ein »Sekretariat für die Ungläubigen« ein, das kulturelle, geistige und pastorale Initiativen zur Bekämpfung des Atheismus bündeln und unterstützen soll. Mit der Leitung der neuen Kirchenbehörde wird der Erzbischof von Wien, Franz Kardinal König, betraut.

Das Sekretariat soll ausdrücklich keine politischen und sozialen Aufgaben übernehmen, da dies dem Ziel der Verbreitung der katholischen Lehre schaden könne. Durch die Arbeit des Sekretariats sollen Menschen, die der Religion gleichgültig gegenüberstehen sowie dogmatische Atheisten und Kirchengegner von der Wahrheit der kirchlichen Verkündigung überzeugt werden. Der Vatikan will die kommunistischen Länder, in denen der Atheismus als Staatsmaxime gepflegt werde, zum Dialog mit der Kirche bewegen.

Die Gründung des Sekretariats entspricht der Öffnung der Kirche nach außen, die das Zweite Vatikanische Konzil (→ 8. 12./S. 198) erstrebt.

Erste Bilder vom Embryo im Mutterleib

Dem schwedischen Fotografen Lennart Nilsson sind die ersten Bilder von lebenden menschlichen Embryos im Mutterleib gelungen. Als erste dieser Farbaufnahmen veröffentlicht die Illustrierte »Life« in ihrer Ausgabe vom 30. April 1965 die Fotografie eines 15 Wochen alten Embryos. In der Fachwelt gelten sie als Sensation. Nilsson, der sieben Jahre an dem Projekt gearbeitet hat, fotografierte die Bilder mit Hilfe einer speziellen Superweitwinkelkamera mit Miniblitz, die er auf die Spitze einer chirurgischen Sonde montiert hatte. Darüber hinaus zeigt die US-amerikanische Zeitschrift Bilder des werdenden Lebens im Alter von drei bis 28 Wochen, die Nilsson von Embryos gemacht hat, die von Chirurgen Stockholmer Krankenhäuser aus dem Mutterleib entfernt werden mußten. Schon bei einem elfwöchigen Fötus sind alle Körperteile ausgebildet.

▷ »Life«-Titelseite mit einem 18 Wochen alten Fötus außerhalb des Mutterleibes

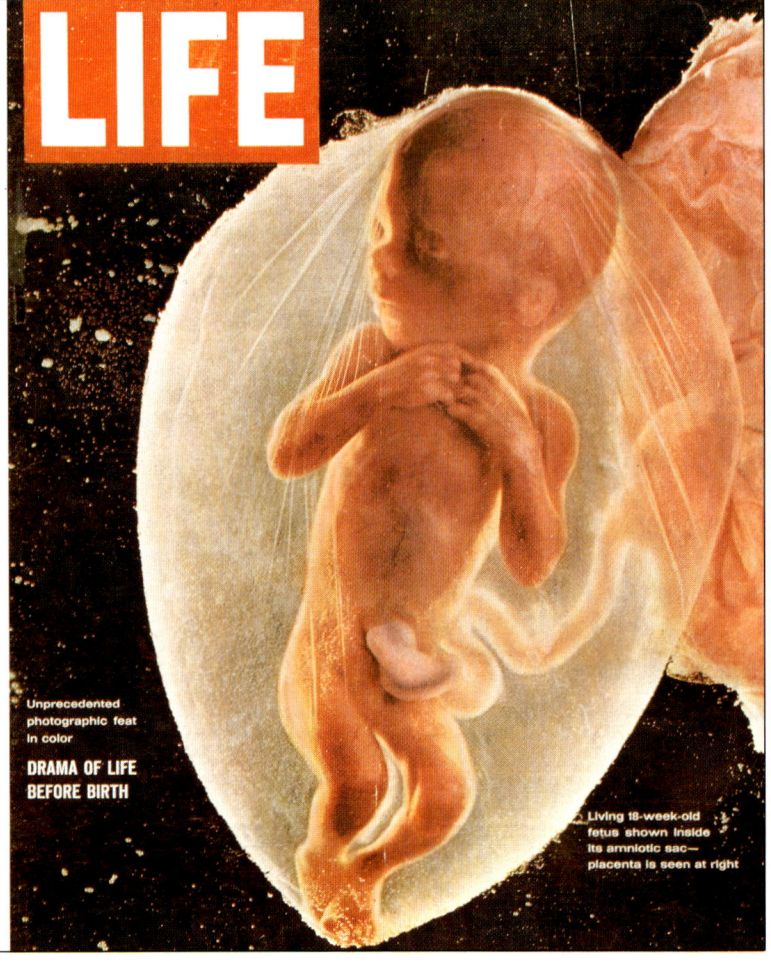

Bundeswehr erhält Truppenfahnen

24. April. Im Preußen-Stadion von Münster nehmen 470 Bataillone und selbständige Einheiten der Bundeswehr bei einer militärischen Feier von Bundespräsident Heinrich Lübke ihre neuen Truppenfahnen im Empfang.

Bisher war die Bundeswehr die einzige Armee ohne eigene Fahnen, da die Symbole der Reichswehr durch den Hitlerfaschismus diskreditiert sind. Die Fahnen im Format von ein mal einem Meter zeigen einheitlich die Bundesfarben mit dem Bundesadler; Fahnenbänder am Kopf der Fahnenstangen kennzeichnen Einheit und Waffengattung.

Die neuen Fahnen dürfen nur zu Vereidigungen, Paraden und anderen militärischen Feiern getragen werden und sollen im Dienstraum des Kommandeurs sichtbar aufgestellt werden. Nichtoffizielle »Phantasiefahnen«, die in vielen Einheiten in Gebrauch sind, dürfen in Zukunft nicht mehr verwendet werden.

Die Einführung von Truppenfahnen ist umstritten, weil man eine übertriebene Identifikation mancher Soldaten mit Symbolen fürchtet.

»Astrodome«: 4600 Fenster in der Kuppel und 2000 Flutlichter

Riesenhalle für Baseball

9. April. *Im »Astrodome« von Houston (Texas) findet erstmals ein Baseballspiel der US-amerikanischen Nationalliga in der Halle statt. Die 63 m hohe Stahl-Beton-Konstruktion mit freitragender Kuppel bietet bei einem Durchmesser von 217 m Sitzplätze für 66 000 Besucher.*

32 m hoher Aussichtsturm, eine neue Attraktion der Gruga

Gruga wird Erholungspark

29. April. *Anläßlich der Bundesgartenschau eröffnet Bundespräsident Heinrich Lübke in Essen die neugestaltete Gruga. Die 1929 errichtete Dauerexposition von exotischen Pflanzen wurde auf 80 ha verdoppelt und zu einem Freizeit- und Erholungsgelände umgestaltet.*

Das Europa-Center, ein neues Wahrzeichen Berlins

Europa-Center eingeweiht

2. April. *Der Regierende Bürgermeister von Berlin (West), Willy Brandt, übergibt das Europa-Center am Breitscheidplatz seiner Bestimmung. Das mehrgeschossige Einkaufszentrum mit aufgesetztem 86 m hohem Bürohochhaus hat 80 Mio. DM gekostet.*

Sir Stanley Matthews verabschiedet sich vom Fußball

28. April. Im Alter von 50 Jahren beendet der englische Flügelstürmer Sir Stanley Matthews seine Fußballkarriere bei einem Freundschaftsspiel einer britischen Auswahl gegen eine Elf vom Kontinent im Victoria-Place-Stadion von Stoke-on-Trent, wo er vor 33 Jahren seine aktive Laufbahn begonnen hatte.

Das Spiel wird zu einer Demonstration spielerischen Fußballs, das die Auswahl vom Kontinent 6:4 gewinnt. Matthews, der älteste aktive Ligaspieler der britischen Fußballgeschichte, bestritt 886 Ligaspiele und zwischen 1934 und 1957 84 Länderspiele. Für England nahm er an den Weltmeisterschaften 1950 und 1954 teil. Mit dem FC Blackpool wurde der Dribbelkünstler 1953 Pokalsieger. Am 23. Februar wurde »Stan« als erster britischer Fußballspieler von Elisabeth II. zum Ritter geschlagen. Sprichwörtlich geworden im internationalen Fußball ist der von ihm erfundene und perfekt beherrschte »Matthews-Trick«, eine fintenreiche Körpertäuschung mit dem Ball, mit der er seine Gegenspieler immer wieder ausspielen konnte.

Der »Matthews-Trick«: Der Stürmer geht langsam, aber sprintbereit frontal auf den Verteidiger zu; tritt aber noch nicht an, sondern lauert auf seine Reaktion; der . . .

. . . Verteidiger muß aus dem Stand, fast schon im Rückwärtsgehen angreifen, um nicht überspielt zu werden und gibt so den festen Strand auf. Mit einem plötzlichen . . .

. . . Antritt zieht Matthews (l.) am Spielbein des Verteidigers vorbei, der nach dem Ausfallschritt erst wieder festen . . .

. . . Stand einnehmen und die Laufrichtung zum eigenen Tor gewinnen muß. Der Stürmer kann zum Schuß ansetzen.

Musik 1965:

Zahlreiche neue Opern nach Vorlagen der Weltliteratur

Die Opernuraufführungen des Jahres 1965 in der Bundesrepublik nehmen in überraschender Häufigkeit Dramen- und Erzählstoffe aus der Weltliteratur als Vorlagen auf.

Hans Werner Henze erreicht mit seinem bisher größten Erfolg »Der junge Lord« eine Wiederbelebung der Komischen Oper (→ S. 83). Auch Bernd Alois Zimmermann greift mit »Die Soldaten« (→ 15. 2./S. 45) auf einen scheinbar fern aller Aktualität liegenden Stoff zurück. Giselher Klebes Zwölftonoper »Jacobowsky und der Oberst« (→ 2. 11./S. 190) nach dem gleichnamigen Büh-

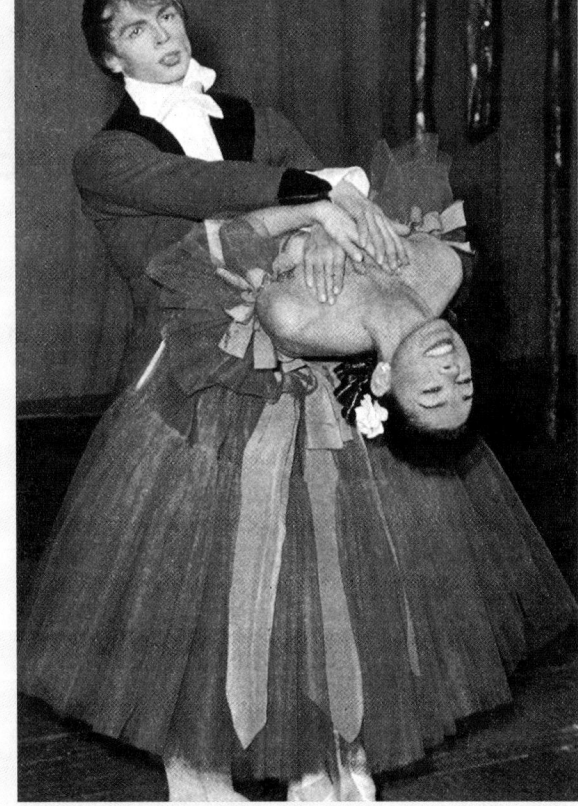

◁ Die britische Ballerina Margot Fonteyn tanzt einen Pas de deux mit dem seit 1961 im Westen lebenden Rudolf G. Nurejew aus der Sowjetunion.

▷ Die 30jährige Anna Moffo, Italiens berühmteste Sopranistin, ist sowohl in der Oper wie auch mit der leichten Muse erfolgreich.

▽ Mit der neuen Ballett-Akademie in München besitzt Mitteleuropa nach mehr als 50 Jahren wieder eine »Hohe Schule des Balletts«.

nenstück von Franz Werfel (1942) öffnet mit der Geschichte des polnischen Juden Jacobowski die Oper für die Darstellung der jüngsten deutschen Vergangenheit und verleiht ihr damit politische Aktualität. Aribert Reimanns Oper »Ein Traumspiel« nach dem gleichnamigen Schauspiel August Strindbergs von 1902 zeigt die Unmöglichkeit selbst für die Göttertochter Indra, den Menschen das Glück zu bringen. Auch mit Antonio Bibalos Oper »Das Lächeln am Fuße der Leiter« nach Henry Millers 1948 erschienener Erzählung vom Clown Augusto (Uraufführung am 6. 4. in Hamburg) gelangt eine Parabel der modernen Literatur über die Selbstsuche des vereinsamten Menschen ins zeitgenössische Opernrepertoire.

Die Auseinandersetzung mit dem klassischen Opernrepertoire zeigt sich beispielhaft an der Neuinszenierung des »Ring des Nibelungen« von Richard Wagner bei den Bayreuther Festspielen (→ 30. 8./S. 148) unter der Regie von Wieland Wagner und der musikalischen Leitung Karl Böhms. Die Diskussion über Richard Wagner wird gemäß der Forderung seines Enkels Wieland nach »neuer Sachlichkeit« allein auf das Werk konzentriert, das ohne Pathos in einem bewußt kargen Bühnenraum dargeboten wird.

Ganz andere Wege beschreitet der 1903 geborene deutsche Komponist Boris Blacher in seiner am 4. Februar in Hamburg uraufgeführten Oper »Zwischenfälle bei einer Notlandung«. Die Passagiere eines Flugzeuges gelangen nach einer Notlandung in eine fremde technische Welt. Die »veralteten« Gefühle der Angst und des Mißtrauens treiben sie schließlich zur Maschinenstürmerei. Dieser Fabel entspricht die Musik, in der elektronische Technik das Orchester und selbst die Stimmen der Sänger weitgehend ablöst. Das Publikum reagiert weitgehend irritiert und ablehnend; auch Blacher versteht sein Werk als Experiment, das nicht wiederholt werden kann.

Das herausragende Ereignis der Ballettsaison ist die Inszenierung »Onegin« nach Alexander Puschkins Versroman »Eugen Onegin« (1833) unter der Choreographie von John Cranko im Württembergischen Staatstheater Stuttgart am 13. April. Der Komponist Karl Heinz Stolze übernimmt für die musikalische Gestaltung der tragischen Liebe zwischen Olga, dem Mädchen aus einer trägen, ländlichen Kleinstadt, und dem jungen Adligen Eugen nicht einfach die 1879 entstandene berühmte Oper Pjotr I. Tschaikowskis, sondern benutzt weniger bekannte Teile aus Kammer- und Orchestermusikstücken des russischen Komponisten. So wird Tschaikowskis Bühnenwerk verfremdet und gleichzeitig erneuert. Die Choreographie arbeitet die Charaktere allein durch deren Einsicht in das eigene Gefühlsleben und durch die dramatische Entwicklung heraus.
(Siehe auch Übersicht »Uraufführungen« im Anhang.)

Soldaten bei einem Rauf- und Saufabend: Szene aus der Uraufführung von Bernd Alois Zimmermanns Oper »Die Soldaten« am 15. Februar 1965 in Köln

Szenen von einer Wiener Aufführung des »Jungen Lord« (1978); der Komponist Hans W. Henze ist in den letzten Jahren im Musiktheater erfolgreich

Spott auf Spießer durch Affen als »junger Lord« – neue Oper von Henze begeistert das Publikum

Die Uraufführung der komischen Oper »Der junge Lord« des bundesdeutschen Komponisten Hans Werner Henze in der Deutschen Oper in Berlin (West) am 7. April wird zu einem überwältigenden Premierenerfolg. In der Zusammenarbeit zwischen dem Dirigenten Christoph von Dohnányi, dem Bühnenbildner Filippo Shajust und dem Regisseur Gustav Rudolf Sellner ist eine Modellinszenierung entstanden.

Das Libretto stammt von der österreichischen Dichterin Ingeborg Bachmann nach einer Parabelerzählung des Romantikers Wilhelm Hauff (1802 – 1827) aus dessen Märchensammlung »Der Scheich von Alessandria und seine Sklaven«. Das Werk verspottet das kleinstädtische Spießertum in Deutschland. Ein englischer Gelehrter, der am Anfang des 19. Jahrhunderts nach »Hülsdorf-Gotha« kommt, foppt die leichtgläubigen und engstirnigen Bewohner, indem er einen Zirkusaffen dazu abrichtet, einen «jungen Lord« zu spielen. In den Unartigkeiten und Phrasen des verkleideten Affen müssen die düpierten Kleinstädter letztendlich ihr eigenes Spiegelbild erkennen.

Zu dieser Handlung komponiert Henze eine geistvolle und übersprudelnde Musik mit glänzenden Massenszenen innerhalb eines vielstimmigen Opernensembles. Parodistische Angriffe auf das gesellschaftliche Leben des Bürgertums und überraschender Situationswitz verleihen der modernen Biedermeier-Komödie eine eigene Ausstrahlung. Eine von Ingeborg Bachmann eingeflochtene Liebesgeschichte schafft ein Gegengewicht mit lyrischen und romantischen Einlagen, in denen Sehnsucht und »süßes Weh« den Ton der Musik bestimmen.

Mai 1965

Mo	Di	Mi	Do	Fr	Sa	So
					1	2
3	4	5	6	7	8	9
10	11	12	13	14	15	16
17	18	19	20	21	22	23
24	25	26	27	28	29	30
31						

1. Mai, Maifeiertag

Auf der zentralen Maifeier des Deutschen Gewerkschaftsbundes (DGB) in Hamburg fordert der DGB-Vorsitzende Ludwig Rosenberg vor 60 000 Zuhörern mehr soziale Sicherheit für die Arbeitnehmer. → S. 95

Bei der Bundeswehr tritt eine neue Vorschrift für erzieherische Maßnahmen in Kraft, die es verbietet, marschunfähige Soldaten mit Strafmaßnahmen zu belegen.

2. Mai, Sonntag

In Hannover geht die 19. Wirtschaftsmesse zu Ende. Erstmals war die Sowjetunion mit einem eigenen Stand vertreten. Die meisten der 5900 Aussteller aus 30 Nationen sind mit dem Messeverlauf zufriedener als im vorangegangenen Jahr. Vor allem der Fachhandel für Bürobedarf und die Elektroindustrie verbuchen Zuwächse bei den Vertragsabschlüssen.

Über den US-Nachrichtensatelliten »Early Bird« wird die erste europäisch-US-amerikanische Gemeinschaftssendung ausgestrahlt. 300 Mio. Menschen verfolgen das Unterhaltungsprogramm am Fernsehschirm (→ 6. 4./S. 78).

3. Mai, Montag

In Niedersachsen zerbricht die Regierungskoalition aus SPD und FDP, weil die FDP die Ratifizierung eines Konkordats zwischen Niedersachsen und dem Vatikan ablehnt (→ 19. 5./S. 90).

Bundesaußenminister Gerhard Schröder (CDU) fordert anläßlich der bevorstehenden Tagung des NATO-Rats am 11. Mai in London in einem Interview mit der Nachrichtenagentur Associated Press eine »Anpassung der NATO an neue politische und militärische Sachverhalte«. → S. 90

In einer Fernsehansprache rechtfertigt US-Präsident Lyndon B. Johnson das Eingreifen US-amerikanischer Truppen in der Dominikanischen Republik mit einer neuen außenpolitischen Doktrin. → S. 92

Die USA verstärken ihre Truppen in Vietnam auf 35 000 Mann; 10 000 davon gehören den Kampftruppen an. US-Flugzeuge bombardieren kambodschanische Dörfer im Grenzgebiet zu Vietnam. Daraufhin bricht Kambodschas Staatspräsident Norodom Sihanuk die diplomatischen Beziehungen zu Washington ab (→ 15. 3./S. 50).

Die Zahl der Selbstbedienungsläden in der Bundesrepublik, darunter 1000 Supermärkte, wächst auf 53 125. → S. 94

4. Mai, Dienstag

US-Präsident Lyndon B. Johnson fordert vom US-amerikanischen Kongreß in Washington zusätzlich umgerechnet 2,8 Mrd. DM für Militäraktionen in Vietnam und der Dominikanischen Republik (→ 2. 1./S. 16; 28. 4./S. 74).

Für seine unter großem Risiko aufgenommenen Bilder vom Krieg in Vietnam erhält als erster Deutscher der 32jährige Berliner American Press-Bildberichterstatter Horst Faas den Pulitzerpreis für herausragende journalistische Leistungen.

Der Bundesgerichtshof in Karlsruhe entscheidet, daß der übermäßige Genuß von Alkohol dann ein Scheidungsgrund ist, wenn der alkoholabhängige Partner seine ehelichen Pflichten nicht mehr erfüllen kann.

5. Mai, Mittwoch

Der Bundestag verabschiedet gegen die Stimmen der FDP das zweite Gesetz zur Förderung der Vermögensbildung von Arbeitnehmern, das auch die Angehörigen des öffentlichen Dienstes in die Vermögensförderung einbezieht.

Das Bundeskabinett beschließt in Bonn neue Richtlinien zur Minderung des Bundesbahndefizits. → S. 94

6. Mai, Donnerstag

Die Artilleriebataillone der Bundeswehr führen neue US-amerikanische Panzerhaubitzen mit höherer Feuerkraft und größerer Beweglichkeit ein.

7. Mai, Freitag

US-Präsident Lyndon B. Johnson erklärt in einer Fernsehansprache am Vorabend des 20. Jahrestages der Befreiung vom Faschismus, daß die Wiedervereinigung Deutschlands eine der dringendsten Aufgaben der atlantischen Allianz sei (→ 8. 5./S. 92).

8. Mai, Samstag

Anläßlich des 20. Jahrestages des Kriegsendes legen Bundespräsident Heinrich Lübke und Bundeskanzler Ludwig Erhard (CDU) im Bonner Hofgarten Kränze zum Gedenken an die Opfer des Zweiten Weltkrieges und der nationalsozialistischen Gewaltherrschaft nieder. → S. 92

In College Station im US-Bundesstaat Texas erzielt Randy Matson aus den USA mit 21,52 m einen neuen Kugelstoß-Weltrekord (→ 29. 5./S. 99).

9. Mai, Sonntag

Die Nationaldemokratische Partei Deutschlands (NPD) hält in Hannover ein halbes Jahr nach ihrer Gründung den ersten Parteitag ab. → S. 91

20 Jahre nach dem Sieg über Hitler-Deutschland findet in Moskau die größte Militärparade seit Kriegsende statt (→ 8. 5./S. 92).

Anläßlich des 20. Jahrestages der Befrei-

ung der ČSSR verfügt Staatspräsident Antonín Novotný eine bis zum 31. Dezember 1965 währende Amnestie für freiwillig aus dem Westen zurückkehrende Flüchtlinge.

Im US-Bundesstaat Alabama verhindern zwei Geschworene die Verurteilung eines wegen Totschlags angeklagten Ku-Klux-Klan-Mitgliedes. → S. 92

Nach zwölfjähriger Konzertpause feiert der US-amerikanische Pianist Wladimir Horowitz in New York ein glanzvolles Comeback. → S. 95

Anläßlich des 600. Geburtstages der Wiener Universität beginnen aufwendige Jubiläumsfeierlichkeiten. 1365 unterzeichnete der Habsburger Herzog Rudolf IV. das Stiftungsdekret, damit die Universität ihn im Ringen um die Vormachtstellung im Heiligen Römischen Reich Deutscher Nation unterstütze.

10. Mai, Montag

US-Präsident Lyndon B. Johnson erläßt eine »Anti-Korruptionsverordnung«, nach der leitende Beamte und Angestellte der US-Regierung ihre Schulden und finanziellen Verpflichtungen offenlegen müssen.

US-amerikanische Studien an 82 radioaktiv verseuchten Bewohnern des Bikini-Atolls ergeben eine erhöhte Zahl an Knochenmängeln, Fehlgeburten und Schilddrüsenvergrößerungen bei den Betroffenen (→ 14. 5./S. 93).

Sophia Loren, Rock Hudson und Pierre Brice erhalten den »Bambi« 1965 als beliebteste ausländische Filmstars. Beliebteste deutsche Filmdarsteller sind Lilo Pulver und Heinz Rühmann. → S. 95

11. Mai, Dienstag

Bundesaußenminister Gerhard Schröder (CDU) fordert auf der Frühjahrstagung des Nordatlantikpakts (NATO) in London eine stärkere Beteiligung der Bundesrepublik an der militärischen und politischen Führung der Allianz. → S. 90

In Obrigheim am Neckar beginnen die Bauarbeiten für das bisher größte deutsche Atomkraftwerk. → S. 94

Ein Zyklon verwüstet Ostpakistan. Das Unwetter fordert 12 722 Todesopfer und richtet Schäden in Höhe von 800 Mio. DM an.

Die sowjetische Schwimmerin Svetlana Babanina stellt in Taschkent (UdSSR) über 100 m Brust einen neuen Weltrekord in 1:16,5 min auf.

12. Mai, Mittwoch

Die Bundesrepublik Deutschland und Israel nehmen volle diplomatische Beziehungen zueinander auf und vereinbaren den Austausch von Botschaftern (→ 13. 8./S. 138).

Nach dem Bruch der SPD/FDP-Koalition bilden SPD und CDU in Niedersachsen ein Koalitionskabinett unter Georg Diederichs (→ 19. 5./S. 90).

Zum Abschluß der Tagung des NATO-Rats in London erklären die Westmächte die Lösung der Deutschlandfrage auf der Grundlage der Selbstbestimmung zur Voraussetzung für den Frieden in Europa.

Die Bundesrepublik verliert im Fußball-länderspiel gegen England vor 70 000 Zuschauern in Nürnberg 0:1.

13. Mai, Donnerstag

Der dritte Strafsenat des Bundesgerichtshofes lehnt die Eröffnung des Hauptverfahrens gegen den »Spiegel«-Herausgeber Rudolf Augstein ab. → S. 90

Nach der Aufnahme diplomatischer Beziehungen der Bundesrepublik zu Israel brechen zehn Staaten des Nahen Ostens – darunter Algerien, Saudi-Arabien und VAR – ihre diplomatischen Beziehungen zur Bundesrepublik ab (→ 24. 2./S. 36; 13. 8./S. 138).

Auf einem Versuchsgelände in Nevada findet der zehnte unterirdische Kernwaffenversuch der USA seit Jahresbeginn statt (→ 14. 5./S. 93).

Die bundesdeutsche Weltraumforschung benötigt nach Angaben der Deutschen Kommission für Weltraumforschung bis 1970 rund 1,8 Mrd. DM, um Anschluß an die internationale Entwicklung zu erhalten. → S. 93

14. Mai, Freitag

In Köln folgen mehrere tausend Menschen einem Aufruf der Gewerkschaften und demonstrieren gegen die geplante Verabschiedung der Notstandsgesetze (→ 24. 6./S. 109).

Die Volksrepublik China zündet ihre zweite Atombombe. Nach Beobachtungen von Fachwissenschaftlern wird der Sprengsatz über der Erde zur Explosion gebracht. → S. 93

Die Bundesbahn nimmt auf der 258 km langen Ruhr-Sieg-Strecke den elektrischen Zugbetrieb auf.

140 000 DM erzielt die Original-Notenhandschrift der Johann Sebastian Bach-Kantate »Allein zu dir, Herr Jesu Christ« auf der Versteigerung im Auktionshaus Stargardt in Marburg.

15. Mai, Samstag

Anläßlich des zehnten Jahrestages der Unterzeichnung des österreichischen Staatsvertrages treffen in Wien die Außenminister der vier Signatarstaaten Frankreich, Großbritannien, USA und UdSSR zu einer Feierstunde mit dem österreichischen Außenminister Bruno Kreisky (SPÖ) zusammen und weisen auf die stabilisierende Rolle der österreichischen Neutralität für die Sicherheit in Europa hin.

Mit drei Punkten Vorsprung in der Bundesliga-Abschlußtabelle vor Titelverteidiger 1. FC Köln wird der SV Werder Bremen nach Abschluß der zweiten Bundesligasaison erstmals in seiner Vereinsgeschichte Deutscher Fußballmeister. → S. 99

Elisabeth II. auf der Titelseite der Programmzeitschrift »Hör zu« (Nr. 20, 1965); der elftägige Staatsbesuch der britischen Monarchin in der Bundesrepublik Deutschland bestimmt die Berichterstattung in Funk, Fernsehen und Printmedien.

16. Mai, Sonntag

Bis zu 20 Mio. Menschen in Polen, der Tschechoslowakei, Ungarn, Rumänien und Bulgarien hören nach Angaben des Komitees »Free Europe« regelmäßig die Sendungen des »Radio Freies Europa« (RFE) aus München.

Die Bundesbürger fotografieren am liebsten Landschaftsmotive. Zu diesem Ergebnis kommt die bundesdeutsche Fotoindustrie, die über zwei Jahre lang 100 Mio. Farbdias untersuchte.

17. Mai, Montag

Bundesdeutsche Industriefilme gewinnen neun von zwölf Preisen auf den zweiten Wirtschaftsfilmtagen in Wien.

Mehr als 100 000 Bremer bereiten dem Deutschen Fußballmeister SV Werder Bremen einen begeisterten Empfang (→ 15. 5./S. 99).

18. Mai, Dienstag

Die britische Königin Elisabeth II. und ihr Mann Prinz Philip, Herzog von Edinburgh, treffen zu einem Staatsbesuch (bis 28. 5.) in der Bundesrepublik ein. → S. 88

Die Fraktionsvorsitzenden der im Bundestag vertretenen Parteien beginnen eine neue Verhandlungsrunde über die Verabschiedung der Notstandsgesetze (→ 24. 6./S. 109).

Rund 800 Studenten des Instituts für Politische Wissenschaften der Freien Universität (FU) Berlin treten in einen Vorlesungsstreik, da dem Schriftsteller Erich Kuby vom Rektorat der Universität eine Rede über die Rolle der USA im Vietnamkrieg untersagt worden ist.

Der Einzelhandel meldet 250 000 unbesetzte Lehrstellen. Vor allem kleinere Geschäfte haben Nachwuchssorgen.

Das Sportgericht des Deutschen Fußball-Bundes schließt Hertha BSC Berlin aus der Bundesliga aus. Der Verein muß künftig in der Berliner Stadtliga spielen. → S. 99

19. Mai, Mittwoch

In Niedersachsen wird die neugebildete Koalitionsregierung aus SPD und CDU vereidigt. → S. 90

Der deutsch-schwedische Autor Peter Weiss nimmt an einem Schriftstellerkongreß in der DDR teil, der aus Anlaß des 20. Jahrestages der deutschen Kapitulation hauptsächlich antifaschistische Autoren vereint und an die Tradition des Kongresses geflüchteter deutscher Autoren 1935 in Paris anknüpfen will.

West Ham United gewinnt in London den Fußball-Europacup der Pokalsieger durch ein 2:0 gegen den TSV 1860 München. → S. 99

20. Mai, Donnerstag

Der Bundestagsausschuß für Arbeit und Sozialordnung unterstützt ein Gesetzesvorhaben, das die Akkord- und Fließ-

bandarbeit für werdende Mütter mit Ausnahmeregelungen verbietet. Das Bonner Parlament stimmt der Regelung am 1. Juli 1965 zu.

120 Menschen kommen beim Absturz einer Linienmaschine der Pakistan International Airlines in der Nähe von Kairo ums Leben.

Die Ruhr ist nach Mitteilung der Ruhrverbände mit Hilfe von über 100 größtenteils biologisch arbeitenden Kläranlagen in den letzten Jahren wieder zu einem der saubersten und fischreichsten Flüsse Deutschlands geworden.

21. Mai, Freitag

Eine Umfrage ergibt, daß mehr als die Hälfte der bundesdeutschen Bevölkerung Altbundeskanzler Konrad Adenauer im Vergleich mit seinem Amtsnachfolger Ludwig Erhard für den besseren Kanzler hält.

Nach Zusammenstößen zwischen Studenten und Polizei verhängt die kolumbianische Regierung den Belagerungszustand über das ganze Land.

Den Schweizer Charles-Veillon-Preis für deutschsprachige Literatur erhält der Ost-Berliner Schriftsteller Johannes Bobrowski für sein Buch »Levins Mühle«.

22. Mai, Samstag

In Rom wird der 57 Jahre alte Pedro Arrupe von der Generalkongregation der Jesuiten zum neuen Generaloberen gewählt. → S. 95

Borussia Dortmund gewinnt mit einem 2:0 über Alemannia Aachen in Hannover den DFB-Pokal (→ 15. 5./S. 99).

23. Mai, Sonntag

Der Bürgermeister von Wien, Franz Jonas, wird zum österreichischen Bundespräsidenten gewählt. → S. 91

Bei den Parlamentswahlen in Belgien müssen die beiden Regierungsparteien, die Christlichsoziale Partei und die Sozialistische Partei, starke Stimmeneinbußen hinnehmen. Mandatsgewinne erzielt vor allem die Partei für Freiheit und Fortschritt.

Der Bundeselternrat spricht sich auf seiner Jahrestagung in Hannover gegen die geplante Einführung von Kurzschuljahren aus.

24. Mai, Montag

Im Rahmen der Privatisierung von Bundesvermögen beginnt die Zeichnung von Volksaktien der Vereinigten Elektrizitäts- und Bergwerks-AG (VEBA; → 19. 8./S. 141).

51 Tote und mehr als 400 Verletzte fordert das Vorgehen der bolivianischen Polizei gegen bewaffnete Arbeiter, die in dem südamerikanischen Staat die Zinnminen besetzt halten. → S. 93

Uwe Seeler gilt nach einer Untersuchung des Instituts für angewandte So-

zialforschung in Bad Godesberg als sympathischster Sportler in der Bundesrepublik. An zweiter Stelle liegt Zehnkampf-Olympiasieger Willi Holdorf gefolgt von Eiskunstläufer Hans-Jürgen Bäumler.

25. Mai, Dienstag

Der Bundestag verabschiedet ein neues Aktiengesetz, das eine Stärkung der Rechte des Aufsichtsrats beinhaltet, als Grundkapital einer Aktiengesellschaft mindestens 100 000 DM vorschreibt und den Mindestnennbetrag einer Aktie auf 50 DM festlegt.

Der Landtag von Nordrhein-Westfalen beschließt, daß künftig auch Volksschullehrer an wissenschaftlichen Hochschulen ausgebildet werden.

Mit dem Experiment, junge Mädchen in einem »Kloster auf Zeit« in Straubing für das Leben als Nonne zu interessieren, will die katholische Kirche den Nachwuchsmangel bei Ordensschwestern beheben.

In Lewiston (USA) verteidigt der US-amerikanische Profi-Boxer Cassius Clay seinen Weltmeistertitel im Schwergewichtsboxen durch einen K.-o.-Sieg in der ersten Runde gegen den Herausforderer Sonny Liston. → S. 98

26. Mai, Mittwoch

In Bonn verabschiedet der Bundestag ein Entschädigungsgesetz, mit dem ein Schlußstrich unter die Wiedergutmachung nationalsozialistischen Unrechts gezogen werden soll. → S. 91

Nach Angaben der Deutschen Bundespost ist die Bundesrepublik führend im Selbstwähl-Fernverkehr: Bereits 94% aller Ferngespräche erfolgen im Selbstwählverfahren. In Italien liegt die Zahl bei 68% und in den USA bei 46%.

Nach einer Meinungsumfrage genießen Ärzte bei 77% der Bundesbürger die größte Achtung, gefolgt von Ingenieuren und Geistlichen.

Im Baseler St.-Jakob-Stadion gewinnt die bundesdeutsche Nationalmannschaft ein Fußball-Länderspiel gegen die Schweiz 1:0.

27. Mai, Christi Himmelfahrt

Die Katholische Arbeiterbewegung Westdeutschlands spricht sich auf ihrem 23. Verbandstag in Dortmund für einen bezahlten Bildungsurlaub, die Verlängerung der Volksschulzeit auf zehn Jahre, die Einrichtung von Ganztagsschulen, verbesserte Übergänge zwischen den Schulformen und bessere Chancen für Arbeiterkinder an den Höheren Schulen und Universitäten aus.

Inter Mailand wird im heimischen Stadion Europacupsieger der Fußball-Landesmeister durch ein 1:0 gegen Benfica Lissabon.

28. Mai, Freitag

Zu Kampfhandlungen kommt es an der Demarkationslinie zwischen Israel und Jordanien, als israelisches Militär zwei

Stützpunkte auf jordanischem Territorium angreift (→ 9. 3./S. 56).

29. Mai, Samstag

In Saarbrücken faßt der SPD-Bundesvorstand den Beschluß, die Notstandsverfassung in der laufenden Legislaturperiode nicht mehr zu verabschieden (→ 24. 6./S. 109).

Die Organisation Amerikanischer Staaten (OAS) übernimmt die politische und militärische Kontrolle in der vom Bürgerkrieg zerrissenen Dominikanischen Republik. Der Generalsekretär der OAS, José Antonio Mora, befehligt eine Interamerikanische Streitmacht, die hauptsächlich aus US-Soldaten besteht (→ 24. 4./S. 74).

Ein Unglück in einer Kohlengrube bei Dhanbad (Indien) fordert 274 Todesopfer.

Bei den Europameisterschaften der Amateur-Boxer in Berlin (Ost) gewinnt der Ludwigshafener Fliegengewichtler Hans Freistadt die einzige Goldmedaille für die Staffel aus der Bundesrepublik.

In Ceres (USA) verbessert Harold Connolly seinen Hammerwurf-Weltrekord auf 71,07 m. → S. 99

Der US-Athlet Ralph Boston erhöht seinen Weitsprung-Weltrekord in Modesto (USA) auf 8,35 m. → S. 99

30. Mai, Sonntag

Bei den polnischen Parlamentswahlen bleibt die Polnische Vereinigte Arbeiterpartei mit 255 von 460 Sitzen bei einer Wahlbeteiligung von 96,62% größte Fraktion im Sejm.

Zum dritten Mal hintereinander gewinnt Graham Hill auf BRM den Großen Preis von Monte Carlo (→ 24. 1./S. 28).

31. Mai, Montag

Bundeskanzler Ludwig Erhard (CDU) fliegt zu einem fünftägigen Besuch in die USA. Offizieller Anlaß der Reise ist die Verleihung eines Ehrendoktorhutes der New Yorker Columbia Universität.

Zum zweiten Mal seit Jahresbeginn öffnen sich in Berlin die Sektorenübergänge in den Ostteil der Stadt für Bewohner, die Verwandte besuchen wollen. Der Berliner Senat und die DDR-Regierung hatten dies im Passierscheinabkommen vereinbart (→ 5. 2./S. 38).

Robert McNamara, US-Verteidigungsminister, schlägt dem Nordatlantikpakt (NATO) die Bildung eines Fünfer-Komitees für nukleare Verteidigungsplanung vor (→ 11. 5./S. 90).

Das Wetter im Monat Mai

Station	Mittlere Lufttemperatur (°C)	Niederschlag (mm)	Sonnenscheindauer (Std.)
Aachen	12,3 (12,8)	75 (67)	182 (205)
Berlin	12,2 (13,7)	59 (46)	199 (239)
Bremen	11,8 (12,8)	121 (56)	168 (231)
München	10,7 (12,5)	156 (103)	132 (217)
Wien	— (14,6)	— (71)	— (173)
Zürich	11,5 (12,5)	209 (107)	169 (207)

( ) Langjähriger Mittelwert für diesen Monat
— Wert nicht ermittelt

Fußballmeister der Spielzeit 1964/65, auf dem Titel des »Kicker« vom 3. Mai 1965. Die Werder Elf (hier v. l. Schütz, Bernhard, Lorenz, Piontek) führt vor Titelverteidiger 1. FC Köln mit drei Punkten Vorsprung in der Tabelle und wird damit zum erstenmal in ihrer Vereinsgeschichte Deutscher Meister.

kicker
die sportrevue

NR. **18** · 3. MAI 1965 · HERAUSGEBER DR. FRIEDEBERT BECKER · 1 DM · B 4107

Werder läuft ein: Kapitän Schütz, Bernard, Lorenz und Piontek. Foto: H. Müller

Endspiel-Stimmung in Bremen

SONDER-REPORTAGE:
Stans letztes Spiel

Queen besucht die Bundesrepublik

18. Mai. Die britische Königin Elisabeth II. und ihr Mann Prinz Philip, Herzog von Edinburgh, treffen zu einem elftägigen Staatsbesuch in der Bundesrepublik Deutschland ein (→ 1. 2./S. 35). Der erste Besuch eines britischen Monarchen in Deutschland seit 1909 soll zur Verbesserung der deutsch-britischen Beziehungen beitragen. Dementsprechend herzlich und protokollarisch aufwendig empfangen die Bundesregierung und die Bevölkerung das seit 1953 amtierende britische Staatsoberhaupt.

Überall wird die Königin von Hunderttausenden begeisterter Menschen mit »Elisabeth, Elisabeth«-Rufen begrüßt. Neben den offiziellen Empfängen bei Bundespräsident Heinrich Lübke und Bundeskanzler Ludwig Erhard trifft Elisabeth II. während ihres Aufenthalts in der Bundesrepublik mit acht Länderregierungen und 15 Stadtoberhäuptern zusammen.

Elisabeth II.: Populäre Königin

Elisabeth II., geboren am 21. April 1926 in London, studierte u. a. Verfassungsgeschichte und Rechtswissenschaften. Am 20. November 1947 heiratete sie Philip Mountbatten, einen Prinzen deutscher Abstammung. Am 14. November 1948 wurde der Thronfolger Prinz Charles geboren. Es folgten Prinzessin Anne (15. 8. 1950), Prinz Andrew (19. 2. 1960) und Prinz Edward (10. 3. 1964). Nach dem Tod ihres Vaters, Georg VI., am 6. Februar 1952, wurde Elisabeth am 2. Juni 1953 in der Westminster-Abtei zur Königin von Großbritannien und Nordirland gekrönt und ist seither gleichzeitig nominelles Oberhaupt des Commonwealth.

Die Initiative für den Besuch der britischen Königin geht auf Prinz Philip zurück, der trotz der Gegnerschaft im Zweiten Weltkrieg die Zeit für eine Annäherung zwischen Großbritannien und der Bundesrepublik Deutschland für gekommen hält. Bereits 1960 gab der Herzog von Edingburgh bekannt: »Mit Deutschenhaß allein können wir nicht überleben. Es ist eine öde Beschäftigung, sich über die Geschichte zu ärgern, und sie macht blind für die Aufgaben der Zukunft.«

Nach der Ankunft des britischen Königspaares auf dem Köln-Bonner Flughafen Wahn schreitet Elisabeth II. in Begleitung von Bundespräsident Heinrich Lübke Ehrenformationen der drei Teilstreitkräfte der Bundeswehr (von vorn: Heer, Marine, Luftwaffe) ab; im Hintergrund Prinz Philip

Zu Gast beim Bundeskanzler: Elisabeth II. im Gespräch mit dem bundesdeutschen Regierungschef Ludwig Erhard (r.) vor dem Palais Schaumburg; Prinz Philip unterhält sich mit der Frau des Bundeskanzlers (l.); das Königspaar folgt einer Einladung zum Essen

Der Regierende Bürgermeister von Berlin, Willy Brandt (r.), heißt Elisabeth II. (sitzend, l.) in seiner Ansprache vor dem Schöneberger Rathaus herzlich willkommen

Nach der Begrüßung durch den Regierenden Bürgermeister der Stadt verfolgen mehrere zehntausend Berliner vor dem Schöneberger Rathaus die Rede der britischen Königin

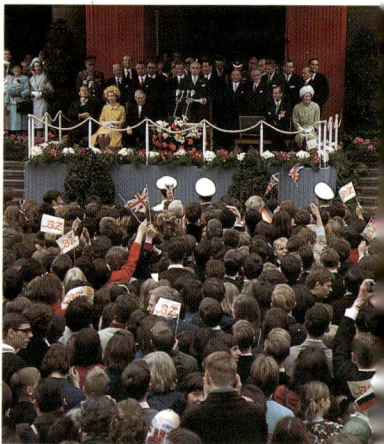

In ihrer mit Begeisterung aufgenommenen Ansprache hat Elisabeth II. den zähen Aufbauwillen und die Standhaftigkeit der Berliner Bevölkerung hervorgehoben

In ihrer »Residenz« auf dem Bonner Petersberg gibt Königin Elisabeth II. ein Abendessen zu Ehren von Bundespräsident Heinrich Lübke (l.) und dessen Frau Wilhelmine (3. v. l.); die Monarchin trägt das rote Ordensband des britischen Königshauses; Prinz Philip (r.) ist in Marineuniform erschienen

In Koblenz begrüßt der Ministerpräsident von Rheinland-Pfalz, Peter Altmeier (CDU), Königin Elisabeth II. zu einer Rheinfahrt; an Bord des im Hintergrund sichtbaren Rheindampfers gibt Altmeier ein Frühstück zu Ehren der britischen Monarchin

Im Anschluß an ihren Aufenthalt in Baden-Württemberg besucht Elisabeth II. Schloß Wolfsgarten bei Offenbach; auf der Freitreppe des Schlosses v. l. Prinz Ludwig von Hessen und bei Rhein, Königin Elisabeth, Prinzessin Margareth – die Ehefrau von Prinz Ludwig –, Prinzessin Beatrix zu Hohenlohe-Langenburg, Prinz Philip und Prinzessin Dorothea zu Windisch-Graetz

Nach einer Kranzniederlegung am Ehrenmal im Hofgarten besucht Elisabeth das Bonner Rathaus; während Bundespräsident Heinrich Lübke (l.) der britischen Königin auf dem Balkon des Rathauses die Sehenswürdigkeiten der Stadt erklärt, drängen sich 200 000 Menschen auf dem Rathausvorplatz und in den Straßen der Bundeshauptstadt, um die Monarchin zu sehen

Bei ihrem Besuch in München wohnt das königliche Herrscherpaar am Abend einer Galaaufführung des »Rosenkavalier« in der Bayerischen Staatsoper bei; vor der Aufführung begrüßt die Königin die Schauspieler, die bereits in ihre Kostüme gekleidet sind; ein Essen im Theaterrestaurant an Prunktischen aus der Requisite der Opernhauses füllt die Pause

Nach der Ankunft auf dem Münchner Hauptbahnhof fährt das königliche Herrscherpaar mit einem Mercedes 600 durch die von mehreren zehntausend Menschen gesäumten Straßen in die Staatskanzlei

Am zehnten Tag ihres Staatsbesuches trifft die Königin auf dem Flughafen Berlin-Gatow im britischen Sektor der Stadt ein: Sie schreitet die Front der Ehrenkompanien und einer Einheit der Berliner Schutzpolizei ab

Die Besatzung eines Zerstörers der »Landerklasse« der Bundesmarine bildet die Ehrenformation zum Abschluß des Staatsbesuches der Königin in der Bundesrepublik; nach einem herzlichen Dank an das deutsche Volk begibt sich Elisabeth zur königlichen Yacht »Britannia« im Hamburger Hafen

Neue Ermittlungen gegen den »Spiegel«

13. Mai. Der Dritte Strafsenat des Bundesgerichtshofes in Karlsruhe lehnt die von Generalbundesanwalt Ludwig Martin beantragte Eröffnung des Hauptverfahrens gegen »Spiegel«-Herausgeber Rudolf Augstein und den stellvertretenden Chefredakteur des Nachrichtenmagazins, Conrad Ahlers, ab. Die beiden Journalisten sollten sich wegen des Verdachts auf Landesverrat im Zusammenhang mit Veröffentlichungen in den »Spiegel«-Heften 24 und 41 aus dem Jahr 1962 verantworten. Weiterhin laufen jedoch Ermittlungen gegen Augstein wegen der Veröffentlichung des sog. Atomminenplans, der eine Sperre von Atomminen zur Abwehr feindlicher Angriffe an der DDR-Grenze vorsieht. Die Veröffentlichung des Atomminenplans und entsprechende Leitartikel im »Spiegel« vom 23. Dezember 1964 und 6. Januar 1965 haben innerhalb der Bevölkerung und unter den politischen Parteien erhebliche Unruhe ausgelöst. Der Atomminenplan basiert auf einer Studie des Bundeswehr-Generalinspekteurs Heinz Trettner, der davon ausgeht, daß der Einsatz von atomaren Minen in bevölkerten Gebieten entlang der DDR-Grenze rund zehn Millionen Deutsche unmittelbar in Mitleidenschaft ziehen würde.

Nach Auffassung von Bundesverteidigungsminister Kai Uwe von Hassel (CDU) bilden die Atomminen die unterste Stufe der atomaren Gewaltanwendung. Sie sollen direkt nach einem konventionellen Angriff auf das Territorium der Bundesrepublik Deutschland eingesetzt werden.

Das aber widerspricht den Vorstellungen der USA, die eine scharfe Trennung des konventionellen vom atomaren Krieg anstreben, um vor einem atomaren Schlagabtausch noch Zeit für Verhandlungen zu gewinnen. Die bundesdeutsche Seite befürchtet dagegen, daß eine Verzögerung des Atomwaffeneinsatzes einem Angreifer zu große Geländegewinne ermöglichen würde.

Titel 7. 11. 1962: Augstein freigelassen

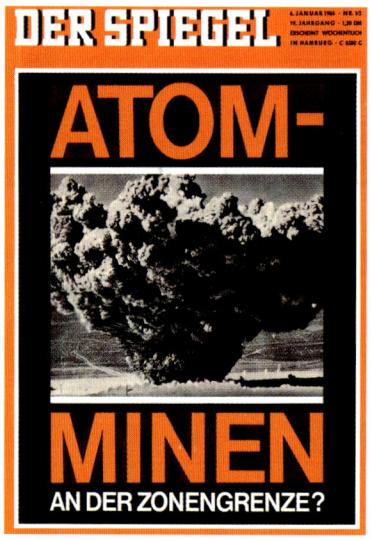

Titelseite des »Spiegel« vom 6. 1. 1965

SPD/CDU-Koalition in Niedersachsen

19. Mai. In Niedersachsen wird die neugebildete Koalitionsregierung aus SPD und CDU vor dem Landesparlament vereidigt. Die bisherige SPD/FDP-Koalition war am 3. Mai an einem Streit über das Konkordat mit dem Vatikan zerbrochen.

Die FDP hatte sich den massiven Bedenken der überwiegend protestantischen Lehrerschaft gegen das am → 26. Februar (S. 40) vereinbarte Konkordat angeschlossen. Die SPD kündigte daraufhin die Koalition und nahm Verhandlungen mit der CDU über eine politische Zusammenarbeit auf. Bereits am 12. Mai einigten sich beide Parteien über das Sachprogramm und die personelle Besetzung einer neuen Regierung. Die weiterhin unter der Führung von Ministerpräsident Georg Diederichs (SPD) stehende Landesregierung setzt sich wie zuvor aus acht Ministern zusammen; SPD und CDU besetzen jeweils vier Ressorts. Bis auf das Finanzministerium übernimmt die CDU die bisher von der FDP geführten Ministerien. Im Gegenzug räumt SPD-Landwirtschaftsminister Alfred Kubel seinen Platz für Wilfried Hasselmann (CDU).

Schröder fordert Mitsprache bei Atomwaffeneinsatz

11. Mai. Bundesaußenminister Gerhard Schröder (CDU) fordert auf der Tagung des Nordatlantikpaktes (NATO) in London eine stärkere bundesdeutsche Beteiligung an der militärischen und politischen Führung der Allianz. Vor allem bei den Fragen der nuklearen Verteidigung erwartet Schröder eine Regelung für die Mitwirkung und Teilhabe der Bundesrepublik Deutschland.

Die Berechtigung dieser Forderungen ergibt sich nach Schröders Ansicht aus dem großen militärischen und finanziellen Beitrag, den die Bundesrepublik zur Allianz leistet. Darüber hinaus sei die NATO ohne die 440 000 Mann starke Bundeswehr nicht funktionsfähig.

Hintergrund für Schröders Forderungen ist das absehbare Scheitern aller Pläne für eine gemeinsame nukleare NATO-Streitmacht. Die Bundesrepublik Deutschland verpflichtete sich 1955 in den Verträgen mit den Alliierten, auf die Herstellung eigener Atomwaffen zu verzichten. An den Entscheidungen und Planungen über den Einsatz von Nuklearwaffen der NATO ist sie bisher nicht beteiligt.

Auf der Tagung der NATO-Verteidigungsminister in Paris am 31. Mai schlägt US-Verteidigungsminister Robert McNamara vor, ein nukleares Führungsgremium unter Beteiligung der Bundesrepublik zu schaffen, um in diesem Rahmen Entscheidungen über Planung und Einsatz atomarer Waffen vorzubereiten.

»Die NATO bedarf der dauernden Anpassung an neue Sachverhalte...«

3. Mai. Bundesaußenminister Gerhard Schröder (CDU) nimmt anläßlich der bevorstehenden Tagung des NATO-Rats in London in einem Interview mit der Nachrichtenagentur Associated Press Stellung zu Fragen der bundesdeutschen NATO-Politik:

»Wer immer über das atlantische Bündnis spricht, sollte von der Tatsache ausgehen, daß es seine Aufgabe bisher erfüllt hat. Europa hat der sowjetischen Bedrohung widerstanden. Wenn nun trotzdem immer wieder Stimmen laut werden, die eine ›Reform‹ des Bündnisses verlangen, so ist dies darauf zurückzuführen, daß sich seit 1949, als die NATO gegründet wurde, einige neue Probleme ergeben haben. Ich denke zum Beispiel an das weite und schwierige Gebiet der nuklearen Verteidigung.

Deutschland hat wie jedes andere Mitglied der atlantischen Allianz ein Recht darauf, in wirksamer Weise in die Organisation des westlichen nuklearen Abschreckungspotentials einbezogen zu sein. Die Mitglieder des Bündnisses müssen das nukleare Problem der Allianz, das durch die Existenz von nuklearen und nichtnuklearen Mitgliedern gegeben ist, lösen, wenn der Zusammenhalt des Bündnisses erhalten werden soll... Das Bündnis bedarf weniger einer umstürzenden ›Reform‹ als einer dauernden Anpassung an neue politische und militärische Sachverhalte...

Das Verhältnis zwischen den Vereinigten Staaten und Europa hat seit der Gründung der NATO eine Entwicklung durchgemacht. Die eingetretenen Veränderungen sollten im Bündnis politisch und militärisch zum Ausdruck kommen... Ein Abzug der Amerikaner aus Europa liegt weder im amerikanischen noch im europäischen Interesse. Es hat der Irrtümer und Leiden zweier Weltkriege bedurft, um die gegenwärtig engen Beziehungen zwischen den beiden Kontinenten von gleicher Zivilisation herzustellen. Wir sollten alles tun, um das Band zu erhalten, das uns mit der stärksten Macht der freien Welt verbindet.«

Bei einer mitternächtlichen Sonnenwendfeier am Hermannsdenkmal bei Detmold trägt Theodor Seidenfaden eine Feuer-Ode vor.

B. Lundahl, schwedischer »Führer«, mit Ritterkreuz und Stahlhelm vorm Hakenkreuz

Aufschwung für rechtsextreme Gruppen

9. Mai. Die am 28. November 1964 gegründete Nationaldemokratische Partei Deutschlands (NPD) hält in Hannover ihren ersten Parteitag ab. Dieser neue Zusammenschluß der seit dem Verbot der Sozialistischen Reichspartei (SRP) 1952 zersplitterten Rechtsradikalen (→ 4. 12./S. 203) tritt für eine grundlegende Revision des Geschichtsbildes über die Greuel des Nationalsozialismus ein.

Unter den Mitgliedern und Funktionsträgern der NPD finden sich zahlreiche ehemalige Mitglieder der Nationalsozialistischen Deutschen Arbeiterpartei (NSDAP). Dies trifft für zwölf (= 67%) der 18 Mitglieder des Bundesvorstandes zu; in den 51 nordrhein-westfälischen Kreisverbänden gehörten 90 (= 39,4%) der 218 Vorstandsmitglieder vor 1945 der NSDAP an.

Nicht nur in der Bundesrepublik erregen Aktionen der politischen Rechten Aufmerksamkeit. Die weltweite Zunahme rechtsradikaler Aktivitäten konzentriert sich auf kultische Rituale und militanten Rassismus. Angefangen bei der Verehrung germanischer Gottheiten in der Bundesrepublik über das Tragen nationalsozialistischer Embleme in Frankreich und England gipfeln die Aktionen von faschistischen Organisationen in Anschlägen auf Schwarze in den Vereinigten Staaten.

Prügel, Empörung und Spott erntet der britische »Führer« C. Jordan

Unter einer selbstgeschneiderten Runenfahne huldigen französische Neonazis ihrem 27jährigen »Führer« Claude Monet in Paris

US-Naziführer George Lincoln Rockwell gibt sich auch in Washington offen rassistisch

Österreich unter neuer Führung

23. Mai. Der Bürgermeister von Wien, Franz Jonas (SPÖ), wird mit 50,69% der Stimmen als Nachfolger des am 28. Februar verstorbenen Adolf Schärf (SPÖ) zum österreichischen Bundespräsidenten gewählt. Auf seinen Gegenkandidaten Altbundeskanzler Alfons Gorbach (ÖVP), entfallen 49,31% der Stimmen.

Franz Jonas, geboren am 4. Oktober 1889, lernte Schriftsetzer und war seit 1932 in der sozialistischen Jugendbewegung tätig. 1948 wurde er Stadtrat in Wien und 1950 stellvertretender Vorsitzender der SPÖ. Seit 1951 war Jonas Bürgermeister der Stadt Wien.

Alfons Gorbach, geboren am 2. September 1889, war 1933 bis 1938 Landesführer der Vaterländischen Front in der Steiermark und 1937/38 Mitglied der steirischen Landesregierung. Von 1938 bis 1945 fast durchgehend in KZ-Haft, wurde er 1945 Nationalrat und war 1960 bis 1963 Bundesobmann der ÖVP und 1961 bis 1964 Bundeskanzler.

Jonas ist das vierte österreichische Staatsoberhaupt nach dem Zweiten Weltkrieg. Die kommunistischen Stimmen zugunsten von Jonas sind bei dem bisher knappsten Ergebnis einer österreichischen Präsidentschaftswahl entscheidend.

Entschädigung für Ost-Flüchtlinge

26. Mai. Der Bundestag in Bonn verabschiedet eine Novelle zum Bundesentschädigungsgesetz und will damit einen Schlußstrich unter die Wiedergutmachung nationalsozialistischen Unrechts ziehen (→ 27. 1./S. 14). Kernstück der Novelle, die Leistungen von 4,5 Mrd. DM vorsieht, ist die Bildung eines Härtefonds in Höhe von 1,2 Mrd. DM für staatenlose Flüchtlinge, die ihre Heimat in Osteuropa erst nach dem 1. Oktober 1963 verlassen haben. Es handelt sich um rund 180 000 Personen, die nunmehr im Durchschnitt etwa 6000 DM erhalten sollen.

Damit sind im Rahmen der Wiedergutmachung seit 1949 rund 45 Mrd. DM aufgebracht worden.

US-Außenpolitik nach Johnson-Doktrin

Rassenjustiz im Süden der USA

3. Mai. In einer Fernsehansprache rechtfertigt US-Präsident Lyndon B. Johnson die Intervention von Truppen seines Landes in der Dominikanischen Republik am → 28. April (S. 74) mit dem Hinweis auf eine angeblich drohende kommunistische Revolution. Als neue außenpolitische Doktrin verkündet Johnson, daß die USA die Etablierung eines weiteren kommunistischen Staates in der westlichen Hemisphäre neben Kuba nicht zulassen würden.

Johnsons Entscheidung steht auch vor dem Hintergrund der Kubakrise von 1962. Die Sowjetunion stationierte in diesem Jahr auf dem seit 1959 marxistisch regierten Kuba – 150 km vor der Küste Nordamerikas – atomare Angriffswaffen. Nach einer Seeblockade Kubas durch die USA entschloß sich die UdSSR zum Rückzug der Mittelstreckenraketen. Mit der Verkündung der sog. Johnson-Doktrin rücken die Vereinigten Staaten erstmals offiziell von der bislang gültigen Monroe-Doktrin ab. Nach dem Grundsatz »Amerika den Amerikanern« verbietet die Monroe-Doktrin, die 1823 durch den damali-

James Monroe

Harry S. Truman

Lyndon B. Johnson

gen US-Präsidenten James Monroe verkündet wurde, jede Einmischung europäischer Staaten in nord- bzw. südamerikanische Angelegenheiten. Umgekehrt wollten sich die USA nicht in die inneren Angelegenheiten Europas einmischen.

Der Grundsatz der Nichteinmischung der Vereinigten Staaten in Europa erfuhr bereits 1947 – nach dem Eingreifen der USA im Ersten und Zweiten Weltkrieg – durch den US-Präsidenten Harry S. Truman eine offizielle Veränderung. In einer Kongreßbotschaft sagte Truman allen Ländern Militär- und Wirt-

schaftshilfe zu, sich gegen jegliche kommunistische »Inflation« zur Wehr setzen.

Der ehemalige US-amerikanische Justizminister Senator Robert Kennedy warnt vor Überreaktionen: »Amerika darf seine Entschlossenheit, kommunistische Revolutionen aufzuhalten, nicht zur Feindschaft gegen populäre Aufstände werden lassen, – nur weil ausgerechnet von denen, die davon betroffen werden, behauptet wird, Kommunisten inspirierten oder führten die Aufstände; oder auch, weil bekannte Kommunisten daran teilnehmen.«

9. Mai. Im US-Bundesstaat Alabama verhindern zwei Geschworene die Verurteilung des Ku-Klux-Klan-Mitgliedes Collie Leroy Wilkins. Dieser hat nach einem Augenzeugenbericht die weiße Bürgerrechtlerin Viola Liuzzo auf der Heimfahrt vom sog. Alabama-Marsch (→ 28. 3./S. 54) erschossen.

Nach über zehnstündiger Beratung teilen die Geschworenen mit, daß sie nicht zu einem einstimmigen Urteil über den Wilkins vorgeworfenen Totschlag gekommen seien. Zuvor hatten sie bereits eine Verurteilung wegen Mordes ersten und zweiten Grades abgelehnt.

Der Augenzeugenbericht stammt von einem in die Geheimorganisation (→ 26. 3./S. 55) eingeschleusten Agenten des US-amerikanischen Bundeskriminalamtes.

Im Süden der USA sind weiße Geschworene bisher nie zu übereinstimmenden Urteilen gegen weiße Angeklagte gekommen, denen die Ermordung von Schwarzen oder Weißen, die für Schwarze eintraten, vorgeworfen wurde.

DDR-Soldaten paradieren auf dem Marx-Engels-Platz in Berlin (Ost)

Offiziersanwärter und Eliteeinheiten auf dem Roten Platz in Moskau

Ehemalige KZ-Häftlinge bei den französischen Siegesfeiern

Gedenken an die Opfer beider Weltkriege vor dem Invalidendom

20. Jahrestag des Kriegsendes – Gedenken in Ost und West

8. Mai. Am 20. Jahrestag der Befreiung vom Faschismus betonen Ost und West ihre unterschiedlichen Positionen in der Beurteilung der deutschen Teilung. Moskau und Berlin (Ost) fordern die Anerkennung der Teilung Europas als Er-

gebnis des Zweiten Weltkrieges, während Washington und Bonn das Selbstbestimmungsrecht der DDR-Bevölkerung einklagen.

Die USA, Großbritannien und die Bundesrepublik Deutschland veröffentlichen anläßlich des Jahres-

tages Erklärungen, in denen sie betonen, daß im Westen an die Stelle des Totalitarismus nationalsozialistischer Prägung eine Gemeinschaft freier Nationen getreten sei. Demgegenüber feiert die Sowjetunion am 9. Mai den 20. Jahrestag

mit einer großen Siegesparade auf dem Roten Platz in Moskau. Darüber hinaus erklärt das Präsidium des Obersten Sowjet den Jahrestag des Sieges über das nationalsozialistische Deutschland zum gesetzlichen Feiertag.

Zweite Atombombe Chinas gezündet

14. Mai. Die Volksrepublik China zündet ihre zweite Atombombe. Nach Beobachtungen von Fachwissenschaftlern wird die 20 Kilotonnen-Bombe oberirdisch zur Explosion gebracht. Damit ignoriert China den Vertrag über die Einstellung der Kernwaffenversuche in der Atmosphäre, im Weltraum und unter Wasser, der am 5. August 1963 zwischen den Atommächten USA, UdSSR und Großbritannien geschlossen wurde. Der Vertrag sollte den durch Atomwaffenversuche verursachten radioaktiven Niederschlag stoppen sowie der Weiterverbreitung von Kernwaffen begegnen. Frankreich und China haben den Vertrag bislang nicht unterzeichnet. Wenige Tage zuvor, am 10. Mai, haben die Vereinigten Staaten Ergebnisse von zehn Jahre dauernden Studien an 82 Personen des Bikini-Atolls (westlicher Pazifik) veröffentlicht, die radioaktiven Winden ausgesetzt waren. Die Studie bestätigt, daß eine erhöhte radioaktive Strahlung Knochenmängel, Fehlgeburten und eine Vergrößerung der Schilddrüse zur Folge hat.

Oberirdisch gezündet: Die zweite Atombombe der Volksrepublik China; Sprengkraft 30 Kilotonnen; erst 1967 zeigt China davon Bilder im Fernsehen; die Aufnahme wurde von einem Fernsehschirm in Tokio abfotografiert

Kernwaffentests von 1945 bis 1965

Den ersten erfolgreichen Atomtest führten 1945 die USA durch. Folgende Staaten verfügen 1965 über Atomwaffen:

▷ die USA seit dem 16. Juli 1945
▷ Die UdSSR seit dem 29. August 1949
▷ Großbritannien seit dem 3. Oktober 1952
▷ Frankreich seit dem 13. Februar 1960
▷ die Volksrepublik China seit dem 16. Oktober 1964.

Die Hauptzahl der Atomtests entfällt auf die USA und UdSSR. Bis 1963 führten die über Atomwaffen verfügenden Staaten die Kernwaffentests ausschließlich oberirdisch durch.

Anzahl der Atomtests bis 1965

Staat	Oberirdisch	Unterirdisch	Gesamtzahl
USA	193	144	337
UdSSR	161	14	175
Großbritannien	21	3	24
Frankreich	4	4	8
Volksrep. China	2	–	2

Soziale Unruhen in Bolivien und Peru

24. Mai. Blutige Auseinandersetzungen zwischen der Militärjunta und Minenarbeitern fordern in Bolivien 51 Tote und mehr als 400 Verletzte. Die Arbeiter waren nach der Verhängung des Ausnahmezustandes durch die seit dem 5. November 1964 herrschende Militärjunta unter General René Barrientos Ortuño am 18. Mai in den Generalstreik getreten. Den Ausnahmezustand hatte die Junta wegen des Widerstandes der Minenarbeiter gegen den sog. Dreiecksplan verhängt. Diese Vereinbarung zwischen der bolivianischen Regierung, den USA, der Bundesrepublik und der Interamerikanischen Entwicklungsbank sieht die Reorganisation und Rationalisierung der Minen durch Entlassung von 25% der Minenarbeiter und die Entwaffnung der Minenarbeitermilizen vor. Das gewaltsame Vorgehen der Regierungstruppen gegen die Streikenden führt noch am 24. Mai zu einem Waffenstillstand zwischen Armee und Gewerkschaften. Daraufhin entwaffnet die Militärjunta die Minenarbeiter, entläßt 7000 von ihnen und verhaftet die Gewerkschaftsführer. Etliche der Minenarbeiter stoßen zur bolivianischen Guerillabewegung, die seit April 1965 von dem früheren kubanischen Industrieminister Ernesto »Che« Guevara Serna angeführt wird.

Auch im Nachbarland Peru verschärfen sich die Aktionen der Guerillabewegung MIR (Bewegung der Revolutionären Linken), die, vor allem unterstützt von den Indios im Hochland, für eine Bodenreform kämpft. In Peru besitzen 8% der Einwohner 70% des Bodens.

Bahnstation in der Sierra, Nachrichtenbörse für die Indios in Peru

Peruaner in den Slums von Lima suchen Müll nach Verwertbarem ab

Mehr Mittel für Weltraumprojekte

13. Mai. Forschungsmittel in Höhe von 1,8 Mrd. DM bis 1970 sind nötig, damit die bundesdeutsche Raumfahrt Anschluß an den internationalen Stand der Technik finden kann. Diese Angabe macht die von der Bundesregierung eingesetzte Kommission für Weltraumforschung.

Das von dem Expertengremium erarbeitete Finanzprogramm sieht 760 Mio. DM für europäische Weltraumprojekte vor; die restliche Summe ist bundesdeutscher Grundlagenforschung vorbehalten. Für 1965 stehen im Bundeshaushalt bisher insgesamt nur 70 Mio. DM zur Verfügung. In der Bundesrepublik arbeiten lediglich etwa 1500 Ingenieure und Techniker an Weltraumprojekten, deutlich weniger als z. B. in Großbritannien oder Frankreich. Bundesdeutsche Firmen erhielten bisher kaum Aufträge für die wenigen europäischen Weltraumprojekte.

In Europa geben die Staaten nationalen Vorhaben den Vorzug. Die hier eingesetzten Mittel betragen nur knapp ein Dreißigstel der Aufwendungen in den USA.

Maßnahmen gegen Bundesbahndefizit

5. Mai. Das Bundeskabinett in Bonn verabschiedet auf Vorschlag von Verkehrsminister Hans-Christoph Seebohm (CDU) neue Richtlinien zur Minderung des Bundesbahndefizits. Eine Modernisierung des Streckennetzes und die Ausrichtung des Güterverkehrs an Kostengesichtspunkten soll die Rentabilität des Bundesunternehmens erhöhen. Gleichzeitig erklärt sich der Bund bereit, das Defizit der Bundesbahn aus den Sozialtarifen im Personenverkehr und aus der Bedienung von unrentablen Strecken im DDR-Grenzgebiet zu übernehmen.

Trotz eines Bundeszuschusses von zwei Mrd. DM erwirtschaftete die Bundesbahn 1964 ein Defizit von über einer Mrd. DM. Ursache der schlechten Finanzlage der Bundesbahn ist der kontinuierliche Rückgang der Beförderungszahlen sowohl im Personen- als auch im Güterverkehr. Dieser verlagert sich mit dem Ausbau der Bundesfernstraßen immer stärker auf das öffentliche Straßennetz. Betrug der Anteil der Bahn am öffentlichen Personenverkehr 1964 noch 15,9 %, so sind es 1965 nur 15,7 %. Im Güterverkehr verringern sich die beförderten Güter von 346 Mio. t (1964) auf 329 Mio. t (1965). Dieser Abwärtstrend soll durch ein

Immer weniger Bundesbürger fahren wie die Arbeiter und Angestellten der Opel-Werke in Rüsselsheim mit dem Zug zu ihrer Arbeitsstätte.

umfassendes Modernisierungsprogramm gestoppt werden. Für den Personenverkehr will die Bundesbahn mit der verstärkten Elektrifizierung der Bahnstrecken ein attraktiveres Angebot schaffen. Die Elektrifizierung der Strecken München – Würzburg, Hannover – Hamburg und Hagen – Frankfurt am Main erweitert das elektrisch betriebene Streckennetz der Bundesbahn 1965 um 830 km auf insgesamt 6481 km. Darüber hinaus wird geprüft, inwieweit Omnibuslinien den Perso-

nenverkehr auf der Schiene ersetzen können. Im Güterverkehr setzt die Bundesbahn auf die Zunahme des Containerverkehrs, der den mühelosen Güterwechsel vom Schiff zur Bahn und von der Bahn zum Lastkraftwagen erlaubt.

Die Pläne der Bundesbahn, 8000 km Reisezugstrecken stillzulegen und alle Personenbahnhöfe in Gemeinden mit weniger als 20 000 Einwohner zu schließen, werden wegen massiver Proteste der Länder und Kommunen vorerst nicht weiterverfolgt.

Kernreaktor in Obrigheim im Bau

11. Mai. In Obrigheim am Neckar beginnen die Bauarbeiten für den bisher größten Druckwasserreaktor Europas. Das dritte bundesdeutsche Kernkraftwerk soll 1968 mit einer elektrischen Nettoleistung von 300 Megawatt in Betrieb gehen.

Bislang liefern in der Bundesrepublik Deutschland ein Siedewasserreaktor in Kahl am Main und ein Druckwasserreaktor in Karlsruhe zusammen 65 Megawatt Strom. Demgegenüber speisen herkömmliche Kraftwerke 40 000 Megawatt ins Netz ein. Nach Prognosen von Wissenschaftlern werden im Jahr 2000 Atommeiler und herkömmliche Kraftwerke gleiche Strommengen liefern, zusammen 225 000 Megawatt.

Der leichtwassergekühlte Reaktor in Obrigheim soll als erstes von drei geplanten Demonstrationskraftwerken (neben Grundremmingen und Lingen) ans Netz gehen. Er soll Aufschluß über die Wirtschaftlichkeit eines Druckwasserreaktors liefern.

Eine druckdichte Abschottung von Reaktor- und Dampfkreislauf soll bei einer eventuellen Zerstörung des Reaktorkerns die unkontrollierte Ausbreitung von radioaktiven Substanzen in die Dampfkraftanlage oder in die Umgebung vermindern.

Selbstbedienung im Einzelhandel auf dem Vormarsch

3. Mai. Der Anteil der Selbstbedienungsläden an den Lebensmittelgeschäften in der Bundesrepublik Deutschland wächst 1965 nach Angaben des Instituts für Selbstbedienung in Köln auf 40,7 %; 1960 lag er bei lediglich 14 %. Das starke Vordringen ist auf die rasch wachsenden Umsätze in den Läden des neuen Verkaufstyps zurückzuführen. 1965 entfallen darauf 65,1 % des gesamten Lebensmittelumsatzes.

Die SB-Läden befinden sich zu 83,1 % vornehmlich in der Hand des selbständigen Einzelhandels. Fast alle Einzelhändler sind einer Kette oder Gruppe angeschlossen. Hauptmerkmale des neuen Ladentyps sind nach Angaben des Instituts für Selbstbedienung der freie Zugang zur Ware, die Selbstbedienungsmöglichkeit und die Trennung von Kassier- und Verkaufsvorgang.

Für den Lebensmittelbereich prognostiziert das Institut, daß in Zukunft Lebensmittel mit Ausnahme

von Spezialitäten fast ausschließlich in Selbstbedienung abgesetzt werden. Im Bereich der Filialunternehmen und Konsumgenossenschaften wird vor allem mit der verstärkten Einführung von Supermärkten mit mehr als 400 m² Verkaufsfläche gerechnet. Darüber hinaus ist aufgrund der zunehmenden Selbstbedienungseignung von Waren und dem veränderten Kaufverhalten der Konsumenten auch in Bereichen außerhalb der Lebensmittelbranche wie z. B. dem Textileinzelhandel mit einer kräftigen Erhöhung der Selbstbedienungsläden zu rechnen.

Im Selbstbedienungsladen sind alle Waren frei zugänglich, so daß Verkaufspersonal eingespart und ein breites Sortiment auf großer Fläche angeboten werden kann, um einen möglichst hohen Umsatz pro Arbeitskraft zu erzielen.

Elsa Martinelli setzt sich bei den Maifeierlichkeiten in Leningrad für die Kamera an die Spitze einer Abordnung von Kriegsveteranen

Sowjetische Massenaufmärsche bei internationalem Tag der Arbeit

1. Mai. *Zum ersten Mal seit 1945 hält die Sowjetunion die Feierlichkeiten zum internationalen Tag der Arbeit auf dem Roten Platz in Moskau ohne die traditionelle Militärparade ab. Diese Programmänderung geschieht mit Rücksicht auf den bevorstehenden 20. Jahrestag des Kriegsendes, an dem eine Siegesparade vor dem Kreml stattfindet (→ 8. 5./S. 92).*
Die Moskauer Maifeiern werden in alle osteuropäi-schen Länder übertragen. Erstmals können auch Einwohner im Fernen Osten der Sowjetunion mit Hilfe des Satelliten »Molnija 1 A« die Feier live im Fernsehen miterleben. Im Mittelpunkt der bundesdeutschen Maifeiern stehen die Forderungen des Deutschen Gewerkschaftsbundes (DGB) nach Erhaltung des Friedens, der Wiedervereinigung Deutschlands und erhöhter sozialer Sicherheit.

Filmpreise für die populärsten Stars

10. Mai. Lieselotte Pulver und Heinz Rühmann erhalten in München als populärste bundesdeutsche Filmschauspieler den »Bambi«. Jungstar Thomas Fritsch liegt in der Publikumsgunst Heinz Rühmann dicht auf den Fersen.

Sophia Loren, geboren am 20. September 1934 in Rom und aufgewachsen in Neapel, wurde 1950 bei einem Schönheitswettbewerb von Carlo Ponti entdeckt, mit dem sie seit 1957 verheiratet ist. 1961 wurde sie in Cannes als beste Schauspielerin ausgezeichnet. Den Bambi erhält sie 1965 zum fünften Mal.

Liselotte Pulver, geboren am 11. Oktober 1929, hatte bisher ihre größten Erfolge in komödiantischen, burschikosen Rollen (»Ich denke oft an Piroschka«, 1955; »Kohlhiesels Töchter«, 1962). Die schweizerische Filmschauspielerin erhält 1965 ihren dritten Bambi.

Horowitz-Konzert in Carnegie Hall

9. Mai. Nach zwölfjähriger Konzertpause feiert der Pianist Wladimir Horowitz in New York ein glanzvolles Comeback. Zwei Stunden spielt der in der Ukraine geborene US-Amerikaner Werke von Bach, Busoni, Schumann, Chopin und Skrjabin.

Wladimir Horowitz, geboren am 1. Oktober 1903, entstammt einer russischen Musikerfamilie. 1917 hatte er sein Konzertdebüt in Kiew, im Anschluß Erfolge in der ganzen Sowjetunion. Seit 1928 gab Horowitz Konzerte in den USA, deren Staatsbürger der Pianist 1942 wurde.

Horowitz hatte sich 1953 auf dem Höhepunkt einer steilen Karriere – wie bereits 1936 bis 1938 – vom Konzertpodium zurückgezogen, weil er die Routine und die Anstrengungen des Konzertlebens fürchtete.

Arrupe Führer der Jesuiten

22. Mai. Die Generalkongregation der Jesuiten wählt in Rom den 57jährigen Pedro Arrupe zum neuen Ordensgeneral. Der als eher konservativ geltende Spanier steigt damit in das Machtzentrum der katholischen Kirche auf. Als sog. Schwarzer Papst erhält Arrupe Befehlsgewalt über den größten katholischen Orden, der mit seinen 36 000 Mitgliedern seit Jahrhunderten ein gehorsames Instrument päpstlicher Machtausübung darstellt.
Bei seinem ersten großen öffentlichen Auftritt auf dem Zweiten Vatikanischen Konzil (→ 8. 12./S. 198) erklärt Arrupe den Atheismus in den internationalen Organisationen, in der Finanzwelt und den Massenmedien zum Todfeind der Kirche und sagt ihm den weltweiten Kampf an. Arrupe studierte in den Niederlanden und den USA, bevor er 1927 den Jesuiten beitrat. Seit 1938 befand er sich ununterbrochen als Missionar in Japan, wo er zuletzt den dort 386 Mitglieder starken Orden leitete. Der neue Generalobere der Jesuiten spricht sechs Sprachen und gilt als glänzender Redner und Organisator.

Pedro Arrupe, der neugewählte Generalobere des Jesuitenordens

Heinz Rühmann, geboren am 7. März 1902, übernahm 1926 in Berlin erste Filmrollen als Komiker. Von 1938 bis 1945 am Staatstheater in Berlin engagiert, war er zu dieser Zeit beliebtester deutscher Komiker. 1955 startete eine zweite große Filmkarriere als Charakterdarsteller.

Zum 17. Mal wird die 1948 von der Burda Druck und Verlags GmbH gestiftete Auszeichnung an die beliebtesten Filmstars des Jahres vergeben. Unter der Moderation von Joachim Fuchsberger überreicht der bayerische Ministerpräsident Alfons Goppel die Preise.
Als beliebteste ausländische Stars ermittelte die Frauenzeitschrift »Freundin« Sophia Loren und Rock Hudson. Ihnen folgen die Schauspieler Doris Day und Pierre Brice.

Kostenexplosion in der gesetzlichen Krankenversicherung

Eine Kostenexplosion in der gesetzlichen Krankenversicherung bestimmt 1965 die Entwicklung im Gesundheitswesen. Während die Krankenkassen 1960 erst Leistungen für 9,5 Mrd. DM erbrachten, beträgt der Umfang 1965 schon 15,9 Mrd. DM (+67,4%). Die Zahl der Mitglieder in der Krankenversicherung ist im selben Zeitraum nur von 27 Mio. auf 28,7 Mio. (+6,3%) gestiegen. Der immer schwieriger werdende Ausgleich zwischen Einnahmen und Ausgaben der Krankenkassen führt zu Erhöhung der Versicherungsbeiträge auf Arbeitgeber- und Arbeitnehmerseite; auch eine verstärkte Selbstbeteiligung der Versicherten ist im Gespräch.

Die höchste prozentuale Kostensteigerung verursachen die Ausgaben für zahnärztliche Aufwendungen. Sie klettern auf 953 Mio. DM und sind damit mehr als doppelt so hoch wie 1960. Es folgen die Krankenhauskosten mit 2,9 Mrd. DM und einer Wachstumsrate von 88%. Die Arzneimittel schlagen mit 2 Mrd. DM und einem Wachstum gegenüber 1960 von 85% zu Buche.

Die Steigerung der Krankenhauskosten geht auf einen Ausbau der Kliniken und eine erhöhte Patientenzahl zurück. Die gegenüber 1960 um 13% verbesserte Versorgung der Krankenhäuser mit Ärzten muß zu einem Großteil durch Ausländer abgedeckt werden, da bundesdeutsche Mediziner die Gründung einer eigenen Praxis vorziehen. Rund 3000 akademische »Gastarbeiter« vornehmlich aus der Türkei, aus dem Iran und aus Jugoslawien arbeiten zumeist als Assistenzärzte in den bundesdeutschen Krankenhäusern. Der Erhöhung des Pflegepersonals um rund 29 000 (inkl. Auszubildende) seit 1960 steht weiterhin ein zusätzlicher, nicht gedeckter Bedarf von 25 000 Krankenschwestern gegenüber. Der Mangel an ausgebildetem Pflegepersonal veranlaßt die Gesundheitsministerien in den Bundesländern zu aufwendigen Werbeaktionen (→ 11. 2./S. 39).

Die bessere personelle Versorgung der Krankenhäuser führt im Zusammenhang mit einer modernen technischen Ausstattung zum Anstieg von stationär behandelten Patienten bei gleichzeitiger Verkürzung der Verweildauer auf durchschnittlich 27,4 Tage. Entbindungen und die Pflege von Schwerkranken finden in zunehmenden Maße nicht mehr zu Hause, sondern im Krankenhaus statt.

Die gestiegenen Ausgaben für Arzneimittel gehen zum einen auf hohe Preisforderungen der Pharmaunternehmen zurück; zum anderen nimmt der Arzneimittelverbrauch der bundesdeutschen Bevölkerung stetig zu. 1965 gibt jeder Bundesbürger durchschnittlich 45 DM für Arznei- und Heilmittel aus. Damit stehen die Bundesbürger im Arzneimittelverbrauch an vierter Stelle hinter Italien, Belgien und Schweden. Während auf dem bundesdeut-

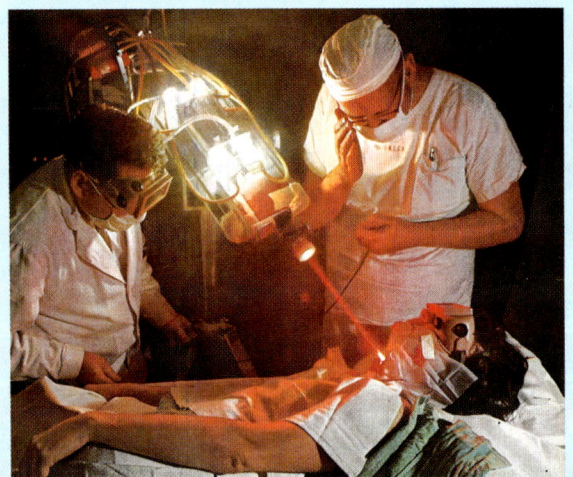

Mit Laserstrahlen entfernt Paul E. McGuff (r.) in einem Bostoner Hospital ein Krebsgeschwulst am Kehlkopf; Operationen mit Laser werden intensiv erprobt

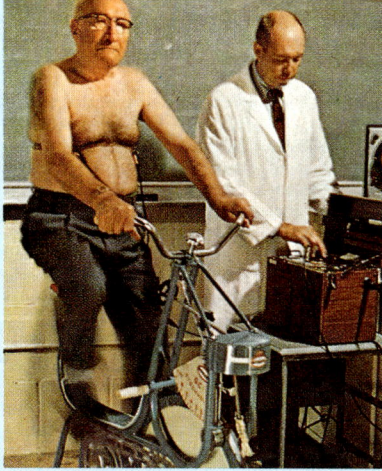

Nach Untersuchungen des Gerontologen Laurence Morehouse (r.) hilft Körpertraining auch gegen Vergeßlichkeit

Zehn Wochen alter Embryo in einem »künstlichen Mutterleib«; Robert Goodlin (Stanford University) will damit abgetriebenen Embryos zum Überleben verhelfen

Krankenhaus als Ersatz für Hausarzt

Die öffentlichen Krankenhäuser in den Großstädten der USA platzen aus allen Nähten. Bei einer Überbelegung von teilweise 110% müssen die Patienten bis zu sieben Stunden auf einen behandelnden Arzt warten. Der verstärkte Zugang der Patienten geht auf das Gesundheitsfürsorgesystem in den USA zurück. Viele US-Bürger gehen private Versicherungen ein, die lediglich die Krankenhauspflege und ärztliche Leistungen im Krankenhaus decken. Durch ein neues Gesetz erhalten 19 Mio. US-Bürger über 65 Jahre Anspruch auf Krankenhauspflege.

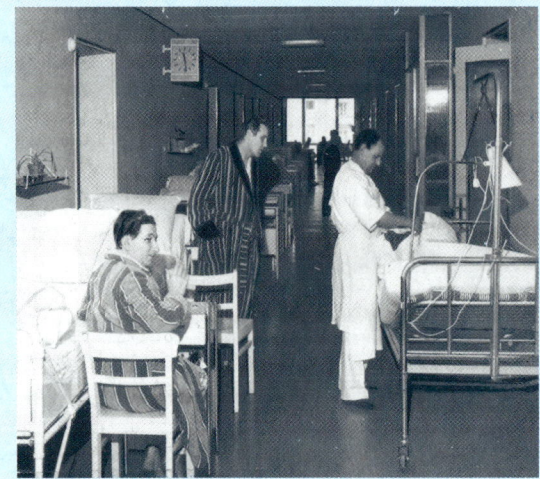

Auch in der Bundesrepublik sind die Krankenhäuser (trotz Ausbaus der Kliniken) weiterhin überfüllt

Mit langen Wartezeiten müssen die Patienten in der Bundesrepublik bei den niedergelassenen Ärzten rechnen

schen Markt 60 000 verschiedene Präparate angeboten werden, sind es in Italien nur 25 000.

Neben dem hohen Arzneimittelverbrauch geben auch der steigende Alkohol- und Zigarettenkonsum der bundesdeutschen Bevölkerung Anlaß zur Sorge. Für alkoholische Getränke werden 1965 rund 14 Mrd. DM ausgegeben. Den 400 000 registrierten Alkoholsüchtigen, darunter 10% Frauen, stehen lediglich neun Entziehungsanstalten zur Verfügung. Für die 36 000 jugendlichen Trinker unter 25 Jahren existiert nur eine Heilanstalt mit 27 Plätzen in Rheinland-Pfalz. Die Absatzzahlen der Tabakindustrie hat der 1963 veröffentlichte US-amerikanische Terry-Report über die gesundheitsschädigende Wirkung des Rauchens nicht beeinflußt. 18 Mio. bundesdeutsche Raucher steigern ihren Zigarettenkonsum um 6% gegenüber 1964 auf täglich durchschnittlich 15 Zigaretten. Mit einem Anteil von 30% an den Rauchern greifen auch immer mehr Frauen zur Zigarette.

Angesichts der absehbaren Rehabilitationskosten bei anhaltendem Anstieg des Alkohol- und Zigarettenkonsums fordern Krankenkassen und Ärzteverbände eine Steuererhöhung für beide Produkte sowie den Aufbau eines Netzes frühzeitiger Vorsorgemaßnahmen.

Diese Forderung betrifft ebenso die Krebsbekämpfung, die als Dauerthema das Gesundheitswesen der Bundesrepublik beschäftigt. Trotz Förderung der Krebsforschung mit jährlich 11,4 Mio. DM sterben pro Jahr etwa 120 000 Bundesbürger an einer der 120 bisher bekannten Krebsarten. Damit ist Krebs die zweithäufigste Todesursache. An der Spitze der Krebserkrankungen liegt der Magenkrebs. Während bei den Frauen Gebärmutterkrebs und Brustkrebs in der Häufigkeit der Krebserkrankungen folgen, ist es bei den Männern wegen der starken Zunahme des Rauchens der Lungenkrebs. Als wirksamstes Mittel der Krebsbekämpfung gilt die Frühdiagnose. Wissenschaftler fordern daher eine systematische Aufklärung der Bevölkerung durch Krebsberatungsstellen und Früherkennungsuntersuchungen durch Ärzte. Beim Brustkrebs der Frauen liegen z. B. die durchschnittlichen Heilungschancen bei frühzeitiger Diagnose bei 75%.

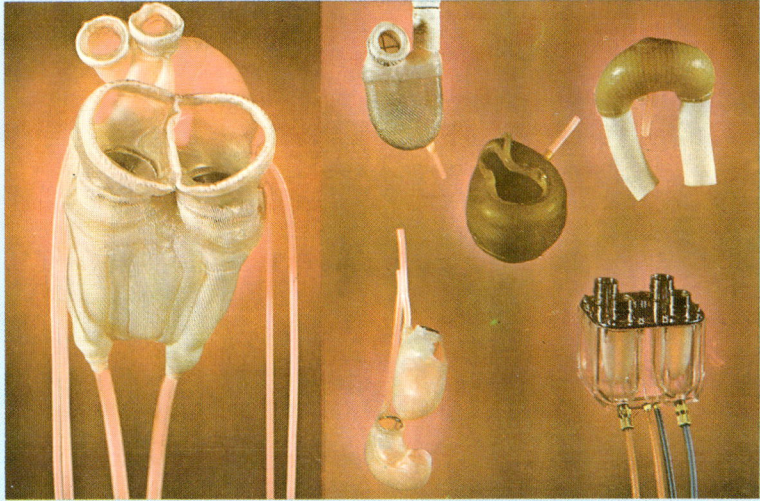

Noch im Staudium der Erforschung: L. Kunstherz aus Silikon, das mit Druckluft arbeitet; es wurde entwickelt unter Leitung von Willem Kolff in Cleveland (USA); in der r. Bildhälfte einzelne künstliche Herzteile

▷ *Fotomontage (Faksimile aus »Life International«, Heft 8 vom 18. 10. 1965) mit »Ersatzteilen« für den menschlichen Körper, v. l. unten im Uhrzeigersinn: Sehnen aus Silikon, Arterien (Dacron), Hüftgelenk (Keramik), elektronischer Blasenstimulator, Brust (Silikon), Schultergelenk (Metall), Herz (Silikon), Speiseröhre (Silikon), Nasenknorpel (Silikon), Augapfel (Plastik), Kieferknochen (Keramik), Hornhaut (Plastik), Schädelplatte (Tierknochen), Ohrknorpel (Silikon), elektronischer Blutdruckregler, Lunge (Silikon), Ellbogengelenk (Metall), Leber (Transplantat), Niere (Transplantat), Fingergelenk (Metall), Oberschenkelknochen (Metall)*

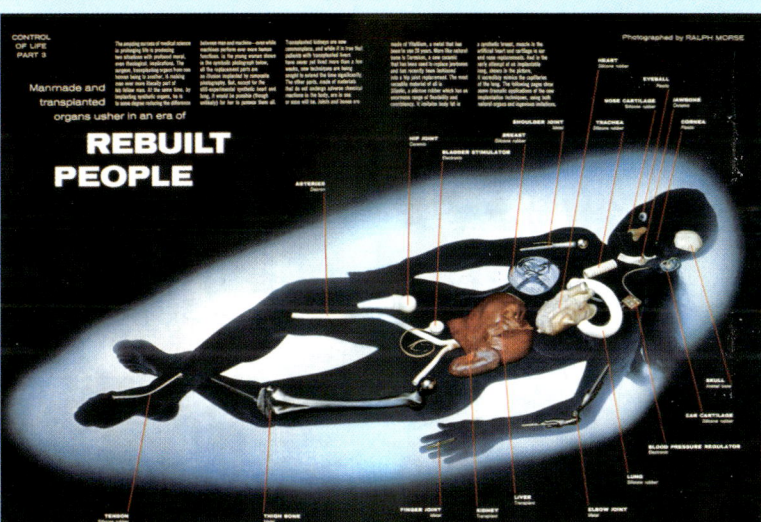

Kranke Organe werden ersetzt

Zum Alltag in der Medizin gehören inzwischen mehr als 50 verschiedene »Ersatzteile« für den menschlichen Körper. Zu unterscheiden sind gewöhnliche Prothesen wie Schädeldecken aus Titan und Speiseröhren aus Kunststoff von selbständig arbeitenden Geräten wie etwa der Herz-Lungen-Maschine und dem Herzschrittmacher.

Der Vormarsch der künstlichen Organe liegt u. a. darin begründet, daß transplantierte menschliche Organe oft von der körpereigenen Abwehr abgestoßen werden.

Neuere Forschungen in den USA konzentrieren sich auf die Entwicklung künstlicher Herzen.

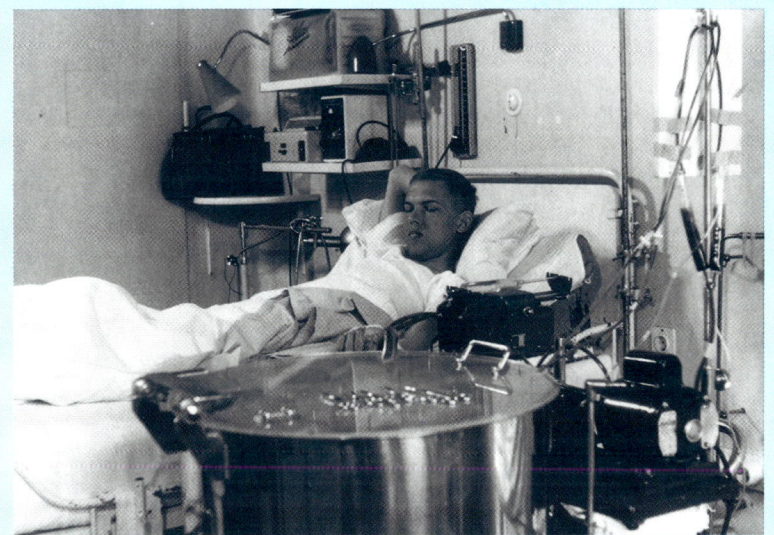

Zweimal wöchentlich wird der junge Mann in der Klinik der Freien Universität Berlin (West) an die künstliche Niere zur »Blutwäsche« angeschlossen. Die Maschine, mit Blutkonserven aufgefüllt, filtert über einen halbdurchlässigen Zellophanschlauch das »vergiftete« Blut des Patienten

Abhängig von der künstlichen Niere

Zwei- bis viermal wöchentlich müssen mehrere zehntausend chronisch nierenkranke US-Bürger für 6 bis 10 Stunden an eine künstliche Niere angeschlossen werden. Über eine Plastikröhre in der Arterie fließt das menschliche Blut in das mit Spenderblut gefüllte Membransystem des Geräts und wird dort gefiltert und damit von allen giftigen Schlacken befreit. Das gereinigte Blut wird dem Körper dann über eine Plastikröhre in der Vene wiederzugeführt.

Die Verkleinerung und leichtere Handhabbarkeit der künstlichen Nieren ermöglicht neuerdings, daß die Blutwäsche von den Patienten auch zu Hause durchgeführt werden kann.

Clays Boxsieg umstritten

25. Mai. Cassius Clay, alias Muhammad Ali, Profi-Boxweltmeister im Schwergewicht, verteidigt in Lewiston (US-Bundesstaat Maine) in einer Weltmeisterschaftsrevanche seinen Titel gegen den 31jährigen Herausforderer Sonny Liston durch einen K.-o.-Sieg in der ersten Runde (→ 22. 11./S. 193).

Die Zuschauer in der 5800 Personen fassenden St. Dom's Arena protestieren gegen das schnelle Ende, da sie für sechzig Sekunden Boxkampf zwischen 100 und 400 DM Eintrittsgeld bezahlt haben.

Liston geht nach einer kurzen Rechten des 23jährigen Clay zu Boden. Während Ringrichter Jersey Joe Walcott sich daraufhin bemüht, Clay in die neutrale Ringecke zu schicken, steht Sonny Liston plötzlich wieder auf den Beinen. Beide Boxer kämpfen mit dem Einverständnis Walcotts weiter, bis der Zeitnehmer McDonough den Ringrichter darauf aufmerksam macht, daß Liston 12 sec lang auf dem Boden gewesen sei. Daraufhin bricht Walcott den Kampf ab und erklärt Clay zum K.-o.-Sieger.

Cassius Clay, der drei Tage nach seinem ersten Titelgewinn 1964 zum Islam übertrat, sich der radikalen Schwarzenorganisation »Black Muslims« anschloß und seinen »Sklavennamen« Cassius Clay in Muhammad Ali umänderte, hatte, wie üblich, lautstark und werbewirksam den Kampfverlauf »vorausgesagt«, und – das »Großmaul« behielt recht mit der Prognose »K.-o.-Sieg in der ersten Runde«. Bei Gesamteinnahmen in Höhe von 20 Mio. DM erhalten beide Boxer eine Kampfbörse von je 600 000 DM.

Eine frühe Entscheidung durch K. o. ist für Schwergewichtsweltmeisterschaften nicht ungewöhnlich. Von 110 Titelkämpfen seit 1889 endeten 83 vor Ablauf der angesetzten Rundenzahl, 52 sogar vor dem zehnten Pausengong.

1964 erster Titelkampf Liston – Clay

In seinem 20. Profikampf gewann der 1942 geborene Schwergewichtsboxer Cassius Clay am 25. Februar 1964 in Miami Beach vor 8297 Zuschauern den Weltmeistertitel gegen Sonny Liston, geboren 1934. Der Wettfavorit Liston, wegen seiner vermuteten Verbindung zur Mafia auch »Unterwelt-Champion« genannt, trat zur siebten Runde wegen einer Verletzung an der linken Schulter nicht mehr an. Das Publikum reagierte empört, da der Kampf ausgeglichen und von Listons Verletzung nichts zu bemerken war. Der »häßliche Bär« erhielt seine Kampfbörse erst verspätet, nachdem ein ärztliches Attest die Schulterverletzung bestätigt hatte.

»Steh auf, Sonny!« schreit Cassius Clay seinen Herausforderer Sonny Liston an, als dieser in der 60. Sekunde der ersten Runde zu Boden geht

Hertha aus Bundesliga ausgeschlossen

18. Mai. Das Sportgericht des Deutschen Fußball-Bundes (DFB) bestraft den Fußballclub Hertha BSC Berlin wegen Verstoßes gegen das Bundesligastatut mit dem Ausschluß aus der obersten Spielklasse. Der Verein muß künftig in der Berliner Stadtliga spielen. Der bis zum Februar amtierende Erste Vorsitzende Siegfried Schmidt erhält eine Geldstrafe von 2000 DM.

Nach einer zehnstündigen Sitzung im Hotel Frankfurter Hof in Frankfurt am Main hält es das Sportgericht für erwiesen, daß Hertha BSC dem DFB bei einem 1963 gestellten Aufnahmeantrag für die Bundesliga Schulden in Höhe von 150 000 DM verschwiegen hat. Darüber hinaus hat der Berliner Verein unerlaubte Handgelder und Ablösesummen gezahlt. Damit verschaffte sich der Klub für die Zulassung zur Bundesliga unrechtmäßige Vorteile gegenüber dem Mitkonkurrenten Tasmania 1900 Berlin.

Auch in der Folgezeit soll Hertha BSC laut DFB-Urteil bei Routineprüfungen frisierte Bilanzen vorge-

Herthas Vorsitzender Hanne Sobek und Torwart Wolfgang Fahrian (l.)

legt haben. Demnach wurden 1964 dem DFB-Prüfer 180 000 DM als Einnahmen angegeben, die der Verein nur geliehen hatte. Herthas Schulden belaufen sich derzeit auf rund 192 000 DM.

Weiterhin hat der Berliner Verein in den Jahren 1961 bis 1963 als Vorbereitung auf die Bundesliga eigene Spitzenspieler mit einer überhöhten Besoldung und zusätzlichen Handgeldern an den Verein gebunden. Später wurden auch unerlaubt hohe Ablösesummen an Spitzenspieler anderer Vereine gezahlt. So erhielt

der bundesdeutsche Nationaltorwart Wolfgang Fahrian von Hertha eine Ablösesumme von 80 000 DM. Diesem Finanzgebaren stehen die Paragraphen 18 und 30 des Bundesligastatuts entgegen, die auf eigenen Wunsch der Bundesligavereine nur Handgelder in Höhe bis zu 10 000 DM und Ablösesummen bis zu 50 000 DM zulassen.

Zur Rechtfertigung tritt Hertha BSC die Flucht nach vorn an. Vorstandsmitglied Günter Herzog erklärt vor der Presse, daß allein 14 von 16 Bundesliga-Klubs für Spieler zwischen 25 000 DM und 120 000 DM Handgelder und Ablösesummen bezahlt hätten. Damit sei der Verstoß gegen die Bundesligastatuten die Regel; man könne nicht Hertha allein zum Sündenbock machen. Die Schulden seien außerdem gering.

Ein Gnadengesuch von Hertha BSC lehnt der geschäftsführende Vorstand des DFB am 2. Juli ab.

Anstelle von Hertha BSC wird Tasmania Berlin ohne sportliche Qualifikation in die Bundesliga aufgenommen (→ 31. 7./S. 133).

1860 München beim Einlauf ins Stadion

Cup für West Ham

19. Mai. *West Ham United gewinnt in London den Europacup der Pokalsieger durch ein 2:0 gegen den TSV München 1860. Die Engländer gewinnen aufgrund der besseren Kondition in der zweiten Halbzeit. Die Tore fallen in der 69. und 72. Minute, beide durch den Rechtsaußen Alan Sealy.*

Bremen Deutscher Fußballmeister

15. Mai. Mit drei Punkten Vorsprung vor Titelverteidiger 1. FC Köln wird der SV Werder Bremen nach Abschluß der zweiten Bundesliga-Saison Deutscher Fußballmeister der Spielzeit 1964/65.

Als einzige Mannschaft ohne Heimniederlage, mit insgesamt nur vier verlorenen Spielen und den wenigsten Gegentoren führte Werder Bremen die Bundesliga-Tabelle bereits zuvor zwanzig Mal an.

Die Bundesliga-Saison 1964/65 hat mit 6,5 Mio. Zuschauern ein weitaus größeres Publikumsinteresse verbuchen können als die erste Spielzeit. Erfolgreichster Torschütze der Saison ist Rudi Brunnenmeier vom TSV München 1860 mit 24 Treffern.

Das zweite große Fußballereignis findet am 22. Mai in Hannover statt. Dort gewinnt Borussia Dortmund mit einem 2:0 über Alemannia Aachen den Pokal des Deutschen Fußball-Bundes. Bereits in der zehnten und achtzehnten Minute erzielen Acki Schmidt und Lothar Emmerich die Tore in einem insgesamt enttäuschenden Spiel gegen den Regionalligisten aus Aachen.

Dreimal stellt Randy Matson 1965 einen Kugelstoßweltrekord auf

Harold Connolly übertrifft als erster Hammerwerfer die 71-m-Marke

Mit diesem Sprung verbessert Ralph Boston den Weltrekord auf 8,35 m

Leichtathleten der USA in Rekordlaune

29. Mai. Zum Auftakt der Leichtathletik-Saison erzielen US-Athleten drei Weltrekorde.

In Modesto, in der Nähe von Los Angeles, verbessert Ralph Boston seine eigene Höchstleistung im Weitsprung um 1 cm auf 8,35 m. Sein Landsmann Harold Connolly überbietet zur selben Zeit in Ceres im Hammerwurf mit 71,07 m als erster

die 71-m-Marke (→ 4. 9./S. 161). Connolly verbessert seinen Weltrekord aus dem Jahr 1962 damit um 40 cm. Bereits am 8. Mai erzielte Randy Matson in College Station in Texas mit 21,52 m einen neuen Kugelstoß-Weltrekord. Zuvor hatte Matson am 9. April mit 20,70 m und am 1. Mai mit 21,05 m den bis dahin gültigen Weltrekord von 20,68 m seines

Landsmannes Dallas Long übertroffen. Bei den Olympischen Spielen 1964 in Tokio mußte Matson sich noch mit dem zweiten Platz hinter Long begnügen.

Auch Boston (Olympiasieger 1960) und Connolly (Olympiasieger 1956) revanchieren sich mit den Weltrekorden für ihre Niederlagen bei den Olympischen Spielen in Tokio.

<u>Film 1965:</u>

Junge Regisseure setzen in der Bundesrepublik die Akzente

Nach Jahren der internationalen Bedeutungslosigkeit gerät 1965 Bewegung in die bundesdeutsche Filmlandschaft. Am 9. Juli gründen Vertreter des Bundesinnenministeriums und der Kirchen das »Kuratorium Junger Deutscher Film«. Dadurch begünstigt, entsteht eine beachtliche Anzahl von Erstlingsproduktionen.

Junge Regisseure wie der 25jährige Volker Schlöndorff, der ebenfalls 25jährige Ulrich Schamoni und der 30jährige Peter Schamoni legen Spielfilme vor, die mit verhältnismäßig geringem Etat und außerhalb der Filmstudios produziert werden. Eine im bundesdeutschen Nachkriegsfilm bis dahin unbekannte Filmsprache, die bisher tabuisierte Inhalte (z. B. Abtreibung und Homosexualität) mit ungewöhnlichen Erzählverfahren (z. B. Montage) darbietet, entwickelt sich.

Damit bewahrheitet sich eine Ankündigung, die 26 junge Kurz- und Dokumentarfilmer auf den VIII. Westdeutschen Kurzfilmtagen 1962 in Oberhausen gemacht hatten. Im sog. Oberhausener Manifest hatten sie proklamiert: »Wir erklären unseren Anspruch, den neuen deutschen Spielfilm zu schaffen…Der alte Film ist tot. Wir glauben an den neuen.« Der Autorenfilmer Ulrich Schamoni erzählt in seinem Film »Es« die Geschichte einer ungewollt schwangeren Frau, die schließlich eine Abtreibung vornehmen läßt, weil sie glaubt, das Kind belaste die Beziehung zu ihrem Freund. Exemplarisch für den »Jungen Deutschen Film« übt Schamoni Zeitkritik im Spiegel privater Beziehungsprobleme. Volker Schlöndorffs Erstling »Der junge Törless« ist eine Verfilmung der Erzählung »Die Verwirrungen des Zöglings Törleß« von Robert Musil. In betont kühlen und asketischen Bildern thematisiert der Film mit psychologischer Präzision

Jean-Paul Belmondo (l.) und Anna Karina spielen die Hauptrollen in Jean-Luc Godards experimentellem Film »Pierrot le fou« (»Elf Uhr nachts«)

die Faszination der Gewalt für Heranwachsende in einem autoritär geführten Jungeninternat. Viele Kritiker sehen in diesem Film eine der gelungensten filmischen Auseinandersetzungen mit den Entstehungsbedingungen des Faschismus.

Neben der Entwicklung des neuen deutschen Films geben vor allem die französischen Filmemacher der »Nouvelle Vague« dem künstlerischen Film neue Impulse. So experimentiert Jean-Luc Godard in »Pierrot le fou« mit zum Film gesprochen Ergänzungen, aus dem Kontext fallenden Verweisen und einem symbolischen Farbeinsatz. Thematisch stehen häufig gestörte menschliche Beziehungen und ihre psychologischen und sexuellen Ursachen im Vordergrund der neuen künstlerischen Filme. In »Julia und die Geister« beleuchtet der 45jährige italienische Regisseur Federico Fellini vor dem Hintergrund der Selbstbefreiung einer Frau das schwierige Verhältnis der Geschlechter untereinander. Der in Großbritannien lebende polnische Regisseur Roman Polanski erzählt in seinem Berlinale-Beitrag »Ekel« (→ 6. 7./S. 132) eine Geschichte über den Männerhaß einer Frau, der in zwei Morde mündet.

Die Zunahme erotischer Filmszenen zieht 1965 in der Bundesrepublik Deutschland und Italien Proteste und Zensurmaßnahmen nach sich. Gegen Filme wie Roman Polanskis »Ekel« protestieren Zehntausende bundesdeutscher Bürger mit der »Aktion Saubere Leinwand«. In einer Petition an Bundespräsident Heinrich Lübke wird formuliert: »Wir Bürger der Stadt . . . wollen sittlich saubere und moralisch vertretbare Filme. Wir verwahren uns dagegen, daß unter dem Deckmantel der Kunst mit der Unmoral Geschäfte gemacht werden.« Über 200 CDU-Abgeordnete schließen sich der Petition an und bereiten eine Grundgesetzänderung vor, in der die Wahrung der »sittlichen Ordnung« festgeschrieben werden soll. In Italien muß sich Gina Lollobrigida wegen einer Nacktszene in dem Film »Die Puppen« vor Gericht verantworten. Gleichzeitig erweisen sich die James-Bond-Filme in ihrer Mischung aus Sex, Gewalt, Abenteuer und Antikommunismus als Publikumsmagneten des Jahres. Allein in den USA zählen die vier Bond-Filme »007 jagt Dr. No« (1963), »Liebesgrüße aus Moskau« (1964), »Goldfinger« (→ 14. 1./S. 29) und »Feuerball« (→ 17. 12./S. 207) bis Ende 1965 über 30 Mio. Zuschauer. In Frankreich werden Bond-Jacken und -Hemden, und in Großbritannien Manschettenknöpfe mit 007-Gravur angeboten.

(Siehe auch Übersicht »Filme« im Anhang.)

In Federico Fellinis Film »Julia und die Geister« deutet Julias Vision von nackten Menschen Krankheit und Tod an

Zwei Frauen mit Namen »Maria«: Brigitte Bardot (l.) und Jeanne Moreau spielen in Louis Malles »Viva Maria« die Hauptrollen

Rita Tushingham spielt in Sidney Hayers Abenteuerfilm »Wie ein Schrei im Wind« die stumme Gefährtin eines Trappers (dargestellt von Oliver Reed, r.) in Kanada

Als eleganter Killer macht Dirk Bogarde der Titelheldin (Monica Vitti) in Joseph W. Loseys Agentenfilm »Modesty Blaise« zu schaffen

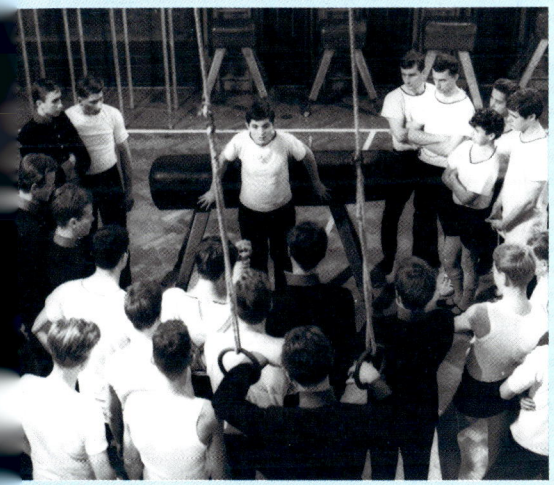

◁ In Volker Schlöndorffs Film »Der junge Törless« spielt Marian Seidowsky den Schüler Basini, der in einem Jungeninternat in der Zeit vor dem Ersten Weltkrieg von seinen Mitschülern grausam gequält wird (l. Abb.). In dem mit kühler Exaktheit und distanziert inszenierten Film erliegt der junge, sensible Törless (Matthieu Carrière, r. Abb.) der Faszination der Gewalt. Geschickt in die Handlung einbezogen sind Pubertätskonflikte. Erste sexuelle Erfahrungen sammelt der Junge mit einer Dorfhure (Barbara Steele, r. Abb.). Die Musik zum Film komponierte Hans W. Henze.

◁ In Ulrich Schamonis Film »Es« spielen Sabine Sinjen und Bruno Dietrich (l. Abb.) ein junges Paar ohne größere Probleme. Die Situation ändert sich, als die Titelheldin eine unerwartete Schwangerschaft abbrechen läßt, um die Beziehung nicht zu belasten – beide sitzen sich nun schweigend in ihrer Wohnung gegenüber. Neben diesem Konflikt werden scheinbar nebensächlich Praktiken der Grundstücksspekulation in Berlin (West) thematisiert, denn Bruno Dietrich spielt den Assistenten eines Grundstücksmaklers (r. Abb.: Bodenspekulanten erwerben Grund und Boden zu Schleuderpreisen).

Juni 1965

Mo	Di	Mi	Do	Fr	Sa	So
	1	2	3	4	5	6
7	8	9	10	11	12	13
14	15	16	17	18	19	20
21	22	23	24	25	26	27
28	29	30				

1. Juni, Dienstag

Innerhalb der Europäischen Wirtschaftsgemeinschaft (EWG) dürfen Waren für den persönlichen Gebrauch im Wert bis zu 240 DM zollfrei mitgeführt werden. → S. 111

Hamburgs Erster Bürgermeister Paul Nevermann (SPD) tritt aus »persönlichen Gründen« von seinem Amt zurück.

In Selma (US-Bundesstaat Alabama) werden 32 schwarze Bürgerrechtler verhaftet, nachdem sie zum Boykott einiger Geschäfte aufgerufen haben, in denen Schwarze diskriminiert werden (→ 28. 3./S. 54).

Die erste vollautomatische und elektronisch gesteuerte Briefverteilanlage der Bundespost nimmt im Pforzheimer Postamt 1 ihre Arbeit auf. → S. 111

Bei einer Gasexplosion in einer Kohlengrube auf Kiuschu (Japan) kommen 231 Menschen ums Leben.

2. Juni, Mittwoch

Die Bundesregierung fordert die SPD auf, die Notstandsverfassung noch in der bis zum 19. September dauernden Legislaturperiode gemeinsam mit der Regierungskoalition aus CDU/CSU und FDP zu verabschieden (→ 24. 6./S. 109).

Nach Angaben des Deutschen Industrie-Instituts fehlen in der Bundesrepublik rund 500 000 Wohnungen. Das entspricht einer durchschnittlichen Jahresproduktion im Wohnungsbau.

3. Juni, Donnerstag

Die Staatsanwaltschaft in Bonn stellt das Ermittlungsverfahren gegen den CSU-Vorsitzenden Franz Josef Strauß ein. Gegen den ehemaligen Bundesverteidigungsminister (1956–1962) war wegen des Verdachts der Freiheitsberaubung und der Amtsanmaßung im Zusammenhang mit der »Spiegel«-Affäre 1962 ermittelt worden (→ 13. 5./S. 90).

Als erster US-Amerikaner schwebt der Luftwaffenmajor Edward White im Weltall. Der Astronaut verläßt für 20 Minuten die Raumkapsel Gemini IV, die fünf Tage die Erde umrunden soll. → S. 115

Die Bundespost teilt anläßlich des 300jährigen Bestehens des Postreisedienstes mit, daß sie mit rund 37 000 Kraftfahrzeugen, die täglich etwa 30mal den Erdball umrunden, der größte Halter für zivile Kraftfahrzeuge in Europa ist.

Am zweiten Jahrestag des Todes von Papst Johannes XXIII. zelebriert sein Nachfolger Paul VI. am Grab des Verstorbenen in den Grotten von St. Peter eine heilige Messe. Beim feierlichen Requiem im Petersdom in Rom gedenken 28 Kardinäle sowie Diplomaten aus 50 Ländern und rund 5000 Gläubige des verstorbenen Papstes.

4. Juni, Freitag

Mit lebhaftem Verkehr auf den bundesdeutschen Autobahnen beginnt die Reisewelle zu den Pfingstfeiertagen. Die Fernzüge in Köln sind bis zu 120% überbesetzt.

Nach einer Umfrage des Instituts für Demoskopie in Allensbach beteiligen sich nur 4% der bundesdeutschen Erwachsenen in irgend einer Form aktiv am politischen Leben.

Der Vorstandsvorsitzende der Deutschen Werft AG teilt in Hamburg mit, daß die Auftragslage der Werft eine Beschäftigung bis ins Jahr 1967 hinein sichert. Das Schiffsbauunternehmen verfügt über Aufträge für ein Kühlschiff sowie zwei Frachter von je 13 000 Tonnen Ladegewicht.

Der Australier Ron Clarke läuft in Compton (Kalifornien) zum dritten Mal in diesem Jahr Weltrekord über 5000 m. Die neue Bestmarke im Langstreckenlauf steht damit auf 13:25,8 min (→ 14. 7./S. 133; 7. 12./S. 207).

5. Juni, Samstag

Ein schweres Explosionsunglück auf dem italienischen Tanker »Luisa« im persischen Ölhafen Bandar Mashur fordert 30 Todesopfer und verursacht hohe Sachschäden.

Die 20jährige Juliane Herm aus Ludwigsburg gewinnt im südlichen Nizza einen Schönheitswettbewerb um den Titel der »Miß Europa 1965«. → S. 117

6. Juni, Pfingstsonntag

Die Bonner Parteien stellen ihre Slogans für den Bundestagswahlkampf vor. Die CDU wirbt mit »Unsere Sicherheit – CDU« um die Gunst der Wähler. Die SPD will mit »Sicher ist sicher – Darum SPD« Stimmen gewinnen, und die FDP zieht mit dem Slogan »Neue Wege wagen – FDP nötiger denn je« in den Wahlkampf (→ S. 140; 19. 9./S. 154).

Die letzten der US-amerikanischen Marine-Infanteristen verlassen die Dominikanische Republik und schiffen sich für die Rückfahrt zu ihrem Stützpunkt im US-Bundesstaat North Carolina ein (→ 24. 4./S. 74).

Die bundesdeutsche Fußball-Nationalmannschaft verliert vor 143 315 Zuschauern im Maracana-Stadion von Rio de Janeiro ein Freundschaftsspiel gegen den zweifachen Weltmeister Brasilien 0:2.

Mit einem überlegenen Sieg des italienischen Rad-Profis Vittorio Adorni endet in Florenz nach 4151 km der Giro d'Italia. Adorni gewinnt die Rundfahrt mit 11:23 min Vorsprung vor seinem Landsmann Italo Zilioli. Dritter wird Felice Gimondi (ebenfalls Italien).

7. Juni, Pfingstmontag

König Hasan II. von Marokko verhängt den Notstand über das Land und regiert per Dekret, weil es den politischen Parteien nicht gelungen ist, eine arbeitsfähige Regierung mit parlamentarischer Mehrheit zu bilden (→ 2. 12./S. 203).

Auf den Straßen der Bundesrepublik sterben über Pfingsten mehr als 100 Menschen bei Verkehrsunfällen.

Eine Schlagwetterexplosion in der Braunkohlenzeche »Orasi« in Kakanj (Bosnien) fordert 128 Todesopfer. Überlebende berichten, die Wucht der Explosion habe sie fünf bis sechs Meter weit geschleudert.

8. Juni, Dienstag

Das Bundesfamilienministerium in Bonn teilt mit, daß die Mittel für die Teilnahme bundesdeutscher Schüler und Studenten an internationalen Jugendarbeitslagern im Bundesjugendplan ab sofort von 500 000 DM auf 800 000 DM erhöht werden.

Die kubanische Regierung sagt dem Rock 'n' Roll, langen Haaren bei Männern und »anderen Überresten des Kapitalismus« den Kampf an.

9. Juni, Mittwoch

Hamburgs Finanzsenator Herbert Weichmann (SPD) wird von der Bürgerschaft zum Ersten Bürgermeister von Hamburg und damit zum Nachfolger des am 1. Juni zurückgetretenen Paul Nevermann (SPD) gewählt.

In Tokio demonstrieren mehr als 27 000 Studenten und Gewerkschaftsangehörige gegen die US-amerikanische Vietnampolitik (→ S. 75; S. 170).

Der kommerzielle Weltraumtelefonverkehr zwischen Europa und den USA über den auf einer geostationären Bahn um die Erde kreisenden Satelliten »Early Bird« wird freigegeben (→ 6. 4./S. 78).

10. Juni, Donnerstag

Starke Vietcong-Verbände stürmen die etwa 100 km nördlich von Saigon gelegene Bezirkshauptstadt Dong Xoai. → S. 106

Die witterungsbedingte Verspätung der Frühkartoffelernte veranlaßt das Bundesernährungsministerium, den vorgesehenen Importstopp für ausländische Frühkartoffeln auf den 16. Juni zu verschieben (→ 23. 9./S. 156).

Der Lyriker Karl Krolow erhält in Hannover den mit 25 000 DM dotierten Niedersächsischen Kunstpreis.

11. Juni, Freitag

Der französische Staatspräsident Charles de Gaulle trifft zu zweitägigen Gesprächen mit der Bundesregierung in Bonn ein. → S. 109

Der jugoslawische Staatspräsident Josip Tito bekennt sich auf einer Kundgebung in Halle (DDR) zur sog. »Zwei-Staaten-Theorie« des DDR-Staatsratsvorsitzenden Walter Ulbricht. Für die Lösung der deutschen Frage habe man von der Tatsache auszugehen, daß zwei souveräne Staaten mit unterschiedlicher Gesellschaftsordnung bestünden.

Mit der Eröffnung der 19. Ruhrfestspiele in Recklinghausen wird gleichzeitig das neuerbaute Ruhrfestspielhaus im Stadtgarten eingeweiht. → S. 116

Die »Beatles« erhalten im Buckingham-Palast in London – auf Vorschlag des britischen Premierministers Harold Wilson – von Königin Elisabeth II. den »Empire«-Orden. → S. 115

12. Juni, Samstag

Im Rahmen der Ruhrfestspiele wird die Ausstellung »Signale – Manifeste – Proteste der Kunst im 20. Jahrhundert« eröffnet. → S. 116

Das 37. Deutsche Spring-Derby gewinnt vor 15 000 Zuschauern in Hamburg-Flottbek der brasilianische Reiter Nelson Pessoa auf dem zwölfjährigen Schimmel Gran Geste.

13. Juni, Sonntag

An der 34. Internationalen Posener Messe in Polen sind etwa 200 Firmen aus der Bundesrepublik. Erstmals seit 1961 ist die Volksrepublik China wieder vertreten. → S. 111

Der von Peggy March gesungene Schlager »Mit 17 hat man noch Träume« wird bei den 5. Deutschen Schlagerfestspielen im Kurhaus von Baden-Baden zum Schlager des Jahres 1965 gewählt. → S. 115

Zum vierten Mal hintereinander gewinnt der schottische Automobilrennfahrer Jim Clark auf der Formel-1-Strecke von Spa den Großen Preis von Belgien. Clark siegt mit 44,8 sec Vorsprung vor dem Engländer Jackie Stewart auf BRM.

In Jerusalem stirbt der jüdische Religionsphilosoph Martin Buber im Alter von 87 Jahren. Buber setzte sich für die Versöhnung zwischen Juden und Deutschen ein.

14. Juni, Montag

Der Wehrbeauftragte des Deutschen Bundestages, Matthias Hoogen (CDU), weist im Wehrbericht an das Bonner Parlament darauf hin, daß der Bundeswehr qualifizierte Ausbilder und 36 000 Wohnungen fehlen.

Auf ihrer Tagung in Bremen fordert die Deutsche Pestalozzi-Gesellschaft nach der Auswertung verschiedener Schulbücher, daß die »moderne Arbeitswelt im Unterricht stärker mit der Welt der Bildung verknüpft werden muß«.

Der DDR-Komponist Paul Dessau, der dem »Berliner Ensemble« der Brecht-Witwe Helene Weigel angehört, wird zusammen mit fünf weiteren Künstlern in die Akademie der Künste in Berlin (West) aufgenommen.

DER SPIEGEL

9. JUNI 1965 · NR. 24
19. JAHRGANG · 1,20 DM
ERSCHEINT WÖCHENTLICH
IN HAMBURG · C 6380 C

Im Mittelpunkt des politischen Interesses steht Anfang Juni in der Bundesrepublik der Besuch des französischen Staatspräsidenten Charles de Gaulle in Bonn (11. 6.). Hauptthema der Gespräche ist die europäische Zusammenarbeit (»Spiegel«-Titel vom 9. 6. 1965).

CHARLES DE GAULLE

Anhaltendes Schlechtwetter mit heftigen Regengüssen verschärft in Bayern die Hochwassergefahr. → S. 117

15. Juni, Dienstag

Nach einer Repräsentativbefragung der Wickert Institute in Tübingen sind 45% aller Hausfrauen im Bundesgebiet täglich sieben und mehr Stunden mit der Hausarbeit beschäftigt.

Auf dem großen Freigelände in Le Bourget wird der bis zum 20. Juni dauernde 26. Pariser Aero-Salon eröffnet. 450 Aussteller aus 16 Ländern, darunter auch erstmals die Sowjetunion, zeigen ihre Flugzeuge. → S. 115

16. Juni, Mittwoch

Im Bundestag kommt es zwischen den Regierungsparteien CDU/FDP und der SPD-Opposition bei der ersten Lesung der Notstandsgesetze zu scharfen Auseinandersetzungen mit tumultartigen Szenen (→ 24. 6./S. 109).

Die Vereinigte Arabische Republik (VAR) eröffnet in Berlin (Ost) ein Generalkonsulat (→ 24. 2./S. 36).

Der DDR-Regisseur Konrad Wolf wird auf der Tagung der Akademie der Künste der DDR in Berlin (Ost) zum neuen Präsidenten der Akademie gewählt.

17. Juni, Tag der deutschen Einheit

Im Bundesgebiet finden mehr als 3000 Kundgebungen für das Recht der Deutschen auf Selbstbestimmung und Wiedervereinigung statt. Bundespräsident Heinrich Lübke ruft in Helmstedt zu Mut und Beharrlichkeit im Streben nach der deutschen Einheit auf.

Der UN-Hochkommissar für Flüchtlinge (UNHCR), Felix Schnyder, teilt in New York mit, daß alljährlich in Europa etwa 10 000 Flüchtlinge eintreffen, für welche der UNHCR zu sorgen hat. Australien, Kanada und die USA nehmen zusammen mehr als 80% dieser Flüchtlinge auf.

Die Katholiken in der Bundesrepublik Deutschland feiern das Fronleichnamsfest in diesem Jahr notgedrungen in den Gotteshäusern. Starke Regenfälle und heftige Windböen lassen die Prozessionen nicht zu.

18. Juni, Freitag

Der Parteitag der Sozialistischen Partei Österreichs (SPÖ) wählt den österreichischen Vizekanzler Bruno Pittermann in das Amt des Parteivorsitzenden.

Zum Abschluß der am 14. Juni eröffneten Tagung des Gouverneursrates der Internationalen Atomenergieorganisation (IAEO) in Wien unterzeichnen Dänemark, Israel und Japan das Atomkontroll-Abkommen. Der Vertrag sieht die Kontrolle von Kernmaterial und Atomanlagen in den Mitgliedsländern vor.

Die fast neun Mio. bundesdeutschen Teenager und Twens im Alter von 14 bis 24 Jahren kaufen nach Angaben der Gesellschaft für Konsumforschung (GfK)

jährlich Bekleidung im Wert von 4,6 Mrd. DM.

19. Juni, Samstag

Nach einem unblutigen Staatsstreich in Algerien übernimmt ein »Revolutionsrat« unter der Führung von Verteidigungsminister Houari Boumedienne die Regierungsgewalt. → S. 108

Nach einer Militärrevolte in Südvietnam setzt sich General Nguyên Van Thiêu als Staatspräsident und Leiter des vietnamesischen Nationalen Verteidigungsrates durch. Ministerpräsident wird General Nguyên Cao Ky. → S. 106

Eltern von 4000 »Contergan-Kindern« treffen sich in Köln zum ersten internationalen Kongreß körpergeschädigter Kinder, um insbesondere die Probleme medikamentengeschädigter Kinder zu erörtern.

Die 83. Kieler Woche wird eröffnet. Zu der weltgrößten Schiffahrtsschau werden Gäste aus 50 Ländern erwartet. 23 Großschiffe aus zehn Nationen mit mehr als 2800 Mann an Bord machen in der Eckernförder Bucht fest.

20. Juni, Sonntag

Das königliche Theater in Amsterdam richtet eine Kinderkrippe ein, in der die Kinder von Besuchern der Sonntagsvorstellungen kostenlos betreut werden.

38 fahrbare Büchereien aus allen Teilen der Bundesrepublik Deutschland unternehmen eine Sternfahrt zur Jahrestagung des Deutschen Büchereiverbandes in Bielefeld. → S. 116

Etwa 30 000 Menschen versammeln sich im Hamburger Stadtpark zur Abschlußfeier des ersten Nordischen Katholikentages, der am 18. Juni begonnen hat.

21. Juni, Montag

Fristgerecht nehmen in Berlin (West) Senatsrat Horst Korber und der neuernannte DDR-Verhandlungsführer, Staatssekretär Michael Kohl, Gespräche über eine Verlängerung des Passierscheinabkommens vom September 1964 auf (→ 5. 2./S. 38).

In Walnut (USA) verbessert der US-Amerikaner Harold Connolly seinen am → 29. Mai (S. 99) aufgestellten Weltrekord im Hammerwurf auf 71,26 m.

Die Humanistische Union gründet in München eine Informationsstelle für Lebenshilfe. Die 1961 ins Leben gerufene überparteiliche Vereinigung gibt dort kostenlos Auskunft über Hilfsangebote bei Eheproblemen, Auswanderungswünschen und Alkoholismus sowie zu Geburtenkontrolle, Kindererziehung und Mietfragen.

22. Juni, Dienstag

Vor dem Bundesverfassungsgericht in Karlsruhe beginnt die Verhandlung im Organstreit um die staatliche Parteienfinanzierung. → S. 109

Mit dem »Vertrag über die allgemeinen

Beziehungen« zwischen Japan und Südkorea erkennt Japan die südkoreanische Regierung als die »allein gesetzmäßige« von ganz Korea an.

Mit einer Denkschrift appellieren Nobelpreisträger an Papst Paul VI., den katholischen Standpunkt zur Geburtenkontrolle zu revidieren. Zu den Unterzeichnern gehören u. a. die bundesdeutschen Professoren Otto Hahn, Werner Heisenberg, Werner Forßmann und Hans Daniel Jensen.

In Köln wird die 52. Tour de France gestartet. 130 Radprofis gehen nach einem feierlichen Gottesdienst erstmals in einer bundesdeutschen Stadt auf die in diesem Jahr 4177 km lange Strecke. → S. 117

23. Juni, Mittwoch

Der Deutsche Bundestag beschließt mehrere Maßnahmen zur Verbesserung der Absatzlage und zur Förderung der Rationalisierung im Steinkohlenbergbau. → S. 110

Der jugoslawische Literaturdozent Mihajlo Mihajlov wird wegen eines kritischen Berichtes über seinen Aufenthalt in der Sowjetunion in Zagreb im Revisionsverfahren zu einer Strafe von fünf Monaten Gefängnis mit zweijähriger Bewährungsfrist verurteilt.

24. Juni, Donnerstag

Eine das Grundgesetz ergänzende »Notstands-Verfassung« erhält im Bonner Bundestag nicht die erforderliche Zweidrittelmehrheit. → S. 109

Weite Teile Südafrikas sind von den schwersten Schneefällen seit der Jahrhundertwende betroffen. Über Farmgebieten werfen Hubschrauber der Luftwaffe Futterkonzentrate ab, um über 100 000 Rinder und Schafe vor dem Verhungern zu bewahren.

25. Juni, Freitag

Der polnische Ministerpräsident Józef Cyrankiewicz macht die Anerkennung der Oder-Neiße-Linie als Westgrenze Polens in einem Interview mit einer bundesdeutschen Tageszeitung zur Hauptvoraussetzung für eine politische Zusammenarbeit mit der Bundesrepublik.

Vor Abgesandten aus mehr als 30 Ländern eröffnet Bundespräsident Heinrich Lübke in München die Internationale Verkehrsausstellung (IVA). → S. 110

26. Juni, Samstag

Die für den 28. Juni in Algier geplante 2. Afro-Asiatische Solidaritätskonferenz wird wegen des Staatsstreichs in Algerien von → 19. Juni (S. 108) auf den 5. November vertagt.

Auf der Strecke Augsburg – München erreicht erstmals ein fahrplanmäßiger Schnellzug eine Geschwindigkeit von über 200 km/h (→ 25. 6./S. 110).

27. Juni, Sonntag

Bei den Landtagswahlen im Saarland

können SPD und CDU ihre Stimmanteile erheblich verbessern. Bei einer Wahlbeteiligung von 81,6% erreicht die CDU mit 42,7% (1960: 36,6%) der Stimmen einen knappen Vorsprung vor der SPD mit 40,7 % (1960: 30%). Die FDP muß Verluste von 0,7% auf 8,3% hinnehmen. Es bleibt bei einer CDU/FDP-Koalition.

Kurt Hoffmanns Film »Das Haus in der Karpfengasse« erhält bei der Verleihung der Bundesfilmpreise in Bonn fünfmal das Filmband in Gold.

28. Juni, Montag

Der ungarische Ministerpräsident János Kádár tritt entsprechend einem Parteibeschluß vom 25. Juni von seinem Regierungsamt zurück, bleibt jedoch Erster Sekretär des Zentralkomitees der kommunistischen Partei. Der bisherige stellvertretende Ministerpräsident Gyula Kállai wird neuer Vorsitzender des Ministerrats.

Königin Juliana der Niederlande gibt auf Schloß Soestdijk die Verlobung ihrer ältesten Tochter Beatrix mit dem bundesdeutschen Diplomaten Claus von Amberg bekannt. → S. 117

In Kiel wird die »Deutschland«, das Segelschulschiff der Bundesmarine, nach fünfeinhalbmonatiger Fahrt über 30 000 Seemeilen begeistert von der Kieler Bevölkerung empfangen.

29. Juni, Dienstag

In einem Zehn-Punkte-Programm fordert der Verband Deutscher Studentenschaften (VDS) eine Beseitigung des Bildungsnotstandes in der Bundesrepublik Deutschland. Die Studentenorganisation dringt u. a. auf eine Aufstockung des Bildungsetats (→ 27. 9./S. 157).

30. Juni, Mittwoch

Mit großer Mehrheit verabschiedet der Bundestag in Bonn als Teil der geplanten Notstandsgesetze Vorschriften über den Selbstschutz und den Schutzbau sowie den Aufbau eines Zivilschutzkorps (→ 24. 6./S. 102).

Der niedersächsische Landtag in Hannover billigt gegen die Stimmen der FDP das Konkordat mit dem Vatikan (→ 26. 2./S. 40; 19. 5./S. 90).

Die Nachfrage nach Arbeitskräften spitzt sich im Monat Juni zu. Die Zahl der Arbeitslosen geht erstmals seit 1962 wieder auf unter 100 000 zurück.

Mit einem Festakt im städtischen Schauspielhaus wird die Ruhr-Universität Bochum eröffnet. → S. 114

Das Wetter im Monat Juni

Station	Mittlere Lufttemperatur (°C)	Niederschlag (mm)	Sonnenscheindauer (Std.)
Aachen	15,8 (15,9)	75 (77)	203 (200)
Berlin	16,8 (16,5)	55 (62)	228 (244)
Bremen	15,4 (16,0)	58 (59)	210 (218)
München	15,9 (15,8)	176 (121)	202 (201)
Wien	– (17,6)	– (68)	– (246)
Zürich	16,2 (15,5)	152 (138)	187 (220)

( ) Langjähriger Mittelwert für diesen Monat
– Wert nicht ermittelt

Im Constanze-Verlag erscheint die Monatszeitschrift »Schöner Wohnen« (Titel der Juni-Ausgabe, Heft 6)

SCHÖNER WOHNEN

Ferien zu Haus

Basteln
Faulenzen
Spielen

Der Rumtopf

1,80   Heft 6 · Juni 1965   C 6141 E
Belgien bfr 24,– · Dänemark dkr 3,50 · Frankreich F 2,40 · Italien Lit 300,– · Luxemburg bfr 24,– · Niederlande hfl 1,80 · Norwegen nkr 3,50 · Österreich öS 12,–
Schweiz sfr 2,– · Schweden skr 2,75 (inkl. oms.) · Spanien Ptas 35,–

Vietcong-Truppen gehen in die Offensive

10. Juni. Ermutigt durch Erfolge der vergangenen Wochen, stürmen Vietcong-Truppen die 100 km nördlich von Saigon gelegene südvietnamesische Provinzhauptstadt Dong Xoai. Nach einem kurzen Beschuß der Stadt mit Artillerie greifen die etwa 4000 Mann starken Verbände um 0.20 Uhr die Stadt an und nehmen einen benachbarten Feldflughafen und ein nahegelegenes Militärlager ein, in dem US-amerikanische Sondereinheiten südvietnamesische Soldaten ausbilden. Damit tritt der seit 1946 andauernde Vietnamkrieg in eine neue Phase.

Trotz ständiger Luftangriffe durch südvietnamesische und US-Kampfflugzeuge auf die Stellungen der Vietcong werden die zwei in Dong Xoai stationierten südvietnamesischen Bataillone in den dreitägigen Kämpfen fast vollständig aufgerieben. Erst nach dem Einsatz von etwa 800 US-amerikanischen Fallschirmspringern ziehen sich die Vietcong-Truppen zurück.

Seit Januar hatten Vietcong-Einheiten wiederholt in überfallartigen Offensiven Militärstützpunkte angegriffen und dabei den Regierungstruppen regelmäßig schwere Niederlagen zugefügt. Nach der ersten offenen Feldschlacht (→ 2. 1. / S. 16) und dem Beginn des Bombenkrieges in Nord-Vietnam (→ 15. 3. / S. 50) erreicht der Konflikt mit den Kämpfen um Dong Xoai eine neue Eskalationsstufe. Die Vietcong-Truppen greifen Ortschaften und Militärstützpunkte im Süden des Landes im offenen Kampf an und beschränken sich nicht mehr auf Guerillaaktionen. Die Regierungstruppen stehen diesen Angriffen hilflos gegenüber, da nur noch 6000 von 20 000 km des Straßennetzes befahrbar sind und der Nachschub damit nicht mehr gewährleistet ist. Von 225 größeren Städten sind 52 lediglich über den Luftweg erreichbar. Vietcong-Truppen kontrollieren den äußersten Süden und die kambodschanisch-vietnamesische Grenze.

Noch am Tag des Angriffs auf Dong Xoai erklärt der Kommandeur der US-amerikanischen Marine-Infanterie, Generalmajor Lewis Walt, Aufgabe der »Ledernacken« (→ S. 52) sei nicht nur der Schutz von Luftstützpunkten der US-Bomberverbände, sondern auch die Unterstützung der südvietnamesischen Regierungstruppen im Gefecht. Darüber hinaus hat US-Präsident Lyndon B. Johnson den Oberbefehlshaber der Streitkräfte in Vietnam, General William Childs Westmoreland, bereits am 6. Juni zu offensiven Aktionen aller Art in eigener Verantwortung ermächtigt. Die USA geben damit endgültig ihre ursprüngliche Funktion als Militärberater auf und werden Verbündete Süd-Vietnams. Johnsons Ermächtigung kommt einer Kriegserklärung gegen Nord-Vietnam gleich. Offiziell darf nach der Verfassung der USA allerdings nur der Kongreß diesen Schritt tun. Mit einer formellen Kriegserklärung droht jedoch eine Internationalisierung des Krieges, da die Sowjetunion, China und Nord-Korea in den vergangenen Monaten wiederholt die Entsendung von Freiwilligen nach Süd-Vietnam für den Fall angekündigt hatten, daß die USA stärker in den innervietnamesischen Konflikt eingriffen.

Am 24. Juni erklärt der neue südvietnamesische Regierungschef Nguyên Cao Ky offiziell dem Vietcong den Krieg. Bei einem Bombenattentat des Vietcong auf ein Restaurant in Saigon kommen am selben Tag 23 US-Amerikaner ums Leben.

Militär übernimmt Macht in Süd-Vietnam

19. Juni. Nach einem unblutigen Militärputsch am 12. Juni gegen die erst im Februar gebildete Zivilregierung unter Phan Huy Quat übernimmt ein Generalskollegium die Macht in Süd-Vietnam. An der Spitze steht als Ministerpräsident der Kommandierende General der Luftwaffe, Nguyên Cao Ky.

Staatspräsident wird der frühere Verteidigungsminister Generalmajor Nguyên Van Thiêu. Das Kabinett aus 14 Zivilisten und zwei Militärs untersteht einem von Ky geführten Direktorium von 20 Generälen. Wahlen werden nicht in Aussicht gestellt; die Republik untersteht faktisch einer Militärregierung.

Süd-Vietnam erhält damit die zwölfte Regierung nach dem Sturz des Diktators Ngô Dinh Diêm im November 1963. Diêm hatte, gestützt auf die Beamtenschaft, den katholischen Bevölkerungsteil und die USA, seit der Errichtung der Republik Süd-Vietnam im Oktober 1955 diktatorisch gegen die buddhistische Bevölkerungsmehrheit regiert und die Landbevölkerung, die bürgerlich-liberale Geschäftswelt und große Teile der Armee in die Opposition getrieben.

Mit der Regierungsübernahme verhängt Ky das Kriegsrecht über das Land, verfügt nächtliche Sperrstunden sowie eine scharfe Pressezensur und kündigt die allgemeine Volksbewaffnung an. Die verbreitete Korruption unter den Beamten soll energisch bekämpft werden.

Haudegen als Regierungschef

Nguyên Cao Ky (Abb.), geboren am 9. September 1930, entstammt einer buddhistischen Familie. Er absolvierte eine Offiziersausbildung bei den französischen Besatzungstruppen in Vietnam und war 1953/54 Transportflieger der französischen Streitkräfte in Nordafrika. Nach einer Ausbildung an der Militärakademie von Maxwell Fields in Alabama (USA) übernahm er Kommandos in der südvietnamesischen Luftwaffe, deren Chef er 1963 wurde. Bereits an den Putschen nach dem Sturz des Regimes Diêm 1963 war Ky beteiligt. Er gilt als Kompromißkandidat von Generalsgruppen, die lieber einen Haudegen als einen Diplomaten an der Regierungsspitze sehen.

△ Ein US-amerikanischer Marine-
soldat kümmert sich um seine beiden
verwundeten Kameraden, die auf
den Helikopter für den Transport ins
Lazarett warten. Auf den Anhängern
auf seiner Brust sind die Behand-
lungsmaßnahmen beschrieben, die
schon im Feld ergriffen worden sind.
In der ersten Hälfte des Jahres 1965
fallen soviele US-Amerikaner wie in
den drei Jahren zuvor insgesamt. Die
Zahl der von Januar bis Juni 1965 gefallenen südvietnamesischen Regierungssoldaten wird auf 5000 geschätzt, die Zahl der gefallenen Vietcong geht in die zehntausend.

◁ US-Soldaten werden von einem
Hubschrauber im Kampfgebiet abgesetzt. Die im Urwald gelegenen Stützpunkte des Vietcong können häufig
nur mit Hilfe von Helikoptern erreicht werden, die den Guerillakämpfern jedoch leicht auszumachende
Angriffsziele bieten, so daß die US-
Amerikaner hohe Materialverluste zu
beklagen haben. Um bessere Sicht und
damit größeren Schutz zu erhalten,
entlaubt die US-Army strategisch
wichtige Punkte mit der lebensgefähr-
lichen Chemikalie »Agent Orange«.

Putsch gegen Algeriens Staatspräsidenten Ben Bella

19. Juni. In Algerien übernimmt ein Revolutionsrat unter Führung des früheren Verteidigungsministers Oberst Houari Boumedienne nach einem unblutigen Staatsstreich die Macht. Der gestürzte Staatspräsident Mohammed Ahmed Ben Bella wird mit fünf seiner engsten Mitarbeiter inhaftiert. Der Revolutionsrat wirft Ben Bella »persönliches Machtstreben« und die »Verschleuderung öffentlicher Gelder« vor.

In den folgenden Tagen kommt es zu vereinzelten Protesten von Jugendlichen, die eine Rückkehr des populären sozialistischen Regierungschefs an die Macht fordern.

Mit dem Staatsstreich vereitelt Boumedienne Pläne des seit 1962 regierenden Ben Bella, die eine Umstrukturierung der Armee und die Entlassung des gemäßigten Außenministers Abdul Aziz Bouteflika vorsahen, der seit 1963 sein Amt bekleidet. Der von der Volksrepublik China und den USA anerkannte Revolutionsrat entläßt am 23. Juni 1318 Personen aus der politischen Haft; das Kabinett bleibt mit Ausnahme des Ministers für Soziales, Mohammed Seghier Nekkache, unverändert.

Bouteflika, der chinesische Premierminister Chou En-lai und Ägyptens Staatspräsident Gamal Abd el Nasser halten trotz des Staatsstreiches an der für den 29. Juni geplanten 2. Afro-asiatischen Gipfelkonferenz in Algier fest. Am 26. Juni wird sie auf den 5. November vertagt.

Gestürzt: Ben Bella

Ben Bella und Boumedienne (vorn r.)

Regierungschef: Boumedienne

Kampfgefährten werden im Ringen um die Macht zu Gegenspielern

Die Wege Mohammed Ahmed Ben Bellas und Houari Boumediennes kreuzten sich erstmals nach der Gründung der algerischen »Nationalen Befreiungsfront« (FLN) 1954. Während Ben Bella als Führungsmitglied der FLN 1956 bis 1962 von den Franzosen inhaftiert wurde, stieg Boumedienne 1960 zum Generalstabschef der »Nationalen Befreiungsarmee« (ALN, militärischer Arm der FLN) auf. Als der Krieg gegen die französischen Kolonialherren beendet war, marschierten Ben Bella und Boumedienne am 11. Juli 1962 mit den bisher in Tunesien stationierten ALN-Einheiten in Algier ein und zwangen die provisorische Regierung unter Yousouf Ben Khedda zur Machtübergabe. Nach den Wahlen zur verfassunggebenden Versammlung wurden im August 1962 Ben Bella Ministerpräsident und Boumedienne Verteidigungsminister. Beide setzten sich für eine sozialistische Verfassung mit islamischen Elementen ein.

Wirtschaftliche Probleme Algeriens und die Machtkonzentration in den Händen Ben Ballas (seit 1963 zugleich Staatspräsident) führten zu Auseinandersetzungen.

Während Ben Bella auf Industrialisierung setzte, bevorzugt Boumedienne die Errichtung von landwirtschaftlichen Kolchosen, da sie am ehesten in der islamischen Tradition des Landes stünden.

Blutiger Weg zur Unabhängigkeit

Algerien wurde in der Zeit von 1830 bis 1847 durch die Franzosen kolonialisiert. Trotz der politischen und wirtschaftlichen Angliederung 1881 an Frankreich blieben der Bevölkerung die vollen französischen Bürgerrechte vorenthalten. Die nationalistischen Bestrebungen der Algerier fanden ihren ersten Höhepunkt 1945 im Mai-Aufstand von Sétif, der von den Franzosen blutig niedergeschlagen wurde. Ein zweiter Aufstand 1954 unter Führung der »Nationalen Befreiungsfront« (FLN) weitete sich zum Guerillakrieg aus. Bis zur Unabhängigkeit 1962 kamen im Algerienkrieg 150 000 Algerier und 38 000 Franzosen ums Leben. 1963 nahm das algerische Volk mit 98% der Stimmen eine neue Verfassung an und bestätigte Mohammed Ahmed Ben Bella als Staatspräsidenten.

Am 19. Juni, um 2.30 Uhr, besetzen Panzer alle strategischen Punkte Algiers; niemand hat zunächst Verdacht geschöpft, da militärische Einheiten mit Panzern in Algier an einem Film über die Befreiung mitwirkten

Verkehr im Wandel der Zeit

25. Juni. Bundespräsident Heinrich Lübke eröffnet auf der Münchner Theresienhöhe die erste Internationale Verkehrsausstellung (IVA). Für 101 Tage präsentieren 36 Staaten auf dem 500 000 m² großen Ausstellungsgelände Beiträge über die Entwicklung des Verkehrs zu Luft, Wasser und Land. Neben dem historischen Teil stehen Modelle des Verkehrs der Zukunft.

Zunahme des Personenverkehrs

Jahr	öffentlicher Verkehr			Individual-verkehr	Ge-samt
	Eisen-bahn	Bus	Flug-zeug		
1960	1,4* (39,6)**	6,1 (48,5)	0,3 (–)	15,3 (167,7)	23,1 (255,8)
1965	1,1 (39,5)	6,0 (51,2)	1,3 (–)	19,6 (267,4)	28,0 (358,1)

* Beförderte Personen in Mio.
** Mrd. Personenkilometer

Die Darstellung der Eisenbahnentwicklung in Deutschland reicht von der »Adler«-Lokomotive, die als erste deutsche Eisenbahn 1835 zwischen Nürnberg und Fürth verkehrte, bis zum modernen Hochgeschwindigkeitszug. Anläßlich der IVA erreicht ein fahrplanmäßiger Schnellzug am 26. Juni auf der Strecke München-Augsburg erstmals eine Geschwindigkeit von mehr als 200 km/h (→ 21. 2./ S. 42).
Die Entwicklung des Verkehrs zur See dokumentiert der 8000 t-Frachter »Bavaria«, der in Originalgröße in einer der 32 Messehallen aufgebaut ist. Ein Meilenstein in der Entwicklung der Seefahrtstechnik wird mit dem 13 t schweren Vickers VA-3 Hovercraft-Luftkissenboot gezeigt, das ab dem 20. Juli dreimal täglich zwischen Cuxhaven und St. Peter-Ording mit einer Geschwindigkeit von 110 km/h verkehren soll.
Die Veränderungen im Bereich der Luft- und Raumfahrt veranschaulicht das Wahrzeichen der IVA; eine Ju 52 aus dem Jahr 1935 steht unter dem 200 000 DM teuren Modell einer Weltraumstation, die an drei etwa 40 m hohen Stahlmasten aufgehängt ist. In drei Hallen präsentiert die Ausstellung die Entwicklung der Luftfahrt vom Zeppelin bis zu Raketen und Überschallflugzeugen.
Den Bereich der Nachrichtentechnik präsentiert die Bundespost in zwei weiteren Hallen. Von der Postkutsche bis zum elektronischen Postscheckamt spannt sich der historische Bogen.
Das weitläufige Ausstellungsgelände wird dem Besucher durch eine 3 km lange Einschienenbahn erschlossen, die mit einer Geschwindigkeit von 10,8 km/h verkehrt.

Die Fördertürme der Zeche Consolidation 1/6 in Gelsenkirchen arbeiten no

Titelseite der deutschen Ausgabe der internationalen Monatszeitschrift »Scala« vom 1. September mit einem Bild zur Internationalen Verkehrsausstellung in München (bis Ende September); die Luft- und Raumfahrtschau in den Hallen 30, 31 und 32 übt eine besondere Anziehung auf die Besucher aus; die Modelle von Raketen, Raumtransportern und Weltraumstationen sollen einen Einblick in die Welt von morgen geben.

Bergbau fördert für Halde

23. Juni. Der Bundestag beschließt in Bonn mit Zustimmung aller Fraktionen mehrere Gesetze zur Verbesserung der Absatzlage und zur Förderung der Rationalisierung im Steinkohlebergbau. Vorgesehen sind u. a. eine steuerliche Begünstigung von Elektrizitätswerken, die Kohle zu verstromen, sowie steuerliche Erleichterungen für die Fusion von Bergbauunternehmen.
Am 28. Juli verabschiedet der Bundestag darüber hinaus sog. Soforthilfen für den Steinkohlebergbau, die eine Verlagerung von Haldenkohle an revierferne Orte und eine Verringerung der Steinkohleförderung durch bezahlte Feierschichten ermöglichen sollen. Mit diesen Maßnahmen soll dem Markt kurzfristig ein Überangebot von 6,5 Mio. t Steinkohle entzogen werden. 1960 mußten bei einer Gesamtförderung von 142,3 Mio. t Steinkohle 11,2 Mio. t auf Halde gelegt werden; 1965 sind es bereits 15,4 Mio. t bei einer Gesamtförderung von 135,1 Mio. t.
Das Überangebot an Kohle hat sich in den letzten Jahren trotz einer Reduzierung der Arbeitnehmerzahl verschärft. Zechenschließungen und Entlassungen werden durch zunehmende Mechanisierung im Steinkohlebergbau aufgefangen. Während 1960 noch 308 000 Kumpel auf 146 Zechen arbeiteten, sind es 1965 nur 225 000 Bergleute auf 107 Zechen. Im selben Zeitraum ist jedoch die Schichtleistung je Bergmann von 2063 kg auf 2705 kg gestiegen.
Die Absatzschwierigkeiten der

Trotz Mechanisierung leisten die Kumpel unter Tage Schwerstarbeit

965 sollen 13 von insgesamt 20 geplanten Zechenstillegungen erfolgen

– Bonn fördert Kohle-Strom

Steinkohle gehen mit dem Vormarsch des billigeren Erdöls einher. Noch Mitte der fünfziger Jahre wurde der Kohle für die Zukunft ein Anteil von 75% und dem Erdöl lediglich eine Quote von 4,5% bei der Deckung des steil ansteigenden bundesdeutschen Energieverbrauchs vorhergesagt. Während die Prognosen den Anstieg des Energieverbrauchs noch unterschätzten, ist die Kohle an der Energieerzeugung 1965 nur mit 42,1% beteiligt; das Erdöl erlangt einen Anteil von 41,2%. Bergbauunternehmer und Gewerkschafter fordern hohe staatliche Subventionen, um die Nutzung der Kohle bei der Energiegewinnung zu sichern.

Die Stollen ziehen sich kilometerweit hin. Vom Förderschacht aus werden die Bergleute das erste Stück mit Zügen zu ihren Stollen gebracht

Einkaufen ohne Grenzen

1. Juni. Im grenzüberschreitenden Verkehr innerhalb der sechs Mitgliedsstaaten der Europäischen Wirtschaftsgemeinschaft (EWG) dürfen ab sofort Konsumartikel und Gegenstände für den persönlichen Bedarf bis zu einem Wert von 240 DM zollfrei mitgeführt werden. Ausgenommen sind Kaffee und Spirituosen. Die Zölle im Handelsverkehr der EWG sind seit 1958 für Industrieerzeugnisse um 70% und für Agrarprodukte um 50 bis 55% gesenkt worden (→ 1. 1. / S. 15).

Wegen der Zollsenkungen und der Preisharmonisierungen in der EWG, die den Verbrauchern niedrigere Preise, den Bauern aber Einkommensverluste gebracht haben, beschließt der Bundestag am 30. Juni mit großer Mehrheit ein EWG-Anpassungsgesetz für die bundesdeutsche Landwirtschaft. Danach muß die Bundesregierung zur beschleunigten Eingliederung bundesdeutscher bäuerlicher Betriebe in die EWG jährlich rund 1 Mrd. DM bis zur Schaffung des gemeinsamen EWG-Marktes für landwirtschaftliche Produkte 1969 bereitstellen (→ 1. 7./S. 124). In dem Gesetz ist ferner festgelegt, daß die Bundesregierung zusätzliche Mittel für einen vollen Ausgleich von Einkommensminderungen bereitstellt, die der Landwirtschaft durch EWG-Maßnahmen entstehen. Durch die angestrebte Harmonisierung der Getreidepreise innerhalb der EWG würde der gegenwärtig in der Bundesrepublik geltende Weizenpreis um 35 bis 50 DM sinken. Die Bundesregierung in Bonn erwartet für einen Teil dieses Defizits Ausgleichzahlungen aus dem EWG-Agrarfonds in Höhe von bis zu 700 Mio. DM.

Bundeskanzler Ludwig Erhard (CDU) betont die Notwendigkeit einer Harmonisierung der Getreide-

Walter Hallstein ist seit 1958 Präsident der EWG-Kommission

preise zur weiteren wirtschaftlichen Einigung Europas mit den Worten: »Die Bundesregierung war sich von Anfang an dessen bewußt, daß bei einer Angleichung der EWG-Getreidepreise die deutsche Landwirtschaft unseres Beistandes bedarf ... Die Bundesregierung hofft, ... daß ihre Maßnahmen den Prozeß der wirtschaftlichen Einigung Europas ... beschleunigen.«

Sortiermaschinen bei der Bundespost

1. Juni. Die erste vollautomatische und elektronisch gesteuerte Briefverteilanlage der Bundespost wird im Pforzheimer Postamt 1 ihrer Bestimmung übergeben. Die drei von der Firma Siemens entwickelten Sortiermaschinen für verschiedene Briefformate bewältigen in einer Stunde bis zu 45 000 Postsendungen. Die Sortierung der Briefe erfolgt anhand eines nur maschinell lesbaren Codes für die Postleitzahlen.

Weitere automatische Briefverteilanlagen sollen in den nächsten Jahren die am stärksten frequentierten Postämter entlasten. 1964 hat die Bundespost etwa 9,3 Mrd. Briefe und Postkarten befördert.

Rege Beteiligung an Wirtschaftsmesse

13. Juni. Der polnische Ministerpräsident Józef Cyrankiewicz eröffnet die 34. Internationale Posener Messe (→ 27. 3. / S. 42; 4. 9. / S. 156). Die meisten Länder präsentieren Produkte aus der Schwerindustrie. Zum ersten Mal seit 1961 ist auch die Volksrepublik China wieder vertreten. Sie stellt Gebrauchsgüter, Erzeugnisse der Volkskunst und Maschinen aus. Etwa 200 Firmen aus der Bundesrepublik zeigen eine Auswahl ihrer Produkte vom Transistorradio bis zur Industrieanlage. In Anwesenheit des Vorstandsvorsitzenden der Volkswagenwerke AG, Heinrich Nordhoff, wird erstmals auch ein VW in Polen gezeigt.

Werbung 1965:

Printmedien verstärkt genutzt

Die Konsumgüterwerbung bleibt auch 1965 auf Expansionskurs. Die Ausweitung des Angebots an Printmedien und eine verbesserte Technik für den Vierfarbdruck bieten der Werbewirtschaft neue Möglichkeiten. Am nachhaltigsten beeinflussen jedoch Verbraucherbefragungen die Werbestrategien.

Mitte der sechziger Jahre erlebt die Meinungs- und Marktforschung einen wahren Boom. Die Werbung nutzt diese Informationen über den Verbraucher und seine Wünsche. Nicht mehr das Produkt selbst, sondern der Konsument steht im Mittelpunkt der Werbung; an ihm und mit ihm wird demonstriert, wie gut es ist, ein bestimmtes Produkt zu

Frauenbeinen. Ein bewußter Appell an die Sexualinstikte der Männer erfolgt durch den leicht bekleideten

Printmedienwerbung dominiert

Art der Werbung	Anteil in %	Umsatz in Mio. DM
Zeitungsanzeigen	31,2	1900
Direktwerbung	29,5	1800
Zeitschriftenanzeigen	24,6	1500
Fernsehwerbung	7,7	470
Plakatwerbung	3,0	182
Hörfunkwerbung	1,5	91
Werbung in Filmtheatern	1,0	64
Sonstige	1,5	93
Insgesamt:	100,0	6100

und dem Betrachter entgegengestreckten Po der abgebildeten Frau. Das Werbemotto heißt: »Die Beine

Die Beine Ihres Autos . . .
sind - an diesem Vergleich gemessen - harte Prosa. Nüchterne Tatsac von denen Ihre Sicherheit abhängt. Ist das Profil Ihrer Reifen tief ge Kritisch wird es bei 2 mm. Sie sollten sich - Ihrer Sicherheit zuliebe gute „Beine" für Ihr Auto leisten: Reifen von VEITH PIR

Ganzseitige Werbung für die bundesdeutsche Zigarettenmarke »Krone«; gezeichnete Motive mit Kunstfarben bleiben hinter dem Stand der Druck- und Reprotechnik zurück

Marlboro-Reklame (USA) im Vierfarbdruck; nach Ansicht der Werbeleute sprechen möglichst farbgetreue Abbildungen den Konsumenten stärker an als Zeichnungen

Seit der 1938 geborene Düsseldorfer Werbefotograf Charles Wilp für die Pirelli-Reklame verantwortlich zeichnet, kann der Reifenproduzent überdurchschnittliche Umsatzsteigerungen verbuchen. Die Beine des New Yorker Fotomodells Susan Turner und ihrer Stuttgarter Kollegin Ida Kairies (r.) werden in der ADAC-Motorwelt nach Protesten jedoch nicht mehr abgebildet

besitzen. Diese Tendenz läßt sich besonders in der Zigarettenwerbung feststellen.

Darüber hinaus ist eine Zunahme der Bilderflut zu verzeichnen. Zum einen werden die Werbebilder farbiger, zum anderen arbeiten die Marketingexperten stärker mit sog. Schlüsselreizen. Für besondere Aufregung sorgt eine Reklame von Veith-Pirelli, dem viertgrößten bundesdeutschen Reifenproduzenten. Die Firma zeigt regelmäßig in 40 Motor- und Reisezeitschriften einen ihrer Reifen in Kombination mit

ihres Autos . . . sind – an diesem Vergleich gemessen – harte Prosa.« Insgesamt werden 1965 für die Werbung 6,1 Mrd. DM gegenüber 5,2 Mrd. DM im Jahr zuvor aufgewendet. Rund 85% der Werbeumsätze entfallen auf die Printmedien und Direktwerbung.

Die Werbeumsätze in Funk, Fernsehen, Filmtheatern und durch Plakatanschlag nehmen sich im Vergleich dazu gering aus.

Im Fernsehprogramm entfällt auf die Werbespots nur ein geringer Teil der Sendezeit. 1965 sind es in

den Regionalprogrammen rd. 649 Stunden und im bundesweiten Zweiten Deutschen Fernsehen 93 Stunden. Trotzdem ist ein Verbot der Fernsehwerbung im gebührenfinanzierten öffentlich-rechtlichen Rundfunk in der Diskussion. Von seiten der Regierungskoalition aus CDU und FDP ist eine Erweiterung des Gesetzes gegen den unlauteren Wettbewerb um eine Fernsehklausel geplant. Jeder Zeitungsverleger, der sich durch TV-Werbung wirtschaftlich bedroht fühlt, soll auf Unterlassung klagen können;

Fernsehwerbung soll nach diesen Plänen auf privates kommerzielles Fernsehen beschränkt bleiben.

Auch die Wahlwerbung hat 1965 Konjunktur. Für die Bundestagswahl im September entwickeln zahlreiche der rund 750 bundesdeutschen Werbeagenturen neue Konzepte. Neben die traditionelle Image-Werbung tritt die Wahlshow nach US-amerikanischem Muster. Unterhaltungsprogramme mit populären Stars, Musik und Feuerwerk verdrängen zunehmend politische Programme und Aussagen.

Pack den Tiger in den Tank!

Donnerwetter, das ja je TS statt PS!*
* Tiger-Stärken.

Die moderne Qualitätsformel von Esso Extra spüren Sie in dreifacher Hinsicht:

1 Gesteigerte Energie. Zwischen Esso Extra und dem normalen Kraftstoff besteht ein merklicher Unterschied. Esso Extra verfügt über gesteigerte Energie und bietet erhöhte Kilometerleistung. – Es wurde von der weltweiten Esso-Forschung für extra-hohe Anforderungen geschaffen.

2 Gesteigertes Temperament. Sie spüren die Vorzüge von Esso Extra beim Starten des kalten Motors und immer, wenn Sie beschleunigen, an Stadtverkehr, auf der Autobahn oder am Berg. Der Motor nimmt das Gas sofort an. Die ausgewogene Klopffestigkeit ist reine Freude.

3 Gesteigerte Geschmeidigkeit. Esso Extra wägt bei alter Kraft, die in ihm steckt, zum ruhigen, runden Motorlauf bei. Es läßt Ihren Motor seine besten Kräfte entfalten ohne ihn je zu überfordern. – Mit Esso Extra haben Sie »den Tiger im Tank« – dynamische, geschmeidige Energie!

Fahren Sie zur Esso-Station! **Esso**

Zum alten Motto »kraftgeladen und geschmeidig« findet Esso 1965 das passende Bildsymbol

..auch eine..

Natürlich, alles geht doch gleich leichter von der Hand, wenn man wieder frisch ist. Köstlich-kühles COCA-COLA erfrischt Sie richtig.

Coca-Cola

Coca-Cola, seit 1955 erfolgreich mit: »Mach mal Pause, trink Coca-Cola«, probiert neuen Slogan

Tchibo Tchibo Tchibo

Tchibo bleibt bei Bewährtem; der Kunde soll die Kaufentscheidung allein nach Qualitätsgesichtspunkten fällen

Erfolgreiche Werbemotive appellieren an geheime Wünsche und versprechen mehr Lebensqualität

Erfolgreiche Motive in der bundesdeutschen Werbung appellieren 1965 verstärkt an die geheimen Wünsche der Verbraucher.

Die Esso-AG beispielsweise verlor in den letzten Jahren bei ansteigendem Verbrauch an Superkraftstoff Marktanteile an Konkurrenten. 1965 kann die Mineralölfirma mit der Kampagne »Pack den Tiger in den Tank« Marktanteile zurückgewinnen. Der Tiger symbolisiert Energie, Temperament und Geschmeidigkeit – für Auto und Fahrer.

Unter den Limonadenherstellern setzt der Marktführer Coca-Cola weiterhin am stärksten auf Werbung. Mit jährlich 10 Mio. DM umfaßt der Reklameaufwand der bundesdeutschen Coca-Cola GmbH in Essen 45% des gesamten Werbeetats der 2500 Betriebe dieser Branche. Eine neue Reklame ergänzt das seit 1955 erfolgreiche Motiv des Essener Werbeberaters Hubert Strauf (»Mach mal Pause, trink Coca-Cola.«): In der neuen Werbung unter dem Motto ».. auch eine..« treten die Suggestion von Geselligkeit und Lebensfreude noch stärker hervor als bisher. Der Tchibo-Mann symbolisiert Exotik. Als Kaffee-Experte rät er in tropischer Umgebung zur Wahl eines Produkts von besonderer Qualität.

After we paint the car we paint the paint.

Haben wir ihn lackiert, lackieren wir den Lack.

Gleiche Werbung für den VW-Käfer in den Vereinigten Staaten und der Bundesrepublik Deutschland; die werbliche Hauptaussage ist identisch. Nur die Informationstexte sind den nationalen Besonderheiten angepaßt.

VW wirbt weltweit mit großem Erfolg

Das weltweite Agieren von Großkonzernen führt zu einer Internationalisierung der Werbung. Trotz der Vereinheitlichung der Produktbotschaften in Wort und Bild bleiben jedoch nationale Besonderheiten gewahrt.

Die US-Werbeagentur »Doyle Dane Bernbach Inc.«, die seit 1959 die VW-Werbung in den USA besorgt, entwickelt für den VW-Käfer eine in Europa und den USA gleichermaßen erfolgreiche Werbekampagne. VW-Anzeigen finden in den USA doppelt so viel Leser wie jede andere Automobilanzeige. Für die Werbemasche mit Witz erhalten die Schöpfer der Reklame schließlich die höchste Auszeichnung der US-Werbegilde. Als solider Zweitwagen erreicht der VW als einziger europäischer Importwagen auf dem US-Markt Absatzrekorde.

Feierliche Eröffnung der Ruhr-Universität in Bochum

30. Juni. Mit einem Festakt im städtischen Schauspielhaus wird die Ruhr-Universität Bochum feierlich eröffnet. Vor führenden Persönlichkeiten aus Politik, Wissenschaft und Wirtschaft vereidigt Nordrhein-Westfalens Kultusminister Paul Mikat (CDU) den 58jährigen Professor Heinrich D. Greeven als ersten Rektor der Universität und übergibt ihm Kette und Siegel als Insignien seines neuen Amtes.

Franz Meyers (CDU), der Ministerpräsident des Landes, betont in seiner Festansprache, die erste Universität im Ruhrgebiet sei bewußt in dieser Industrieregion angesiedelt worden, um Menschen anzusprechen, denen bisher der Weg zur akademischen Bildung schwergefallen sei. Zwischen Reformfreude und Tradition habe man bei der Struktur der Hochschule einen Mittelweg gesucht und gefunden.

Bei der Aufnahme des Vorlesungsbetriebes am 2. Oktober 1965 stehen der neunzehnten bundesdeutschen Universität zwei Institutsgebäude mit 25 Hörsälen und 60 Übungs- und Seminarräumen zur Verfügung. Statt in Fakultäten gliedert sich die Universität in achtzehn Abteilungen, darunter acht geisteswissenschaftliche, fünf naturwissenschaftliche, drei medizinische, eine elektrotechnische und eine Abteilung für Maschinenbau. An den 50 Lehrstühlen nehmen zunächst 2000 Studenten das Studium auf.

Die Gründung der Ruhr-Universität Bochum geht auf einen Beschluß des nordrhein-westfälischen Landtages aus dem Jahre 1961 zurück. Daraufhin entwickelte ein Gründungsausschuß unter Vorsitz von Professor Hans Wenke aus Hamburg in vierjähriger Arbeit das Universitätskonzept. Am 2. Juli 1962 legte Ministerpräsident Meyers den Grundstein. Nach dem Baubeginn auf dem Campus in Bochum-Querenburg fand am 21. Januar 1965 das Richtfest für die ersten Gebäude der Ruhr-Universität statt. Bis zum 1. März 1965 wurden 56 ordentliche Professoren ernannt. Die Wahl des evangelischen Theologen Heinrich D. Greeven zum Rektor der Hochschule erfolgte am 30. April 1965 (→ 21. 11./S. 186).

Fertiggestellte Institutsgebäude der Ruhr-Universität auf dem Baugelände in Bochum-Querenburg; davor entstehen Gebäude für Mensa und Bibliothek

Eine Universität im Industriegebiet

Nachdem die 1655 gegründete Universität Duisburg 1818 geschlossen worden war, blieb das Ruhrgebiet ohne Hochschule. Von dem deutschen Reichskanzler Otto von Bismarck ist die Äußerung überliefert, daß es im Ruhrgebiet weder Kasernen noch Universitäten geben dürfe. Von Offizieren wie von Studenten fürchtete er kritische Stimmen und Unruhe, die der Arbeitsproduktivität dieser für das Deutsche Reich besonders wichtigen Industrieregion nur abträglich sein könnten.

Gleichwohl war der Bedarf an qualifizierten Führungskräften für das Revier offenkundig. 1890 wurden erste Stimmen laut, die eine Technische Hochschule im Ruhrgebiet forderten. Bis 1960 wurden verschiedene Vorstöße in die gleiche Richtung unternommen, die jedoch ohne Erfolg blieben.

Nach den ersten Prognosen des Wissenschaftsrates über den sog. Bildungsnotstand regte der Landtag in Nordrhein-Westfalen 1960 an, eine Universität im Ruhrgebiet zu gründen, da sich in dieser Region kein der Wirtschaftskraft adäquates geistiges und kulturelles Zentrum gebildet hatte. Nur knapp die Hälfte des Bundesdurchschnittes der Abiturienten- und Studentenzahlen wurde im Ruhrgebiet erreicht.

Der Grundgedanke der neuen Universität liegt in der Verbindung von Geistes- und Naturwissenschaften mit den Ingenieurwissenschaften. Der 1961 gewählte Standort Bochum soll mit seiner günstigen Verkehrslage Kindern aus Arbeitnehmerhaushalten den Weg zur Hochschule freigeben.

Die Standortwahl kommentiert der nordrhein-westfälische Ministerpräsident Meyers mit den Worten: »Die Lage der Universität im Herzen des Ruhrgebiets bringt die enge Verbindung von Bildung und Wirtschaft, von Forschung und industriellem Erfolg zum Ausdruck«.

Wissenschaftliche Hochschulen in der Bundesrepublik Deutschland (Stand 1965)

Gründung	Name/Ort	Fakultäten	Studierende WS 65/66
1386	Ruprecht-Karl-Universität Heidelberg	5 Fakultäten	11 025
1388/1919	Universität Köln	5 Fakultäten	20 069
1457	Albert-Ludwigs-Universität Freiburg	5 Fakultäten	11 396
1472	Ludwig-Maximilians-Universität München	7 Fakultäten	22 523
1477/1946	Johannes-Gutenberg-Universität Mainz	6 Fakultäten	8 160
1477	Eberhard-Karls-Universität Tübingen	6 Fakultäten	9 958
1527	Philipps-Universität Marburg	5 Fakultäten	8 290
1582	Bayerische Julius-Maximilians-Universität Würzburg	5 Fakultäten	8 272
1607	Justus-Liebig-Universität Gießen	6 Fakultäten	4 469
1665	Christian-Albrecht-Universität Kiel	6 Fakultäten	7 500
1737	Georg-August-Universität Göttingen	8 Fakultäten	10 153
1743	Friedrich-Alexander-Universität Erlangen-Nürnberg	6 Fakultäten	9 350
1745	Carolo-Wilhelmina Technische Hochschule Braunschweig	3 Fakultäten	5 000
1775	Bergakademie Clausthal-Technische Hochschule	2 Fakultäten	1 027
1778	Tierärztliche Hochschule Hannover	1 Fakultät	607
1780	Westfälische Wilhelms-Universität Münster	6 Fakultäten	14 668
1799	Technische Universität Berlin	9 Fakultäten	9 728
1818	Rheinische Friedrich-Wilhelms-Universität Bonn	7 Fakultäten	13 589
1818	Landwirtschaftliche Hochschule Hohenheim	1 Fakultät	611
1825	Technische Hochschule Fridericiana Karlsruhe	6 Fakultäten	5 881
1829	Technische Hochschule Stuttgart	3 Fakultäten	1 829
1831	Technische Hochschule Hannover	4 Fakultäten	4 930
1836	Technische Hochschule Darmstadt	7 Fakultäten	5 192
1868	Technische Hochschule München	3 Fakultäten	8 533
1870	Rheinisch-Westfälische Technische Hochschule Aachen	5 Fakultäten	9 813
1907/1965	Universität Düsseldorf	2 Fakultäten	1 081
1907	Wirtschaftshochschule Mannheim	3 Abteilungen	2 467
1914	Johann-Wolfgang-Goethe-Universität Frankfurt am Main	5 Fakultäten	13 467
1919	Universität Hamburg	6 Fakultäten	18 462
1948	Freie Universität Berlin	6 Fakultäten	15 489
1948	Universität des Saarlandes	4 Fakultäten	6 566
1961	Ruhr-Universität Bochum	18 Abteilungen	2 000

US-Astronaut White schwebt im Raum

3. Juni. *Die US-Astronauten James McDivitt und Edward White starten mit dem Raumschiff »Gemini IV« vom US-Raumfahrtgelände Kap Kennedy zu einer fünftägigen Weltraummission. Nach der dritten Erdumrundung verläßt der 34jährige Luftwaffenmajor White für zwanzig Minuten die Raumkapsel und schwebt, durch eine Leine gesichert, frei im Weltraum. Einen ähnlichen Ausstieg hatte als erster Mensch am → 18. März (S. 58) der sowjetische Oberstleutnant Alexei Leonow aus dem Raumschiff Woschod II unternommen.*
Die US-Amerikaner erwarten von dem Weltraumexperiment im Rahmen der Vorbereitungen eines bemannten Mondfluges Aufschluß über die Auswirkungen der Schwerelosigkeit auf den menschlichen Organismus und technisches Gerät.

◁ US-Astronaut Edward White bei seinem Ausstieg aus der Raumkapsel Gemini IV

Flugzeugabsturz bei Luftfahrtschau

15. Juni. Bei der 26. Internationalen Pariser Luftfahrtschau auf dem Flughafen Le Bourget stürzt ein US-amerikanischer Düsenbomber vom Typ B-58 auf die Landebahn. Ein Mitglied der dreiköpfigen Besatzung verbrennt in den Trümmern der Maschine, die beim Aufprall explodiert. Zwei Besatzungsmitglieder können verletzt gerettet werden.

Der Düsenbomber, dem vor dem Aufsetzen auf die Landebahn das Fahrwerk abgerissen wurde, war zu tief angeflogen. Die Maschine sollte auf dem Internationalen Aero-Salon vorgeführt werden. Dieser Flugzeugtyp kann mit doppelter Schallgeschwindigkeit in bis zu 18 000 m Höhe fliegen.

Bereits 1961 war ein US-amerikanisches Flugzeug gleichen Typs bei der Pariser Luftfahrtausstellung verunglückt.

Ein Prestigeerfolg gelingt dagegen der Sowjetunion auf dem Pariser Aerosalon mit der Präsentation des größten Transportflugzeuges der Welt. Die An-22 kann 80 t Nutzlast oder 720 Passagiere transportieren. Mit einem 14-Räder-Fahrwerk startet und landet die 250 t schwere Maschine auch auf Grasplätzen.

Orden für »Pilzköpfe« – Veteranen empört

11. Juni. *Die britische Musikgruppe »The Beatles« (Abb., v. l.: Paul McCartney, George Harrison, John Lennon, Ringo Star; → 18. 2. | S. 42; 29. 7. | S. 132) erhält im Buckingham-Palast in London von Königin Elisabeth II. den Empire-Orden. Die erste Verleihung dieser Auszeichnung an eine Popgruppe führt zu heftigen Protesten in den Leserbriefspalten der Tageszeitungen und zur Ordensrückgabe durch Kriegsveteranen.*
Der kanadische Parlamentsabgeordnete Dupuis erklärt, er habe sich bei der Ordensverleihung geehrt gefühlt, »jetzt aber stellt mich die englische Königin auf eine Stufe mit vulgären Trotteln«.
»Beatle« John Lennon zeigt sich über die Ordensverleihung erstaunt: »Ich habe nicht gedacht, daß man das für so etwas bekommt . . . Ich dachte, man muß Panzer fahren, Kriege gewinnen und so'n Zeug«. Die Ehrung erfolgt auf Vorschlag des britischen Premierministers Harold Wilson. Zu dessen Amtsaufgaben gehört es, alljährlich zum Geburtstag der Königin eine Liste der zu ehrenden Personen zusammenzustellen.

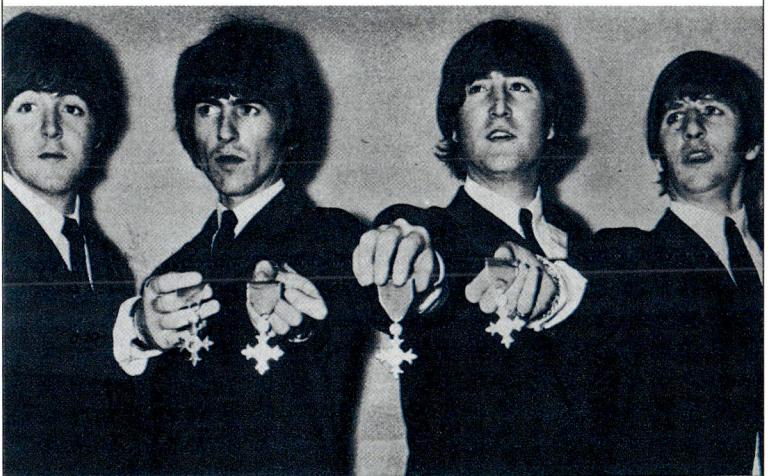

Peggy March: Mit 17 hat man noch Träume

13. Juni. Das Lied »Mit 17 hat man noch Träume«, gesungen von Peggy March, wird bei der Endausscheidung der 5. Deutschen Schlagerfestspiele im Kurhaus von Baden-Baden zum Schlager des Jahres 1965 gewählt. Komponist und Texter ist Heinz Korn.

Zwei Jahre nach ihrem Deutschlanddebüt auf der Berliner Funkausstellung schafft die 17jährige US-amerikanische Schlagersängerin mit dem Titelgewinn den Durchbruch zum Schlagerstar in der Bundesrepublik. Bereits als Schulmädchen feierte die in Gesang, Schauspiel und Tanz ausgebildete Tochter eines Ingenieurs aus Pennsylvania erste Erfolge im US-amerikanischen Showbusiness.

Den zweiten Platz belegt die 18jährige Norwegerin Wencke Myhre mit dem Hit »Sprich nicht darüber«. Dieses Lied komponierte Rudi von der Dovenmühle; den Text schrieb Nilsen Nobach.

Die 28jährige Schwedin Siw Malmkvist, Siegerin des Schlagerwettbewerbes 1964, belegt mit dem Lied »Das fünfte Rad am Wagen« (Musik und Text: Christian Bruhn) den dritten Platz des Festivals.

Ruhrfestspiele endlich in eigenem Haus

11. Juni. Mit der Einweihung des neuerbauten Festspielhauses auf der Cäcilienhöhe im Stadtpark von Recklinghausen werden die 19. Ruhrfestspiele eröffnet. Erstmals seit ihrer Gründung 1947 steht damit den Festspielen ein eigenes Haus zur Verfügung.

Bundespräsident Heinrich Lübke betont in der Feierstunde vor rund 1000 Ehrengästen, daß es mit dem Bau des Festspielhauses gelungen sei, den Arbeiter an den Kulturgütern teilnehmen zu lassen.

In dem neuen Theater der Ruhrfestspiele können an einem Tag drei Inszenierungen für jeweils 1049 Zuschauer aufgebaut werden. Das Haus kann u. a. auch für Tagungen und Kongresse benutzt werden.

Die erste Inszenierung im Festspielhaus besorgt Heinrich Koch mit einer modernen Interpretation von Friedrich Schillers Sturm-und-Drang-Drama »Die Räuber«. Als zweite Premiere folgt Brechts »Mutter Courage und ihre Kinder«.

Im Foyer des neuen Hauses erinnert ein großer Brocken Steinkohle auf einem Sockel an den Ursprung der Festspiele: Das Hamburger Schauspielhaus erhielt im Winter 1946 von einer Zeche in Recklinghausen Koh-

len geliefert. Als Gegenleistung und Dank spielten die Schauspieler ein Jahr später im Saalbau von Recklinghausen vor den Bergarbeitern. Bereits 1951 plante die Stadt Recklinghausen die Errichtung eines großen Festspielhauses. 1956 wurde ein Architektenwettbewerb ausgeschrieben, dem aber die erhoffte internationale Beteiligung versagt blieb. Ein Recklinghäuser Architektenteam entwarf schließlich das

Konzept für das Festspielhaus. Am 2. Juni 1960 setzte der ehemalige Bundespräsident Theodor Heuss den ersten Spatenstich; ein Jahr später legte sein Amtsnachfolger Heinrich Lübke den Grundstein.

Die Kosten für den 100 m langen und 36 m breiten Neubau in Höhe von 23 Mio. DM teilen sich die Stadt, das Land, der Deutsche Gewerkschaftsbund, der Bund sowie die Vereinigung »Freunde der Ruhrfestspiele«.

Hannes Messemer und Anneli Granget in Schillers »Die Räuber«

Lotte Lenya in der Hauptrolle von Brechts Drama »Mutter Courage«

Kunstausstellung zeigt Querschnitt

12. Juni. Im Rahmen der Ruhrfestspiele wird die Kunstausstellung »Signale – Manifeste – Proteste der Kunst im 20. Jahrhundert« im Festspielhaus eröffnet. 241 Kunstwerke von 156 Künstlern zeigen die Entwicklung der modernen Kunst seit der Jahrhundertwende.

Als zentrale Themen haben die ausgestellten Bilder die Warnung vor der Grausamkeit des Krieges und vor der Unmenschlichkeit zum Inhalt. Appelle an das Rechtsgefühl und Demonstrationen für die Freiheit und Würde der Menschen sind weitere Bildthemen.

Darüber hinaus zeigt die Ausstellung die Vielfalt der Stilrichtungen in der modernen Kunst. Von der Pariser Gruppe der »Fauvisten« um Henri Matisse über die expressionistische deutsche Künstlergemeinschaft »Die Brücke« um Ernst Ludwig Kirchner, die Kubisten um Pablo Picasso und Georges Braque bis zu den Dadaisten und Surrealisten um Hans Arp und Salvador Dalí reicht das Spektrum der ausgestellten Bilder. Der Objektkünstler Jean Tinguely Yves Klein, der Begründer der monochromen Malerei, repräsentiert die zeitgenössische Kunst.

Das Festspielhaus

1 Haupteingang
2 Eingangshalle
3 Kohlebrocken
4 Kartenstelle
5 Treppe zum Parkett
6 Zugang Werkstatt-Theater
7 Erfrischungsraum
8 Werkstatt-Theater
9 Presseraum
10 Wandelgang
11 Kleiner Festsaal
12 Rang-Foyer
13 Regiezone
14 Oberrang-Foyer
15 Zuschauerraum
16 Hauptbühne
17 Beleuchterbrücken (Zuschauerraum)
18 Kostümwerkstätten
19 Geschäftsführung und Verwaltung (hinter der Bühne)
20 Bühnendekoration (im Schnürboden hängend)
21 Arbeitsgalerien
22 Rechte Seitenbühne
23 Schreinerei
24 Bühnenturm
25 Park
26 Rundweg
27 Plastik von Henry Moore „Die Liegende Nr. 5"
28 Bühnenbetriebshof

Service für die Leser: Bücher in Bussen

20. Juni. 38 fahrbare Büchereien aus allen Teilen der Bundesrepublik unternehmen eine Sternfahrt nach Bielefeld. Anlaß ist die Jahrestagung des Deutschen Büchereiverbandes.

In der Bundesrepublik gibt es 65 rollende Bibliotheken, von denen jede im Durchschnitt 3000 Bände zum Ausleihen bereithält. Die Bücher sind in großen Bussen oder Sattelschleppern untergebracht und werden damit in Siedlungsgebiete und Vorstädte gefahren, wo sich die Einrichtung einer öffentlichen Bücherei nicht lohnt. 1964 wurden rund drei Mio. Bände von den Büchereien auf Rädern ausgeliehen.

Auf der Tagung des Büchereiverbandes kritisieren die 600 anwesenden Fachleute, daß es in den vergangenen 20 Jahren nicht gelungen sei, der Öffentlichkeit die Bedeutung der Bibliotheken deutlich zu machen und deswegen kulturelle Einrichtungen wie z. B. Theater und Museen stärker gefördert würden.

Hochwasser in Passau; Verkehr ist nur noch mit Booten möglich

Hochwasser im Donaugebiet

14. Juni. *Anhaltende Niederschläge führen in Bayern zu weiträumigen Überschwemmungen. Am stärksten betroffen sind das Donautal und die Stadt Passau. Dort steigt der Hochwasserpegel auf 4,5 m über normal. Der Verkehr in der Stadt kann nur noch mit Booten aufrecht erhalten werden. Das Hochwasser fordert sieben Todesopfer.*

Juliane Herm nach ihrer Wahl zur Miß Europa

Juliane Herm wird Miß Europa

5. Juni. *Die 20jährige Juliane Herm aus Ludwigsburg wird in Nizza (Südfrankreich) Siegerin eines Schönheitswettbewerbs. Damit führt die 1,72 m große und 53 kg schwere Bundesbürgerin den Titel der »Miß Europa 1965«. Die blonde Schönheitskönigin mit den Maßen 92-58-90 siegt vor ihren Konkurrentinnen aus Finnland, Schweden und Spanien.*

Kronprinzessin Beatrix der Niederlande und Claus von Amsberg

Verlobung im Königshaus

28. Juni. *Königin Juliana der Niederlande gibt auf ihrem Wohnsitz Schloß Soestdijk die Verlobung ihrer ältesten Tochter, der 27jährigen Kronprinzessin Beatrix, mit dem 38jährigen bundesdeutschen Diplomaten Claus von Amsberg bekannt. Während die Verlobung die Unterstützung der Regierung findet, lehnt ein Teil der 12 Mio. Niederländer die Verbindung ab.*

Neuling Gimondis Tour-Sieg überrascht die Fachwelt

22. Juni. In Köln starten 130 Radprofis in 13 Mannschaften zur 52. Tour de France. Nach 4177 km in 22 Etappen gewinnt der Italiener Felice Gimondi am 14. Juli bei der Ankunft in Paris die strapaziöse Radrundfahrt

Zum ersten Mal in der Geschichte der seit 1903 ausgetragenen längsten Radrundfahrt der Welt ist eine deutsche Stadt Startplatz der Tour de France: Vom Kölner Dom aus führt die erste der insgesamt 22 Etappen über 149 km nach Lüttich (Belgien). Tausende von Kölnern sehen den Start der 130 Radprofis zu ihrer 4177 km langen Fahrt.

nach 116:42:06 h mit einem Vorsprung von 2:40 min vor dem Franzosen Raymond Poulidor.

Der Sieg Gimondis überrascht die Fachwelt, da der 22jährige Italiener die »Tour der Leiden« gleich bei seinem ersten Start bei der Tour de France gewinnt. Als großer Verlierer gilt der Franzose Poulidor, der zur Enttäuschung seiner Landsleute beim fünften Anlauf wie bereits 1964 nur den zweiten Platz belegt.

Die Punktwertung der Tour de France gewinnt wie im Jahr zuvor der holländische Weltmeister Jan Janssen. Gewinner des Bergpreises wird der Spanier Julio Jimenez, dessen spanischer Rennstall KAS auch in der Mannschaftswertung deutlich vorn liegt.

Von den vier bundesdeutschen Fahrern erreichen zwei das Ziel in Paris: Karl-Heinz Kunde als Elfter, Hennes Junkermann auf Platz 28. Rolf Wolfshohl und Dieter Puschel schieden in der elften bzw. zehnten Etappe aus.

Härtestes Rennen für Berufsfahrer

Das härteste und berühmteste Etappenrennen für Berufsfahrer wird seit 1903 alljährlich ausgefahren (Unterbrechungen: 1915–1918; 1940–1946). Die Gesamtlänge der 20 bis 23 Etappen beträgt mehr als 1000 km. Der Streckenverlauf wird jedes Jahr von den veranstaltenden Zeitungen »Le Parisien Libéré« und »L'Équipe« in Absprache mit den Gemeinden neu festgelegt. Es gibt eine Einzel- und eine Mannschaftswertung. 1919 wurde das Gelbe Trikot für den Spitzenreiter im Gesamtklassement eingeführt, 1933 die Bergwertung und 1953 die Punktwertung (Grünes Trikot). Alle Wertungen sind mit unterschiedlich hohen Geldprämien dotiert.

Grass als Redner bei einer SPD-Wahlveranstaltung in Köln (12. 9.)

Auf seiner Wahlreise für die »ES-PE-DE« im Münchner Circus Krone: Grass vor Studenten

»Wahlkontor«-Tagung, v. r. Klaus Röhler, Hermann P. Piwitt, Nicolas Born, Hans Christof Buch, Gudrun Ensslin; l. M. Eichholz

Schriftsteller Grass macht Wahlkampf für die Sozialdemokraten

Der bundesdeutsche Schriftsteller Günter Grass geht anläßlich der Bundestagswahl am → 19. September (S. 154) auf Wahlreise für die »ES-PE-DE«.

In Zusammenarbeit mit Hans Werner Henze und Siegfried Lenz besingt der 1927 geborene Verfasser der »Danziger Trilogie« in 52 Städten der Bundesrepublik die Demokratie (»Dir sing ich, Demokratie«) und fordert zur Wahl seines Freundes Willy Brandt auf. Wegen Grass' Forderung nach Verzicht auf die ehemaligen deutschen Ostgebiete geht die SPD auf Distanz.

Grass begründet sein politisches Engagement mit dem Hinweis, daß Literatur bestenfalls langfristige Wirkungen habe. Wer aber Konkretes schnell bewirken wolle, müsse sich für Parteien engagieren.

Bei der Entgegennahme des Georg-Büchner-Preises am 9. Oktober in Darmstadt beklagt Grass das mangelnde politische Engagement der Intellektuellen und Kulturschaffenden. Namentlich erwähnt er Alfred Andersch und Heinrich Böll.

Als Redenschreiber unterstützen die SPD auch 17 im Wahlkontor deutscher Schriftsteller zusammengeschlossene junge Autoren.

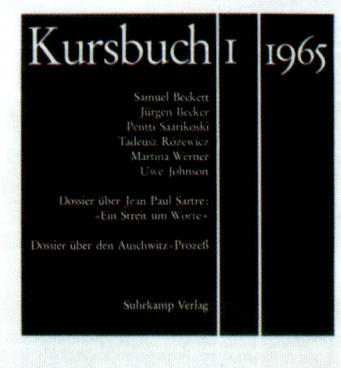

»Kursbuch I«
Im Juni 1965 erscheint erstmals das von Hans-Magnus Enzensberger herausgegebene »Kursbuch«. Mit einem Dossier von Peter Weiss über den Auschwitzprozeß sucht die Literaturzeitschrift die Verbindung zwischen Literatur und Politk.

Hubert Fichte: »Das Waisenhaus«
Nach dem Prosaband »Aufbruch nach Turku« (1963) veröffentlicht Hubert Fichte seinen ersten Roman. Aus der vielschichtig zusammengesetzten Perspektive eines Kindes wird die Erwachsenenwelt kritisch beleuchtet und hinterfragt.

Uwe Johnson: »Zwei Ansichten«
In seinem dritten Roman sucht Uwe Johnson die West-Ost-Konfrontation am Einzelfall aufzurollen. In der Begegnung zweier Menschen aus Ost und West werden unterschiedliche Ansichten über Lebensformen deutlich.

»Der Spion der aus der Kälte kam«
Der Bestseller des ehemaligen britischen Vizekonsuls in Hamburg erscheint 1965 in der deutschsprachigen Fassung. In dem Spionageroman wird der Agent Alec Leamas vom britischen Geheimdienst zum Schutze eines Topagenten geopfert.

Literatur 1965:

Realismus und Zeitgeschichte prägen Prosa und Lyrik

Der Ost-West-Konflikt ist 1965 eines der vorherrschenden Themen in der deutschsprachigen Literatur. Darüber hinaus suchen junge Autoren in der Bundesrepublik in Lyrik und Prosa unter dem Stichwort »neuer Realismus« nach wirklichkeitsnahen Ausdrucksformen. Auch in der Lyrik der DDR melden sich junge Autoren mit neuen Veröffentlichungen zu Wort.

Vier Jahre nach dem Mauerbau nehmen vor allem Autoren aus der DDR das Ost-West-Thema auf. Der 1959 nach Berlin (West) übergesiedelte ehemalige DDR-Schriftsteller Uwe Johnson veröffentlicht seinen dritten Roman »Zwei Ansichten«. Der Autor versucht, die West-Ost-Konfrontation im deutschen Alltagsleben am Einzelschicksal zweier Menschen darzustellen. Mit den Mitteln der Ironie und Satire beschreibt dagegen der 39jährige Hermann Kant in seinem ersten Roman »Die Aula« die Aufbauphase der DDR anhand der Entwicklung von Arbeitern zu Intellektuellen. Die Konkurrenz der Gesellschaftssysteme kommt über die Flucht eines Romanhelden aus der DDR und eine Reise des Erzählers in die Bundesrepublik zum Vorschein. Auch Christa Wolfs 1963 in der DDR erschienene und kontrovers diskutierte Erzählung »Der Geteilte Himmel« erscheint erstmals in der Bundesrepublik. Vor dem Hintergrund des Mauerbaus in Berlin thematisiert die 36jährige Autorin den Bruch einer Liebesbeziehung zwischen einem Chemiker und einer Pädagogikstudentin. Nach Schwierigkeiten mit den Planungsbehörden der DDR geht der Chemiker nach Berlin (West) während die Frau sich zur Rückkehr in den Ostteil der Stadt und damit für die Gesellschaftsordnung der DDR entscheidet.

Im Bereich der Lyrik setzt sich in der DDR der 1962 begonnene Generationswechsel fort. Bislang unbekannte junge Autoren, die zwischen 1930 und 1945 geboren wurden, melden sich mit Einzelpublikationen oder in Anthologien zu Wort. So erscheint in der DDR »Provokationen für mich«, der erste Gedichtband des 26jährigen Volker Braun. Mit Vehemenz fordert der Autor in seinen Gedichten die Aufwertung der künstlerischen Subjektivität, die nicht den gesellschaftlichen Zielen geopfert werden dürfe. Rainer und Sarah Kirsch veröffentlichen weitere Gedichte unter dem Titel »Gespräch mit dem Saurier«. Schließlich erscheinen in den Quartheften des gerade gegründeten Wagenbach Verlages in Berlin (West) Wolf Biermanns erste Balladen, Gedichte und Lieder unter dem Titel »Die Drahtharfe«. Diese Lieder gegen den Krieg, Liebeslieder und Balladen über Alltagskonflikte der DDR führen endgültig zum Auftritts- und Ausreiseverbot für den 1936 geborenen, in der DDR ungeliebten Autor. Auf dem 11. Plenum des Zentralkomitees der Sozialistischen Einheitspartei Deutschlands am 5. Dezember wird das Berufsverbot mit Biermanns »prinzipieller Gegnerschaft zum realen Sozialismus« gerechtfertigt; darüber hinaus unterstellt die Parteiführung dem 1953 aus Hamburg in die DDR übergesiedelten Liedermacher »anarchistischen Individualismus«.

In der bundesdeutschen Lyrik kündet sich die Abkehr vom sog. hermetischen Gedicht an, das sich vor allem durch den Rückzug aus der Wirklichkeit in eine Metaphorik des schönen Scheins auszeichnet. Der Literaturwissenschaftler und Schriftsteller Walter Höllerer fordert in »Thesen zum langen Gedicht«, die 1965 in der Literaturzeitschrift »Akzente« erscheinen, einen neuen Realismus in der Lyrik. Die Gedichte sollen danach auf jegliche »Feiertäglichkeit« verzichten und »subtile und triviale, literarische und alltägliche Ausdrücke« aufnehmen. Inhalte werden gefordert, die Form soll demgegenüber zurücktreten. Unterstützung erhält Höllerer von Günter Grass, Peter Rühmkorf und weiteren Autoren der »Gruppe 47«. Vor allem auch junge Autoren wie Herbert Achternbusch, Thomas Bernhard, Peter Bichsel, Horst Bienek, Hubert Fichte, Günter Herburger, Ror Wolf und Gabriele Wohmann beteiligen sich mit ihren ersten Gedichten an der Versachlichung der bundesdeutschen Lyrik. Mit der Hinwendung zur Wirklichkeit vollzieht die Lyrik eine Entwicklung nach, die sich in der Prosa schon durchgesetzt hat. Seit 1962 sammelt der Schriftsteller und Lektor Dieter Wellershoff in der »Kölner Schule« Schriftsteller um sich, die das Leben schildern wollen, »wie es ist«. 1965 erscheinen im Umfeld der »Kölner Schule« Rolf Dieter Brinkmanns erste Prosaarbeit »Die Umarmung«, der Roman »Der zweite Tag« von Nicholas Born und Günter Steffens Roman »Der Platz«. Die Kluft zwischen Literatur und Wirklichkeit soll auch die Literaturzeitschrift »Kursbuch«, die im Juni 1965 erstmals erscheint, überbrücken. Der 35jährige Lyriker und Herausgeber Hans Magnus Enzensberger betont: »Wo die literarische Vermittlung versagt, wird das ›Kursbuch‹ den unvermittelten Niederschlag der Realien zu fassen suchen: in Protokollen, Gutachten, Reportagen, Aktenstücken, polemischen und unpolemischen Gesprächen.« So bietet das »Kursbuch 1« neben polnischer und finnischer Lyrik politische Texte von Samuel Beckett, Jürgen Becker und Uwe Johnson, einen Disput über den französischen Existentialisten Jean-Paul Sartre sowie ein Dossier von Peter Weiss über den Auschwitz-Prozeß (→ 19. 11./S. 176). Das im Suhrkamp Verlag erscheinende »Kursbuch« ist neben der »Neuen Rundschau« (S. Fischer Verlag) und den »Akzenten« (Hanser Verlag) die dritte Literaturzeitschrift in der Bundesrepublik. Während das »Kursbuch« mit einer Auflage von 5000 Exemplaren beginnt, finden die beiden eingeführten Literaturzeitschriften jeweils 7500 Abnehmer bei deutlich niedrigeren Einzelheftpreisen.

Einer großen Nachfrage erfreuen sich 1965 der Politthriller und der Spionageroman. In vier Romanen US-amerikanischer und britischer Autoren ist die geteilte Stadt Berlin Ort des Geschehens. Der Bestseller »Der Spion der aus der Kälte kam«, geschrieben vom 34jährigen Briten John Le Carré, erscheint weltweit in einer Gesamtauflage von fünf Mio. Exemplaren.

(Siehe auch Übersicht »Buchneuerscheinungen« im Anhang.)

Der Durchbruch gelang Mailer 1948 mit »Die Nackten und die Toten«

Truman Capote veröffentlicht nach sechs Jahren Recherche »Kaltblütig«

Neue Bestseller von Capote und Mailer

Nach mehrjähriger Pause veröffentlichen die US-amerikanischen Erfolgsschriftsteller Norman Mailer und Truman Capote neue Romane. In Norman Mailers Epos »Alptraum« bewegt sich der intellektuelle Held in Extremsituationen. Mailer will »Zugang in die Mysterien des Mords, des Selbstmords, des Inzests, der Orgie, des Orgasmus und der Zeit« gewinnen.

Truman Capote veröffentlicht im Vorabdruck den Tatsachenroman »Kaltblütig«. Die detailgetreue Skizze eines vierfachen Raubmordes verdeutlicht den Hintergrund und die Motive zweier Mörder. Das Buch wird ein weltweiter Erfolg.

Juli 1965

Mo	Di	Mi	Do	Fr	Sa	So
			1	2	3	4
5	6	7	8	9	10	11
12	13	14	15	16	17	18
19	20	21	22	23	24	25
26	27	28	29	30	31	

1. Juli, Donnerstag

Der Ministerrat der Europäischen Wirtschaftsgemeinschaft (EWG) erzielt auf seiner Sitzung in Brüssel keine Einigung über die Finanzierung des gemeinsamen Agrarmarktes. → S. 124

Für 14 Stadt- und Landkreise in Nordrhein-Westfalen wird die Mietpreisbindung aufgehoben. → S. 126

Die drei Hamburger Verleger Gerd Bucerius, John Jahr und Richard Gruner schließen ihre Unternehmen zur »Gruner und Jahr GmbH und Co« zusammen. Sie gründen damit den zweitgrößten bundesdeutschen Pressekonzern. → S. 129

Im Rahmen der »Aktion 1. Juli – Bildung in Deutschland« fordern 10 000 Studenten in den bundesdeutschen Universitätsstädten Maßnahmen gegen den Bildungsnotstand (→ 27. 9./S. 157).

2. Juli, Freitag

Der Bundestag beschließt in Bonn die Ausgabe von VEBA-Volksaktien an Zeichner aus den untersten Einkommensgruppen mit einem Jahresverdienst bis zu 8000 bzw. 16 000 DM (→ 19. 8./S. 141).

Die Sozialistische Einheitspartei Deutschlands (SED) veröffentlicht in Berlin (Ost) ein sog. Braunbuch mit den Namen von über 1800 ehemaligen Funktionären der Nationalsozialistischen Deutschen Arbeiterpartei (NSDAP), die in der Bundesrepublik Deutschland Führungspositionen einnehmen.

Auf dem 33. Internationalen Kongreß der PEN-Clubs in Bled (Jugoslawien) wird der US-amerikanische Schriftsteller Arthur Miller einstimmig zum neuen Präsidenten gewählt.

Der Australier Roy Emerson wird mit einem Dreisatzsieg über seinen Landsmann Fred Stolle Wimbledonsieger. → S. 133

3. Juli, Samstag

Die US-Regierung verfügt den Abzug von 1400 US-Soldaten aus der Dominikanischen Republik. Damit befinden sich noch 10 900 Marine-Infanteristen auf der Insel (→ 24. 4./S. 74).

Margaret Smith aus Australien gewinnt das Wimbledonfinale der Damen gegen Maria Esther Bueno aus Brasilien 6:4 und 7:5 (→ 2. 7./S. 133).

4. Juli, Sonntag

Vor über 25 000 Heimatvertriebenen und Flüchtlingen aus den ehemaligen deutschen Ostgebieten betont Bundespräsident Heinrich Lübke, daß es kein politisches Ziel gebe, das den Einsatz von Gewalt rechtfertige.

Nach einer Tage dauernden Hitzewelle wird Oberitalien von schweren Hagelunwettern und Wirbelstürmen heimgesucht. Gleichzeitig steigen die Temperaturen in Sizilien auf 42 °C im Schatten.

5. Juli, Montag

Das Bundesverteidigungsministerium teilt in Bonn mit, daß die Bundeswehr 438 000 Mann umfaßt. Auf das Heer entfallen 278 000, auf die Luftwaffe 93 000 und auf die Marine 31 000 Soldaten. 36 000 Mann arbeiten bei Bundeswehr-Dienststellen oder gehören zur territorialen Verteidigung.

Auf dem Sahara-Stützpunkt Hammaguir starten französische Techniker eine zweistufige Rakete, die als Grundstufe für die französische Trägerrakete Diamant dienen soll. Mit dieser Rakete will Frankreich Satelliten in den Weltraum befördern (→ 13. 5./S. 93).

6. Juli, Dienstag

Der italienische Staatspräsident Giuseppe Saragat trifft in Begleitung von Außenminister Amintore Fanfani zu einem fünftägigen Staatsbesuch in der Bundesrepublik Deutschland ein.

Sieger der Internationalen Filmfestspiele in Berlin (West) wird der Film »Alphaville« des französischen Regisseurs Jean-Luc Godard. Er erhält die höchste Auszeichnung der Berlinale, den »Goldenen Bären«. → S. 132

7. Juli, Mittwoch

Die israelische Regierung erteilt Rolf Pauls, bisher Ministerialdirigent im Auswärtigen Amt, das Agrément als ersten Botschafter der Bundesrepublik Deutschland in Israel (→ 13. 8./S. 138).

Der österreichische Nationalrat in Wien verabschiedet einstimmig ein Bauern-Krankenversicherungsgesetz, das erstmalig den selbständigen Landwirten und Familienangehörigen bei Krankheit, Mutterschaft und Tod Versicherungsschutz gewährt.

Der britische Spielfilm »Ekel« von Roman Polanski mit Cathérine Deneuve in der Hauptrolle startet nach seinem Erfolg bei den Berliner Filmfestspielen, wo er mit dem »Silbernen Bären« ausgezeichnet wird, in den bundesdeutschen Kinos (→ 6. 7./S. 132).

8. Juli, Donnerstag

Die 108. Kultusministerkonferenz in Kiel beschließt, daß von 1967 an die Schuljahre für Schulanfänger einheitlich am 1. August beginnen sollen. → S. 126

Der US-amerikanische Botschafter in Südvietnam, Maxwell Taylor, reicht sein Rücktrittsgesuch ein. Bei seiner Ernennung im Juni 1964 hatte Taylor bereits erklärt, daß er aus persönlichen Gründen nicht länger als ein Jahr auf diesem Posten bleiben könne. Zu seinem Nachfolger wird der republikanische Politiker Henry Cabot Lodge ernannt.

9. Juli, Freitag

Bundesaußenminister Gerhard Schröder (CDU) fordert in einem Interview mit den »Düsseldorfer Nachrichten«, die Bundesrepublik in glaubhafter Weise in die Organisation des westlichen nuklearen Abschreckungspotentials einzubeziehen. Nur dann könne die Bundesrepublik auf den Erwerb eigener Atomwaffen verzichten (→ 11. 5./S. 90).

Vertreter des Bundesinnenministeriums und der Kirchen gründen den Verein »Stiftung junger deutscher Film«, der »in gemeinnütziger Weise das deutsche Filmschaffen fördern und eine Erneuerung des deutschen Films anregen« soll. Das Bundesinnenministerium stellt für zehn Filme insgesamt 3,5 Mio. DM zur Verfügung.

Dem 34jährigen britischen Posträuber Ronald A. Biggs gelingt eine aufsehenerregende Flucht aus dem Londoner Wandsworth-Gefängnis. → S. 129

Beim Rosicky-Memorial der Leichtathleten in Prag laufen die Polinnen Eva Klobukowska und Irena Kirszenstein mit je 11,1 sec Weltrekord über 100 m.

10. Juli, Samstag

Die Volkswagenwerke (VW) in Wolfsburg schließen anläßlich der Sommerferien bis zum 2. August ihre Tore. 2000 der 5000 italienischen Arbeitnehmer bei VW nutzen die Werksferien, um mit zwei Sonderzügen der Deutschen Bundesbahn in ihre Heimat zu reisen.

Die Geburt einer Tochter für das junge griechische Königspaar stürzt Griechenland in einen Freudentaumel. Die Tochter von König Konstantin II. und Königin Annemarie erhält den Namen Alexia und ist bis zur Geburt eines Sohnes Thronfolgerin.

Im Alter von 66 Jahren stirbt in Paris der französische Schriftsteller Jacques Audiberti.

11. Juli, Sonntag

Bundeskanzler Ludwig Erhard (CDU) wendet sich auf dem Bundestag der CDU-Sozialausschüsse nachdrücklich gegen die »Versuche intellektueller Snobs«, den Wohlstand in der Bundesrepublik lächerlich zu machen.

Eine 200 Mann starke Vietcong-Einheit vernichtet eine Panzerkolonne der südvietnamesischen Regierungstruppen auf einer stark befahrenen Straße zwischen Saigon und dem Seebad St. Jacques.

12. Juli, Montag

Der ägyptische Staatspräsident Gamal Abd el Nasser erklärt im US-amerikanischen Fernsehen, daß der Krieg der arabischen Welt gegen Israel unausweichlich kommen werde.

13. Juli, Dienstag

Die kommunalen Spitzenverbände in der Bundesrepublik Deutschland schlagen eine verstärkte finanzielle Förderung kleinerer Gemeinden vor. 2500 Siedlungen sollen zu Mittelpunktgemeinden und 500 Unterzentren zu kleinen zentralen Städten mit höchstens 15 000 Einwohnern ausgebaut werden, um die zunehmende Landflucht zu stoppen.

Der Bundesverband der Zigarrenindustrie teilt mit, daß wissenschaftliche Erkenntnisse über die gesundheitsschädigende Wirkung des Zigarettenrauchens der Zigarrenindustrie in der Bundesrepublik zu einem erheblichen Aufschwung verholfen haben.

14. Juli, Mittwoch

Das Bundeskabinett in Bonn beschließt drastische Sparmaßnahmen, um die Währungs- und Preisstabilität zu wahren. Die Ausgabenansätze des außerordentlichen Haushalts 1965 sollen danach nur noch gegen entsprechende Einsparungen im ordentlichen Haushalt 1965 freigegeben werden.

Die Bonner Bundesregierung beruft Botschafter Suitbert Schippenkötter in das neugeschaffene Amt des Beauftragten für Abrüstung und Rüstungskontrolle mit Sitz im Auswärtigen Amt.

In Stuttgart vereinbaren die niederländische Erdgasgesellschaft NAM und Vertreter süddeutscher Ferngasgesellschaften die Lieferung von bis zu 6 Mrd. m³ preisgünstigen Erdgases aus den Niederlanden. → S. 125

Als erste Frau bezwingt die Genferin Yvette Vaucher die Nordwand des Matterhorns genau 100 Jahre nach der Erstbesteigung durch den Engländer Eduard Whymper. → S. 129

Felice Gimondi aus Italien gewinnt die 4177 km lange 52. Tour de France, die am → 22. Juni (S. 117) in Köln begann, mit 2:40 min Vorsprung vor dem Franzosen Raymond Poulidor.

Ron Clarke aus Australien läuft in Oslo einen Weltrekord über 10 000 m in 27:39,4 min. → S. 133

15. Juli, Donnerstag

Für die umstrittene Traditionspflege in der Bundeswehr erläßt das Bundesverteidigungsministerium erstmals Richtlinien. → S. 126

In Griechenland kommt es zu einer Kraftprobe zwischen Regierung und Königshaus, als König Konstantin II. die von Ministerpräsident Jeorjios Papandreu verlangte Entlassung des Verteidigungsministers Petros Garoufalias ablehnt. → S. 125

Die US-Raumsonde »Mariner IV« übermittelt aus 214 Mio. km Entfernung von der Erde 21 Bilder vom Planeten Mars. → S. 125

Vertreter des Bundes und der Länder unterzeichnen in Bonn ein Abkommen über die Gründung des Deutschen Bildungsrates, der Bedarfs- und Entwicklungsprognosen für das bundesdeutsche Bildungswesen erarbeiten und Reformvorschläge einbringen soll.

Krise in der EWG: Frankreich verweigert vorübergehend die Mitarbeit. Der »Simplicissimus« bedient sich der griechischen Sagenwelt, um die Situation zu karikieren.

16. Juli, Freitag

Ein US-amerikanisches Aufklärungsflugzeug vom Typ RF 101 überfliegt mehrfach das französische Atomzentrum bei Pierrelatte und fertigt dabei 175 Luftaufnahmen an. → S. 124

Die Staatspräsidenten Frankreichs und Italiens, Charles de Gaulle und Giuseppe Saragat, eröffnen nach sechsjähriger Bauzeit den 11,6 km langen Montblanc-Tunnel. → S. 128

17. Juli, Samstag

Polen und die Sowjetunion heben den Visumzwang für Privatreisende aus beiden Ländern auf.

In Rumänien werden erstmals seit der Machtübernahme der Kommunistischen Partei 1948 westliche Zeitungen verkauft. Sowohl die Europa-Ausgaben der »New York Times« und der »New York Herald Tribune« als auch der »Figaro« und »Le Monde« sowie die »Neue Züricher Zeitung« sind erhältlich.

18. Juli, Sonntag

Schwere Gewitter in Ostwestfalen, Nordhessen und Niedersachsen fordern zehn Menschenleben. Über 150 Menschen werden obdachlos.

19. Juli, Montag

Der chilenische Staatspräsident Eduardo Frei trifft zu einem offiziellen Besuch in Bonn ein. Im Vordergrund der Gespräche stehen finanzielle und technische Hilfen der Bundesrepublik für Chile (→ 7. 3./S. 57).

Für die Anschaffung ihrer Fernsehgeräte und Antennenanlagen haben die mehr als 10 Mio. Besitzer in der Bundesrepublik Deutschland seit 1952 rund 10 Mrd. DM ausgegeben. Diese Zahlen veröffentlicht die Leitung der Deutschen Funkausstellung.

20. Juli, Dienstag

Mit Kranzniederlegungen und einer Feierstunde im Hof des ehemaligen Reichskriegsministeriums in Berlin (West) gedenken Politiker aller bundesdeutschen Parteien des fehlgeschlagenen Attentats auf »Führer und Reichskanzler« Adolf Hitler vom 20. Juli 1944.

Die Bundesregierung in Bonn beschließt, alle weiteren Vorarbeiten zur Einführung des Farbfernsehens in der Bundesrepublik zunächst nach dem PAL-Verfahren (→ 7. 4./S. 78) vorzunehmen, sofern nicht rechtzeitig eine einheitliche europäische Farbfernsehnorm vereinbart wird.

21. Juli, Mittwoch

Die Internationalen Filmfestspiele in Moskau gehen mit der Verleihung des Großen Preises an den ungarischen Film »Zwanzig Stunden« sowie die Verfilmung des Tolstoi-Romans »Krieg und Frieden« zu Ende. Den Preis als beste Darstellerin erhält Sophia Loren für ihre Rolle in dem Film »Hochzeit auf italienisch«. → S. 132

Die Filmtheater-Landesverbände in der Bundesrepublik gründen einen bundesweiten Hauptverband Deutscher Filmtheater.

22. Juli, Donnerstag

Der frühere britische Premierminister Sir Alec Douglas-Home legt sein Amt als Vorsitzender der Konservativen Partei nieder.

Das kanadische Landwirtschaftsministerium gibt bekannt, daß die Volksrepublik China von Kanada 870 000 t Weizen im Wert von rund 44 Mio. US-Dollar (176 Mio. DM) beziehen wird.

Der frühere israelische Ministerpräsident David Ben Gurion gründet in Tel Aviv`nach einer Abstimmungsniederlage in der sozialistischen Mapai-Partei die Israelische Arbeiterliste Rafi. → S. 124

Zwei Schlagwetterexplosionen auf der Krupp-Zeche »Mont Cenis« in Herne fordern fünf Todesopfer und 13 Verletzte; Hitze und Brände vereiteln Bergungsversuche.

Der auf der Berlinale preisgekrönte Film »Alphaville« von Jean-Luc Godard mit Anna Karina und Eddie Constantin in den Hauptrollen startet in den bundesdeutschen Kinos (→ 6. 7./S. 132).

23. Juli, Freitag

Das zypriotische Repräsentantenhaus in Nikosia verlängert in Abwesenheit der türkischen Abgeordneten die am 16. August ablaufende Amtszeit von Staatspräsident Makarios III., der zur griechischen Bevölkerungsgruppe der Insel gehört, um ein weiteres Jahr, übergeht aber den türkisch-zypriotischen Vizepräsidenten Fazil Küük.

In Bonn tritt der Deutsche Bundestag zu seiner letzten Sitzung in der laufenden Legislaturperiode zusammen. Das Parlament behandelte in 198 Plenar-, 727 Fraktions- und 2863 Ausschußsitzungen insgesamt 635 Gesetzesvorlagen, 34 Große Anfragen, 308 Kleine Anfragen, 4786 mündliche Fragen und 10 Regierungserklärungen.

Im sog. Auschwitz-Prozeß vor dem Schwurgericht in Frankfurt am Main beenden Anklage und Verteidigung ihre Plädoyers. Das Urteil wird am → 19. August (S. 139) verkündet.

Als erste Stadt der DDR erhält Dresden einen Tierschutzbeauftragten, der gegen Mißhandlungen und Quälereien von Tieren einschreiten sowie zur Seuchenbekämpfung beitragen soll.

24. Juli, Samstag

Die jugoslawische Regierung erläßt 30 Gesetze zur Wirtschaftsreform, die eine Abwertung der Landeswährung Dinar, die Einführung eines neuen Dinar ab 1. Januar 1966 und Preiskorrekturen betreffen.

Die 18jährige Thailänderin Apasra Hongsakula wird in Miami Beach (USA) zur »Miß Universum 1965« gewählt. Bei den Vorbereitungen auf den Wettbewerb wurde sie von Thailands Königin unterstützt: Sirikit zeigte ihr, wie eine Schönheitskönigin geht, sich kleidet und frisiert.

25. Juli, Sonntag

Ein Wahlkollegium aus Abgeordneten der portugiesischen Nationalversammlung bestätigt den bisherigen Staatspräsidenten und einzigen Kandidaten Admiral Américo Deus Rodrigues Tomás im Amt. Die Opposition boykottiert die Wahl.

Die Südpol-Forschungsstation der US-amerikanischen Marine mißt − 80,6 °C. Der Kälterekord im Südpol-Gebiet liegt bei − 88,2 °C.

26. Juli, Montag

Das Schauspiel »Die Benachrichtigung« von Václav Havel wird in Prag uraufgeführt.

Die Pariser Modehäuser Esterel, Feraud und de Rauch präsentieren in der französischen Hauptstadt für die Herbst- und Wintersaison helle leuchtende Sommerfarben und frühlingshafte Stoffe und Schnitte.

27. Juli, Dienstag

US-Präsident Lyndon B. Johnson ruft zu Beginn der Abrüstungskonferenz in Genf die Delegierten der 18 beteiligten Länder auf, ein Abkommen über die Rüstungskontrolle abzuschließen, um die Ausbreitung der Atomwaffen zu vereiteln und das nukleare Potential unter eine gemeinsame Kontrolle zu bringen (→ 17. 8./S. 143).

Der frühere britische Europa-Minister Edward Heath wird in London mit knapper Mehrheit zum neuen Führer der britischen Konservativen gewählt.

Messungen ergeben, daß die künstliche Radioaktivität in der Atmosphäre der Bundesrepublik seit der Einstellung der oberirdischen Atomwaffenversuche durch die Großmächte 1963 um mehr als die Hälfte abgenommen hat (→ 14. 5./ S. 93).

Für 3,2 Mio. DM erwirbt die Stadt Köln die Bilder »In der Ebene von Bellevue« (1887) und »Teller mit Birne« (1900) des französischen impressionistischen Malers Paul Cézanne.

28. Juli, Mittwoch

Das Bundeskabinett beschließt, 6,5 Mio. t Kohle zu »neutralisieren« und dem Überangebot auf dem Markt zu entziehen. Dies soll durch Verlagerungen von Haldenkohle in andere Gebiete und durch bezahlte Anpassungsschichten der Kumpel erreicht werden (→ 23. 6./ S. 110).

US-Präsident Lyndon B. Johnson ordnet die Verstärkung der US-Kampftruppen in Südvietnam von gegenwärtig 75 000 auf 125 000 Soldaten an (→ 15. 3./S. 50).

In Belgien vereidigt König Baudouin I. nach zweimonatiger Regierungskrise ein neues Kabinett mit Ministerpräsident Pierre Harmel an der Spitze, dem 15 Minister der Christlich-Sozialen Partei und zwölf der Sozialistischen Partei angehören.

Kirchentagspräsident Richard von Weizsäcker eröffnet in Köln den 12. Deutschen Evangelischen Kirchentag. Zentrales Thema für die 25 000 Teilnehmer des Kirchentages ist die Ökumene. → S. 129

29. Juli, Donnerstag

14 Länder erklären in New York ihre Bereitschaft, einer internationalen Friedensstreitmacht der Vereinten Nationen ein ständiges bewaffnetes Truppenkontingent zur Verfügung zu stellen. Darunter befinden sich die skandinavischen Länder, Italien, die Niederlande, Großbritannien und die Tschechoslowakei.

Aufgrund der gestiegenen Lebenshaltungskosten fordert der Verband Deutscher Studentenschaften (VDS) in Bonn die Erhöhung der Studienförderung nach dem Honnefer Modell von 250 DM auf 320 DM monatlich.

Im Smoking wohnen die Mitglieder der britischen Popgruppe »The Beatles« der Uraufführung ihres zweiten Films, »Help«, in einem Londoner Westend-Kino bei. → S. 132

30. Juli, Freitag

US-Präsident Lyndon B. Johnson unterzeichnet das Medicare-Gesetz, das die medizinische Versorgung der US-Amerikaner im Alter von über 65 Jahren im Rahmen einer allgemeinen Sozialversicherung vorsieht (→ 4. 1./S. 17).

In Bamberg wird ein 20jähriger stellungsloser Zahntechniker verhaftet, der mit antisemitischen Parolen auf Grabsteinen des jüdischen Friedhofs wochenlang ganz Bamberg in Atem gehalten hat.

31. Juli, Samstag

Die Delegierten des Bundestages des Deutschen Fußball-Bundes (DFB) befürworten in Barsinghausen die Erhöhung der Fußball-Bundesliga von 16 auf 18 Mannschaften, lehnen aber die Einführung einer 2. Fußballbundesliga ab. → S. 133

Bei einem Leichtathletik-Länderkampf in Kiew stellt Wyomia Tyus aus den USA den erst seit dem 9. Juli gültigen 100-m-Weltrekord (11,1 sec) ein.

In Krefeld erzielt der 22 Jahre alte Kurt Bendlin mit 4016 Punkten eine Weltbestleistung im Fünfkampf. → S. 133

Das Wetter im Monat Juli

Station	Mittlere Lufttemperatur (°C)	Niederschlag (mm)	Sonnenscheindauer (Std.)
Aachen	14,8 (17,5)	182 (75)	112 (190)
Berlin	15,8 (18,3)	109 (70)	168 (242)
Bremen	14,9 (17,4)	151 (92)	132 (207)
München	15,8 (17,5)	171 (137)	174 (226)
Wien	– (19,5)	– (84)	– (265)
Zürich	15,6 (17,2)	173 (139)	180 (238)

( ) Langjähriger Mittelwert für diesen Monat
– Wert nicht ermittelt

»REVUE« berichtet über den »berühmtesten Star unserer Zeit«, Sean Connery, der gerade mit den Dreharbeiten für den neuen James-Bond-Film »Feuerball« beschäftigt ist.

28

REVUE

MÜNCHEN, 11. JULI 1965 · NR. 70 PFENNIG

B 5843 C

REVUE-NIXE FILMT MIT JAMES BOND

Streit um Finanzen löst EWG-Krise aus

1. Juli. In Brüssel scheitern die Beratungen des Ministerrats der Europäischen Wirtschaftsgemeinschaft (EWG) über Vorschläge der EWG-Kommission zur Finanzierung der gemeinsamen Agrarpolitik. Frankreichs Informationsminister Alain Peyrefitte erklärt daraufhin, daß sein Land bis auf weiteres nicht mehr in den Organen der EWG mitarbeiten werde. Frankreich begründet diese »Politik des leeren Stuhles« mit der Nichteinhaltung von vertraglichen Verpflichtungen seitens der EWG-Partner (→ 26. 11./S. 167).

Ein Beschluß über die Finanzierung des gemeinsamen Agrarmarktes war fällig geworden, da der Ministerrat im Januar 1962 die Finanzierung der Agrarausgaben durch Beitragsleistungen der Mitgliedsstaaten nur bis zum 30. Juni 1965 vereinbart hatte. Plangemäß legte die EWG-Kommission zwischenzeitlich einen neuen Vorschlag zur Finanzierung vor. Dieser sieht eine Neuregelung der Mitgliedsbeiträge der sechs EWG-Staaten, eigene Mittel der Gemeinschaft durch Einnahmen aus sog. Abschöpfungen und Zöllen sowie Haushaltsbefugnisse des Europäischen Parlaments vor.

Bei den ersten Erörterungen der Kommissions-Vorschläge am 14. und 15. Juni erklärte der französische Außenminister Maurice Couve de Murville, daß die EWG-Kommission mit den Vorschlägen dem Ministerrat vorgegriffen und damit ihre Befugnisse überschritten habe. Frankreich plädiere dafür, die Frage

Unterschiedliche Wirtschaftskraft der Mitgliedsländer in der EWG*

Länder der EWG 1965	Einwohnerzahl Mio.	Import aus EWG in Mrd. DM	Export in EWG in Mrd. DM
Italien	52,6 (28,8%)	9,1 (11%)	11,5 (14%)
Frankreich	48,9 (26,8%)	16,0 (20%)	16,4 (20%)
Bundesrep. Deutschland	59,0 (32,3%)	26,6 (33%)	25,2 (30%)
Niederlande	12,2 (6,7%)	15,9 (19%)	14,2 (17%)
Belgien	9,4 (5,2%)	13,8 (17%)	15,7 (19%)
Luxemburg	0,3 (0,2%)	mit Belgien	mit Belgien
Gesamt	182,4 (100%)	81,4 (100%)	83,0 (100%)

* Stand 31. 12. 1965

eigener Einnahmen der Gemeinschaft und eventueller Haushaltsbefugnisse des Europäischen Parlaments bis 1970 zurückzustellen.

Ein weiterer Gegensatz in den nunmehr abgebrochenen Verhandlungen hat sich daraus ergeben, daß Italien und die Niederlande nur ein provisorisches System der Agrarfinanzierung für ein bis zwei Jahre akzeptieren wollen, während Frankreich eine Regelung für fünf Jahre anstrebt, wie dies 1962 vereinbart worden war. Dem Verlangen Italiens und der Niederlande nach Stärkung der Haushaltsrechte des Europäischen Parlaments schließt sich auch die Bundesrepublik an. Noch am 1. Juli unterstreicht der Auswärtige Ausschuß des Bonner Bundestages, daß die Vorschläge der EWG-Kommission (Finanzierung der gemeinsamen Agrarpolitik, Zuerken-

nung eigener Mittel für die Gemeinschaft und Haushaltsbefugnisse des Europäischen Parlaments) nur als Gesamtpaket annehmbar seien.

»Im Kern ist die Krise ein Zusammenprall zwischen zwei grundsätzlich verschiedenen Auffassungen von der Gestaltung Europas und der Struktur der EWG«, schreibt die Neue Zürcher Zeitung in einem Leitartikel. »Auf der einen Seite steht . . . die Konzeption, wonach Europa auf supranationalem Wege integriert werden soll . . . Die Übertragung nationaler Souveränität an die Wirtschaftsgemeinschaft erfordert nach dieser Auffassung den . . . Übergang zum Mehrheitsstimmrecht im Ministerrat und die Stärkung des Parlaments. Dieser Konzeption steht die gaullistische Auffassung . . . einer Gemeinschaft souveräner Länder gegenüber.«

Die Außenminister Frankreichs und der Niederlande, M. Couve de Murville (M.) und J. Luns (stehend), in Brüssel

Nach dem Scheitern der Beratungen des EWG-Ministerrats bleiben die Plätze Frankreichs in Brüssel unbesetzt

Luftzwischenfall über Atomanlage

16. Juli. Ein in Ramstein in der Bundesrepublik Deutschland stationiertes US-amerikanisches Aufklärungsflugzeug vom Typ RF 101 überfliegt mehrfach das französische Atomforschungszentrum bei Pierrelatte und fertigt dabei systematisch Luftaufnahmen an.

Die Maschine wird von der französischen Luftabwehr entdeckt und von einem Abfangjäger des Typs »Vautour« verfolgt. Durch Einschalten des Nachbrenners kann die US-amerikanische Maschine jedoch entkommen. Noch vor der Landung des Aufklärungsflugzeuges ersucht Frankreich die US-amerikanischen Militärbehörden in Ramstein, die 175 Aufnahmen zu übermitteln.

Am 19. Juli beschuldigt Frankreich die USA in einer Protestnote an deren Botschaft in Paris der Luftspionage. Die »New York Times« befürchtet, daß der Zwischenfall dem französischen Staatspräsidenten Charles de Gaulle Argumente für die Forderung nach einer Aufhebung der NATO-Basen in Frankreich geben könnte.

Regierungspartei in Israel gespalten

22. Juli. David Ben Gurion, von 1948 bis 1953 und von 1955 bis 1963 israelischer Ministerpräsident, gründet nach einer Abstimmungsniederlage in der Regierungspartei Mapai in Tel Aviv mit 1500 Anhängern die Israelische Arbeiterliste Rafi.

Die Mehrheit der Mapai-Mitglieder verlangte auf einem Parteitag am 3. Juni 1965 die Rehabilitierung des ehemaligen Generalsekretärs der Mapai, Pinhas Lavon, den Ben Gurion 1961 aller politischen Ämter enthoben hatte. Wegen der auch damals sichtbaren Unterstützung für Lavon war Ben Gurion, Mitbegründer der seit 1930 bestehenden Mapai-Partei, am 31. Januar 1961 als Ministerpräsident zurückgetreten, kehrte aber am 1. November 1961 ins Amt zurück.

Am 23. Juli spricht das Zentralkomitee der Mapai den Ausschluß Ben Gurions sowie der übrigen Mapai-Mitglieder aus, die für die Israelische Arbeiterliste kandidieren. Unter ihnen befindet sich auch der ehemalige stellvertretende Verteidigungsminister Shimon Peres.

Mit Knüppeln und Tränengas unterdrückt die Polizei Proteste | Die Bevölkerung demonstriert trotz Versammlungsverbots für Papandreu | Demonstration bei der Beerdigung eines Opfers

Kraftprobe zwischen König und Regierung verursacht innenpolitische Krise in Griechenland

15. Juli. *Der griechische König Konstantin II. verweigert die von Ministerpräsident Jeorjios Papandreu verlangte Entlassung des Verteidigungsministers Petros Garoufalias. Konstantin II. entläßt vielmehr das Kabinett Papandreu und vereidigt den Parlamentspräsidenten Athanassiadis-Novas als neuen Ministerpräsidenten.*

Nach Bekanntwerden dieser Entscheidung kommt es in Athen und anderen griechischen Städten zu Sympathiekundgebungen für Papandreu und zu Demonstrationen gegen König Konstantin II. und den neuen Ministerpräsidenten. Die Mehrheit der Abgeordneten der regierenden Zentrumsunion, der auch Athanassiadis-Novas angehört, stellt sich auf die Seite Papandreus und befürwortet Neuwahlen. Am 5. August verweigert das Parlament der neuen Regierung das Vertrauen. Am 29. August scheitert auch der Zentrumspolitiker Elias Tsirimokos mit einer Regierungsbildung unter Ausschluß von Papandreu. Schließlich gelingt es dem früheren stellvertretenden Ministerpräsidenten Stefanos Stefanopulos am 17. September, eine neue Regierung aus Dissidenten der Zentrumsunion mit Unterstützung der Rechtsparteien zu bilden. Am 25. September endet die innenpolitische Krise mit der Bestätigung der neuen Regierung durch das Parlament.

»Mariner IV« funkt Marsfotos zur Erde

15. Juli. 229 Tage nach dem Start im November 1964 übermittelt die US-Raumsonde »Mariner IV« aus 214 Mio. km Entfernung zur Erde 21 Bilder bisher unerreichter Schärfe vom Planeten Mars. Die Aufnahmen sind beim Vorbeiflug in 9000 bis 15 000 km Abstand zum Mars entstanden. Einen Tag zuvor erhielt die Sonde über eine Bodenstation in Südafrika den Funkbefehl, die Fernsehkameras auf die Oberfläche des Planeten Mars auszurichten.

Die 21 Aufnahmen der Marsoberfläche hat die Kamera in 25 Minuten geschossen. Die Bilder werden in mehrere zehntausend Bildpunkte zerlegt und auf einem Magnetband gespeichert. Nach dem Flug durch die Dunkelzone des Planeten Mars werden die Fernsehbilder über mehrere Stunden lang von einem Sender mit nur zehn Watt Leistung zur Erde gefunkt. Sende- und Empfangsstationen im US-Bundesstaat Kalifornien, in Südafrika und Australien empfangen die Funksignale, verstärken sie milliardenfach und übermitteln sie zur Auswertungszentrale nach Pasadena (USA). Die elektrischen Signale werden dort zu einem Schwarz-Weiß-Foto zusammengesetzt, das 30mal so viel erkennen läßt wie Aufnahmen mit Teleskopfernrohren.

Die Mariner-IV-Aufnahmen zeigen, daß der Mars mehr dem Mond als der Erde gleicht. Höhere Lebensformen können damit ausgeschlossen werden (→ S. 58).

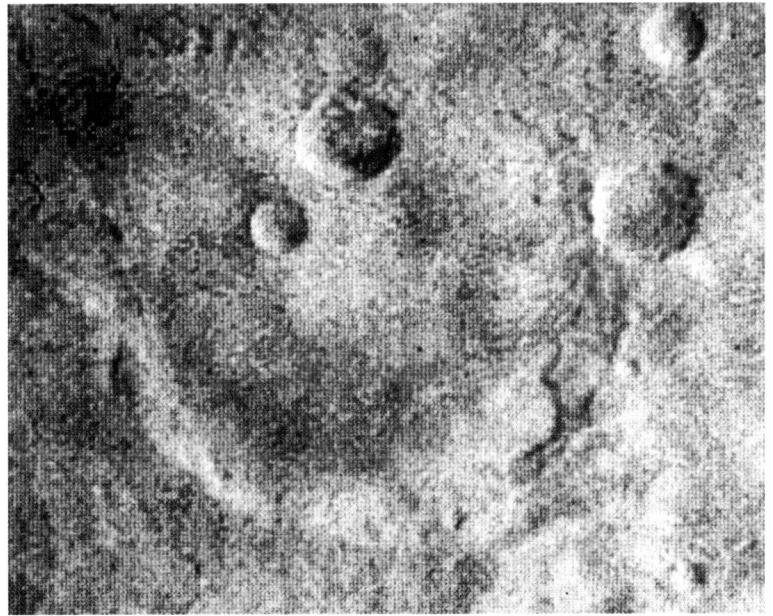

Die Bilder von der Marsoberfläche, die »Mariner IV« übermittelt, sind 30 Mal deutlicher als die bisher besten Teleskopaufnahmen

Billiges Erdgas aus den Niederlanden

14. Juli. In Stuttgart vereinbaren die niederländische Erdgasgesellschaft NAM und Vertreter süddeutscher Ferngasgesellschaften die Lieferung von jährlich bis zu 6 Mrd. m³ des preisgünstigen »Hollandgases« in die Bundesrepublik.

Das 1959 erschlossene Erdgaslager im niederländischen Friesland gehört je zur Hälfte den Ölunternehmen Esso und Shell; das Gasvorkommen wird auf rund 2000 Mrd. m³ geschätzt. In den kommenden Jahren sollen rund 20% des steigenden bundesdeutschen Erdgasverbrauchs durch Lieferungen aus den Niederlanden gedeckt werden. Das Erdgas ist etwa 3 Pf/m³ billiger als bundesdeutsches Kokereigas. Über das Leitungsnetz der halbstaatlichen niederländischen GASUNIE soll das Gas an die Grenze zur Bundesrepublik gebracht werden. Von dort baut die Thyssengas GmbH in Zusammenarbeit mit der Ruhrgas AG bis 1967 eine 540 km lange linksrheinische Erdgasleitung, die dann rechtsrheinisch in den süddeutschen Raum verlängert werden soll.

Neuer Traditionserlaß

15. Juli. Das Bundesverteidigungsministerium stellt erstmals Richtlinien für die umstrittene Traditionspflege der Bundeswehr auf. Gehorsam und Pflichterfüllung gehören danach zu den besten Traditionen deutschen Soldatentums.

Als sichtbare Symbole der soldatischen Tradition nennt der Erlaß:

▷ die schwarz-rot-goldene Fahne als Sinnbild staatsbürgerlicher Verantwortung und des Strebens der Deutschen nach Einigkeit und Recht und Freiheit

▷ den Adler des Bundeswappens als ältestes deutsches Sinnbild der Souveränität und des Rechtsgedankens

▷ das Eiserne Kreuz als Sinnbild sittlich gebundener soldatischer Tapferkeit.

Leistung und Würde des Soldaten ruhen nach den Richtlinien zur Traditionspflege auf seiner »Freiheit im Gehorsam«, die erst durch das NS-Regime mißbraucht worden sei. Nationales Bewußtsein wird bejaht, aber jede Art des Nationalismus abgelehnt. Schließlich fordert der Erlaß vom Soldaten in der Demokratie das Mitdenken und die Mitverantwortung in der Politik (→ 25. 1./S. 13).

Im Feriendorf Cala Ratjada auf Mallorca hat sich für die Urlauber die Hoffnung auf nette Bekanntschaften und gesellige Stunden erfüllt

In der Donaumont-Kaserne in Hamburg-Wandsbek schwören vier Rekruten für ihre 150 Kameraden den Eid auf die bundesdeutsche Fahne

Schuljahr beginnt ab 1967 im Sommer

8. Juli. Die Konferenz der Kultusminister der Länder beschließt auf ihrer 108. Tagung in Kiel einen einheitlichen Schuljahresbeginn zum 1. August 1967. Nach den bisherigen Plänen sollen die noch zum 1. April eingeschulten Schüler auch weiterhin zu diesem Zeitpunkt versetzt werden. Die Umstellung würde damit z. B. in Gymnasien bis zu 13 Jahre in Anspruch nehmen.

In einem Bericht über die Abschlußzahlen an den weiterführenden Schulen stellen die Kultusminister weiterhin fest, daß sich die Abiturientenzahl von 1953 bis 1963 auf 7,4% der Schüler verdoppelt hat. Damit ist nach Ansicht der Kultusminister der Bildungsrückstand der Bundesrepublik gegenüber vergleichbaren westeuropäischen Ländern deutlich geringer geworden.

Mietpreisbindung in NRW gelockert

1. Juli. In Nordrhein-Westfalen (NW) wird nach vierzig Jahren für 14 Stadt- und Landkreise die Wohnraumbewirtschaftung aufgehoben. Damit sind alle Stadt- und Landkreise im Ruhrgebiet und 76 der 98 Stadt- und Landkreise in NW sog. weiße Kreise. In diesen Kreisen haben die Vermieter das Recht der Kündigung und Mietpreiserhöhung auch im öffentlich geförderten Wohnraum. Die Vermieter müssen allerdings mindestens eine dreimonatige Kündigungsfrist beachten. Auch für Mieterhöhungen gilt der Grundsatz der Angemessenheit. Die Mietforderung muß sich an dem Komfort, der Ausstattung und dem Alter der Wohnungen orientieren. Verschiedene Städte bieten gekündigten Mietern ersatzweise städtischen Wohnraum an (→ 1. 4./S. 77).

In Frankreichs Ferienlandschaft Languedoc wurden supermoderne Hügelhäuser zur Bewältigung des Touristenandrangs gebaut

Während einer Studienfahrt nach Griechenland besichtigt eine bundesdeutsche Reisegruppe den Poseidon-Tempel in Kap Sunion

Wie hier an der spanischen Costa Brava ist mit dem Tourismus die Grundstücksspekulation verbunden

Beim Urlaub auf dem Bauernhof wird die Mithilfe der Touristen in der Landwirtschaft gern gesehen

Ganz unter sich: Britische Jugendliche im ersten Teenager-Hotel in Bognor Regis

Urlaub und Freizeit 1965:

Bildungsreisen und Grundstücksspekulation

Am Sandstrand der italienischen Adria herrscht Hochbetrieb

In der Urlaubssaison 1965 hält der Trend zu Reisen in südliche Zielgebiete an. Die Pauschaltouristen ziehen Nutzen aus einem Preiskampf zwischen dem größten bundesdeutschen Reisebüro Touropa und dem kleinen Billiganbieter Neckermann (NUR).

Gegenüber 1964 sinken die Flugpreise in die Mittelmeerländer um 15 bis 35%. Eine 14tägige Flugreise nach Mallorca mit Vollpension ist 1965 für rund 298 DM gegenüber 459 DM im Jahr zuvor zu haben. Generell steigt die Zahl der Flugreisenden. Rund 30% aller Pauschaltouristen nutzen 1965 diese schnelle und bequeme Art des Reisens. Mit den preiswerteren Flugreisen rücken für viele Urlauber neue Ziele in den Blickpunkt. 1965 sind das vor allem

der Libanon und die Türkei. Der Libanon lockt mit einer Verbindung von Bade- und Kultururlaub; sowohl Wassersport als auch Reisen in die biblische Vergangenheit sind möglich. Das gleiche gilt für die Türkei, deren südanatolische Küste von bundesdeutschen Bauunternehmen gerade erst für den Tourismus erschlossen wird. Ähnlich wie in Spanien, wo seit 1959 der Umsatz im Fremdenverkehr von 70 auf 800 Mio. US-Dollar gestiegen ist, sollen in Südanatolien Appartements, Ferienhäuser und ganze Strandkolonien als Infrastruktur für die devisenbringenden Touristen hergerichtet werden.

Im Pauschaltourismus läßt sich darüber hinaus eine stärkere Zielgruppenorientierung feststellen. Das

zweitgrößte bundesdeutsche Reiseunternehmen Scharnow (1965: 335 000 Touristen) beispielsweise organisiert für rund 230 DM erstmals zweiwöchige Gesellschaftsreisen für Rentner. Umfragen hatten zuvor deutlich gemacht, daß 63% aller 65–91jährigen Bundesbürger einmal richtig Urlaub machen wollen. Das Wuppertaler Reiseunternehmen Tigges (1965: 50 000 Touristen) profiliert sich weiter als Reisebüro für Bildungsbeflissene. Vor allem Ärzte, Juristen und Lehrer begeistern sich für Kulturfahrten. Es werden ebenso Fernreisen für Landschaftsarchitekten zum Studium der japanischen Gartenkultur angeboten wie Studienfahrten für den Fleischereiverband durch US-amerikanische Schlachthöfe.

Mit dem herabgesetzten Preis des sog. 23-Tage-Tickets fördern die Fluggesellschaften die Attraktivität der Flugreisen; der Urlauber muß sich verpflichten, am 23. Tag nach der Abreise wieder nach Hause zu fliegen

Tunnel verbindet Frankreich und Italien

16. Juli. Die Staatspräsidenten Frankreichs und Italiens, Charles de Gaulle und Giuseppe Saragat, eröffnen den Montblanc-Tunnel im französisch-italienischen Grenzgebiet. Der mit 11,6 km bisher längste Straßentunnel verkürzt die Strecke Paris – Rom um 150 km.

Die Bauarbeiten begannen 1959. Drei Jahre später war der Berg durchstoßen. Der Einbau von Be- und Entlüftung, Entwässerung, Beleuchtung und Signalanlagen zog sich weitere drei Jahre hin. Während des komplizierten Baus mit zahlreichen Sprengungen sind 23 Arbeiter ums Leben gekommen, etwa 800 wurden verletzt.

Der Tunnel durchquert das Montblanc-Massiv von Nordwesten nach Südosten. Auf französischer Seite liegt der Tunneleingang oberhalb des Touristenzentrums Chamonix in 1274 m Höhe; auf italienischer Seite liegt er bei Entrevers in 1381 m Höhe. Der voll ausbetonierte Tunnel hat zwei Fahrbahnen von je 3,50 m Breite sowie an beiden Seiten Gehwege, die 75 cm breit sind. Alle 300 m sind Nischen zum Abstellen repara-

Für den Ausbau des 11,6 km langen Montblanc-Tunnels wurden u. a. 60 000 t Zement, 10 000 t Spezialbeton, 6000 Lampen und 235 km Kabel benötigt

turbedürftiger Autos und zum Telefonieren eingelassen. 660 Fahrzeuge können den Tunnel pro Stunde in beiden Richtungen passieren. Die Benutzungsgebühren liegen für Personenwagen zwischen 14 und 32,50 DM. Kraftfahrer, die im Tunnel die Sicherheitsvorschriften nicht einhalten, werden durch Lichtsignale automatisch zur Ordnung gerufen.

Schon 1787 hatte der Genfer Naturforscher und Bergsteiger Horace-Benedicte de Saussure den ersten Tunnelplan vorgelegt. Bis 1925 folgten 25 weitere Projekte zum Bau eines Eisenbahntunnels. 1946 begann der italienische Graf Dino Lora Totino mit Sprengarbeiten, die aber wegen der Finanzierung des Projekts erst 1959 ihre Fortsetzung fanden.

Vom Kanaltunnel zum Straßentunnel

1777 wurde in England der Grand-Trunk-Kanaltunnel als einer der ersten mit Sprengstoff erstellten modernen Tunnelbauten eingeweiht. Die Eröffnung des mit 7,2 km bisher längsten Tunnels für einen Wasserkanal erfolgte 1927 zwischen der französichen Hafenstadt Marseille und der Rhône.

Mit der Verbreitung der Eisenbahn im 19. Jahrhundert erlebte der Tunnelbau für Bahnlinien einen steilen Aufschwung. 1841 wurde der 1,1 km lange Themsetunnel fertiggestellt. Als erster Alpentunnel folgte 1854 der 1,4 km lange Semmering-Scheiteltunnel. 1871 wurde der 12,2 km lange Mont-Cenis-Tunnel eingeweiht. Der 15 km lange Gotthardtunnel wurde 1881 nach zehnjähriger Bauzeit und der 19,8 km lange Simplon-Tunnel 1906 fertiggestellt.

Als längster Straßentunnel galt bisher der 1964 fertiggestellte 5,8 km lange St.-Bernhard-Tunnel.

Der Schlagersänger Martin Lauer im Westernlook

Gold in Beinen und Kehle

Immer mehr Sportler wechseln erfolgreich von der Aschenbahn in ein Musikstudio. Der Kurzstreckenläufer Martin Lauer, der es zu 25 Deutschen Meisterschaften, zum Europameister, Goldmedaillengewinner und zweifachen Weltmeister brachte, darf sich zu ihnen rechnen. Jede seiner sieben Platten mit Songs im Westernstil und eine Langspielplatte mit Evergreens wurde weit über 100 000 Mal verkauft.

»Pilzköpfe« während ihrer Mittagspause in Liverpool

Trend zu längeren Haaren

Gepflegte lange Haare werden unter jungen Männern immer beliebter. Im äußeren Erscheinungsbild werden nicht mehr Stärke und Männlichkeit betont, sondern verrückte Frisuren und ausgefallene Kleidung. In England haben die sog. Mods die Rocker bereits von der Bildfläche verdrängt. Zwischen beiden Gruppen kommt es teilweise zu handgreiflichen Auseinandersetzungen.

Mitglieder des Rockertreffs »Club 59«

Rocker feiern Geburtstag

Juli. *Der britische Rockerverein »Club 59« feiert seinen dritten Geburtstag. Von den über 10 000 Mitgliedern des Clubs sind 1500 Rocker in ihren schwarzen Lederjacken auf den PS-starken Motorrädern aus ganz England und Wales zusammengekommen. Gegründet hat den Verein ein Pfarrer, unter dessen Führung die Rocker scheinbar zahm geworden sind: Unliebsame Zwischenfälle gab es bisher nicht.*

Gruner und Jahr jagen Springer-Konzern

1. Juli. Die drei Hamburger Verleger Gerd Bucerius, John Jahr und Richard Gruner schließen ihre Unternehmen zur »Gruner und Jahr GmbH und Co« zusammen. Damit entsteht nach dem Haus Axel Springer der zweitgrößte Pressekonzern in der Bundesrepublik.

Das neue Unternehmen ist mit einem Stammkapital von 30 Mio. DM ausgestattet. Die Auflagen seiner Publikationen erreichen zusammen die Fünf-Mio.-Grenze.

Der Jahresumsatz der Zeitungen und Zeitschriften sowie der zum Konzern gehörenden Druckerei liegt bei 400 Mio. DM pro Jahr. Der Axel-Springer-Konzern setzt jährlich 750 Mio. DM um. Insgesamt beschäftigt die neue Gesellschaft 4100 Mitarbeiter. Richard Gruner hält 39,5%, John Jahr 32,25% und Gerd Bucerius 28,25% der Anteile.

Auch im Bereich der Tageszeitungen setzt sich 1965 die Pressekonzentration fort. Insgesamt erscheinen noch 498 Zeitungen mit einer Gesamtauflage von 19,6 Mio. Exemplaren. Allein 43 Zeitungen erzielen dabei rund 64,3% der Gesamtauflage.

Zeitschriften aus dem Verlag Gruner + Jahr

Titel	Auflage in Tausend
stern ⚡	1900
Brigitte	900
Constanze	750
petra	600
SCHÖNER WOHNEN	350
DIE ZEIT	250
Capital	16
Gesamt:	4766

Zeitungsmarkt in der Bundesrepublik expandiert

	1950	1955	1960	1965	
Tageszeitungen	429	455	498	495	Anzahl
	11 100	13 200	15 400	17 000	Aufl. in Tausend
Sonntagszeitungen	1	3	3	3	Anzahl
	361	651	1 900	2 600	Aufl. in Tausend
Wochenzeitungen	18	28	49	50	Anzahl
	639	718	879	1 100	Aufl. in Tausend

© Harenberg

Vor allem die Zahl der Redaktionen, die eigenständig den sog. Mantel einer Zeitung gestalten, nimmt ab:

▷ 1962 produzierten 312 Hauptredaktionen 1245 Ausgaben mit einer Auflage von 18,1 Mio. Exemplaren

▷ 1965 produzieren 191 Hauptredaktionen 1244 Ausgaben mit einer Auflage von 19,6 Mio. Exemplaren.

Über die Hälfte der bundesdeutschen Zeitungsauflage erscheint bei nur 12 Verlagen. Allein der Axel-Springer-Konzern bringt 31% der gesamten Tageszeitungsauflage heraus; mit 4,4 Mio. verkauften Exemplaren führt die »Bild«-Zeitung das Feld an. Es folgen – ebenfalls aus dem Haus Springer – das »Hamburger Abendblatt« und die »B.Z.«. Das ertragreichste Projekt von Springer ist die Rundfunkzeitschrift »Hör Zu« (Auflage: 3,7 Mio. Exemplare).

Kirchentag bekennt sich zur Ökumene

28. Juli. Kirchentagspräsident Richard von Weizsäcker eröffnet in Köln den 12. Deutschen Evangelischen Kirchentag. An den zahlreichen Veranstaltungen des fünftägigen Laientreffens auf dem Kölner Messegelände nehmen täglich etwa 25 000 Menschen teil.

Der seit 1949 im Zweijahresrhythmus stattfindende Kirchentag ist ein Forum für das Gespräch zwischen den verschiedenen theologischen Richtungen. Darüber hinaus werden zunehmend auch gesellschaftspolitische und ökumenische Fragen diskutiert.

Die Gesprächskreise beginnen und schließen mit Gottesdiensten. In Großveranstaltungen diskutieren teilweise bis zu 3000 Menschen. Auf der Abschlußveranstaltung vor 150 000 evangelischen Christen am 1. August auf dem Kölner Nordfeld warnt der seit 1964 amtierende Kirchentagspräsident vor Maximalforderungen in der Deutschlandpolitik und ruft zur praktischen Zusammenarbeit mit den katholischen Glaubensbrüdern im Alltag auf.

Die britische Tänzerin Joyce Blair testet ein Skateboard

Neuer Freizeitsport in USA

In den USA begeistern sich Millionen Teenager für das sog. Skateboarding. Auf abschüssigen Straßen üben die Skater waghalsige Balanceakte auf einem etwa 40 cm langen und 10 cm breiten Holzrollbrett. Die Skateboards kosten zwischen acht und 120 DM. In den USA werden damit 1965 bereits 30 Mio. US-Dollar (120 Mio. DM) umgesetzt. Die ersten Skateboardmeisterschaften finden 1965 in Kalifornien statt.

Die Schweizer Bergsteigerin Yvette Vaucher

Frau bezwingt Matterhorn

14. Juli. *Zum 100. Jahrestag der Erstbesteigung des Matterhorns bezwingt die 35jährige Schweizerin Yvette Vaucher als erste Frau die Nordwand des 4481 m hohen Matterhorns (→ 22. 2./ S. 45). Die Genfer Hausfrau erreicht den Gipfel vor einem britischen Fernsehteam, das die historische Route wählte, über die der Engländer Edward Whymper 1865 das Matterhorn als erster erklomm.*

Biggs' Möbelwagen mit Lift vor der Gefängnismauer

Posträuber ausgebrochen

9. Juli. *Dem 34jährigen Ronald A. Biggs gelingt eine aufsehenerregende Flucht aus dem Londoner Wandsworth-Gefängnis. Biggs, der als einer der Organisatoren des Postraubes von 1963 zu 30 Jahren Haft verurteilt worden war, kann mit Hilfe einer Strickleiter die Gefängnismauer erklimmen, während Helfer die Wächter in Schach halten. Ein Möbelwagen mit eingebautem Lift nimmt ihn von dort auf.*

Mangelsdorff, Doldinger und Schoof jazzen sich nach vorn

1965 ist für den bundesdeutschen Jazz ein Jahr mit zahlreichen Erfolgen und Auszeichnungen:

▷ Der Frankfurter Posaunist Albert Mangelsdorff belegt in den USA bei einer Umfrage unter den führenden Jazz-Kritikern den ersten Platz als »bester neuer Posaunist der Jazzmusik«. Diese Auszeichnung wurde zuvor noch nie einem europäischen Musiker zuteil

▷ Die Platten des Tenorsaxophonisten Klaus Doldinger erreichen in der ganzen Welt wahre Rekordauflagen

▷ Das Free-Jazz-Quintett um Gunter Hampel tritt zwei Monate im führenden Pariser Jazzlokal »Blue Note« auf

▷ Der Trompeter Manfred Schoof, Mitglied des Hampel-Quintetts, wird von dem berühmten US-amerikanischen Bandleader Woody Herman nach den USA verpflichtet.

Auch in der Bundesrepublik selbst finden die deutschen Jazzer langsam ihr Publikum. Albert Mangelsdorff bringt es 1965 mit seinem Quintett auf 112 Engagements, während er sich in den 50er Jahren noch mit kommerzieller Tanzmusik finanzieren mußte.

Ebenso im Trend liegen 1965 Diskotheken. Sie werden vor allem in Berlin (West), Hamburg und München eingerichtet. In diesen Tanzlokalen spielen nicht mehr Live-Combos die Tanzhits nach, sondern Diskjokkeys sorgen für den Rhythmus vom Plattenteller. Neben der Musikanlage mit Plattenspieler, Tonband, Mischpult und Lautsprecheranlage sorgen Lichteffekte für die richtige Tanzstimmung. Der bevorzugte Tanz des Jahres 1965 ist der Letkiss, der, ähnlich der Polka, als Kettentanz mit Hüftschritten im 4/4-Takt ausgeführt wird.

Im Gegensatz zu früheren Jahren spielt der Frankfurter Posaunist Albert Mangelsdorff mit seinem Quintett in deutschen Städten vor ausverkauften Häusern.

Der Tenorsaxophonist Klaus Doldinger mußte bis vor wenigen Jahren als Tonmeister arbeiten, da er als freier Jazzmusiker keine Chance hatte.

 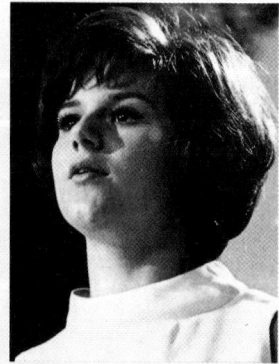  

Während Catherina Valente (l.) und Freddy Quinn (r.) bereits ein internationales Publikum finden, feiern die jungen Schlagersängerinnen Peggy March (m. l.) und Wencke Myhre (m. r.) erste Erfolge in der Bundesrepublik.

Schlagerszene: Neben altbekannten Stars einige Newcomer

In der bundesdeutschen Schlagerszene prägen die Stars der fünfziger Jahre noch immer das Bild, so z. B. der 34jährige Freddy Quinn. Seine Langspielplatte »Stimme der Heimat« gehört 1965 für viele Wochen zu den meistverkauften Platten.

Mit den von Fernweh und Seemannsromantik geprägten Liedern wie »Die Gitarre und das Meer« (1959), »Irgendwann gibt's ein Wiedersehn« (1960), »La Paloma« (1962) und »Junge, komm bald wieder« (1963) konnte Freddy seit 1956 insgesamt 16 Mio. Platten verkaufen. Auch sein neuer Spielfilm »Freddy, Tiere, Sensationen« kommt beim Publikum gut an; es ist Freddys 13. Filmproduktion seit 1957.

Neben den seit Jahren erfolgreichen Stars können sich auch einige Newcomer profilieren: Dem 22jährigen Udo Jürgens gelingt mit der Langspielplatte »Porträt in Musik« 1965 erstmals der Sprung in die Bestenliste. Auch junge Schlagersängerinnen wie die 17jährige Peggy March und die 18jährige Wencke Myhre erhalten erste Schlagerpreise (→ 13. 6./S. 115).

Die Entdeckung des Jahres ist die 17jährige französische Schlagersängerin France Gall mit dem Lied »Poupée de cire, poupée de son«. Nach ihrem ersten Platz im Europäischen Schlagerwettbewerb werden in der Bundesrepublik in wenigen Tagen mehrere zehntausend Platten mit dem Siegertitel verkauft.

In den USA erobern immer mehr Go-go-girls das Showgeschäft. Als Animiertänzerinnen bringen sie Stimmung in das Publikum.

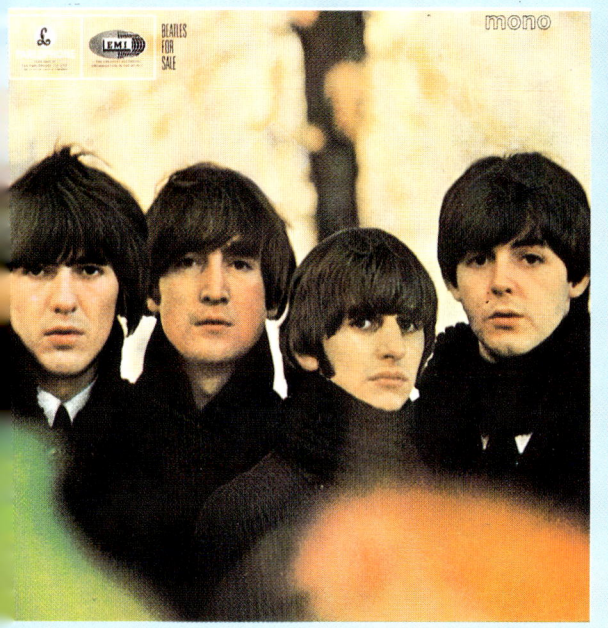

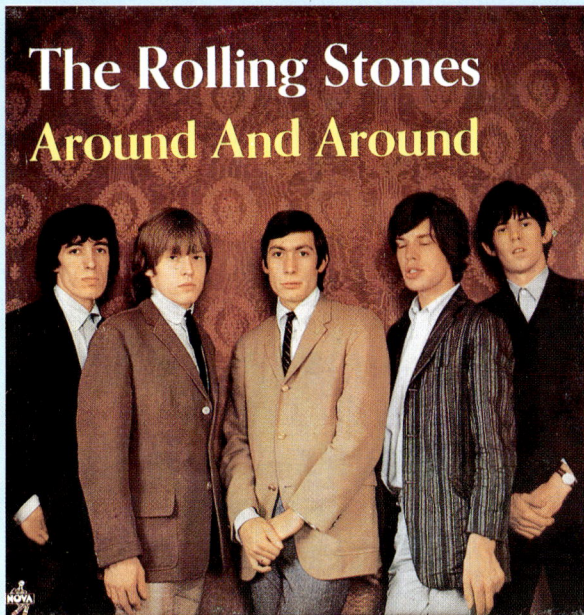

Die Rolling Stones begeistern Teens

Während die Beatles inzwischen britischer Orden (→ 11. 6./S. 115) für würdig befunden werden, sorgen die Rolling Stones mit ihrem Lied »Satisfaction« für Aufregung.

In England und den USA ist der Song wochenlang die Nummer eins der Hitparaden. Der harte Rhythmus gibt dem Lebensgefühl vieler Teenager kraftvoll Ausdruck. Das bundesdeutsche Teenager-Magazin »Bravo« stellt fest: »Wenn allgemeine Rebellion in Großbritanniens Häuser einzieht, dann sind die Rolling Stones da.« In England werden die Stones zur besten Beat-Gruppe des Jahres gewählt.

◁ »The Rolling Stone« liegen in der Gunst der britischen Teens noch vor den »Beatles«.

Der US-amerikanischer Sänger Bob Dylan, der musikalisch von Blues und Country 'n' Western beeinflußt ist, prangert in seinen Liedern meist soziale Mißstände an.

S. Bono (r.) und Cherryl La Pierre (l.) landen als »Sonny and Cher« zwei Hits: »I Got You Babe« und »Baby Don't Go«.

Als Vorgruppe der »Kinks« wird die bundesdeutsche Beat-Gruppe »Lords« bekannt; ihr Song »Shakin' All Over« erobert die deutschen Hitlisten.

Aznavour und Adamo im Pariser Olympia

Elf Wochen lang füllt er Abend für Abend die 3030 Plätze im Pariser »Olympia«: Der französische Chansonnier Charles Aznavour ist auf dem Höhepunkt seiner Karriere. 1954 gelang ihm mit seiner Premiere im »Olympia« der Durchbruch. Sein Debüt in der New Yorker Carnegie Hall 1963 war der Auftakt zu einem Triumpfzug durch die USA, 1964 eroberte er die UdSSR. Ein Auftritt im »Olympia« ist auch für den Sänger Adamo entscheidend: Im Januar begeistert dort der in Belgien lebende Italiener das Publikum.

◁ Charles Aznavour in New York (Abb. l.); Adamo am Abend vor dem Auftritt (Abb. r.)

Umstrittene Beiträge auf den Berliner Filmfestspielen

6. Juli. Der große Preis der 15. Internationalen Filmfestspiele in Berlin (West), der »Goldene Bär«, wird dem Beitrag Frankreichs, »Alphaville« von Jean-Luc Godard, verliehen. Mit den »Silbernen Bären« zeichnet die internationale Jury den französischen Film »Das Glück« (Le Bonheur) der Regisseurin Agnès Varda und den britischen Streifen »Ekel« (Repulsion) des polnischen Regisseurs Roman Polanski aus.

Festlicher Höhepunkt der am 25. Juni eröffneten Filmschau ist der »Internationale Filmball«, der am 3. Juli im Palais am Funkturm stattfindet. Internationale Stars wie Gina Lollobrigida, Lee Marvin, Stewart Granger und Lex Barker verleihen dem gesellschaftlichen Ereignis Glanz und Glamour.

Die 1951 erstmals veranstalteten Berliner Filmfestspiele werden von der Bundesrepublik Deutschland, der Stadt Berlin (West) und der Spitzenorganisation der deutschen Filmwirtschaft (SPIO) getragen. 1965 ist die Berlinale unterteilt in

▷ den Filmkunstwettbewerb um die Goldenen und Silbernen Bären;

▷ und die Informationsschau für Filme, die nicht um die Preise konkurrieren können, weil sie schon auf anderen Festivals liefen.

Das größte Aufsehen unter den 23 Wettbewerbsbeiträgen aus 14 Ländern erregt Roman Polanskis Film »Ekel«. Er erntet vor allem wegen seiner freizügigen Darstellung einer Sexualneurose gleichermaßen Lob wie auch Tadel. Die »Stuttgarter Zeitung« prophezeit, »unsere Sittlichkeitsapostel werden sich empören, nach dem Zensor rufen und um den ruhigen Schlaf der braven Bürger fürchten«. Demgegenüber beurteilt ein Berliner Kritiker »Ekel« als »nur scheinbar amoralischen Film eines eifernden Moralisten«.

Ein ähnlich gespaltenes Echo erfährt der Spielfilm »Nicht versöhnt«, den der in der Bundesrepublik arbeitende französische Regisseur Jean-Marie Straub nach dem Roman »Billard um halb zehn« von Heinrich Böll drehte. Der Film, der innerhalb des »Aktuellen Forums« der Filmfestspiele am 4. Juli uraufgeführt wurde, erntet bei den Kritikern als bester bundesdeutscher Film Lob. Das Publikum lehnt den schwer zugänglichen Film allerdings vehement ab.

Auseinandersetzungen dieser Art fehlen auf den Internationalen Filmfestspielen (6. 7. – 21. 7.) in Moskau, an denen sich 60 Länder mit Wettbewerbsbeiträgen beteiligen. Bei der Preisverleihung am 21. Juli teilen sich der ungarische Spielfilm »Zwanzig Stunden« und die in zwei von vier geplanten Teilen vorliegende sowjetische Verfilmung des Tolstoi-Romans »Krieg und Frieden« den Großen Preis.

Cathérine Deneuve spielt in dem britischen Berlinale-Beitrag »Ekel« des polnischen Regisseurs Roman Polanski eine sensible Londoner Maniküre, die ihren Freund, dargestellt von John Fraser (r.), erschlägt

Ludmilla Saweljewa (vorne l.) und Sergei Bondartschuk (r.) spielen die Hauptrollen in der detailgetreuen sowjetischen Verfilmung von Leo Tolstois Roman »Krieg und Frieden«, die in Moskau ausgezeichnet wird

Festlicher Rahmen für Premiere von »Help«

29. Juli. *Ein gesellschaftliches Ereignis ersten Ranges ist die Uraufführung des zweiten Films der britischen Popgruppe »The Beatles«: An der Premiere von »Help!« (Hi-Hi-Hilfe!) im Londoner Westend-Kino »Pavilion« nehmen die vier Musiker (George Harrison, John Lennon, Paul McCartney und Ringo Starr), sonst wegen ihrer Haartracht und Kleidung kritisch beäugt, im festlichen Smoking teil. Sogar zwei Mitglieder des britischen Königshauses erweisen den Jugendidolen ihre Reverenz: Prinzessin Margaret und ihr Mann, Anthony Armstrong-Jones, Lord Snowdon.*

Bereits seit Wochen ist die als Wohltätigkeitsveranstaltung aufgezogene Premiere ausverkauft. Im Bereich des Piccadilly Circus verstopfen nahezu 10 000 Fans, die den Beatles zujubeln wollen, die Straßen. Der Film verknüpft eine groteske Rahmenhandlung mit sieben neuen Songs der Beatles. Regie führte – wie beim ersten Beatles-Film »A hard days night« (Yeah, yeah, yeah) von 1964 – Richard Lester (→ 18. 2./S. 42; 11. 6./S. 115).

◁ Vor der Premiere: George Harrison, Cynthia und John Lennon, Ringo Starr mit Ehefrau Maureen (v. l.)

18 Vereine in der Fußball-Bundesliga

31. Juli. Die Delegierten des außerordentlichen Bundestages des Deutschen Fußball-Bundes (DFB) befürworten in der niedersächsischen Sporthochschule Barsinghausen mit 95:29 Stimmen eine Aufstockung der Fußball-Bundesliga von 16 auf 18 Vereine. Nach dem Ausschluß von Hertha BSC Berlin aus der obersten Spielklasse der Bundesrepublik Deutschland am → 18. Mai (S. 99) werden der Karlsruher SC als 16., Tasmania 1900 Berlin als 17. und Schalke 04 als 18. Mannschaft in die Fußball-Bundesliga aufgenommen. Während mit dem Karlsruher SC und Schalke 04 die zwei Absteiger der Bundesliga-Saison 1964/65 weiter in der höchsten Klasse spielen dürfen, soll mit Tasmania Berlin nach Herthas Ausschluß demonstrativ ein Berliner Verein an der dritten Bundesliga-Saison beteiligt werden. Weiteren vorgeschlagenen Neuerungen versagt der DFB-Bundestag dagegen seine Zustimmung. So werden die Anträge des Saarländischen Fußballverbandes und des DFB-Bundesliga-Ausschusses auf Einrichtung einer 2. Bundesliga mit großer Mehrheit abgelehnt. Auch Anträge, die eine Aufhebung der Begrenzung für Spielerhandgelder und -ablösesummen vorsehen, scheitern. Der Antrag des Württembergischen Fußballverbandes auf eine Austauschmöglichkeit für verletzte Spieler findet ebensowenig eine Mehrheit.

Wimbledonpokale nach Australien

2. Juli. Wie bereits im Vorjahr schlägt der 28jährige Australier Roy Emerson im Finale des Tennisturniers von Wimbledon seinen Landsmann Fred Stolle. Vor 17 000 Zuschauern gewinnt der Weltranglisten-Erste 6:2, 6:4 und 6:4.
Ein enttäuschendes Endspiel zeichnet sich bereits im ersten Satz nach zwei Aufschlagverlusten von Stolle ab, der 1962 bis 1964 das Herrendoppel in Wimbledon gewonnen hatte.
Das Damenfinale gewinnt am 3. Juli die australische Weltranglisten-Erste Margaret Smith gegen die Brasilianerin Maria Esther Bueno 6:4 und 7:5. Im Herrendoppel sind die Australier John Newcombe und Tony Roche siegreich.

Michel Jazy: Weltrekordhalter über 1 Meile und 2 Meilen

Ron Clarke (r.) wird von Kipchoge Keino und Harald Norpoth bedrängt

Clarke bei seinem Rekord über 3 Meilen am 10. 7., r. Gerry Lindgren

Weltrekord über 10 000 m von Ron Clarke

14. Juli. In Oslo läuft der Australier Ron Clarke in 27:39,4 min Weltrekord über 10 000 m. Damit verbessert der 1937 geborene Langstreckenläufer die von ihm 1963 aufgestellte Weltbestleistung gleich um 23,8 sec. Es ist bereits Clarks neunter Weltrekord auf Langstrecken seit Jahresbeginn (→ 7. 12./S. 207). Zwischen dem 16. Januar und dem 27. Oktober läuft Clarke in drei Erdteilen und sechs Ländern insgesamt zehn Weltrekorde auf den Strecken zwischen drei englischen Meilen (4828,04 m) und 20 km. Mit 20 232 m in einer Stunde stellt er einen weiteren Weltrekord auf. Damit übertrifft der Australier die Rekordserie des Schweden Gunder Hägg, der 1942 innerhalb von 82 Tagen zehn Weltrekorde auf den Strecken zwischen 1500 m und 5000 m erzielte.
Während die 10 000-m-Zeit von Clarke bis 1972 unerreicht bleibt, hat seine Bestleistung über 5000 m nur bis zum 30. November 1965 Bestand, als der Kenianer Kipchoge Keino in Auckland diese Strecke in 13:24,2 min läuft. Am 16. Januar hatte Clarke mit 13:34,8 min den bis dahin gültigen, 1957 aufgestellten Weltrekord von Wladimir Kuz aus der Sowjetunion um 0,2 sec unterboten. Am 1. Februar und am 4. Juni konnte Clark sich jeweils nochmals steigern, zuletzt um 7,8 sec auf 13:25,8 min. Damit wird der Weltrekord über 5000 m 1965 gleich vier Mal verbessert. Die alte Bestmarke von Kuz wird im Verlauf des Jahres gleich 20 Mal unterboten.

Laufweltrekorde des Jahres 1965 auf Mittel- und Langstrecken

Disziplin	Name	Land	Zeit	Datum	Ort
1000 m	Jürgen May	DDR	2:16,2	20. 7. 1965	Erfurt
1 Meile	Michel Jazy	FRA	3:53,6	9. 6. 1965	Rennes
2000 m	Josef Odlozil	ČSSR	5:01,2	8. 9. 1965	St. Boleslav
3000 m	Michel Jazy	FRA	7:49,0	23. 6. 1965	Melun
	Siegfried Herrmann	DDR	7:46,0	5. 8. 1965	Erfurt
	Kipchoge Keino	KEN	7:39,6	27. 8. 1965	Hälsingborg
2 Meilen	Michel Jazy	FRA	8:22,6	23. 6. 1965	Melun
3 Meilen	Ron Clarke	AUS	13:00,4	4. 6. 1965	Los Angeles
	Ron Clarke	AUS	12:52,4	10. 7. 1965	London
5000 m	Ron Clarke	AUS	13:34,8	16. 1. 1965	Hobart
	Ron Clarke	AUS	13:33,6	1. 2. 1965	Auckland
	Ron Clarke	AUS	13:25,8	4. 6. 1965	Los Angeles
	Kipchoge Keino	KEN	13:24,2	30. 11. 1965	Auckland
6 Meilen	Bill Mills	USA	27:11,6	27. 6. 1965	San Diego
	Gerry Lindgren	USA	27:11,6	27. 6. 1965	San Diego
	Ron Clarke	AUS	26:47,0	14. 7. 1965	Oslo
10 000 m	Ron Clarke	AUS	28:14,0	16. 6. 1965	Turku
	Ron Clarke	AUS	27:39,4	14. 7. 1965	Oslo
10 Meilen	Ron Clarke	AUS	47:12,8	3. 7. 1965	Melbourne
20 km	Ron Clarke	AUS	59:22,8	27. 10. 1965	Geelong
1 Stunde	Ron Clarke	AUS	20 232 m	27. 10. 1965	Geelong
15 Meilen	Ron Hill	GBR	1:12:48,2	21. 7. 1965	Bolton
25 km	Ron Hill	GBR	1:15:22,6	21. 7. 1965	Bolton
30 km	Tim Johnston	GBR	1:32:34,6	16. 10. 1965	Walton

1965 wird Kurt Bendlin auf Anhieb mit 7848 Punkten Deutscher Meister im Zehnkampf

Bendlin erzielt Fünfkampfrekord

31. Juli. In Krefeld-Uerdingen stellt der 22jährige Kurt Bendlin (Bayer Leverkusen) mit 4016 Punkten eine Weltbestleistung im Fünfkampf auf. Er verbessert die seit dem 3. September 1959 bestehende (inoffizielle) Rekordmarke von Wassili Kusnetzow aus der Sowjetunion um zehn Punkte. Bendlin erreicht bei seinem Rekord folgende Leistungen:
▷ 200 m: 21,8 sec
▷ 1500 m: 4:43,7 min
▷ Weitsprung: 7,47 m
▷ Speerwurf: 77,42 m
▷ Diskus: 44,53 m
Bendlin ist bekannt für sein extrem hartes Training. Bereits 1961 erlitt er einen Meniskusriß. Der auch als Zehnkämpfer aktive Leichtathlet leidet darüber hinaus seit 1963 an Beschwerden am Wurfarm.

August 1965

Mo	Di	Mi	Do	Fr	Sa	So
						1
2	3	4	5	6	7	8
9	10	11	12	13	14	15
16	17	18	19	20	21	22
23	24	25	26	27	28	29
30	31					

1. August, Sonntag

Der DDR-Staatsratsvorsitzende Walter Ulbricht erklärt im DDR-Fernsehen, wer die Überwindung der deutschen Spaltung wünsche, der dürfe auf keinen Fall der CDU bei der Bundestagswahl am → 19. September (S. 154) seine Stimme geben.

Eugene O'Neills nachgelassenes Theaterstück »Alle Reichtümer der Welt« wird in Salzburg zum ersten Mal in deutscher Sprache aufgeführt.

Der 29jährige schottische Automobilrennfahrer Jim Clark gewinnt mit dem Sieg beim 27. Großen Preis von Deutschland vorzeitig die 16. Formel-1-Weltmeisterschaft. → S. 149

2. August, Montag

Die britische Regierung verordnet eine drastische Senkung der Zahl jährlicher Arbeitsbewilligungen für farbige Einwanderer aus Commonwealth-Staaten. Künftig sollen nur noch 7000 Commonwealth Bürger – gegenüber 25 000 in den Vorjahren – Arbeitsbewilligungen erhalten.

Erstmals erscheinen Werke von bundesdeutschen Autoren der »Gruppe 47« in ungarischer Sprache. Es handelt sich um Heinrich Bölls Erzählungen »Dr. Murkes gesammeltes Schweigen« und Paul Schallücks Roman »Engelbert Reinecke«.

Wald- und Flächenbrände an der französischen Riviera zwischen Toulon und St. Tropez fordern zwei Todesopfer und zwölf Verletzte (→ 30. 8./S. 145).

3. August, Dienstag

Bundesverteidigungsminister Kai Uwe von Hassel (CDU) strukturiert sein Ministerium neu in die drei Hauptabteilungen militärische Angelegenheiten, Rüstungsangelegenheiten und administrative Angelegenheiten.

Bei den Genfer Abrüstungsverhandlungen weist der sowjetische Chefdelegierte Semjon K. Zarapkin darauf hin, daß sein Land keinen Vertrag gegen die weitere Verbreitung von Kernwaffen unterzeichnen werde, solange der Westen die Pläne für eine multilaterale Atomstreitmacht nicht aufgebe. → S. 143

Nach Ende der Werksferien bietet die Volkswagenwerk AG neue, technisch verbesserte Automodelle. Im Design unverändert, wird der VW 1200 zum VW 1300 umgerüstet (40 statt bisher 34 PS).

Die Internationale Buchkunstausstellung in Leipzig präsentiert bis zum 8. August im neuen Messehaus 4000 Bücher aus 31 Ländern und 900 graphische Blätter aus internationalen Wettbewerben für Buchgestalter, Illustratoren und Graphiker.

4. August, Mittwoch

US-Präsident Lyndon B. Johnson fordert den Kongreß in Washington auf, für die Verstärkung der US-amerikanischen Truppen in Vietnam zusätzlich 1,7 Mrd. Dollar (6,8 Mrd. DM) zur Verfügung zu stellen (→ 2. 1./S. 16).

Von den 280 000 bundesdeutschen Studenten studieren nach Angaben des Deutschen Akademischen Austauschdienstes (DAAD) 4% an ausländischen Universitäten. Die Hälfte davon ist an österreichischen und Schweizer Hochschulen eingeschrieben.

In Ingolstadt nimmt der mit 200 m bislang höchste Stahlbetonschornstein Europas den Betrieb auf. Der zum Dampfkraftwerk der Bayer AG gehörende Schlot stößt in jeder Stunde 1 Mio. m³ Abgase aus.

5. August, Donnerstag

In Südvietnam zerstört der Vietcong ein Treibstofflager des US-amerikanischen Luftstützpunkt Da Nang. Mehr als 9 Mio. l hochexplosiven Treibstoffs gehen in Flammen auf.

Die bundesdeutsche ESSO AG gibt bei den Kieler Howaldtswerften den mit 170 000 t Tragfähigkeit bisher größten Tanker der Welt in Auftrag.

Der 77jährige deutsch-französische Bildhauer, Maler und Schriftsteller Hans Arp erhält in Hamburg den mit 25 000 DM dotierten Hansischen Goethepreis, der in diesem Jahr zum 13. Mal verliehen wird.

Mit sechswöchiger Verspätung hält der Sommer in der Bundesrepublik Einzug. In Norddeutschland steigen die Temperaturen erstmals auf über 26 °C und in Süddeutschland auf über 30 °C.

6. August, Freitag

Die Journalistin Ulrike Meinhof wird vom Amtsgericht München zu einer Geldstrafe von 600 DM verurteilt, da sie den CSU-Vorsitzenden Franz Josef Strauß in der Hamburger Zeitschrift »Konkret« als »infamsten deutschen Politiker« bezeichnet hat. → S. 141

US-Präsident Lyndon B. Johnson unterzeichnet ein neues Wahlrechtsgesetz (Voting Rights Act), das die noch bestehenden Wahlbeschränkungen für die farbige Bevölkerung, wie z. B. den Lese- und Schreibtest, aufhebt (→ 17. 3./S. 54).

In Hiroshima gedenken 30 000 Menschen im Friedenspark der Opfer des Atombombenabwurfes im Jahr 1945. → S. 143

7. August, Samstag

Bei einem Feuergefecht im indisch-pakistanischen Grenzgebiet Kaschmir kommen drei indische und sechs pakistanische Soldaten ums Leben (→ 6. 9./S. 158).

Vier Menschen, darunter drei Kinder, finden vor der Nordseeinsel Sylt bei einem schweren Badeunglück den Tod, als eine starke Unterströmung etwa 30 Kinder, die in knietiefem Wasser baden, mit sich reißt.

8. August, Sonntag

Mit einer scharfen Kampfansage an die Sozialdemokraten und der klaren Ablehnung einer großen Koalition eröffnet die CDU in der Dortmunder Westfalenhalle vor 15 000 Teilnehmern ihren Bundestagswahlkampf. → S. 140

In der päpstlichen Sommerresidenz in Castel Gondolfo spricht sich Papst Paul VI. vor etwa 10 000 Gläubigen für ein uneingeschränktes Verbot der Produktion, Lagerung und Anwendung von Atomwaffen aus (→ 6. 8./S. 143).

In Warschau läuft die Polin Irena Kirszenstein mit 22,7 sec Weltrekord über 200 m. → S. 149

9. August, Montag

Der Westberliner Senatsrat Horst Korber und der neuernannte Vertreter der DDR, Staatssekretär Michael Kohl, beginnen in Berlin (Ost) Gespräche über die Fortsetzung des am 24. September auslaufenden Passierscheinabkommens (→ 5. 2./S. 38).

Die Friedenskommission der Organisation Amerikanischer Staaten (OAS) legt den beiden Bürgerkriegsparteien der Dominikanischen Republik einen Friedensplan vor, nach dem eine provisorische Regierung unter der Führung des Diplomaten Héctor García-Godoy innerhalb von neun Monaten allgemeine Wahlen abhalten soll (→ 3. 9./S. 158).

Singapur scheidet aus der seit dem 16. September 1963 bestehenden Föderation von Malaysia aus und wird unabhängiger Stadtstaat unter der Regierung Lee Kuan Yew. → S. 143

Der deutsche Fahrradeinzelhandel teilt in Bielefeld mit, daß die Nachfrage nach den erst seit wenigen Wochen im Handel befindlichen führerscheinfreien Motorfahrrädern (Mofa) nicht befriedigt werden kann. → S. 141

Die erste Börsennotierung der VEBA-Aktien im Nennwert von 100 DM liegt bei 226 DM und damit 16 Punkte über dem Ausgabekurs (→ 9. 8./S. 141).

Bei der Explosion eines Dieselmotors in einem Silo für Langstreckenraketen des Typs »Titan II.« im US-Bundesstaat Arkansas ersticken 53 Menschen.

10. August, Dienstag

Im Rahmen einer Feierstunde anläßlich des 75. Jahrestages der Zugehörigkeit zu Deutschland lobt Bundeskanzler Ludwig Erhard die Insel Helgoland, von 1945 bis 1952 Übungsziel für die britische Luftwaffe, als Musterbeispiel des Aufbaus nach der totalen Zerstörung. → S. 144

Die militärischen Planungen der USA berücksichtigen bereits die Möglichkeit eines Austritts Frankreichs aus dem Nordatlantischen Bündnis (NATO). Entsprechende Kartenblätter, die das Nachrichtenmagazin »U. S. News and World Report« veröffentlicht, zeigen eine Aufteilung der NATO in eine Nord- und Südgruppe ohne Frankreich. → S. 144

Das zum Krupp-Konzern gehörende Hüttenwerk Rheinhausen (→ 10. 12./S. 203) nimmt eine der modernsten Stahlwalzstraßen in Europa nach zweijähriger Bauzeit in Betrieb. Die Walze hat eine Monatskapazität von 45 000 t Stab- und Formstahl und besitzt ein Walzprogramm mit 500 Profilen.

11. August, Mittwoch

In Watts, dem Schwarzenviertel von Los Angeles, kommen bei Rassenunruhen 35 Menschen ums Leben. Über 800 Personen werden verletzt. → S. 142

Die Sowjetunion beginnt im mittelasiatischen Kasachstan eine Erdbohrung, die bis 7000 m Tiefe gehen soll.

Die mehrfache Olympiasiegerin in Tokio 1964, Tamara Press aus der Sowjetunion, verbessert bei einem Leichtathletik-Sportfest in Moskau den Diskus-Weltrekord auf 59,70 m.

12. August, Donnerstag

Der Zentralbankrat der Deutschen Bundesbank erhöht sowohl den Diskontsatz von 3,5 auf 4% als auch den Lombardsatz von 4,5 auf 5%.

Ein schweres Zugunglück im südhessischen Bahnhof Lampertheim fordert drei Tote und 55 Verletzte. → S. 145

13. August, Freitag

Rund 5000 Israelis demonstrieren in Tel Aviv gegen die Ankunft des ersten deutschen Botschafters in Israel, Rolf Pauls. Sie tragen Spruchbänder mit Aufschriften wie »Unwillkommen« oder »Keine Freundschaft zwischen Deutschland und den Juden« (→ 19. 8./S. 138).

Die Tiroler Zugspitzbahn eröffnet auf dem Dach der 2950 m hoch gelegenen Gipfelstation ein Panorama-Restaurant.

14. August, Samstag

Die SPD eröffnet in Dortmund ihren Wahlkampf vor rund 20 000 Menschen mit einer bunten Mischung aus Reden, musikalischer Unterhaltung und einem Großfeuerwerk. → S. 140

Vor mehr als 370 000 Zuschauern an neun Spielorten in der Bundesrepublik startet die Fußball-Bundesliga mit 18 (statt bisher 16) Vereinen in das dritte Spieljahr (→ 31. 7./S. 133).

15. August, Sonntag

Im Jemen einigen sich die bürgerkriegführenden Parteien auf einen gemeinsamen Plan zur friedlichen Regelung des Konflikts. → S. 143

In Maumee (USA) schwimmt der Amerikaner Steve Krause über 1500 m Freistil Weltrekord in 16:58,6 min.

Bürger-
kriegsähn-
liche Zu-
stände
herrschen
im August
in Los An-
geles: Die
Diskri-
nierung der
schwarzen
Bevölke-
rung führt
zu einem
massiven
Gewalt-
ausbruch
(Titelseite
der fran-
zösischen
Zeitschrift
»PARIS
MATCH«)

PARIS MATCH

N° 855 / 28 AOÛT 1965 / 1,20 F

UN GRAND DOCUMENT DES REPORTERS PHOTOGRAPHES DE PARIS MATCH

LA RÉVOLTE DE LOS ANGELES

LA SEMAINE PROCHAINE, NOTRE 4ᵉᵐᵉ NUMERO HISTORIQUE 45/65 : HIROSHIMA

16. August, Montag

Der erste Botschafter Israels in der Bundesrepublik Deutschland, Asher Ben Nathan, trifft auf dem Köln-Bonner Flughafen Wahn ein. Bei der Begrüßung erklärt der Botschafter, er wolle mit seinem Wirken einen Weg in eine bessere Zukunft ebnen, die Frieden und Verständigung zwischen den beiden Völkern bringen soll (→ 19. 8./S. 138).

Als erste in der Bundesrepublik wird die städtische Realschule in Heiligenhausen bei Düsseldorf in den Kreis der UNESCO-Modellschulen aufgenommen, die ihren Unterricht dem Ziel der internationalen Verständigung und Partnerschaft verpflichten.

17. August, Dienstag

Ein Wahlkampfsonderzug startet mit dem SPD-Kanzlerkandidaten Willy Brandt zu einer vierwöchigen Tour durch alle Bundesländer (→ S. 140).

Die USA legen auf der Genfer Abrüstungskonferenz einen Entwurf für einen Vertrag gegen die Weiterverbreitung von Atomwaffen vor. → S. 143

20 Jahre nach Ausrufung der freien Republik Indonesien proklamiert der indonesische Staatspräsident Achmed Sukarno vor 250 000 Menschen in Jakarta eine Bildung einer »anti-imperialistischen Achse«, die von Indonesien über Kambodscha bis zu der Volksrepublik China, Nord-Vietnam und Nord-Korea reichen soll (→ 7. 1./S. 17; 1. 10./S. 169).

Nach Angaben der Landwirtschaftskammer Westfalen-Lippe in Münster sind in Nordrhein-Westfalen zur Zeit 15 000 Mähdrescher pausenlos im Einsatz. Die Wintergerste konnte wegen des günstigen Wetters in der ersten Augusthälfte fast vollständig und der Roggen zu 70% eingebracht werden.

18. August, Mittwoch

Der Generalsekretär der Vereinten Nationen (UN), Sithu U Thant, legt den UN-Haushalt für 1966 vor, der Ausgaben in Höhe von 116,7 Mio. US-Dollar (466,8 Mio. DM) vorsieht.

Die Industriegewerkschaft Bau, Steine, Erden verabschiedet auf ihrer Tagung in Frankfurt am Main ein Bauprogramm zur Errichtung von gewerkschaftseigenen Bungalow- und Feriendörfern an der Riviera, in Kärnten, auf Sylt, im Allgäu und in Schleswig-Holstein. Bauarbeiter und ihre Familien sollen dort zu einem Preis von 5 bis 6 DM täglich ihren Urlaub verbringen können.

Nach 78tägiger Fahrt über den Atlantik erreicht der US-Amerikaner Robert Manry mit seinem Segelboot Südengland. → S. 145

19. August, Donnerstag

Das Frankfurter Schwurgericht verurteilt nach 182 Verhandlungstagen im sog. Auschwitz-Prozeß sechs Angeklagte zu lebenslangem Zuchthaus und elf Angeklagte zu Freiheitsstrafen bis zu 14 Jahren. → S. 139

Der erste Botschafter der Bundesrepublik Deutschland in Israel, Rolf Pauls, überreicht in Jerusalem dem israelischen Staatspräsidenten Salman Schasar sein Beglaubigungsschreiben. → S. 138

Bundesschatzminister Werner Dollinger (CSU) erhält aus der VEBA-Privatisierung von einem Bankenkonsortium einen Scheck in Höhe von 312 Mio. DM. → S. 141

20. August, Freitag

Der Bürgermeister von New York, Robert Wagner, veranlaßt wegen der katastrophalen Wasserknappheit in der Stadt eine wissenschaftliche Untersuchung über die Erzeugung künstlichen Regens.

21. August, Samstag

US-amerikanische Flugzeuge greifen in Nord-Vietnam erstmals einen Staudamm zur Bewässerung von Reisfeldern und ein dazugehöriges Elektrizitätswerk 128 km südlich von Hanoi an (→ 15. 3./S. 50; 31. 10./S. 171).

Die rumänische Nationalversammlung in Bukarest verabschiedet eine neue Verfassung, in der die Werktätigen unter der Führung der Kommunistischen Partei als Souverän festgeschrieben sind. Der Staat erhält den Namen Sozialistische Republik Rumänien (→ 22. 2./S. 57).

Nach Verzögerungen wegen technischer Schwierigkeiten startet in Kap Kennedy (US-Bundesstaat Florida) eine »Titan-II«-Rakete, die »Gemini V« auf ihre Umlaufbahn um die Erde bringt (→ 29. 8./S. 145).

22. August, Sonntag

In bundesdeutschen Krankenhäusern fehlen nach Angaben des Bischofs von Münster, Joseph Höffner, 30 000 Helfer.

Bei den Ruder-Europameisterschaften der Damen auf der Regattabahn in Duisburg-Wedau gewinnen Athletinnen aus der Sowjetunion vier von fünf möglichen Titeln (→ 29. 8./S. 149).

Während eines Schwimmländerkampfes zwischen den USA und Großbritannien in Cardiff (Wales) werden fünf Weltrekorde aufgestellt. → S. 149

23. August, Montag

Ein Sprecher des Bundesministeriums der Verteidigung gibt in Bonn bekannt, daß die Bundeswehr in der portugiesischen Stadt Beja ihren ersten ausländischen Stützpunkt errichtet.

Der deutsche Entwicklungsdienst teilt in Bonn mit, daß 450 junge bundesdeutsche Fachkräfte als Entwicklungshelfer in Afrika, Asien und Südamerika tätig sind. → S. 144

Die Organisation der Erdöl exportierenden Länder (OPEC) legt erstmals Exportquoten fest. → S.144

Das Unterseelabor »Sealab II« der US-Marine wird vor der kalifornischen Küste in 63 m Tiefe verankert. Drei Forschungsgruppen wollen im Wechsel 15 Tage unter Wasser verbringen. → S. 145

Die in Wien ansässige Arbeitsgemeinschaft gegen Schmutz und Schund erstattet Anzeige gegen Günter Grass wegen angeblicher Obszönitäten in seinem Buch »Katz und Maus«.

24. August, Dienstag

Der ägyptische Staatspräsident Gamal Abd el Nasser und König Faisal von Saudi-Arabien unterzeichnen nach zweitägigen Gesprächen in Dschidda ein Abkommen für einen Friedensplan zur Beendigung des Bürgerkrieges im Jemen (→ 13. 8./S. 143).

Die Dolsan-Minengesellschaft berichtet in Pembroke (Kanada) über den Fund einer Goldader, in der pro Tonne Gestein »wie in Zeiten des Goldrausches« 104,15 g Gold enthalten sind.

25. August, Mittwoch

Nach schweren Artilleriegefechten überschreiten indische Truppen an zwei Stellen die Waffenstillstandslinie im pakistanischen Teil Kaschmirs (→ 6. 9./S. 158).

Das Hamburger Landgericht erlaubt der in München ansässigen Nymphenburger Verlagsbuchhandlung den ersten Nachkriegsdruck von Klaus Manns Roman »Mephisto«. → S. 148

Die 26. Internationalen Filmfestspiele am Lido von Venedig beginnen mit René Allios Film »Die alte würdelose Dame« nach einem Motiv Bertolt Brechts.

26. August, Donnerstag

Der Schriftsteller Günter Grass tritt in Düsseldorf für die SPD eine bis zum 14. September dauernde Wahlreise durch 25 Städte an. An der Wahlwerbung beteiligen sich auch der Schriftsteller Siegfried Lenz und der Komponist Hans Werner Henze. → S. 140

Die südkoreanische Regierung stellt die Hauptstadt Seoul unter Militärkontrolle, um regierungsfeindliche Demonstrationen von Studenten gegen den am 22. Juni ratifizierten Freundschaftsvertrag zwischen Japan und Südkorea zu verhindern.

Martha Randall (USA) schwimmt in 4:38,0 min in Monte Carlo Weltrekord über 400 m Freistil.

27. August, Freitag

Bei der Eröffnung der bis zum 5. September dauernden Deutschen Funkausstellung 1965 auf dem Stuttgarter Killesberg spricht sich Bundeskanzler Ludwig Erhard gegen den Parteienproporz in den Rundfunk- und Fernsehanstalten aus.

In der Bundesrepublik Deutschland erlauben die inzwischen installierten Fernsehsender 92% der Bevölkerung, das Erste Programm zu empfangen. Beim Zweiten Programm sind es 76%, beim Dritten Programm 46%. Dies teilt Bundespostminister Richard Stücklen (CSU) in Stuttgart mit.

Im Alter von 77 Jahren stirbt in Roquébrunne-Cap-Martin im französischen Departement Alpes-Maritimes der französisch-schweizerische Architekt Le Corbusier. → S. 149

28. August, Samstag

Die Jury der Deutschen Akademie für Sprache und Dichtung in Darmstadt wählt Jean-Paul Sartres Roman »Die Wörter« zum Buch des Monats August.

Die 2. Westeuropäische Postwertzeichen-Ausstellung »Assindia 1965« zeigt in Essen bis zum 5. September Briefmarken mit einem Versicherungswert von über 80 Mio. DM.

29. August, Sonntag

Vor rund 600 Ärzten teilt Bundesgesundheitsministerin Elisabeth Schwarzhaupt (CDU) auf der 17. deutschen Therapiewoche in Karlsruhe mit, daß der Bund im laufenden Rechnungsjahr rund 4,5 Mio. DM für die Krebsforschung aufwendet.

Nach einem Rekordflug durch den Weltraum landen die beiden US-Astronauten Gordon Cooper und Charles Conrad in ihrer Raumkapsel »Gemini V« sicher im Atlantik südwestlich der Bermudas. → S. 145

Bei den 53. Ruder-Europameisterschaften der Männer in Duisburg-Wedau gewinnt der Deutsche Ruderbund jeweils Goldmedaillen im Einer und im Achter. → S. 149

30. August, Montag

Zwei Drittel der bundesdeutschen Bevölkerung kennen keinen lebenden einheimischen Schriftsteller. Nach einer Umfrage des Bad Godesberger Instituts für angewandte Sozialwissenschaft kennen 22% Günter Grass, 7% Heinrich Böll und 6% Rolf Hochhuth.

Mit der Aufführung des letzten Teils des »Ring des Nibelungen« enden in Bayreuth die Richard-Wagner-Festspiele, die am 25. Juli begonnen haben. → S. 148

Eine Eislawine begräbt bei Saas Fee in den Walliser Alpen (Schweiz) 100 Bauarbeiter. → S. 145

31. August, Dienstag

In der Dominikanischen Republik einigen sich die Bürgerkriegsparteien auf die freie Wahl eines neuen Präsidenten (→ 3. 9./S. 158).

Die Deutsche Forschungsgemeinschaft bewilligt 250 000 DM für eine Studie über die Lärmbelästigung in Flugplatznähe und deren Folgen.

Das Wetter im Monat August

Station	Mittlere Lufttemperatur (°C)	Niederschlag (mm)	Sonnenscheindauer (Std.)
Aachen	15,8 (17,2)	81 (82)	170 (188)
Berlin	15,6 (17,2)	32 (68)	242 (212)
Bremen	15,0 (17,1)	58 (79)	210 (182)
München	15,1 (16,6)	70 (96)	202 (211)
Wien	15,1 (18,6)	57 (68)	221 (242)
Zürich	15,8 (16,6)	151 (132)	199 (219)

( ) Langjähriger Mittelwert für diesen Monat
– Wert nicht ermittelt

Nr. 8   August 1965   7. Jahr   2,– DM   1 H 6773 E

twen

Im »twen-Ehereport« kommt Autor Heinrich Wolf im August zu der Erkenntnis, der Ehealltag könne aufgefrischt werden, wenn die Frau ihrer Fantasie freien Lauf läßt – mit einer neuen Frisur, einem neuen Parfüm oder verführerischen Posen (Titelseite der in München erscheinenden Zeitschrift)

Schenken Sie Ihrem Mann eine neue Frau

Bundesrepublik und Israel tauschen Botschafter aus

19. August. Der erste bundesdeutsche Botschafter in Israel, Rolf Pauls, überreicht in Jerusalem dem israelischen Staatspräsidenten Salman Schasar sein Beglaubigungsschreiben. Damit sind die diplomatischen Beziehungen zwischen der Bundesrepublik und Israel offiziell aufgenommen. Während der halbstündigen Zeremonie demonstrieren vor dem Präsidentenpalais ehemalige Verfolgte des Nazi-Regimes gegen diesen Schritt.

Die Aufnahme diplomatischer Beziehungen zwischen den beiden Staaten war am 12. Mai nach zweimonatigen Vorgesprächen vereinbart worden. Bis dahin hatten Israel und die Bundesrepublik mehrfach die Aufnahme voller diplomatischer Beziehungen abgelehnt. Der Gesinnungswandel auf beiden Seiten steht im Zusammenhang mit Spannungen in den Beziehungen der Bundesrepublik zur Vereinigten Arabischen Republik (VAR; Ägypten). Ägypten hatte nach Bekanntwerden bundesdeutscher Waffenlieferungen an Israel den DDR-Staatsratsvorsitzenden Walter Ulbricht zu einem Freundschaftsbesuch eingeladen (→ 24. 2./S. 36). Damit geriet die Bundesregierung unter Zugzwang: Nach der Hallsteindoktrin von 1955 will sie nur mit solchen Staaten diplomatische Beziehungen

haben, die ihrerseits keine offiziellen Kontakte zur DDR unterhalten. Am 12. Februar faßte die Bundesregierung den Grundsatzbeschluß, keine weiteren Waffen in Spannungsgebiete zu liefern. Die Waffenlieferungen nach Israel sollten durch die Lieferung anderer Waren ersetzt werden. In dieser Situation stellte der israelische Ministerpräsident Levi Eschkol die Bundesregierung vor die Wahl, entweder volle diplomatische Beziehung aufzunehmen oder alle bisherigen Kontakte abzubrechen. Nach dem Freundschaftsbesuch Ulbrichts in der VAR stellte die Bundesrepublik am 7. März jede weitere Wirtschaftshilfe an die VAR ein. Daraufhin kündigte der ägyptische Staatspräsident Gamal Abd el Nasser die Aufnahme diplomatischer Beziehungen zur DDR an. Bisher wurde aber lediglich ein Generalkonsulat in der DDR eröffnet.

Nach Bekanntgabe der Aufnahme diplomatischer Beziehungen zwischen der Bundesrepublik und Israel brachen neun arabische Staaten ihre Beziehungen zur Bundesrepublik ab.

Mit »Wir wollen ein deutschfreies Israel« protestieren in Tel Aviv Israelis gegen die Aufnahme diplomatischer Beziehungen zur Bundesrepublik

Nach ihrem Antrittsbesuch beim israelischen Staatspräsidenten Salman Schasar werden der bundesdeutsche Botschafter in Israel, Rolf Pauls (M.), und sein Stellvertreter Alexander Toeroek (l. daneben) von Reportern umringt

Schwieriger Weg zu normalem Verhältnis

Im Jahr 1949 leitete Konrad Adenauer die offiziellen Beziehungen der Bundesrepublik Deutschland zu Israel mit einem »Sühnegeschenk« für die jüdischen Opfer des Nazi-Regimes und des Zweiten Weltkriegs in Höhe von 10 Mio. DM ein. Zwei Jahre später forderte Israel von der Bundesrepublik die Anerkennung jüdischer Wiedergutmachungsforderungen. Insgesamt wurde von Israel ein Anspruch von 1,5 Mrd. US-Dollar (6 Mrd. DM) geltend gemacht. 1952 und 1953 vereinbarten Israel und die Bundesrepublik im Luxemburger Abkommen eine Wiedergutmachung in Höhe von 3,45 Mrd. DM. Diese sollte bis 1965 überwiegend in Waren und Dienstleistungen erbracht werden. Für die Entschädigung von jüdischen Verfolgten des Nazi-Regimes wurden insgesamt 18 Mrd. DM gezahlt.

1957 lehnte der damalige Außenminister Heinrich von Brentano die Aufnahme diplomatischer Beziehungen zwischen Israel und der Bundesrepublik ab, da eine enge politische Verbindung die Spannungen im Nahen Osten verschärfen würde. Diese Auffassung bestätigten die jeweiligen Bundesregierungen 1959 und 1964.

In Israel führten Waffenlieferungen aus der Bundesrepublik Ende der 50er Jahre zu zwei Regierungskrisen. Am 14. März 1960 vereinbarten Bundeskanzler Konrad Adenauer und der damals amtierende israelische Ministerpräsident David Ben Gurion in einem geheimen Abkommen neue Waffenlieferungen. Insgesamt erhielt Israel 150 Panzer und 50 Flugzeuge. Darüber hinaus finanzierte die Bundesrepublik zwei U-Boote und sechs Schnellboote.

1963/64 kam es zwischen beiden Staaten zu mehreren Auseinandersetzungen über die Mitarbeit bundesdeutscher Raketenspezialisten in der ägyptischen Rüstungsindustrie.

Sie starben um die Jahrhundertwende in Frieden. Ihre Kinder und Enkel wurden vertrieben oder vergast. Jetzt

Irre? Sie gingen mit Sorgfalt vor und legten falsche Spuren. Ein Einzelfall? Die Friedhofsschändung war

verhöhnt das Mal der Mörder die Toten: „Es lebe die SS — 6 000 000, das sind zu wenig." Die Täter waren

nur ein Auftakt. Wir haben Grund zu erschrecken — mehr Grund als die 15 letzten Juden von Bamberg

Nazi-Schmierereien auf dem jüdischen Friedhof von Bamberg zeigen die Gegenwärtigkeit der deutschen Vergangenheit (Faksimile aus »Quick« vom 25. 7. 1965)

Urteile gegen frühere SS-Aufseher im KZ Auschwitz

19. August. Das Schwurgericht in Frankfurt am Main verkündet nach 182 Verhandlungstagen im Prozeß um die Ermordung von mehreren Millionen Häftlingen des Konzentrationslagers Auschwitz die Urteile. Von den 20 angeklagten früheren SS-Aufsehern in dem nationalsozialistischen Vernichtungslager 50 km westlich von Krakau werden sechs wegen »Mordes in mehreren Fällen und der Beihilfe zum Mord in mehreren hundert oder mehreren tausend Fällen« zu lebenslänglicher Freiheitsstrafe und zehn zu Zuchthausstrafen zwischen dreieinhalb und 14 Jahren verurteilt. Drei Angeklagte werden freigesprochen.

Das Strafmaß bleibt damit weit unter den Anträgen der Staatsanwaltschaft, die für 16 Angeklagte lebens langes Zuchthaus und für zwei Angeklagte je zwölf Jahre Zuchthaus gefordert hat.

Die Höhe der Strafen wird unterschiedlich bewertet. Der frühere US-amerikanische Chefankläger im Nürnberger Kriegsverbrecherprozeß, Robert W. Kempner, betont, daß

die Strafen zwar nicht der moralischen Schuld der Angeklagten, wohl aber den anhand von Zeugenaussagen eindeutig nachweisbaren Straftatbeständen entsprächen. Demgegenüber erklärt der Präsident des Verbandes der Jüdischen Gemeinden in der DDR, die Urteile sprächen aller Menschlichkeit und Sittlichkeit Hohn. Am 25. August legt die Staatsanwaltschaft gegen acht Urteile Revision ein.

Mit dem sog. Auschwitz-Prozeß geht das bisher längste und größte Gerichtsverfahren in der Geschichte der Bundesrepublik zu Ende. Die

Blick in den Verhandlungssaal während des sog. Auschwitzprozesses vor dem Frankfurter Gericht; im Hintergrund Lagepläne des Konzentrationslagers

Vorermittlungen der Staatsanwaltschaft begannen 1958, nachdem ein überlebendes Opfer Strafanzeige erstattet hatte. Bis zum Prozeßbeginn am 20. Dezember 1963 wurden etwa 1300 Zeugen vernommen. Während des Prozesses waren 359 Zeugen, hauptsächlich aus Polen, Israel und den USA, geladen. 18 ehemalige Auschwitzhäftlinge aus 14 Ländern wurden von drei Nebenklägern vertreten. Ergreifende Szenen spielten sich im Gerichtssaal ab, als sich die Zeugen an die brutalen Vorgänge im Konzentrationslager erinnerten. Daß die Ereignisse 20 Jahre zurücklagen, erschwerte die Beweisaufnahme erheblich. Am 14. Dezember 1964 unternahm das Frankfurter Schwurgericht eine Ortsbesichtigung in Auschwitz.

Der erste Auschwitz-Prozeß in der Bundesrepublik gilt im Ausland als Prüfstein dafür, inwieweit es den Deutschen gelingt, offen und ehrlich mit ihrer NS-Vergangenheit umzugehen (→ 25. 3./S. 60; 3. 9./S. 157). In Polen beispielsweise sind bereits 700 Lagerangehörige abgeurteilt.

Koalitionsfrage steht im Mittelpunkt des Wahlkampfes

CDU/CSU, SPD und FDP eröffnen im August den Kampf um die Stimmen bei den Wahlen zum 7. Deutschen Bundestag am → 19. September (S. 154). Die Auftaktveranstaltungen dieser Parteien finden im Ruhrgebiet statt. Dem Stimmenpotential aus dem Industrierevier messen die Parteimanager wahl- entscheidende Bedeutung zu. Das vorhergesagte Kopf-an-Kopf-Rennen der beiden großen Parteien entscheidet sich nach Einschätzung von Beobachtern hier. Die SPD hofft auf erstmalige Beteiligung an der Regierung, während die CDU selbstbewußt auf das bisher Erreichte verweist.

Beim Auftakt zum CDU-Wahlkampf in der Dortmunder Westfalenhalle am 8. August vermeidet Bundeskanzler Ludwig Erhard vor 15 000 Zuhörern in seiner Eröffnungsrede eine eindeutige Festlegung seiner Partei auf eine zukünftige Koalition. Deutlich wendet sich Erhard jedoch gegen eine große Koalition mit der SPD. Im Gegensatz dazu befürwortet Altbundeskanzler Konrad Adenauer (CDU) ein Zusammengehen der beiden größten Parteien: Nur mit Unterstützung der SPD sei eine Verabschiedung der Notstandsgesetze (→ 24. 6./S. 109) möglich.

Fairen Wahlkampf vereinbart

Die im Bundestag vertretenen Parteien SPD, CDU, FDP und CSU haben am 9. Januar 1965 in Bonn für die Zeit vom 1. Januar bis zum 31. Dezember 1965 ein sog. Wahlkampffairneßabkommen vereinbart. Darin verpflichteten sich die Parteien zu einer sachlichen und fairen Führung des Kampfes um die Wählerstimmen und zu einer Begrenzung der Wahlkampfausgaben. Die obere Grenze dieser Ausgaben ist für CDU, SPD und FDP auf je 15 Mio. DM, für die CSU auf 4 Mio. DM festgelegt. Die Plakatierung ist auf die letzten 30 Tage und die Zeitschriftenwerbung auf die letzten acht Wochen vor der Wahl beschränkt; Fernseh- und Rundfunkwerbung sind grundsätzlich ausgeschlossen.

Auch die SPD bemüht sich bei ihrem Wahlkampfauftakt am 14. August im Dortmunder Westfalenpark, die Koalitionsfrage offen zu halten. In der Eröffnungsrede macht der SPD-Kanzlerkandidat und Regierende Bürgermeister von Berlin (West), Willy Brandt, keine klaren Aussagen zu diesem Thema. Vor 20 000 Zuhörern stellt Brandt die Deutschlandpolitik und die Ausarbeitung der Grundzüge eines Friedensvertrages in den Mittelpunkt sozialdemokratischer Politik.
Die FDP spricht sich dagegen auf ihrem Wahlkongreß am 2. September in Essen eindeutig für eine Fortsetzung der Koalition mit der CDU/

CSU aus. Der FDP-Vorsitzende und Vizekanzler Erich Mende weist auf die von der FDP eingeleitete größere Beweglichkeit in der bundesdeutschen Ostpolitik hin. Darüber hinaus warnt er vor einer großen Koalition von CDU und SPD, da die Politik dann nicht mehr im Bundestag, sondern von den Parteizentralen entschieden werde.

Neben den Auseinandersetzungen und Debatten über die Koalitionsfrage erlangt im Bundestagswahlkampf kein Thema besondere politische Brisanz.

»Es geht um Deutschland – CDU«

Nach 16jähriger Regierungszeit führt die CDU den bisher schwersten Wahlkampf ihrer Parteigeschichte. Diese Meinung vertritt jedenfalls Bundesaußenminister Gerhard Schröder (CDU). Unter dem Motto »Es geht um Deutschland« will die CDU die Wähler von ihrer ungebrochenen politischen Gestaltungskraft überzeugen. Dazu verweisen die Christdemokraten auf die positive wirtschaftliche Entwicklung während ihrer Regierungszeit, die eine Erhöhung des Lebensstandards und mehr soziale Sicherheit ermöglicht habe.
Im Hinblick auf das enge Verhältnis zwischen der SPD und den Gewerkschaften betont Bundeskanzler Erhard, daß die CDU einen starken Staat wolle, der nicht von Gruppenegoismen abhängig sein dürfe.

◁ *W. Johnen, F. Meyers, R. Barzel, L. Erhard (v. l.)*

»Sicher ist sicher – darum SPD«

Im Wahlkampf 1965 präsentiert sich die SPD als Zukunftspartei. Kanzlerkandidat Willy Brandt schreibt: »Die CDU/CSU sonnt sich in der Vergangenheit. Zur Wahl steht aber nicht das Erreichte, sondern das in der nächsten Zukunft Erreichbare.« Schwerpunktthema der SPD ist die Außenpolitik. Brandt fordert, daß die Bundesrepublik endlich eine selbstbewußte, ihrem wirtschaftlichen Gewicht entsprechende Außenpolitik betreiben müsse.
Der Wahlkampf der SPD unter dem Slogan »Sicher ist sicher – darum SPD« folgt Vorschlägen einer US-amerikanischen Werbeagentur: Politische Reden und bunte Unterhaltung wechseln sich ab. Der volksfestartige Wahlkampfauftakt mit einem Großfeuerwerk im Dortmunder Westfalenpark zieht 200 000 Menschen an.

◁ *Willy Brandt bei einer Wahlkampfrede in Darmstadt*

»Neue Wege wagen – FDP nötiger denn je«

Die FDP betont im Wahlkampf ihre Rolle als moderierende politische Kraft. Ihr Spitzenkandidat Erich Mende erklärt, daß die Aufgabe der FDP in der Verhinderung einer absoluten CDU-Mehrheit und eines »schwarz-roten Kartells« liege. Hauptthema des FDP-Wahlkampfes unter dem Motto »Neue Wege wagen – FDP nötiger denn je« ist die Deutschland- und Außenpolitik. Die Liberalen werben dafür, »die ausgetretenen Pfade einer Politik des kalten Krieges zu verlassen«. Die diplomatischen Beziehungen und der Handel mit den osteuropäischen Staaten sollen ausgebaut werden. Der FDP-Wahlkampf ist durch Streit mit dem Koalitionspartner CDU/CSU geprägt. Die FDP muß u. a. eine Wahlzeitung wegen Verleumdung von Franz Josef Strauß (CSU) zurückziehen.

◁ *Erich Mende auf einer FDP-Veranstaltung in Frankfurt*

Teilprivatisierung der VEBA abgeschlossen

19. August. Die Teilprivatisierung der »Vereinigten Elektrizitäts- und Bergwerks-AG« (VEBA) ist abgeschlossen. Bundesfinanzminister Werner Dollinger (CSU) erhält von der Führungsbank des VEBA-Konsortiums einen Scheck in Höhe von 312 Mio. DM. 49% des Bundesanteils an dem Unternehmen sind in die Hand von 2,6 Mio. Kleinaktionären überführt worden. Die VEBA ist nach der Preussag AG (1959) und dem Volkswagenwerk (1960) das dritte Bundesunternehmen, das teilprivatisiert wurde.

Der Nennwert der sog. VEBA-Volksaktien beträgt 100 DM. Zunächst wurden die Aktien den Belegschaftsmitgliedern des Unternehmens angeboten. Dann erhielten hauptsächlich Interessenten aus den unteren Einkommensschichten mit einem Jahreseinkommen bis zu 8000 DM (Ledige) bzw. 16 000 DM (Verheiratete) die Möglichkeit des Aktienerwerbs. Der Ausgabekurs der am 24. Mai erstmals angebotenen 100-DM-Aktien betrug 210 DM. Bei der Börseneinführung am 9. August stieg der Kurs um 16 Punkte auf 226 DM. Etwa 2500 der 2,6 Mio. Kleinaktionäre verkauften daraufhin ihre VEBA-Aktien.

Experten prophezeien VEBA-Aktionären nur geringe Dividenden, da Teile des Unternehmens angeschlagen sind. Die Bergwerksgesellschaft Hibernia, ein tragender Teil des VEBA-Konzerns, leidet unter dem Preisverfall auf dem Kohlemarkt. Im Geschäftsjahr 1964 konnte die VEBA mit 5,3 Mrd. DM den Vorjahresumsatz gerade noch halten. Daran waren die Hibernia mit 2,1 Mrd. DM, die Stinnes-Gruppe mit 1,9 Mrd. DM und die Preußenelektra mit 1,3 Mrd. DM beteiligt.

△ *Schon Wochen vor der Ausgabe der VEBA-Aktien ließen sich mehr als 100 000 Kaufanwärter bei dem ausgebenden Bankenkonsortium aus Dresdner Bank, Deutscher Bank, Commerzbank und Spar- und Genossenschaftskassen vormerken. Der überwiegende Teil der Kleinaktionäre hofft auf einen ähnlichen Kursgewinn wie 1961 bei den VW-Aktien, die in wenigen Wochen von 350 DM auf 1100 DM stiegen.*

▷ *Das Münchner Satireblatt »Simplicissimus« karikiert in seiner Ausgabe vom 19. Juli 1965 den »Volksaktionär«: »Und hinter dem Fenster, ganz oben links, da steht die Schreibmaschine, die mir fast zur Hälfte gehört.« Die mit den Volksaktien angestrebte Vermögensbildung in Arbeitnehmerhand führte bisher nicht zur Beeinflussung der Geschäftspolitik durch die Kleinaktionäre. Sie dürfen maximal fünf Aktien erwerben.*

Die 29jährige Journalistin Ulrike Meinhof arbeitet für die Hamburger Zeitschrift »konkret«

Geldstrafe für Ulrike Meinhof

6. August. Das Amtsgericht München verurteilt die 29jährige deutsche Journalistin Ulrike Meinhof wegen Beleidigung zu einer Geldstrafe von 600 DM oder ersatzweise 30 Tagen Haft. Sie hatte in der Hamburger Zeitschrift »konkret« den CSU-Vorsitzenden Franz Josef Strauß als »infamsten deutschen Politiker« bezeichnet.

In der Urteilsbegründung heißt es, daß der Ausdruck der Form nach beleidigend sei, da aus dem von Strauß beanstandeten Artikel hervorgehe, daß mit dem Wort »infam« eigentlich »ruchlos« gemeint sei.

Ulrike Meinhof trat 1960 in die Redaktion von »konkret« ein und war bis zum Jahr 1964 als Chefredakteurin der Zeitschrift tätig. Seither schreibt sie vorwiegend Kolumnen für das Blatt.

Führerscheinfreie Mofas stark gefragt

9. August. *Der Verband des Deutschen Fahrradeinzelhandels teilt in Bielefeld mit, daß die Nachfrage nach führerscheinfreien Motorfahrrädern (Mofa) nicht befriedigt werden kann. Die Produktionskapazitäten der Firmen reichen nicht aus, um der Zahl der Bestellungen durch den Fachhandel nachzukommen. Das Mofa wird erst seit einigen Wochen in der Bundesrepublik Deutschland angeboten.*

Die Höchstgeschwindigkeit eines Mofas darf 25 km/h betragen. Darüber hinaus sind ein Hubraum von maximal 49 cm³ und ein Lärmpegel von 71 Dezibel bei Vollgas erlaubt. Wie das Fahrrad muß auch das Mofa mit Pedalen und Rücktrittbremse ausgestattet sein. Dadurch unterscheidet sich das Mofa wesentlich von anderen Kleinkrafträdern, wie z. B. dem Mokick und dem Moped, die Geschwindigkeiten von bis zu 40 km/h erreichen.

◁ Die sog. Solex erfreut sich als eine Variante des Mofas bei den Franzosen großer Beliebtheit

Blutige Rassenunruhen in den Slums von Los Angeles

11. August. In Watts, dem Schwarzenviertel von Los Angeles, kommt es zu den größten Rassenunruhen in den Vereinigten Staaten seit 1943. Bis zum 17. August toben Straßenschlachten zwischen der schwarzen Bevölkerung und 18 000 Ordnungskräften in dem 100 000 Einwohner zählenden Stadtteil.

In einer Art Massenhysterie verwüsten die revoltierenden Schwarzen das 77 km² große Ghetto durch Brandstiftungen, Schießereien und Plünderungen. Insgesamt werden 35 Menschen getötet, 800 Personen verletzt und 700 Wohn- und Geschäftshäuser niedergebrannt. Der Sachschaden beläuft sich auf rund 200 Mio. US-Dollar.

Auslöser der blutigen Unruhen ist die Festnahme eines Schwarzen durch einen weißen Polizisten wegen Trunkenheit am Steuer.

Der schwarze Bürgerrechtler Martin Luther King verurteilt die Ausschreitungen in dem Schwarzenghetto, fordert aber von der US-Regierung ein Programm zur Schaffung von Arbeitsplätzen und besseren Lebensbedingungen in den von Schwarzen bewohnten Vororten der amerikanischen Großstädte.

Ein »Slum-Report« im Auftrag der US-Regierung belegt, daß 25% der Slumbewohner arbeitslos sind und mehr als 60% der schwarzen Bevölkerung in den Großstädten von der Fürsorge leben.

△ *Verwüstungen im Schwarzenghetto Watts auf den Titelseiten von* »Life« *(l.) und* »Paris Match« *(r.); 18 000 Ordnungskräfte sollen Brandstiftungen und Plünderungen verhindern. Dennoch gelingt es revoltierenden Schwarzen, in die Vororte Long Beach und Hollywood vorzudringen und die weißen Bewohner mit Parolen wie* »Burn, Baby, Burn – Brennt nieder!« *und* »Get, whitey – Hau ab, Weißer« *zu verunsichern. Ein Journalist beschreibt die Plünderungen:* »Wenn erst ein Mann die Scheiben eingeschlagen hat, springen Umstehende in den Laden.«

◁ *Brennendes und geplündertes Wohnhaus eines Schwarzen*

Die explosiven sozialen Verhältnisse in den Slums sind der Hintergrund der Rassenkrawalle; es gibt keine Anführer, aber einen Gegner: Die Weißen

Mit aufgepflanztem Bajonett durchkämmen Ordnungskräfte die Straßen des Schwarzenviertels, in dem ein allgemeines Ausgehverbot herrscht

Vor den wilden Schießereien zwischen schwarzen Heckenschützen und schwerbewaffneten Nationalgardisten suchen Schwarze auf dem Boden Schutz

Diskussion über Atomwaffenbesitz

17. August. Die Vereinigten Staaten legen auf der Genfer Abrüstungskonferenz einen Vertragsentwurf über die Nichtweitergabe von Atomwaffen vor. US-Präsident Lyndon B. Johnson hat zuvor betont, daß es Aufgabe der Konferenz sei, die Verbreitung von Atomwaffen zu verhindern. Das nukleare Potential müsse unter eine bessere Kontrolle gebracht werden.

Der sowjetische Chefdelegierte in Genf, Semjon K. Zarapkin, stellt demgegenüber fest, daß die Sowjetunion keinen Vertrag gegen eine weitere Verbreitung von Kernwaffen unterzeichnen werde, solange der Westen die Pläne für eine gemeinsame multilaterale Atomstreitmacht nicht aufgebe.

Nach Vertagung der Genfer Abrüstungskonferenz am 16. September legt die Sowjetunion der Vollversammlung der Vereinten Nationen am 24. September in New York einen eigenen Vertragsentwurf gegen die Weiterverbreitung von Atomwaffen vor.

Genau um 8.15 Uhr beginnen 30 000 Japaner im Friedenspark von Hiroschima ihr stilles Gebet für die Opfer des Atombombenabwurfs im Jahr 1945

Gedenken an die Folgen des Atombombenabwurfs auf Hiroschima

6. August. *Ganz Japan gedenkt der Opfer des Atombombenabwurfs auf die japanische Hafenstadt Hiroschima am 6. August 1945. Damals kamen mindestens 110 000 Menschen ums Leben, als die US-amerikanische Luftwaffe mit dem Abwurf einer 22,5-Kilotonnen-Atombombe die japanische Kapitulation erzwingen wollte. Unter den Toten befanden sich 78 000 Zivilisten,* *12 000 Menschen blieben vermißt, und 9000 Personen erlitten schwere Verletzungen. Wie viele Menschen Spätschäden von der freigesetzten radioaktiven Strahlung davongetragen haben, läßt sich bisher nicht genau beziffern. Papst Paul VI. fordert anläßlich des 20. Jahrestages ein uneingeschränktes Verbot der Produktion, Lagerung und Anwendung von Kernwaffen.*

Singapur ist unabhängig

9. August. Die frühere britische Kronkolonie Singapur erklärt ihren Austritt aus der seit 1963 bestehenden Föderation von Malaysia und proklamiert sich zum unabhängigen

Lee Kuan Yew, geboren am 16. September 1923, ist seit 1959 Ministerpräsident Singapurs. Lee gehört zur Volksgruppe der Chinesen.

Staat. Die Premierminister Singapurs und Malaysias, Lee Kuan Yew und Tunku Abdul Rahman, kommen überein, einen gemeinsamen Verteidigungsrat zu bilden. Singapur wird u. a. von Großbritannien, Indonesien und Japan diplomatisch anerkannt.

Die von Großbritannien geförderte Föderation von Malaysia setzte sich zusammen aus den Gliedstaaten:
▷ Malaya mit 7,8 Mio. Einwohnern;
▷ Singapur mit 1,8 Mio. Einwohnern;

▷ Sarawak mit 797 000 Einwohnern;
▷ Sabah mit 505 000 Einwohnern.
Hauptgrund für das Ausscheiden Singapurs sind Rassenkonflikte zwischen Malaien und Chinesen. Die mehrheitlich von Malaien geführte Zentralregierung Malaysias stützt sich auf die vorwiegend in den ländlichen Gebieten ansässige Minderheit der Malaien. Die Städte, Wirtschaft und Handel werden dagegen von Chinesen dominiert. Den 1,4 Mio. Chinesen in Singapur blieb der Zugang zur politischen Macht weitgehend versagt.

Der indonesische Außenminister Kepandjen Subandrio erklärt nach dem Austritt Singapurs, sein Land werde Malaysia weiter bekämpfen. Der Austritt Singapurs beweise, daß die Föderation von Malaysia eine neokolonialistische Schöpfung Großbritanniens sei.

Seit 1964 unterstützt die indonesische Regierung verstärkt Guerilla-Aktionen auf Borneo, in Sarawak und Sabah. Bei mehr als 200 Angriffen kamen bislang 350 indonesische Soldaten und 150 malaysische Sicherheitskräfte ums Leben.

Jemens Ministerpräsident Ahmed Mohammed Nouman (l.) ruft die Royalisten auf einer Friedenskonferenz in Khamer zur Beendigung des Bürgerkrieges auf

Kämpfe im Jemen beendet

15. August. Im Jemen vereinbaren die seit 1962 Bürgerkrieg führenden Royalisten und Republikaner die Einstellung der Kampfhandlungen und die Bildung einer Übergangsregierung. Eine Versammlung, bestehend aus 80 Persönlichkeiten des Landes, soll einen achtköpfigen Hohen Rat bestimmen, der dann einen Ministerpräsidenten ernennt.

Am 24. August einigen sich auch Ägyptens Staatspräsident Gamal Abd el Nasser und König Faisal von Saudi-Arabien nach zweitägigen Beratungen in Dschidda auf ein Abkommen. Dieses sieht u. a. den Abzug der ägyptischen Truppen aus dem Jemen vor. Seit 1962 unterstützte Ägypten mit 50 000 Soldaten die republikanische Regierung, während Saudi-Arabien den Royalisten um dem Imam Muhammad al-Badr beistand. Der Bürgerkrieg forderte bisher mehr als 100 000 Opfer.

Vor 75 Jahren wurde Helgoland eingetauscht

10. August. Die Bewohner Helgolands feiern im Beisein von Bundeskanzler Ludwig Erhard (CDU) den 75. Jahrestag der Zugehörigkeit der Nordseeinsel zu Deutschland.

1890 wurde auf Helgoland in Anwesenheit des deutschen Kaisers Wilhelm II. die deutsche Flagge gehißt. Großbritannien hatte Helgoland gegen die afrikanische Insel Sansibar eingetauscht, die damals unter deutschem Protektorat stand. Begünstigt durch das Privileg der Zollfreiheit und das günstige Klima entwickelte sich Helgoland zu einem vielbesuchten Seebad:

▷ 1890 besuchten 9000 Badegäste und 3000 Passanten die Insel
▷ 1913 kamen bereits 30 000 Badegäste und 100 000 Passanten
▷ 1965 besuchen rund 400 000 Badegäste die Insel.

Viele Küstenurlauber nutzen die Gelegenheit für einen Kurzbesuch Helgolands. Neben der Zollfreiheit und dem gesunden Klima laden noch eine Vogelwarte und eine biologische Station zum Besuch ein.

Urlauber auf Helgoland; mit günstigen Einkaufsmöglichkeiten (Zollfreiheit seit 1890) und ihrem Reizklima lockt die Insel jedes Jahr Tausende an

Während der beiden Weltkriege wurden die Inselbewohner auf das Festland evakuiert. 1945 verwandelte ein Bombenangriff der Briten die Insel in ein Trümmerfeld. Bis 1952 diente sie der Royal Air Force als Übungsziel. Seither investierte die Bundesrepublik 151 Mio. DM in den Wiederaufbau der Insel. Bundeskanzler Erhard rühmt Helgoland als Musterbeispiel des Aufbaus nach der totalen Zerstörung. Während der Feierstunde wird auch des Dichters August Heinrich Hoffmann von Fallersleben gedacht, der 1841 im Exil auf der damals britischen Insel das Deutschlandlied komponierte.

Jugendliche Gammler im Englischen Garten in München

Gammler am Georgplatz in Hannover

Gammler treffen sich im Sommer am Strand

Im Sommer sammeln sich an der französischen Mittelmeerküste die sog. Gammler. Lange Haare und abgewetzte Kleidung sind Kennzeichen der jungen Erwachsenen, oft aus gutem Hause. Mit ihrem äußeren Erscheinungsbild – von den Älteren als abstoßend empfunden – drücken die Gammler ihren Protest gegen Zwänge und Konventionen der bürgerlichen Gesellschaft aus. Zeit und Muße für das Miteinander in der Gruppe stehen bei den jungen Leuten obenan. Sie reden und diskutieren viel, machen Musik und träumen von einer Welt der Liebe. Als Übernachtungsmöglichkeit reichen Strand und Brücken; per Autostopp reisen Gammler kostengünstig von Ort zu Ort. Für viele Jugendliche bleibt das Gammeln allerdings eine kurze Episode ihres Lebens. Innerhalb der Bevölkerung stoßen die Gammler auf wenig Verständnis. Sie gelten als dreckig, arbeitsscheu und unmoralisch.

Erdölexport wird künftig begrenzt

23. August. Die 9. Ministerkonferenz der Organisation der Erdöl exportierenden Länder (OPEC) in Tripolis (Libyen) legt erstmals Quoten für die Ausfuhr von Erdöl fest. Diese Maßnahme soll dem Preissturz infolge des Überangebots auf dem Weltmarkt entgegenwirken.

Die OPEC wurde 1960 zum Schutz gegen Preisdiktate der sechs internationalen Mineralölkonzerne gegründet. Ihr gehören neben den Gründungsmitgliedern Irak, Iran, Kuwait, Saudi-Arabien und Venezuela Katar (seit 1961) sowie Indonesien und Libyen (seit 1962) an.

NATO-Planungen ohne Frankreich

10. August. Das US-Nachrichtenmagazin »U.S. News and World Report« veröffentlicht militärische Karten des Nordatlantischen Bündnisses (NATO), in denen bereits der mögliche Austritt Frankreichs aus der NATO berücksichtigt ist.

Auf den Karten besteht zwischen Nord- (Bundesrepublik u. a.) und Südgruppe (Italien u. a.) der NATO keine durchgehende Landverbindung mehr. Darüber hinaus weist das Nachrichtenmagazin auf die Verlagerung der US-Nachschublieferungen für die in Europa stationierten US-Verbände vom französischen Mittelmeerhafen Marseille zu bundesdeutschen Häfen hin.

Fachkräfte für Afrika gesucht

23. August. Der 1963 gegründete »Deutsche Entwicklungsdienst« (DED) teilt in Bonn mit, daß 1965 rund 450 junge Fachkräfte aus der Bundesrepublik als Entwicklungshelfer in Afrika, Asien und Südamerika tätig sind.

Das Interesse am Entwicklungsdienst ist unerwartet hoch. Auf eine einzige Werbeaktion meldeten sich 10 000 Interessenten. Auf der Bedarfsliste des DED stehen 365 Berufe. Besonders gefragt sind Automechaniker, Kindergärtnerinnen, Ärzte und Bauhandwerker. Voraussetzungen für die Arbeit beim Entwicklungsdienst sind eine abgeschlossene Berufsausbildung und ausreichende Sprachkenntnisse.

Mit Spezialkameras hielten die US-Astronauten den Blick auf Kap Kennedy, Florida, fest

Acht Tage Schwerelosigkeit gut überstanden

29. August. *Nach acht Tagen, der bisher längsten Zeit im Weltraum, landen die US-Astronauten Charles Conrad und Gordon Cooper im Westatlantik bei den Bermuda-Inseln. Ihr Raumschiff »Gemini V« hat die Erde 120mal umkreist und insgesamt 5,4 Mio. km zurückgelegt. Im Rahmen der Vorbereitung eines bemannten Mondfluges soll die »Gemini-V«-Mission Aufschluß über die menschliche Leistungsfähigkeit in einem Zustand achttägiger Schwerelosigkeit geben (→ S. 58).*

Neue Forschungsstation

23. August. Das Unterseelabor »Sealab II« der US-Marine wird 900 m vor der kalifornischen Küste bei La Jolla in einer Tiefe von 63 m verankert. Unter der Leitung des ehemaligen US-Astronauten Scott Carpenter untersuchen drei Forschertruppen, die jeweils 15 Tage bleiben, die Fischvorkommen und die geologische Beschaffenheit des kalifornischen Festlandsockels.

Der 30tägige Aufenthalt Carpenters im Seelaboratorium soll Aufschluß über die menschliche Leistungsfähigkeit unter den hohen Druckverhältnissen in 63 m Meerestiefe geben. Ein Taucher kann nach Angaben von Wissenschaftlern in derartigen Tiefen höchstens zehn Minuten arbeiten. Die 20 m lange und 200 t schwere Unterwasserstation gleicht die Außendruckverhältnisse aus, so daß ein längerer Aufenthalt möglich wird. Der Tauchbehälter ist in Labor, Küche und Schlafräume aufgeteilt. Spezialkabel sorgen für Sauerstoff, Energie, frisches Wasser und die Sprechverbindung mit der Außenwelt.

Drei Wissenschaftlerteams betreiben im Unterwasserlaboratorium »Sealab II« wissenschaftliche Analysen. Es werden u. a. die Auswirkungen eines längeren Aufenthalts unter Wasser auf den menschlichen Organismus untersucht.

Drei Unglücksfälle fordern Todesopfer

30. August. Etwa 100 Arbeiter werden auf einer Staudammbaustelle bei Saas Fee in der Schweiz verschüttet, als sich eine Lawine aus mehreren Mio. m³ Eis und Geröll vom Allalin-Gletscher löst. Zur Zeit des Unglücks sind mehr als 1000 Arbeiter mit der Fertigstellung des Staudammkraftwerkes beschäftigt. Im August haben sich bereits zwei weitere schwere Unglücksfälle ereignet:

▷ Rasende Waldbrände an der französischen Riviera forderten am 2. August zwei Todesopfer und zwölf Verletzte. 12 000 ha Wald sind durch eine 16 km breite Flammenfront vernichtet worden, die durch den südfranzösischen Mistralwind angefacht wurde. Insgesamt mußten 20 000 Touristen evakuiert werden

▷ Am 13. August forderte ein Zugunglück im südhessischen Bahnhof Lampertheim drei Tote und 55 Verletzte. In voller Fahrt raste der »Helvetia-Expreß« auf einen falsch abgestellten Güterzug und entgleiste.

Im Segelboot über den Nordatlantik

18. August. Der 48jährige US-Amerikaner Bob Manry erreicht nach einer 78 Tage dauernden Atlantiküberquerung im bisher kleinsten Boot die südenglische Küstenstadt Falmouth. 10 000 Menschen und 300 Boote empfangen den Segler.

Bei der Ankunft im britischen Falmouth wird Robert Manry von Frau und Kindern empfangen

Karin Hardt (r.) und Hans Söhnker in der Serie »Forellenhof«

R. Fuller (r.) in »Am Fuß der Blauen Berge«

Flipper: In den USA ein Serienstar

Fernsehen 1965:

Spielfilme machen Unterhaltungssendungen Konkurrenz

Im Wettstreit um die Gunst der bundesdeutschen Zuschauer kann das Zweite Deutsche Fernsehen (ZDF) 1965 Erfolge verbuchen. Die Mainzer Anstalt setzt im dritten Sendejahr auf publikumswirksame Spielfilme. Jeden zweiten Samstag machen Kinoproduktionen der letzten zehn Jahre den beliebten Unterhaltungssendungen der Arbeitsgemeinschaft der öffentlich-rechtlichen Rundfunkanstalten (ARD) Konkurrenz.

Filme mit Romy Schneider, Maria Schell, Ruth Leuwerik, Lilo Pulver, Heinz Rühmann und Hans Albers werden den Fernsehzuschauern vom ZDF als Alternative zum Ohnsorg-Theater und den Kulenkampff-Sendungen in der ARD geboten. Durchschnittlich läuft 1965 jeden zweiten Tag ein Spielfilm über die bundesdeutschen Bildschirme. Spielfilme zählen neben Unterhaltungssendungen zu den Publikumsmagneten. Sie erreichen teilweise Einschaltquoten bis zu 70%. Das ZDF kann durch den Filmeinkauf der letzten zwei Jahre auf einen Fundus an neueren Spielfilmen zurückgreifen, während die ARD-Lager mit älteren Spielfilmen aus einem fünf Jahre alten Filmkauf gefüllt sind. 1965 sendet das ZDF 84 Spielfilme aus 16 Ländern im Abend- und Nachmittagsprogramm. Für den gehobenen Publikumsgeschmack laufen Filme wie Luis Buñuels »Nazarin« und Ingmar Bergmans »Lektion in Liebe« in den ZDF-Filmreihen »Der besondere Film« und »Der umstrittene Film«.

Der Spielfilmboom im öffentlich-rechtlichen Fernsehen hat auch kommerzielle Hintergründe, denn der Ankauf eines Kinofilms kostet durchschnittlich 30 000 DM; das sind 10% der Kosten eines Fernsehspiels gleicher Länge. Insbesondere das ZDF muß sparen, da eine Wirtschaftsprüfung dem mit 32 Mio. DM verschuldeten Mainzer Fernsehen Unrentabilität bescheinigt. Die Produktionskosten des ZDF liegen dem Gutachten zufolge zwischen 25 und 50% über denen der ARD. Dies ist im wesentlichen darauf zurückzuführen, daß 91,7% des gesamten Unterhaltungs- und Fernsehspielprogramms des ZDF von Fremdproduzenten bestritten wird.

Im Bereich der Fernsehserien beginnen 1965 die Publikumserfolge »Forellenhof« und »Die Unverbesserlichen«. Im Mittelpunkt des »Forellenhof« steht die Familie Buchner, die im Schwarzwald ein Hotel betreibt. Die schwierigen innerfamiliären Beziehungen der Familie Scholz werden in der Serie »Die Unverbesserlichen« vor Augen geführt. Ferner zeigt die ARD 1965 die Abenteuer des Raumschiffes »Orion«. Der Westdeutsche Rundfunk (WDR) beginnt das zeitkritische Magazin »Monitor«.

Harald Juhnke mit Eva Pflug

Billy Mo in der »Haifischbar«

Chris Howland präsentiert Schlager

Musik ». . . bewegt Herz und Beine und glättet Kummerfalten . . .«

Die musikalische Fernsehunterhaltung erfreut sich 1965 wachsender Beliebtheit. Neben bewährten Sendungen wie »Musik aus Studio B« unter der Leitung von Chris Howland treten weitere Musiksendungen für spezielle Zuschauergruppen.

Peter Wecks neue Show »Musik für Sie« unterbreitet seichte Unterhaltung. Das Konzept der Sendung bringt der gebürtige Wiener Weck auf die Formel: »Die Sendung bewegt Herz und Beine, und sie glättet Kummerfalten.«

Demgegenüber bietet Werner Müllers »Schlagermagazin« ausschließlich Hits und Evergreens ohne Showeinlagen. Das Spektrum reicht vom neu arrangierten Kinderlied über Beatmusik bis zu Musical- und Opernmelodien.

Das Musical selbst findet ein großes Publikum. Allein im ZDF werden 1965 zehn Musicals von bis zu 50% der Zuschauer verfolgt.

Auf jugendliche Zuschauer zielt der Beat-Club der ARD. Alle fünf Wochen samstags lädt Initiator und Regisseur Michael Leckebusch 300 junge Gäste zu dieser Sendung in ein Bremer Studio. Dort bieten verschiedene Bands eine halbe Stunde Popmusik, zu der getanzt werden darf.

Jürgen Draeger in einer »Stahlnetz«-Folge; die Sendung basiert auf Originalakten der Kriminalpolizei.

Dan Blocker, Michael Landon, Lorne Greene, Pernell Roberts (v. l.) in der Westernserie »Bonanza«

Ab November im Fernsehen: »Der Löwe ist los!«, eine neue Märchenserie der Augsburger Puppenkiste

Peter Frankenfeld (M.) im Quiz »Vergißmeinnicht«

»Gut gefragt ist halb gewonnen«: Ratespiel mit Hans Rosenthal

Die »Rudi-Carrell-Show« läuft an

Lou van Burg in »Der Goldene Schuß«

Wim Thoelke: »Rate mit – reise mit!«

Weiterhin großes Zuschauerinteresse für Shows und Ratespiele

In den Programmen von ARD und ZDF sind Shows und Quiz-Sendungen weiter auf dem Vormarsch. Die ARD räumt Unterhaltungssendungen einen Programmanteil von 15,2% ein, während das ZDF damit 10,5% des Programms bestreitet. Im wesentlichen werden die 1964 erfolgreich eingeführten Unterhaltungssendungen fortgeführt. Der beliebteste Showmaster ist Hans-Joachim Kulenkampff. Über zwei Drittel der Zuschauer an den 10,5 Mio. Fernsehgeräten verfolgen alle vier Wochen samstags im 1. Programm »Kulis« Ratesendung »Einer wird gewinnen«. Die ZDF-Unterhaltungssendungen »Vergißmeinnicht« und »Ihr Steckenpferd?« – beide mit Peter Frankenfeld – sowie »Der goldene Schuß« mit Lou van Burg kommen auf eine Sehbeteiligung zwischen 40 und 60%. Auch Hans Rosenthals Quizsendungen erfreuen sich großer Beliebtheit.

Als neues Unterhaltungsmagazin präsentiert das ZDF wöchentlich die Sendung »Schaufenster« mit Carlheinz Hollmann und Karin von Faber. Höhepunkt des Magazins, in dem Stars und Prominente aus aller Welt auftreten, ist eine Livesendung aus einer Boeing 727 in 7000 m Höhe auf einem Flug von Köln nach Hamburg. Die Zuschauerresonanz auf diese 120 000 DM teure Unterhaltungssendung bleibt aber gering.

Ebenfalls neu im Programm ist die Sendereihe »Rate mit – reise mit«. Der als Moderator des »Aktuellen Sportstudios« bekannte Wim Thoelke gibt hier unter dem Motto »Kleine Spiele um große Ziele« in heiterer und spielerischer Form ausführliche Reisetips.

Beruferaten mit Robert Lembke in »Was bin ich?«, l. Therese Giehse

Neuinszenierung des »Ring des Nibelungen«

30. August. In Bayreuth enden die Richard-Wagner-Festspiele des Jahres 1965 mit lang anhaltendem Beifall. Seit dem 25. Juli erlebten insgesamt 52 000 Zuschauer 29 Aufführungen, die bereits Monate vorher ausverkauft waren.

Die musikalischen Schwerpunkte der Festspiele bildeten in diesem Jahr die von Wieland Wagner neuinszenierten Bühnenwerke »Der Ring des Nibelungen« unter der musikalischen Leitung von Karl Böhm und der »Fliegende Holländer« unter dem belgischen Dirigenten André Cluytens.

Wieland Wagner, der Enkel des Komponisten Richard Wagner, setzt mit seinem Konzept der »neuen Sachlichkeit« die Entrümpelung der Bühne von allem überflüssigen Dekor wie bei den Inszenierungen der letzten Jahre fort. Er verwendet dabei vielseitige Lichtreflexe zur Versinnbildlichung einer überzeitlich gültigen Werkaussage. Beide Neuinszenierungen streben eine Übertragung des Stoffs auf die Gegenwart an.

Das Publikums- und Presse-Echo ist überwiegend positiv. Dennoch gibt es verschiedentlich Widerspruch und Mißfallensbekundungen von seiten der »Traditionalisten«. Die Proteste entzünden sich an den sparsamen und betont schlicht gehaltenen, aber dennoch symbolträchtigen Bühnenbildern.

Die sängerischen und orchestralen Leistungen werden dagegen übereinstimmend gelobt. Vor allem die musikalische Dichte der von Karl Böhm geleiteten Aufführungen und die Leistungen von Wolfgang Windgassen (Siegfried) und Birgit Nilsson (Brünhilde) finden Anerkennung.

Ungeteilten Beifall finden auch die aus dem Vorjahr übernommenen Produktionen des »Parsifal« und des »Tannhäuser«, beide unter der musikalischen Leitung von André Cluytens.

Erstmalig holt Wieland Wagner das Orchester und das technische Personal zum lang anhaltenden Schlußapplaus auf die Bühne.

Proben zu »Rheingold«, dem ersten Teil des »Ring des Nibelungen«, inszeniert von Wieland Wagner

Eindrucksvoller Auftakt der Salzburger Festspiele: Modest Mussorgskis Oper »Boris Godunow«

Herbert von Karajan (M.) kommt mit seiner Frau direkt aus Salzburg zur Bayreuther Premiere von »Rheingold«, der auch Franz Josef Strauß (CSU) beiwohnt.

Der bayerische Landwirtschaftsminister Alois Hundhammer (l.) beglückwünscht Anja Silja in Bayreuth zu ihrer großartigen sängerischen Leistung.

Rechtsstreit um den Roman »Mephisto«

25. August. Das Hamburger Landgericht erlaubt der Nymphenburger Verlagsbuchhandlung den Druck von Klaus Manns Roman »Mephisto«. Die Klage von Peter Gorski, der seinen Adoptivvater Gustaf Gründgens in dem Roman verunglimpft sieht, wird abgewiesen.

Klaus Mann veröffentlichte »Mephisto. Roman einer Karriere« 1936 im Amsterdamer Querido-Verlag; drei Jahre zuvor war der älteste Sohn von Thomas Mann aus dem nationalsozialistischen Deutschland emigriert. Der Roman gilt als eine verschlüsselte Abrechnung mit Gustaf Gründgens. Nach Meinung von Kritikern wirft Klaus Mann seinem Ex-Schwager in der Romanfigur des

Gustaf Gründgens (* 22. 12. 1899, † 7. 10. 1963) war von 1934 bis 1937 Intendant des Staatlichen Schauspielhauses in Berlin, danach bis 1945 Generalintendant des Preußischen Staatstheaters. Mit der Inszenierung des »Faust« und der Rolle des Mephisto wurde er als Regisseur und Schauspieler berühmt.

Klaus Mann, geboren am 18. November 1906, bildete 1925 u. a. mit seinem damaligen Schwager Gustaf Gründgens ein Theaterensemble; in der Emigration nach 1933 war er Herausgeber einer literarischen Zeitschrift und Journalist; 1949 beging Mann Selbstmord.

Hendrik Höfgen Kooperation mit den Nazis vor. Mann selbst dagegen hatte 1936 in einer Vorbemerkung erklärt, daß »alle Personen dieses Buches . . . Typen, nicht Porträts« darstellten.

1956 erschien eine deutschsprachige Ausgabe des »Mephisto« in der DDR. Versuche, den Roman auch in der Bundesrepublik zu veröffentlichen, scheiterten an Protesten des 1963 in Manila (Philippinen) verstorbenen Gustaf Gründgens. Als die Nymphenburger Verlagsbuchhandlung 1964 im Rahmen einer Klaus-Mann-Edition die Veröffentlichung des umstrittenen Romans ankündigte, reichte Peter Gorski Klage ein. Der weitere Rechtsstreit endet 1968 mit dem Verbot des Romans durch den Bundesgerichtshof.

Der Architekt Le Corbusier in seinem Pariser Atelier; seine Ausbildung machte er bei Josef Hoffmann, Auguste Perret und Peter Behrens.

Le Corbusier gestorben

27. August. Im Alter von 77 Jahren ertrinkt in Roquebrunne-Cap-Martin im französischen Departement Alpes-Maritimes der französisch-schweizerische Architekt Le Corbusier. Charles-Édouard Jeanneret-Gris – so sein bürgerlicher Name – gilt als einer der Mitbegründer des funktionalen Baustils in der Architektur.

1917 ließ Le Corbusier sich nach einem Studium in Wien, Paris und Berlin in der französischen Hauptstadt nieder. Dort begründete er 1918 zusammen mit Amédée Ozenfant den Purismus. Diese künstlerische Richtung forderte eine klare und strenge Malerei mit einfachen geometrischen Formen. Zu Beginn der 20er Jahre wandte sich Le Corbusier verstärkt der Architektur zu. Er entwarf ideale Städtebauprojekte, die

sich durch eine strikte Trennung der verschiedenen Funktionszonen des Wohnens auszeichneten. Im Mittelpunkt sollte die funktionale Befriedigung der menschlichen Wohnbedürfnisse und eine unverhüllte Materialwirkung stehen. Ab 1929 schuf Le Corbusier repräsentative Gebäude sowie ganze Stadtteile in aller Welt. Er benutzte den Kubus als Grundform, verwendete Flachdächer und große Fenster und bediente sich der Skelett- und Fertigbauweise. Als eine seiner schönsten Schöpfungen gilt die Wallfahrtskapelle in Ronchamp, die er zwischen 1952 und 1955 errichten ließ. Le Corbusier entwarf u. a. das Gebäude der Vereinten Nationen in New York (1947) und Häuser für die Weißenhofsiedlung in Stuttgart (1927).

Rudererfolge für UdSSR

29. August. Bei den 53. Ruder-Europameisterschaften auf der Regattabahn in Duisburg-Wedau gewinnt der Deutsche Ruderverband die Goldmedaillen im Einer (Jochen Meißner, Mannheim) und im Achter. Erfolgreichste Nation wird die Sowjetunion, die im Vierer mit Steuermann, im Vierer ohne Steuermann und im Zweier mit Steuermann erfolgreich ist. Die Goldmedaille im Zweier ohne Steuermann geht an Dänemark. Im Doppelzweier gewinnen die Schweizer.

Rund 30 000 Menschen verfolgen auf der für die Titelkämpfe ausgebauten Regattabahn die Finalrennen. Der

Wettkampf der Achter, traditioneller Schluß- und Höhepunkt der Meisterschaftsregatta, verläuft ungemein spannend. Nach einem harten Duell mit dem leicht favorisierten UdSSR-Boot gewinnt die Rudergemeinschaft Lübeck/Ratzeburg nur ganz knapp vor den Marine-Kadetten aus Moskau. Dritte werden die Ruderer aus Philadelphia (USA).

Bei den Europameisterschaften der Frauen eine Woche zuvor gewannen die Ruderinnen aus der Sowjetunion vier von fünf möglichen Titeln. Lediglich die Ungarinnen konnten sie im Vierer mit einem knappen Sieg auf Platz zwei verweisen.

Clark neuer Weltmeister

1. August. Der 29jährige Schotte Jim Clark sichert sich mit dem Sieg beim 27. Großen Automobil-Preis von Deutschland die 16. Formel-1-Weltmeisterschaft. Vor 300 000 Zuschauern fährt Clark vom Start weg an der Spitze und stellt in der neunten von 15 Runden mit 8:24,1 min einen Rekord auf (162,9 km/h).

Der Sieg auf dem Nürburgring ist sein sechster Saison-Erfolg, der fünfte in Folge. Der Zweite beim deutschen Grand Prix, der 36jährige Engländer Graham Hill, Weltmeister von 1962, wird auch Zweiter in der Gesamtwertung 1965. WM-Dritter ist bei Saisonschluß der schottische Nachwuchsfahrer Jackie Stewart.

Jim Clark mit Siegestrophäen beim »Großen Preis von Deutschland«

Irina Kirszenstein auf Rekordjagd

8. August. Bei einem Leichtathletik-Länderkampf zwischen den Vereinigten Staaten und Polen in Kattowitz stellt die Polin Irina Kirszenstein mit 22,7 sec über 200 m einen Weltrekord auf.

Die 19jährige Leichtathletin, die zusammen mit ihrer Landsmännin Eva Klobukowska und der US-Amerikanerin Wyomia Tyus bereits den Weltrekord über 100 m (11,1 sec) hält, verbessert damit die alte Bestleistung von Wilma Rudolph (USA) aus dem Jahr 1960 gleich um zwei Zehntelsekunden.

Eine Stunde vor ihrem Rekordlauf hat Irina Kirszenstein den Weitsprungwettbewerb mit 6,32 m gewonnen. Den 100-m-Lauf gewann sie am Tag zuvor in 11,4 sec.

Weltrekorde bei Länderkampf

22. August. Während eines Schwimmländerkampfes in Cardiff, den die USA mit 166 Punkten klar vor Großbritannien mit 84 Punkten gewinnen, stellen vier Schwimmerinnen aus den USA Weltrekorde auf.

Für den ersten Rekord sorgt Patty Caretto über 1650 Yards mit 18:51,1 min. Über 440 Yards Lagen unterbietet Mary Olcessa mit 5:25,1 min den bisherigen Weltrekord um 4,9 sec. Sue Pitt bewältigt die 220 Yards Butterfly in 2:31,9 min, und Claudia Kolb die 220 Yards Lagen in 2:33,9 sec. Der bisher von der deutschen Staffel gehaltene Weltrekord über 4x110 Yards geht in Cardiff an die Männermannschaft der USA, die mit 3:41,7 min eine Zehntelsekunde weniger benötigt.

September 1965

Mo	Di	Mi	Do	Fr	Sa	So
		1	2	3	4	5
6	7	8	9	10	11	12
13	14	15	16	17	18	19
20	21	22	23	24	25	26
27	28	29	30			

1. September, Mittwoch

Nach indischen Vorstößen in den pakistanischen Teil Kaschmirs überschreiten pakistanische Infanterieverbände und Panzereinheiten im südwestlichen Teil Kaschmirs die UN-Waffenstillstandslinie (→ 6. 9./S. 158).

Der Modekreis der bundesdeutschen Damenfeinstrumpfindustrie empfiehlt »Muskat« als die internationale und »Kastanie« als die bundesdeutsche modische Damenstrumpffarbe für die Herbst- und Wintersaison 1965/66.

2. September, Donnerstag

Auf dem Bundeswahlkongreß der FDP in Essen spricht sich der Parteivorsitzende Erich Mende für eine Fortführung der bisherigen Koalition mit der CDU/CSU nach den Bundestagswahlen aus. → S. 140

In Berlin (Ost) stirbt im Alter von 48 Jahren der DDR-Schriftsteller Johannes Bobrowski, der in Lyrik und Prosa das Verhältnis der Deutschen zum europäischen Osten thematisierte (→ 29. 3./S. 67).

Zum vierten Mal in diesem Sommer ist Italien von Unwettern betroffen. Sintflutartige Regenfälle führen zu Erdrutschen sowie Überschwemmungen. Dabei kommen 58 Menschen ums Leben.

Bei den Rad-Weltmeisterschaften im spanischen Badeort San Sebastian wird Italien in 2:22,3 h Weltmeister im 100-km-Mannschaftsfahren der Amateure.

3. September, Freitag

Das Düsseldorfer Schwurgericht verurteilt im sog. Treblinka-Prozeß neun ehemalige SS-Leute und Angehörige der Wachmannschaften des Vernichtungslagers Treblinka bei Warschau wegen Massenmordes zu Freiheitsstrafen. → S. 157

In einer Erklärung zur Bundestagswahl am → 19. September (S. 154) fordern die deutschen Bischöfe alle wahlberechtigten Katholiken auf, sich durch nichts von der Erfüllung der Wahlpflicht abbringen zu lassen und Abgeordnete zu wählen, die aus gläubiger Haltung und im Vertrauen auf Gott den Allmächtigen ihre Aufgaben erfüllen.

Nach mehr als vier Monaten Bürgerkrieg in der Dominikanischen Republik konstituiert sich in Santo Domingo eine Übergangsregierung unter Leitung des Diplomaten Héctor García-Godoy. → S. 158

Die Sowjetunion befördert mit einer Trägerrakete gleichzeitig fünf Satelliten der »Kosmos«-Reihe in den Weltraum.

4. September, Samstag

Die Leipziger Herbstmesse 1965 wird vom stellvertretenden DDR-Ministerpräsidenten Julius Balkow eröffnet. → S. 156

Im Alter von 90 Jahren stirbt in Lambaréné im afrikanischen Gabun der Mediziner, Theologe und Musiker Albert Schweitzer, der vor allem als Missionsarzt in Afrika bekannt wurde und 1952 den Friedensnobelpreis erhielt.

Die samstägliche Ziehung der Lottozahlen findet erstmals im Rahmen einer fünfminütigen Fernsehsendung statt. → S. 157

In Debrecen (Ungarn) stellt der Ungar Gyula Zsivotzky mit 73,74 m einen Hammerwurf-Weltrekord auf. Er entthront damit den langjährigen Rekordhalter Harold Connolly aus den USA. → S. 161

5. September, Sonntag

Der Deutsche Handballbund (DHB) beschließt in Dortmund, für die nächste Saison eine Bundesliga im Feld- und Hallenhandball einzurichten.

Bei den Rad-Weltmeisterschaften in Lasarte (Spanien) wird der 28jährige Brite Tom Simpson in 6:39:09 h vor dem Kölner Rudi Altig Straßenweltmeister der Profis. → S. 161

6. September, Montag

Vor dem Amtsgericht in Hagen beginnt ein Prozeß, in dem es um die Mitschuld von zwölf SS-Angehörigen an der Ermordung von mindestens 250 000 Juden im Vernichtungslager Sobibor in Polen geht (→ 19. 8./S. 139; 3. 9./S. 157).

Mit dem Angriff indischer Truppen auf die pakistanische Stadt Lahore weitet sich der regional begrenzte Kaschmir-Konflikt zum indisch-pakistanischen Krieg aus. → S. 158

Die Wickert-Institute in Tübingen veröffentlichen Umfrageergebnisse, nach denen in der Bundesrepublik 91% der Männer und 87% der Frauen der Auffassung sind, daß die Schule zu nachgiebig mit den Kindern umgeht.

Der Film »Vaghe stelle d'Orsa« (Sandra) des italienischen Regisseurs Luchino Visconti erhält den ersten Preis der Filmfestspiele in Venedig, den Goldenen Löwen von San Marco.

7. September, Dienstag

In der Bundesrepublik Deutschland tritt das Leistungsförderungsgesetz zur Förderung der beruflichen Fortbildung in Kraft. 1965 stehen noch 50 Mio. DM in Form von Darlehen und Zuschüssen zur Verfügung.

Der Generalsekretär der Vereinten Nationen (UN), Sithu U Thant, beginnt mit Beratungen in Indien und Pakistan Verhandlungen über die Beilegung des Kaschmir-Konflikts (→ 6. 9./S. 158).

Die Arbeitsgemeinschaft der Filmjournalisten fordert die öffentlich-rechtlichen Fernsehanstalten der Bundesrepublik Deutschland in einem Schreiben auf, für jährlich zehn bis 15 Kinofilme bis zu 50% der Kosten zu übernehmen.

8. September, Mittwoch

Eine beträchtliche Reduzierung der US-Truppen in Europa verlangt eine Studiengruppe der Republikanischen Partei in einer Untersuchung über die US-amerikanische Zahlungsbilanz und die Situation der Landeswährung.

Der Wirbelsturm »Betsy« fordert im US-Bundesstaat Louisiana über 250 Tote und macht 200 000 Menschen obdachlos.

9. September, Donnerstag

Auf der Genfer Abrüstungskonferenz vertritt der britische Delegierte Lord Alun Chalfont die Ansicht, daß der Bundesregierung eine vollberechtigte Stimme bei der strategischen Planung des Nordatlantik-Paktes eingeräumt werden müsse, aber niemals die direkte Kontrolle über Kernwaffen (→ 3. 5./S. 90; 17. 8./S. 143).

Der französische Staatspräsident Charles de Gaulle droht in Paris auf einer Pressekonferenz vor 1000 Journalisten an, Frankreich werde die NATO 1969 verlassen, falls das Integrationsprinzip im Bündnis nicht aufgegeben werde (→ 11. 5./S. 90).

10. September, Freitag

62 bundesdeutsche Kulturschaffende rufen in Berlin (West) zur Wahl einer SPD-Regierung auf. Zu den Unterzeichnern gehören Max Born, Tilla Durieux, Günter Grass, Fritz Kortner, Victor de Kowa und Friedrich Luft. → S. 140

Der 48jährige französische Anwalt und linksliberale Abgeordnete François Mitterrand gibt seine Kandidatur für die Wahl zu den französischen Präsidentschaftswahlen am → 19. Dezember (S. 200) bekannt.

In Köln beginnt die Hausrat- und Eisenwarenmesse. Im Mittelpunkt des Besucherinteresses steht die Informationsschau des Fachhandels über das Heimwerker-Sortiment. → S. 156

11. September, Samstag

Mit 396 von 401 Stimmen wählt der Gewerkschaftstag der Industriegewerkschaft Metall (IGM) in Bremen Otto Brenner für weitere drei Jahre zum Vorsitzenden. Brenner steht seit 1952 an der Spitze der größten Einzelgewerkschaft der Welt.

Bundeskanzler Ludwig Erhard weist Äußerungen des polnischen Ministerpräsidenten Józef Cyrankiewicz zurück, die Oder-Neiße-Linie sei im Potsdamer Abkommen von 1945 als polnische Westgrenze festgelegt. → S. 158

In Moskau eröffnet der sowjetische Ministerpräsident Alexei N. Kossygin eine Chemie-Ausstellung. Bis zum 26. September präsentieren 1800 Firmen auf 70 000 m² etwa 35 000 Ausstellungsstücke (→ 4. 9./S. 156).

12. September, Sonntag

Bundesforschungsminister Hans Lenz (FDP) greift in Leonberg die Forderungen des Pädagogen Georg Picht auf, der in seinem Buch »Die deutsche Bildungskatastrophe« (1964) eine vorausschauende Politik gegen den Lehrermangel und die Mißstände im ländlichen Schulwesen gefordert hatte.

In der größten Landeoperation US-amerikanischer Truppen seit dem Koreakrieg (1950 – 1953) landen 20 000 Soldaten in Südvietnam. Damit erhöht sich die Gesamtzahl der US-Soldaten in Vietnam auf 128 000 (→ 8. 3./S. 52).

In Stuttgart gewinnt die sowjetische Herren-Mannschaft mit 86 Punkten knapp vor der Bundesrepublik Deutschland (85 Punkte) den Europapokal der Leichtathleten. → S. 161

In Groningen (Niederlande) schwimmt Galina Prosumenschikowa aus der Sowjetunion in 2:45,3 min über 200 m Brust Weltrekord. Auf der gleichen Veranstaltung verbessert die Niederländerin Ada Kok – knapp vier Wochen nach ihrem 100-m-Weltrekord – die Weltbestzeit über 200 m Delphin auf 2:25,3 min.

13. September, Montag

Bei den Wahlen zum norwegischen Parlament erhält die regierende Sozialdemokratische Partei 68 Sitze und verliert damit ihre Mehrheit an die Konservative Partei (31 Sitze), die Agrarpartei (18 Sitze), die Liberale Partei (18 Sitze) und die Christliche Volkspartei (13 Sitze).

14. September, Dienstag

In Hannover unterzeichnen Bundesverkehrsminister Hans-Christoph Seebohm (CDU) sowie die Verkehrsminister von Niedersachsen, Nordrhein-Westfalen und Schleswig-Holstein drei Regierungsabkommen über den Ausbau der sieben wichtigsten nordwestdeutschen Binnenschiffahrtskanäle.

Die Bundesbank teilt in Frankfurt am Main mit, daß die Gesamtverschuldung der öffentlichen Hand 1965 über 10 Mrd. DM wachsen und am Jahresende mit rund 70 Mrd. DM eine Rekordhöhe erreichen werde. → S. 157

Mit einer Messe leitet Papst Paul VI. in Rom die Schlußperiode des II. Vatikanischen Konzils ein (→ 8. 12./S. 198).

15. September, Mittwoch

Der Schriftsteller Günter Grass wird bei seiner 50. Wahlrede zugunsten der SPD in der niedersächsischen CDU-Hochburg Cloppenburg von Jugendlichen mit Eiern, Tomaten und weichen Birnen beworfen. Polizeibeamte gehen mit Knüppeln gegen die Störer vor.

Im Iran feiert Schah Mohammad Resa Pahlawi sein 25. Thronjubiläum. → S. 159

Bei einem Konzert der Rockgruppe »The Rolling Stones« kommt es in Berlin (West) zu Auseinandersetzungen zwischen Fans und der Polizei. → S. 159

22. SEPTEMBER 1965 · NR. 39
19. JAHRGANG · 1,20 DM
CHEINT WÖCHENTLICH
MBURG · C 6380 C

DER SPIEGEL

Das Wahl-Ergebnis

SIEGER UND VERLIERER

Nach der Bundestagswahl am 19. September bleibt alles beim alten: Ludwig Erhard ist weiterhin Bundeskanzler, Willy Brandts SPD ist in der Opposition

16. September, Donnerstag

Bundeskanzler Ludwig Erhard eröffnet die 42. Internationale Automobilausstellung in Frankfurt am Main, auf der 936 Firmen aus 15 Ländern ihre neuesten Modelle präsentieren. → S. 155

Die Volksrepublik China stellt Indien ein Ultimatum, in dem die Regierung in Neu-Delhi aufgefordert wird, alle militärischen Einrichtungen an der Grenze zwischen China und dem indischen Bundesstaat Sikkim innerhalb von drei Tagen abzubauen.

Die Vereinigten Elektrizitätswerke Westfalen (VEW) beschließen, ihr Aktienkapital um 80 Mio. DM auf 360 Mio. DM aufzustocken. Im Rahmen einer Teilprivatisierung des Unternehmens, das sich bisher in der Hand von Gemeinden und Kommunalverbänden befindet, soll die Kapitalerhöhung durch Ausgabe neuer Aktien erfolgen.

Der in Köln lebende Schriftsteller Heinrich Böll erhält für seinen Roman »Ansichten eines Clowns« den mit 1 Mio. Lire (rund 7000 DM) dotierten »Preis der Insel Elba« zuerkannt.

17. September, Freitag

Die Vereinten Nationen veröffentlichen in New York ihr Demographisches Jahrbuch. Daraus geht u. a. hervor, daß die Städte in den Entwicklungsländern rapide wachsen. → S. 158

Der chilenische Senat verabschiedet ein sog. Kupfergesetz, das eine Beteiligung Chiles an den großen ausländischen Kupfergesellschaften vorsieht.

Die 3. Arabische Gipfelkonferenz in Casablanca (Marokko) beschließt ein Solidaritätsabkommen, in dem sich die elf Unterzeichnerländer aus dem nordafrikanischen und arabischen Raum zur Zusammenarbeit verpflichten und Nichteinmischung in die inneren Angelegenheiten anderer Länder geloben.

18. September, Samstag

Die drei westlichen Alliierten teilen in Bonn vor den Wahlen zum 5. Deutschen Bundestag am → 19. September (S. 154) mit, daß eine Stimmabgabe der Berliner Bundestagsabgeordneten bei der Bundeskanzlerwahl unvereinbar mit dem alliierten Vorbehalt zum Grundgesetz vom 12. Mai 1949 sei.

In Frankfurt am Main beginnt der US-amerikanische Jazzmusiker Count Basie eine Gastspielreise durch die Bundesrepublik. → S. 159

In München wohnen rund 100 000 Menschen der Eröffnung des 131. Oktoberfestes durch Oberbürgermeister Hans-Jochen Vogel (SPD) bei. → S. 157

19. September, Sonntag

Aus den Wahlen zum 5. Deutschen Bundestag gehen CDU/CSU mit 47,6% (1961: 45,3%) der Stimmen als Sieger hervor. Die SPD verbessert sich auf 39,3% (36,2%), die FDP erhält nur noch 9,5% (12,8%). → S. 154

Beim Leichtathletik-Europapokal der Damen in Kassel verbessert Tamara Press aus der Sowjetunion ihren eigenen Kugelstoß-Weltrekord um 4 cm auf 18,59 m. Gesamtsieger vor 20 000 Zuschauern wird die Sowjetunion mit 56 Punkten vor der DDR mit 42 Punkten, Polen mit 38 Punkten und den bundesdeutschen Leichtathletinnen mit 37 Punkten (→ 12. 9./S. 161).

20. September, Montag

Staatssekretär Karl Carstens vom Auswärtigen Amt in Bonn trifft zu einem einwöchigen Besuch in Moskau ein. Offizieller Anlaß der Reise ist die Moskauer Chemie-Ausstellung (→ 4. 9./S. 156). Daneben finden Gespräche mit Vertretern der sowjetischen Regierung über den gesamten Bereich der deutsch-sowjetischen Beziehungen statt.

Die Vollversammlung der Vereinten Nationen tritt in New York zu ihrer 20. Sitzungsperiode zusammen. Zum Präsidenten wird der italienische Außenminister Amintore Fanfani gewählt.

Die Prügelstrafe in bayerischen Volksschulen ist nach einem Urteil des Amtsgerichts in Hengersberg (Landkreis Deggendorf) dann erlaubt, wenn es die mangelhafte Disziplin eines Schülers erfordert.

21. September, Dienstag

Königin Juliana der Niederlande kündigt vor dem niederländischen Parlament in Den Haag die Hochzeit der Thronfolgerin Prinzessin Beatrix mit dem ehemaligen Bonner Diplomaten Claus von Amsberg für das Frühjahr 1966 an (→ 28. 6./S. 117).

Neu-Ulm richtet eine »Fernseh-Volkshochschule« ein, die ihren Bildungsstoff ausschließlich auf der Grundlage des Fernseh-Studienprogramms darbietet.

22. September, Mittwoch

Der SPD-Vorsitzende und Regierende Bürgermeister von Berlin (West), Willy Brandt, gibt mit Blick auf das Wahlergebnis vom → 19. September (S. 154) bekannt, daß er auf sein Bundestagsmandat und eine erneute Kandidatur als Spitzenkandidat der SPD bei den kommenden Bundestagswahlen verzichtet.

Pakistan und Indien folgen dem Waffenstillstandsappell der Vereinten Nationen und stellen ihre Kampfhandlungen ein. → S. 158

Die Verbraucherverschuldung in der Bundesrepublik Deutschland beläuft sich auf 140 DM pro Kopf. Damit werden durchschnittlich etwa 2 bis 3% des verfügbaren Einkommens für die Ratentilgung verwendet, während es in den USA 14% sind.

23. September, Donnerstag

Das Ergebnis der Getreideernte des Jahres 1965 in der Bundesrepublik Deutschland beläuft sich nach Mitteilung des Bundesministeriums für Ernährung, Landwirtschaft und Forsten auf 13,4 Mio. t. Das sind etwa 3 Mio. t weniger als im Vorjahr. → S. 156

Die französischen Sozialisten und Kommunisten geben in Paris bekannt, daß sie die Präsidentschaftskandidatur des linksliberalen Politikers François Mitterrand gegen den bisherigen Amtsinhaber Charles de Gaulle unterstützen (→ 19. 12./S. 200).

In Berlin (West) wird in Anwesenheit des deutsch-amerikanischen Architekten Ludwig Mies van der Rohe der Grundstein des »Museums für die Kunst des 19. und 20. Jahrhunderts« gelegt.

24. September, Freitag

Das Passierscheinabkommen zwischen dem Senat von Berlin (West) und der DDR-Regierung läuft nach einjähriger Laufzeit aus. Die Passierscheinstelle für dringende Familienangelegenheiten hat während dieses Zeitraums für 36 000 Personen 22 000 Passierscheine ausgestellt (→ 5. 2./S. 38).

Die Sowjetunion legt der Vollversammlung der Vereinten Nationen in New York einen Vertragsentwurf zur Verhinderung der Weiterverbreitung von Atomwaffen vor (→ 17. 8./S. 143).

25. September, Samstag

Bundespräsident Heinrich Lübke eröffnet die Allgemeinen Nahrungs- und Genußmittel-Ausstellung (ANUGA) in Köln. Auf der größten Lebensmittelmesse der Welt präsentieren bis zum 3. Oktober 2588 Firmen aus 60 Ländern auf 122 000 m² ihre Spezialitäten.

Das griechische Parlament in Athen spricht der Regierung des unabhängigen Zentrumspolitikers Stefanos Stefanopulos, den König Konstantin II. am 17. September zum Ministerpräsidenten ernannt hat, mit 152 gegen 148 Stimmen das Vertrauen aus (→ 15. 7./S. 125).

26. September, Sonntag

Der Staatspräsident von Tansania, Julius Kambarage Nyerere, wird mit 2,5 Mio. gegen 92 359 Stimmen in seinem Amt bestätigt.

Der Regierende Bürgermeister von Berlin (West), Willy Brandt, eröffnet in der Philharmonie die 15. Berliner Festwochen, die im Zeichen der Begegnung der Kunst aus Japan mit der Kultur des klassischen und modernen Europa stehen.

Im entscheidenden Qualifikationsspiel für die Fußball-Weltmeisterschaft 1966 in Großbritannien schlägt die bundesdeutsche Mannschaft Schweden 2:1. → S. 161

27. September, Montag

Bundeskanzler Ludwig Erhard weist den Vorschlag des CDU-Parteivorsitzenden Konrad Adenauer und des CSU-Vorsitzenden Franz Josef Strauß ab, die sich für einen Verzicht auf Gerhard Schröder (CDU) als Außenminister und Erich Mende (FDP) als Minister für Gesamtdeutsche Fragen ausgesprochen haben (→ 10. 11./S. 184).

100 Studenten beginnen in 64 Gemeinden der südbadischen Landkreise Freiburg-

Land und Emmendingen die vom Verband Deutscher Studentenschaften (VDS) im Rahmen der »Aktion 1. Juli« angekündigte Bildungswerbung. → S. 157

Der mit 150 000 t Tragfähigkeit größte Tanker der Welt läuft im japanischen Hafen Jokohama vom Stapel. → S. 155

28. September, Dienstag

Der sowjetische Ministerpräsident Alexei N. Kossygin kündigt in Moskau vor dem Zentralkomitee der Kommunistischen Partei der Sowjetunion die Einführung des Rentabilitätsprinzips in die sowjetische Wirtschaft an. → S. 158

35,5 Mio. Bundesbürger (85%) lesen nach einer Umfrage des Allensbacher Instituts für Meinungsforschung regelmäßig eine Tageszeitung.

Beim Ausbruch des Vulkans Taal sterben auf den Philippinen etwa 600 Menschen. → S. 159

29. September, Mittwoch

Der FDP-Vorsitzende Erich Mende teilt in Bonn Bundeskanzler Ludwig Erhard (CDU) mit, daß die FDP das Gesamtdeutsche Ministerium unter Führung Mendes weiterhin für sich beanspruche (→ 26. 10./S. 167).

Der britische Premierminister Harold Wilson plädiert auf dem Labour-Parteitag in Blackpool für die Schaffung einer atomwaffenfreien Zone in Europa.

30. September, Donnerstag

In den ersten neun Monaten des Jahres 1965 hat die Farbwerke Hoechst AG, der zweitgrößte Chemiekonzern der Bundesrepublik Deutschland, ihren Weltumsatz um 16% auf 3,8 Mrd. DM gesteigert.

Bundesverteidigungsminister Kai Uwe von Hassel (CDU) übergibt der Bundeswehr den ersten serienmäßig hergestellten Kampfpanzer »Leopard«. → S. 155

Nach Mitteilung des Mitteldeutschen Verlages in Halle ist der Roman über das Konzentrationslager Buchenwald »Nackt unter Wölfen« des DDR-Autors Bruno Apitz bisher in 22 Sprachen übersetzt worden und hat eine Gesamtauflage von mehr als 15 Mio. Exemplaren erreicht.

Der Lehrermangel in der Bundesrepublik steigt nach einem Gutachten, das der Deutsche Ausschuß für das Erziehungs- und Bildungswesen in Bonn veröffentlicht. Das Gremium schlägt daher vor, den Beruf des Schulhelfers einzuführen, der dem Lehrer Korrekturen und organisatorische Aufgaben abnehmen soll.

Das Wetter im Monat September

Station	Mittlere Lufttemperatur (°C)	Niederschlag (mm)	Sonnenscheindauer (Std.)
Aachen	13,4 (14,5)	101* (68)	163 (160)
Berlin	13,7 (13,8)	60* (46)	178 (194)
Bremen	13,2 (14,0)	65* (60)	156 (164)
München	12,2 (13,4)	95* (84)	167 (176)
Wien	15,6 (15,0)	48 (56)	170 (184)
Zürich	12,2 (13,5)	132 (101)	142 (166)

( ) Langjähriger Mittelwert für diesen Monat
– Wert nicht ermittelt
* Sept. – Okt. 1965

Der Konflikt um Kaschmir eskaliert Anfang September zum Krieg zwischen Indien und Pakistan (Titel der US-Illustrierten »LIFE«)

LIFE

PAKISTANI – INDIAN HATREDS

SHOCK OF A NEW WAR

Indian soldier totes a bazooka on the front in Kashmir

SEPTEMBER 17 · 1965 · 35¢

Klarer Wahlsieg für Konrad Adenauers Nachfolger

19. September. Bei den Wahlen zum 5. Deutschen Bundestag erhalten CDU/CSU 47,6% der Stimmen, die SPD 39,3%, die FDP 9,5% und die NPD 2%. Die Wahlbeteiligung beträgt 86,8%. Damit wird die CDU/CSU mit einem unerwartet großen Vorsprung vor der SPD wiederum stärkste Partei.

Gegenüber der Bundestagswahl von 1961 kann sich die Union um 2,3% verbessern. Die Sozialdemokraten verbuchen Stimmengewinne von 3,1% und erzielen damit ihr bisher bestes Nachkriegsergebnis bei einer Bundestagswahl. Die FDP muß dagegen, wie allgemein erwartet, Verluste von 3,3% gegenüber 1961 hinnehmen. Die erstmals zu einer Bundestagswahl angetretene rechtsextreme NPD (→ 4. 3./S. 60) macht mit einem Stimmenanteil von 2% auf sich aufmerksam. Aufgrund der 5%-Klausel zieht sie allerdings nicht in den Bundestag ein.

Die SPD erzielt ihre größten Stimmengewinne in Nordrhein-Westfalen, Rheinland-Pfalz und im Saarland. In Schleswig-Holstein, Hamburg und Bremen verbessert die CDU ihren Stimmenanteil. In den übrigen Bundesländern ergeben sich nur geringfügige Veränderungen gegenüber der Bundestagswahl von 1961. Die FDP verliert überall gleich stark.

Wahlberechtigt waren 38,5 Mio. Einwohner, davon 20,9 Mio. Frauen (54,3%); 3,1 Mio. Bundesbürger wählten zum ersten Mal.

Noch in der Wahlnacht äußert Bundeskanzler Ludwig Erhard (CDU) die Absicht, die Regierungskoalition mit der FDP fortzusetzen (→ 8. 8./S. 140). Die Liberalen stellen jedoch die Bedingung, daß der CSU-Parteivorsitzende Franz Josef Strauß nicht Mitglied der Koalitionsregierung wird (→ 26. 10./S. 167).

Die SPD zeigt sich trotz der Stimmengewinne enttäuscht. Am 22. September gibt ihr Kandidat für das Amt des Regierungschefs, Willy Brandt, bekannt, daß er nicht noch einmal für eine Kanzlerkandidatur zur Verfügung stehe. Brandt erklärt weiterhin, er wolle sein Bundestagsmandat nicht annehmen. Auf Drängen Brandts legen aber der Berliner Wirtschaftssenator Karl Schiller (SPD) und der Hamburger Innensenator Helmut Schmidt (SPD) ihre Ämter nieder und ziehen in den Bundestag ein (→ 4. 11./S. 185).

◁ *Im Wahllokal: 86,8% der 38,5 Mio. Wahlberechtigten geben ihre Stimme bei der Bundestagswahl ab, davon votiert fast die Hälfte für CDU und CSU.*

▽ *Bundeskanzler Ludwig Erhard (vorn, 3. v. l., beim CDU-Wahlkampfauftakt in der Dortmunder Westfalenhalle mit Rainer Barzel, Vorsitzender der Bundestagsfraktion, dem Parteivorsitzenden Konrad Adenauer und dem geschäftsführenden Parteivorsitzenden Josef Hermann Dufhues, v. l.) zeigt sich zufrieden mit dem Wahlergebnis: »Die Entscheidung der Wähler ist ein Beweis staatspolitischer Vernunft. Sie ist auch eine Bestätigung meiner Persönlichkeit und meiner Politik.«*

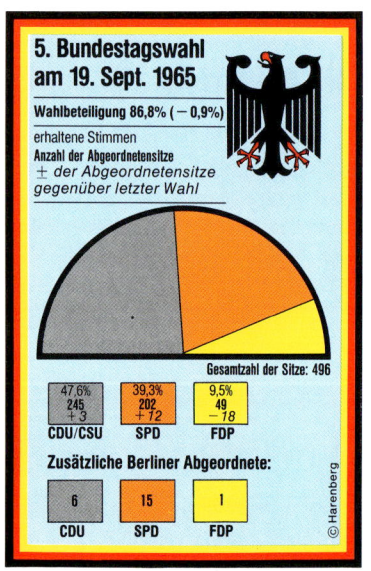

5. Bundestagswahl am 19. Sept. 1965

Wahlbeteiligung 86,8% (− 0,9%)

erhaltene Stimmen
Anzahl der Abgeordnetensitze
± der Abgeordnetensitze gegenüber letzter Wahl

Gesamtzahl der Sitze: 496

47,6% 245 + 3	39,3% 202 + 12	9,5% 49 − 18
CDU/CSU	SPD	FDP

Zusätzliche Berliner Abgeordnete:

6	15	1
CDU	SPD	FDP

© Harenberg

Zusammensetzung des 5. Deutschen Bundestages

(einschl. Abgeordnete aus Berlin/West; in Klammern 4. Deutscher Bundestag 1961)

Geschlecht/Alter/Beruf	CDU/CSU	SPD	FDP	Gesamt
Männer	236	198	48	482 (472)
Frauen	15	19	2	36 (49)
Bis 35 Jahre	8 (6)*	8 (9)	1 (−)	17 (15)
35 − 54 Jahre	140 (120)	137 (115)	30 (48)	307 (283)
55 Jahre und älter	103 (125)	72 (79)	19 (19)	194 (223)
Angestellte	68 (58)	109 (88)	14 (14)	191 (160)
Akademiker	52 (64)	33 (37)	12 (12)	97 (113)
Selbständige	63 (64)	15 (12)	15 (28)	93 (104)
Beamte	48 (40)	36 (35)	6 (10)	90 (85)
Handwerker	8 (14)	6 (7)	3 (1)	17 (22)
Hausfrauen	6 (6)	10 (9)	− (1)	16 (16)
Arbeiter	1 (1)	6 (13)	− (−)	7 (14)
Sonstige	5 (4)	2 (2)	− (1)	7 (7)
Abgeordnete insg.	251 (251)	217 (203)	50 (67)	518 (521)

△ *Der 5. Deutsche Bundestag ist jünger geworden. Vor allem die Gruppe der 35 − 54jährigen ist stärker vertreten. Der Frauenanteil nimmt gegenüber 1961 ab. Er beträgt nicht einmal 8%, obwohl Frauen die Wählermehrheit stellen. Darüber hinaus sind Hausfrauen und Arbeiter unterrepräsentiert. Überproportional vertreten sind insbesondere Juristen und Lehrer. Auch die Anzahl der Beamten im Bundestag entspricht nicht ihrem Bevölkerungsanteil. Bei den Selbständigen stellen Landwirte, Kaufleute und Industrielle den größten Anteil.*

»Persönlicher Erfolg für Kanzler Erhard«

Das Hamburger Nachrichtenmagazin »Der Spiegel« wertet in seinem Heft 39/1965 den Sieg der CDU/CSU bei den Wahlen zum 5. Deutschen Bundestag als persönlichen Erfolg von Bundeskanzler Ludwig Erhard gegenüber innerparteilichen Kritiken:

»Fünfmal wählte das Volk der Bundesrepublik und fünfmal vertraute es sein Geschick der rechten Hand an, fünfmal mißtraute es der linken.

Viermal führte Konrad Adenauer die Christenunion zum Sieg. Am letzten Sonntag war es Ludwig Erhard. Er war die beherrschende und entscheidende Figur des fünften Sieges der CDU/CSU, zumal er nicht nur gegen die SPD, sondern auch gegen die Vorsitzenden der Schwesterparteien CDU und CSU, Adenauer und Strauß, zu kämpfen hatte.

Der 65er Wahlkampf werde der schwerste sein, den die Unionsparteien je führen mußten, hatte der geschäftsführende Bundesvorsitzende der CDU, Dufhues, am Anfang prophezeit – und in der Tat: Die Kampagne 65 war die schwerste, denn sie war die flaueste ...

Auf der anderen Seite der Front warnte SPD-Werbeleiter Garbe noch im August seine Genossen vor harten Angriffen auf die Regierungsparteien ...

So war es am Ende das zänkische Pathos des paffenden Kanzlers im wohlstandsträchtigen ... Mercedes 600, das den Ausschlag gab.

Niemals zuvor ist das Personalpronomen 1. Person Singular so oft, so innig, so überzeugt auf so vielen Markplätzen, Dorfangern, und Tribünen Deutschlands als segensreiches Schlüsselwort vergangener und künftiger Zeiten proklamiert worden. Sechs Wochen lang verkündete Erhard sein Kanzlerprogramm und seine Kanzlerlegitimation und immer hießen sie: Erhard ...

Er konterkarierte seine Gegner in der CDU/CSU, die Großen Koalierer Strauß, Adenauer, Gerstenmaier, Lücke und andere, ehe sie zum Zuge kommen konnten: im Wahlkampf. Angesichts des CDU/CSU-Sieges ... wird es seinen Gegnern nicht leichtfallen, ihn als Kanzler abzuhalftern – ihn und sein Regierungskonzept: die Kleine Koalition mit den Freidemokraten.

»SPD lieferte Wahlschau ohne Kampf«

Der Herausgeber des Nachrichtenmagazins »Der Spiegel«, Rudolf Augstein, sieht die Ursache für die Wahlniederlage der SPD darin, daß sie keine Auseinandersetzung mit der CDU/CSU gesucht und ihre Alternativen nicht deutlich gemacht habe:

»Sie haben keine Schlacht verloren, die Führer der SPD. Sie haben freilich auch keine angeboten ... Sie haben seit fünf Jahren den perfektesten Verschleierungs- und Verkleisterungsfeldzug der deutschen Parteigeschichte geführt und sind ruhmlos steckengeblieben ...

Es war der wohlerwogene Entschluß der SPD-Führung, Angriffsflächen der CDU nicht zu bestreichen und selbst keine Angriffsfläche zu bieten. Es war eine Wahlschau ohne Kampf ... Hundertjährige Vorurteile gegen Kommunisten, Sozialisten, Bonzen und Funktionäre, gegen alle Roten schlechthin mußten und müssen immer noch abgetragen werden. Das braucht Zeit ...

Die SPD profitiert von den jungen Leuten in den großen Städten, von der Abnahme des Frauenüberschusses, von Industrialisierung und Landflucht, von besseren Schulen und leereren Kirchen, von der Arbeit in Ländern und Gemeinden jedenfalls mehr als von ihren Taten in der Bundespolitik.

Daß der Verzicht auf Opposition nichts bringt, vielleicht aber sogar kostet, ist der unschätzbare Gewinn dieser Wahl ...

Die Partei ... wird sich doch wohl fragen müssen, ob es unvermeidlich ... war, daß dem Wirtschaftsprofessor Erhard kein bekannter Ökonom im Bundestag gegenüberstand ...

Für die Personenentscheidung des Jahres 1969 wird die Weiche schon in den nächsten Wochen gestellt ... Aber wird der Hamburger Senator Helmut Schmidt sich im Bundestag aufbauen, wenn er jetzt nicht Minister werden kann? ...

In jedem Fall wird das Wahljahr 1965 das letzte gewesen sein, in dem charismatische Figuren zur Wahl gestanden haben. Brandt, der Berlin gerettet; Erhard, der den Wohlstand geschaffen; Adenauer, der überhaupt alles aufgebaut und in Gang gehalten hat.«

Das Glanzstück auf der Internationalen Automobilausstellung in Frankfurt am Main (16. – 26. 9.): Ein Maserati 3700 GTI Due Posti

Autosalon in Frankfurt

16. September. Bundeskanzler Ludwig Erhard eröffnet die 42. Internationale Automobilausstellung (IAA) in Frankfurt am Main. Bis zum 26. September zeigen 936 Firmen aus 15 Ländern Neuheiten der Kraftfahrzeugindustrie. Von den 69 vertretenen Automobilwerken präsentieren die zehn bundesdeutschen Pkw-Hersteller 13 neue Automodelle. Insgesamt stehen 675 Vorführwagen (u. a. 350 Pkw und 235 Lkw) für Probefahrten zur Verfügung.

Die IAA bietet den 775 000 Besuchern (1963: 771 000) die Gelegenheit, sich über Automobilmarken, Wagentypen und Entwicklungstendenzen auf dem internationalen Automarkt zu informieren. Auf der Leistungsshow in Frankfurt steht nicht die Vorführung neuer Modelle im Vordergrund, sondern die technische Perfektionierung der Pkw. Mehr PS und Komfort prägen die Entwicklung auf dem Automarkt. Auch die Modellreihen der bundesdeutschen Autohersteller sind dem Trend nach größerer Leistungsfähigkeit bei erhöhtem Komfort angepaßt. Die Karosserieform wird kaum verändert, während in der Ausstattung immer neue Varianten eingeführt werden. Hierbei liegen die Opel-Werke an der Spitze, die drei Modellreihen mit 38 Varianten auf den Markt bringen; »Kapitän« und »Admiral« erhalten leistungsfähigere Motoren.

Neuer Panzer für die Bundeswehr

30. September. Bundesverteidigungsminister Kai Uwe von Hassel (CDU) tauft den ersten serienmäßig produzierten Panzer der Bundeswehr in einer Feierstunde auf dem Werksgelände des Münchner Rüstungskonzerns Krauss-Maffei auf den Namen »Leopard«.

Der 39 t schwere Kampfpanzer, den von Hassel als Verteidigungswaffe bezeichnet, tritt die Nachfolge der deutschen Angriffspanzer aus dem Zweiten Weltkrieg, »Tiger« und »Panther«, an. Seit 1963 wurde der »Leopard« als Prototyp von der Bundeswehr erfolgreich getestet.

Größter Öltanker läuft vom Stapel

27. September. Im japanischen Hafen Jokohama läuft das bisher größte Schiff der Welt vom Stapel. Die 150 000 BRT große »Tokio Maru« ist 306 m lang und 47,5 m breit; eine 30 000-PS-Turbine beschleunigt das Schiff auf 16 Knoten pro Stunde.

Die 48 Mio. DM teure »Tokio Maru« ist für den Rohöltransport aus dem Persischen Golf nach Japan gebaut worden. Durch die hohe Frachtkapazität und Fahrgeschwindigkeit des Schiffes sinken die Frachtkosten auf etwa die Hälfte des Transportpreises der bisher vorherrschenden 50 000-BRT-Tanker.

Interesse am Ost-West-Handel nimmt zu

4. September. Der stellvertretende DDR-Ministerpräsident Julius Balkow eröffnet die Leipziger Herbstmesse 1965. Die Konsumgüterschau steht ganz im Zeichen des wachsenden westlichen Interesses am DDR-Markt. 650 Ausstellerfirmen aus der Bundesrepublik Deutschland belegen eine Fläche von 6900 m². Auch andere westliche Länder vergrößern ihren Ausstellungsraum gegenüber dem Vorjahr erheblich. 108 westdeutsche und westeuropäische Großfirmen der Schwerindustrie und des Anlagenbaus (1964: 38) richten in Leipzig Kontakt- und Informationsbüros ein.

Ein ebenso großes Interesse findet die Moskauer Chemie-Ausstellung vom 11. bis 26. September bei Firmen aus dem Westen. Größter Aussteller der Messe ist die Bundesrepublik mit 163 Firmen aus dem Bereich des chemischen Anlagebaus. Anläßlich der ersten offiziellen bundesdeutschen Beteiligung an einer sowjetischen Wirtschaftsmesse hält sich der Staatssekretär im Auswärtigen Amt,

Erntearbeiten nahe der Zonengrenze bei Hirschberg in Bayern

Karl Carstens, zu einwöchigen Konsultationen in Moskau auf.

Im ersten Halbjahr 1965 wuchs der bundesdeutsche Warenaustausch mit den osteuropäischen Ländern um 20%. Einfuhren von 1,02 Mrd. DM stehen Ausfuhren von 1,04 Mrd. DM gegenüber. Allein in die Sowjetunion wurden in diesem Zeitraum chemische Anlagen im Wert von 68,4 Mio. DM exportiert. Im Gegenzug verkaufen beispielsweise bundesdeutsche Versandhäuser in der DDR produzierte Konsumgüter: Neckermann vertreibt Radios und Spielzeug aus der DDR, Quelle führt ostdeutsche Waschmaschinen und Kühlschränke.

Zum bundesdeutschen Handel mit den Ländern Osteuropas erklärt der Präsident des Bundesverbandes der Deutschen Industrie, Fritz Berg, am 21. September in Berlin (West), daß die bundesdeutsche Industrie es als ihre Aufgabe ansehe, einer wirksamen Außenpolitik das ökonomische Feld vorzubereiten. Zum gleichen Thema äußert der sowjetische Parteichef Leonid I. Breschnew vor dem ZK der KPdSU, daß die Wirtschaftsbeziehungen zwischen der Sowjetunion und der Bundesrepublik für beide Seiten vorteilhaft, das politische Verhältnis aber schlecht sei.

Rundgang auf der Leipziger Herbstmesse: Vertreter der DDR-Regierung unter Führung von Ministerpräsident Willi Stoph (4. v. l.) am Stand Bulgariens

Schlechtere Ernte als im Vorjahr

23. September. Das Bundesministerium für Ernährung, Landwirtschaft und Forsten gibt in Bonn bekannt, daß die Getreideernte 1965 um 10% unter dem Durchschnitt der Jahre 1959 bis 1964 liegt. Mit etwa 13,4 Mio. t wird das Vorjahresergebnis um 3 Mio. t unterschritten. Der Flächenertrag beträgt 27,4 Doppelzentner pro Hektar; die Anbaufläche für Weizen ist gegenüber dem Vorjahr um 1,6% zurückgegangen.

»Do-it-yourself«-Welle in den bundesdeutschen Haushalten

10. September. Im Mittelpunkt der in Köln beginnenden Hausrat- und Eisenwarenmesse steht eine Informationsschau des Fachhandels über das Heimwerker-Sortiment. Handel und Industrie messen dem »Do-it-yourself«-Markt große Wachstumschancen zu.

In der Bundesrepublik werden jährlich 53,60 DM pro Kopf der Bevölkerung für Heimwerken und Basteln aufgewendet. Für 1965 wird der Gesamtumsatz an Heimwerkerbedarf auf 3 Mrd. DM geschätzt. Insgesamt beschäftigten sich in ihrer Freizeit:

▷ 8,8 Mio. Bundesbürger mit Maler- und Tapezierarbeiten
▷ 3,8 Mio. mit Elektroreparaturen
▷ 3 Mio. mit Bastelarbeiten
▷ jeweils 2,5 Mio. mit Tischlerarbeiten und Auto-Reparaturen
▷ 2,2 Mio. mit Maurerarbeiten.

Wachsende Freizeit für Arbeitnehmer und lange Wartezeiten bei Handwerkern haben den Heimwerkerboom angeheizt.

Marktführer für den Heimwerkerbedarf ist die US-Firma Black & Decker mit einem Umsatz von 15 Mio. DM. Größte bundesdeutsche Firmen sind AEG und Bosch.

Einladung zum Werken: Aufkleber des Remscheider Werkzeugversandhändlers Lux

Mehrzweckgeräte wie die Unimat sind gefragt.

Immer mehr Frauen betätigen sich als Heimwerker.

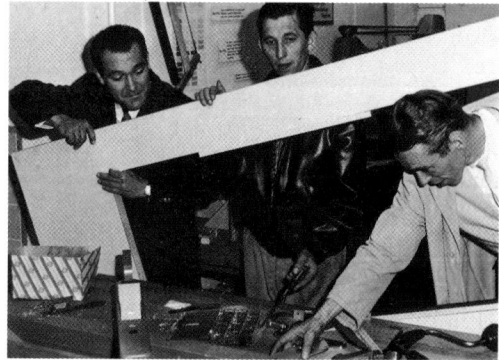

In einem Hamburger »Do-it-yourself«-Zentrum wird der Einbau eines Türschlosses demonstriert

Urteile im Prozeß um KZ Treblinka

3. September. Zwei Wochen nach Beendigung des sog. Auschwitz-Prozesses vor dem Schwurgericht in Frankfurt am Main (→ 19. 8./S. 139) werden im Düsseldorfer Schwurgerichtsprozeß gegen zehn Angehörige der SS-Wachmannschaften des Konzentrationslagers Treblinka bei Warschau die Urteile verkündet. Vier der wegen Massenmordes Angeklagten erhalten lebenslänglich Zuchthaus. Gegen fünf der Angeklagten verhängt das Gericht Freiheitsstrafen zwischen drei und sieben Jahren Zuchthaus. Ein Urteil lautet auf Freispruch.

Studenten starten Bildungswerbung

27. September. Der Verband Deutscher Studentenschaften (VDS) beginnt in 64 südbadischen Gemeinden eine im Rahmen der »Aktion 1. Juli« angekündigte Bildungswerbung. In den Landkreisen Freiburg-Land und Emmendingen informieren 100 Studenten die Bevölkerung über das Bildungswesen in der Bundesrepublik. Vor allem die Kinder aus der Arbeiterschaft und der Landbevölkerung sollen für den Besuch weiterführender Schulen gewonnen werden.

Im November soll die Aktion, die von der katholischen Landjugend unterstützt wird, auf 143 Gemeinden in zwei weiteren Landkreisen ausgedehnt werden. Im Dezember soll die Bildungswerbung zehn Landkreise erreichen.

Neuverschuldung auf Rekordhöhe

14. September. Die Deutsche Bundesbank veröffentlicht in Frankfurt Berechnungen, nach denen die Verschuldung von Bund, Ländern und Gemeinden 1965 um über 10 Mrd. DM auf 70 Mrd. DM wachsen wird. Damit erreicht die Verschuldung der öffentlichen Hand zwei Drittel der jährlichen Steuereinnahmen.

Für besonders alarmierend hält die Bundesbank die Tatsache, daß das Loch in den öffentlichen Kassen trotz Steuermehreinnahmen auf 6 Mrd. DM wächst. Die Ausweitung der öffentlichen Haushalte hat u. a. Preis- und Zinssteigerungen zur Folge.

Oktoberfest in München eröffnet

18. September. *In München wohnen 100 000 Menschen der Eröffnung des 131. Oktoberfestes bei. Zwölf donnernde Böllerschüsse verkünden traditionsgemäß den Beginn. Anschließend treibt der Münchener Oberbürgermeister Hans-Jochen Vogel (SPD) mit einem hölzernen Schlegel den Hahn in das erste Faß Wies'n-Bier und ruft: »O'zapft is«.*

Bei Schlägereien werden gleich am ersten Tag des Festes zehn Personen schwer verletzt. Das Rote Kreuz leistet 304mal Erste Hilfe. Insbesondere den »langhaarigen Gammlern« (→ S. 144) wird von den Wirten oftmals der Zutritt zu den Bierzelten verweigert, weil sie Zwischenfälle befürchten.

Bis zum 3. Oktober besuchen rund 5 Mio. Besucher das Oktoberfest. Für sie stehen bereit:

▷ *3 Mio. l Bier;*
▷ *300 000 Brathendl*
▷ *700 000 Paar Schweinswürstl*
▷ *1600 Zentner Fisch*
▷ *26 gebratene Ochsen*
▷ *13 000 Schweinshaxen*
▷ *72 000 Portionen Schaschlik.*

◁ Bierzelt auf der Theresienwiese; 2000 Beschäftigte versorgen die Oktoberfestbesucher.

Erste Ziehung der Lottozahlen im Fernsehen

4. September. Erstmals findet die Ziehung der Lottozahlen vor den Augen der Fernsehzuschauer statt. Im Fernsehstudio III des Hessischen Rundfunks werden fünf Minuten vor der Spätausgabe der Tagesschau die Lottokönige unter den 15 Mio. Spielern ermittelt.

Unter der Aufsicht des Vorsitzenden der Lottogesellschaft, eines Notars und einer Protokollführerin werden 49 numerierte Plexiglaskugeln in einer Lostrommel gemischt. Durch eine Gegenbewegung befördert eine »Glücksgabel« dann sieben Kugeln in die dafür vorgesehenen Auffangbehälter. Zum Abschluß verliest Ansagerin Karin Dinslage noch einmal die Gewinnzahlen.

15 Jahre nach der Einführung des Lottospiels in der Bundesrepublik erhofft sich die ARD von der Fernsehziehung der Lottozahlen hohe Einschaltquoten. Statistiker haben errechnet, daß etwa 60% der Bundesbürger regelmäßig Lotto spielen. Am stärksten ist die Beteiligung unter 30- bis 50jährigen; am wenigsten Neigung zum Glücksspiel zeigen Landwirte und Rentner in Süddeutschland.

Jeden Samstag, fünf Minuten vor der Spätausgabe der Tagesschau, verfolgen Millionen Fernsehzuschauer die Ziehung der Lottozahlen

Einer der zahlreichen indischen Panzer, die nach der Gegenoffensive der pakistanischen Armee zurückblieben

Ein Dorf im indischen Teil Kaschmirs, verwüstet durch die von Pakistan unterstützten Unabhängigkeitskämpfer

Grenzkrieg zwischen Indien und Pakistan

6. September. Indische Truppen überschreiten die pakistanische Grenze in Richtung auf die Provinzhauptstadt Lahore. Damit weitet sich der bisher regional begrenzte Konflikt um Kaschmir zu einem unerklärten Krieg zwischen Indien und Pakistan aus.

Am 1. September hatten pakistanische Infanterie- und Panzereinheiten im südwestlichen Teil Kaschmirs – nach verschiedenen indischen Vorstößen – erstmals die UN-Waffenstillstandslinie aus dem Jahr 1949 überschritten.

In den folgenden Tagen kommt es zu Kampfhandlungen an der gesamten indisch-pakistanischen Grenze. Keine Seite kann jedoch entscheidende Vorteile erringen. Am 8. September schlagen die mit modernen US-Waffen ausgerüsteten pakistanischen Kampfverbände trotz einer zahlenmäßigen Unterlegenheit die indischen Vorstöße zurück.

Nach der Verschärfung des Grenzkonflikts übernimmt Sithu U Thant, der Generalsekretär der Vereinten Nationen (UN), die Vermittlung zwischen der indischen Regierung unter Premierminister Lal Bahadur Shastri und der pakistanischen Regierung unter Staatspräsident Mohammed Ayub Khan. Am 22. September folgen Indien und Pakistan einer Resolution des UN-Sicherheitsrates, die einen Waffenstillstand und den Rückzug der Truppen beider Seiten auf ihre Ausgangspositionen vom 5. August vorsieht. Die Einhaltung des Waffenstillstands überwachen UN-Beobachter.

Hindus und Moslems streiten um Kaschmir

Nach der Unabhängigkeitserklärung wurde die ehemalige britische Kolonie Indien 1947 in das mohammedanische Pakistan und das hinduistische Indien geteilt. In dem zu 78% von Moslems bewohnten Kaschmir hatten die Briten 1846 einer Hindu-Dynastie auf den Thron verholfen.

Nach moslemischen Aufständen beschloß der hinduistische Maharadscha von Jammu und Kaschmir, Sir Hari Singh, 1947 den Anschluß seines Landes an Indien. In der Folge kam es in Kaschmir zu blutigen Auseinandersetzungen zwischen den verfeindeten Religionsgruppen. 1949 trat durch Vermittlung der Vereinten Nationen ein Waffenstillstand in Kraft, der eine vorläufige Teilung Kaschmirs in den Indien unterstellten Süden und den Norden unter pakistanischer Verwaltung zur Folge hatte. Eine vereinbarte Volksabstimmung in Kaschmir verhinderte Indien mehrmals. 1953 nahm Indien den ersten Premierminister von Kaschmir, Scheich Mohammed Abdullah fest. 1957 wurde der Süden Kaschmirs der Indischen Union angeschlossen. Grenzzwischenfälle forderten seit 1949 rund 16 000 Menschenleben.

Neue Regierung in Santo Domingo

3. September. Nach mehr als vier Monaten Bürgerkrieg konstituiert sich in Santo Domingo, der Hauptstadt der Dominikanischen Republik, eine provisorische Regierung unter Führung des Diplomaten Héctor Garcia-Godoy (→ 28. 4./S. 74).

Nach einem Plan der Friedenskommission der Organisation Amerikanischer Staaten (OAS) soll die Übergangsregierung innerhalb von neun Monaten Wahlen für das Amt des Staatspräsidenten vorbereiten. Mit der Konstituierung der neuen Regierung geht eine Amnestie für alle politischen Häftlinge einher. Bis zum 19. September erkennen 19 Länder, darunter die Vereinigten Staaten, die Regierung an. Am 25. September kehrt auch der frühere Präsident Gavino Juan Bosch aus dem Exil zurück.

Westgrenze Polens bleibt umstritten

11. September. Bundeskanzler Ludwig Erhard weist Äußerungen des polnischen Ministerpräsidenten Józef Cyrankiewicz zurück, die Oder-Neiße-Linie sei 1945 im Potsdamer Abkommen als endgültige Westgrenze Polens festgelegt. Erhard verweist darauf, daß nach dem Potsdamer Abkommen die Grenzregelung einer Friedenskonferenz vorbehalten bleibe.

Cyrankiewicz hatte am 9. September während eines Staatsbesuches in Frankreich Präsident Charles de Gaulle gedankt, daß Frankreich die Oder-Neiße-Linie als polnische Westgrenze akzeptiere.

Alle Bonner Parteien fordern daraufhin Konsultationen mit Frankreich über die Frage der deutschen Ostgrenze (→ 19. 1./S. 12).

»Landflucht« in der Dritten Welt

17. September. Die Vereinten Nationen (UN) veröffentlichen in New York ihr Demographisches Jahrbuch. Daraus geht u. a. hervor, daß die Großstädte in den Entwicklungsländern rapide wachsen:

▷ Die Hauptstadt Venezuelas, Caracas, verdoppelte ihre Einwohnerzahl seit 1950 auf 1,6 Mio. Menschen

▷ In Bogotá, der Hauptstadt Kolumbiens, stieg die Einwohnerzahl seit 1951 von 648 000 auf 1,7 Mio.

▷ In der ägyptischen Hauptstadt Kairo erhöhte sich die Einwohnerzahl seit 1947 von 2 Mio. auf 3,5 Mio. Einwohner.

Vor allem Familien aus dem ländlichen Raum wollen der Armut entfliehen und hoffen auf bessere Lebensbedingungen in den Städten.

Wirtschaftsreform in der Sowjetunion

28. September. Der sowjetische Ministerpräsident Alexei N. Kossygin kündigt in Moskau vor dem Zentralkomitee der Kommunistischen Partei der Sowjetunion die Einführung des Rentabilitätsprinzips in die sowjetische Wirtschaft an.

Vor den 174 Mitgliedern des Parteigremiums erklärt Kossygin, daß eine größere wirtschaftliche Selbständigkeit der Betriebe und zusätzliche materielle Anreize für die Arbeiter eine Erhöhung der Verbrauchsgüterproduktion und des allgemeinen Lebensstandards bewirken sollen.

Nach Ansicht des Wirtschaftsausschusses des US-Kongresses ist das Bruttosozialprodukt der Sowjetunion 1963 nur um 2,6% gestiegen, während das Wirtschaftswachstum 1960 nach 8,5% betrug.

Count Basie auf Deutschland-Tour

18. September. Der bekannte US-amerikanische Jazzmusiker Count Basie, der sich mit seiner Band auf Europatournee befindet, beginnt seine Gastspielreise durch die Bundesrepublik mit einem Konzert in

Count Basie, geboren am 21. August 1904, wurde als 20jähriger Pianist im Fats-Waller-Sextett. 1935 übernahm er die Band von Bennie Moten und formte mit Musikern wie Lester Young einen unvergleichlichen Swing-Sound.

der Frankfurter Jahrhunderthalle. Weitere Auftritte sind in München, Hamburg und Berlin vorgesehen.

Der 61jährige William (»Count«) Basie ist einer der berühmtesten Bandleader. Basierend auf seinem Pianospiel, entwickelte Basie seine Band zu einem der besten Swing-Orchester der Welt. Titel wie »One O'Clock Jump«, »Dickie's Dream«, »Red Bank Boogie« oder »Jive at Five« gelten als Jazz-Klassiker.

Die Süddeutsche Zeitung schreibt über Basie: ». . . er deutet das Thema nur an, wie er Boogie- und Ragtimefloskeln reduziert. So entstehen rhythmische Dichte und zugleich Freiräume für die Phantasie des Zuhörers.«

Iran feiert Thronjubiläum

15. September. In den Straßen der iranischen Hauptstadt Teheran huldigen rund 100 000 Menschen Schah Mohammad Resa Pahlawi und seiner Frau Farah Diba. Anlaß ist der 25. Jahrestag der Thronbesteigung durch den Schah.

1941 übernahm der vornehmlich in der Schweiz aufgewachsene Resa Pahlawi den iranischen Thron von seinem Vater. Nach Beendigung des Zweiten Weltkrieges versuchte er, den Iran vom Einfluß der Großmächte zu befreien. Darüber hinaus bemühte sich der Schah, die Stellung des Königshauses in der konstitutionellen Monarchie des Iran zu stärken. Er bekämpfte dabei die kommunistische Tudeh-Partei, die Großgrundbesitzer, die Geistlichkeit und die Intellektuellen. Eine schwere innenpolitische Niederlage erlitt er, als Ministerpräsident Mohammad Mossadegh 1951 gegen seinen Willen die Verstaatlichung der Anglo Iranian Oil Company (AIOC) durchsetzte. 1953 wurde Mossadegh durch die Armee mit Unterstützung des US-amerikanischen Geheimdienstes CIA gestürzt. Seit der Verstaatlichung der AIOC war die Ölproduktion von 34 Mio. auf 0,5 Mio. t jährlich gesunken.

In der Folge gelang es dem Schah, mit Hilfe des iranischen Geheimdienstes SAVAK die innenpolitische Opposition weitgehend auszuschalten. Nach der Konsolidierung seiner

Der iranische Schah Resa Pahlawi in seiner Residenz in Teheran

Macht verkündete Resa Pahlawi ein Reformprogramm, das u. a. eine Bodenreform, die Abschaffung der Leibeigenschaft und das Wahlrecht für Frauen vorsah. In einem Volksentscheid stimmten 1963 etwa 5,5 Mio. der 6,1 Mio. wahlberechtigten Iraner der sog. Weißen Revolution zu. Während die Reformen zu erheblichem Widerstand der konservativen Geistlichkeit um Ayatollah Ruhollah Khomeini führten, protestierten Intellektuelle und Studenten gegen die autokratische Regierung des Schah.

Am 4. Februar 1949 und am 10. April 1965 entkam Resa Pahlawi bei Anschlägen knapp dem Tod.

Über 600 Tote bei Vulkanausbruch

28. September. Auf der Philippinen-Insel Luzon, 60 km von der Hauptstadt Manila entfernt, sterben über 600 Menschen in den Lavamassen des Vulkans Taal. Der Ausbruch des mit 350 m Höhe kleinsten von fünf nebeneinanderliegenden Vulkanen überrascht die 2700 Inselbewohner im Schlaf. Insgesamt werden zwei Dörfer von der stellenweise 10 m hohen Lava zerstört.

In Todesangst versuchen die Fischer und Bauern der Insel, mit Booten zum Festland zu gelangen. Dabei kentern viele in den aufgewühlten, kochendheißen Fluten des Taalsees. US-amerikanische Flieger beobachten, wie ein mit 300 Menschen besetztes Boot umschlägt und sinkt. Andere Inselbewohner erleiden durch die umherfliegende glühende Lavaasche schwere Verbrennungen oder ersticken.

Seit 1572 sind die Vulkane der Insel 20mal ausgebrochen und töteten dabei 20 000 Menschen. Zuletzt brach der Taal im Jahr 1911 aus. Damals kamen 2000 Menschen ums Leben.

Nach Ansicht von Experten wäre die Katastrophe durch eine Kontrolle der Erdbewegungen mit modernen Seismographen vermeidbar gewesen. Die philippinische Regierung leitet Ermittlungen gegen die Wissenschaftler einer in der Nähe des Vulkans Taal eingerichteten Warnstation ein.

Rolling Stones auf Berliner Waldbühne

15. September. *Bei einem Konzert der britischen Rockgruppe »The Rolling Stones« auf der Waldbühne in Berlin (West) kommt es zu schweren Auseinandersetzungen zwischen den 21 000 Fans und der Polizei.*

Schon zu Beginn des Konzerts stürmen begeisterte Fans die Bühne. Als die fünf Musiker kurz darauf ihren Auftritt unterbrechen, zertrümmern die Zuschauer die Einrichtung der Freilichtbühne. Es entsteht ein Sachschaden von mehr als 300 000 DM. Bei Handgreiflichkeiten mit der Polizei werden anschließend über 80 Personen verletzt.

◁ Unter Polizeischutz setzen die »Stones« (r. Mick Jagger, vorn Brian Jones) ihr Konzert fort

Internationale Gerichte halten Einzug in die deutsche Küche

Der Wandel in den Ernährungsgewohnheiten der Bundesbürger setzt sich 1965 fort. Die Hausfrau greift immer stärker auf internationale Köstlichkeiten zurück. Belgisches Bier, ungarische Salami und Prager Schinken sind in bundesdeutschen Haushalten keine Seltenheit mehr. Vor allem Massentourismus und Einkommenssteigerungen begünstigen den tiefgreifenden Wandel in der deutschen Küche. Nach Angaben des Einzelhandels steigt die Nachfrage z. B. nach spanischen und britischen Spezialitäten um so höher, je häufiger diese Länder von bundesdeutschen Touristen besucht werden. Die Einkommenssteigerungen der Bundesbürger wirken sich vor allem auf die Qualität des Essens aus. Allgemein wird weniger, aber besser gegessen. Während 1950 in einem Vier-Personen-Haushalt noch 51,7% des Einkommens für die Ernährung aufgewendet werden mußten, sind es 1965 nur 40,6%. Durchschnittlich verbraucht ein Bundesbürger im Jahr:

▷ 31 kg Zucker
▷ 64 kg Fleisch
▷ 108 l Milch
▷ 88 kg Frischobst
▷ 3,5 kg Kaffee
▷ 13,3 l Wein und Sekt
▷ 147 l Bier
▷ 1913 Zigaretten.

Für eine weitere Veränderung bundesdeutscher Ernährungsgewohnheiten sorgt die zunehmende Berufstätigkeit der Frauen. Die immer knapper werdende Zeit zur Erledigung der Hausarbeit hat einen Trend zur »schnellen Küche« zur Folge. Vor allem die Hersteller von

Fischgerichte wie Alaska-Lachs, panierte Muscheln und australische Hummerschwänze bestimmen in Frankreich den Trend beim kulinarischen Genuß

Tiefkühlkost versuchen, diese Entwicklung zu nutzen. Obwohl sich der Verbrauch der Bundesbürger an Tiefkühlkost seit 1960 verdreifacht hat, bleibt er dennoch weit hinter den Erwartungen der 80 für den bundesdeutschen Markt produzierenden Herstellerfirmen zurück. Den 1965 produzierten 90 000 t (1963: 70 000 t) Tiefkühlkost steht ein Pro-Kopf-Verbrauch von 1,28 kg gegenüber. Anvisiert hatte die Industrie 4 kg. Diese optimistische Schätzung beruhte auf Erfahrungen aus Schweden und den USA, wo der Pro-Kopf-Verbrauch bei 6,4 kg bzw. 18 kg liegt.

Ähnliche Durchsetzungsschwierigkeiten bei den Konsumentinnen haben die Fertigmenüs für Babies. Während 1963 durchschnittlich 120 Gläschen pro Baby verkauft wurden, sind es 1965 nicht mehr als 130 Gläschen.

Die Überproduktion an tiefgefrorenem Spinat und paniertem Fischfilet wird in Krankenhäusern und Betriebsküchen abgesetzt. 1965 essen täglich 15 Mio. Bundesbürger außer Haus. In den 14 000 Werkskantinen setzen sich allerdings zunehmend die fertig zubereiteten, in Aluminiumschachteln portionierten und dann tiefgekühlten Menüs durch. Diese Verpflegungsart bietet bei geringem Personalaufwand eine hohe Auswahl an Gerichten. Darüber hinaus lösen Verpflegungsautomaten in den Betrieben die Cafeteria ab. Während 1956 erst 28 Heißgetränkeautomaten aufgestellt waren, sind es 1965 etwa 4200. Rund 100 Mio. Portionen Kaffee, Kakao, Suppe und Tee im Wert von 25 Mio. DM werden damit umgesetzt.

Warenverpackung immer wichtiger

Vom Trend zur »schnellen Küche« profitiert insbesondere die Verpackungsindustrie. Die zunehmende Einhüllung der Lebensmittel kommt dem Bedürfnis der Verbraucher nach Haltbarkeit, Hygiene und einfacher Lagerung der Ware entgegen. Andererseits bringen die Einwegverpackungen einen hohen Rohstoffverbrauch und einen Anstieg des Müllberges der Privathaushalte mit sich.

Die Verpackungsindustrie weist einen hohen Technisierungsgrad auf. Unterschiedlichste Waren wie z. B. Bonbons, Biskuits oder Brötchen werden in Sekundenschnelle verpackt.

Auch Bier in Einwegflaschen, hergestellt in französischen Brauereien, erobert den deutschen Markt.

Diesen Berg aufwendig verpackter Ware häuft eine Familie nach einem halbstündigen kostenlosen Einkauf an

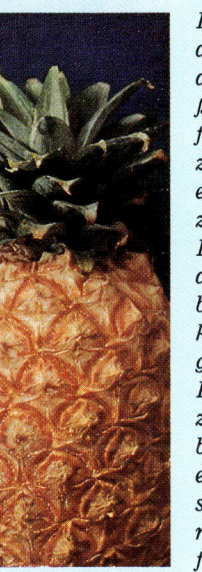

Das neue Motto nach der »Freß-welle« der letzten Jahre heißt: Weniger essen, aber dafür besser. Ein dünn belegtes Brot mit Salatblatt, Tomate, Gurken und Käse wird gegenüber der dick belegten Käsestulle bevorzugt. Dafür gibt es neu den teureren und aufwendig in Scheiben abgepackten Käse.

Immer mehr Bundesbürger achten auf eine regelmäßige Vitaminzufuhr. Dabei wird zunehmend auf exotische Früchte zurückgegriffen. Dies macht sich auch eine Werbung für Frischkäse zunutze. Gegenüber dem DDR-Bürger verzehrt der Bundesbürger im Verlauf eines Jahres beispielsweise 12 kg mehr Zitrusfrüchte.

Durch die Berufstätigkeit vieler Frauen bleibt für die Hausarbeit immer weniger Zeit. Für die »schnelle Küche« bietet die Lebensmittelindustrie Tiefkühlkost und leicht zuzubereitende Gerichte an. Der Preis für diese Produkte liegt bis zu 230% über den Rohkostpreisen. Der Absatz bei Tiefkühlkost bleibt jedoch trotz Steigerung hinter den Erwartungen der Hersteller zurück.

Tamara Press verbessert am 19. 9. in Kassel den Kugelstoß-Weltrekord

Erstmals Europacup für Leichtathleten

12. September. Die UdSSR gewinnt in Stuttgart den erstmals ausgetragenen Europapokal der Leichtathleten knapp vor dem DLV-Team.

Vor 40 000 begeisterten Zuschauern fällt die Entscheidung erst im letzten Wettbewerb: Der Sieg der 400-m-Staffel bringt die Mannschaft der Bundesrepublik auf 85 Punkte, die Sowjets schaffen mit dem dritten Platz 86 Punkte.

Auch beim Leichtathletik-Europapokal der Frauen am 19. September in Kassel siegt die Sowjetunion.

Rudi Altig verpaßt Sieg bei Rad-WM

5. September. Der knapp 28 Jahre alte Tom Simpson wird in Lasarte bei San Sebastian (Spanien) als erster Engländer Straßen-Weltmeister der Radprofis. Der Vierte der letztjährigen Weltmeisterschaften gewinnt das bisher schnellste WM-Rennen (39,795 km/h) im Spurt nach 267 km in 6:39:09 h vor dem 28jährigen Kölner Rudi Altig.

Simpson und Altig können sich 50 km vor dem Ziel von einer größeren Spitzengruppe lösen und fahren bis zur Zielgeraden einen Vorsprung von drei Minuten heraus. Altig, Verfolgungsweltmeister 1959 bei den Amateuren sowie 1960 und 1961 bei den Profis, gilt als der bessere Sprinter. Wegen eines gerade überstandenen Beinbruchs fehlt ihm aber zum Schluß die Kondition.

Neuling Franz Beckenbauer wird als offensiver Mittelfeldspieler gelobt

Für WM-Endrunde in England qualifiziert

26. September. Im entscheidenden Qualifikationsspiel für die Endrunde der Fußballweltmeisterschaft 1966 in England schlägt die bundesdeutsche Fußballnationalmannschaft in Stockholm Schweden 2:1.

In der 44. Minute geht Schweden in Führung. Werner »Eia« Krämer kann noch vor der Halbzeitpause ausgleichen. In der 54. Minute gelingt Uwe Seeler der Siegtreffer. Bundestrainer Helmut Schön setzt erstmals den 20jährigen Münchner Franz Beckenbauer ein.

Neuer Weltrekord im Hammerwerfen

4. September. Der 28 Jahre alte Ungar Gyula Zsivotzky verbessert im heimischen Debrecen den Hammerwurf-Weltrekord auf 73,74 m. Das ist eine in dieser Disziplin bisher noch nicht erreichte Steigerung um 2,48 m gegenüber dem alten Weltrekord. Der Europameister entthront Harold Connolly aus den Vereinigten Staaten, der fast neun Jahre lang den Weltrekord gehalten hat. Connolly, Olympiasieger von 1956, in Melbourne hatte am → 29. Mai (S. 99) als erster die 71-m-Marke übertroffen und konnte seine Leistung am 21. Juni in Walnut (USA) nochmals auf 71,26 m steigern. Den bisher gültigen Europarekord von 71,02 hatte Olympiasieger Romuald Klim aus der Sowjetunion am 21. August in Oslo aufgestellt.

Oktober 1965

Mo	Di	Mi	Do	Fr	Sa	So
				1	2	3
4	5	6	7	8	9	10
11	12	13	14	15	16	17
18	19	20	21	22	23	24
25	26	27	28	29	30	31

1. Oktober, Freitag

Die indonesische Armee unter Führung von General Suharto schlägt einen Putschversuch linksnationalistischer Offiziere nieder. → S. 169

Im Frankfurter Insel-Verlag erscheint eine sechsbändige Goetheausgabe, die mit einem Preis von 48 DM für breite Leserschichten erschwinglich sein soll. An der Neuauflage des sog. Volks-Goethe, den Anton Kippenberg 1909 zum ersten Mal herausgab, wirkten die Professoren Emil Staiger (Zürich) und Walter Höllerer (Berlin/West) mit.

In Pisa veröffentlicht das geographische Institut der dortigen Universität Messungen, nach denen die Spitze des schiefen Turms von Pisa genau 5,22 m von der Senkrechten abweicht.

Die bundesdeutschen Fußballjournalisten wählen den Torhüter Hans Tilkowski in einer Umfrage des Magazins »Kicker« mit 147 von 418 Stimmen zum Fußballer des Jahres 1965. → S. 177

2. Oktober, Samstag

Der ehemalige Vertraute Fidel Castros und Industrieminister von Kuba, Ernesto »Che« Guevara Serna, ist nach Umbesetzungen nicht mehr in der kubanischen Regierung vertreten (→ 25. 5./S. 93).

Papst Paul VI. ernennt Monsignore Harold R. Perry aus Lake Charles im US-Bundesstaat Louisiana zum ersten farbigen Bischof der USA. → S. 173

3. Oktober, Sonntag

In Brasilien finden erstmals nach dem Staatsstreich vom April 1964 Gouverneurswahlen – in elf der 22 Gliedstaaten – statt. Dabei werden in sechs Regionen Gouverneure gewählt, die nicht zu den erklärten Anhängern der Regierung Castelo Branco gehören.

Die USA revidieren ihr seit 1924 bestehendes Einwanderungsgesetz. Jährlich können von nun an 170 000 Personen – bis zu 20 000 Einwanderer pro Herkunftsland – aufgenommen werden.

Nach neuntägiger Dauer endet in Köln die Allgemeine Nahrungs- und Genußmittelausstellung (ANUGA), die von 231 000 Fachleuten und Interessenten besucht wurde. Die Branche spricht wegen der starken Nachfrage nach Delikatessen von einer »Edel-Freßwelle«.

4. Oktober, Montag

Papst Paul VI. besucht für einen Tag New York und richtet anläßlich ihres 20jährigen Bestehens einen Friedensappell an die Vollversammlung der Vereinten Nationen. → S. 173

35% aller Bundesbürger sprechen sich nach einer Repräsentativbefragung der Wickert-Institute in Tübingen für eine Verlängerung der Ladenschlußzeiten bis 21 Uhr aus.

Die Städte Bochum und Gelsenkirchen beschließen eine enge Zusammenarbeit ihrer Theater. Gelsenkirchen wird künftig das Musiktheater und Bochum das Sprechtheater für beide Städte bestreiten. → S. 176

Auf dem Deutschen Weinlesefest in Neustadt (Weinstraße) wird die 19jährige Waltraud Heng aus Oberrottenbach (Pfalz) zur bundesdeutschen Weinkönigin 1965/66 gewählt.

5. Oktober, Dienstag

Am letzten Tag des sechstägigen Österreichbesuchs des sowjetischen Verteidigungsministers, Marschall Rodion J. Malinowski, fordert in Wien der österreichische Verteidigungsminister Georg Prader, daß seinem Land zur Verteidigung der 1955 gelobten immerwährenden Neutralität die Bewaffnung mit Raketen und Flugzeugen erlaubt sein müsse. Im Staatsvertrag mit Großbritannien, Frankreich, den USA und der Sowjetunion war Österreich dies 1955 untersagt worden.

Der US-amerikanische Vizepräsident Hubert Humphrey schlägt auf einer Konferenz des Nordatlantikpakts in New York vor, die Teilung Europas durch engere Kontakte zu den osteuropäischen Ländern zu überwinden und dadurch auch die Wiedervereinigung Deutschlands zu erleichtern.

Während die Tuberkulose-Sterblichkeit in der Bundesrepublik Deutschland seit 1955 um 35% und die Zahl der Neuerkrankungen um 30% zurückgegangen ist, entwickelt sich TBC nach Angaben des Exekutivdirektors der Internationalen Union gegen die Tuberkulose, Johannes Holm, in den Entwicklungsländern zum Gesundheitsproblem Nummer 1.

Der Präsident des Allgemeinen Deutschen Automobil-Clubs (ADAC), Hans Bretz, begrüßt in Frankfurt am Main das millionste ADAC-Mitglied. → S. 174

An der Volksbühne in Berlin (Ost) findet unter der Regie von Benno Besson die Uraufführung der Komödie »Moritz Tassow« des DDR-Dramatikers Peter Hacks statt.

6. Oktober, Mittwoch

Der rhodesische Premierminister Ian Smith nimmt in London Verhandlungen mit der britischen Regierung über die Modalitäten für eine Unabhängigkeit seines Landes auf (→ 11. 11./S. 182).

Heinar Kipphardts Drama »Joel Brand« wird in den Münchner Kammerspielen uraufgeführt. Stoff des Dramas ist eine historische Begebenheit: Im Frühjahr 1944 bot SS-Obersturmbannführer Adolf Eichmann den Westalliierten an, 1 Mio. Juden gegen 10 000 Lastwagen freizugeben.

Eine des mehrfachen Diebstahls überführte 47jährige Hausfrau aus Essen erhält von einem Essener Gericht die Bewährungsauflage, nicht mehr im Schlußverkauf und an anderen »besuchsstarken« Nachmittagen im Warenhaus einzukaufen.

7. Oktober, Donnerstag

Die Welternährungsorganisation der Vereinten Nationen (FAO) teilt in Rom mit, daß eine Hungerkatastrophe auf die Menschheit zukomme, wenn in den Entwicklungsländern die landwirtschaftliche Produktion nicht gewaltig gesteigert oder eine allgemeine Geburtenkontrolle eingeführt werde.

Der Essener Firmenchef Alfried Krupp von Bohlen und Halbach ist nach einer Umfrage des Emnid-Institutes der bekannteste bundesdeutsche Industrielle. Es folgen Fritz Thyssen, Rudolf August Oetker und Friedrich Flick.

Die sowjetische Mondsonde »Luna VII«, die am 4. Oktober gestartet ist, erreicht den Mond und schlägt in der Nähe des Kepler-Kraters auf. Damit ist der dritte sowjetische Versuch einer weichen Mondlandung gescheitert.

8. Oktober, Freitag

Das Internationale Olympische Komitee (IOC) nimmt auf seiner Sitzung in Madrid das Nationale Olympische Komitee (NOK) der Deutschen Demokratischen Republik als Vollmitglied auf, gleichberechtigt neben dem NOK für Deutschland. Das NOK der DDR kann damit eine eigene Olympia-Mannschaft aufstellen. → S. 177

Dem DDR-Lyriker Peter Huchel und der US-Amerikanerin Carson McCullers wird in Hamburg der »Preis der jungen Generation« zuerkannt. Der von der Hamburger Tageszeitung »Die Welt« gestiftete Buchpreis ist mit 15 000 DM dotiert.

9. Oktober, Samstag

Die Deutsche Akademie für Sprache und Dichtung in Darmstadt übergibt dem Schriftsteller Günter Grass den mit 10 000 DM dotierten Georg-Büchner-Preis 1965.

Ein Fußball-Länderspiel gegen Österreich gewinnt die DFB-Auswahl 4:1. Vor 70 000 Zuschauern im Stuttgarter Neckarstadion erzielt der Braunschweiger Lothar Ulsaß 3 Tore. Ihr Debüt im Nationaltrikot geben Rudi Nafziger (Bayern München) und Günter Netzer (Borussia Mönchengladbach).

10. Oktober, Sonntag

Bei den Kommunalwahlen in der DDR entfallen 99,8% der Stimmen auf die Einheitsliste der Nationalen Front.

Aus den Wahlen in der Türkei geht die Gerechtigkeitspartei unter Süleyman Demirel mit 54,5% der Stimmen als Sieger hervor.

Wissenschaftler der Yale-Universität (USA) legen in der norwegischen Akademie der Wissenschaften in Oslo eine Karte vor, die beweist, daß die Wikinger bereits rund 500 Jahre vor Kolumbus den amerikanischen Kontinent entdeckt haben.

11. Oktober, Montag

Auf einem Apothekerkongreß in Bad Wiessee wird bekanntgegeben, daß 98% der in der Bundesrepublik verkauften Arzneimittel Fertigpräparate der pharmazeutischen Industrie sind. Lediglich die restlichen 2% werden von den Apothekern selbst hergestellt.

Im Schloßtheater in Berlin (West) findet die deutsche Erstaufführung des Schauspiels »Die Heimkehr« von Harold Pinter statt.

Papst Paul VI. greift persönlich in die Arbeit des Vatikanischen Konzils in Rom ein, um die Beratung über die Frage der Abschaffung des Zölibats für katholische Priester zu verhindern (→ 8. 12./S. 198).

12. Oktober, Dienstag

Nach den Mehrheitsverschiebungen bei den Parlamentswahlen vom 13. September in Norwegen übernimmt erstmals seit 1935 ein bürgerliches Koalitionskabinett unter dem Zentrumspolitiker Per Borten die Regierung.

In Frankfurt am Main beginnt die 17. Internationale Buchmesse, auf der 2376 Verlage aus 38 Ländern bis zum 18. Oktober auf 28 000 m² rund 150 000 Bücher zeigen. → S. 176

13. Oktober, Mittwoch

Mose Tschombé wird aus dem Amt als kongolesischer Ministerpräsident entlassen. Mit der Bildung einer neuen Regierung beauftragt Staatspräsident Joseph Kasawubu den 39jährigen Politiker Evariste Kimba (→ 25. 11./S. 183).

Eine Typhus-Epidemie bedroht die Schweizer Bevölkerung, nachdem bei 15 Schülern aus der Ost- und Zentralschweiz Typhus festgestellt worden ist und weitere 20 Schüler als typhusverdächtig gelten.

14. Oktober, Donnerstag

König Mohammed Sahir eröffnet die Session des ersten demokratisch gewählten Parlaments Afghanistans, das sich überwiegend aus Stammesvertretern und Kaufleuten zusammensetzt.

Wegen dichten Nebels, der stellenweise eine Sicht von nur 40 bis 50 m zuläßt, sind auf dem europäischen Kontinent sämtliche Flughäfen mit Ausnahme der Flughäfen Köln, Düsseldorf, Stuttgart und Berlin (West) geschlossen.

15. Oktober, Freitag

Der Rat der Evangelischen Kirche Deutschlands (EKD) fordert in der Denkschrift »Die Lage der Vertriebenen und das Verhältnis des deutschen Volkes zu seinen östlichen Nachbarn« eine Revision der bundesdeutschen Ostpolitik. → S. 166

Ein Prototyp des US-Flugzeugs XB-70a erreicht als erste Maschine dreifache Schallgeschwindigkeit. → S. 175

Papst Paul VI. besucht als erstes Oberhaupt der katholischen Kirche Anfang Oktober die USA (Titelseite der US-Illustrierten »LIFE«)

In Color

POPE PAUL VI IN AMERICA

OCTOBER 15 · 1965 · 35¢
PULL-OUT COVER →

16. Oktober, Samstag

Der Ministerrat der DDR beschließt, Rentner und Invaliden jährlich mindestens eine Besuchsreise von einer Dauer von bis zu vier Wochen zu Verwandten in nichtsozialistische Staaten zu gewähren. Voraussetzung ist die Anerkennung der DDR-Reisedokumente durch diese Staaten.

In zahlreichen Städten der Vereinigten Staaten und Europas folgen mehrere zehntausend Menschen dem Aufruf des »Koordinierungsausschusses zur Beendigung des Krieges in Vietnam« und demonstrieren gegen die Vietnampolitik der US-Regierung (→ 31. 10./S. 171).

17. Oktober, Sonntag

Die 74jährige deutsch-schwedische Dichterin Nelly Sachs nimmt in der Frankfurter Paulskirche den mit 10 000 DM dotierten Friedenspreis des Deutschen Buchhandels entgegen (→ 19. 2./S. 44).

Martin Niemöller, von 1947 bis 1964 Kirchenpräsident der Evangelischen Kirche in Hessen und Nassau, wird vom Bundeskongreß des deutschen Verbandes der Internationale der Kriegsdienstgegner (IdK) in Dortmund für vier Jahre zum Präsidenten gewählt.

In der britischen Grafschaft Yorkshire verhaftet die Polizei den 27jährigen Lagerarbeiter Ian Brady, dem mehrere Kindesmorde vorgeworfen werden. → S. 175

18. Oktober, Montag

Nach wochenlangem Streit einigen sich CDU/CSU und FDP auf die Fortsetzung der bisherigen »Kleinen Koalition« und die Besetzung des Gesamtdeutschen Ministeriums mit dem FDP-Vorsitzenden Erich Mende (→ 26. 10./S. 167).

Die indonesische Armee verbietet in Jakarta die chinafreundliche Kommunistische Partei Indonesiens (PKI), die nach eigenen Angaben 3 Mio. Mitglieder zählt (→ 1. 10./S. 169).

19. Oktober, Dienstag

Nach der Niederschlagung eines Putsches von 50 Armeeangehörigen gegen die von Watussis beherrschte Regierung des König Mwambutsa IV. brechen in Burundi blutige Stammesfehden aus. → S. 173

Die europäischen und US-amerikanischen Fernsehanstalten kritisieren auf einer Pressekonferenz die Höhe der Benutzungsgebühren für den Kommunikationssatelliten »Early Bird«, die in den Hauptsendezeiten für eine halbstündige Fernsehübertragung zwischen den USA und Europa 30 000 bis 40 000 DM betragen (→ 6. 4./S. 78).

Der stellvertretende Vorsitzende des Verbandes der Deutschen Studentenschaften (VDS), Eberhard Diepgen, kritisiert in Dortmund auf der ersten gemeinsamen Tagung der 21 Fachverbände des VDS, daß sich an der Ruhr-Universität in Bochum nichts an der uneingeschränkten Gewalt der Ordinarien geändert habe (→ 30. 6./S. 114).

14 Bühnen in der Bundesrepublik Deutschland und der DDR beteiligen sich an der Ringuraufführung des Schauspiels »Die Ermittlung« von Peter Weiss. → S. 176

Der alljährliche Almabtrieb in den bayerischen und österreichischen Bergen beginnt. Die Hüter treiben die Tiere von den Almen zu den Bauern, wo sie den Winter in ihren Ställen verbringen.

20. Oktober, Mittwoch

Mit 272 gegen 200 Stimmen wählt der Deutsche Bundestag in Bonn bei 15 Enthaltungen von Koalitionsabgeordneten Ludwig Erhard (CDU) erneut zum Bundeskanzler (→ 26. 10./S. 167).

Das malaysische Gesundheitsministerium fordert Impfstoff aus Australien, Taiwan und Südkorea an, um dem befürchteten Ausbruch einer Cholera-Epidemie vorzubeugen. Bei 94 Personen wurde die Cholera festgestellt, 200 Personen gelten als ansteckungsverdächtig.

21. Oktober, Donnerstag

Der Gesamtverband der Versicherungswirtschaft teilt in Köln mit, daß auf jeden Bundesbürger drei private Versicherungen entfallen. In seine Versicherungen zahlt jeder Einwohner der Bundesrepublik im Durchschnitt pro Jahr 260 DM ein.

In der DDR studieren nach Angaben des »Neuen Deutschland«, dem Zentralorgan der Sozialistischen Einheitspartei Deutschlands (SED), im Wintersemester 1965/66 rund 75 000 Personen, während 1955 lediglich 11 000 Personen eingeschrieben waren.

22. Oktober, Freitag

Das Europäische Parlament in Straßburg betont auf seiner Oktobertagung im Hinblick auf die französische Boykottpolitik, daß das Recht der Europäischen Wirtschaftsgemeinschaft Vorrang vor dem Recht der einzelnen Mitgliedstaaten habe (→ 26. 10./S. 167).

Die öffentlich-rechtlichen Fernsehanstalten der Bundesrepublik Deutschland und der Verband Deutscher Film- und Fernsehproduzenten vereinbaren in Wiesbaden den Ankauf der Fernsehrechte an 100 bundesdeutschen Spielfilmen aus den Produktionsjahren 1960 bis 1964. Pro Film zahlen die Fernsehanstalten einen Betrag von 100 000 DM.

23. Oktober, Samstag

Die österreichische Regierung unter Bundeskanzler Josef Klaus (ÖVP) erklärt ihren Rücktritt, nachdem die Koalitionsregierung aus Österreichischer Volkspartei (ÖVP) und der Sozialistischen Partei Österreichs (SPÖ) keine Einigung über den Haushaltsentwurf für das Jahr 1966 hat erzielen können. → S. 167

24. Oktober, Sonntag

Der CSU-Vorsitzende Franz Josef Strauß spricht sich im britischen Rundfunk für einen britisch-französischen Atompool als Kern einer künftigen europäischen Streitmacht aus (→ 11. 5./S. 90).

Solingen 98 gewinnt nach Verlängerung vor 35 000 Zuschauern in Wuppertal mit einem 15:14 gegen Grün-Weiß Dankersen die Deutsche Handball-Meisterschaft auf dem Großfeld.

In Tiflis (UdSSR) verbessert die sowjetische Läuferin Irina Press den Weltrekord über 80 m Hürden um eine Zehntelsekunde auf 10,3 sec.

Erst im letzten Weltmeisterschaftslauf in Japan sichert sich der Ire Ralph Bryans auf Honda den Titel in der 50-cm³-Klasse ganz knapp vor seinem Markenkollegen Luigi Taveri (Schweiz). → S. 177

25. Oktober, Montag

Der österreichische Nationalrat bestimmt den 26. Oktober zum Nationalfeiertag, da 1955 an diesem Tag das Verfassungsgesetz über die immerwährende Neutralität in Kraft getreten ist.

26. Oktober, Dienstag

Bundespräsident Heinrich Lübke überreicht 21 Ministern des zweiten Kabinetts Erhard 37 Tage nach der Bundestagswahl die Ernennungsurkunden. Im Anschluß erfolgt im Bonner Bundestag die Vereidigung der neuen Bundesregierung durch Bundestagspäsident Eugen Gerstenmaier. → S. 167

Das britische Oberhaus verabschiedet mit 169 gegen 75 Stimmen in 3. Lesung ein zunächst auf fünf Jahre befristetes Gesetz über die Abschaffung der Todesstrafe.

Der ohne Frankreich tagende Ministerrat der Europäischen Wirtschaftsgemeinschaft einigt sich in Brüssel über die Grundzüge einer neuen Agrarfinanzordnung. → S. 167

27. Oktober, Mittwoch

Bundeskanzler Ludwig Erhard verschiebt seine für den 3. November geplante Regierungserklärung und setzt ein sog. Sparkabinett ein, das Deckungsvorschläge für die Etatlücke von 7,5 Mrd. DM im Haushalt 1966 erarbeiten soll (→ 10. 11./S. 184).

Der Präsident von Brasilien, Humberto de Alencar Castelo Branco, löst alle politischen Parteien des Landes auf. Der brasilianische Kongreß hatte es zuvor abgelehnt, die verfassungsändernden Gesetze anzunehmen, die der Präsident vorgeschlagen hatte.

Chirurgen der niederländischen Universität Nijmegen gelingt es, die erkrankte Herzklappe einer 22jährigen Frau erstmals durch eine Herzklappe aus Gewebe des Oberschenkels der Patientin zu ersetzen.

28. Oktober, Donnerstag

Die deutschsprachige Sektion im »Weltbund für Erneuerung der Erziehung« betont auf einem Kongreß in Heidelberg die Notwendigkeit, Lehrer aller Schularten wissenschaftlich auszubilden. Der Kongreß warnt davor, angesichts des Lehrermangels Lehrer im Schnellverfahren für ihren Beruf auszubilden.

Der Bundesminister für Familie und Jugend, Bruno Heck (CDU), überreicht in der Lübecker Kongreßhalle den mit 7500 DM dotierten Jugendbuchpreis an Frederik Hetmann für seine »Amerika-Saga«. Der Preis für das beste Bilderbuch geht an Leo Lionnis Buch »Swimmy«.

Das II. Vatikanische Konzil in Rom verabschiedet feierlich die fünf Dokumente »Vom Hirtenamt der Bischöfe in der Kirche«, »Von der Erneuerung des Ordenslebens«, »Über die christliche Erziehung« und »Über das Verhältnis der katholischen Kirche zu den nicht christlichen Religionen« (→ 8. 12./S. 198).

29. Oktober, Freitag

Das britische Oberhaus spricht sich mit einer Mehrheit von 65 Stimmen für eine Gesetzesvorlage aus, nach der homosexuelle Beziehungen im gegenseitigen Einverständnis zwischen Erwachsenen nicht mehr als strafbares Vergehen angesehen werden.

Die vier Spitzenorganisationen der bundesdeutschen Wirtschaft äußern in Köln wegen Lehrer- und Schulraummangels Bedenken gegen die Einführung eines zehnten Pflichtschuljahres, wie es der Deutsche Ausschuß für das Erziehungs- und Bildungswesen fordert.

30. Oktober, Samstag

Bei dem bisher schwersten Fehlangriff der USA in Vietnam bombardieren zwei US-Flugzeuge aufgrund falscher Koordinaten das Dorf De Duc 480 km nordöstlich von Saigon: 48 Zivilisten sterben, 55 werden zum Teil schwer verletzt. → S. 171

Im Zusammenhang mit der Aufnahme des Nationalen Olympischen Komitees der DDR in das Internationale Olympische Komitee am → 8. Oktober (S. 177) beschließt der Hauptausschuß des Deutschen Sportbundes (DSV) die Wiederaufnahme des Sportverkehrs zwischen der Bundesrepublik und der DDR, der 1961 – wenige Tage nach dem Bau der Berliner Mauer – abgebrochen worden war (→ 8. 10./S. 177).

31. Oktober, Sonntag

Das SED-Zentralorgan »Neues Deutschland« kündigt eine Verordnung gegen die zahlreichen Amateur-Beat-Bands der DDR an, da sie Rowdytum und Tumulte auslösten.

Die US-amerikanische Automobilindustrie setzt nach Berechnungen der Fachpublikation »Ward's Automobile Reports« im Oktober die Rekordzahl von 841 976 Autos (März 1965: 817 180) ab.

Das Wetter im Monat Oktober

Station	Mittlere Lufttemperatur (°C)	Niederschlag (mm)	Sonnenscheindauer (Std.)
Aachen	10,5 (10,0)	101* (64)	223 (123)
Berlin	8,3 (8,8)	60* (58)	167 (123)
Bremen	9,2 (9,4)	65* (47)	133 (104)
München	7,3 (7,9)	95* (62)	148 (130)
Wien	8,5 (9,6)	0,3 (57)	173 (118)
Zürich	8,4 (8,4)	13 (80)	84 (108)

( ) Langjähriger Mittelwert für diesen Monat
– Wert nicht ermittelt; * Sept. – Okt. 1965

Im Oktober neu im Fernsehprogramm: »Der Löwe ist los!« mit der Augsburger Puppenkiste

HÖR ZU

Der Löwe ist los!
Die neue Fernseh-Serie der Augsburger Puppenkiste

IN DIESEM HEFT:

Der reine Dreiklang
Besuch bei Schwedens berühmter Pianistin
Käbi Laretei   Seiten 6/7

Es beginnt mit einem Kuß
Aus Frankreich: Fernsehkursus für Eheglück   Seiten 22/23

40
1965

WESTDEUTSCHE AUSGABE KÖLN
EUROPA-PROGRAMME VOM 2. BIS ZUM 8. OKTOBER

C 3774 C

70
PFENNIG

Die Evangelische Kirche fordert eine neue Ostpolitik

15. Oktober. Die Evangelische Kirche in Deutschland (EKD) veröffentlicht eine Denkschrift, in der eine Revision der bundesdeutschen Ostpolitik gefordert wird. Die EKD spricht sich insbesondere dafür aus, das Lebensrecht des polnischen Volkes zukünftig zu respektieren und ihm ausreichenden Raum zu seiner Entfaltung zu lassen.

Das von der Kammer für öffentliche Verantwortung erarbeitete 44seitige Grundsatzpapier mit dem Titel »Die Lage der Vertriebenen und das Verhältnis des deutschen Volkes zu seinen östlichen Nachbarn« hat das ausdrückliche Ziel,

▷ Bewegung in die politischen Vorstellungen der Bundesbürger zu bringen,

▷ den Nachbarn im Osten einen freien und offenen Dialog anzubieten und

▷ den Politikern Mut für eine neue Ostpolitik zu machen.

Zu den Mitgliedern der Kammer, die das Papier einstimmig verabschiedeten, gehören u. a. die Bundesgesundheitsministerin Elisabeth Schwarzhaupt (CDU) und die Bundestagsabgeordneten Ludwig Metzger (SPD) und Lieselotte Funcke (FDP).

Die Aufforderung der Denkschrift, Rechtsansprüche auf ehemalige deutsche Ostgebiete fallen zu lassen, falls diese Gebiete zur wirtschaftlichen Existenzgrundlage Polens gehören, sorgt in der Öffentlichkeit für heftige Auseinandersetzungen. Bereits sechs Wochen nach der Erstveröffentlichung sind 200 000 Exemplare der Denkschrift verbreitet. Nur wenige Politiker und Journalisten bekennen sich öffentlich zum Inhalt der Schrift. Die SPD setzt einen Ausschuß ein, der sich mit der EKD-Denkschrift befassen soll, und der Bundesvertriebenenminister Johann Baptist Gradl (CDU) fordert zu einer ernsthaften Diskussion über die in der Denkschrift angeschnittenen Fragen auf.

Massive Proteste kommen aus den Vertriebenenverbänden. Der Bund der Vertriebenen spricht von Mißbrauch der kirchlichen Autorität und bezeichnet die Denkschrift als »eine der schädlichsten Veröffentlichungen der Zeit«. Die Landsmannschaft Schlesien nennt die Ausführungen der Denkschrift »moralisch, historisch, rechtlich und politisch unverantwortlich«.

Trotz der anhaltenden heftigen Kritik stellt sich die Synode der EKD am 7. November in Frankfurt einstimmig hinter die Denkschrift und weist die Kritik der Vertriebenenverbände zurück. Der Vorsitzende des Rates der EKD, Präses Kurt Scharf, erklärt: »Jedes Mitglied des Rates steht persönlich zum Inhalt der Schrift, ohne sie im einzelnen formuliert zu haben«.

Als eine indirekte Reaktion auf die Veröffentlichung der EKD-Denkschrift laden die polnischen katholischen Bischöfe das deutsche Episkopat am 18. November für 1966 nach Tschenstochau zur Tausendjahrfeier der Christianisierung und der Gründung des polnischen Staates ein. Das deutsche Episkopat nimmt am 5. Dezember die Einladung an und betont sein Interesse an der Fortführung des Dialogs.

Kurt Scharf – Präses der EKD
Der 63jährige Kurt Scharf (Abb.) begann seine theologische Laufbahn in der Evangelischen Kirche in Berlin-Brandenburg. Von 1957 bis 1960 war er Vorsitzender des Rates der Evangelischen Kirche der Union, die eine der drei Gliedkirchen der Evangelischen Kirche in Deutschland (EKD) bildet. Seit 1961 leitet Scharf die EKD, die 29 Mio. Christen repräsentiert. In der EKD sind 21 lutherische, reformierte und unierte Kirchen seit 1945 zusammengeschlossen, um gesamtkirchliche Angelegenheiten gemeinschaftlich zu vertreten. Das oberste Organ der EKD ist die Synode, deren 120 Mitglieder aus den Synoden der Gliedkirchen entsendet werden.

»Das Verhältnis von Deutschen und Polen neu ordnen ...«

Aus der EKD-Denkschrift »Die Lage der Vertriebenen und das Verhältnis des deutschen Volkes zu seinen östlichen Nachbarn«:

»Die verantwortliche Politik der Bundesrepublik kann von dem in der westlichen Welt völkerrechtlich als gesichert geltenden Fortbestand des Deutschen Reiches in den Grenzen von 1937 ausgehen. Eine vorzeitige definitive Anerkennung der im Potsdamer Protokoll von 1945 getroffenen Regelungen gilt als politisch unkluge Preisgabe wertvoller Grundlagen und Objekte künftiger Friedensverhandlungen ... Eine volle Wiederherstellung alten Besitzstandes, die in den ersten Jahren nach 1945 noch möglich gewesen wäre, ist 20 Jahre später unmöglich, wenn sie Polen jetzt in seiner Existenz bedrohen würde, die Deutschland ... zu respektieren hat ... An dieser Stelle wird auch deutlich, daß der negative Begriff ›Verzicht‹ eine ganz und gar unzulängliche Bezeichnung für den deutschen Beitrag zu

einer Friedensregelung ist, die eine neue Partnerschaft zwischen Völkern begründen soll ... Die hier anzustrebende internationale Friedensordnung ist ohne Wahrheit und Gerechtigkeit, ohne gegenseitige Berücksichtigung berechtigter Interessen und ohne den Willen zum Neuanfang auf der Grundlage der Versöhnung nicht denkbar.«

»Nachdem in seinem Namen im letzten Krieg den Völkern des Ostens und im besonderen den Polen ... schweres Unrecht zugefügt worden ist, muß das deutsche Volk zugleich daran denken, welchen Ausgleich das von ihm selbst verletzte fremde Recht gebietet ... Die rechtlichen Positionen begrenzen sich gegenseitig; Recht steht gegen Recht ... In solcher Lage wird das Beharren auf gegensätzlichen Rechtsbehauptungen, mit denen jede Partei nur ihre Interessen verfolgt, unfruchtbar, ja zu einer Gefahr für den Frieden zwischen beiden Völkern ... Politisch wirksame Versöhnung ist ohne Partnerschaft undenkbar, in der auch der andere seinen Standpunkt überprüfen und einen eigenen Beitrag zum Neubeginn leisten muß ... Gewiß wäre es kurzschlüssig, eine neue deutsche Ostpolitik ausschließlich als Folge und Gestalt der Buße für deutsche Schuld zu fordern ... Man wird sicherlich so viel sagen müssen, daß die Bereitschaft, Folgen der Schuld zu tragen und Wiedergutmachung für begangenes Unrecht zu leisten, ein wichtiger Bestandteil deutscher Politik auch gegenüber unseren östlichen Nachbarn sein muß ... Die ethischen Erwägungen führen zu der notwendigen Konsequenz, in klarer Erkenntnis der gegenseitigen Schuld und ohne Sanktionierung von Unrecht, ... das Verhältnis der Völker, namentlich das zwischen dem deutschen und dem polnischen Volk, neu zu ordnen und dabei Begriff und Sache der Versöh-

nung auch in das politische Handeln als einen unentbehrlichen Faktor einzuführen ... Es wird zunächst darauf ankommen, im deutschen Volk selbst und nach außen eine Atmosphäre zu schaffen, in der dann auch in einzelnen Schritten Akte der Versöhnung mit den östlichen Nachbarn möglich werden.«

Zur Frage »Recht auf Heimat« zitiert die Denkschrift den Erzbischof von Breslau, Boleslav Komenek, mit den Worten:

»Das Heimatrecht ist weniger wichtig als das Grundrecht von Einzelmenschen und ganzen Völkern auf Existenz. Es ist eine allgemein bekannte und bezeichnende Tatsache, daß die Westgebiete für die deutschen Aussiedler oder Flüchtlinge längst aufgehört haben, eine Lebensfrage zu sein. Für Polen jedoch werden die Westgebiete niemals aufhören, eine Existenzfrage für 9 Mio. Menschen zu sein.«

Bundespräsident Heinrich Lübke (1. Reihe, 2. v. l.) und Bundeskanzler Ludwig Erhard (r. daneben) mit dem neuen Kabinett

Große Koalition in Österreich platzt

23. Oktober. Österreichs Bundespräsident Franz Jonas nimmt das Rücktrittsgesuch der österreichischen Bundesregierung an. Gleichzeitig beauftragt Jonas die bisherige Regierung mit der Weiterführung der Geschäfte bis nach den Neuwahlen vom 6. März 1966.

Die Regierung unter Bundeskanzler Josef Klaus (ÖVP) tritt zurück, weil

Der Jurist und ehemalige Sekretär der christlichen Gewerkschaftsbewegung Josef Klaus, geboren am 15. August 1910, wurde 1952 in Salzburg Landesparteiobmann der ÖVP, 1961 als Vertreter des Reformflügels seiner Partei Finanzminister und 1964 Bundeskanzler.

Der Lehrer und Jurist Bruno Pittermann, geboren am 3. September 1905, gehört dem Nationalrat seit 1945 an, 1957 wurde er Parteivorsitzender der SPÖ. Seit dieser Zeit gehörte er drei aufeinanderfolgenden Regierungen als Vizekanzler an.

Minister des Kabinetts Erhard ernannt

26. Oktober. Bundespräsident Heinrich Lübke überreicht in Bonn den 21 Ministern des zweiten Kabinetts von Bundeskanzler Ludwig Erhard (CDU) 37 Tage nach der Bundestagswahl vom → 19. September (S. 154) die Ernennungsurkunden. Im Anschluß erfolgt die Vereidigung der Koalitionsregierung aus CDU/CSU und FDP durch Bundestagspräsident Eugen Gerstenmaier (CDU). Erhard selbst war am 20. Oktober

mit 272 von 487 abgegebenen Stimmen erneut zum Kanzler gewählt worden.

Im neuen Kabinett stellt die CDU den Bundeskanzler sowie weitere elf Minister, fünf Minister gehören der CSU und vier der FDP an. Da die FDP trotz Stimmeneinbußen bei der Bundestagswahl vier Ministerposten innehat, tritt die CDU an die Schwesterpartei CSU zum Ausgleich einen Ministersitz ab. Der Mi-

In der Karikatur auf der Titelseite des Satireblatts »Simplicissimus« vom 28. 8. 1965 rät Bundeskanzler Ludwig Erhard (l.) dem FDP-Vorsitzenden Erich Mende (r.), in den nächsten Wochen der Koalitionsverhandlungen den Mund zu halten. Die Karikatur spielt auf Versuche der FDP an, zu verhindern, daß Franz Josef Strauß (CSU) ein Ministeramt erhält.

nister für Gesamtdeutsche Fragen, Erich Mende (FDP), und der Außenminister, Gerhard Schröder (CDU), deren Ablösung vom CDU-Vorsitzenden Konrad Adenauer und vom CSU-Vorsitzenden Franz Josef Strauß gefordert worden war, bleiben auf ihren Posten. Als neue Mitglieder gehören dem Kabinett an:

▷ Richard Jäger (CSU) als Innenminister
▷ Hans Katzer (CDU) als Minister für Arbeit und Soziales
▷ Gerhard Stoltenberg (CDU) als Wissenschaftsminister
▷ Ewald Bucher (FDP) als Minister für Wohnungswesen und Städtebau
▷ Johann Baptist Gradl (CDU) als Minister für Vertriebene und Flüchtlinge.

Zwei Ministerämter werden umbesetzt:

▷ der bisherige Wohnungsbauminister Paul Lücke (CDU) wird Innenminister
▷ der bisherige Innenminister Hermann Höcherl (CSU) übernimmt das Ressort Ernährung, Landwirtschaft und Forsten.

Bei der Ernennung der neuen Bundesregierung ruft Bundespräsident Lübke das Kabinett zur Einigkeit auf. Er erklärt darüber hinaus, daß für Vorhaben wie die Notstandsgesetzgebung eine Kooperation mit der Opposition notwendig sei.

die Koalitionspartner Österreichische Volkspartei (ÖVP) und Sozialistische Partei Österreichs (SPÖ) keine Einigung über den Budgetentwurf für 1966 haben erzielen können.

EWG einig über Agrarfinanzen

26. Oktober. Der ohne französische Beteiligung tagende Ministerrat der Europäischen Wirtschaftsgemeinschaft (EWG) einigt sich in Brüssel über die Grundzüge einer neuen Agrarfinanzordnung (→ 1. 7./S. 123). Bis 1970 soll die Finanzierung der Agrarpolitik innerhalb der EWG nach und nach durch einen gemeinsamen Agrarfonds erfolgen. Über die Finanzierung des Fonds wollen die fünf EWG-Staaten erst entscheiden, wenn Frankreich wieder an den Verhandlungen teilnimmt.

Darüber hinaus fordert der EWG-Ministerrat Frankreich auf, wenigstens an einer außerordentlichen Ministerratstagung zur »Prüfung der allgemeinen Lage der Gemeinschaft« teilzunehmen.

Wirtschaft 1965:

Die Inflation zieht an, die Hochkonjunktur gibt nach

Der Konjunkturaufschwung in der bundesdeutschen Wirtschaft schwächt sich ab; das reale Bruttosozialprodukt wächst um 5,6% (1964: 6,7). Während die Arbeitslosenzahl mit 147 352 (0,7%) auf den bisher tiefsten Stand fällt, bereiten die Preisentwicklung und ein zunehmendes Außenhandelsdefizit den Wirtschaftsfachleuten Sorge.

56%, in Bremen um 57%, in Karlsruhe um 65% und in Wiesbaden um 80%. Ein Vier-Personen-Haushalt muß 1965 etwa 11,2% der monatlichen Ausgaben für die Miete aufwenden; 1960 waren es trotz des geringeren Wohnungsangebotes erst 10,5%. Im Dienstleistungsbereich machen sich für die Verbraucher vor allem die steigenden Lohnko-

Handelsbilanzüberschuß
1960:	+5,2%	1964:	+6,1%
1963:	+6,1%	1965:	+1,2%

höhte Ausgaben der öffentlichen Hand, überhöhte Löhne und ein Nachfrageüberhang auf seiten der Verbraucher verantwortlich.

Krankenhäuser und andere öffentliche Gebäude aufgewendet
▷ Der Anteil von Beamten und Angestellten an der Gesamtzahl der Erwerbstätigen wächst gegenüber 1960 um 4,4% auf insgesamt 32,5%
▷ Der Anteil des Sozialbudgets am Bruttosozialprodukt ist seit 1960 um 1,7% auf insgesamt 17,2% gestiegen. Vor der Bundestagswahl am 19. September beschließt der Bundestag z. B. zusätzliche soziale Leistungen, die den Bundeshaushalt mit 2 Mrd. DM belasten. Diese Gelder, die nach der Wahl aufgrund des hohen Haushaltsdefizits gekürzt werden, kommen Bauern, Kriegsopfern, Rentnern und Familien zugute.

Mit den wachsenden Sozialleistungen gehen Einkommenszuwächse auf der Arbeitnehmerseite einher. Obwohl die Produktivität im ersten Quartal 1965 nur um 6,9% zunimmt, können die Arbeitnehmer im selben Zeitraum wegen des Arbeitskräftemangels Lohn- und Gehaltszuwächse um 10,7% durchsetzen. Die Reallohnquote steigt im Jahresdurchschnitt um 6,2% und weist eine der höchsten Zuwachsraten seit Beginn der 50er Jahre auf. Die vergleichsweise gute Einkommenssituation führt in Zusammenhang mit den steigenden Sozialleistungen zu einem hohen Tempo der Nachfrageexpansion auf dem bundesdeutschen Binnenmarkt und zu einem Anstieg der Preise.

Die privaten Haushalte sind 1965 folgendermaßen ausgestattet:
▷ 92,2% besitzen ein Rundfunkgerät
▷ 90,2% einen Staubsauger
▷ 85,6% einen Kühlschrank
▷ 77,9% einen Fotoapparat
▷ 69,0% einen Fernseher
▷ 38,2% einen Plattenspieler
▷ 30,2% einen Pkw.

Hinzu kommt, daß die Ersparnisse der Bundesbürger auf die Rekordhöhe von 35,8 Mrd. DM steigen.

Wachstum des Sozialprodukts in der Bundesrepublik Deutschland

1. Boom +12,8
2. Boom +12,0
+7,4
+3,7
3. Boom +9,0
+3,0
4. Boom +6,6

1950 bis 1965
Anstieg jeweils gegenüber dem Vorjahr in Prozent

1950 51 52 53 54 55 56 57 58 59 60 61 62 63 64 65

Ausgaben der öffentlichen Haushalte (in Mio. DM)					
Ressorts					
Rechnungs-jahr	Verteidigung	Öffentliche Sicherheit und Ordnung	Schulen, Hochschulen, übriges Bildungswesen	Wissenschaft, Forschung	Kulturelle Angelegenheiten
1957	7 483	2755	5 401	412	681
1958	8 747	3041	6 008	520	751
1959	9 519	3076	6 536	575	818
1960	8 460	2588	5 559	496	737
1961	13 175	3707	8 196	1350	1141
1962	17 094	3997	9 186	1043	1252
1963	19 433	4546	10 548	1102	1341
1964	19 008	4870	12 299	1462	1426
1965	18 899	5313	14 283	1590	1512
	Soziale Sicherheit	Gesundheit, Sport und Erholung	Wohnungswesen	Wirtschaftsförderung	Verkehr und Nachrichtenwesen
1957	17 514	2440	6 073	5 367	3 876
1958	18 427	2726	6 416	5 067	4 689
1959	20 101	2917	7 319	4 913	5 359
1960	15 455	2540	6 207	4 657	4 629
1961	22 151	3773	7 588	6 339	6 853
1962	23 887	4357	8 923	7 329	8 400
1963	24 191	5022	8 987	8 570	9 807
1964	27 805	5723	10 033	9 519	10 888
1965	31 302	6339	10 316	10 242	11 316

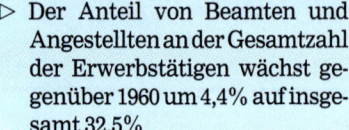
© Harenberg

Die Lebenshaltungskosten wachsen 1965 um 3,4%. Vor allem die Preise für Lebensmittel, Wohnungen und Dienstleistungen steigen. Der durchschnittliche Preisanstieg für landwirtschaftliche Produkte – verursacht vor allem durch die schlechte Ernte in diesem Jahr – liegt bei etwa 10%. Grundnahrungsmittel wie Kartoffeln, Obst, Gemüse, Fleisch, Käse und Margarine erreichen sogar eine Preissteigerung von bis zu 40%.

Höhere Lebenshaltungskosten
1960:	+1,4%	1964:	+2,4%
1963:	+3,1%	1965:	+3,4%

Die Hauptbelastung für den privaten Verbraucher stellen aber die Mietpreiserhöhungen und die steigenden Dienstleistungskosten dar. Durch die Aufhebung der Mietpreisbindung klettern die Mieten z. B. in Lübeck in einem Monat um

sten bemerkbar. Kostete beispielsweise eine Werkstattstunde für die Kraftfahrzeugreparatur 1960 noch 9,40 DM, so werden 1965 durchschnittlich 17 DM verlangt. Gegenüber 1962 steigen die Preise für eine Werkstattstunde um 45,1%.

In der hohen Preissteigerungsrate sehen Fachleute eine der möglichen Ursachen für eine Verschlechterung der Handelsbilanz. Der Ausfuhrüberschuß – 1965 beträgt er 1,2 Mrd. DM – fiel bisher nur von 1949 bis 1952 geringer aus. 1964 waren es noch 6 Mrd. DM. Im zweiten und dritten Quartal des Jahres überwiegen die Importe; im Juni führt die Bundesrepublik beispielsweise für 309 Mio. DM mehr Waren ein als sie exportiert. Da sich bundesdeutsche Exportgüter seit Anfang 1964 um 4,4% verteuern, sind einige Erzeugnisse nicht mehr konkurrenzfähig.

Nach Ansicht des Sachverständigenrates für Wirschaftsfragen sind für die Preissteigerungen über-

Im ersten Halbjahr 1965 stehen einem Wachstum der öffentlichen Einnahmen von 5,8% Zunahmen der öffentlichen Ausgaben von 11,9% gegenüber. Die Deckungslücke finanzieren Bund, Länder, Gemeinden, Bundesbahn und Bundespost durch Anleihen in Milliardenhöhe auf dem Kapitalmarkt. Das Zinsniveau erreicht wegen der großen Geldnachfrage der öffentlichen Hand eine Rekordhöhe von 7%. Der Versuch der Bundesbank, mit der Erhöhung des seit 1961 stabilen Diskontsatzes auf zunächst 3,5% und dann 4% dieser Entwicklung entgegenzusteuern und dadurch die Geldwertstabilität zu sichern, zeigt nur wenig Erfolg. Die hohen Ausgaben der öffentlichen Hand fließen hauptsächlich in Anlageinvestitionen, in die Ausweitung des eigenen Verwaltungsapparates und in Sozialleistungen:
▷ Rund 12 bis 14% der Anleihen werden für Anlageinvestitionen wie z. B. Straßen, Schulen,

Sparquote in der Bundesrepublik
1960:	8,5%	1964:	11,3%
1963:	9,8%	1965:	12,2%

Seit Anfang der 60er Jahre beeinflußten Berater aus der Volksrepublik China (l.) die Außenpolitik Sukarnos (r.)

Anti-Amerikanismus in Sukarnos Außenpolitik: Im August verkündete er vor 250 000 Menschen die Bildung einer anti-imperialistischen Achse von Indonesien bis China

Indonesiens Armee schlägt Putsch nieder

1. Oktober. Rechtsgerichtete Militärs unter dem Kommando des 44jährigen Generals Suharto schlagen in Indonesien einen Aufstand linker Armeeoffiziere nieder, der am 30. September begonnen hat. Mit ihrem Putschversuch wollte die 3000 Mann starke »Bewegung des 30. September« unter Führung von Oberstleutnant Untung die Heeresführung zerschlagen.

tei und die Moslempartei unterstützen Sukarnos Kurs. Auch die Kommunistische Partei Indonesiens (PKI) sagt dem Staatspräsidenten ihre Unterstützung zu. Den Putsch der »Bewegung des 30. September« bezeichnet das Politbüro der PKI als »innere Angelegenheit des Heeres«, an der die PKI nicht beteiligt gewesen sei. Trotz dieser Erklärung kommt es unter Federführung des

gelang mit seiner sog. Schaukelpolitik immer wieder der Interessenausgleich zwischen beiden Seiten. Seit Jahresbeginn sorgte der wachsende Einfluß linker Berater auf Sukarnos Außen- und Innenpolitik für neue Spannungen. Insbesondere der Austritt Indonesiens aus den Vereinten Nationen (→ 7. 1./S. 17) und der von der PKI unterstützte Plan Sukarnos zur Bewaffnung des Volkes beunruhigte die Armeeführung.

Im April des Jahres gründeten rund 60 führende Militärs einen Generalsrat, der Umsturzpläne erarbeitete. Die Lage spitzte sich krisenhaft zu, als Staatspräsident Sukarno Anfang August schwer erkrankte. Während die PKI eine abwartende Haltung einnahm, bereiteten linksgerichtete Militärs unter Führung von Oberstleutnant Untung Maßnahmen zur Fortführung der bisherigen Politik des Staatspräsidenten Sukarno vor. Als die Armeeführung anläßlich ihres 20jährigen Bestehens für den 5. Oktober umfangreiche Manöver in der indonesischen Hauptstadt Jakarta ankündigte, putschte die Gruppe um Untung.

Die Westdeutsche Allgemeine Zeitung kommentiert: »Die Ära Sukarnos scheint sich in jedem Fall ihrem Ende zuzuneigen. Das von ihm kunstvoll aufgebaute Regierungssystem . . . läßt sich ohne einen allmächtigen Sukarno nicht aufrechterhalten. Sukarno hat eine offene Kraftprobe zwischen Kommunisten und Antikommunisten immer vermeiden wollen . . .«

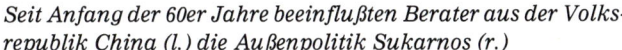

Der »Säuberung« Indonesiens durch die Armee fallen zuerst die militärisch ausgebildeten Mitglieder der kommunistischen Jugendfront zum Opfer

Sechs hohe Generäle sind getötet worden und ein linksgerichteter Revolutionsrat wurde eingesetzt. Nach der Niederschlagung des Putsches ruft der 64jährige Staatspräsident Achmed Sukarno die Armee und die Bevölkerung auf, Ruhe und Einigkeit zu bewahren. Die Nationalpar-

Militärs in den folgenden Wochen zu blutigen antikommunistischen und antichinesischen Ausschreitungen. Putsch und Gegenputsch sind Ausdruck einer langanhaltenden Rivalität zwischen der konservativen Armeeführung und der 3 Mio. Mitglieder starken PKI. Präsident Sukarno

Verhaftungswelle gegen Kommunisten

Nach der Niederschlagung des Putschversuchs linksgerichteter Militärs kommt es in mehreren indonesischen Städten zu antikommunistischen und antichinesischen Kundgebungen von überwiegend moslemischen Demonstranten. Unter dem Vorwand der Beteiligung am Putsch gegen Staatspräsident Sukarno verhaftet das Militär Mitglieder und Funktionäre der Kommunistischen Partei und linker Organisationen.

Am 18. Oktober verbietet die Armeeführung gegen den Willen des Staatspräsidenten die chinafreundliche KP, die mit mehr als 3 Mio. Mitgliedern als drittgrößte KP der Welt gilt. Mehr als 10 Mio. der 40 Mio. erwachsenen Indonesier sind in kommunistischen Massenorganisationen aktiv. Bei der »Säuberung« der indonesischen Gesellschaft von Kommunisten kommt es vor allem in Zentraljava und auf Bali zu Pogromen gegen das der PKI verbundene Landproletariat und die chinesische Minderheit. Bis Ende Dezember 1965 werden 45 der 50 Mitglieder des Zentralkomitees der KPI hingerichtet. Insgesamt kommen mehr als 500 000 Menschen ums Leben. 1 Mio. Menschen werden verhaftet und ohne Gerichtsverfahren in Konzentrationslagern gesperrt.

US-Spezialstreitkräfte in Plei Me setzen Leuchtmunition ein, um einen nächtlichen Angriff der Vietcong auf das Lager abzuwehren

US-Soldat steht schießbereit über einem Schützenloch der Vietcong

US-Infanteristen untersuchen einen der zahllosen Tunnel der Vietcong

Hauptleidtragende des Vietnamkrieges sind zahllose Kinder, die bei den Luftangriffen ihre Eltern verlieren oder schwere Verletzungen erleiden

Während der Verfolgung feindlicher Guerilla-Einheiten durchqueren südvietnamesische Kampftruppen einen Fluß im Dschungel

Politik der USA in Vietnam umstritten

Im Oktober demonstrieren in den USA mehrere zehntausend Bürger gegen die Beteiligung ihres Landes am Vietnamkrieg (→ S. 75). Während der Protestkundgebungen verbrennen Wehrpflichtige öffentlich ihre Einberufungsbescheide. Die Demonstrationen werden häufig von Gegenkundgebungen begleitet. Nach einer Umfrage unterstützen 58% der US-Bürger die Vietnampolitik der US-Regierung, 22% lehnen sie ab und 20% äußerten keine Meinung.

▷ Die symbolträchtigen Anklagen der Vietnamkriegsgegner (r.) stoßen auf scharfe Proteste (l.)

Zivilisten tragen Kriegslast

30. Oktober. Zwei US-Kampfflugzeuge greifen aufgrund falscher Koordinatenangaben ein 480 km nordöstlich von der südvietnamesischen Hauptstadt Saigon gelegenes Dorf an; 48 Zivilisten werden getötet und 55 zum Teil schwer verletzt.

Die beiden Bomber sollten Vietcongstellungen 9 km westlich des Dorfes De Duc angreifen. Auf Grund falscher Koordinaten, die ein südvietnamesischer Luftwaffenleitoffizier einem US-amerikanischen Aufklärungsflugzeug mitteilte, fliegen die US-Kampfflugzeuge vom Typ »Skyraider« irrtümlich die Ortschaft selbst an. Bei dem bisher schwersten US-amerikanischen Fehlangriff werfen die Bomber 117 kg Sprengbomben und Napalmbomben ab. Erst im September hatten US-amerikanische Düsenbomber irrtümlich einen Polizeiposten an der Grenze zu Nordvietnam angegriffen. Mehrere Polizisten und deren Familienangehörige wurden dabei getötet.

Trotz neuer US-amerikanischer Vorschriften zum Schutz der südvietnamesischen Zivilbevölkerung vor Artillerie- und Luftangriffen, zieht der Vietnamkrieg in immer stärkeren Ausmaßen die Zivilbevölkerung in Mitleidenschaft. Sind zwischen 1961 und 1964 etwa 160 000 Zivilisten umgekommen, so hat sich ihre Zahl seit dem Beginn des Luftkrieges gegen Nordvietnam am 13. Februar (→ 15. 3./S. 50) vervielfacht.

dements durch die US-Luftwaffe sickern monatlich etwa 2500 Soldaten der nordvietnamesischen Armee über den Ho-Chi-Minh-Pfad nach Südvietnam ein.

Die Bekämpfung der mobilen Guerillaverbände in Südvietnam nimmt daher immer härtere Formen an. Mit systematischen Flächenbombardements zerstören die US-Kampfbomber ganze Landstriche. Um den Bomberpiloten bessere Sicht zu ermöglichen, werden an strategisch wichtigen Stellen chemische Entlaubungsmittel eingesetzt. Darüber hinaus setzen die »Ledernacken« Nervengas bei der Verfolgung der Vietcong im Dschungel ein. Seit Anfang des Jahres sind bei den Kämpfen nach US-Angaben 25 000 Vietcong getötet worden. Die US-Truppen zählen allerdings jeden getöteten Vietnamesen als Vietcong.

Auch die Kampfhandlungen beim direkten Aufeinandertreffen von Truppenverbänden werden brutaler. Bei einer Vietcong-Offensive auf das US-Camp Plei Me, etwa 330 km nordöstlich von Saigon, sind am 19. Oktober 200 US-Amerikaner und 1800 Vietcong ums Leben gekommen, da beide Seiten verwundete bzw. gefangene Soldaten sofort liquidieren. Das sind für beide Seiten die bisher größten Verluste im Vietnamkrieg. Die US-Truppen müssen damit in einem einzigen Kampf genauso viele Opfer hinnehmen wie in den Kriegsjahren 1961 bis 1964 insgesamt.

Darüber hinaus entwickelt sich der Vietnamkrieg für die USA zu einer Materialschlacht. Seit Beginn des Luftkrieges hat die US-Luftwaffe etwa 20 bis 30% ihrer in Vietnam stationierten Kampfflugzeuge und Hubschrauber verloren:

▷ Bei Guerillaanschlägen auf den Hauptstützpunkt der US-Streitkräfte bei Da Nang wurden seit Anfang des Jahres 99 Flugzeuge und 58 Hubschrauber zerstört

▷ Bei Luftangriffen auf Nordvietnam wurden 125 Maschinen und bei Luftangriffen gegen die Vietcong 300 Hubschrauber abgeschossen.

Gegen die zunehmende Eskalation des Vietnamkrieges und die Unterstützung der US-amerikanischen Vietnampolitik durch die bundesdeutsche Regierung protestieren am 26. November rund 200 Schriftsteller und Hochschullehrer aus der Bundesrepublik.

Mit schmerzverzerrtem Gesicht schleppt sich ein verletzter Vietnamese zum rettenden Helikopter der US-Truppen, der in einem Reisfeld gelandet ist

Ein Reisbauer verläßt sein Dorf, das von US-Fallschirmjägern als vermutliche Nachschubbasis der Vietcong niedergebrannt worden ist

Opfer unter der Zivilbevölkerung

Krieg	Soldaten	Zivilisten
1. Weltkrieg	95%	5%
2. Weltkrieg	52%	48%
Koreakrieg	16%	84%
Vietnamkrieg	8%	92%

Die US-Luftwaffe hat bis Ende Oktober 16 000 Einsätze gegen Nordvietnam geflogen, durchschnittlich 65 Angriffe pro Tag. Dabei sind bisher etwa 4% der nordvietnamesischen Zivilbevölkerung getötet worden. Außerdem wurden zerstört:

▷ 45% der Städte

▷ 75% der Industrieanlagen

▷ 25% der landwirtschaftlichen Produktion.

Allerdings ist es den US-Truppen nicht gelungen, den in Südvietnam kämpfenden Vietcongverbänden die Nachschubwege aus dem Norden abzuschneiden. Trotz des Bombar-

Erstmals Papst in Amerika

4. Oktober. Anläßlich des 20jährigen Bestehens der Vereinten Nationen (UN) besucht Papst Paul VI. New York. In Begleitung von acht Kardinälen aus allen fünf Erdteilen betritt Paul VI. als erstes Oberhaupt der katholischen Kirche in der Geschichte amerikanischen Boden.

Bei der Ankunft in New York empfangen UN-Generalsekretär Sithu U Thant, US-Außenminister Dean Rusk und hohe geistliche Würdenträger den Papst. Während einer zweistündigen Fahrt Pauls VI. durch verschiedene Stadtteile New Yorks säumen Millionen US-Ameri-kaner den Weg. Über 10 Mio. Fernsehzuschauer verfolgen darüber hinaus die Ankunft des Papstes via Satellitenübertragung.

Nach einem knapp einstündigen Gespräch mit US-Präsident Lyndon B. Johnson im Waldorf-Astoria-Hotel richtet Papst Paul VI. vor der Vollversammlung der Vereinten Nationen einen Friedensappell an das Weltparlament. Der Papst betont in seiner Ansprache die Bedeutung der UN als Brücke zwischen den Völkern und fordert von den Industrienationen, durch Abrüstung den Entwicklungsländern zu helfen.

Papst Paul VI. im Gespräch mit US-Präsident Lyndon B. Johnson (l.); nach der Unterredung ruft der Papst im Sitzungssaal der UN-Vollversammlung die Völker der Welt auf: »Der Friede ... muß das Geschick der Völker und der ganzen Menschheit leiten ... Wenn wir Brüder sein wollen, dann laßt die Waffen den Händen entgleiten.«

△ *Auf dem Kennedy-Flughafen in New York: Paul VI. mit Sithu U Thant (r.)*
◁ *Der Papst bei seiner Ansprache vor der UN-Vollversammlung in New York*

Watussi beim Kriegstanz; die äthiopischen Watussi bildeten nach ihrer Einwanderung in Burundi eine aristokratische Oberschicht

Staatsstreich gescheitert

19. Oktober. In Burundi scheitert ein Putsch von 50 Armeeangehörigen gegen König Mwambutsa IV. und Premierminister Léopold Biha. Während der Regierungschef schwer verletzt wird, kann der König die rebellierenden Soldaten mit Hilfe der Palastwache vertreiben.

Unter den Putschisten überwiegen Angehörige des Volksstammes der Bahutu, der rund 80% der Gesamtbevölkerung Burundis stellt, aber nur zu 40% an den Staatsämtern beteiligt ist. Demgegenüber stellen die Watussi 18% der Bevölkerung, haben aber 60% der Staatsämter inne.

Ursprünglich bewohnten die Bahutu das derzeitige Territorium Burundis. Die Watussi drangen dort ein und unterdrückten die Bahutu. Der 1915 zum König gekrönte Mwambutsa suchte einen Ausgleich mit den Bahutu, indem er sie an der Regierung beteiligte. Seit der Unabhängigkeit Burundis 1961 wurden dennoch zwei Premierminister Opfer der Stammeskonflikte.

Die öffentliche Hinrichtung von 57 führenden Politikern der Bahutu nach dem Putschversuch zieht blutige Stammesfehden in ganz Burundi nach sich.

Farbiger Bischof ernannt

2. Oktober. Papst Paul VI. ernennt Monsignore Harold R. Perry aus Lake Charles (Louisiana) zum ersten farbigen Bischof der USA.

Der Priester der »Steyler Väter vom göttlichen Wort«, der seit 20 Jahren in den Südstaaten der USA wirkt, wird zum Weihbischof der Diözese von New Orleans berufen. Die Katholiken dieses Kirchenkreises unterstützen seit Jahren nachdrücklich die Bewegung von Martin Luther King gegen die Rassentrennung (→ 21. 3./S. 54).

Vor dem Besuch der Vereinten Nationen will Papst Paul VI. mit der Ernennung Perrys zum Bischof deutlich machen, daß die katholische Kirche für den Grundsatz der Gleichheit aller Menschen ohne Rücksicht auf die Hautfarbe eintritt.

Harold R. Perry wird Weihbischof der Diözese New Orleans

Mode 1965:

»Swinging London« bestimmt den Trend

1965 spricht alle Welt von »Swinging London«, »Crazy Carnaby Street« und »Chelsea Boutiques«. London ist die neue Modemetropole und die Jugend das Modevorbild schlechthin. Mary Quant, Erfinderin des »miniskirts«, erobert während ihrer ersten USA-Tournee die »neue Welt«. Sie läßt superschlanke Mannequins in naiv kindlichen Mini-Hängerkleidchen zu Beatles-Songs über den Laufsteg hüpfen. Twiggy wird als gesuchtes Fotomodell zur »teuersten Bohnenstange der Welt«. Mary Quant versteht ihre Mode nicht als Haute Couture, sondern als Top-Mode für die Masse, die nicht elitär, sondern populär sein soll. Ihre Kreationen gehen via Bestellkarte bis in das letzte Dorf Großbritanniens. 1965 liefert Mary Quant erstmals ihre eigenen Nylon-Strumpfhosen mit, ohne die ihre Minimode kaum tragbar wäre.

Die Pariser Haute Couture – will sie überleben – ist gezwungen, sich dem Trend zur »Haute Couture von der Stange«, dem Pret-à-porter, anzuschließen. Die Idee und nicht mehr Extravaganz oder Exklusivität macht die Mode aus.

André Courrèges führt den Mini-Rock in die Haute Couture ein. Als ehemaliger Brückenbauingenieur bringt er streng geometrisch aufgebaute Modelle, die als Courrèges-Stil zu einem Begriff werden. Seine Kreationen sind eine Mischung aus Op-Art-Mode und Weltraum-Look. Das Courrèges-Kostüm mit zweireihiger loser Jacke und horizontalem Halsausschnitt sowie quergestreiftem Rock mit einer Saumlänge von 10 cm über dem Knie wird hundertfach kopiert. Courrèges läßt dazu allein flache weiße Halbstiefel aus Plastik gelten, gemäß seiner Ansicht: »Nur durch Stiefel mit flachen Absätzen bleibt man in Kontakt mit der Erde und der Wirklichkeit.« Außerdem sieht Courrèges Hosen als bequeme zeitgemäße Kleidung für die Frau an. Er spricht von einer »befreiten Mode für eine befreite Frau«. Als »Farben«

Das freie Knie: Schrecken der Moralapostel, Freude der Männer

bevorzugt er Weiß und Silber. Seine neuen Sonnenbrillen mit Sehschlitz fehlen als Mode-Gag in keinem Optiker-Geschäft. Durch seinen Einfluß wird die Sonnenbrille zum modischen Acessoire, und für die Courture-Häuser wird vor allem die Dior-Brille zum lukrativen Geschäft. Jacqueline Kennedy, Greta Garbo oder Sophia Loren verstehen es, sich hinter großen runden Sonnenbrillen zu verstecken.

Yves Saint Laurant findet viel Beachtung mit seiner »Mondrian-Kollektion«, bei der er Piet Mondrians klar abgegrenzte Rechteckkonstruktionen auf Jersey-Kleider überträgt. 1965 macht der »Modeklempner« Paco Rabanne erstmals mit Kleidern, die er aus Plastikteilen zusammensetzt, von sich Reden. Mit seinen bald folgenden Metallkleidern wird Rabanne zum unkonventionellsten aller Modemacher.

Die Konfektion mildert alle Modeübertreibungen: Bei ihr liegt die verbindliche Saumlänge 5 bis 10 cm

über dem Knie. Leicht ausgestellte Schulmädchenkleider mit breitem, weißen Kragen und weißen Manschetten für die Teenies oder Kostümchen à la Chanel sieht man auf der Straße. Das anthrazitgraue, leicht taillierte Kostüm mit Samtkragen wird jedoch auch weiterhin getragen. Das Sportkostüm erhält

---

Hans Bretz (l.): Präsident des ADAC

1 Mio. im ADAC

5. Oktober. *Der Präsident des Allgemeinen Deutschen Automobilclubs (ADAC), Hans Bretz, überreicht dem millionsten ADAC-Mitglied in Frankfurt am Main eine Ehrenurkunde, die eine zehnjährige Beitragsfreiheit einschließt. Der ADAC ist nach den Clubs der USA und Großbritanniens nunmehr der drittgrößte Automobilclub.*

Die Statuen (Abb.) wurden gegen eine Stützkonstruktion (Hintergrund) neu aufgemauert

Tempel von Abu Simbel werden versetzt

Die Arbeiten zur Rettung der 3200 Jahre alten Felsentempel von Abu Simbel gehen planmäßig voran. Um die altägyptischen Bauwerke vor den steigenden Fluten des Assuan-Staudamms zu bewahren, wurden die Felsentempel seit 1963 in 1050 Steinquader zerlegt und sollen an einem in sicherer Höhe gelegenen Ort neu aufgebaut werden. Unter der Aufsicht von italienischen Ingenieuren konnte die 60 t schwere Deckenkonstruktion bereits ohne Zwischenfälle geborgen werden. Im Oktober gelingt auch die Versetzung der vier großen, je 1000 t wiegenden Statuen des Pharao Ramses II., die die Tempelfront flankieren. Dem für den 1. August 1966 geplanten Abschluß der 144 Mio. DM teuren Versetzungsaktion unter Ägide der UNESCO steht damit nichts mehr im Wege.

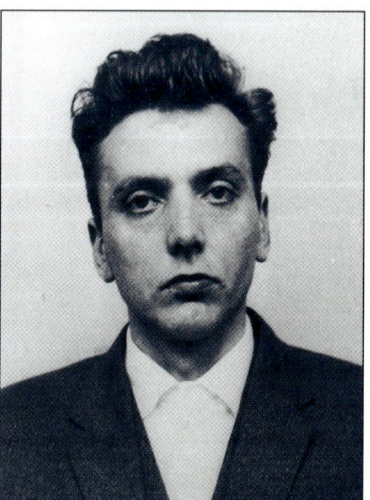

Die Presse nennt ihn »Moormörder«: I. Brady

Leichen im Moor

17. Oktober. *In der britischen Grafschaft Yorkshire verhaftet die Polizei den 27jährigen Ian Brady. Dem Lagerverwalter wird vorgeworfen, mehrere Kinder mißbraucht und anschließend im Hochmoor in den Pennine Hills verscharrt zu haben. Zwei Kinderleichen konnten von der Polizei bereits aus dem Moor geborgen werden.*

Hochaktuell (v. l.): Zum Minikleid gehört der flache Schuh; Sonnenbrillen mit Sehschlitz von André Courrèges sind der letzte Schrei; Standhemd mit grobma-schig vergitterter Taille; der Londoner Haarkünstler Vidal Sasson mit seiner neuesten Creation – dem Schüttelkopf; kindlich-frecher Pullover in Blau-Weiß-Rot

ein jugendliches Aussehen durch einen kniekurzen engen Hosenrock kombiniert mit den neuerdings un-erläßlichen Kniestrümpfen. Alter-nativ für das Cocktailkleid werden weite Haremshosen oder sog. Pa-lazzo Pyjamas. Modische Mäntel gleichen sich der kindlichen Hän-gerform an.

Vidal Sasson hat großen Erfolg mit seinen zu der »konstruierten« Mode passenden geometrisch geschnitte-nen Föhnfrisur; der sog. Schüttel-kopf läßt über Nacht die Farah-Diba-Frisur altmodisch werden. Entsprechend Courrèges' Vor-schlag setzen sich flache Schuhe, zumal Stiefel, mehr und mehr

durch, doch bleibt noch der Pumps mit niedrigem Stiletto-Absatz. In der Herrenmode macht sich eben-falls ein neuer Stil bemerkbar, beein-flußt durch die Beatles. Zum großen Ärgernis für die ältere Generation entwickelt sich das länger werdende Haar der Jugendlichen, die Beatles-Frisur. Der Pullover avanciert von

der reinen Sportkleidung zum Stan-dardkleidungsstück in der Alltags-garderobe: Anliegende Rollkragen-pullover werden auch zum sportli-chen Anzug getragen. Neu ist der ärmellose bunte Pullunder. Der konventionelle Anzug bleibt, wird aber figurbetonter, die Hose wird zum Saum hin eng.

Die XB-70a ist der einzige flugfähige Prototyp des als Interkontinentalbombers geplanten Flugzeugs

US-amerikanisches Testflugzeug XB-70a erreicht »Mach 3«

15. Oktober. *Das US-amerikanische Testflugzeug XB-70a erreicht als erste Maschine dreifa-che Schallgeschwindigkeit. Sie hält auf einem rund 3500 km langen Versuchsflug in einer Höhe von 63 000 m für zwei Minuten die Geschwindigkeit von 3600 km/h.*
Die XB-70a war ursprünglich als Interkontinentalbomber im Auftrag des Pentagon geplant worden und sollte später als Nachfolger des B-52-Bombers in Serie gehen. US-Verteidigungs-minister Robert McNamara strich jedoch die benötigten Mittel. Seitdem unternimmt die Her-stellerfirma North American Aviation in Kalifornien mit dem einzigen vorhandenen flugfähi-gen Prototyp Versuchsflüge. Die amerikanischen Flugzeugbauer wollen – nach dem Abspringen der militärischen Geldgeber – die Erfahrungen, die sie mit der XB-70a machen, für die Entwicklung eines Überschall-Passagierflugzeugs nutzen. Ein ähnliches Projekt haben Bri-ten und Franzosen bereits mit der »Concorde« in Angriff genommen.

Der SPD-Abgeordnete und Chefarzt W. Günther mit seiner Frau

Chefarzt ohne Medizinstudium

In Berlin (West) deckt die Presse auf, daß der bekannte Chefarzt Walter Günther nie ein Medizinstudium ab-solviert hat. Die »medizinische Karriere« des schwer kriegsbeschädigten Kaufmannssohnes begann 1945 mit Hilfeleistungen in tschechischen Kriegsgefange-nenlagern. 1946 fand Günther eine Anstellung in einer Privatklinik und 1948 an der oldenburgischen Landes-klinik. Dort gelangte der »Doktor« durch eine Ver-wechslung an falsche Approbationspapiere. Die 14jäh-rige Tätigkeit als Chefarzt in Berlin leistete der Auto-didakt zur Zufriedenheit von Patienten und Personal.

Aufführung der »Ermittlung« von P. Weiss am Theater des Friedens in Halle (DDR) in der Inszenierung von Kurt Veth

Schauspiel über Auschwitz uraufgeführt

19. Oktober. Das Schauspiel »Die Ermittlung. Oratorium in elf Gesängen« des 49jährigen Schriftstellers Peter Weiss wird gleichzeitig an sechs Bühnen in der Bundesrepublik, acht Spielstätten in der DDR sowie in London uraufgeführt; weitere Aufführungen der »Protokolldichtung« über den Verlauf des Auschwitzprozesses (→ 19. 8./S. 139) sind an verschiedenen Theatern für die nächsten Wochen angekündigt. Die Premieren rufen beim Publikum größtenteils Betroffenheit hervor. In mehreren Inszenierungen wird der Versuch unternommen, das Publikum durch die Plazierung der Angeklagten im Zuschauerraum symbolisch mit auf die Anklagebank zu setzen. Die meisten Regisseure betonen allerdings den dokumentarischen Charakter der »Ermittlung« und gehen sparsam mit theatralischen Mitteln um. Bei der Aufführung in der Akademie der Künste in Berlin (Ost) wird das Stück von Schauspielern und Persönlichkeiten aus dem kulturellen Leben lediglich gelesen. Erwin Piscator inszeniert die »Ermittlung« an der Berliner Volksbühne mit der kargen Musik des Italieners Luigi Nono.

Vor der Fertigstellung des Schauspiels nahm der Autor im Sommer 1964 am Prozeß vor dem Schwurgericht in Frankfurt am Main als Zuhörer teil. Darüber hinaus benutzte Weiss Prozeßberichte der Frankfurter Allgemeinen Zeitung, die viele

H. Thate (l.) und A. Müller (r.) bei der Lesung der »Ermittlung« in der Akademie der Künste in Berlin (Ost)

Verhandlungsabschnitte in authentischer Dialogform wiedergab.

In den elf jeweils dreifach unterteilten Gesängen des Stücks will Weiss nach eigenen Angaben nichts anderes, als dem Zuschauer Aussagen und Materialien des Auschwitzprozesses in konzentrierter Form darbieten, um möglichst viele Menschen mit dem unfaßlichen Geschehen von Auschwitz zu konfrontieren. Mit seiner Auswahl und Strukturierung der Fakten will Weiss auch die Hintergründe verdeutlichen. So nimmt er beispielsweise Überlegungen der jüdischen Schriftstellerin Hannah Arendt auf. Die 18 Angeklagten treten mit Namen, die neun Zeugen aber anonym auf.

Dieter Borsche (2. v. r.) und Günter Pfitzmann (r.) spielen Richter und Ankläger in der Inszenierung an der Volksbühne in Berlin (West)

Theater im Revier wollen kooperieren

4. Oktober. Die Stadtparlamente der Ruhrgebietsstädte Bochum und Gelsenkirchen beschließen eine enge Zusammenarbeit ihrer Städtischen Bühnen. Das Bochumer Schauspielhaus soll zukünftig für beide Städte das Schauspiel übernehmen, während Gelsenkirchen das Musiktheater bestreitet.

Der Vertrag, der die Zusammenarbeit festlegt, ist auf fünf Jahre befristet und soll mit der Spielzeit 1966/67 anlaufen. Im ersten Jahr sind 60 Schauspielaufführungen des Bochumer Theaters in Gelsenkirchen vorgesehen. Das Musiktheater aus Gelsenkirchen gibt die gleiche Anzahl an Vorstellungen in Bochum. Als Ausgleich für die aufwendigen Musiktheateraufführungen zahlt Bochum an Gelsenkirchen einen Betrag von jährlich 50 000 DM.

Das Bochumer Schauspielhaus hat seit den 20er Jahren überregionale Bedeutung. Bereits bei der Gründung 1919 entschloß sich die Stadt Bochum, aus finanziellen Gründen nur das Schauspiel zu pflegen und auf das Musiktheater zu verzichten.

38 Nationen auf der 17. Buchmesse

12. Oktober. In Frankfurt am Main eröffnet der Börsenverein des deutschen Buchhandels die 17. Internationale Buchmesse. 2376 Aussteller aus 38 Ländern zeigen bis zum 18. Oktober auf 28 000 m² Ausstellungsfläche 150 000 Bücher.

Die Bundesrepublik Deutschland ist mit 756 Verlagen am stärksten vertreten, gefolgt von Großbritannien (279) und den USA (222). Unter den 50 000 Neuerscheinungen nimmt die Belletristik den größten Platz ein.

Der Börsenverein des deutschen Buchhandels erwartet für 1965 eine Zunahme des Gesamtumsatzes an Büchern von 12% bei einer Preissteigerung von 6,1%.

Als Bestseller der Saison gelten Uwe Johnsons Roman »Zwei Ansichten« über die deutsch-deutsche Gegenwart und die Memoiren des 89jährigen Konrad Adenauer.

Traditioneller Höhepunkt der Buchmesse ist die Verleihung des Friedenspreises des Deutschen Buchhandels, den am 17. Oktober die deutsch-schwedische Dichterin Nelly Sachs erhält (→ 19. 2./S. 44).

Bei Motorrad-WM Bryans vor Taveri

24. Oktober. Mit einem zweiten Platz beim Großen Preis von Japan sichert sich der irische Honda-Fahrer Ralph Bryans ganz knapp die Motorradweltmeisterschaft in der

Mike Hailwood, geboren am 2. April 1940, gewann mit 18 Jahren bereits drei englische Titel. 1961 Weltmeister in der 250-cm³-Klasse auf Honda und seitdem vier Mal Weltmeister in der »Königsklasse« bei den 500er auf MV Augusta.

50-cm³-Klasse. Sieger des Rennens auf dem Suzuka-Kurs bei Tokio wird der Schweizer Luigi Taveri (ebenfalls Honda). Nach diesem 13. und letzten WM-Lauf haben beide Fahrer gleich viel Punkte; nur aufgrund der höheren Anzahl an Saisonsiegen wird Bryans Weltmeister.

Titelträger bei den 125er-Maschinen wird der Neuseeländer Hugh Anderson auf Suzuki; in der 250-cm³-Klasse der Engländer Phil Read auf Yamaha. Auf den schweren Motorrädern sind erneut die Weltmeister der letzten drei Jahre erfolgreich: der Rhodesier Jim Redman auf Honda (350 cm³) und der Engländer Mike Hailwood auf MV Augusta (500 cm³).

Getrennte Wege im Sport

8. Oktober. Das Internationale Olympische Komitee (IOC) beschließt auf seiner 63. Vollversammlung in Madrid, das Nationale Olympische Komitee (NOK) der Deutschen Demokratischen Republik gleichberechtigt neben dem NOK für Deutschland als Vollmitglied aufzunehmen.

Das NOK der DDR kann damit für die Olympischen Spiele 1968 eine eigene Olympia-Mannschaft aufstellen; bisher bildeten die Sportler aus der Bundesrepublik und der DDR eine gesamtdeutsche Mannschaft. In Grenoble und Mexiko-City sollen beide Mannschaften aber weiterhin

Heinz Schöbel (DDR) ist Gegner einer gesamtdeutschen Mannschaft

unter der schwarz-rot-goldenen Fahne mit den fünf olympischen Ringen antreten. Auch die gemeinsame Hymne wird beibehalten.

Das NOK der DDR wird mit 52 der 58 Stimmen als sportliche Vertretung »für das geographische Gebiet Ostdeutschlands« anerkannt; Berlin (West) wird sportlich der Bundesrepublik und Berlin (Ost) der DDR zugerechnet.

Der Präsident des NOK Deutschlands, Willi Daume, bezeichnet die Beschlüsse des IOC als »das Optimum des Erreichbaren«, während Heinz Schöbel vom NOK der DDR den Beschluß des IOC als sportlichen und politischen Erfolg für die DDR wertet. Bei Politikern in der Bundesrepublik Deutschland löst die Entscheidung des IOC dagegen Bedauern aus. Regierungssprecher Karl-Günther von Hase erklärt, daß die deutsche Zusammengehörigkeit bei dem prominenten Treffen der Jugend der Welt nun nicht mehr so eindeutig wie bisher manifestiert werde.

Im Zusammenhang mit dem Beschluß des IOC spricht sich der Hauptausschuß des Deutschen Sportbundes (DSB) am 30. Oktober in Köln für die Wiederaufnahme des Sportverkehrs zwischen der Bundesrepublik und der DDR aus, der 1961 nach dem Bau der Berliner Mauer abgebrochen worden war.

Der populäre Nationaltorwart Tilkowski bei einer Autogrammstunde

Hans Tilkowski Fußballer des Jahres

1. Oktober. Die deutschen Fußballjournalisten wählen Hans Tilkowski vom BV Borussia Dortmund zum Fußballer des Jahres 1965. Bei einer Umfrage des Magazins »Kicker« erhält der Nationaltorwart 147 von 418 Stimmen und gewinnt die Wahl deutlich vor Petar Radenkovic (TSV 1860 München) und Wolfgang Weber (1. FC Köln).

Bisherige Fußballer des Jahres
1960: Uwe Seeler
1961: Max Morlock
1962: Karlheinz Schnellinger
1963: Hans Schäfer
1964: Uwe Seeler

Der 30jährige Tilkowski, selbständiger Versicherungskaufmann und Vater dreier Kinder, bestritt am 3. April 1957 in Amsterdam sein erstes von bisher 27 Länderspielen. Im August 1963 wechselte er von Westfalia Herne nach Dortmund und wurde 1965 mit der Borussia deutscher Pokalsieger (→ 15. 5./S. 92). 1962 gehörte er zum WM-Aufgebot des Deutschen Fußball-Bundes und ist jetzt unumstritten die »Nummer Eins« von Bundestrainer Helmut Schön. Tilkowski gewann am → 26. September (S. 161) mit der deutschen Mannschaft das WM-Qualifaktionsspiel in Schweden und drei Tage später mit Borussia Dortmund 5:1 im Europapokalspiel bei Floriana La Valetta (Malta).

Von 1956 bis 1964 gemeinsam zu Olympia

Bereits Anfang der fünfziger Jahre begann der Streit um eine gesamtdeutsche Olympiamannschaft zwischen der Bundesrepublik und der DDR. Bei den Olympischen Spielen 1952 in Oslo und in Helsinki war lediglich die Bundesrepublik vertreten. Bei den Spielen 1956, 1960 und 1964 startete dann eine gesamtdeutsche Mannschaft, die nach gemeinsamen Ausscheidungskämpfen in der Bundesrepublik und der DDR gebildet wurde. Seit 1952 unternahmen die Sportfunktionäre aus der DDR verschiedene Versuche, ihre Anerkennung als eigenständiger nationaler Verband zu erreichen. Zunehmend wurden der DDR eigene Delegierte in den internationalen Fachverbänden zugestanden. 1964 räumte der Internationale Leichtathletikverband den Leichtathleten der DDR Sitz und Stimme in seinen Gremien ein. Insgesamt kam den Funktionären aus der DDR der wachsende Erfolg ihrer Sportler auf internationaler Ebene zugute.

Olympia 1956 – 1964: Medaillen der gesamtdeutschen Mannschaften

	Starter	Medaillen			
		Gold	Silber	Bronze	insges.
1956 Melbourne					
Gesamtmannschaft	175	6	13	7	26
Anteil BRD	138	5	9	5	19
Anteil DDR	37	1	4	1	6
Kombinierte Mannschaften	–	–	1	1	
1960 Rom					
Gesamtmannschaft	331	12	19	11	42
Anteil BRD	189	9	10	5	24
Anteil DDR	142	2	9	4	15
Kombinierte Mannschaften	1		2	3	
1964 Tokio					
Gesamtmannschaft	376	10	22	18	50
Anteil BRD	182	7	11	13	31
Anteil DDR	194	3	8	3	14
Kombinierte Mannschaften	–	3	2	5	

November 1965

1. November, Montag

In Algier vertagt der Vorbereitungsausschuß die II. Afro-Asiatische Solidaritätskonferenz (»Bandung-Konferenz«) wegen der Absage der Volksrepublik China auf unbestimmte Zeit. China sieht aufgrund der Uneinigkeit in der afro-asiatischen Welt keine Erfolgschance für eine gemeinsame Konferenz über Maßnahmen gegen den US-Imperialismus.

Der Gesamtvorstand des Deutschen Gewerkschaftsbundes (DGB) beschließt in Düsseldorf mit großer Mehrheit die Entsendung einer Delegation nach Moskau, die die Möglichkeiten der Zusammenarbeit mit dem sowjetischen Gewerkschaftsbund prüfen soll.

2. November, Dienstag

Bei den Wahlen zur Knesset, dem israelischen Parlament, gewinnt die Mapai-Partei 45 der 120 Sitze. Die Cherut-Liberalen erhalten 26, die Nationalreligiöse Partei 11 und die Rafi-Partei 10 Sitze. 1,5 Mio. Israelis, darunter 125 000 Araber, waren zum Gang an die Urnen aufgerufen. Im neuen Kabinett unter Ministerpräsident Levi Eschkol (Mapai) sind fünf der dreizehn ins Parlament gewählten Parteien vertreten.

Erstmals seit 1941 gewinnt mit dem 43jährigen John Vliet Lindsay ein Kandidat der Republikanischen Partei die Bürgermeisterwahlen in New York.

Die Sowjetunion schickt mit dem 12 t schweren unbemannten Satelliten »Proton II« den bisher schwersten unbemannten Raumflugkörper auf eine Erdumlaufbahn.

An der Ruhr-Universität Bochum beginnt der Lehrbetrieb mit einer Vorlesung in der theologischen Fakultät über den Korintherbrief (→ 30. 6./S. 114).

In Hamburg wird die Oper »Jacobowsky und der Oberst« des bundesdeutschen Komponisten Giselher Klebe uraufgeführt. → S. 190

3. November, Mittwoch

Der Aktienmarkt reagiert nervös auf eine Berechnung der bundesdeutschen Banken, die für die Bundesrepublik Deutschland erstmals seit 1951 eine negative Handelsbilanz voraussagt.

In London findet die Uraufführung des Schauspiels »Saved« (»Gerettet«) des britischen Dramatikers Edward Bond in der Inszenierung von William Gaskill statt (→ S. 24).

4. November, Donnerstag

Der Wirtschaftssenator von Berlin (West), Karl Schiller, scheidet aus seinem Amt aus und wird wirtschaftspolitischer Sprecher der SPD-Bundestagsfraktion in Bonn. → S. 185

Die bayerische Kleinstadt Kulmbach wird nach dem Auftreten eines zweiten Pockenfalles von der Weltgesundheitsorganisation (WHO) zum örtlichen Infektionsgebiet erklärt. → S. 188

5. November, Freitag

Die rhodesische Regierung verhängt für drei Monate den Ausnahmezustand über das Land. Das Kabinett unter Ian Smith begründet diese Maßnahme mit der angeblichen Bedrohung der nationalen Sicherheit durch Sabotageaktionen der »schwarzen nationalistischen Organisationen« (→ 11. 11./S. 182).

Der italienische Automobilkonzern Fiat Spa schließt einen Vertrag mit der Regierung der Sowjetunion über technische und beratende Hilfe beim Aufbau der sowjetischen Automobil-Produktion.

Die Bundesvereinigung der deutschen Arbeitgeberverbände fordert die Einführung eines Fernseh-Wiederholungsprogrammes für Schichtarbeiter am Vormittag in allen Bundesländern. Ein derartiges Angebot gibt es bislang nur im Saarländischen Rundfunk (seit Oktober 1964).

6. November, Samstag

Die Regierungen Kubas und der Vereinigten Staaten vereinbaren in einem sog. Verständigungs-Memorandum, das die schweizerische Botschaft in Havanna vermittelte, Ausreisemöglichkeiten für Kubaner, die ins Exil gehen wollen. Monatlich sollen 3000 bis 4000 Kubaner in Flugzeugen privater Luftfahrtgesellschaften, die von den USA gechartert und bezahlt werden, das Land verlassen dürfen.

Für 200 000 Bergarbeiter der Kohlenreviere an der Ruhr und im Aachener Raum beginnt die erste von vier Feierschichten mit Lohnausgleich, die zum Abbau der hohen Haldenbestände vereinbart wurden.

7. November, Sonntag

Die Synode der Evangelischen Kirche in Deutschland (EKD) weist auf ihrer Sitzung in Frankfurt/Main einmütig die Kritik des Bundes der Vertriebenen an ihrer Denkschrift über das deutsch-polnische Verhältnis zurück, in der die EKD den Polen ein Recht auf Heimat in den ehemaligen deutschen Ostgebieten zuspricht (→ 15. 10./S. 166).

Auf dem Gelände des ehemaligen Konzentrationslagers Neuengamme bei Hamburg wird eine Gedenkstätte für die Opfer des Nationalsozialismus feierlich eingeweiht. → S. 185

8. November, Montag

Die ägyptische Regierung beschließt die Umwandlung von Port Said in einen internationalen Freihafen, in dem ausländische Investoren steuerfrei Geld anlegen können. Das Kabinett erhofft sich durch diese Maßnahme erhöhte Deviseneinnahmen. Der Hafen wird jährlich von mehr als 20 000 Schiffen angelaufen.

In der niedersächsischen Landeshauptstadt Hannover beginnt der Bau der städtischen Untergrundbahn. Bis 1975 soll das kreuzförmige Streckennetz von 6,2 km Länge mit Schnittpunkt im Stadtzentrum fertiggestellt sein. Die Kosten werden auf 500 Mio. DM veranschlagt.

9. November, Dienstag

Der Deutsche Bundestag in Bonn senkt im Zuge der Rationalisierung seiner Gremienarbeit die Zahl der Ausschüsse von 28 auf 23, die Zahl der Ausschußmitglieder sinkt von 696 auf 594. Damit sind nur noch wenige Abgeordnete mit der Arbeit in zwei Ausschüssen belastet. CDU/CSU stellen 11, die SPD 10 und die FDP 2 Ausschußvorsitzende.

Der Bundesgerichtshof in Karlsruhe verurteilt den ehemaligen Verfassungsschutzangestellten Werner Pätsch wegen vorsätzlicher Verletzung der Amtsverschwiegenheit zu vier Monaten Gefängnis. → S. 185

Bei den Präsidentschaftswahlen auf den Philippinen siegt der Kandidat der Nationalistischen Partei, Ferdinando E. Marcos, über den Amtsinhaber Diosdado Macapagal, Mitglied der Liberalen Partei. → S. 183

Ein Stromausfall in acht Bundesstaaten der USA und Kanadas für mehrere Stunden führt zu einem Zusammenbruch des Verkehrs sowie der Produktion in den Betrieben. → S. 189

Der Deutsche Hotel- und Gaststättenverband warnt auf dem Deutschen Gaststättentag in Bremen angesichts von mehr als 3000 Gaststätten-Neugründungen im Jahr vor einer Inflation bei Restaurationsbetrieben und fordert die Einführung eines Fachkundigen-Nachweises.

10. November, Mittwoch

In seiner Regierungserklärung fordert Bundeskanzler Ludwig Erhard die Bevölkerung der Bundesrepublik zum »Maßhalten« auf, verlangt von den Tarifpartnern die Verlängerung der wöchentlichen Arbeitszeit um eine Stunde und verkündet den Gedanken einer »formierten Gesellschaft«. → S. 184

11. November, Donnerstag

Der Vorsitzende der Industriegewerkschaft Metall, Otto Brenner, wertet die Regierungserklärung von Bundeskanzler Ludwig Erhard vom Vortag als Kampfansage an den Sozialstaat und als »unerhörte Herausforderung an alle arbeitenden Menschen und die Gewerkschaften.« → S.184

Die von dem weißen Premierminister Ian Smith geführte Regierung Rhodesiens erklärt einseitig die Unabhängigkeit. → S. 182

Ein Gerichtshof im US-amerikanischen Bundesstaat Mississippi verurteilt erstmals in der Geschichte des Staates einen Weißen wegen Vergewaltigung einer Schwarzen. Er wandelt allerdings die gesetzlich vorgeschriebene Todesstrafe in eine lebenslängliche Freiheitsstrafe um.

12. November, Freitag

Der bundesdeutsche Außenminister Gerhard Schröder (CDU) trifft zu einem zweitägigen Arbeitsbesuch bei seinem französischen Amtskollegen Maurice Couve de Murville in Paris ein, bei dem u.a. über unterschiedliche Standpunkte hinsichtlich der Wirtschaftspolitik in der EG verhandelt wird.

Der Präsident des Bundesgerichtshofes in Karlsruhe, Heusinger, lehnt den in Bonner Regierungskreisen erwogenen Plan ab, auf Antrag des Verfassungsschutzes durch einen Senat des Bundesgerichtshofes Telefonabhöraktionen und Briefkontrollen zu gestatten. Dies komme einer gerichtlichen Entscheidung gleich, die nach dem Grundgesetz nur nach Anhörung des Betroffenen gefällt werden dürfe.

Der Schulausschuß des Deutschen Städtetages gibt die erforderlichen Kosten für Schulneubauten bis 1975 mit 40 Mrd. DM an.

In der Schweiz läuft die Aktion der Schweizerischen Zahnärztegesellschaft (SSO) »Kampf der Schlecksucht« an, mit der die Zahnkaries eingedämmt und die Mundhygiene verbessert werden soll. Im Mittelpunkt der Aktion steht eine »Konkurrenz der schönen und gesunden Zähne« für Kinder und Jugendliche der Geburtsjahrgänge 1950–52, bei der Gebisse von Buben und Mädchen in Regionalausscheidungen nach Vollständigkeit, Regelmäßigkeit und Gesundheit bewertet werden. Der Bundessieger wird im Januar 1966 ermittelt.

13. November, Samstag

Die Heilsarmee (»Salvation Army«) feiert ihren 100. Geburtstag. → S. 189

Der Untergang der unter panamaischer Flagge fahrenden »Yarmouth Castle« bei New Providence Island fordert 82 Todesopfer. Das Fährschiff befand sich auf der Fahrt von Miami (Florida) nach Nassau auf den Bahamas. → S. 189

14. November, Sonntag

Im Londoner Collins-Verlag werden die sog. Penkowski-Papiere veröffentlicht. → S. 186

Große Teile Europas liegen unter der ersten Schneedecke dieses Winters, der sich damit fünf Wochen früher einstellt als im Kalender vorgesehen.

Deutschland gewinnt mit 6:0 gegen Zypern in Nikosia das letzte Qualifikationsspiel zur Fußball-Weltmeisterschaft 1966 und sichert sich die Teilnahme am Endturnier in England. → S. 193

15. November, Montag

In Moskau vereinbaren sieben Staaten des Warschauer Paktes sowie die Mongolische Volksrepublik und Kuba eine Zusammenarbeit in der Weltraumforschung und den gemeinsamen Start künstlicher Erdsatelliten.

Der »stern« berät für den Kauf von Pelz-Winter-mode – ein beliebtes Geschenk für den weihnachtlichen Gabentisch

HEFT NR. 48 HAMBURG, 28. NOVEMBER 1965 · 80 PFENNIG · AUSGABE F: C 8041 C

stern

Ein Sowjetoffizier verriet
die Geheimnisse des Kreml:
Das Tagebuch des Spions

BEVOR SIE SICH EINEN
PELZ
SCHENKEN LASSEN
SOLLTEN SIE WISSEN:

**WIE SCHÖN
WIE WARM
WIE LEICHT**

**WIE KAUFEN
WIE PRÜFEN
WIE PFLEGEN**

**WIE TEUER
WIE HALTBAR**

Nach Mitteilung der Bundesanstalt für Arbeit in Nürnberg sind von den 465 000 Lehrstellen, die Schulabgängern des Jahres angeboten werden, fast 200 000 noch immer unbesetzt. → S. 188

Der US-Amerikaner Craig Breedlove stellt mit 966,547 km/h einen neuen Geschwindigkeitsrekord für Landfahrzeuge auf. → S. 188

16. November, Dienstag

Das Unterhaus in London ermächtigt die britische Regierung in einem Sondergesetz zu weitreichenden Maßnahmen gegen die »Rebellion in Rhodesien« (→ 11. 11./S. 182).

Das II. Vatikanische Konzil in Rom lehnt mit großer Mehrheit gegen den Willen vieler italienischer und lateinamerikanischer Bischöfe eine ausdrückliche Verurteilung des Kommunismus ab (→ 00. 12./S. 198).

Die medizinische Akademie in Düsseldorf wird in Universität Düsseldorf umbenannt. Landeskultusminister Paul Mikat (CDU) stimmt der Einrichtung von naturwissenschaftlichen und philologischen Fakultäten ab dem 1. Januar 1966 zu.

17. November, Buß- und Bettag

Die Vollversammlung der Vereinten Nationen in New York lehnt einen Antrag Kambodschas auf Aufnahme der Volksrepublik China als einzigen chinesischen Vertreter in die Vereinten Nationen mit 47:47 Stimmen bei 20 Enthaltungen ab. Damit bleibt Taiwan (Nationalchina), das einen Alleinvertretungsanspruch für China reklamiert, Mitglied der UN.

In Rio de Janeiro beginnt die »Zweite Außerordentliche Interamerikanische Konferenz« mit Vertretern aller amerikanischen Staaten. Die bis zum 29. November dauernde Tagung lehnt den Vorschlag des US-amerikanischen Verteidigungsministers Dean Rusk zur Bildung einer interamerikanischen Streitmacht ab.

Nach Angaben der Commerzbank übersteigen die prämienbegünstigten Spareinlagen bei den Kreditinstituten in der Bundesrepublik Deutschland erstmals die 10-Milliarden-DM-Grenze. Hinzu kommen prämienbegünstigte Wertpapieranlagen im Wert von 1,3 Mrd. DM.

18. November, Donnerstag

Die polnischen Bischöfe laden den deutschen Episkopat zur Teilnahme an den Feiern zur 1000jährigen Christianisierung Polens ein (→ 15. 10./S. 166).

Die sowjetische Parteizeitung »Prawda« verurteilt den Bundespräsidenten Heinrich Lübke wegen seiner Rede zum Volkstrauertag am 14. November als »Eindringling in ein fremdes Territorium« – gemeint ist Berlin (West) –, in dem er eine »revanchistische Predigt« gehalten habe.

Nach einer Umfrage der Wickert-Institute in Tübingen lernen sich 27% der Ehepaare beim Tanzen kennen. 16% finden im Freundeskreis zueinander. → S. 188

19. November, Freitag

Das II. Vatikanische Konzil in Rom billigt ein Dekret über die Religionsfreiheit, das allen Menschen das Recht zuspricht, ihren Glauben ohne staatliche Beeinflussung frei zu wählen. → S. 199

Mehrtägige Kämpfe zwischen US-amerikanischen Luftlandeeinheiten und Vietcong-Truppen im Grenzgebiet zu Laos und Kambodscha enden mit Verlusten für beide Seiten (→ 26. 10./S. 171).

Nach einer Entscheidung des Bundesverwaltungsgerichtes in Berlin (West) ist das Stellen von Horoskopen gegen Entgelt durch das Recht auf Berufsfreiheit im Grundgesetz gedeckt. Damit wird eine Klage der Stadt Bremen gegen einen professionellen Astrologen abgewiesen.

Die Deutsche Bundespost gibt die Kürzung ihres Sondermarkenprogramms von gegenwärtig 30 auf 15 Werte bekannt. Die Postwertzeichen-Dauerserie »Deutsche Bauwerke aus zwölf Jahrhunderten« wird neu gestaltet.

20. November, Samstag

Der Internationale Fußballverband fordert drakonische Strafen gegen Ausschreitungen in Fußballstadien. → S. 193

21. November, Sonntag

Bayerns Ministerpräsident Alfons Goppel legt in Regensburg den Grundstein zur vierten Landesuniversität, der ersten Universitätsneugründung in Bayern seit 1743. → S. 186

In den USA sind Geschlechtskrankheiten epidemisch angestiegen. Die Syphilis befiel von 1957 bis 1965 jährlich 1,1 Mio. Personen. Allein 250 000 Teenager erkranken jedes Jahr an Gonorrhö. Dies berichten Ärzte aus Chicago.

Der Schweizer Schriftsteller Peter Bichsel erhält den mit 5000 DM dotierten Preis der »Gruppe 47« für seinen noch unveröffentlichten Roman »Zusammenhang« zugesprochen.

22. November, Montag

In Bonn fällt am Morgen für 45 Minuten der Strom aus. Nur das Regierungsviertel bleibt aufgrund besonderer Sicherungsmaßnahmen verschont.

Im New Yorker Anta Washington Square Theatre wird das Musical »Der Mann von la Mancha« unter der Regie von Albert Marre uraufgeführt. → S. 190

Der Boxweltmeister im Schwergewicht, Cassius Clay, verteidigt seinen Titel in Las Vegas (Nevada) gegen Floyd Patterson durch technisches K.o. in der zwölften Runde. → S. 193

23. November, Dienstag

Die US-Armee verringert ihre Truppenpräsenz in Berlin (West) um 700 auf 6000 Mann. → S. 185

Der französische Schriftsteller Jacques Borel erhält für seine Novelle »L'adora-

tion« (Die Anbetung) den Prix Goncourt zugesprochen, der jährlich von der Académie Goncourt verliehen wird. Das Preisgeld von 50 Francs (40 DM) hat nur symbolischen Wert, da die Preisverleihung hohe Publizität garantiert.

24. November, Mittwoch

Das US-amerikanische Verteidigungsministerium gibt bekannt, daß Großbritannien, Kanada, Frankreich, Belgien, Italien, die Niederlande, Griechenland, die Bundesrepublik Deutschland und die Türkei über taktische Atomwaffen für ihre Jagdbomber verfügen, die nur durch den US-Präsidenten zum Einsatz freigegeben werden können.

Berlin und Niedersachsen erleben mit − 23 °C den kältesten Novembertag seit mehr als 100 Jahren. Zudem zeigt sich der Monat als schneereichster November seit 1919.

25. November, Donnerstag

Vertreter des Westberliner Senats und der DDR unterzeichnen in Berlin das dritte Passierscheinabkommen seit dem Mauerbau 1961 (→ 5. 2./S. 38).

Bei den Parlamentswahlen in Nordirland verbessern die regierenden konservativen Unionisten ihre führende Stellung um 2 auf 36 der 52 Parlamentssitze. Die Nationalisten halten ihre neun Sitze.

Der Oberkommandierende der kongolesischen Nationalarmee, Joseph Mobutu, übernimmt in einem unblutigen Staatsstreich die Macht im Kongo. → S. 183

Das Oraniengymnasium in Wiesbaden erhält als erste bundesdeutsche Schule einen Elektronenrechner. Die Privatindustrie stellt das 1,5 t schwere Gerät, das noch vor wenigen Jahren einen Wert von etwa 230 000 DM repräsentierte, kostenlos zur Verfügung, um dem Schulwesen Impulse zur Ausbildung in der maschinellen Datenverarbeitung zu geben.

26. November, Freitag

Nach Angaben des Bundesverbandes der deutschen Sparkassen belebt sich das Kreditgeschäft in der Bundesrepublik wegen der großen Nachfrage nach Barkrediten für Weihnachtsgeschenke kräftig. → S. 188

Die US-amerikanische Marineführung teilt den Flugzeugträger »Enterprise« und die Lenkwaffenfregatte »Bainbridge« der 7. Flotte zu, die im Südchinesischen Meer gegen Nordvietnam operiert. Damit werden erstmals atombetriebene Kriegsschiffe in das Kriegsgebiet entsendet.

Frankreich startet vom Versuchsgelände Hammaguir in der algerischen Sahara seinen ersten Satelliten. Schon während des Transportes in die Erdumlaufbahn hat die Aufgabe, die Trägerrakete zu kontrollieren, aus der die Trägerrakete für die französische Atomstreitmacht entwickelt werden soll.

Durch einen überlegenen Punktsieg nach 15 Runden verteidigt der Schwerge-

wichts-Europameister Karl Mildenberger in der Frankfurter Festhalle seinen Titel gegen den Deutschen Meister Gerhard Zech. → S. 193

27. November, Samstag

Bei einer Demonstration vor dem Weißen Haus in Washington fordern 20 000 US-Amerikaner von der Regierung unter Präsident Lyndon B. Johnson die Einstellung des Bombenkrieges gegen Nordvietnam und die Bereitschaft zu Verhandlungen (→ S. 170).

28. November, Sonntag

Der Gesamtverband der Sowjetzonenflüchtlinge beschließt auf seiner zwölften ordentlichen Bundesdelegiertentagung in Braunschweig die Bildung einer Aktionsgemeinschaft, die gegen die Gewöhnung an den Status quo des geteilten Deutschlands arbeiten soll.

Der US-amerikanische Präsident Lyndon B. Johnson bestimmt den 28. November zum »Tag des Nationalen Gebetes« im Gedenken an die südvietnamesischen und US-amerikanischen Opfer des Vietnamkrieges.

29. November, Montag

Der Bundesverband der Ersatzkassen in der Bundesrepublik Deutschland beschließt Beitragserhöhungen in der Größenordnung von 15 bis 20%, um die Mehrkosten aus steigenden Arzthonoraren, die Verteuerung von Arzneimitteln und steigenden Krankenhauspflegesätzen aufzufangen.

Frankreich bleibt der Ministerratssitzung der Europäischen Wirtschaftsgemeinschaft in Brüssel fern und verhindert so einen Beschluß über eine weitere Senkung der Binnenzölle um 10% des Standes von 1957 (→ 1. 7./S. 124).

Trotz ihrer hohen Verschuldung beschließt die Stadt München, sich für die Austragung der Olympischen Spiele 1972 zu bewerben. → S. 192

30. November, Dienstag

Die asiatischen Mitglieder der Kommission der Vereinten Nationen für Asien und den Fernen Osten beschließen in Manila die Gründung einer asiatischen Entwicklungsbank mit einem Startkapital von 1 Mrd. US-Dollar (4 Mrd. DM).

Im November ist die Arbeitslosenzahl in der Bundesrepublik um 26 731 auf 118 968 gestiegen; die Zahl der offenen Stellen sinkt um 76 900 auf 582 600. Zudem sind die Gastarbeiterzahlen rückläufig. Damit zeichnet sich ein Rückgang des Arbeitskräftemangels ab.

Das Wetter im Monat November

Station	Mittlere Lufttemperatur (°C)	Niederschlag (mm)	Sonnenscheindauer (Std.)
Aachen	3,6 (6,0)	– (67)	– (62)
Berlin	0,9 (3,9)	– (46)	– (50)
Bremen	1,0 (5,8)	– (60)	– (50)
München	2,2 (3,0)	– (53)	– (54)
Wien	2,4 (4,5)	29 (53)	53 (58)
Zürich	3,1 (3,3)	157 (72)	36 (51)

( ) Langjähriger Mittelwert für diesen Monat
– Wert nicht ermittelt

Wegen der Geburt ihres Kindes hat Marika Kilius ihr Engagement bei der Wiener Eisrevue unterbrechen müssen. Jetzt künden sie und ihr Eistanzpartner, Hans-Jürgen Bäumler, die Rückkehr auf das glitzernde Eisparkett an.

45

80 PFENNIG

MÜNCHEN, 3. NOVEMBER 1965 · NR.

REVUE

B 5843 C

Hans-Jürgen Bäumler und Marika:
„Wir sind wieder zusammen!"

Rassistenstaat Rhodesien

11. November. Die Regierung der autonomen britischen Kolonie Rhodesien (seit 1980: Simbabwe) unter Ministerpräsident Ian Douglas Smith proklamiert einseitig die Unabhängigkeit vom Mutterland, nachdem sie am 5. November den Ausnahmezustand erklärt hat. Damit kommt es erstmals seit der Unabhängigkeitserklärung der nordamerikanischen Neuengland-Staaten 1776 zum Abfall einer britischen Kolonie. Im Commonwealth hat Rhodesien (bis 1964: Südrhodesien) seit 1924 den Status einer von den weißen Siedlern selbst verwalteten Kolonie.

Mit der Unabhängigkeitserklärung reagiert die Regierung Smith auf die Weigerung der britischen Krone, im Zuge der Entkolonisierung britischer Besitzungen in Afrika auch Rhodesien die staatliche Souveränität zu gewähren. London hatte 1964 Nordrhodesien und Njassaland unter den Namen Sambia und Malawi in die Unabhängigkeit entlassen, dies aber Rhodesien verwehrt, weil dort die weiße Bevölkerungsminderheit die volle Regierungsbeteiligung der schwarzen Mehrheit ablehnt.

Im rhodesischen Parlament besetzen 220 000 Weiße 50 von 65 Sitzen; von 3,9 Mio. Schwarzen sind nur 60 000 mit Schulbildung und einem festgesetzten Mindesteinkommen wahlberechtigt. In dem vorwiegend agrarisch strukturierten Land kontrollieren die weißen Siedler mit 36 Mio. Morgen 37% der Ackerfläche, während sich die Schwarzen 44 Mio. Morgen (46%) teilen müssen. 5,8 Mio. Morgen stehen allen Rassen zur Verfügung.

Die einseitige Unabhängigkeitserklärung ohne Konsultation der afrikanischen Staatsbürger ist damit zugleich eine Kampfansage an die antikolonialistischen schwarzen Organisationen »Zimbabwe African People's Union« (ZAPU) und »Zimbabwe African National Union« (ZANU).

Westliche und schwarzafrikanische Staaten reagieren empört auf die Bestrebungen in Rhodesien, einen von Weißen beherrschten rassistischen Staat einzurichten. Die am 14. November durch das Parlament zu Sofortmaßnahmen ermächtigte britische Regierung erklärt Smith für abgesetzt, verhängt ein Handelsembargo des Commonwealth gegen Rhodesien und friert Auslandsguthaben der rhodesischen Reservebank ein. Rhodesien reagiert mit der Einstellung von Zinszahlungen für Staatsschulden und Steuererhöhungen für Konsumgüter.

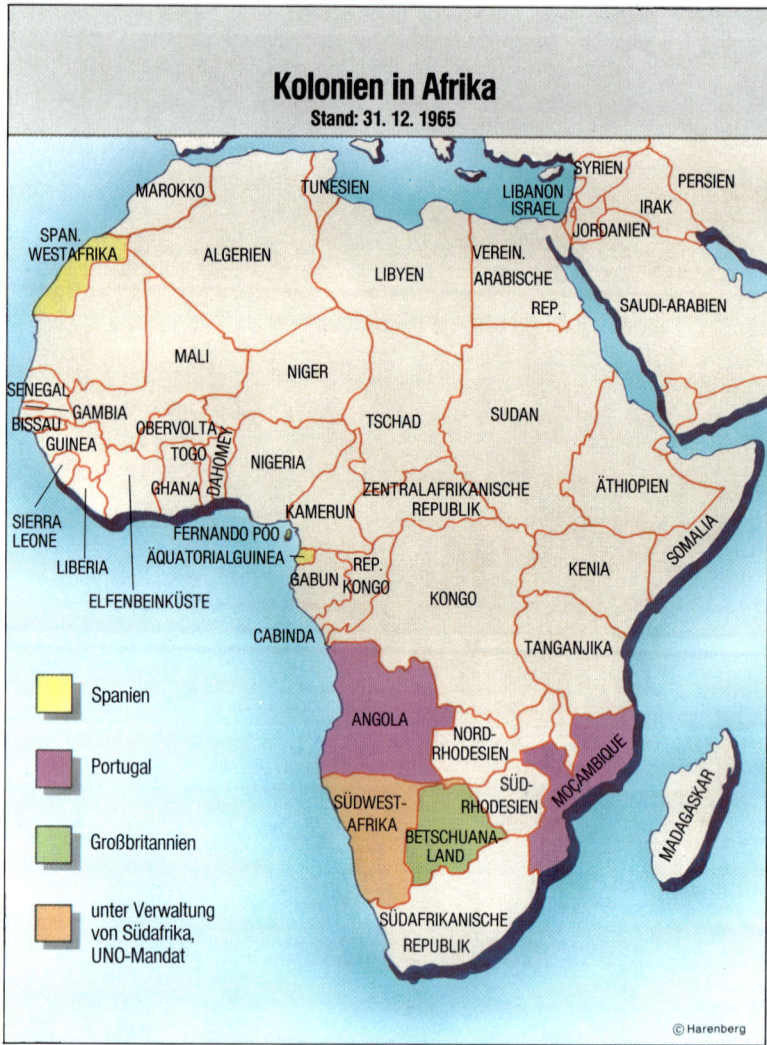

Kolonien in Afrika
Stand: 31. 12. 1965

Spanien

Portugal

Großbritannien

unter Verwaltung von Südafrika, UNO-Mandat

© Harenberg

Weiße Rhodesier in Salisbury lesen von dem Schritt ihrer Regierung

Die Organisation Afrikanischer Staaten (OAU) fordert am 3. Dezember von Großbritannien die militärische Niederwerfung des rhodesischen Regimes. Die britische Regierung hat sich auf Bitten des Präsidenten von Sambia, Kenneth Kaunda, nur zur Luftüberwachung zum Schutz des an der rhodesisch-sambischen Grenze gelegenen Kariba-Staudammes bereit erklärt. Eine militärische Intervention lehnt London aber ab. Daraufhin brechen Guinea, Tansania, Ghana, Mali, Mauretanien, die Vereinigte Arabische Republik, der Sudan und Algerien die diplomatischen Beziehungen zu Großbritannien ab.

4 Mio. Schwarze per Anhörung »beteiligt«

Mehrjährige Verhandlungen über die rhodesische Unabhängigkeit scheiterten endgültig beim Besuch Smiths in London vom 5. bis 8. Oktober. Der britische Regierungschef Harold Wilson forderte Garantien gegen die Rassendiskriminierung und für den unverzüglichen Aufbau einer Mehrheitsdemokratie. Smith will dagegen die Rassendiskriminierung nur langfristig überwinden: Die Regierungsbeteiligung der Schwarzen solle durch die Anhörung eines Senats von Stammeshäuptlingen im Gesetzgebungsverfahren sichergestellt werden.

Bedrängt von Reportern verläßt Rhodesiens Premierminister Ian Smith (vorn, M.) am 8. Oktober 1965 nach dem Scheitern der Gespräche über die Unabhängigkeit seines Landes den Sitz der Regierung in London, Downing Street 10

Tschombe emigriert, Mobutu putscht

25. November. In einem unblutigen Staatsstreich setzt der Oberkommandierende der kongolesischen Armee, Joseph Désiré Mobutu, den Staatspräsidenten der Demokratischen Republik Kongo (ab 1971: Zaïre) Joseph Kasawubu ab. Mobutu ernennt sich auf fünf Jahre zum Präsidenten und erklärt für diesen Zeitraum den Ausnahmezustand. Damit mündet die verworrene innenpolitische Situation in eine Militärregierung.

Am 1. Oktober hatte Innenminister Viktor Nendaka die antikolonialistische Front Démocratique Congolais (FDC; Kongolesische Befreiungsfront) als Opposition gegen die europäisch orientierte Convention Nationale Congolaise (CONACO; Kongolesischer Nationalkonvent) mit dem Ziel der Regierungsübernahme aus-

Joseph Désiré Mobutu
(* 14. 10. 1930, Lisala/ Kongo) – hier am Tag des Staatsstreichs – schloß sich 1960 der Nationalen Befreiungsbewegung Patrice Lumumbas an und wurde nach der Unabhängigkeit am 30. Juni 1960 unter der Regierung Lumumba Chef des Generalstabes. Während einer Regierungskrise löste er in einem ersten unblutigen Staatsstreich am 14. September 1960 Staatspräsident Kasawubu ab und setzte seinen Förderer, Regierungschef Lumumba, gefangen. Eine Mitschuld Mobutus an der unaufgeklärten Ermordung Lumumbas im Februar 1961 wird nicht ausgeschlossen.

gerufen. Die gefährdete Position des CONACO-Vorsitzenden und Regierungschefs Moïse Kapenda Tschombé wurde dadurch weiter geschwächt. Seit der Wahl Tschombés am → 30. April (S. 75) waren etwa 20 Abgeordnete aus der CONACO ausgetreten. In den nordöstlichen Landesprovinzen kämpfen Rebellen der Kongolesischen Nationalbewegung MNCL gegen die in ihren Augen kolonialistische Zentralregierung.

Auf Antrag der FDC entließ Staatspräsident Kasawubu am 12. Oktober Tschombé aus dem Amt. Der emigrierte umstandslos nach Spanien. Am 15. November beauftragte Kasawubu den früheren Innenminister Evariste Kimba trotz der Mißbilligung des Parlaments mit der Regierungsbildung. Nendaka, als Innenminister zugleich Polizeichef, verbot während der Staatskrise das Erscheinen regierungskritischer Organe und führte eine Kriminalisierungskampagne gegen Tschombé.

Mit seinem Militärputsch zerstört Mobutu die politischen Wirkungsmöglichkeiten der FDC, die das Land ohne jeden westlichen Einfluß entwickeln möchte. Die europäisch orientierte CONACO begrüßt den Militärputsch als mutige Tat zur Stabilisierung des Landes.

Vor dem Umbruch: Joseph Mobutu (2. v. r.) als Oberbefehlshaber der kongolesischen Nationalarmee mit Ministerpräsident Moïse Tschombe (3. v. l.)

Marcos wird Präsident der Philippinen

9. November. Bei den Präsidentschaftswahlen auf den Philippinen siegt der Kandidat der Nationalistischen Partei, Ferdinando E. Marcos, über Amtsinhaber Diosdado Macapagal von der Liberalen Partei.

Marcos tritt für die Bekämpfung der Korruption und für eine Landreform zugunsten der Kleinbauern ein, unterstützt aber die US-amerikanische Vietnam-Politik gegen breiten Widerstand in der Bevölkerung.

Seit 1947 haben die USA das Recht, Militärstützpunkte auf philippinischem Territorium zu errichten. Ein weiteres Abkommen räumte ihnen 1950 zudem die Kontrolle der Währungs- und Wirtschaftspolitik ein.

Ferdinando E. Marcos im Wahlkampf – von begeisterten Anhängern schon als neuer Präsident gefeiert

Ferdinando Edralin Marcos (11. 9. 1917, auf der philippinischen Hauptinsel Luzon) studierte 1934 – 39 Jura mit Auszeichnung. Während der japanischen Besetzung im II. Weltkrieg wurde Marcos als Widerstandskämpfer hoch dekoriert. Seit 1949 für die Liberale Partei im Parlament, wurde er 1961 deren Vorsitzender, brach aber 1964 mit ihr und trat zur Nationalistischen Partei über, deren Vorsitzender er noch im gleichen Jahr wurde.*

Regierungserklärung erst nach Koalitionskonflikten

10. November. Erst eine Woche nach dem ursprünglich geplanten Termin verliest der alte und neue Bundeskanzler Ludwig Erhard (CDU) vor dem Bonner Parlament seine Regierungserklärung.

Die Verzögerung wurde durch die Weigerung des Koalitionspartners FDP verursacht, das erwartete Defizit im Bundeshaushalt 1966 von 6,2 Mio. DM durch Konsumsteuererhöhungen und geringere Besoldungserhöhungen für Beamte zu finanzieren. Die Regierungserklärung findet in einem spannungsgeladenen Klima statt, da die FDP während der Koalitionsverhandlungen ultimativ das Amt des Außenministers und Stellvertretenden Kanzlers für ihren Vorsitzenden Erich Mende gefordert hatte. Gleichzeitig sprach sich die FDP gegen ein Ministeramt für den CSU-Vorsitzenden Franz Joseph Strauß aus.

Die längste Antrittsrede eines Regierungschefs seit dem Bestehen der Bundesrepublik Deutschland wird erwartungsgemäß von wirtschaftspolitischen Themen bestimmt. Erhard sieht bislang unerkannte Risiken in der Altersstruktur der Bevölkerung. In Zukunft würden mehr Menschen aus dem Erwerbsleben ausscheiden als neue hinzutreten; dadurch werde die Rentenlast weiter gesteigert. Der Mangel an Fachkräften auf dem Arbeitsmarkt könne auch nicht durch eine höhere Zahl von ausländischen Arbeitnehmern ausgeglichen werden, die den Qualifikationsanforderungen nicht gerecht würden. Die Belastung der Volkswirtschaft durch Kriegsfolgelasten, Entwicklungshilfe und Verteidigungsaufwendungen könne nur durch eine sparsame Haushaltspolitik der öffentlichen Hand und den Abbau von Subventionen für die Bundesbahn und den Kohlebergbau aufgefangen werden. »Maßhalten« sei das Gebot der Stunde.

Die Unternehmen können Erhard zufolge die für Investitionen erforderlichen Gewinne nur erwirtschaften, wenn die Arbeitszeit um eine Wochenstunde erhöht wird.

Seine Forderungen an die Erwerbstätigen untermauert Erhard mit einer Beschreibung der bundesdeutschen Gesellschaft als ständelose und klassenlose Gesellschaft, die dem einzelnen optimale Entfaltungsmöglichkeiten in einer nationalen Leistungsgemeinschaft biete.

Bundeskanzler Ludwig Erhard während seiner Regierungserklärung

Erhards Botschaft lautet: »Maßhalten!«

In seiner Regierungserklärung vor dem deutschen Bundestag entwickelt Bundeskanzler Ludwig Erhard seine Vorstellungen von einer »formierten Gesellschaft«:

»Nach den geschichtlichen Erfahrungen unseres Volkes, die das Bewußtsein der Abhängigkeit aller von allen geweckt und bestärkt haben, hat die deutsche Gesellschaft den Charakter einer Klassengesellschaft verloren. An ihre Stelle ist eine Leistungsgemeinschaft getreten. Trotzdem dürfen wir nicht verkennen, daß diese noch von innen bedroht ist, nämlich durch allzu viele Versuche, partiellen Interessen ein Übergewicht zu verschaffen. Wollen wir auf dem Weg des bisherigen Erfolges, des Fortschritts, des politischen und sozialen Friedens bleiben, so muß die deutsche Gesellschaft weitere Schritte in jene moderne Ordnung tun, die wir »Formierte Gesellschaft« nennen. Sie wird nicht durch eine Aktion geschaffen, sondern entfaltet sich aus einem Prozeß. Sie ist auch nicht ständestaatlich gegliedert; vielmehr beruht sie auf der Überzeugung, daß die Menschen nicht nur durch Gesetze, sondern aus Einsicht das ihrem eigenen Wohle Dienende zu tun bereit sind ... Eine formierte Gesellschaft setzt eine informierte Gesellschaft voraus. Der Bürger kann sich nur richtig entscheiden, wenn er umfassend informiert ist. Über Handlungen und Absichten des Staates muß er rasch, korrekt und umfassend informiert werden. Da die Informationsnotwendigkeit auch in umgekehrter Richtung für den Staat besteht, ist die Ausnutzung neuester technischer Möglichkeiten sowie die rasche Auswertung wissenschaftlicher Erkenntnisse erforderlich. Bei ihrem Bemühen, der Welt ein Bild Deutschlands zu zeichnen, das der politischen Realität heute und der historischen Wahrheit entspricht, ist die Bundesregierung auf die verantwortungsbewußte Hilfe der öffentlichen Meinungsträger angewiesen ...

Ein Volk, das die sozialen Leistungen noch immer weiter ausdehnen möchte, obwohl die Bundesrepublik nach Aussage des Internationalen Arbeitsamtes in Genf von allen Völkern der freien Welt bereits die höchsten Leistungen tätigt – ein solches Volk sollte sich nicht Überlegungen nach Verkürzung der Arbeitszeit hingeben.«

Gewerkschaften protestieren gegen Erhards Wirtschaftsprogramm

Die Regierungserklärung Erhards findet nur in den Reihen der Regierungsparteien ungeteilte Zustimmung. Zahlreiche Interessenverbände reagieren teils mit Befremden, teils mit offener Ablehnung.

Der SPD-Fraktionsvorsitzende im Bundestag Fritz Erler wertet die Erklärung als Ausdruck mangelnder Entschlußkraft des Regierungschefs. Wer die »Leistungsgemeinschaft« der Deutschen beschwöre, müsse auch sagen, durch welche Gruppeninteressen er sie gefährdet sehe und wo unvernünftige Besitzstände zu Unrecht verteidigt würden.

Der Bundesverband der Deutschen Arbeitgeberverbände zeigt Unverständnis für Erhards Forderung nach einer Stunde Mehrarbeit, da die Produktivität nur

SPD-Fraktionsvorsitzender Fritz Erler

Siegfried Balke, Arbeitgeberverbands-Chef

DGB-Vorsitzender Ludwig Rosenberg

durch Rationalisierung gesteigert werden könne. Die Arbeitnehmer leisteten auch jetzt schon erhebliche Überstundenzahlen ohne Murren.

Der Bundesvorstand des Deutschen Gewerkschaftsbundes sieht im Kanzlervorschlag einen widerrechtlichen Angriff auf die Autonomie der Tarifpartner und die Arbeitnehmereinkommen.

Als »enttäuschend und sehr gefährlich« bezeichnet der Bund der Steuerzahler die Regierungserklärung. Es sei zu befürchten, daß der Regierungschef das Defizit im Bundeshaushalt nur durch Steuererhöhungen decken könne.

*Karl Schiller, der wirtschaftspoliti-
sche Sprecher der SPD*

SPD sucht Profil in Wirtschaftsfragen

4. November. Der Berliner Bundestagsabgeordnete Karl Schiller (SPD) gibt sein Amt als Wirtschaftssenator in Berlin auf, um sich ganz seinen Aufgaben als wirtschaftspolitischer Sprecher der SPD-Bundestagsfraktion widmen zu können.

Der linke Wirtschaftsfachmann

Karl Schiller, am 24. April 1911 in Breslau geboren, war nach der Habilitation für Ökonomie 1939 von 1941-45 Soldat. 1946 trat er in die SPD ein, ab 1949 lehrte er Wirtschaft in Kiel und Hamburg. 1949 bis 1957 war Schiller Mitglied der Hamburger Bürgerschaft, ehe er 1961 Wirtschaftssenator in Berlin wurde. Seit 1964 gehört Schiller dem Parteivorstand der SPD an.

Mit dem Einsatz Schillers in Bonn setzt die SPD ein Signal für ihre zukünftige Wirtschaftspolitik. Der Nationalökonom tritt für die Globalsteuerung der Wirtschaft durch antizyklische Konjunkturpolitik des Staates ein. In der Hochkonjunktur sollen die öffentlichen Haushalte sparen, um die Nachfrage nicht zu überreizen. Konjunktureinbrüche sollen dagegen durch verstärkte Nachfrage aufgefangen werden.

Mit dieser von dem US-Ökonomen John Maynard Keynes entwickelten Konzeption wendet sich die SPD gegen Sparappelle der Regierung Erhard (→ 10. 11./S. 184).

Urteil in »Telefon-Affäre«

8. November. Der Bundesgerichtshof in Karlsruhe verurteilt den früheren Angestellten des Bundesamtes für Verfassungsschutz Werner Pätsch wegen vorsätzlicher Verletzung der Verschwiegenheit im Amt zu vier Monaten Gefängnis mit Bewährung.

Nach Hinweisen des 39jährigen Pätsch hatten die Hamburger Wochenzeitung »Die Zeit« und die Illustrierte »stern« im September 1963 gegen das Bundesamt für Verfassungsschutz in Köln schwere Vorwürfe erhoben: Die Verfassungsschutzorgane führten über alliierte Dienststellen seit 1956 rechtswidrig Telefon- und Postüberwachungen von Personen durch, gegen die kein Spionageverdacht bestünde.

Pätsch hatte sich nach eigenen Angaben an die Medien gewandt, da er eine Aufklärung der vermuteten Vergehen auf dem Dienstwege nicht für möglich hielt. Die von ihm belastete Abteilung für Spionageabwehr werde – so der Verfassungsschützer – von einer Clique ehemaliger Gestapo-Angehöriger beherrscht, die sich als Staat im Staate gebärde.

Jüngere Mitarbeiter des Verfassungsschutzes bestätigten während des Verfahrens gegen Pätsch dessen Vorwürfe gegen Kollegen.

Nach der Veröffentlichung der Vorwürfe wurden führende Beamte aus der Spionageabwehr abgelöst oder versetzt. Ein Parlamentarischer Untersuchungsausschuß hatte im April 1964 allerdings keinen Mißbrauch der Vorschriften bei der Zusammenarbeit bundesdeutscher und alliierter Dienststellen erkennen können, wohl aber eine individuelle Auslegung der Kompetenzen festgestellt.

*Der Verfassungsschutz-Chef Hubert
Schruebbers muß die Vorwürfe von
Pätsch nicht verantworten*

US-Truppenabbau in West-Berlin

23. November. Die US-amerikanische Garnison in Berlin (West) wird um 700 Mann, ein Infanteriebataillon, verringert und damit etwa auf den Stand vor der Errichtung der Mauer im August 1961 gebracht. Damals war die US-Militärpräsenz zur Grenzsicherung aufgestockt worden.

Die US-Stadtkommandantur begründet den Truppenabzug mit dem Nachlassen der politischen Spannungen in Berlin; auch die Vorkommnisse bei der Berliner Sitzung des Bundestages am → 7. April (S. 76) würden den Entspannungsprozeß nicht auf Dauer beeinträchtigen. Die in Berlin eingesparten Truppenteile werden im Raum Nürnberg-München stationiert, wo US-Panzertruppen auf den modernen Panzer M 60 umgerüstet werden.

Reserveausrüstungen der US-Streitkräfte bleiben allerdings in vollem Umfang in der geteilten Stadt, damit im Falle einer neuen Krise entsandte Truppen sofort einsatzfähig sind. Insgesamt unterhalten die drei westlichen Alliierten etwa 11 000 Soldaten in den Westsektoren Berlins, darunter etwa 6000 US-Soldaten. Ihnen stehen im Umkreis von Berlin 20 000 sowjetische und 8200 DDR-Soldaten gegenüber.

Gedenkstätte für das KZ Neuengamme

7. November. Etwa 4000 Personen – überlebende ehemalige Insassen und Angehörige von Opfern der nationalsozialistischen Gewaltherrschaft – nehmen an der feierlichen

Einweihung einer Gedenkstätte auf dem Gelände des ehemaligen Konzentrationslagers Neuengamme etwa 30 km östlich von Hamburg teil. Die Gedenkstätte liegt auf dem

Gelände der ehemaligen Lagergärtnerei, in der die Hinterbliebenen Ermordeter den Friedhof des Lagers sehen, weil hier die Asche der im Krematorium verbrannten Leichen verstreut wurde.

Das 30 km von Hamburg gelegene Lager und eine angeschlossene Ziegelfabrik wurden 1938 von Häftlingen als Außenlager des Konzentrationslagers Sachsenhausen gebaut. Seit 1940 wurde das Arbeitslager Neuengamme zunehmend zu einem der größten Vernichtungslager auf deutschem Boden. 1940 bis 1945 wurden hier 50 000 Menschen aus 20 Nationen durch SS-Verbände ermordet oder durch Arbeit vernichtet.

Bereits 1951 bemühten sich französische Überlebende um die Einrichtung einer Gedenkstätte, aber der Hamburger Senat ließ 1953 nur die Errichtung einer bescheidenen Gedenksäule ohne Inschrift zu, die im Jahr 1960 um einen Gedenkstein ergänzt wurde.

*Hamburgs Bürgermeister Herbert Weichmann (r.) legt einen Kranz an der
29 m hohen Stele des Ehrenmahls im ehemaligen KZ Neuengamme nieder*

»Penkowski-Papier« veröffentlicht

14. November. Der britische Collins-Verlag gibt in London die »Penkowski-Papiere« heraus. Die privaten Aufzeichnungen des Obersten der Sowjetarmee Oleg Penkowski dokumentieren dessen Spionagetätigkeit für die Vereinigten Staaten vom April 1961 bis zum Oktober 1962. Aus den Papieren geht hervor, daß der Generalstabsoffizier sowjetische

Oleg Penkowski, hochdekorierter Kriegsteilnehmer, wandelte sich aus Protest gegen die korrupte sowjetische Führungsschicht vom überzeugten Kommunisten zum Sowjet-Gegner. Er wurde während der »Kubakrise« am 22. Oktober 1962 verhaftet und am 19. Mai 1963 wegen Spionage hingerichtet.

Aufmarschpläne und Rüstungsvorhaben während der sog. Kubakrise im Oktober 1962 verriet. So kamen die USA in den Besitz von Informationen über die vom damaligen sowjetischen Regierungschef Nikita S. Chruschtschow angeordnete Raketenstationierung auf Kuba. Dieses Wissen ermutigte US-Präsident John F. Kennedy am 22. Oktober 1962, ultimativ den Rückzug der Raketen zu fordern.

Hochschulgründung endet mit Eklat

21. November. Der bayerische Ministerpräsident Alfons Goppel legt den Grundstein zur Landesuniversität in Regensburg. Damit erhält die erste Universitäts-Neugründung in Bayern seit der Gründung der Universität Erlangen-Nürnberg 1743 ein eigenes Hochschulgebäude.

Die Grundsteinlegung wird von schweren Vorwürfen gegen den Gründungsrektor, Götz Freiherr von Pölnitz, überschattet. Der 59jährige Historiker, der seit 1935 in München und Erlangen neuere Geschichte lehrte, war während des Nationalsozialismus durch regimefreundliche Publikationen hervorgetreten.

Bei der Grundsteinlegung kommt es zum Eklat, als Goppel den Gründungsrektor nicht begrüßt und kein Teilnehmer der Festversammlung Pölnitz für seine Rede dankt. Daraufhin tritt er am folgenden Tag von seinem Rektorenamt zurück.

Wissenschaft und Technik 1965:

Der Computer erobert das Alltagsleben

Zunehmend erobern sich Großrechner neue Anwendungsgebiete in alltagsnahen Bereichen. Erstmals ermitteln Computer schon vor der Bundestagswahl (→ 19. 9./S. 154) nach demoskopischen Umfragen von repräsentativen Personengruppen Prognosen zum Wahlausgang; am Wahlabend wird das Wahlergebnis schon vor der Auszählung aller Wahlkreise durch Hochrechnung der Stimmverteilung aus ausgewählten Stimmbezirken mit großer Genauigkeit errechnet.

In den US-amerikanischen Finanzbehörden ist der Aufbau der elektronischen Datenverarbeitung für die Steuererklärung aller Bürger bereits abgeschlossen und führt zu einer deutlichen Erhöhung der Steuerehrlichkeit. Die Rechner können die Angaben der US-Bürger mit Firmen- und Bankdaten abgleichen und so Irrtümer und Betrugsversuche meist aufdecken.

Der erste europäische Verkehrsrechner wird in Berlin eingesetzt, für den Münchener »Stachus« läuft die Planung. Andere deutsche Großstädte verhandeln bereits mit der Industrie über den Kauf von Rechnern. Sie ermöglichen für den innerstädtischen Verkehr die optimale Nutzung der Straßenkapazität. Durch Radar-, Ultraschall- oder Luftdrucksignale sowie über elektrische Signale aus Induktionsschleifen in der Fahrbahndecke empfängt der Rechner Daten über die Verkehrsdichte auf den verschiedenen Straßen und steuert danach die Ampelsignale. Der Rechnereinsatz bei der Planung von neuen Straßen verspricht eine Kostenersparnis von 1 Mrd. DM jährlich an Treibstoff.

Der IBM-Computer 1440 erstellt bei der Bundestagswahl vom 19. September Hochrechnungen und Wahlanalysen

Unterwasser-Laboratorium zur Erforschung des Untertagebergbaus; mit 48 Stunden in 130 m Tiefe stellen hier zwei Taucher einen Weltrekord auf

Innovativ im Verkehrsbereich zeigt sich auch das französische Luftfahrtunternehmen Société Bertin mit dem Bau des ersten Luftkissen-Verkehrszugs der Welt. Das bereits seit einem Jahrzehnt bekannte Luftkissenprinzip wurde erstmals 1959 bei dem Wasserfahrzeug »Hovercraft« realisiert. Der Anwendungsversuch zu Lande erfolgt über eine 3 km lange Hochtrasse. Der Antrieb, ein Heckpropeller, ist dem Flugzeugbau entlehnt. Ende 1965 erreicht der im Maßstab 1:2 gebaute »Aerotrain experimental 01« Geschwindigkeiten von mehr als 200 km/h.

Mit seinem Tauchprojekt »Pre Continent 3« gelingt dem französischen Meeresforscher Jaques Yves Cousteau eine neue Höchstleistung bei der Tauchdauer. Vor der französischen Mittelmeerküste bewohnen sechs Taucher für drei Wochen ein nach unten offenes Stahlgehäuse und erproben so die Belastbarkeit des menschlichen Organismus bei langen Tieftauchperioden. Damit werden künftige Unterwasserstationen zur Erforschung des Meeres für wirtschaftliche und wissenschaftliche Zwecke vorbereitet. Die Taucher atmen ein Gasgemisch mit 85% Heliumanteil, wodurch der gefürchtete »Tiefenrausch« vermieden wird.

Eine 1959 begonnene internationale Forschungsaktion zur Erkundung des Indischen Ozeans erbringt verbesserte Seebodenkarten und Voraussagen über unterseeische Erdöl-, Erdgas- und Metallerzvorkommen. An dem durch die Intergovernmental Oceanographic Commission (IOC) der UNESCO koordinierten Programm waren 40 Schiffe aus 23 Ländern beteiligt.

Die Erforschung des Weltraums macht große Fortschritte durch den ersten geostationären Kommunikationssatelliten »Early Bird« durch die USA (→ 6. 4./S. 78). Mit dem »Weltraumausflug« des Kosmonauten Alexei A. Leonow (→ 18. 3./S. 59) gelingt der Sowjetunion ein wichtiger Schritt zum Einsatz von Astronauten außerhalb des Raumschiffes und damit zum Aufbau von dauerhaften Weltraumstationen. Die USA realisieren ihr erstes Aussteigemanöver am → 3. Juni (S. 115).

Im Staudamm an der Rance-Mündung bei St. Malo an der Nordküste Frankreichs erzeugt zukünftig ein Gezeitenkraftwerk Elektrizität

△ Mit der XC 142 stellt die US-Firma Ling-Temco-Vaught Inc. einen Senkrechtstarter vor, der im Geradausflug 300 Meilen (482,8 km) pro Stunde erreicht und damit schneller als ein Helikopter ist. Die Neuentwicklung soll im Vietnamkrieg erprobt werden; sie kann 32 Soldaten transportieren.

◁ Versuche der US-Raumfahrtbehörde NASA mit einem neuen Feststoffantrieb. Beim Bodenversuch wird der Raketenmotor durch eine winzige Rakete auf dem Treibstoffblock gezündet. 40 000 t Brennstoff verbrennen in 70 Sekunden; die Flammen schlagen über 250 m hoch. Der Motor erzeugt mehr als 1,5 Mio. kg Schub, doppelt soviel wie die Flüssigtreibstoffrakete »Saturn I«.

Erfolgreich verlaufen Versuche mit schnellen Löschhubschraubern für Flugzeugunglücke in der Nähe von Flughäfen – das sind 72% aller Flugunglücke

Viele Lehrstellen bleiben unbesetzt

15. November. In der bundesdeutschen Industrie herrscht unvermindert Lehrlingsmangel. Nach einer Untersuchung der Bundesanstalt für Arbeitsvermittlung und Arbeitslosenversicherung in Nürnberg bleiben nach dem diesjährigen Schulabschluß von 465 000 angebotenen Stellen 265 000 unbesetzt.

Dies entspricht einer Quote an unbesetzten Lehrstellen von 41,1%. Bei den Jungen ist die Zahl der offenen Stellen mit 42,2% etwas höher als bei den Mädchen mit 39,5%.

Damit muß die Wirtschaft den größten Lehrlingsmangel seit dem Kriegsende verkraften. Insbesondere im Einzelhandel, der nicht so hohe Lehrlingsvergütungen zahlt wie das verarbeitende Gewerbe, macht sich der Nachwuchsmangel bemerkbar.

Die Nürnberger Anstalt führt den Lehrlingsmangel vor allem auf den Trend zum Besuch weiterführender Schulen und die Einführung des neunten Pflichtschuljahres in mehreren Bundesländern zurück.

Kreditgeschäft im Aufwind

26. November. Wegen der großen Nachfrage nach Konsumkrediten für Weihnachtsgeschenke hat sich nach Angaben des Bundesverbandes der Deutschen Sparkassen das Kreditgeschäft kräftig belebt. Im Vergleich zum Vorjahr ist die Gesamtkreditsumme der Geldinstitute um mehr als 7% gestiegen.

Die »Weihnachtskredite« dienen meistens der Finanzierung teurer Anschaffungen für den Haushalt wie Waschmaschinen, Fernsehgeräte und repräsentative Möbel.

Auch für den Einzelhandel ergibt sich im Weihnachtsgeschäft ein glänzendes Bild. In der ersten Dezemberwoche registriert die Deutsche Bundesbank mit 30,1 Mrd. DM den höchsten Bargeldumlauf in der Geschichte der Bundesrepublik. Wegen der hohen Bargeldnachfrage geraten die Kreditinstitute in den ersten Dezembertagen sogar bei der Auszahlung in Schwierigkeiten.

Die konsumorientierten Bundesbürger beantworten durch die »Abstimmung im Geschäft« auf ihre Art die Maßhalte-Appelle von Bundeskanzler Ludwig Erhard in seiner Regierungserklärung (→ 10. 10./S. 184). Erhard selbst hatte schon als Wirtschaftsminister die Kreditinstitute aufgefordert, auch Privatleuten Kredite einzuräumen und so Kaufanreize für die Produkte der Konsumgüterindustrie zu schaffen.

Ludwig Erhard, der »Vater des deutschen Wirtschaftswunders«

Beim Tanz beginnen die meisten Ehen

18. November. Das Wickert-Institut für Markt- und Meinungsforschung in Tübingen veröffentlicht die Ergebnisse einer Umfrage, bei der die Eheleute nach Ort und Zeit ihrer ersten Begegnung gefragt werden.

Danach lernen sich 27% der Ehepaare beim Tanz kennen. Für 16% beginnt der Bund fürs Leben bei Festlichkeiten im gemeinsamen Freundeskreis.

Trotz der in den letzten Jahrzehnten konstant zunehmenden Zahl berufstätiger Frauen findet nur jedes zehnte Paar mit einem Flirt am Arbeitsplatz zueinander. Auch Sport (6%), Reisen (5%) und Karnevalsfeste (4%) erweisen sich als schlechte Anknüpfungsmöglichkeiten. Viele Befragte wollen allerdings über die erste Begegnung keine Auskunft geben oder können sich nicht erinnern.

Nach wie vor ist der Trend zur Ehe in der bundesdeutschen Bevölkerung groß. Nach Untersuchungen des Statistischen Bundesamtes bleiben von allen ehemündigen Bürgern nur 5% zeitlebens ledig.

Kulmbach: Eine Stadt unter Quarantäne

4. November. Die oberfränkische Kreisstadt Kulmbach wird nach dem Auftreten zweier Pockenfälle von der Weltgesundheitsorganisation WHO zum »örtlichen Infektionsherd« erklärt.

Nach der Rückkehr aus Tansania am 18. Oktober war bei zwei Personen trotz einer Schutzimpfung die ansteckende Viruskrankheit ausgebrochen. Mehr als 100 Kontaktpersonen aus den Familien und von den Arbeitsplätzen der Erkrankten wurden danach für die Dauer der Inkubationszeit von 14 Tagen unter Quarantäne gestellt.

Mit dem Bekanntwerden der Erkrankungen werden die Herbstferien in Kulmbach und Umgebung auf unbestimmte Zeit verlängert. Öffentliche Veranstaltungen werden untersagt, Gaststätten, Kinos und Kindergärten bleiben geschlossen. Ohne Panik folgen die Bürger dem Aufruf der Behörden, den Kontakt mit anderen Menschen auf das unabdingbare Mindestmaß einzuschränken.

Am 10. November wird Kulmbach wieder für »pockenfrei« erklärt.

Aus aerodynamischen Gründen ist das Düsenfahrzeug »Spirit of America« äußerlich wie ein Flugzeug gestaltet

US-amerikanischer Zweikampf um Rekorde nahe der Schallmauer

15. November. *Der 28jährige US-Amerikaner Craigh Breedlove stellt auf dem Bonneville-Salzsee im US-Bundesstaat Utah mit seinem Düsenfahrzeug »Spirit of America« mit 966,554 km/h einen Geschwindigkeitsrekord für Landfahrzeuge auf. Breedlove erobert damit die Bestzeit zurück, die er am 2. November mit 893 km/h aufgestellt und am 7. November mit 927,674 km/h an seinen Landsmann Art Arfons verloren hatte. Der Wettlauf zwischen den beiden Rivalen um den Titel des schnellsten Piloten eines Landfahrzeugs ist bereits seit zwei Jahren in Gang. Ziel beider Fahrer ist das Überschreiten der 1000-km/h-Marke.*

Nach Stromausfall Chaos in New York

10. November. *Wegen eines Defektes in einem Schaltwerk bei den Niagara-Fällen fällt in acht Bundesstaaten der Vereinigten Staaten und Kanadas vereinzelt bis zu neun Stunden die Stromversorgung aus.*

Um 17.28 Uhr, mitten in der »Rush-hour«, bricht der Verkehr fast vollständig zusammen. Die Fahrgäste der U-Bahnen gehen im Dunkeln über die Geleise zum nächsten Bahnhof. Fahrstühle in Geschäfts- und Wohnhäusern bleiben zwischen den Stockwerken hängen. Die Fahrgäste müssen über Notleitern aus ihren »Gefängnissen« befreit werden.

Die Stadt New York ist bis tief in die Nacht in ein unwirkliches Dunkel getaucht. Im Stadtteil Harlem plündern Banden von Jugendlichen Geschäfte; auch aus anderen Landesteilen werden Plünderungen gemeldet.

Erst gegen 2.30 Uhr können alle Regionen wieder mit Elektrizität versorgt werden.

Eine undramatische und heitere Konsequenz des Stromausfalls zeigt sich neun Monate später in einer kurzfristigen deutlichen Steigerung der Geburtenrate.

◁ In New York hält ein Fotograf zufällig den Moment des Stromausfalls fest

Die brennende »Yarmouth Castle« kurz vor ihrem Untergang

Zigarette verursacht Schiffskatastrophe

13. November. In den Morgenstunden sinkt das Fährschiff »Yarmouth Castle« auf der Fahrt von Miami zu den Bahamas. Bei dem Unglück, das durch eine weggeworfene Zigarettenkippe verursacht wird, kommen 82 Passagiere ums Leben.

Wenig später leitet die US-Regierung eine Untersuchung der Sicherheitsvorkehrungen auf Schiffen ein, die – wie die »Yarmouth Castle« – aus Steuergründen unter der Flagge Panamas fahren.

Heilsarmee: Seit 100 Jahren engagierte Missionsarbeit

13. November. Mit zahlreichen Jubiläumskongressen in aller Welt feiert die Heilsarmee ihr 100jähriges Bestehen.

Die in mehr als 80 Ländern tätige Organisation wurde 1865 von dem Methodistenprediger William Booth im Osten Londons als »Christian Mission« gegründet, um Verwahrloste, Alkoholiker und Prostituierte zu einer »christlichen Lebensweise« zurückzuführen und um Arbeitslose und Bedürftigen Unterkunft zu geben. Parole der als Zeltmission arbeitenden Vereinigung war der Ruf »Rettet Seelen!«.

In den Slums der britischen Großstädte, die mit der industriellen Revolution entstanden, wurden die Anhänger Booths mit faulen Eiern und Dreck beworfen, aber sie beschlossen, trotz aller Ablehnung durchzuhalten. 1878 gaben sich die Mitglie-

der den Namen »Salvation Army« (»Heilsarmee«), adaptierten militärische Rangabzeichen und Hierarchien und entwarfen eine Uniform für die Missionsarbeit. Die straffe

Organisation erleichterte die Ausweitung in andere Länder. Im Jahr 1886 wurde das deutsche Sekretariat (Sitz in Köln) gegründet.

Heute gehören der Heilsarmee welt-

weit etwa 2 Mio. Mitglieder an, davon etwa 10 000 in der Bundesrepublik Deutschland. Mehr als 9 Mio. Obdachlosenbetten werden von der Heilsarmee betreut.

Der am 10. April 1829 in Nottingham geborene William Booth war Gründer und erster General der Heilsarmee

Wie hier in den USA üben die Mitglieder der Heilsarmee in aller Welt ihre Missionstätigkeit mit Gesang aus

»Don Quijote« als Musical

22. November. Unter der Regie von Albert Marre wird im New Yorker Anta Washington Square Theatre das Musical »Der Mann von La Mancha« uraufgeführt. Das Textbuch schrieb Dale Wassermann nach einer Verfilmung des Romans »Don Quijote von la Mancha« (1605/15) des Spaniers Miguel de Cervantes Saavedra. Im Mittelpunkt des Bühnengeschehens stehen verschiedene Episoden des »Ritters von der traurigen Gestalt«, des verarmten Adeligen, der träumerisch den bäuerlichen Alltag seiner Zeit in die vergangene Welt des Mittelalters umdeutet und sich daher in ständigem Widerspruch zur Realität befindet.

Mit seinem Diener Sancho Pansa wird Don Quijote zu Beginn des Musicals von der spanischen Inquisition in den Kerker geworfen, weil er es wagte, als Steuereinnehmer Klostergut zu pfänden. Seine Mitgefangenen – Mörder und Diebe – wollen ihn ausrauben, aber Don Quijote hält sie davon ab, indem er ihnen von seinem Leben erzählt. Dabei verschmilzt sein Leben mit dem Leben seines Erfinders Cervantes.

Die teils schwungvollen, teils verträumten Melodien des Musicals begeistern das Publikum auf Anhieb. Bekannte Songs daraus sind »It's all the same«, »Dulcinea«, »I'm only thinking of him«.

Don Quijote, der »Ritter von der traurigen Gestalt« (Josef Meinrad, l.) und Sancho Pansa (Roger Carrel) in einem Fernsehfilm, den das ZDF im Oktober 1965 ausstrahlt. In der deutschen Erstaufführung des Musicals am 5. Januar 1968 in Wien spielt Meinrad ebenfalls den Don Quichote. Sancho Pansa ist Fritz Muliar.

Klebe vertont Werfel-Drama

2. November. Die Uraufführung der Auftragsoper »Jacobowski und der Oberst« nach dem gleichnamigen Drama Franz Werfels in der Hamburger Staatsoper wird zu einem großen Erfolg für den Komponisten Giselher Klebe und Regisseur Günther Rennert.

Das Libretto des Zwölftonwerkes übernimmt den Text der Vorlage, die 1942 im Exil unter dem Eindruck des Überfalls Hitlers auf Polen 1939 entstand.

Die Oper zeigt das Schicksal des exilierten polnischen Juden Jacobowski, der den Obersten der geschlagenen polnischen Armee Stjerbinski, einen ebenso mutigen wie leichtsinnigen Mann, freiwillig durch das besetzte Frankreich und

durch Deutschland führt, damit der Offizier wichtige Papiere außer Landes schaffen kann. Der gewitzte und intelligente Jacobowski rettet bei ihrer tollkühnen Fahrt durch das Feindesland den Obersten wiederholt im letzten Augenblick vor dem Zugriff der Nationalsozialisten.

Mit der grotesken Tour der beiden gegensätzlichen Verfolgten bringt Klebe die jüngste deutsche Geschichte in die Oper ein und gibt dem Musiktheater eine politische Aufgabe.

Die »Komödie einer Tragödie«, wie Werfel sein Drama bezeichnete, zeigt Klebe durch parodistische Walzer-, Tango und Mazurkazitate; mit getragen wirkenden Partien akzentuiert er aber die tragische Dimension der Handlung stärker als Werfel.

Architektur 1965:
Neue Konzepte für das eigen

In der Mitte des Jahrzehnts hat sich der Wohnungsmangel zunehmend entschärft. Zu einer befriedigenden Versorgung fehlen zwar immer noch 1,5 Mio. Wohnungen, aber die meisten Bundesbürger haben Notunterkünfte und Flüchtlingslager verlassen und Untermietverhältnisse aufgeben können.

Hohe Arbeitnehmereinkommen und Mobilität durch privaten KFZ-Besitz ermöglichen die »Flucht« aus den zunehmend als eng empfundenen Mietwohnungen der Innenstädte in die Außenbezirke und führen zu einer differenzierten Eigenheim-Architektur. Für einkommensstarke Bauherren, die sich nicht mit der Monotonie des Reihenhauses begnügen wollen, entwickelt sich mit dem Atriumhaus eine zeitgemäße Alternative zur Villa als dem Vorläufertyp des »Oberschichten«-Wohnsitzes.

In der durch die Wohnungsbaupolitik des Bundes geförderten »Eigenheimkultur« bahnen sich allerdings Problemlagen an, die man durch die Kritik an den Trabantenstädten der frühen sechziger Jahre schon überwunden glaubte: Die scharfe Trennung von Wohnung und Arbeitsplatz führt zur Herausbildung von Schlafstädten ohne soziales Leben.

Entwicklungslinien repräsentativer Industriebaukunst zeigen sich bei der Ausstellung von Entwürfen

für den bundesdeutschen Pavillon zur Weltausstellung in Montreal im Juni 1967. Die Exponate in der Bonner Beethovenhalle basieren fast durchweg auf dem nüchternen »Bauhaus«-Stil der 20er Jahre. Es dominieren nahezu wandlose, großflächig verglaste Entwürfe, bei denen die Etagen wie an die tragende Säulenkonstruktion angehängt erscheinen.

Das am → 2. April (S. 81) eingeweihte Europa-Center in Berlin (West), zentral neben der Gedächtniskirche gelegen, repräsentiert die zukunftsweisende Idee der »Stadt in der Stadt«. Seit Kriegsende brachliegend und wechselnd von Zirkusunternehmern, Autoscootern und Verkaufsbuden genutzt, wurde das Gelände für die ungewöhnliche Möglichkeit gebraucht, im Herzen einer europäischen Großstadt ein Gegenbild zum berühmten New Yorker Rockefeller Center zu errichten.

Auf 20 000 m² integrierten die deutschen Architekten Helmut Hentrich und Hubert Petschnigg Kinos, mehr als 100 Läden, 20 Restaurants, Galerien, Sauna, Minigolfplatz und Warenhaus in drei Etagen. Um die beiden Innenhöfe sind Wohnappartements gruppiert. Darüber erhebt sich ein Bürohochhaus. Mit 86 m ist der Gebäudekomplex das derzeit höchste Bauwerk Berlins.

Nach einer Bauzeit von 18 Monaten war dieses vollständig aus Kunststoff bestehende Haus bezugsfertig; Kostenpunkt etwa 60 000 DM

Heim im Grünen und die große Idee von der »Stadt in der Stadt«

◁ ◁ Hinter dem Ambiente eines Schwarzwaldhauses verbirgt sich in diesem Haus am Schluchsee ein weiträumig gestalteter Wohnraum

◁ Futuristisch mutet das metallene Wohnkabinenhaus des Stuttgarter Architekten Horst Peter Dollinger an. Das für die Weltausstellung 1967 in Montreal geplante Gebäude hat eine Grundfläche von nur 25 m² für den 99 m hohen Versorgungsturm, in dem Fahrstuhl, Treppenhaus und Leitungen untergebracht sind. 24 Dreizimmerwohnungen sind so angehängt, daß ein optimaler Sonneneinfall gewährleistet ist.

Das Reihenhaus schließt einen Kompromiß zwischen dem Bedürfnis nach einem eigenen Haus und der Rücksichtnahme auf hohe Grundstückspreise

Auch ein freistehendes Haus kann durch einen angebauten Atelierflügel und durch umrundende Mauern das Wohngefühl des Atriumhauses vermitteln

München will die Sommerspiele 1972

29. November. Die bayerische Landeshauptstadt München bewirbt sich für die Ausrichtung der Olympischen Sommerspiele 1972. Mit dieser Mitteilung überrascht Oberbürgermeister Jochen Vogel Mitbewerber aus anderen Staaten.

Der Entschluß zur Bewerbung war in nichtöffentlichen Sitzungen des Münchener Stadtrats vorbereitet worden. Die Entscheidung fiel nach einer Unterredung zwischen Vogel, Bundeskanzler Ludwig Erhard und dem Nationalen Olympischen Komitee (NOK) für Deutschland in Bonn, bei der Erhard die Kandidatur Münchens begrüßte und Finanzhilfen des Bundes zusagte. Die Kosten für die Ausrichtung der Spiele werden auf etwa 500 Mio. DM geschätzt.

Im Zuge der Beratungen hatte die Stadt München den West-Berliner Senat konsultiert, um im Falle einer Kandidatur der ehemaligen deutschen Hauptstadt die eigenen Pläne zurückzustellen. Aufgrund der politischen Situation in der geteilten Stadt verzichtet der Senat auf eine Bewerbung, deren Chancen bei der Abstimmung im Internationalen Olympischen Komitee (IOC) als gering gewertet werden.

Bei einem Zuschlag muß München

Barcelona denkt ernsthaft an eine Olympia-Kandidatur

Siebzig Jahre olympischer Sport in Deutschland

Olympia im deutschen Paradies

München auf dem Weg zur Kandidatur / NOK unterstützt den Antrag

München will Olympische Spiele 1972 ausrichten

Strauß unterstützt München

Olympiapfennig nicht schlecht

Kiel bietet Segelrevier an

Spiele mit Kultur

München entspricht den Vorstellungen
WAZ-Gespräch mit dem NOK-Präsidenten Willi Daume

Daume: München nicht ohne Chance

Olympia-Bewerbung eine „großartige Sache"

Rat der Stadt beschloß: Olympiabewerbung wird abgegeben

Brundage: München hat reelle Erfolgsaussichten

Hary schaufelt mit

Noch keine Bewerbung beim IOC eingegangen

Die Schlagzeilen der Meldungen zur Bewerbung Münchens zeigen, daß eine Olympiade auf bundesdeutschem Boden mit Freude erwartet wird: Deutsche Politiker machen sich dafür stark, Funktionäre sind zuversichtlich

ein olympisches Dorf und ein Olympiastadion bauen und zudem spezielle Sportstätten für eine Vielzahl von Sportarten errichten. Eine geeignete Baustätte ist das verkehrstechnisch gut erschließbare Oberwiesenfeld. Ein Stadion käme außerdem den Erfordernissen der 1963 eingerichteten Fußball-Bundesliga für Münchener Spitzenvereine entgegen.

NOK-Präsident Willi Daume beurteilt die Chancen Münchens, sich gegen Montreal, Moskau und Wien durchzusetzen, als gut. Die Stimmung sei nach zwei IOC-Kongressen in Baden-Baden und München einer bundesdeutschen Stadt zugetan.

Seit dem Wiederaufleben der olympischen Idee mit den ersten Spielen der Neuzeit 1896 in Athen war 1936 mit

Berlin bereits einmal eine deutsche Stadt Ausrichterin der Wettkämpfe. Das Nazi-Regime mißbrauchte das Völkerfest für eine glanzvolle Selbstdarstellung, die über seine menschenverachtenden politischen Ziele hinwegtäuschen sollte. Die Berlin zugesprochenen Spiele des Jahres 1916 waren wegen des Ersten Weltkrieges abgesetzt worden.

Das Ruhrgebiet will München die Spiele streitig machen

Unmittelbar nachdem die Kandidatur Münchens für die Olympischen Sommerspiele 1972 bekannt wurde, werden im Ruhrgebiet Forderungen laut, die Spiele in den »Kohlenpott« zu holen.

Bereits am 2. Dezember berichtet die »Westdeutsche Allgemeine Zeitung« von Verhandlungen zwischen der Landesregierung von Nordrhein-Westfalen, der Bundesregierung und den Großstädten des Ruhrgebietes über die Voraussetzungen einer gemeinsamen Olympia-Kandidatur mehrerer Ruhrgebietsstädte. Der Vorsitzende des Siedlungsverbands Ruhrkohlenbezirk, der Essener Bürgermeister Horst Katzor (SPD), verkündet: »Wir werden mit allen Mitteln versuchen, die Spiele ins Revier zu bekommen.«

NOK-Präsident Willi Daume gibt den Ruhrgebietsstädten allerdings

keine Chance, weil die Satzung des Internationalen Olympischen Komitees (IOC) nur die Bewerbung

von Städten, nicht aber einer Region zulasse. Keine Ruhrgebietsstadt sei aber allein in der Lage, die

Willi Daume
Der Sohn eines Eisengießerei-Besitzers (* 24. 5. 1913) studierte 1934–37 Betriebs- und Volkswirtschaftslehre und war als Hand- und Basketballer aktiv. 1949–55 war er Präsident des neugegründeten Deutschen Handball-Bundes – seither DHB-Ehrenpräsident. Seit 1950 ist er Präsident des Deutschen Sportbundes. Daume, seit 1956 Mitglied im Internationalen Olympischen Komitee, wurde im Februar 1961 zum Präsidenten des NOK gewählt. Großes Ansehen erlangte Daume durch seinen besonnenen Einsatz für eine gesamtdeutsche Olympiamannschaft (1956–64), die er gegen alle Widerstände durchsetzen konnte.

Spiele auszurichten. Zudem unterstütze das NOK nur die Bewerbung Münchens.

Bereits am 9. Dezember wird der kurze Olympia-Traum des Ruhrgebiets bei einer Sitzung von Vertretern der Städte Dortmund, Essen, Gelsenkirchen, Mülheim, Oberhausen, Bochum, Gladbeck und Duisburg aufgegeben.

Die Kommunalpolitiker wollen sich jetzt verstärkt um die Ausrichtung der Fußball-WM 1974 bemühen, die aufgrund der Bewerbungsvorgaben realistischer erscheint. Einige Baupläne für neue moderne Stadien sind schon fertig, z. B in Gelsenkirchen und Dortmund.

In ihrem Enthusiasmus hatten die Städtevertreter zuerst von der Fußball-Weltmeisterschaft 1970 gesprochen und dabei übersehen, daß diese Veranstaltung bereits an Mexiko vergeben ist.

November 1965

FIFA fordert Strafen für Ausschreitungen

20. November. Der Welt-Fußballverband (FIFA) fordert seine Mitgliedsverbände zu drakonischen Strafen für Ausschreitungen in Fußballstadien auf. Zuschauer-Übergriffe sollen prinzipiell vom Gastverein verantwortet und durch Spielabbruch sowie die Sperrung des Stadions für weitere Spiele geahndet werden. Vereins- und Nationalmannschaften, die gegen die sportliche Fairneß verstoßen, sollen von internationalen Wettbewerben ausgeschlossen werden können.

Die FIFA reagiert damit auf Berichte über Fanatiker, die Spieler von Gastmannschaften in der Nacht vor dem Treffen durch Lärmen und Krach im Hotelbereich belästigt und beim Schlafen gestört haben. In anderen Fällen wurden den Gästen Trainingsplätze und Bälle verweigert. Zuletzt kam es am 17. November in Bremen beim Achtelfinal-Rückspiel im Europapokal der Landesmeister zwischen Werder Bremen und Partizan Belgrad nach einer harten Partie und drei Platzverweisen zu Krawallen: Tausende von Zuschauern stürmten nach dem Schlußpfiff auf den Platz, die Polizei mußte Belgrader Spieler und den Schiedsrichter vor tätlichen Angriffen schützen.

Mildenberger (r.) zeigt mit der Schonung Zechs kein Profi-Boxen

»Sparringskampf« um Europa-Titel

26. November. *Der deutsche Berufsboxsport gerät bei der erfolgreichen Titelverteidigung von Schwergewichts-Europameister Karl Mildenberger gegen den Deutschen Meister Gerhard Zech in der Frankfurter Festhalle in Verruf. Mildenberger schont offensichtlich seinen völlig unterlegenen früheren Sparringspartner, der bei einem K.o. seinen Titel verloren hätte, ohne daß dieser an den Europameister gegangen wäre.*

Vor dem Kampf kündigte Clay (l.) einen K.-o.-Sieg in der achten Runde an

Clay schlägt Patterson souverän

22. November. *Mit einem technischen K.o. in der zwölften Runde verteidigt der 23jährige US-Amerikaner Cassius Clay in Las Vegas (USA) die Schwergewichts-Weltmeisterschaft im Boxen gegen seinen sieben Jahre älteren Landsmann Floyd Patterson. Clay, der sich seit 1964 Muhammad Ali nennt, kann seine Ankündigung, Patterson in der 8. Runde k.o. zu schlagen, nicht erfüllen (→ 25. 5./S. 98).*

Teilnahme an Fußball-Weltmeisterschaft 1966 gesichert

14. November. Erwartungsgemäß gewinnt die deutsche Fußball-Nationalmannschaft das letzte Qualifikationsspiel für die Fußball-Weltmeisterschaft 1966 in England gegen Zypern in Nikosia mit 6:0 und sichert damit dem Deutschen Fußballbund die Teilnahme am achten Weltturnier.

Führung, ehe Mittelläufer Panaiotou Zyperns einzigen Qualifikationstreffer erzielt – ins eigene Tor – zum 6:0-Endstand.

Des Gruppengegners Schweden geringe Hoffnung auf eine Fußball-Sensation – eine deutsche Niederlage – ist damit geplatzt. Die DFB-Auswahl behält das WM-Ticket nach England, das sie praktisch schon mit dem Sieg in Schweden (→ 26. 9./S. 161) gebucht hat, in der eigenen Sporttasche.

Abschlußtabelle

Mannschaft	Tore	Punkte
1. Deutschland	14: 2	7:1
2. Schweden	10: 3	5:3
3. Zypern	0:19	0:8

Vor 7000 Zuschauern – unter ihnen 2000 UNO-Soldaten – kontrolliert die deutsche Elf bei schwülen Temperaturen auf einem harten, staubigen Aschenplatz das Spiel und führt bis zur Halbzeit durch Heiß und Krämer 2:0. Nach der Pause erhöhen Szymaniak und zweimal Brunnenmeier die

Die erfolgreiche DFB-Auswahl v. l. (hinten): Trainer Helmut Schön, Rudi Brunnenmeier (1860 München), Werner Krämer (MSV Duisburg), Franz Beckenbauer (Bayern München), Wolfgang Weber (1. FC Köln), Günter Netzer (Borussia M'gladbach), Horst Szymaniak (Tasmania Berlin); (vorn) Fredy Heiß (1860 München), Sepp Piontek (Werder Bremen), Hans Tilkowski (Borussia Dortmund), Horst Dieter Höttges (Bremen), Heinz Hornig (Köln)

Dezember 1965

Mo	Di	Mi	Do	Fr	Sa	So
		1	2	3	4	5
6	7	8	9	10	11	12
13	14	15	16	17	18	19
20	21	22	23	24	25	26
27	28	29	30	31		

1. Dezember, Mittwoch

Das Auswärtige Amt in Bonn protestiert bei der Sowjetischen Botschaft scharf gegen einen Artikel in der Moskauer Regierungszeitung »Prawda« vom 17. November. Darin wird Bundespräsident Heinrich Lübke beschuldigt, die Nazi-Diktatur durch seine Arbeit in der Rüstungswirtschaft gestützt und zum Tod von KZ-Häftlingen beigetragen zu haben.

In den Vereinigten Staaten tritt ein neues Einwanderungsgesetz in Kraft, das besonders die Familienzusammenführung berücksichtigt. → S. 201

Der südafrikanische Städtebauminister Pieter Willem Botha fordert alle weißen Paare des Landes auf, zum fünften Jahrestag des Austritts aus dem Commonwealth ein Kind zu zeugen.

2. Dezember, Donnerstag

Im Bonner Parlament endet eine viertägige Bundestagsdebatte über die Regierungserklärung von Bundeskanzler Ludwig Erhard (→ 10. 11./S. 184).

König Hasan II. von Marokko beendet einen viertägigen Staatsbesuch in der Bundesrepublik. → S. 203

In Miami (US-Bundesstaat Florida) trifft die erste Maschine der »Luftbrücke ins Exil« ein, über die mehr als 100 000 Kubaner in die USA umsiedeln werden. In einem Abkommen mit den USA vom 6. November 1965 hatte der kubanische Regierungschef Fidel Castro der Exilierung von Kubanern zugestimmt, die in den USA mit ihren Familienangehörigen zusammenleben wollen.

3. Dezember, Freitag

Der stellvetretende Ministerratsvorsitzende der DDR, Erich Apel, geht aus Verzweiflung über die Konditionen eines Wirtschaftsvertrages mit der Sowjetunion in den Freitod. → S. 202

Die niederländische Regierung lehnt das Projekt der integrierten Atomstreitmacht der Nordatlantischen Verteidigungsgemeinschaft, demzufolge die NATO-Staaten Verfügungsgewalt über atomare Waffen erhalten sollen, als Deckmantel für den Versuch einer atomaren Bewaffnung der Bundesrepublik ab.

Die Organisation für Afrikanische Einheit (OAU) beschließt bei einer außerordentlichen Ministerratssitzung in der äthiopischen Hauptstadt Addis Abeba den Abbruch der diplomatischen Beziehungen aller Mitgliedsstaaten zu Großbritannien, wenn die britische Regierung den Versuch zum Aufbau eines von Weißen beherrschten Staates in Rhodesien nicht bis zum 15. Dezember niederschlage (→ 11. 11./S. 182).

Die größte bundesdeutsche Fernsehzeitschrift »Hörzu« stiftet anläßlich des 15jährigen Bestehens des öffentlich-rechtlichen Fernsehens den Fernsehpreis »Goldene Kamera«. → S. 207

4. Dezember, Samstag

Der Sachverständigenrat für die Beurteilung der gesamtwirtschaftlichen Entwicklung (»Rat der fünf Weisen«) rügt die Bundesregierung für ihre Untätigkeit im Kampf gegen den Preisauftrieb.

Als Antwort auf das Weißbuch Großbritanniens vom Mai des Jahres über die britischen Rechte an Gibraltar veröffentlicht die spanische Regierung eine Denkschrift, in der sie Großbritannien für die Anerkennung der spanischen Souveränität über Gibraltar die freie Benutzung des Stützpunktes und die Entwicklung der Infrastruktur im Hinterland anbietet.

Das Parteiorgan der CSU, der »Bayern-kurier«, greift Wissenschaftler und Künstler wegen ihres Protestes gegen die US-amerikanische Vietnam-Politik an. → S. 202

5. Dezember, Sonntag

Die rechtsradikale Deutsche Reichspartei (DRP) löst sich nach 20jährigem Bestehen bei einer Parteiversammlung von nur 80 Delegierten auf. → S. 203

Die Vereinigten Staaten und die Sowjetunion erklären ihre Bereitschaft zu Verhandlungen über einen »Vertrag über die Nichtverbreitung von Kernwaffen« (»Atomwaffensperrvertrag«). Damit rücken die Vereinigten Staaten vom bislang verfolgten Konzept einer integrierten Streitmacht der Atlantischen Verteidigungsgemeinschaft ab.

Die Deutsche Akademie der darstellenden Künste in Frankfurt am Main verleiht dem Berliner Regisseur Peter Lilienthal den Fernsehpreis 1965 für sein Fersehspiel »Seraphine oder die wundersame Geschichte der Tanta Flo«. In der Begründung heißt es, Lilienthal schöpfe die ästhetischen Möglichkeiten des Fernsehens vorbildhaft aus.

Das Zentralorgan der Sozialistischen Einheitspartei (SED) in der DDR »Neues Deutschland« beschuldigt den Ost-Berliner Liedermacher Wolf Biermann des Anarchismus in seinem Lyrik-Band »Die Drahtharfe«, der im Oktober im West-Berliner Wagenbach-Verlag erschienen ist. Darin stellt Biermann auch systemkritische Texte vor. Mit ihrem Angriff gegen Biermann warnt die DDR-Tageszeitung alle Literaten, die parteioffizielle »sozialistische« Literaturdoktrin nicht zu verletzen.

6. Dezember, Montag

Bei der norwegischen Stadt Narwik stürzt ein Starfighter der Bundesluftwaffe ab. → S. 206

Nach Feststellungen des Institutes für angewandte Sozialwissenschaft in Bad Godesberg hat mehr als ein Drittel der bundesdeutschen Bevölkerung Postkontakt zu Verwandten und Bekannten in der DDR.

7. Dezember, Dienstag

Der niederländische Senat billigt durch ein Sondergesetz die Eheschließung der niederländischen Kronprinzessin Beatrix Wilhelmina Armgard mit dem deutschen Diplomaten Claus von Amsberg und ermöglicht die Verleihung der niederländischen Staatsbürgerschaft an von Amsberg.

Die Regierung Uruguays verhängt wegen wachsender Unruhen und Demonstrationen der Arbeiterschaft gegen die wirtschaftliche Lage den Ausnahmezustand und setzt die verfassungsmäßig garantierten Bürgerrechte außer Kraft.

Der Oberste Sowjet der UdSSR beschließt eine Erhöhung der Verteidigungsausgaben um 640 Mrd. Rubel (2,8 Mrd. DM) und eine erhebliche Kürzung der wirtschaftlichen Planziele.

Vertreter der Sportpresse aus 31 Ländern wählen in Stuttgart den australischen Leichtathleten Ron Clarke zum Sportler des Jahres. → S. 207

8. Dezember, Mittwoch

Papst Paul VI. beendet vor 2400 Konzilsvätern am Tag der unbefleckten Empfängnis Marias das II. Vatikanische Konzil. → S. 198

In der indischen Hauptstadt Delhi beginnt mit der Austeilung der ersten 3 Mio. Lebensmittelkarten für Reis, Weizen und Zucker die Zwangsbewirtschaftung der Grundnahrungsmittel, mit der drohenden Hungersnot begegnet werden soll.

Wissenschaftlern des deutschen Elektronen-Synchrotrons (DESY) in Hamburg gelingt ein Nachweis von Anti-Materie in Lichtstrahlen. → S. 206

Die Westberliner Bevölkerung tätigt Hamsterkäufe von Spirituosen, da ab 1966 mit Preiserhöhungen zwischen 30 und 50% zu rechnen ist. → S. 206

9. Dezember, Donnerstag

Der Oberste Sowjet wählt Nicolai W. Podgorny nach dem Rücktritt von Anastas I. Mikojan zum Vorsitzenden des Präsidiums des Obersten Sowjets.

Ein Orkan über Westeuropa verursacht schwere Schäden. Die höchste Windgeschwindigkeit wird mit 205 km/h auf dem Brocken im Harz gemessen.

10. Dezember, Freitag

Das Bundeskabinett in Bonn beschließt für das Jahr 1966 die Einberufung von etwa 100 000 Reservisten der Bundeswehr, da die Zahl der freiwilligen Meldungen den Bedarf nicht deckt. Von den 8384 Reservisten, die sich freiwillig gemeldet hatten, waren nur 5000 verwendungsfähig.

Der teilprivatisierte VEBA-Konzern beschließt für das Geschäftsjahr 1964/65, das am 30. September endete, eine Dividende von 10,5%. Für die VEBA-Volksaktien ergibt sich damit eine Auszahlung von 2,60 DM pro Aktie.

Die Hauptversammlung der Aktionäre des Bochumer Vereins Gußstahlfabrikation billigt mit großer Mehrheit die Fusion mit der Friedrich-Krupp-Hüttenwerke AG in Rheinhausen. → S. 203

In Stockholm und Oslo werden die Nobelpreise verliehen. → S. 207

11. Dezember, Samstag

Mit Joachim Jaenicke wird erstmals ein Deutscher zum Stellvertretenden Generalsekretär des Nordatlantischen Verteidigungsbündnisses (NATO) gewählt. → S. 201

12. Dezember, Sonntag

Nach Auskunft des Kinderhilfswerkes der Vereinten Nationen leben 600 Mio. Kinder in aller Welt unter dem Existenzminimum. Über 16 Mio. Säuglinge sterben jährlich vor ihrem ersten Geburtstag.

Drei Bundesbürger ermöglichen unter mißbräuchlicher Benutzung von US-Militäruniformen drei Bürgern der DDR die Republikflucht. Vertreter der Westmächte billigen in den folgenden Tagen den Protest der DDR und dringen auf Strafverfolgung der Fluchthelfer.

13. Dezember, Montag

Der US-amerikanische Gewerkschaftsbund American Federation of Labor and Congress of Industrial Organizations (AFL/CIO) fordert alle Mitgliedsgewerkschaften zur sofortigen Beseitigung aller Rassenschranken in der Gewerkschaftsbewegung auf und verlangt von der Regierung in Washington die Gewährleistung der Rassengleichheit in den Schulen.

Der Sonderberater von US-Präsident Lyndon B. Johnson, General Maxwell D. Taylor, fordert die Intensivierung des Landkrieges gegen die Vietcong-Truppen und die Verstärkung der Luftangriffe auf Nordvietnam. Die Entscheidung in der militärischen Auseinandersetzung werde nur durch die Kontrolle des Geländes aus der Luft und zu Lande herbeigeführt werden können.

Vor dem Bonner Landgericht beginnt der Prozeß gegen den 24jährigen Berliner Manfred Tragert wegen Mordes an einem Taxifahrer. → S. 206

14. Dezember, Dienstag

Das Bundesverfassungsgericht in Karlsruhe entscheidet, daß ein konfessionsloser erwerbstätiger Ehepartner verpflichtet ist, für seinen konfessionell gebundenen erwerbslosen Ehepartner Kirchensteuer zu zahlen.

In Frankfurt am Main beginnt der zweite sog. Auschwitz-Prozeß gegen drei ehemalige SS-Funktionäre, die des mehrfachen Mordes angeklagt sind (→ 19. 8./ S. 138).

Auf der indonesischen Insel Bali werden bei Zusammenstößen von Kommunisten und antikommunistischen, religiösen Gruppen mehr als 1000 Kommunisten getötet.

Die französische Zeitschrift »Paris Match« zeigt Staatspräsident Charles de Gaulle, der im 1. Wahlgang der Präsidentschaftswahl vom 5. Dezember die absolute Mehrheit verfehlt. Besorgt blickt der General dem 2. Wahlgang entgegen.

PARIS MATCH

SPECIAL ELECTIONS

N° 870 / 11 DECEMBRE 1965 / 1,20 F

LA NUIT DU 5 DECEMBRE

Die Illustrierte »stern« übernimmt in der Bundesrepublik die organisatorische Patenschaft für den Wissenschaftswettbewerb »Jugend forscht«. → S. 203

15.Dezember, Mittwoch

Die Regierungen Großbritanniens und der Republik Irland unterzeichnen ein Abkommen über die Bildung einer Freihandelszone, in der britische Einfuhrzölle für irische Waren sofort, irische Einfuhrzölle für britische Waren gestaffelt innerhalb von zehn Jahren entfallen werden. Damit soll der Handel zwischen den beiden Staaten gefördert werden.

Nach einer Umfrage der US-amerikanischen Rundfunkgesellschaft CBS sind 34% der US-Amerikaner für einen Atomwaffeneinsatz in Vietnam, wenn dadurch die Kriegsdauer verkürzt werden könne.

Mit dem »Rendezvous-Flug« der Raumschiffe »Gemini 6« und »Gemini 7« gelingt den Vereinigten Staaten ein spektakulärer Erfolg in der bemannten Raumfahrt. → S. 206

16.Dezember, Donnerstag

In Paris endet eine dreitägige Konferenz der Verteidigungsminister der Nordatlantischen Verteidigungsgemeinschaft (NATO), bei der die Vereinigten Staaten von den europäischen Verbündeten Unterstützung für ihre Kriegführung in Vietnam fordern.

Die wichtigste US-amerikanische Gewerkschaftsorganisation AFL/CIO stellt sich bei einem Kongreß in San Francisco mit einer Resolution hinter die Vietnam-Politik des Präsidenten Lyndon B. Johnson.

Das Politbüro-Mitglied der Sozialistischen Einheitsgewerkschaft (SED) in der DDR, Erich Honecker, wirft den jungen Schriftstellern der DDR eine unsozialistische Haltung vor, weil sie sich zu stark an Themen wie Sexualität und Gewalt orientieren.

17. Dezember, Freitag

Die Vereinigten Staaten beziffern die Zahl der in Vietnam getöteten Soldaten für die ersten elf Monate des Jahres mit 35 500 bei den Vietcong-Truppen, 10 000 bei den südvietnamesischen Verbänden und 1100 bei der eigenen Armee.

In 110 bundesdeutschen Kinos läuft der »James-Bond«-Film »Feuerball« mit Sean Connery in der Titelrolle an. → S. 207

Der Galopper »Kronzeuge« aus dem Gestüt Zoppenbroich wird in Köln zum Pferd des Jahres gewählt. → S. 207

18. Dezember, Samstag

Die deutsche Bundesbahn setzt in der Vorweihnachtszeit 177 Sonderzüge ein, die in vier Einsätzen insgesamt 390 000 Gastarbeiter in ihre südlichen Heimatländer bringen. → S. 203

19. Dezember, Sonntag

Erst im zweiten Wahlgang wird General

Charles de Gaulle mit 55,19% der Stimmen erneut zum französischen Staatspräsidenten gewählt. → S. 200

Vizekanzler Erich Mende (FDP) plädiert für die Wiederzulassung der 1956 verbotenen Kommunistischen Partei in der Bundesrepublik, wenn das »Zonen-Regime« entsprechende Gegenleistungen für die demokratische Entwicklung in seinem Herrschaftsbereich anbietet. Eine staatliche Anerkennung des sowjetzonalen Gebietes durch die Bundesrepublik sei ausgeschlossen.

Der Sachverständigenrat zur Begutachtung der gesamtwirtschaftlichen Entwicklung kritisiert in seinem Jahresgutachten die stark überhöhten Ausgaben der öffentlichen Hand in der BRD und die über den Produktivitätsfortschritt hinausgehenden Lohnerhöhungen der Tarifpartner.

20. Dezember, Montag

Bundeskanzler Ludwig Erhard (CDU) beginnt in Washington zweitägige Gespräche mit der US-Regierung. Präsident Lyndon B. Johnson lehnt das deutsche Verlangen nach stärkerer Beteiligung an der gemeinsamen Nuklearstrategie ab.

Der Ostberliner Wissenschaftler Rudolf Havemann fordert in einem »Spiegel«-Artikel den Aufbau einer neuen Kommunistischen Partei in der Bundesrepublik ohne stalinistische Orientierung. Damit übt Havemann indirekt Kritik an der Staatsführung der DDR.

21. Dezember, Dienstag

Der Vorsitzende der CDU, Altbundeskanzler Konrad Adenauer, erklärt seinen Verzicht auf eine erneute Kandidatur für den Parteivorsitz. → S. 202

Die Volkskammer der DDR verabschiedet ein neues Familiengesetzbuch, das u. a. bei Scheidungen das Schuldprinzip abschafft. Das gleichzeitig wesentlich erleichterte Scheidungsverfahren verlangt im Grundsatz nur noch die Willenserklärung eines Ehepartners.

In Columbus (US-Bundesstaat Georgia) beschlagnahmt die Polizei reines Heroin im Wert von mehr als 100 Mio. US-Dollar (400 Mio. DM). → S. 206

22. Dezember, Mittwoch

Der Ministerrat der DDR beschließt ein Gesetz über die Einführung der Fünftagewoche in jeder zweiten Woche und die Verkürzung der wöchentlichen Arbeitszeit von 48 auf 45 Stunden für die 3 Mio. Arbeitskräfte. Zugleich löst er den Volkswirtschaftsrat auf und richtet neun neue Industrieministerien ein.

Nach einem unblutigen Staatsstreich übernimmt im westafrikanischen Staat Dahome das Militär unter Führung von General Christophe Soglo die Macht. → S. 200

23. Dezember, Donnerstag

Bundespräsident Heinrich Lübke spricht sich für eine zeitlich begrenzte

große Regierungskoalition zwischen der CDU/CSU und der SPD aus. → S. 202

Nach Mitteilung der tschechoslowakischen Regierung werden die Grenzschutzanlagen zwischen der DDR und der ČSSR abgebaut, da wegen der geschlossenen Grenze zwischen der Bundesrepublik und der DDR die Einschleusung von westlichen Agenten nicht mehr befürchtet werden müsse.

20 Wohnhäuser in der Gemeinde Körprich bei Saarlouis werden duch einen »wandernden Berg« bedroht. Auf einer Breite von 400 m bewegen sich Erdmassen vom Ausläufer des Boxberges auf die Häuser zu, die wegen Spannungen im Erdreich schon breite Risse zeigen.

24. Dezember, Freitag

Die Führung der US-amerikanischen Truppen in Vietnam stimmt dem Waffenstillstandsangebot der Vietcong am Weihnachtsabend zu. Die Feuerpause gilt vom 24. Dezember, 18.00 Uhr bis zum 25. Dezember, 24.00 Uhr.

25. Dezember, 1. Weihnachtstag

Papst Paul VI. fordert in mehreren Weihnachtsbotschaften die Regierungen der Vereinigten Staaten, Nordvietnams, Südvietnams, Chinas und der Sowjetunion zu einem Abbruch der Feindseligkeiten und zu Bemühungen um einen gerechten Frieden auf. → S. 209

Der britisch Spielfilm »Meine Lieder – meine Träume« von Robert Wise mit Julie Andrews und Christopher Plummer erlebt seine deutsche Erstaufführung. Der Film hatte in diesem Jahr fünf »Oscars« erhalten.

26. Dezember, 2. Weihnachtstag

Bundesfinanzminister Rolf Dahlgrün (FDP) kritisiert die seiner Meinung nach überzogene staatliche Sparförderung und kündigt die Einführung von Einkommensgrenzen an. Mit dieser Sparmaßnahme soll der Bundeshaushalt entlastet werden.

Beim Versuch, am Berliner Grenzübergang Heinrich-Heine-Straße DDR-Bürgern zur Republikflucht zu verhelfen, wird der 27jährige ehemalige DDR-Bürger Heinz Schönhuber von Grenzposten der DDR erschossen. Der Vorfall ruft heftige Proteste der Westmächte hervor.

Im Berliner Sportpalast besiegt der 28jährige Dortmunder Willi Quator den spanischen Box-Europameister im Superleichtgewicht Juan »Sombrito« Albornoz in 15 Runden nach Punkten und wird neuer Titelträger. → S. 207

27. Dezember, Montag

Bundeskanzler Ludwig Erhard sagt den Vereinigten Staaten nichtmilitärische Hilfe im Vietnam-Konflikt zu, um den Abzug von US-amerikanischen Truppen aus der Bundesrepublik nach Vietnam zu verhindern.

Angesichts der weihnachtlichen Grenzzwischenfälle fordert der Sonderbeauftragte des Bundeskanzlers für Berlin,

Ernst Lemmer, von der DDR die Zurücknahme des Schießbefehls.

28. Dezember, Dienstag

Trotz umfangreicher Stützungskäufe durch die Bundesbank fällt die VEBA-Volksaktie stark und erreicht mit 189,5 einen neuen Tiefststand. Damit liegt die Aktie 20,5 Punkte unter ihrem Ausgabekurs von 210. Bankensprecher erwarten angesichts der Börsenlage ein weiteres Fallen auf 180 bis 170 Punkte. Viele der im Aktiengeschäft unerfahrenen Kleinaktionäre sehen im Kursrückgang einen Betrug. Die Bundesregierung appelliert, nicht die Nerven zu verlieren und den Aktienbesitz zu halten, da er zukünftigen Wohlstand verheiße (→ 19. 8./S. 141).

29. Dezember, Mittwoch

Bundesjustizminister Richard Jaeger (CSU) kündigt eine Milderung des Verfolgungszwanges bei Staatsschutzdelikten an, da immer wieder Besucher aus der DDR ungewollt in »verfolgungswürdige« Situationen gerieten.

Das Bundesverteidigungsministerium kündigt wegen der hohen Zahl von Abstürzen der F 104 G («Starfighter«) die Anschaffung von 130 reinen Abfangjägern des Typs F 104 S an, die angeblich wegen ihres geringeren Gewichts nicht in so hohem Maße absturzgefährdet sind. → S. 206

30. Dezember, Donnerstag

Auf den Philippinen wird der Vorsitzende der Nationalistischen Partei, Ferdinando Edralin Marcos, als Staatspräsident vereidigt (→ 9. 11./S. 183).

31. Dezember, Freitag

Die Europäische Freihandelsassoziation (EFTA) senkt die Binnenzölle auf Industrieerzeugnisse um weitere 10% auf 20% der Ausgangsposition von 1960, des Jahres der EFTA-Gründung. Sie nähert sich damit dem Ziel einer europäischen Freihandelszone um einen weiteren Schritt.

Die spanische Gesetzgebende Versammlung genehmigt eine Regierungsvorlage, die erstmals seit der Machtübernahme durch General Francisco Franco Bahamonde 1939 ein eingeschränktes Streikrecht anerkennt. Die Regierung behält sich allerdings das Recht auf Unterdrückung von Streiks mit politischen Motiven vor.

In der Zentralafrikanischen Republik übernimmt das Militär die Macht. Der Generalstabschef der Armee, Oberst Jean Bedel Bokassa, wird Staatspräsident. → S. 200

Das Wetter im Monat Dezember

Station	Mittlere Lufttemperatur (°C)	Niederschlag (mm)	Sonnenscheindauer (Std.)
Aachen	4,5 (3,1)	— (62)	— (49)
Berlin	2,7 (0,7)	— (41)	— (36)
Bremen	3,3 (2,2)	— (54)	— (33)
München	2,7 (−0,7)	— (44)	— (41)
Wien	3,0 (0,9)	68 (51)	67 (41)
Zürich	2,8 (0,2)	169 (73)	20 (37)

( ) Langjähriger Mittelwert für diesen Monat
— Wert nicht ermittelt

Der satirische »Simplicissimus« überträgt ironisch die Suche Marias und Josefs nach einer Herberge in die automobile Gegenwart und kritisiert so die Gleichgültigkeit »der Christen«, deren Zahl nach dem prozentualen Anteil von CDU und CSU bei der Bundestagswahl vom 19. September gemessen wird.

München, 18. Dezember 1965

Österreich: S 6.50; Schweiz: Sfr. 1.—; Italien: Lire 170.—; Luxemburg: Lfr. 14.—; Belgien: Bfr. 14.—; Dänemark: Dkr. 2.—; England: £ ¹/₁₆; Finnland: Fmk. 90.—; Frankr.: F 1.50

Erscheint alle 14 Tage

Drive-in-Weihnacht 1965 • Wann endlich auch bei uns totaler Stromausfall? • Neuss und Biermann an der Phonofront • Unser Mann aus Moskau: Ole Penko • Pater Leppich bloß ein Nebbich? • Ski und Jodeln: sehr gut

B 6307 D

26

Preis DM 1.—

SIMPLICISSIMUS

„Zimmermann nach Bethlehem"

Zeichnung: Wigg Siegl

RASTHAUS 17 km

„Das ist jetzt der hundertste, der stur vorbeigebraust ist, Maria.
Siebenundvierzig von ihnen haben aber doch erst unlängst eine christliche Partei gewählt!"

Feierlicher Abschluß des II. Vatikanischen Konzils

8. Dezember. Am Tag der Unbefleckten Empfängnis Marias beschließt Papst Paul VI. vor 2400 Bischöfen, 130 Beobachtern nichtkatholischer christlicher Kirchen und 91 Regierungsdelegationen das II. Vatikanische Konzil. In seiner Schlußbotschaft auf dem Petersplatz ruft das Oberhaupt der Katholischen Kirche die Völker zum Bemühen um Frieden und Freiheit auf und entbietet auch den Ungläubigen einen Gruß.

Versammlung der Bischöfe

Ein ökumenisches Konzil wird vom Papst einberufen und versammelt die Bischöfe der katholischen Kirche als Repräsentanten der Universalkirche. Hier werden theologische und kirchenrechtliche Fragen diskutiert und entschieden.

Ökumenische Konzile

Bezeichnung	Jahr
Nizäa	325
Konstantinopel I	381
Ephesus	431
Chalkedon	451
Konstantinopel II	553
Konstantinopel III	680 – 681
Nizäa II	787
Konstantinopel IV	869 – 870
Lateran I	1123
Lateran II	1139
Lateran III	1179
Lateran IV	1125
Lyon I	1245
Lyon II	1274
Vienne	1311 – 1312
Konstanz	1414 – 1418
Basel-Ferrara-Florenz	1431 – 1449
Lateran V	1512 – 1517
Trient	1545 – 1563
Vatikanum I	1869 – 1870

Auszug von Papst Paul VI. aus dem Petersdom nach der Schlußveranstaltung; rechts und links stehend die Kardinäle

Dem Schlußtag des Konzils gibt der Papst besonderes Gewicht, indem er den Bannfluch aufhebt, den Rom 1044 über den Patriarchen von Konstantinopel verhängte, wodurch die Trennung von katholischer und orthodoxer christlicher Kirche vollzogen wurde. Erstmals erhält mit dem Gesandten aus Konstantinopel ein nichtkatholischer Christ den päpstlichen Bruderkuß.

Ein Versöhnungszeichen gibt Paul VI. auch den evangelischen Kirchen, als er als erster Papst bei einem konfessionsübergreifenden Gottesdienst dem Choral Luthers »Nun danket alle Gott« zuhört. Den Wunsch vieler Bischöfe nach einer Heiligsprechung Papst Johannes XXIII., die sein Eintreten für die Erneuerung der Kirche geehrt hätte, erfüllt Paul VI. nicht. Er besteht auf dem förmlichen Heiligsprechungsprozeß, der in der Regel mehrere Jahrzehnte beansprucht.

Der am 28. Oktober 1958 gewählte Johannes XXIII. hatte am 29. Juni 1959 die Einberufung eines Konzils angekündigt, das die Stellung der Kirche in der Welt bestimmen, die Einheit der Christen fördern und die katholische Glaubenslehre weiterentwickeln sollte. In den Jahren bis zum Konzilsbeginn am 11. Oktober 1962 erarbeiteten Bischofsversammlungen und Theologenkongresse Vorlagen für das Plenum. Reformerische Kleriker aus Westeuropa, Afrika und Lateinamerika erwarteten durch das Konzil eine Antwort auf neue soziale Entwicklungen und eine innerkirchliche Erneuerung, die Glaubwürdigkeit und Attraktivität der Kirche fördern sollte. Konservative Kräfte insbesondere aus dem italienischen Klerus versuchten schon im Vorfeld, die befürchteten Neuentwicklungen zu verhindern. Der Tod des schwerkranken Papstes am 3. Juni 1963 stürzte das Konzil in eine Krise, da mit dem Tod des einberufenden Papstes kirchenrechtlich das Konzil als beendet gilt. Der am 21. Juni 1963 überraschend schnell zum Papst gewählte Paul VI. rief am Tage nach seiner Wahl das Konzil zur zweiten Sitzungsperiode ein und führte damit die Reformbestrebungen seines Vorgängers fort. Eine zweite Krise, die sog. Novemberkrise, durchlebt das Konzil im November 1965, als eine Minderheit aus der römischen Kurie die von der Mehrheit befürworteten Entschlüsse über die Juden, die Religionsfreiheit und die Kollegialität zwischen Papst und Bischöfen zu verhindern sucht.

Erneuerung der Kirche als zentrales Anliegen

Der reformerische Papst Johannes XXIII. berief 1962 das Konzil ein

Mit der zentralen Konstitution »Die Kirche in der Welt von heute« reagiert das Konzil auf die moderne, von wissenschaftlichen und technischen Fortschritten gekennzeichnete Zivilisation. Die Kirche dürfe sich nicht in der Sicherheit ihrer Glaubenswahrheit zurückziehen und sich weltfern und weltflüchtig im Gottesdienst erschöpfen. Vielmehr müsse die Kirche Wissenschafts- und Technikfeindlichkeit überwinden und gestaltend in der modernen Welt mitwirken. Hierzu gehörten Antworten auf soziale und moralische Probleme wie den Verfall der Familie, die neue offene Einstellung zur Sexualität, die un-

Offizielle Eröffnungsveranstaltung des Konzils am 11. Oktober 1962 im Petersdom; Papst Johannes XXIII. thront vor dem Hochaltar

Papst Paul VI. (M.) am Tag seiner Krönung (21. 6. 1963) auf dem Thron

gerechte Einkommensverteilung, politische Diktatur, Kriegs- bzw. Bürgerkriegsgefahren usw. Damit fordert das Konzil vom Klerus und von den Laien, sich aktiv mit dem politischen Leben zu beschäftigen. Besonders intensiv beriet das Konzil über das Verhältnis der Bischöfe zum Papst. Das erste Vatikanische Konzil hatte 1870 die Unfehlbarkeit des Papstes in Glaubensfragen erklärt und ihm auch in Fragen der Kirchendisziplin die höchste Autorität und Entscheidungsbefugnis zuerkannt. Ein zentrales konziliares Anliegen des 1962 verstorbenen Papst Johannes XXIII. war demgegenüber die Stärkung der regionalen und der konziliaren Bischofsversammlung, um einer Überforderung des Kirchenoberhauptes entgegenzuwirken. Unter Paul VI. verankert das Konzil nun die Bischofsversammlung als geistige Gemeinschaft ohne Hierarchie im Kirchenrecht. Als Nachfolger der zwölf Apostel haben die Bischöfe die Verantwortung für die Universalkirche in Gemeinschaft mit dem Papst, der zugleich Glied und Haupt der Kirche ist. Das damit geschaffene Kollegialitätsprinzip berechtigt die Bischofsversammlung zur Formulierung von alle Katholiken bindenden Glaubenswahrheiten. Die besondere Aufgabe des Papstes besteht in der verbindlichen Interpretation der kollegialen Beschlüsse kraft seines Amtes. Für die Laien ist eine der bedeutendsten Neuerungen die Liturgiereform. Durch die Öffnung der Feierriten für neue Einflüsse soll die Praxis der Glaubensausübung modernisiert werden. Die Kirche soll nicht mehr als Rechtsanstalt, deren Mitglieder nur die Kleriker sind, sondern als Volk Gottes und damit als Gemeinschaft der Laien und der Geistlichkeit verstanden werden. Das Meßritual soll von unverständlich gewordenen Elementen befreit werden, um die Gläubigen wieder von Zuschauern zu Beteiligten zu machen. Dabei dürfen regionale Brauchtümer Bestandteil der Liturgie werden, wenn sie nicht nur den Rang von Folklore haben, sondern aus der Geschichte heraus die Volksfrömmigkeit mitgeprägt haben. So wird in Südostasien die Trauerfarbe Weiß anerkannt, in Japan wird die Kniebeuge abgeschafft und in Indien ersetzt die Berührung des Altars mit der Stirn den Kuß des Altars. Kultische Tanztraditionen sollen für die christliche Botschaft genutzt werden. Taufritus und Sterbehilfen dürfen die örtlichen Gewohnheiten nutzen. Den Ritus arbeiten nach dem Konzil die örtlichen Bischofsversammlungen aus.

Die wichtigste Neuerung ist die Zulassung der jeweiligen Landessprache bei kirchlichen Feiern, die das »tote Latein« ersetzen soll. Das Konzil fordert zugleich, daß die Lesung der Heiligen Schrift im Mittelpunkt der Liturgie stehen müsse und verpflichtet damit den Gottesdienst auf die Glaubensgrundlage. Das Vatikanum erkennt ausdrücklich das Recht auf Religionsfreiheit an: Jeder Mensch dürfe seine Religion frei wählen und sich privat wie öffentlich dazu bekennen. Die katholische Kirche hält an ihrem absoluten Wahrheitsanspruch fest, verpflichtet aber den Einzelmenschen nicht auf den katholischen Glauben, sondern nur auf die Suche nach der Wahrheit.

Im Verhältnis zu den anderen Religionsgemeinschaften hält die Kirche daran fest, daß nur sie »die ganze Fülle der Heilsmittel« besitze. Aber andere Religionen gelten nunmehr trotz ihrer Mängel auch als »Mittel des Heils«, da auch sie den Menschen Antworten auf die letzten Fragen geben und die Wahrheit des Glaubens widerspiegeln. Die früheren Spaltungen der Kirche werden nicht mehr als Abtrünnigkeit verstanden, sondern als Folge menschlicher Fehler auf beiden Seiten. Damit verändert der Katholizismus sein Bild von der orthodoxen byzantinischen Kirche und dem Protestantismus radikal. Für die Intoleranz der Kirche gegenüber Christen, die in Glaubenszweifeln die katholische Kirche verlassen und neue christliche Religionsgemeinschaften gegründet haben, bittet das Konzil »in Demut Gott und die getrennten Brüder um Vergebung« und anerkennt, daß auch die nichtkatholischen Christen das christliche Erbe bewahren. Gemeinsame Gottesdienste katholischer mit anderen Christen werden aber nur im Ausnahmefall zugelassen. In der Mission soll der katholische Klerus mit den anderen christlichen Konfessionen zusammenarbeiten.

Eine Klärung des problematischen und geschichtlich belasteten Verhältnisses zum Judentum strebt das Konzil mit seiner Verurteilung des Antisemitismus an. Obgleich die jüdische Obrigkeit auf den Tod Christi gedrungen habe, könne man sein Leiden weder jedem damals Lebenden noch den heutigen Juden zur Last legen. Die jüdische Religion wird als einzige neben dem Christentum als Offenbarungsreligion anerkannt, in der sich der wahrhaftige Gott zeige. Damit betont das Konzil die bedeutende Rolle des Volkes Israel für die christliche Heilsgeschichte.

1963 ließ Charles de Gaulle die Direktwahl des Staatspräsidenten durch das Volk nach einer Volksbefragung in der Verfassung verankern. Damit wollte er das Amt dem Einfluß der politischen Parteien entziehen

De Gaulle im zweiten Wahlgang bestätigt

19. Dezember. Der 75jährige französische Staatspräsident Charles de Gaulle wird bei den Präsidentschaftswahlen im zweiten Wahlgang mit 55,19% der Stimmen für weitere sieben Jahre in seinem Amt bestätigt.

Bei der ersten direkten Wahl seit 1848 erhält de Gaulles Gegenkandidat François Mitterrand 44,21% der Stimmen; von 28,9 Mio. Wahlberechtigten beteiligen sich etwa 80% an der Abstimmung.

Für eine Überraschung hatte der erste Wahlgang am 5. Dezember gesorgt, als Präsident de Gaulle mit 44,6% die absolute Mehrheit verpaßte. Der 49jährige ehemalige Minister der Vierten Republik und Kandidat der Linken, François Mitterrand, erwies sich mit einem Stimmenanteil von 31,7% als ernstzunehmender Gegner für de Gaulle.

Von vier weiteren Kandidaten erreichte der weithin unbekannte Kandidat der »politischen Mitte«, Jean Lecanuet, einen Stimmenanteil von 15,6%.

Während de Gaulle in seinem Wahlkampf die Erfolge der Vergangenheit betonte und die Herrschaft der Parteien scharf angriff, verwies die Opposition auf die Notwendigkeit eines Generationswechsels zur Bewältigung der innen- und außenpolitischen Zukunftsfragen.

Während de Gaulle am 4. November nach Meinungsumfragen noch 68,2% der Wähler auf seiner Seite hat, sind es Anfang Dezember nur noch 46,7%. Im zweiten Wahlgang gewinnt de Gaulle überraschend viele Stimmen des liberalen Lecanuet, der im ersten Wahlgang 15,6% der Stimmen erhielt.

Der 49jährige Rechtsanwalt F. Mitterrand, Kandidat der Linken

Der 45jährige Lecanuet gilt als Liberaler mit klaren Vorstellungen

Der 55jährige Pierre Marcilhacy; parteiloser Kandidat ohne Chancen

Das Militär putscht in Zentralafrika

31. Dezember. In der Zentralafrikanischen Republik übernimmt die Armee unter Führung von Oberst Jean Bedel Bokassa die Macht. Die Regierung von David Dacko wird verhaftet und unter Hausarrest gestellt.

Bei der Besetzung des Präsidentenpalastes, des Rundfunksenders und des Flughafens kommt ein Europäer ums Leben. Durch die Unterbrechung der Telefonleitungen ist die Hauptstadt Bangui für mehrere Stunden von der Außenwelt abgeschnitten.

Die Zentralafrikanische Republik umfaßt das ehemalige Ubangi-Schari, das 1910 Teil von Französisch-Äquatorialafrika wurde. 1958 erklärte sich das 617 000 km² große Land zur autonomen Republik, 1960 entließ Frankreich das Land in die Souveränität. Seit dieser Zeit war Präsident Dacko Staatspräsident und Regierungschef zugleich.

Als erste Amtshandlung verweist der neue Machthaber Bokassa alle Bürger der Volksrepublik China des Landes. Chinesische Experten hatten den ehemaligen Präsidenten in Landwirtschaftsfragen beraten.

Dahome: Umsturz auf der Tagesordnung

22. Dezember. In der westafrikanischen Republik Dahome (heute Benin) übernimmt das Militär nach einem unblutigen Staatsstreich die Macht. An der Spitze der neuen Machthaber steht der Stabschef der Streitkräfte, Christophe Soglo.

Die Militärs lösen umgehend das Parlament auf, verbieten die Parteien und setzen die Verfassung des seit 1960 von Frankreich unabhängigen Staates außer Kraft. Als Begründung für den Staatsstreich führt Soglo an, die Politiker seien unfähig, das Land zu regieren.

Der Putsch beendet die seit 1960 schwelende, von zahlreichen Umstürzen gekennzeichnete innenpolitische Krise. Bereits Ende November 1965 waren Ministerpräsident Sourou Mignan Apithy und sein Stellvertreter Justin Ahomadegbe-Tométin von General Soglo zum Rücktritt gezwungen und unter Hausarrest gestellt worden. Der Versuch des Präsidenten der Nationalversammlung, Tairou Congacou, eine neue Regierung für die 2,5 Mio. Einwohner Dahomes zu schaffen, mißlang.

Die militärische Organisation der Jugendlichen ist ein wichtiger Faktor in Maos Umerziehungspolitik

Nach dem Mißlingen des »Großen Sprungs nach vorn« baut Mao im Kampf gegen die eigene Partei auf die Jugend

China: Vorzeichen der Kulturrevolution

Dezember. Mit publizistischen Angriffen gegen die »Drei-Dörfer-Gangster«, mehrere Autoren, die Mao Tse-tung verdeckt angegriffen hatten, beginnt in China die zuerst »Aktion des Studiums der Werke des Vorsitzenden Mao Tse-tungs«, seit April 1966 »Große Proletarische Kulturrevolution« genannte Erneuerungsbewegung. Sie soll das Land aus einer schweren wirtschaftlichen Krise führen und angebliche reformerische Bestrebungen durch den Klassenkampf zurückdrängen.

Der Vorsitzende der Kommunisti-schen Partei, Mao Tse-tung, seine Frau Chiang Ch'in und Verteidigungsminister Lin Piao mobilisieren in der Folgezeit Schüler und Studenten zu Massendemonstrationen gegen die verkrustete Staats- und Parteibürokratie, deren Vertreter als »Handlanger des Kapitalismus« angegriffen werden. Die Maoisten gewinnen die Jugendlichen durch ihr Programm einer »Revolution von unten« gegen die »bourgeoisen Autoritäten«.

Im Zentrum der Kritik steht das 1961 veröffentlichte Drama »Die Amts-enthebung des Hai Jui« des Historikers und Bürgermeisters von Peking, Wu Han, das sich im Sinn eines gemäßigten Entwicklungstempos gegen die maoistische Doktrin vom »Großen Sprung nach vorn« in der sozialen Entwicklung ausspricht. Der »Große Sprung« (seit 1958) sollte u. a. den Gegensatz zwischen Stadt und Land beseitigen, die Produktion intensivieren und das noch vorhandene Privateigentum kollektivieren. Mißernten und Produktionsausfälle hatten in den Folgejahren zu Hungersnöten geführt.

Der erste Deutsche in der NATO-Spitze

11. Dezember. Das Generalsekretariat der Nordatlantischen Verteidigungsgemeinschaft (NATO) ernennt den bundesdeutschen Diplomaten Joachim Jaenicke zum Leiter der Politischen Abteilung und zu einem der stellvertretenden Generalsekretäre. Damit besetzt erst-

Kommunistenführer Mao Tse-tung
Der Sohn eines reichen Bauern (* 26. 12. 1893) absolvierte 1914 bis 1918 ein Lehrerstudium. 1928 wurde er Führer der kommunistischen Partisanen- und Rätebewegung in Südchina und 1935 Mitglied des Politbüros der KPCh. 1945 zum Parteichef gewählt, proklamierte er am 1. Oktober 1949 die Volksrepublik China und wurde 1954 deren Staatsoberhaupt. Seit 1956 steht die auf Massenmobilisierung zielende Politik des Parteichefs im Gegensatz zur Mehrheit der Parteiführung, weshalb Mao 1959 als Staatschef zurücktrat.

Joachim Jaenicke, geboren am 2. August 1915 in Breslau, studierte in Frankreich, der Schweiz und den USA Rechtswissenschaften. Seit 1950 ist er als Pressechef, Vortragender Legationsrat und Ministerialdirigent im Auswärtigen Dienst der Bundesrepublik.

mals ein Deutscher eine politische Schlüsselposition innerhalb der westlichen Allianz.

Die personelle Unterrepräsentanz der Bundesrepublik in der NATO-Spitze war in der Vergangenheit wiederholt von der Bundesregierung kritisiert worden – zuletzt von Außenminister Gerhard Schröder.

◁ Rotarmisten beim Straßenbau; die Tafel zitiert Mao: »Harte Arbeit liegt vor uns. Nur Unredliche schieben sie anderen zu.«

CDU-Politiker für eine große Koalition

23. Dezember. In einem Interview spricht sich Bundespräsident Heinrich Lübke (CDU) für eine »große Koalition« zwischen CDU/CSU und SPD aus und folgt damit gleichlautenden Empfehlungen des CDU-Vorsitzenden und Altbundeskanzlers Konrad Adenauer.

Nur eine Regierungskoalition, die über eine Zweidrittelmehrheit verfüge und damit das Grundgesetz ändern könne, könne den Bundeshaushalt sanieren, die Notstandsgesetzgebung (→ 24. 6./S. 109) realisieren und einen Friedensvertrag mit den osteuropäischen Völkern verwirklichen. Regierungsangehörige, aber auch viele Parteimitglieder reagieren betroffen und verärgert darauf, daß sich das Staatsoberhaupt so kurz nach der Bildung einer Koalitionsregierung zwischen CDU/CSU und FDP am 26. Oktober (→ S. 167) öffentlich zu innenpolitischen Fragen äußert. Damals hatte Lübke ein freundliches Verhältnis der Regierung zur SPD-Opposition gefordert. Für die FDP, die bei einer großen Koalition um die Regierungsbeteiligung fürchten muß, erklärt ihr Vorsitzender, Vizekanzler Erich Mende, die von Lübke angesprochenen Aufgaben könnten auch von der regierenden kleinen Koalition bewältigt werden. Keine demokratische Partei werde ihre Zustimmung zu nationalen Reformwerken von der Regierungsbeteiligung abhängig machen. Zwei Tage vor der Veröffentlichung des Lübke-Interviews hatte Adenauer, seit 1950 CDU-Vorsitzender, erklärt, daß er beim Bundeskongreß seiner Partei im März 1966 nicht mehr für den Vorsitz kandidieren werde. Der Altbundeskanzler zieht damit die Konsequenzen aus einer mehrwöchigen innerparteilichen Diskussion über eine Verjüngung der Parteispitze. Mit der Empfehlung, niemanden zum Nachfolger zu wählen, der bereits durch ein wichtiges Amt belastet sei, dringt Adenauer indirekt darauf, seinen Nachfolger im Kanzleramt Ludwig Erhard nicht mit dem Parteivorsitz zu betrauen. Das Verhältnis zwischen beiden ist seit der Ablösung Adenauers als Kanzler durch den damaligen Wirtschaftsminister Erhard im Oktober 1963 distanziert, nachdem Adenauer öffentlich die außenpolitischen Kompetenzen Erhards bezweifelt hatte.

Bereits am 14. November hatte die Junge Union Erhard als künftigen Parteivorsitzenden vorgeschlagen. Erhard hatte den jungen Parteimitgliedern gedankt, indem er »seine Freunde von der jungen Union« ermunterte, nicht soviel Respekt vor den Alten zu haben.

Bundespräsident begründet sein Engagement

Heinrich Lübke, geboren am 14. Oktober 1894, war 1931 bis 1933 für die Zentrumspartei Mitglied des preußischen Landtages. CDU-Mitglied seit 1945, schuf er als Bundeslandwirtschaftsminister (1953–59) den »Grünen Plan« zur Förderung der Landwirtschaft; seit 1959 ist er Bundespräsident.

In der »Weltwoche« verteidigt Heinrich Lübke sein Engagement für eine »große Koalition«:

»Sie müssen bedenken, daß unsere Situation heute sowohl innen- wie außenpolitisch recht gefährdet ist ... Es steht schließlich nirgends geschrieben, es sei dem Bundespräsidenten verboten, nach bestem Wissen und Gewissen dort einzugreifen ..., wo er politische Gefahren für das Ganze des Staates sieht.

Die Kompetenzen des Bundespräsidenten sind zweifellos viel geringer als die des Reichspräsidenten in der Weimarer Republik, aber eben deshalb muß er die Einflußmöglichkeiten, die ihm geblieben sind, so weit wie möglich ausnutzen – auch dann, wenn er sich dadurch Vorwürfe zuzieht.«

Walter Ulbricht muß Forderungen der UdSSR nachgeben

DDR-Planungschef: Freitod aus Protest

3. Dezember. Der stellvertretende Vorsitzende des Ministerrates der DDR, Erich Apel, begeht eine Stunde vor dem Termin für die Unterzeichnung eines Handelsabkommens zwischen der DDR und der Sowjetunion Selbstmord.

Nach einem Bericht des Bundespresseamtes in Bonn verzweifelte der Vorsitzende der Staatlichen Plankommission an der Bereitschaft seines Regierungschefs, des Staatsratsvorsitzenden Walter Ulbricht, sowjetische Vertragsforderungen zu akzeptieren. Das zur Unterzeichnung anstehende Abkommen über den Austausch von sowjetischen Rohstofflieferungen gegen Fertigprodukte der DDR-Industrie bis 1970 hat ein Volumen von 60 Mrd. Mark. Apel soll kritisiert haben, daß der Vertrag der DDR Einkaufspreise über und Verkaufspreise unter dem Weltmarktniveau vorschreibe. Damit werde der DDR die Möglichkeit zur Erwirtschaftung von Devisen aus westlichen Ländern genommen. Als der Staatsratsvorsitzende Walter Ulbricht nach heftigen internen Gesprächen seinen Planungschef ultimativ zur Unterzeichnung des Abkommens aufgefordert habe, habe sich der 48jährige Wirtschaftsfachmann erschossen, weil er die Verantwortung nicht tragen wollte.

Mit seiner Einwilligung in die Vertragsunterzeichnung habe Ulbricht auf Vorwürfe der Sowjetunion reagiert, die DDR benutze Rohstofflieferungen aus der UdSSR zum Ausbau ihres Westhandels und verzögere vereinbarte Lieferungen in die UdSSR.

CSU kritisiert Anti-Vietnamkrieg-Appell

4. Dezember. Der »Bayernkurier«, das Parteiorgan der CSU, greift bekannte Autoren und Wissenschaftler wegen ihrer kritischen Stellungnahme zum Vietnamkrieg in der Novemberausgabe des Satiremagazins »Pardon« scharf an. Die Prominenten hatten die Vietcong als »nationale und soziale Befreiungsbewegung Südvietnams« bezeichnet und die Gefahr eines Krieges der USA gegen das vietnamesische Volk beschworen. Der »Bayernkurier« sieht darin eine »getarnte Aufforderung zum Selbstmord des Westens.«

Heinrich Böll (* 21. 12. 1917) setzte sich schon in Romanen gegen den Krieg ein

Martin Walser (* 24. 3. 1927) stellt in seinen Romanen die Nachkriegsgesellschaft dar

Wolf Biermann (* 15. 11. 1936) lehnt den Vietnamkrieg aus marxistischer Sicht ab

Hans Magnus Enzensberger (* 11. 11. 1929) warnt in seinen Gedichten vor Unhumanität und Entfremdung in der modernen Gesellschaft

Rechtsradikale DRP löst sich auf

5. Dezember. 80 Delegierte der 1946 gegründeten rechtsradikalen Deutschen Reichspartei (DRP) beschließen in Göttingen die Auflösung ihrer Organisation. Das Vermögen der DRP wird einem Liquidationsausschuß überwiesen.

Seit der Gründung der »National-Demokratischen Partei Deutschlands«

Der 44jährige gelernte Landwirt Adolf von Thadden leitete die DRP, die 1949 fünf Bundestagsmandate errang und von 1952 – 64 größte rechtsradikale Partei war.

(NPD) am 28. November 1964 war die DRP nicht mehr in Erscheinung getreten. Ihr 44jähriger Vorsitzender Adolf von Thadden teilt auf der Delegiertenkonferenz mit, daß 3000 der 4000 DRP-Mitglieder bereits der NPD beigetreten seien, um den Zusammenschluß aller »vaterländischen Kräfte« weiter voranzutreiben (→ 9. 5./S. 91).

Die 14 000 Mitglieder zählende NPD erhielt bei den Bundestagswahlen im Oktober statt der erhofften 15% lediglich 2% der Stimmen.

Hasan II. besucht die Bundesrepublik

2. Dezember. König Hasan II. von Marokko beendet einen dreitägigen Staatsbesuch in der Bundesrepublik. Der Besuch sollte ursprünglich bereits im März stattfinden, wurde aber damals wegen der Aufnahme diplomatischer Beziehungen der Bundesrepublik zu Israel von Marokko abgesagt (→ 19. 8./S. 138).

Hasan II. ist seit der Nahostkrise der erste arabische Besucher in der Bundesrepublik. Bei seinem Aufenthalt in Düsseldorf und Bonn führte er Gespräche mit Bundespräsident Heinrich Lübke und mit Bundeskanzler Ludwig Erhard.

Beide Seiten vereinbarten eine engere wirtschaftliche Zusammenarbeit. Darüber hinaus sagte die Bundesrepublik Deutschland Marokko einen Kredit in Höhe von 70 Mio. DM für die Errichtung eines Chemiewerkes in der Hafenstadt Safi zu.

D Ita 1541
Dortmund - **Napoli**
Via Domodossola
Umlauf / materiale 21

Stahlwerke fusionieren

10. Dezember. Mit der notwendigen Dreiviertelmehrheit genehmigt die Hauptversammlung des Bochumer Vereins für Gußstahlfabrikation die Fusion mit der Friedrich-Krupp-Hüttenwerke AG Rheinhausen.

Mit dem Zusammenschluß entsteht nach Angaben des Vorstandsvorsitzenden des Bochumer Vereins, Horst Peckolt, ein Stahlkomplex mit einer Jahresproduktion von 3 Mio. t Stahl. Innerhalb der bundesdeutschen Stahlbranche rückt das neue Unternehmen auf den zweiten Platz hinter der August-Thyssen-Hütte AG und innerhalb der Montanunion auf den siebten Platz vor. Das neugebildete Unternehmen kann mit seinen beiden Produktionsstandorten alle Walzstahl- und Werkstättenerzeugnisse auf dem Markt anbieten.

Vor der Billigung des Fusionsvertrages meldeten Vertreter von Minderheitsaktionären des Bochumer Vereins Protest an. Sie fürchteten Verluste beim vorgesehenen Umtausch ihrer Aktien in Vorzugsaktien der Friedrich-Krupp-Hüttenwerke AG, da der Bochumer Verein eine bessere Eigenkapitalausstattung habe und das Werk in Rheinhausen z. Z. mit Verlusten arbeitet.

Krupp-Generalbevollmächtigter Beitz

Heimreisewelle zum Weihnachtsfest

Für die Heimreise der Gastarbeiter zu Weihnachten setzt die Deutsche Bundesbahn in diesem Jahr 177 Sonderzüge ein. Richtung Italien verkehren 93 Sonderzüge, nach Spanien 35, nach Griechenland 28, in die Türkei 12 und nach Jugoslawien 9 Sonderzüge.

Sorge bereitet der deutschen Eisenbahnverwaltung die kaum vorhandene Bereitschaft der Gastarbeiter, das Sonderzugprogramm zu nutzen. Da die Bundesbahn einen Ansturm auf die planmäßigen internationalen Reisezüge erwartet, beschließt sie, zwischen dem 16. und 24. Dezember nur Platzkarteninhaber Richtung Süden zu transportieren. Zur frühzeitigen Kontrolle wird verstärkt Bahnpolizei eingesetzt.

Die mangelnde Akzeptanz des seit Ende November bestehenden Sonderzugangebots führt die Bundesbahndirektion in Frankfurt einerseits auf die Unternehmen zurück, die die Gastarbeiter bis zum letzten Moment in der Produktion halten wollten, andererseits würden viele Gastarbeiter durch die scharfen Zollkontrollen in den Sonderzügen abgeschreckt.

◁ Italienische Gastarbeiter mit dem Weihnachtssonderzug auf dem Weg in ihre Heimat

Neuer Wettbewerb für junge Forscher

14. Dezember. Die Illustrierte »stern« übernimmt für die Bundesrepublik Deutschland die organisatorische Patenschaft über den weltweiten Wissenschaftswettbewerb »Jugend forscht«.

Bis Februar nächsten Jahres sollen in den Land- und Stadtkreisen der Bundesrepublik die besten naturwissenschaftlichen Arbeiten von Schülern, Lehrlingen und Praktikanten ermittelt werden. Nach einer weiteren Landesausscheidung wird Anfang April durch eine Jury namhafter Wissenschaftler der Bundessieger ermittelt, der im Mai in Dallas (US-Bundesstaat Texas) an der »International Science Fair« teilnimmt. Als Preise winken bei dieser »Olympiade junger Forscher« Stipendien, die den Nachwuchswissenschaftlern ein Studium ihrer Wahl ermöglichen sollen.

Luxuriöse Wohnzimmerkamine und neues Badezimmergefühl

In den neugebauten Eigenheimen mit ihren großzügig angelegten Wohnzimmern erobern sich ästhetisch gestaltete Kamine einen zentralen Platz. Weil der Kohlenofen als primäre Wärmequelle durch bequemere Heizsysteme ersetzt worden ist, erlebt er in neuem Kleid eine Wiedergeburt. Die Öfen werden als Blickfang eingerichtet und zeigen avantgardistische Formen. Metallkonstruktionen überwiegen gemauerte Öfen. Die Kastenform wird dabei durch runde, ovale oder kubische Formen verdrängt.

Das Badezimmer wird nicht mehr nur als Waschraum, sondern als Gesundheits- und Körperpflegezelle in der eigenen Wohnung gesehen. Die Entwicklung geht zu größeren Badezimmern mit gepflegter Einrichtung. Edle Materialien wie Porzellan und Marmor verdrängen in einkommensstarken Haushalten von Selbständigen und Angestellten das Steingut. Neben der unverzichtbaren Wanne wird immer häufiger eine Duschkabine für die tägliche Körperreinigung eingebaut. In Wochenendbeilagen versuchen Tageszeitungen, das französische Bidet populär zu machen. Auch das Pissoir für den Herrn ist im Gespräch.

Das traditionelle Doppelbett mit der unbequemen Zweiteilung weicht dem französischen Bett mit einer durchgehenden Matratze. Es wird frei in den Raum hineingestellt – allerdings ohne die überkommenen

Modernes Schlafzimmer mit sachlichem Möbeldesign; ein wenig Plüsch hält sich bei Frontgestaltung, Vorhang und Bettdecke

Oft ist der Wohnraum noch so knapp, daß auf eine Schlafcouch nicht verzichtet werden kann

Nachttische links und rechts. Deren Aufgabe übernimmt eine Konsole am Kopfende des Bettes, oft mit integrierter Beleuchtung.

Die Küche verliert das sterile Weiß; die holzvertäfelten Küchenmöbel, Wände mit farbig gemusterten Tapeten und ornamentale Kachelformen machen den Arbeitsplatz der Hausfrau oft zum Zentrum des Familienlebens. Moderne Dunstabzugsysteme halten den früher typischen Küchengeruch fern. Die Eßecke wird deshalb oft durch eine halbkreisförmig um den Herd geordnete Sitzgruppe auf Barhockern ergänzt, auf der »schnelle Mahlzeiten« wie das Frühstück eingenommen werden.

Das Eigenheim wird ausgebaut: Häufig in Eigenarbeit entsteht im Keller der Partyraum; im Mittelpunkt die holzverkleidete Theke

Modernes Spielzeug ohne Erziehungswert

Zwischen dem Spielzeug der heutigen Kinder und dem ihrer Eltern gibt es fast keine Gemeinsamkeit mehr. Holz und Tuch sind durch Metall und Kunststoffe, der mechanische Antrieb durch Elektrizität ersetzt. Die mehr als 200 000 Produkte auf dem bundesdeutschen Spielzeugmarkt werden immer raffinierter, verlieren aber an pädagogischem Wert.

Die elektrische Eisenbahn behauptet zwar noch ihren Spitzenplatz bei Söhnen (und Vätern), erlebt aber starke Konkurrenz durch ferngesteuerte Miniaturrennbahnen mit Haltepunkten wie Garagen und Tankstellen. Die Anlagen sind einfach zusammenzubauen und neh-

men damit Rücksicht auf die oft beengten Wohnverhältnisse; sie fordern aber gleichzeitig die Jungen nicht mehr zum selbständigen Basteln und Konstruieren heraus.

Das gilt auch für die 1961 in den Vereinigten Staaten entwickelte »Barbie«-Puppe, die nun den bundesdeutschen Markt erobert. Die Puppe wurde nach umfangreichen Marketingstudien nach den Vorstellungen von US-Teenagern konzipiert. Sie ist ein wohlgestaltetes junges Mädchen mit attraktiven Gesichtszügen, ausgebildetem Busen und schlanken Beinen, das geschminkt und mit etwa 40 lieferbaren Kleidungsstücken angezogen werden kann.

Schöner Wohnen: Eine alte Fischerhütte modern eingerichtet

Das häusliche Arbeitszimmer wird liebevoll persönlich gestaltet

Schenken Sie Freude, die täglich wiederkehrt!

Eine Freude, die über Jahre währt, machen Sie mit jedem Geschenk von Rowenta. Alle Rowenta-Geräte sind mit viel Erfahrung konstruiert (mehr als 13 Millionen Bügelautomaten tragen den Namen Rowenta!). In 2 von 3 Haushalten ist mindestens ein Rowenta-Gerät in Gebrauch. Warum wollen Sie beim Schenken auf diese millionenfachen Erfahrungen verzichten? Rowenta bietet für alle Geräte Garantie – gleich welches Sie wählen. Mit einem Geschenk von Rowenta bereiten Sie ihr – oder ihm – oder der Familie – eine täglich wiederkehrende Freude.

1. Taschen-Gasfeuerzeug „zum" (Chrom oder mit 18 Kt Hohlgoldauflage)
2. Tisch-Gasfeuerzeug „electronic": erstes elektronisches Feuerzeug der Welt
3. Gas-Grill: ideal gebautes Gasfeuerzeug Deutschlands
4. Gas-Pfeil: klein, elegant und handlich
5. Feuerlösgasautomat „essomatic baby" mit Plastik oder Lederetui
6. Bügelautomat „belmondo" mit Kontroll-Lampe und Leichtmetallsohle
7. Bügelautomat „rondo" mit Leichtmetallsohle mit Landmesssystem und Gleitschuh
8. 4-Scheiben-Toastautomat, Toastgrad nach Wunsch
10. 2-Scheiben-Toastautomat, mordgesäuberter Toastautomat, Toastgrad nach Wunsch
11. Friteuse: automatisches Fritiergerät
12. Dampfbügelautomat „Universal": einschaltbar für Dampf und Trockenbügeln
13. Filtomatic, vollautomatische Filterkaffeeautomaten
14. Expressautomat: erzeugt Zeit kochendes Wasser
15. Haushalts-Kaffeeautomaten vollständiger Kaffeezubehör
16. Geschirrspül-Vollautomat
17. Bügelautomat „belmondo special" mit Kontroll-Lampe und Gleitschuh
18. Geschirrspül-Vollautomat „exclusiv" mit Großflügler, Leucht-Anzeige, Geräteteile und 1200 Watt

Der dekorative offene Kamin als »Blickfang« und als geselliger Ort ist der Mittelpunkt in vielen neuerbauten Eigenheimen der oberen Preisklasse

»Spülbox« rationalisiert die Küchenarbeit

Die Rationalisierungswelle macht auch vor der Küche nicht halt. Die Geschirrspülmaschine, bislang bei Preisen über 2000 DM nur Betuchten vorbehalten, wird auch für Angestellten- und Beamtenhaushalte zunehmend erschwinglich. In den Vereinigten Staaten werben die Hersteller mit einem entsprechenden »Dienstleistungs-Slogan«: »Sei kein Tellerwäscher – kauf dir einen!« Nach einem Absatz von etwa 14 000 im Jahre 1963 und etwa 31 000 im Jahre 1964 erwarten die bundesdeutschen Hersteller in diesem Jahr über 100 000 Käufer. Etwa ein Zehntel ihrer Arbeitszeit verbringt die Nur-Hausfrau vor dem Spülbecken. Die »Spül-Box«, wie die Maschine nach US-amerikanischem Vorbild auch genannt wird, verringert den Aufwand um zwei Drittel auf etwa 20 Minuten täglich.

Zwei verschiedene Konstruktionen sind im Angebot. Beim Wasserwirbler schleudert ein Schaufelrad das Spülwasser gegen das Geschirr, beim Düsenspüler wird die Reinigungswirkung durch den hohen Wasserdruck erzielt. Etwa 50 Liter Wasser werden bis auf 80 °C erhitzt und beim Umlauf mehrmals gefiltert. Allerdings verblassen die Dekors vieler Porzellanprodukte wegen der ätzenden Reinigungslaugen. Die bundesdeutsche Porzellanindustrie erwartet daher bei weiterer Verbreitung der Geschirrspülautomaten große Folgenachfrage von »maschinengerechtem« Porzellan.

Die »Eßecke« wird aus der Küche in das Wohnzimmer ausgelagert

Bewegliche Glaswände verschmelzen Garten und Wohnraum zur Einheit

Die Küche ist nach dem Prinzip der kurzen Wege gestaltet; das Design ist betont nüchtern; die Eßplätze dienen nur dem schnellen Frühstück

Lochplatten ermöglichen im Badezimmer eine variable Raumnutzung

USA: Schlag gegen Rauschgiftring

21. Dezember. In Columbus im US-Bundesstaat Georgia beschlagnahmt die Polizei 95 kg Heroin und verhaftet sechs Personen eines internationalen Rauschgift-Schmugglerringes.

Die bislang größte auf einen Schlag sichergestellte Rauschgiftmenge in der Kriminalgeschichte der USA besitzt einen Schwarzmarktwert von 100 Mio. US-Dollar (400 Mio. DM).

Das Heroin war von einem in Frankreich stationierten US-Soldaten in die USA eingeführt worden; Ausgangspunkt des Schmuggels war Orléans. Über Kuriere gelangte das Rauschgift dann an verschiedene Nachtclubs in New York, dem »Mekka der Heroinsüchtigen«.

Preiserhöhungen für Spirituosen

8. Dezember. Die Westberliner Bevölkerung tätigt Hamstereinkäufe, da ab Anfang 1966 mit Preiserhöhungen für Spirituosen zwischen 30 und 50% zu rechnen ist. Grund für die Preissteigerungen ist der Wegfall von Steuervergünstigungen für Berlin (West).

Seit 1951 brauchten die Westberliner Alkoholhersteller nur 20% des im Bundesgebiet erhobenen Branntweinsteuersatzes abzuführen. Zur Sanierung des Bundeshaushalts wird diese Steuervergünstigung nun aufgehoben. Hinzu kommt die Erhöhung der Branntweinsteuer, die auch die Berliner trifft.

Taxifahrer stirbt nach Raubüberfall

13. Dezember. Während in Bonn der 24jährige Manfred Tragert aus Berlin (West) wegen Mordes an dem Taxifahrer Karl-Heinz Koch vor Gericht steht, sorgen drei neue Überfälle auf Taxifahrer für Aufsehen in der Bundesrepublik. Innerhalb von wenigen Tagen stirbt in München der 23jährige Taxifahrer Karl-Heinz Seidenfuß durch zwei Schüsse, rauben Gangster in Karlsruhe einen Taxichauffeur aus und wird der 24jährige Dieter Meents in Bremerhaven durch Messerstiche lebensgefährlich verletzt.

Der Münchener Karl-Heinz Seidenfuß ist das 52. Opfer eines Taxi-Mordes in der Bundesrepublik.

Nach dem gelungenen Annäherungsmanöver umrunden »Gemini 6« und »Gemini 7« die Erde mit einer Geschwindigkeit von 28 000 km/h insgesamt viermal

US-Astronauten gelingt erstes Annäherungsmanöver im Weltraum

15. Dezember. *290 km über dem Pazifik gelingt es den US-Astronauten Walter Schirra und Thomas Stafford, ihr Raumschiff »Gemini 6« bis auf eineinhalb Meter an ihr Schwesterschiff »Gemini 7« heranzumanövrieren. »Gemini 7« war elf Tage zuvor mit den Astronauten Frank Borman und James Lovell an Bord gestartet. Das sog. Rendezvous-Manöver dauert mehrere Stunden. Neben dem Gemini-Rendezvous feiert die US-Raumfahrt drei weitere Rekorde:*

▷ *Zum ersten Mal sind gleichzeitig vier Männer im All.*
▷ *»Gemini 7« absolviert den bislang längsten bemannten Raumflug (→ 23. 3./S. 58).*
▷ *Die USA erhöhen ihre Zahl an Raumflugstunden auf weit über 1000 gegenüber 507 h auf seiten der UdSSR.*

Neue »Starfighter«-Käufe

29. Dezember. Wegen der hohen Zahl von Abstürzen des Kampfflugzeugs F 104 G (»Starfighter«) kündigt das Bundesverteidigungsministerium in Bonn die Anschaffung von 130 reinen Abfangjägern des Typs F 104 S an, die wegen ihres geringeren Gewichts nicht so absturzgefährdet sind.

Die ungewöhnlich hohe Zahl der »Starfighter«-Abstürze führt das Bonner Verteidigungsministerium sowohl auf technische als auch menschliche Unzulänglickeiten zurück. Einerseits seien die notwendigen Wartungsarbeiten für die 700 F 104 G zu hoch, andererseits sei die zu geringe Flugerfahrung deutscher Piloten eine zusätzliche Ursache für die hohen Absturzzahlen. Die von verschiedenen Seiten geäußerte Vermutung, die Unfälle seien auf Sabotageakte zurückzuführen, hat sich bei ausgiebigen Materialuntersuchungen an abgestürzten Maschinen nicht bestätigt.

Insgesamt bewertet die bundesdeutsche Luftwaffenführung den Versuch, mit dem F 104 G einen kombinierten Jäger, Bomber und Aufklärer zu entwickeln, als mißlungen.

Nach fünf Abstürzen bei Wilhelmshafen formiert sich der Widerstand

Anti-Materie im Licht nachgewiesen

8. Dezember. Wissenschaftlern des Deutschen Elektronen-Synchrotrons (DESY) in Hamburg gelingt der Nachweis von Anti-Protonen in extrem kurzwelligem Licht.

Bislang konnten Anti-Protonen nur durch die Kollision von Materie mit Materie erzeugt werden. Im großen Beschleunigungsring von DESY wurde erst ein Elektronenstrahl mit einer Energie von 6,2 Mrd. Elektronenvolt erzeugt. Durch Abbremsen der Elektronen entstand die gewünschte Lichtstrahlung, die dann in flüssigen Stickstoff gelenkt wurde. Dabei wurden einige Anti-Protonen erzeugt.

Ein bedeutender Schritt der Anti-Materieforschung gelang Anfang des Jahres im Nationallaboratorium Brookhaven. Dort wurde ein Anti-Atomkern nachgewiesen.

Nach Meinung einiger Wissenschaftler ist es jetzt nicht mehr möglich, die Konzeption einer sog. Anti-Welt in Frage zu stellen.

»Feuerball« lockt Zuschauer ins Kino

17. Dezember. In 110 bundesdeutschen Kinos läuft der James-Bond-Film »Feuerball« mit Sean Connery in der Hauptrolle an.

Der vierte Film um den Topagenten entstand nach einer Vorlage des im vergangenen Jahr verstorbenen britischen Kriminalautors Ian Fleming in den Londoner Pinetree-Ateliers und auf den Bahamas. Für die mit vielen Tricks und technischen Spielereien ausgestattete Mischung aus Sex, Gewalt, Abenteuer und Charme scheute Regisseur Terence Young nach »Goldfinger« 1965 (→ 13. 1./S. 29) keinen Aufwand. Die Dreharbeiten verschlangen rund viereinhalb Mio. US-Dollar (22 Mio. DM).

»Hörzu« stiftet die »Goldene Kamera«

3. Dezember. Die auflagenstärkste bundesdeutsche Fernsehzeitschrift »Hörzu« stiftet anläßlich des 15jährigen Bestehens des öffentlich-rechtlichen Fernsehens einen Fernsehpreis. Mit der »Goldenen Kamera« sollen alljährlich Personen ausgezeichnet werden, die sich besondere Verdienste um das deutsche Fernsehen erworben haben.

Für die Preisverleihung gelten künstlerische und journalistische Maßstäbe. Eine neunköpfige Jury bewertet alle deutschsprachigen Fersehproduktionen und vergibt den Preis schließlich an sieben Spitzenleistungen aus allen Programm-

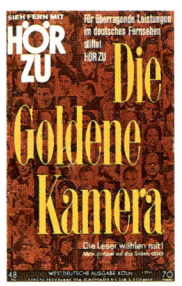

Die Fernsehzeitschrift »Hörzu« kündigt die erste Verleihung der »Goldenen Kamera« an. 15 Jahre nach der ersten Fernsehsendung einer deutschen Rundfunkanstalt. Am 27. November 1950 eröffnete der damalige Nordwestdeutsche Rundfunk (NWDR) sein Fernsehprogramm

sparten. Die 13 Mio. Hörzu-Leser sind zusätzlich aufgefordert, die beiden beliebtesten Persönlichkeiten des Fernsehens auszuwählen.

Der Entwurf für die »Goldene Kamera« wurde von dem Berliner Bildhauer Wolfram Beck geschaffen. Sie ist eine Nachbildung der ersten elektronischen Fernsehkamera, die bei den Olympischen Spielen 1936 in Berlin verwendet wurde.

Friedensnobelpreis geht an die UNICEF

10. Dezember. Zum 62. Mal verleihen das norwegische Parlament und die schwedische Akademie der Wissenschaften die Nobelpreise.

Das Kinderhilfswerk der Vereinten Nationen (UNICEF) erhält in Gegenwart von König Olaf V. von Norwegen den mit umgerechnet 225 600 DM dotierten Friedensnobelpreis. UNICEF wird für seine Anstrengungen, die Not von Kindern in aller Welt zu lindern, ausgezeichnet.

In Stockholm überreicht König Gustav VI. Adolf von Schweden die Nobelpreise für Medizin, Literatur, Physik und Chemie.

Der sowjetische Romancier Michail A. Scholochow bei seiner Dankesrede

Preisträger mit ihren Angehörigen: Michail A. Scholochow (l.), Robert Woodward (M. r.) und François Jacob (ganz rechts), ein Medizin-Preisträger

Ron Clarke wird Sportler des Jahres

7. Dezember. Vertreter der Sportpresse aus 31 Ländern wählen Ron Clarke mit 133 von 155 möglichen

In Tokio 1964 enttäuschte der 28jährige Clarke und errang nur eine Bronzemedaille. In diesem Jahr zeigt er sein ganzes Leistungsvermögen.

Stimmen zum »Sportler des Jahres«. Die Wahl wird seit 1947 durchgeführt; Rekordgewinner ist der Hochspringer Valeri Brumel, der 1961 bis 1963 jeweils Erster war.

Clarke stellte in den vergangenen zwölf Monaten elf Lauf-Weltrekorde auf, von denen er noch die Rekorde über 3 Meilen, 6 Meilen, 10 000 m, 10 Meilen, 20 km und 1 Stunde hält (→ 14. 7./S. 133).

Auszeichnung für Galopper »Kronzeuge«

17. Dezember. »Kronzeuge«, ein Galopper aus dem Gestüt Zoppenbroich, wird in Köln von einer Jury

Der vierjährige Hengst »Kronzeuge« ist »Pferd des Jahres 1965«; er gewann in diesem Jahr den Aral-Pokal und den Großen Preis der Industrie und Wirtschaft

von Fachleuten zum »Pferd des Jahres 1965« gewählt. Auf dem undankbaren zweiten Platz landet der zweijährige »Bandit«, der Favorit des kommenden Derby-Jahrgangs.

»Kronzeuge« gewann 1965 Preisgelder in Höhe von 200 000 DM. Der vierjährige Hengst siegte u. a. im Aral-Pokal, dem mit 50 000 DM dotierten Rennen auf der Galopprennbahn Gelsenkirchen-Horst.

▷ Der Nobelpreis für Medizin geht an die drei Franzosen François Jacob, André Lwoff und Jacques Monod für ihre Entdeckungen auf dem Gebiet der genetischen Regulierung der Enzym- und Virus-Synthese.

▷ Den Nobelpreis für Literatur erhält der 60jährige sowjetische Romancier Michail A. Scholochow für sein Epos »Stiller Don«. In der Begründung würdigt das Komitee, daß es Scholochow in dem Roman gelungen sei, eine geschichtliche Situation im Leben des russischen Volkes mit künstlerischer Kraft und Ehrlichkeit zu schildern.

▷ Der Nobelpreis für Physik geht an die US-Professoren Richard Feynman und Julian Schwinger sowie den 59jährigen Japaner Shinichiro Tomonaga. Die drei Forscher werden für ihre grundlegenden Arbeiten auf dem Gebiet der Quanten-Elektrodynamik ausgezeichnet.

▷ Den Nobelpreis für Chemie erhält der 48jährige US-Amerikaner Robert Woodward u. a. für seine Beiträge zur synthetischen Herstellung des Chlorophylls (Blattgrün).

Willi Quator wieder Box-Europameister

26. Dezember. Der 28jährige Boxer Willi Quator (Dortmund) gewinnt in Berlin mit einem Punktsieg nach

Der Dortmunder Willi Quator, seit 1955 Berufsboxer, beherrscht die deutsche und europäische Boxszene in den mittleren Gewichtsklassen

15 Runden über den spanischen Titelverteidiger Juan Albornoz die Europameisterschaft im Super-Leichtgewicht der Profiboxer.

Den Europatitel im Leichtgewicht, den er sich im Mai 1964 geholt hatte, mußte Quator wegen des Wechsels in die höhere Gewichtsklasse kampflos zurückgeben. In bundesdeutschen Boxringen blieb Quator zuletzt ungeschlagen.

Die Kirche beklagt Konsum-Weihnacht

24. Dezember. Früher als in den vorhergehenden Jahren läßt die Hektik der Weihnachtseinkäufe schon in der zweiten Dezemberwoche nach. Die anspruchsvoll gewordenen Konsumenten wollen in Ruhe Geschenke kaufen und planen daher frühzeitig. Nach Angaben der nordrhein-westfälischen Verbraucherzentrale in Düsseldorf hat das Weihnachtsgeschäft schon Mitte September eingesetzt. Der Einzelhandel erzielt gegenüber dem Vorjahr um 7 bis 8% höhere Umsätze. Dabei geht der Trend zu hochwertigen Konsumgütern.

NRW-Wirtschaftsminister Gerhard Kienbaum (FDP) mobilisiert die Verbraucher gegen die vorweihnachtliche Preiswelle und empfiehlt, keine Geschenke aus bloßem Geltungsbedürfnis zu kaufen.

Aprilwetter zum Weihnachtsfest

Im größten Regenjahr nach 1850 ist das Wetter an Weihnachten aprilhaft launisch. Nach Dauerregen am Heiligen Abend und Schauern am ersten Weihnachtstag bei Temperaturen bis zu 13 °C lockert sich die Bewölkung am Sonntag auf; gebietsweise scheint die Sonne. Nur in den höheren Lagen des Sauerlandes und der Eifel fällt Schnee. Im Alpengebiet sinken die Temperaturen bereits am 22. Dezember bis minus 15 °C.

Weihnachten wird immer mehr verweltlicht. Nach einer Umfrage der Wickert-Institute in Tübingen betrachten 31% der Männer und 28% der Frauen in der Bundesrepublik Weihnachten nicht als religiöses Fest; bei Selbständigen sind es 27%, bei Angestellten 25%. Mit 32% hat Weihnachten seinen religiösen Sinn am meisten bei den Arbeitern und Rentnern eingebüßt.

Die Kirchen beklagen die Religionsferne des Weihnachtsfestes in der Konsumgesellschaft. Für den Essener Bischof Franz Hengsbach wird »der Glanz des Festes der Liebe Gottes beschworen für das Gewinnstreben und das Protzen mit unserem Wohlstand«. Das Bistumsoberhaupt wendet sich gegen vorweggenommene Weihnachtsfeiern in Betrieben und Behörden, in denen Geschenke, Essen und Trinken einen unangemessenen Raum einnähmen.

Der Nürnberger Christkindlesmarkt vor der Frauenkirche (r.)

Chorgesang in der Kirche verbreitet die bekannte festliche Stimmung

Weihnachtliches Musizieren: Die Bürgergarde der Salzstadt Hallein

Laute Freude ist dem Weihnachtsfest fremd: Stimmungsvolle Blicke auf den reich gedeckten Gabentisch

Die Werbung preist kleine Delikatessen als Bereicherung der weihnachtlichen Eßfreuden an

Das praktische Geschenk für den Alltag gewinnt an Bedeutung

Bekanntes Produkt in besonderer Packung – für ein duftendes Fest

Alles wird zur christlichen Gabe, wenn es pünktlich verschenkt wird

Elektronik erobert deutsche Kinderzimmer

Der Wohlstand vieler Bundesbürger prägt auch den weihnachtlichen Gabentisch: Favoriten der Damen sind Pelzmäntel und Schmuckstücke.

Bei Spielzeugautos und Eisenbahnen faszinieren neuartige elektronische Steuerungsmöglichkeiten, mit denen die moderne Technik Einzug ins Kinderzimmer hält. Bedenklich stimmt dabei das Angebot von Kriegsspielzeug, das durch elektronische Bestandteile besonders attraktiv gestaltet werden kann. Der Deutsche Hausfrauenbund ruft die Eltern dazu auf, den Kindern solche Spielzeuge nicht zu schenken und damit negative pädagogische Auswirkungen zu verhindern.

In vielen Familien wird das Weihnachtsgeschenk zugunsten großer Anschaffungen für Küche oder Wohnzimmer zurückgestellt.

Aufruf zur Völkerverständigung verhallt wirkungslos

26. Dezember. Zahlreiche Politiker und kirchliche Würdenträger nehmen das Weihnachtsfest zum Anlaß, um der Weihnachtsfeiern der letzten Kriegsjahre zu gedenken und an den kargen Gabentisch der »Hungerjahre« zu erinnern.

In einer Rundfunkansprache an die Bevölkerung der DDR bekräftigt Bundeskanzler Ludwig Erhard (CDU) den Willen des deutschen Volkes zur Wiedervereinigung in einem freien Staat. In der deutschen Frage sei Geduld notwendig, aber Anlaß zum Verzagen gebe es nicht. Stacheldraht und Mauer seien das größte Hindernis für Frieden und Freiheit in Europa. Erhard betont die Bereitschaft des deutschen Volkes, sich mit seinen Nachbarvölkern im Osten zu versöhnen.

Der Ratsvorsitzende der Evangelischen Kirche in Deutschland, Präses Kurt Scharf, wendet sich über die Berliner Rundfunksender gegen jede Form von Völkerfeindschaft: »Wir wollen versuchen, Unrecht abzubauen, Haß zu verringern, das Recht des einen und das Recht des anderen ineinanderzufügen.«

Bei der Mitternachtsmesse in der Heiligen Nacht, die Papst Paul VI. in der Sixtinischen Kapelle zelebriert, erläßt er vor allen beim Heiligen Stuhl akkreditierten Diplomaten einen »Aufruf an die Christenheit«, die zwischen den Gesellschaftsklassen, den Rassen und den Nationen bestehenden Schranken zu durchbrechen. Durch den Glauben, der den Menschen mit Gott vereinige, könne sich auch der Mensch mit dem Menschen zu einem gemeinsamen Ideal verbinden.

Eine ernüchternde Bilanz zieht der Generalsekretär der Vereinten Nationen (UN), Sithu U Thant, über die Möglichkeiten, den Krieg in Vietnam zu beenden. Die kriegführenden Nationen hätten alle Friedensappelle auch unbeteiligter Staaten nicht beachtet.

Nach Appellen des Papstes und U Thants hatten die US-amerikanischen und die südvietnamesischen Streitkräfte zwischen Heiligabend 18.00 Uhr und dem ersten Weihnachtstag 24.00 Uhr Waffenruhe eingehalten. Die Vietcong hatten einen fast zeitgleichen Waffenstillstand bereits vor zwei Wochen angekündigt. Unmittelbar nach Ende des Waffenstillstandes setzten die Feuergefechte wieder ein.

Nach einem vorbereitenden Luftangriff durchsuchen US-Soldaten ein Dorf, in dem Vietcong vermutet werden

US-Helikopter setzen südvietnamesische Regierungssoldaten nahe Bao Lien ab; sie sollen Vietcong-Kämpfer verfolgen

Neue Postwertzeichen 1965 in der Bundesrepublik Deutschland

Sonderausgabe zur Internationalen Verkehrsausstellung München (7 Werte)

Sonderausgabe 100 Jahre Internationale Fernmeldeunion (UIT)

Sonderausgabe zum 100. Todestag von Adolf Kolping

Sonderausgabe zum 150. Geburtstag Bismarcks

Sonderausgabe 100. Todestag Matthias Claudius

Sonderausgabe zum Gedenken an 20 Jahre Vertreibung

Wohltätigkeitsausgabe zugunsten der Jugend (4 Werte)

Sonderausgabe zum Jubiläum der Briefmarke

Sonderausgabe »Europamarken« (CEPT-Postverbund)

Sonderausgabe 75 Jahre Tag der Arbeit

Sonderausgabe zur Deutschen Funkausstellung 1965

Sonderausgabe 100 Jahre Rettung Schiffbrüchiger

Sonderausgabe zum Evangelischen Kirchentag

Wohltätigkeitsausgabe zugunsten der freien Wohlfahrtspflege (Szenen aus dem Märchen »Aschenputtel«, 4 Werte)

Anhang

Regierungen Bundesrepublik Deutschland, DDR, Österreich und Schweiz 1965

Neben den Staatsoberhäuptern der Bundesrepublik Deutschland, der DDR, Österreichs und der Schweiz sind in der Zusammenstellung die einzelnen Kabinette des Jahres 1965 in chronologischer Reihenfolge enthalten. Hinter den Namen der wichtigsten Regierungsmitglieder steht in Klammern der Zeitraum ihrer Tätigkeit.

Bundesrepublik Deutschland

Staatsform:
Bundesrepublik
Bundespräsident:
Heinrich Lübke (1959–1969)

1. Kabinett Erhard, Koalition von CDU/CSU und FDP (1963–25. 10. 1965):
Bundeskanzler:
Ludwig Erhard (CDU; 1963–1966)
Vizekanzler:
Erich Mende (FDP; 1963–1966)
Auswärtiges:
Gerhard Schröder (CDU; 1961–1966)
Inneres:
Hermann Höcherl (CSU; 1961–25. 10. 1965)
Finanzen:
Rolf Dahlgrün (FDP; 1962–1966)
Schatz:
Werner Dollinger (CSU; 1962–1966)
Verteidigung:
Kai Uwe von Hassel (CDU; 1963–1966)
Wissenschaftliche Forschung:
Hans Lenz (FDP; 1962–25. 10. 1965)
Wirtschaft:
Kurt Schmücker (CDU; 1963–1966)
Arbeit und Sozialordnung:
Theodor Blank (CDU; 1957–25. 10. 1965)
Justiz:
Ewald Bucher (FDP; 1962–25. 10. 1965)
Post und Fernmeldewesen:
Richard Stücklen (CSU; 1957–1966)
Verkehr:
Hans-Christoph Seebohm (CDU; 1949–1966)
Ernährung, Landwirtschaft und Forsten:
Werner Schwarz (CDU; 1959–25. 10. 1965)
Gesundheit:
Elisabeth Schwarzhaupt (CDU; 1961–1966)
Wirtschaftliche Zusammenarbeit:
Walter Scheel (FDP; 1961/62, 1962–1966)
Gesamtdeutsche Fragen:
Erich Mende (FDP; 1963–1966)
Vertriebene, Flüchtlinge und Kriegsgeschädigte:
Ernst Lemmer (CDU; 1964–25. 10. 1965)
Wohnungswesen, Städtebau und Raumwesen:
Paul Lücke (CDU; 1957–25. 10. 1965)

Angelegenheiten des Bundesrats und der Länder:
Alois Niederalt (CSU; 1962–1966)
Familie und Jugend:
Bruno Heck (CDU; 1962–1968)
Sonderminister:
Heinrich Krone (CDU; 1961–25. 10. 1965)
Bundespressechef:
Karl-Günther von Hase (1962–1966)

2. Kabinett Erhard, Koalition von CDU/CSU und FDP (26. 10. 1965–1966):
Bundeskanzler:
Ludwig Erhard (CDU; 1963–1966)
Vizekanzler:
Erich Mende (FDP; 1963–1966)
Auswärtiges:
Gerhard Schröder (CDU; 1961–1966)
Inneres:
Paul Lücke (CDU; 26. 10. 1965–1968)
Finanzen:
Rolf Dahlgrün (FDP; 1962–1966)
Schatz:
Werner Dollinger (CSU; 1962–1966)
Verteidigung:
Kai Uwe von Hassel (CDU; 1963–1966)
Wissenschaftliche Forschung:
Gerhard Stoltenberg (CDU; 26. 10. 1965–1969)
Wirtschaft:
Kurt Schmücker (CDU; 1963–1966)
Arbeit und Sozialordnung:
Hans Katzer (CDU; 26. 10. 1965–1969)
Justiz:
Richard Jaeger (CSU; 26. 10. 1965–1966)
Post und Fernmeldewesen:
Richard Stücklen (CSU; 1957–1966)
Verkehr:
Hans-Christoph Seebohm (CDU; 1949–1966)
Ernährung, Landwirtschaft und Forsten:
Hermann Höcherl (CSU; 26. 10. 1965–1969)
Gesundheit:
Elisabeth Schwarzhaupt (CDU; 1961–1966)
Wirtschaftliche Zusammenarbeit:
Walter Scheel (FDP; 1961/62, 1962–1966)
Gesamtdeutsche Fragen:
Erich Mende (FDP; 1963–1966)

Vertriebene, Flüchtlinge und Kriegsgeschädigte:
Johann Baptist Gradl (CDU; 26. 10. 1965–1966)
Wohnungswesen und Städtebau:
Ewald Bucher (FDP; 26. 10. 1965–1966)
Angelegenheiten des Bundesrats und der Länder:
Alois Niederalt (CSU; 1962–1966)
Familie und Jugend:
Bruno Heck (CDU; 1962–1968)
Angelegenheiten des Bundesverteidigungsrats:
Heinrich Krone (CDU; 26. 10. 1965–1966)
Sonderminister im Bundeskanzleramt:
Ludger Westrick (CDU; 26. 10. 1965–1966)
Bundespressechef:
Karl-Günther von Hase (1962–1966)

Die Ministerpräsidenten der deutschen Bundesländer
Baden-Württemberg:
Kurt Georg Kiesinger (CDU; 1958–1966)
Bayern:
Alfons Goppel (CSU; 1962–1978)
Bremen:
Wilhelm Kaisen (SPD; Erster Bürgermeister 1945–17. 7. 1965), Willi Dehnkamp (SPD; Erster Bürgermeister 20. 7. 1965–1967)
Hamburg:
Paul Nevermann (SPD; Erster Bürgermeister 1961–9. 6. 1965), Herbert Weichmann (SPD; Erster Bürgermeister 9. 6. 1965–1971)
Hessen:
Georg August Zinn (SPD; 1950–1969)
Niedersachsen:
Georg Diederichs (SPD; 1961–1970)
Nordrhein-Westfalen:
Franz Meyers (CDU; 1958–1966)
Rheinland-Pfalz:
Peter Altmeier (CDU; 1947–1969)
Saarland:
Franz Josef Röder (CDU; 1959–1979)
Schleswig-Holstein:
Helmut Lemke (CDU; 1963–1971)
Berlin (West):
Willy Brandt (SPD; Regierender Bürgermeister 1957–1966)

Deutsche Demokratische Republik

Staatsform:
Republik
Staatsratsvorsitzender:
Walter Ulbricht (SED; 1960–1973)
Ministerpräsident:
Willi Stoph (SED; 1964–1973)
1. Sekretär der SED:
Walter Ulbricht (SED; 1954–1971)

Österreich

Staatsform:
Bundesrepublik
Bundespräsident:
Adolf Schärf (SPÖ; 1957–28. 2. 1965), Franz Jonas (SPÖ; 9. 6. 1965–1974)

1. Kabinett Klaus, Koalition ÖVP und SPÖ (1964–23. 10. 1965, geschäftsführend bis 1966):
Bundeskanzler:
Josef Klaus (ÖVP; 1964–1970)
Vizekanzler:
Bruno Pittermann (SPÖ; 1957–1966)
Äußeres:
Bruno Kreisky (SPÖ; 1959–1966)
Inneres:
Hans Czettel (SPÖ; 1964–1966)
Unterricht:
Theodor Piffl-Percevíc (ÖVP; 1964–1969)
Justiz:
Hans Christian Broda (SPÖ; 1961–1966)
Verteidigung:
Georg Prader (ÖVP; 1964–1970)
Finanzen:
Wolfgang Schmitz (ÖVP; 1964–1968)
Handel:
Fritz Bock (ÖVP; 1956–1968)
Sozialwesen:
Anton Proksch (SPÖ; 1956–1966)
Verkehr:
Otto Probst (SPÖ; 1963–1966)
Land- und Forstwirtschaft:
Karl Schleinzer (ÖVP; 1964–1970)

Schweiz

Staatsform:
Republikanischer Bundesstaat
Bundespräsident:
Hans-Peter Tschudi (SVP; 1965, 1970)

Äußeres:
Friedrich Wahlen (BGB; 1961–31. 12. 1965)
Inneres:
Hans-Peter Tschudi (SVP; 1960–1973)
Justiz und Polizei:
Ludwig von Moos (katholisch-konservativ; 1960–1971)
Finanzen und Zölle:
Roger Bonvin (katholisch-konservativ; 1962–1967)
Militär:
Paul Chaudet (freisinnig; 1955–1966)
Volkswirtschaft:
Hans Schaffner (freisinnig; 1961–1969)
Post und Eisenbahn:
Willy Spühler (SVP; 1960–1966)

Bundesrepublik Deutschland, Österreich und die Schweiz 1965 in Zahlen

Die Statistiken für die drei deutschsprachigen Länder umfassen eine Auswahl von grundlegenden Daten. Es wurden vor allem Daten aufgenommen, die innerhalb der einzelnen Länder vergleichbar sind. Maßgebend für alle Angaben waren die amtlichen Statistiken. Die Zahlen beziehen sich auf die jeweiligen Staatsgrenzen von 1965. Nicht in allen gesellschaftlichen Bereichen finden jährliche Erhebungen statt, so daß mitunter die Daten aus früheren Jahren aufgenommen werden mußten. Das Erhebungsdatum ist jeweils angegeben (unter der Rubrik »Stand«). Die aktuellen Zahlen des Jahres 1965 werden – wo möglich – durch einen Vergleich zum Vorjahr relativiert. Wichtige Zusatzinformationen zum Verständnis einzelner Daten sind in den Fußnoten enthalten.

Bundesrepublik Deutschland

Erhebungsgegenstand	Wert	Vergleich Vorjahr (%)	Stand
Fläche (km²)	248 454	±0	1965
Bevölkerung			
Wohnbevölkerung	59 012 000	+1,3	1965
männlich	28 032 000	+1,6	1965
weiblich	30 979 000	+1,0	1965
Einwohner je km²	237,5	+1,3	1965
Privathaushalte	20 848 000	–	1964[1]
Einpersonenhaushalte	4 848 000	–	1964[1]
Mehrpersonenhaushalte	16 000 000	–	1964[1]
Lebendgeborene	1 904 000	–2,0	1965
Gestorbene	678 000	+5,3	1965
Eheschließungen	492 000	–2,8	1965
Ehescheidungen	59 000	+5,4	1965
Familienstand der Bevölkerung			
Ledige insgesamt	24 171 000	+0,7	31. 12. 1965
männlich	12 505 000	+0,9	31. 12. 1965
weiblich	11 666 000	+0,5	31. 12. 1965
Verheiratete	29 351 000	+1,5	31. 12. 1965
Verwitwete und Geschiedene	5 774 000	+1,5	31. 12. 1965
männlich	979 000	+1,3	31. 12. 1965
weiblich	4 795 000	+1,6	31. 12. 1965
Religionszugehörigkeit			
Christen insgesamt	53 987 586	–	6. 6. 1961[1]
katholisch	24 786 103	–	6. 6. 1961[1]
evangelisch	28 725 615	–	6. 6. 1961[1]
sonstige	475 868	–	6. 6. 1961[1]
Juden	22 681	–	6. 6. 1961[1]
andere, ohne Konfession	2 164 569	–	6. 6. 1961[1]
Altersgruppen			
unter 6 Jahren	6 002 300	+1,7	31. 12. 1965
6 bis unter 14 Jahren	6 641 900	+2,5	31. 12. 1965
14 bis unter 18 Jahren	3 142 800	+2,2	31. 12. 1965
18 bis unter 21 Jahren	2 024 500	–1,9	31. 12. 1965
21 bis unter 30 Jahren	8 446 100	–0,2	31. 12. 1965
30 bis unter 40 Jahren	7 991 300	+2,5	31. 12. 1965
40 bis unter 50 Jahren	6 635 200	+2,9	31. 12. 1965
50 bis unter 60 Jahren	7 691 800	–2,7	31. 12. 1965
60 bis unter 65 Jahren	3 585 800	+1,5	31. 12. 1965
65 und darüber	7 134 700	+3,1	31. 12. 1965

Erhebungsgegenstand	Wert	Vergleich Vorjahr (%)	Stand
Die zehn größten Städte			
Berlin (West)	2 201 800	+ 0,4	30. 6. 1965
Hamburg	1 857 000	+ 0,0	30. 6. 1965
München	1 210 500	+ 2,4	30. 6. 1965
Köln	854 500	+ 1,5	30. 6. 1965
Essen	726 800	– 0,3	30. 6. 1965
Düsseldorf	700 100	– 0,3	30. 6. 1965
Frankfurt am Main	690 900	– 0,5	30. 6. 1965
Dortmund	656 000	+ 0,4	30. 6. 1965
Stuttgart	632 700	– 0,4	30. 6. 1965
Bremen	592 400	+ 1,3	30. 6. 1965
Erwerbstätigkeit			
Erwerbstätige	24 683 000	–	Mai 1965
männlich	16 195 000	–	Mai 1965
weiblich	8 488 000	–	Mai 1965
nach Wirtschaftsbereichen			
Land- und Forstwirtschaft, Tierhaltung und Fischerei	2 966 000	–	1965
Produzierendes Gewerbe	13 218 000	+ 2,0	1965
Handel und Verkehr	4 778 000	+ 1,4	1965
Sonstige	6 191 000	– 0,5	1965
Ausländische Arbeitnehmer	1 164 364	+24,8	30. 6. 1965
Arbeitslose	147 000	–13,0	1965
Betriebe			
Landwirtschaftliche Betriebe	241 868	–	1961
Bergbau und verarbeitendes Gewerbe	562 314	–	1961
Baugewerbe	164 081	–	1961
Handel	835 007	–	1961
Gastgewerbe	192 465	–	1961
Reiseverkehr	134 586	–	1961
Außenhandel			
Einfuhr (Mio. DM)	70 448	+19,7	1965
Ausfuhr (Mio. DM)	71 651	+10,4	1965
Ausfuhrüberschuß (Mio. DM)	1 203	–80,2	1965
Verkehr			
Eisenbahnnetz (km)	30 503	– 0,3	1965
Beförderte Personen (Mio)	1 165	– 4,9	1965
Beförderte Güter (Mio t)	329,9	– 1,5	1965
Straßennetz (km)	154 882	–	1. 1. 1965
Bestand an Kraftfahrzeugen	12 167 800	+ 7,8	1965
davon Pkw	8 630 200	+11,7	1965
davon Lkw	8 559 000	+ 3,9	1965
Zulassung fabrikneuer Kfz	1 739 121	+11,3	1965
Binnenschiffe zum Gütertransport (Tragfähigkeit in t)	4 995 000	–	1. 1. 1965
Beförderte Güter (Mio. t)	195,7	+ 6,4	1965
Handelsschiffe/Seeschiffahrt (BRT)	5 756 000	+ 6,2	1965
Beförderte Güter (Mio. t)	104	+ 7,2	1965
Luftverkehr			
Beförderte Personen	10 000 000	+25	1965
Beförderte Güter (t)	200 000	±0	1965
Bildung			
Schüler an			
Volksschulen	5 606 927	+ 1,5	1965
Realschulen	539 181	+ 8,4	1965
Gymnasien	957 871	+ 7,6	1965
Studenten	270 674	– 1,9	1965
Rundfunk und Fernsehen			
Hörfunkteilnehmer	17 878 000	+ 2,2	1965
Fernsehteilnehmer	11 379 000	+13,5	1965
Gesundheitswesen			
Ärzte	85 801	+ 1,9	1965
Zahnärzte	31 434	– 1,9	1965
Krankenhäuser	3 619	+ 0,3	1965

[1] Letzte verfügbare Angabe

Erhebungsgegenstand	Wert	Vergleich Vorjahr (%)	Stand
Sozialleistungen			
Mitglieder der gesetzlichen Krankenversicherung	28 740 000	+ 1,3	1965
Rentenversicherung der Arbeiter	5 952 000	+ 2,6	1965
Rentenversicherung der Angestellten	2 150 000	+ 2,9	1965
Knappschaftl. Rentenversicherung	735 000	+ 2,0	1965
Empfänger v. Arbeitslosenunterstützung	109 000	− 9,8	1965
Sozialhilfe	1 404 000	− 1,0	1965
Finanzen und Steuern			
Gesamtausgaben des Staates (Mio. DM)	148 075	+ 8,8	1965
Gesamteinnahmen des Staates (Mio. DM)	106 120	+ 6,1	1965
Schuldenlast des Staates (Mio. DM)	83 931	+11,8	1965
Löhne und Gehälter			
Wochenarbeitszeit in der Industrie (Std.)	40,2	− 2,4	1965
Bruttostundenverdienst			
männlicher Arbeiter (DM)	4,54	+ 9,4	1965
weiblicher Arbeiter (DM)	3,09	+10,3	1965
Bruttomonatsverdienst			
männlicher Angestellter (DM)	1055	+ 8,9	1965
weiblicher Angestellter (DM)	635	+ 9,9	1965
Index der tariflichen Stundenlöhne in der gewerblichen Wirtschaft (1962 = 100)	127,8	+ 9,8	1965
Preise			
Index der Einzelhandelspreise (1958 = 100)	115,0	+ 2,7	1965
Einzelhandelspreise ausgewählter Lebensmittel (DM)			
Butter, 1 kg	7,81	+ 3,0	1965
Weizenmehl, 1 kg	1,09	± 0	1965
Schweinefleisch, 1 kg	7,91	± 0	1965
Rindfleisch, 1 kg	6,57	− 25,0	1965
Eier, 1 Stück	0,24	+14,3	1965
Kartoffeln, 5 kg	1,86	+29,2	1965
Vollmilch, 1 l	0,68	+36,0	1965
Zucker, 1 kg	1,23	± 0	1965
Kaffee, 1 kg	16,56	− 0,3	1965
Bruttosozialprodukt (Mrd. DM)	452,7	+ 9,4	1965

Erhebungsgegenstand	Bremen	Berlin	Kassel	Aachen	Stuttgart	München
Klimatische Verhältnisse						
Mittlere Lufttemperatur (°C)						
Januar	2,6	1,7	2,1	2,6	2,9	0,5
Februar	1,1	− 0,8	− 0,2	0,4	− 0,9	− 4,7
März	3,3	2,3	3,6	5,0	5,1	1,7
April	7,4	7,9	8,0	7,7	8,4	6,1
Mai	11,8	12,2	12,7	12,3	12,8	10,7
Juni	15,4	16,8	16,6	15,8	17,4	15,9
Juli	14,9	15,8	15,5	14,8	17,0	15,8
August	15,0	15,6	15,5	15,8	16,7	15,1
September	13,2	13,7	13,3	13,4	13,6	12,2
Oktober	9,2	8,3	9,1	10,5	9,6	7,3
November	1,0	0,9	1,8	3,6	3,9	2,2
Dezember	3,3	2,7	3,5	4,5	4,7	2,7
Niederschlagsmengen (mm)						
Nov. − Febr.	195	160	209	298	181	187
März/April	130	122	115	197	143	187

Erhebungsgegenstand	Bremen	Berlin	Kassel	Aachen	Stuttgart	München
Mai	121	59	47	75	112	156
Juni	58	55	70	75	127	176
Juli	151	109	185	182	164	171
August	58	32	73	81	100	70
Sept. − Okt.	65	60	66	101	99	95
Sonnenscheindauer (Std.)						
März	122	142	111	129	114	120
April	107	109	111	101	108	120
Mai	168	199	171	182	142	132
Juni	210	228	200	203	196	202
Juli	132	168	114	112	186	174
August	210	242	183	170	203	202
September	156	178	128	163	149	167
Oktober	133	167	148	223	174	148

Österreich

Erhebungsgegenstand	Wert	Vergleich Vorjahr (%)	Stand
Fläche (km²)	83 850	±0	1965
Bevölkerung			
Wohnbevölkerung	7 255 000	+ 0,5	1965
männlich	3 390 800	+ 0,6	1965
weiblich	3 864 200	+ 0,5	1965
Einwohner je km²	86,5	+ 0,5	1965
Ausländer	102 159	−	1961[1]
Privathaushalte	2 287 800	−	1961[1]
Einpersonenhaushalte	435 500	−	1961[1]
Mehrpersonenhaushalte	1 852 300	−	1961[1]
Lebendgeborene	129 924	− 2,9	1965
Gestorbene	94 273	+ 5,8	1965
Eheschließungen	56 738	− 1,4	1965
Ehescheidungen	8 423	+ 0,4	1965
Familienstand der Bevölkerung			
Ledige insgesamt	3 056 032	−	1961[1]
männlich	1 533 598	−	1961[1]
weiblich	1 522 434	−	1961[1]
Verheiratete	3 209 945	−	1961[1]
Verwitwete und Geschiedene	807 827	−	1961[1]
männlich	160 035	−	1961[1]
weiblich	647 792	−	1961[1]
Religionszugehörigkeit			
Christen insgesamt	6 766 904	−	1961[1]
katholisch	6 324 727	−	1961[1]
evangelisch	438 663	−	1961[1]
sonstige	3 514	−	1961[1]
Juden	9 049	−	1961[1]
andere, ohne Konfession	297 854	−	1961[1]
Altersgruppen			
unter 5 Jahren	639 593	−	1965
5 bis unter 10 Jahren	568 092	−	1965
10 bis unter 15 Jahren	480 027	−	1965
15 bis unter 20 Jahren	499 104	−	1965
20 bis unter 30 Jahren	1 026 617	−	1965
30 bis unter 40 Jahren	876 804	−	1965
40 bis unter 50 Jahren	807 178	−	1965
50 bis unter 60 Jahren	944 809	−	1965
60 bis unter 65 Jahren	454 277	−	1965

Statistische Zahlen 1965

Erhebungsgegenstand	Wert	Vergleich Vorjahr (%)	Stand
Altersgruppen (Fortsetzung)			
65 bis unter 70 Jahren	369 884	–	1965
70 bis unter 80 Jahren	444 974	–	1965
80 Jahre und darüber	142 809	–	1965
Die zehn größten Städte			
Wien	1 627 566	–	1961[1]
Graz	237 080	–	1961[1]
Linz	195 978	–	1961[1]
Salzburg	108 114	–	1961[1]
Innsbruck	100 695	–	1961[1]
Klagenfurt	69 218	–	1961[1]
Wels	41 060	–	1961[1]
St. Pölten	40 112	–	1961[1]
Steyr	38 306	–	1961[1]
Leoben	36 257	–	1961[1]
Erwerbstätigkeit			
Beschäftigte	2 381 234	+ 0,8	1965
männlich	1 501 012	+ 0,7	1965
weiblich	880 222	+ 0,9	1965
nach Wirtschaftsbereichen			
Land- und Forstwirtschaft	95 707	–	1965
Ausländische Arbeitnehmer	33 860	–	1964[1]
Arbeitslose	65 480	–	1965
Arbeitslosenquote (in %)	2,7	±0	1965
Betriebe			
Landwirtschaftliche Betriebe	402 286	–	1960[1]
Baugewerbe, Industrie und verarbeitendes Gewerbe	4 781	–	1965
Außenhandel			
Einfuhr in Mio. öS (Mio. DM)	54 614 (8465)	+ 12,8	1965
Ausfuhr in Mio. öS (Mio. DM)	00 41 600 (6448)	+ 10,6	1965
Einfuhrüberschuß in Mio. öS (Mio. DM)	13 014 (2017)	+ 20,1	1965
Verkehr			
Eisenbahnnetz Bundesbahnen (km)	5 953	±0	1965
Beförderte Personen (1000)	141 509	–	1965
Beförderte Güter (in 1000 t)	44 862	– 0,9	1965
Bundesstraßennetz (km)	9 236	+ 0,3	1965
Landstraßen (km)	22 233	+ 5,0	1965
Bestand an Kraftfahrzeugen	1 809 770	–	1965
davon Pkw	790 675	–	1965
davon Lkw	95 564	–	1965
Zulassung fabrikneuer Kfz	140 779	–	1965
Schiffahrt (Zahl der Schiffe)	11 435	– 1,8	1965
Luftverkehr			
Beförderte Personen	475 627	+ 20,8	1965
Beförderte Güter (1000 t)	3 224	+ 20,8	1965
Bildung			
Schüler an			
Volksschulen	570 130	+ 1,8	1965/66
Hauptschulen	202 010	+ 5,3	1965/66
Höheren Schulen	86 400	+ 4,2	1965/66
Studenten	52 169	+ 1,5	1965/66

Erhebungsgegenstand	Wert	Vergleich Vorjahr (%)	Stand
Rundfunk und Fernsehen			
Hörfunkteilnehmer	2 154 116	+ 1,0	1965
Fernsehteilnehmer	710 795	+ 21,3	1965
Gesundheitswesen			
Krankenhäuser	292	–	1965
Sozialleistungen			
Mitglieder der gesetzlichen Krankenversicherung	3 629 847	+ 1,0	31. 12. 1965
Empfänger von Arbeitslosengeld	44 679	+ 0,5	1965
Notstandshilfe	6 342	– 5,1	1965
Löhne und Gehälter			
Mindeststundenlohn qualifizierter Facharbeiter (öS/DM)	12,20 (1,89)	–	1965
Preise			
Einzelhandelspreise ausgewählter Lebensmittel in öS (DM)			
Butter, 1 kg	39,75 (6,16)	–	1965
Weizenmehl, 1 kg	5,11 (0,79)	–	1965
Schweinefleisch, 1 kg	36,70 (5,68)	–	1965
Rindfleisch, 1 kg	38,00 (5,89)	–	1965
Eier, 1 Stück	1,24 (0,19)	–	1965
Kartoffeln, 1 kg	2,63 (0,41)	–	1965
Vollmilch, 1 l	2,93 (0,45)	–	1965
Zucker, 1 kg	7,11 (1,10)	–	1965
Index der Lebenshaltungskosten für Arbeitnehmerhaushalte (1958 = 100)	124,7	+ 5,0	1965
Bruttonationalprodukt (Mio. öS/DM)	247 431 (38 352)	+ 8,9	1965

Erhebungs-gegenstand	Wien	Innsbruck	Salzburg	Klagenfurt	Graz	Feldkirch
Klimatische Verhältnisse						
Mittlere Lufttemperatur (°C)						
Januar	0,8	0,4	0,2	– 3,9	0,2	0,9
Februar	– 2,0	– 3,3	– 4,2	– 5,1	– 2,6	– 3,8
März	4,5	4,5	2,3	3,1	4,7	3,9
April	9,2	7,5	6,9	7,3	8,7	7,1
Mai	13,2	12,0	10,9	12,2	13,0	11,8
Juni	17,8	16,9	16,2	16,8	17,4	16,2
Juli	18,5	17,2	16,5	17,5	18,2	16,1
August	17,3	16,3	15,6	16,0	16,7	16,6
September	15,6	13,7	13,2	13,4	14,8	13,1
Oktober	8,5	8,7	7,8	7,5	9,1	8,3
November	2,4	3,2	2,9	1,4	2,0	3,3
Dezember	3,0	0,2	1,8	– 2,8	0,4	1,7
Niederschlagsmengen (mm)						
Januar	42	33	80	68	37	39
Februar	47	38	48	4	15	54
März	44	64	99	48	46	81
April	131	88	155	148	128	188
Mai	130	124	205	121	134	137
Juni	193	149	164	88	151	163
Juli	84	119	161	212	262	163
August	57	191	100	107	153	166
September	48	113	110	203	99	150
Oktober	0,3	1	6	1	0,1	3
November	29	56	54	158	110	93
Dezember	68	101	91	82	34	154
Sonnenscheindauer (Std.)						
Januar	34	59	54	57	60	52
Februar	96	96	60	154	104	99
März	142	143	138	195	171	138
April	133	127	128	156	140	132

1) Letzte verfügbare Angabe

Erhebungs- gegenstand	Wien	Inns- bruck	Salzburg	Klagen- furt	Graz	Feld- kirch
Mai	150	132	108	188	166	158
Juni	225	196	296	219	203	177
Juli	215	194	183	261	210	167
August	221	203	215	222	189	191
September	170	187	179	174	163	173
Oktober	173	210	188	171	188	110
November	53	65	62	33	36	47
Dezember	67	43	43	32	55	18

Schweiz

Erhebungsgegenstand	Wert	Vergleich Vorjahr (%)	Stand
Fläche (km²)	41 294,4	±0	1965
Bevölkerung			
Wohnbevölkerung	5 945 000	+1,2	1965[1]
männlich	2 663 432	–	1960[2]
weiblich	2 765 629	–	1960
Einwohner je km²	143,9	–	1965[1]
Ausländer	584 739	–	1960
Privathaushalte	1 594 010	–	1960
Einpersonenhaushalte	224 446	–	1960
Mehrpersonenhaushalte	1 369 564	–	1960
Lebendgeborene	111 835	– 0,9	1965
Gestorbene	55 547	+3,6	1965
Eheschließungen	45 082	+2,1	1965
Ehescheidungen	4 977	+2,3	1965
Familienstand der Bevölkerung			
Ledige insgesamt	2 607 168	–	1960[2]
männlich	1 332 715	–	1960[2]
weiblich	1 274 453	–	1960[2]
Verheiratete	2 431 763	–	1960[2]
Verwitwete und Geschiedene	390 130	–	1960[2]
männlich	97 753	–	1960[2]
weiblich	292 377	–	1960[2]
Religionszugehörigkeit			
Christen insgesamt	5 354 490	–	1960[2]
römisch-katholisch	2 463 214	–	1960[2]
evangelisch	2 861 522	–	1960[2]
christ-katholisch	29 754	–	1960[2]
Juden	19 984	–	1960[2]
andere, ohne Konfession	54 587	–	1960[2]

Erhebungsgegenstand	Wert	Vergleich Vorjahr (%)	Stand
Altersgruppen			
unter 5 Jahren	439 392	–	1960[2]
5 bis unter 10 Jahren	410 771	–	1960[2]
10 bis unter 15 Jahren	424 853	–	1960[2]
15 bis unter 20 Jahren	427 051	–	1960[2]
20 bis unter 30 Jahren	812 321	–	1960[2]
30 bis unter 40 Jahren	761 743	–	1960[2]
40 bis unter 50 Jahren	668 894	–	1960[2]
50 bis unter 60 Jahren	664 231	–	1960[2]
60 bis unter 70 Jahren	473 975	–	1960[2]
70 bis unter 80 Jahren	261 674	–	1960[2]
80 Jahre und darüber	84 156	–	1960[2]
Die zehn größten Städte			
Zürich	439 800	– 0,5	1965[1]
Basel	216 200	+ 0,1	1965[1]
Genf	178 200	– 0,6	1965[1]
Bern	168 800	– 0,8	1965[1]
Lausanne	134 600	+ 0,4	1965[1]
Winterthur	89 000	+ 0,9	1965[1]
St. Gallen	78 900	±0	1965[1]
Luzern	74 600	+ 0,7	1965[1]
Biel	67 800	+ 0,9	1965[1]
La Chaux-de-Fonds	42 800	+ 1,7	1965[1]
Erwerbstätigkeit			
Erwerbstätige	2 368 264	–	1965
männlich	1 643 570	–	1965
weiblich	724 694	–	1965
nach Wirtschaftsbereichen			
Land- und Forstwirtschaft	353 773	–	1960[2]
Industrie, Handwerk, Baugewerbe usw.	1 293 314	–	1960[2]
Sonstige	1 015 112	–	1960[2]
Ausländische Arbeitnehmer	423 987	–	1960[2]
Arbeitslose	299	+ 3,8	1965
Betriebe			
Land- und Forstwirtschaft	182 387	–	1965
Bergbau und verarbeitendes Gewerbe	80 563	–	1965
Baugewerbe	23 129	–	1965
Handel, Gastgewerbe, Reiseverkehr	209 558	–	1965
Außenhandel			
Einfuhr in 1000 sFr (1000 DM)	15 929 282 (14 654 939)	+ 2,5	1965
Ausfuhr in 1000 sFr (1000 DM)	12 861 049 (11 832 165)	+12,2	1965
Einfuhrüberschuß in 1000 sFr (1000 DM)	3 068 233 (2 822 774)	–24,8	1965
Verkehr			
Eisenbahnnetz (km)	3 611[3]	±0	1965
Beförderte Personen (in 1000)	334 103	– 3,0	1965
Beförderte Güter (in 1000 t)	50 458	+ 2,7	1965
Bestand an Kraftfahrzeugen	1 510 285	+ 8,8	1965
davon Pkw	845 124	+ 8,5	1965
davon Lkw	54 559	+ 9,0	1965
Zulassung fabrikneuer Kfz	154 141	+ 1,7	1965
Luftverkehr			
Beförderte Personen	2 176 796	+14,0	1965
Beförderte Güter (t)	42 848	+20,8	1965
Bildung			
Schüler an			
Primarschulen	577 055	–	1961/62[2]
Sekundarschulen	118 150	–	1961/62[2]
Gymnasien	24 837	–	1961/62[2]
Studenten	22 863	+10,5	1964/65
Rundfunk und Fernsehen			
Hörfunkteilnehmer	1 199 089	+ 1,9	1965

1) Schätzung
2) Letzte verfügbare Angabe
3) Normalspur

Statistische Zahlen 1965

Erhebungsgegenstand	Wert	Vergleich Vorjahr (%)	Stand
Rundfunk und Fernsehen (Fortsetzung)			
Fernsehteilnehmer	620 783	+ 26,2	1965
Gesundheitswesen			
Ärzte	5 174	+ 0,6	1965
Zahnärzte	2 336	+ 1,0	1965
Krankenhäuser	430	–	1960[2]
Sozialleistungen			
Mitglieder der gesetzlichen Krankenversicherung	5 385 000	+ 2,8	1965
Finanzen und Steuern			
Gesamtausgaben des Staates in 1000 sFr (1000 DM)	4 920 315 (4 526 689)	+ 1,3	1965
Gesamteinnahmen des Staates in 1000 sFr (1000 DM)	4 951 755 (4 555 614)	– 6,2	1965
Schuldenlast des Staates in 1000 sFr (1000 DM)	4 746 379 4 366 668	–18,5	1965
Löhne und Gehälter			
Stundenlohn männlicher Arbeiter (sFr/DM)	5,77 (5,31)	+ 7,2	1965
Stundenlohn weiblicher Arbeiter (sFr/DM)	3,27 (3,01)	+ 7,9	1965
Monatsverdienst männlicher Angestellter (sFr/DM)	1391 (1279)	+ 6,6	1965
Monatsverdienst weiblicher Angestellter (sFr/DM)	855 (787)	+ 7,3	1965
Index der tariflichen Stundenlöhne in der gewerblichen Wirtschaft (1939 = 100)	338	+ 7,0	1965
Preise			
Index der Einzelhandelspreise (1939 = 100)	214,8	+ 3,4	1965
Einzelhandelspreise ausgewählter Lebensmittel (sFr/DM)			
Butter, 1 kg	11,51 (10,59)	+ 0,7	1965
Weizenmehl, 1 kg	0,88 (0,81)	±0	1965
Schweinefleisch, 1 kg	9,16 (8,42)	+ 2,1	1965
Rindfleisch, 1 kg	9,50 (8,74)	+ 5,6	1965
Eier, 1 Stück	0,30 (0,28)	+ 7,1	1965
Kartoffeln, 1 kg	0,56 (0,52)	+19,1	1965
Vollmilch, 1 l	0,68 (0,63)	+ 3,0	1965
Zucker, 1 kg	0,91 (0,84)	–32,6	1965
Bruttosozialprodukt (Mio. sFr/DM)	59 885 (55 094)	+ 7,8	1965

Erhebungsgegenstand	Zürich	Basel	Bern	Genf	Davos	Lugano
Klimatische Verhältnisse						
Mittlere Lufttemperatur (°C)						
Januar	0,8	2,1	0,6	0,5	– 4,3	3,3
Februar	– 3,2	– 1,0	– 2,4	– 1,2	– 9,4	2,4
März	3,8	5,4	4,1	3,9	– 2,4	6,8
April	6,6	8,3	7,0	7,6	0,2	11,6
Mai	11,5	12,8	12,4	12,8	5,3	15,2
Juni	16,2	17,2	16,9	17,0	10,2	19,4
Juli	15,6	17,0	16,4	17,2	11,0	20,9
August	15,8	17,0	16,5	16,6	10,3	20,0
September	12,2	13,2	12,2	12,3	6,6	14,8
Oktober	8,4	9,4	9,0	9,6	5,2	12,2
November	3,1	4,4	4,0	5,0	– 1,3	6,6
Dezember	2,8	4,5	3,0	3,4	– 4,4	3,4
Niederschlagsmengen (mm)						
Januar	70	59	64	74	38	74
Februar	33	13	15	6	38	2
März	99	82	118	119	65	102
April	187	82	125	66	70	21
Mai	209	127	113	99	116	151
Juni	152	77	93	49	154	89
Juli	173	99	241	127	136	154
August	151	135	110	147	140	126
September	132	127	177	216	210	407
Oktober	13	19	28	36	3	38
November	157	101	144	129	83	95
Dezember	169	84	144	202	192	25
Sonnenscheindauer (Std.)						
Januar	40	42	44	53	57	86
Februar	98	95	128	145	115	202
März	116	119	133	145	115	155
April	120	110	110	139	108	183
Mai	169	156	178	220	125	182
Juni	187	194	200	216	169	200
Juli	180	157	181	228	176	244
August	199	196	184	224	194	236
September	142	119	139	141	138	152
Oktober	84	128	104	79	204	169
November	36	41	36	28	61	68
Dezember	20	31	41	41	40	120

2) Letzte verfügbare Angabe

Staatsoberhäupter und Regierungen ausgewählter Länder 1965

Die Einträge zu den wichtigsten Ländern des Jahres 1965 informieren über die Staatsform (hinter dem Ländernamen), Titel und Namen des Staatsoberhaupts sowie in Klammern dessen Regierungszeit. Es folgen – soweit vorhanden – die Regierungschefs, bei wichtigeren Ländern auch die Außenminister des Jahres 1965; jeweils in Klammern stehen die Zeiträume der Amtsausübung. Eine Kurzdarstellung gibt – wo es sinnvoll erscheint – einen Einblick in die innen- und außenpolitische Situation des Landes. Über bewaffnete Konflikte und Unruhegebiete, auf die hier nicht näher eingegangen wird, informiert der Anhang »Kriege und Krisenherde des Jahres 1965« gesondert.

Afghanistan

Königreich; *König:* Mohammed Sahir (1933–1973)
Ministerpräsident: Mohammed Jusuf (1963–11. 10. 1965), Mohammed Haschim Maimandwal (2. 11. 1965–1967)

Ägypten

Republik; *Präsident:* Gamal Abd el Nasser (1954–1970)
Ministerpräsident: Ali Sabri (1962–29. 9. 1965), Zakarija Muhji ad-Din (3. 10. 1965–1966)
Außenminister: Mahmud Rijad (1964–1972)

Albanien

Volksrepublik; *Präsident:* Haxhi Lleschi (1953–1977)
Ministerpräsident: Mehmed Shehu (1954–1981)

Algerien

Republik; *Staatspräsident:* Mohammed Ahmed Ben Bella (1963–12. 6. 1965)
Leiter des Revolutionsrates: Houari Boumedienne (19. 6. 1965–1976, danach Staatspräsident bis 1978)
Staatspräsident Ben Bella wird am 12. Juni in einem unblutigen Staatsstreich gestürzt. Die Macht übernimmt ein Revolutionsrat unter Führung des bisherigen Verteidigungsministers und stellvertretenden Ministerpräsidenten Houari Boumedienne.

Argentinien

Republik; *Präsident:* Arturo Illía (1963–1966)

Äthiopien

Kaiserreich; *Kaiser:* Haile Selassie I. (1930–1974)
Ministerpräsident (Amt neu geschaffen 1961): Tsehafe Tezaz Aklilu Habtewold (1961–1974)

Australien

Bundesstaat im Britischen Empire; *Ministerpräsident:* Robert Gordon Menzies (Labour Party; 1939/40, 1949–1966)
Außenminister: Paul Hasluck (1964–1969)
Britischer Generalgouverneur: William Philip Sidncy 6. Baron de l'Isle und Dudley 1. Viscount de l'Isle of Penshurst (1961–28. 7. 1965),
Richard Gardiner Baron Casey of Berwick (28. 7. 1965–1969)

Belgien

Königreich; *König:* Baudouin I. (seit 1951)
Ministerpräsident: Théo Lefèvre (christlich-sozial; 1961–27. 7. 1965), Pierre Harmel (christlich-sozial; 27. 7. 1965–1966)
Außenminister: Paul Henri Spaak (Sozialist; 1939–1949, 1954–1957, 1961–1966)

Benin

Siehe Dahomé

Bhutan

Königreich; *König:* Jigme Dorji Wangchuk (1952–1972)

Birma

Unionsrepublik unter Militärherrschaft; *Präsident an der Spitze eines Revolutionsrats:* General Ne Win (1962–1981)
Ministerpräsident: General Ne Win (1958–1960, 1962–1974)

Bolivien

Republik; *Präsident:* Victor Paz Estenssoro (1952–1956, 1960–4. 11. 1964, 1985)
Vorsitzender einer Militärjunta: René Barrientos Ortuño (5. 11. 1964–1966)

Brasilien

Bundesrepublik; *Präsident:* Humberto de Alencar Castelo Branco (1964–1967)

Bulgarien

Volksrepublik; *Präsident (Präsident des Präsidiums des Nationalrats):* Georgi Traikow (1964–1971)
Ministerpräsident: Todor Schiwkow (1962–1971, danach Staatsratsvorsitzender = nominelles Staatsoberhaupt)
Außenminister: Iwan Baschew (1962–1971)

Burundi

Königreich; *König:* Mwambutsa IV. (1962–1966)
Burundi ist 1962 aus der belgischen Treuhandverwaltung entlassen worden als unabhängiges Königreich (1962–1966, danach Republik).

Ceylon (ab 1972 Sri Lanka)

Parlamentarische Monarchie; *Ministerpräsidentin, Außenministerin und Verteidigungsministerin:* Sirimawo Bandaranaike (1960–25. 3. 1965, erneut Ministerpräsidentin 1970–1977), Dudley Senanayake (1952/53, 1960, 25. 3. 1965–1970)
Generalgouverneur: William Gopallawa (1962–1972)
Ceylon ist als unabhängige parlamentarische Monarchie Gliedstaat des Commonwealth (Republik ab 1972).

Chile

Republik; *Präsident:* Eduardo Frei Montalva (1964–1970)

China

Volksrepublik (National-China siehe Formosa); *Vorsitzender des Nationalen Volkskongresses (Präsident):* Liu Shaoch'i (1959–1968)
Parteichef: Mao Tse-tung (1945–1976)
Regierungschef: Chou En-lai (1949–1976)

Costa Rica

Präsident: Francisco José Orlich Bolmarcich (1962–1966)

Dahomé (Name ab 1975 Benin)

Republik; *Präsident:* Suru Migan Apithy (1964–27. 11. 1965), Justin Ahomadegbé-Tométin (27.–29. 11. 1965), Tairou Congacou (29. 11.–22. 12. 1965), Christophe Soglo (1963/64, 24. 12. 1965–1967 = Militärdiktator)

Dänemark

Königreich; *König:* Friedrich IX. (1947–1972)
Ministerpräsident: Jens Otto Krag (1962–1968)
Außenminister: Per Haekerup (1962–1966)

Dominikanische Republik

Republik; *Präsident:* Donald Reid Cabral (1963–24. 4. 1965), Elias Wessin y Wessin (28. 4.–11. 5. 1965), Antonio Imbert Barreras (7. 5.–30. 8. 1965), Francisco Caamano (25. 4.–3. 9. 1965), Héctor García-Godoy (3. 9. 1965–1966)

Ecuador

Republik; *Leiter einer Junta:* General Ramón Jijón (1963–1966)

Elfenbeinküste

Patriarchalische Diktatur; *Präsident:* Félix Houphouet-Boigny (seit 1960)

El Salvador

Republik; *Präsident:* Oberst Julio Adalberto Rivera Carballo (1962–1967)

Finnland

Republik; *Präsident:* Urho Kaleva Kekkonen (1956–1981)
Ministerpräsident: Johannes Virolainen (1964–1966)

Formosa (National-China, Taiwan)

Republik; *Präsident:* Chiang Kai-shek (1950–1975)

Frankreich

Republik; *Präsident:* Charles de Gaulle (1944–1946, 1959–1969)
Ministerpräsident: Georges Pompidou (UNR; 1962–1968)
Außenminister: Maurice Couve de Murville (1958–1968)

Gabun

Republik; *Präsident:* Léon M'ba (1960–1967)

Gambia (unabhängig 18. 2. 1965)

Parlamentarische Monarchie; *Ministerpräsident:* Dawda Jawara (1963/65–1970, dann Präsident der Republik)
Gambia ist eine unabhängige parlamentarische Monarchie im Commonwealth mit dem britischen Monarchen als Staatsoberhaupt. 1970 wird die Republik proklamiert.

Ghana

Republik; *Präsident:* Kwame Nkrumah (1960–1966)

Griechenland

Konstitutionelle Erbmonarchie; *König:* Konstantin II. (1964–1967)
Ministerpräsident: Jeorjios Papandreu (1963, 1964–15. 7. 1965), Jeorjios Athanassiadis-Novas (15. 7.–5. 8. 1965), Elias Tsirimokos (19.–29. 8. 1965), Stefanos Stefanopulos (17. 9. 1965–1966)

Großbritannien

Konstitutionelle Erbmonarchie; *Königin:* Elisabeth II. (seit 1952)
Premierminister: Harold Wilson (Labour; 1964–1970)
Außenminister: Patrick Gordon Walker (1964–22. 1. 1965), Michael Stewart (23. 1. 1965–1966)

Guatemala

Republik; *Leiter einer Militärjunta:* Enrique Peralta Azurdia (1963–1966)

Guinea

Republik; *Staatspräsident:* Sékou Touré (1961–1984)
Ministerpräsident: Sékou Touré (1958–1984)

Haiti

Diktatur; *Präsident:* François Duvalier (1957–1971)

Honduras

Republik; *Leiter einer Militärjunta/Präsident:* Osvaldo López Arellano (1963–1965, Präsident 6. 6. 1965–1971 und 1972–1975)

Indien

Bundesrepublik; *Präsident:* Sarvepalli Radhakrishnan (1961/62–1967)
Ministerpräsident: Lal Bahadur Shastri (1964–1966)

Indonesien

Republik (»gelenkte Demokratie«); *Präsident:* Achmed Sukarno (1945/49–67)
Leiter des Kabinetts (Ministerpräsident): Achmed Sukarno (1959–1967)

Irak

Republik; *Staatspräsident:* Abd As Salim Muhammad Arif (1963–1966)
Ministerpräsident: Tahir Jahja (1963–6. 9. 1965, 1967/68), Arif Abd Ar Razzaq (6.–16. 9. 1965), Abd Ar Rahman Bazzaz (23. 9. 1965–1966)

Iran

Kaiserreich; *Schah:* Mohammad Resa Pahlawi (1941–1979)

Irland

Republik; *Präsident:* Eamon de Valera (1959–1973)
Ministerpräsident: Seán Lemass (1959–1966)
Außenminister: Frank Aiken (1951–1954, 1957–1969)

Island

Republik; *Präsident:* Asgeir Asgeirsson (1952–1968)
Ministerpräsident: Bjarni Benediktsson (1963–1970)

Israel

Republik; *Präsident:* Salman Schasar (1963–1973)
Ministerpräsident: Levi Eschkol (Mapai; 1963–1969)
Außenminister: Golda Meir (1956–1966)

Italien

Republik; *Präsident:* Giuseppe Saragat (1964–1971)
Ministerpräsident: Aldo Moro (Democrazia Cristiana; 1963–1968, 1974–1976)
Außenminister: Aldo Moro (1964–5. 3. 1965, 29. 12. 1965–1966), Amintore Fanfani (5. 3.–29. 12. 1965, 1966–1968, 1969–1972, 1973/74)

Jamaika

Parlamentarische Monarchie im Commonwealth; *Premierminister:* William Alexander Bustamente (1962–1967) Jamaika ist eine unabhängige parlamentarische Monarchie im Commonwealth mit dem britischen Monarchen als Staatsoberhaupt.

Japan

Kaiserreich; *Kaiser (Tenno):* Hirohito (1926–1989)
Ministerpräsident: Eisaku Sato (1964–1972)
Außenminister: Etsusaburo Shiina (1964–1966)

Jemen

Republik (Arabische Republik Jemen); *Präsident:* Abdullah as-Sallal (1962–1967)

Jordanien

Königreich; *König:* Husain (seit 1952)

Jugoslawien

Volksrepublik; *Präsident:* Josip Tito (1953–1980)
Ministerpräsident: Petar Stambolić (1963–1967)
Außenminister: Koca Popović (1953–23. 4. 1965), Marko Nikezić (23. 4. 1965–1968)

Kambodscha (Kampuchea)

Königreich; *Staatsoberhaupt (ohne Königstitel):* Norodom Sihanuk (1960–1970, zuvor König 1941–1955)
Ministerpräsident: Prinz Norodom Kantol (1963–1966)

Kamerun

Bundesrepublik; *Präsident:* Ahmadou Ahidjo (1960–1982)

Kanada

Parlamentarische Monarchie im Commonwealth; *Premierminister:* Lester Pearson (liberal; 1963–1968)
Außenminister: Paul Martin (1963–1968)

Kenia

Republik; *Präsident:* Yomo Kenyatta (1964–1978)

Kirchenstaat

Siehe Vatikanstadt

Kolumbien

Republik; *Präsident:* Guillermo León Valencia (1962–1966)

Kongo (Brazzaville)

Republik; *Präsident:* Alphonse Massemba-Débat (1963–1968)

Kongo (Kinshasa, ab 1971 Zaïre)

Republik; *Präsident:* Joseph Kasawubu (1960–25. 11. 1965), Sese Soko (bis 1972 Joseph Désiré) Mobutu (25. 11. 1965)

Korea (Nordkorea)

Volksrepublik; *Präsident:* Yong Kun Choi (1952–1972)
Ministerpräsident: Kim Il Sung (1948–1972, danach Staatspräsident ab 1972)

Korea (Südkorea)

Militärdiktatur; *Präsident:* Park Chung Hee (1962/63–1979)

Kuba

Sozialistische Republik; *Präsident:* Osvaldo Dórticos Torrado (1959–1976)
Ministerpräsident: Fidel Castro (seit 1959, ab 1976 auch Staatspräsident)

Kuwait

Emirat; *Emir:* Abdallah As Salim As Sabah (1950–24. 11. 1965), Sabah As Salim As Sabah (24. 11. 1965–1977)

Laos

Königreich; *König:* Savang Vatthana (1959–1975)
Ministerpräsident (neutralistisch): Prinz Suvanna Phuma (1962–1975)
Siehe den Anhang »Kriege und Krisenherde«.

Libanon

Republik; *Präsident:* Charles Hélou (1964–1970)

Liberia

Republik; *Präsident:* William Tubman (1943–1971)

Libyen

Königreich; *König:* Idris I. (1951–1969)

Liechtenstein

Fürstentum; *Fürst:* Franz Joseph II. (seit 1938)

Luxemburg

Großherzogtum; *Großherzog:* Jean-Johann (seit 1964)
Ministerpräsident: Christian Pierre Werner (1959–1974)
Außenminister: Christian Pierre Werner (1964–1966)

Madagaskar

Republik; *Staatspräsident und Ministerpräsident:* Philibert Tsiranana (1960–1972)

Malaysia

Monarchistischer Bundesstaat; *Staatsoberhaupt (Wahlkönig):* Tuan Sajjid Putra ibn al-marhum Sajjid Hasan Dschamal Allah Radscha von Perlis (1963–21. 9. 1965, zuvor König von Malaya 1960–1963), Ismail Nasir ud-Din (21. 9. 1965–1970, zuvor Sultan von Trengganu)
Ministerpräsident: Tunku Abdul Rahman (1963–1970), zuvor Ministerpräsident der Malaiischen Föderation 1957–1959 und 1959–1963)
1963 wurde auf Betreiben von Tunku Abdul Rahman die Federation of Malaysia proklamiert. Ihr gehört bis zum 9. August 1965 auch Singapur an.

Mali

Republik; *Präsident:* Modibo Keita (1960–1968)

Malta

Britische Kolonie mit innerer Selbstregierung; *Gouverneur:* Maurice Henry Dorman (1962–1971)
Ministerpräsident: Borg Olivier (1950–1954, 1954/55, 1962–1971)

Marokko

Königreich; *König und Leiter des Kabinetts:* Hasan II. (seit 1961)

Mauretanien

Republik; *Präsident:* Muchtar Uld Daddah (1961–1978)

Mexiko

Bundesrepublik; *Präsident:* Gustavo Diaz Ordaz (1. 12. 1964–1970)

Monaco

Fürstentum; *Fürst:* Rainier III. (seit 1949)

Mongolische Volksrepublik

Volksrepublik; *Präsident:* Stamtsarangin Sambuu (1954–1972)
Ministerpräsident: Jumschagiin Zedenbal (1952–1974, danach Präsident ab 1974)

Nepal

Königreich; *König:* Mahendra (1956–1972)

Neuseeland

Parlamentarische Monarchie im Commonwealth; *Premierminister:* Keith Jacka Holyoake (konservativ; 1960–1972)
Britischer Generalgouverneur: Bernard Fergusson (1962–1967)
Neuseeland ist eine unabhängige parlamentarische Monarchie im Commonwealth mit dem britischen Monarchen als Staatsoberhaupt.

Nicaragua

Diktatur; *Diktator:* René Schick Gutiérrez (1963–1966)

Niederlande

Konstitutionelle Erbmonarchie; *Königin:* Juliana (1948–1980)
Ministerpräsident: Victor Gérard Marijnen (1963–26. 2. 1965), Joseph Maria Cals (27. 4. 1965–1966)
Außenminister: Joseph Luns (1956–1971)

Niger

Republik; *Staats- und Ministerpräsident:* Hamani Diori (1960–1974)

Nigeria

Republik; *Präsident:* Benjamin Nnamdi Azikiwe (1963–1966, zuvor britischer Generalgouverneur 1960–1963)

Nordirland

Teil des Vereinigten Königreichs von Großbritannien und Nordirland; *Ministerpräsident:* Terence O'Neill (1963–1969)

Nordkorea

Siehe Korea (Nordkorea).

Norwegen

Konstitutionelle Erbmonarchie; *König:* Olaf V. (seit 1957)
Ministerpräsident: Einar Gerhardsen (Sozialist; 1945–1951, 1955–1963, 1963–11. 10. 1965), Per Borten (Zentrum; 12. 10. 1965–1971)

Obervolta

Republik; *Staats- und Ministerpräsident:* Maurice Yaméogo (1960–1966)

Oman

Sultanat; *Sultan:* Said bin Taimur (1932–1970)

Pakistan

Republik; *Staats- und Ministerpräsident:* Mohammed Ayub Khan (1958–1969)

Panama

Republik; *Präsident:* Marcos Aurelio Robles (1964–1968)

Paraguay

Diktatur; *Präsident:* Alfredo Stroessner (1954–1989)

Persien

Siehe Iran.

Peru

Republik; *Präsident:* Fernando Belaúnde Terry (1963–1968)

Philippinen

Republik; *Präsident:* Diosdado Macapagal (1961–30. 12. 1965), Ferdinando Edralin Marcos (30. 12. 1965–1986)

Polen

Volksrepublik; *Staatsratsvorsitzender:* Edward Ochab (1964–1968)
Parteichef: Władysław Gomułka (1943–1948, 1956–1970)
Ministerpräsident: Józef Cyrankiewicz (1947–1952, 1954–1972)
Außenminister: Adam Rapacki (1956–1968)

Portugal

Diktatur; *Präsident:* Américo Tomás (1958–1974)
Ministerpräsident: Antonio de Oliveira Salazar (1932–1968)
Außenminister: Alberto Franco Nogueira (1961–1969)

Rhodesien

britische Kolonie; *Ministerpräsident:* Ian Smith (1964–1979)
Die weiße Minderheit der britischen Kolonie Rhodesien proklamiert 1965 einseitig die unabhängige parlamentarische Monarchie im Commonwealth mit dem britischen Monarchen als Staatsoberhaupt, was von Großbritannien nicht anerkannt wird.

Rumänien

Volksrepublik bzw. – nach der neuen Verfassung vom 21. 8. 1965 – Sozialistische Republik; *Staatsratsvorsitzender (Staatsoberhaupt):* Georghe Georghiu-Dej (1961–19. 3. 1965), Chivu Stoica (25. 3. 1965–1967)
Ministerpräsident: Ion Georghe Maurer (1961–1974)

Rwanda

Republik; *Präsident:* Grégoire Kayibanda (1962–1973)

Sambia

Republik; *Präsident:* Kenneth Kaunda (seit 1964)

Samoa

Häuptlingsaristokratie; *Staatsoberhaupt:* Malietoa Tunamafili II. (seit 1962)
Der Freundschaftsvertrag von 1962 mit Neuseeland bestimmt, daß Neuseeland die Außenvertretung und die Landesverteidigung von Samoa übernimmt.

Saudi-Arabien

Königreich; *König:* Faisal Ibn Abd Al Asis Ibn Saud (1964–1975)

Schweden

Konstitutionelle Erbmonarchie; *König:* Gustav VI. Adolf (1950–1973)
Ministerpräsident: Tage Erlander (Sozialist; 1946–1969)
Außenminister: Torsten Nilsson (1962–1971)

Senegal

Republik; *Präsident:* Léopold Sédar Senghor (1960–1980, zugleich Ministerpräsident 1962–1970)

Siam

Siehe Thailand.

Sierra Leone

Parlamentarische Monarchie im Commonwealth; *Ministerpräsident:* Albert Michael Margai (1964–1967)
Generalgouverneur: Henry Boston (1961–1967)
Sierra Leone ist eine unabhängige parlamentarische Monarchie im Commonwealth mit dem britischen Monarchen als Staatsoberhaupt.

Simbabwe

Siehe Rhodesien.

Singapur

Republik ab 9. 8. 1965; *Präsident:* Indre Yusuf Bin Ishak (9. 8. 1965–1970)
Ministerpräsident: Lee Kuan Yew (Chinese; seit 1959)
Singapur scheidet am 9. 8. 1965 aus dem Staat Malaysia aus und wird als souveräner Staat Mitglied des Commonwealth.

Somalia

Republik; *Präsident:* Aden Abdullah Othman (1960–1967)

Sowjetunion

Siehe UdSSR.

Spanien

Diktatur; *Nationaler Staatspräsident und Vorsitzender des Ministeriums:* Francisco Franco Bahamonde (1936–1975)
Außenminister: Fernando María Castiella y Maiz (1957–1969)

Sri Lanka

Siehe Ceylon.

Südafrikanische Republik

Republik; *Präsident:* Charles Robberts Swart (1961–1967); *Ministerpräsident:* Hendrik French Verwoerd (1958–1966)

Sudan

Diktatur; *Vorsitzender des Präsidentschaftsrats:* Ismail Ashari (1964–1969)

Südkorea

Siehe Korea (Südkorea).

Syrien

Republik; *Präsident:* Amin Al Hafis (1963–1966)

Taiwan

Siehe Formosa.

Tansania

Republik; *Präsident:* Julius Nyerere (seit 1962)

Thailand

Konstitutionelle Monarchie; *König:* Rama IX. Bhumibol (seit 1946)
Ministerpräsident: General Thanom Kittikachorn (1958, 1963–1973)

Tibet

Teil der Volksrepublik China seit 1951; *14. Dalai-Lama:* Tenzin Gjatso (1935 geboren und gefunden, 1939 inthronisiert, im Exil ab 1959)
7. Pantschen-Lama: Tschökji Gjaltsen (seit 1938)

Togo

Republik; *Präsident:* Nicolas Grunitzky (1963–1967)

Trinidad und Tobago

Parlamentarische Monarchie im Commonwealth; *Premierminister:* Eric E. Williams (1962–1981)
Trinidad und Tobago, im Jahr 1888 zur britischen Kronkolonie vereinigt, 1962 in die Unabhängigkeit entlassen, ist eine unabhängige parlamentarische Monarchie im Commonwealth mit dem britischen Monarchen – seit 1952 Königin Elisabeth II. – als Staatsoberhaupt (Republik ab 1976).

Tschad

Republik; *Präsident:* François Tombalbaye (1960–1975)

Tschechoslowakei

Volksrepublik; *Präsident:* Antonín Novotný (1957–1968)
Ministerpräsident: Jozef Lenárt (1963–1968)
Außenminister: Wenzel David (1953–1968)

Tunesien

Republik; *Präsident:* Habib Burgiba (1957–1987)

Türkei

Republik; *Präsident:* Cemal Gürsel (1961–1966)
Ministerpräsident: Ismet Inönü (1923–1924, 1925–1937, 1961–13. 2. 1965), Suat Hayri Ürgüplü (20. 2.–22. 10. 1965), Süleyman Demirel (27. 10. 1965–1971, 1975–1977, 1977, 1979/80)

UdSSR

Union sozialistischer Sowjetrepubliken; *Parteichef:* Leonid I. Breschnew (1964–1982)
Ministerpräsident: Alexei N. Kossygin (1964–1980)
Vorsitzender des Präsidiums des Obersten Sowjets (Staatsoberhaupt): Anastas I. Mikojan (1964–9. 12. 1965), Nikolai W. Podgorny (9. 12. 1965–1977)
Außenminister: Andrei A. Gromyko (1957–1985, danach Staatsoberhaupt 1985–1988)

Uganda

Republik; *Präsident:* Edward Frederick William Walugembe Mutebi Luwangula Mutesa II. (1963–1966)
Premierminister: Milton Obote (1962–1966, danach Staatspräsident und Ministerpräsident bis 1971)

Ungarn

Volksrepublik; *Präsident:* István Dobi (1952–1967)
Ministerpräsident: János Kádár (1956–1958, 1961–28. 6. 1965), Gyula Kállai (28. 6. 1965–1967)

Uruguay

Republik; *Vorsitzender des Nationalrats (jährlich wechselnd):* Luis Giannatasio (1964–7. 2. 1965), Washington Beltráan (Februar 1965 bis 1966)

USA

Bundesrepublik; *36. Präsident:* Lyndon B. Johnson (Demokrat; 1963–1969)
Außenminister: Dean Rusk (1961–1969)

Vatikanstadt

Absolute Monarchie; *Papst:* Paul VI., ursprünglich Giovanni Battista Montini (1963–1978)
Staatssekretär: Amleto Cicognani (1961–1969)
1962 bis 1965 tagt das Zweite Vatikanische Konzil.

Venezuela

Republik; *Präsident:* Rául Leoni (1964–1969)

Vietnam (Nord)

Republik; *Präsident:* Ho Chi Minh (1945/54–1969)

Vietnam (Süd)

Diktatur; *Präsident (vorläufig):* Phan Khac Su (1964–12. 6. 1965)
Leiter des nationalen Verteidigungsrats: Nguyén Văn Thiêu (19. 6. 1965–1975)

West-Samoa

Häuptlingsaristokratie; *Staatsoberhaupt:* Malietoa Tunamafili II. (seit 1962)

Zaïre

Siehe Kongo (Kinshasa).

Zentralafrikanische Republik

Republik; *Staats- und Miniterpräsident:* David Dacko (1960–31. 12. 1965, 1979–1981)

Zypern

Republik; *Präsident (Grieche):* Erzbischof Makarios III. (1960–1977)

Kriege und Krisenherde des Jahres 1965

Die herausragenden politischen und militärischen Krisensituationen des Jahres 1965 werden – alphabetisch nach Ländern geordnet – im Überblick dargestellt. Internationale Kriege und Krisenherde sind dem Länderalphabet vorangestellt.

Unabhängigkeitskampf Angolas

Der Befreiungskampf Angolas gegen Portugal geht auch 1965 weiter. 1961 begann mit dem Sturm von Kämpfern der MPLA (Movimento Popular de Libertaçao de Angola) auf das Gefängnis von Luanda der bewaffnete Unabhängigkeitskampf gegen die portugiesische Kolonialmacht, der bis 1974 andauert. Die zweite Befreiungsorganisation ist die Union der Völker Angolas, die 1962 in Nationale Befreiungsfront von Angola (FNLA, Frente Nacional de Libertaçao de Angola) umbenannt wurde. Während ursprünglich nur in der Provinz Luanda gekämpft wurde, hat die MPLA 1964 in Cabinda die zweite Front eröffnet.

Guerillakrieg in Birma

Am 8. April erläßt der Revolutionsrat Birmas das Gesetz über die Abschaffung der Pachtzahlungen der Bauern an die Grundherren. Im selben Jahr besucht Staatschef General Ne Win die UdSSR. 1964 wurden durch das »Gesetz über die Verteidigung der nationalen Solidarität« alle politischen Parteien und Organisationen außer der Birmesischen Sozialistischen Programmpartei (BSPP) aufgelöst. Führer bürgerlicher Parteien, die sich der »progressiven Entwicklung« widersetzen, wurden inhaftiert.
Die 1945 ausgebrochenen bürgerkriegsähnlichen Wirren in Birma zwischen ethnischen und politischen Gruppen halten auch 1965 an. General Ne Win hatte 1962 nach einem unblutigen Staatsstreich die Regierung gestürzt und als Vorsitzender eines Revolutionsrats die Macht übernommen. Die Verfassung wurde außer Kraft gesetzt und die politische Deklaration »Der birmanische Weg zum Sozialismus« proklamiert. Von 1963 bis 1965 führt die Regierung eine Reihe von Maßnahmen durch, die den Übergang Birmas auf den nichtkapitalistischen Weg einleiten: Verstaatlichung des ausländischen und großer Teile des inländischen Kapitals, Verabschiedung von Agrargesetzen, die die Lage der Bauern verbessern sollen, Erlaß einer einheitlichen Progressivsteuer, Verstaatlichung des Binnen- und Außenhandels, Einberufung von Arbeiter- und Bauernseminaren usw., Verstaatlichung der in- und ausländischen Banken, der Erdölindustrie, des Reishandels, der Forstwirtschaft und des gesamten Imports.

Putsch in Santo Domingo

Am 25. April 1965 putschen die Linksopposition und reformorientierte jüngere Offiziere in Santo Domingo gegen die Militärjunta unter Donald Reid Cabral, die daraufhin Washington um Hilfe bittet. Bereits am 28. April landen die ersten US-Einheiten, die »amerikanische Staatsbürger schützen« sollen. Anschließend rücken 20 000 US-Soldaten in die Domini-

kanische Republik ein, die als wichtiges Interessengebiet der USA betrachtet wird. Die Straßenkämpfe zwischen linken aufständischen Militärs und regierungstreuen Truppen dauern bis in den August an. Mehr als 4000 Opfer unter der Zivilbevölkerung fordern die bürgerkriegsähnlichen Auseinandersetzungen in der Hauptstadt Santo Domingo. Erst auf Vermittlung und Druck der Vereinten Staaten und der Organisation amerikanischer Staaten (OAS), die im Juni Friedenstruppen in die Dominikanische Republik entsenden, kommt es schließlich zum Waffenstillstand. Am 31. August einigen sich die Bürgerkriegsparteien auf die freie Wahl eines neuen Präsidenten. Am 3. September wird eine provisorische Regierung gebildet.

Unabhängigkeitskampf Eritreas

1962 hat Kaiser Haile Selassie I. von Äthiopien die Föderation mit Eritrea aufgelöst und es als 14. Provinz Äthiopiens annektiert. Dadurch verlor dieser überwiegend von Moslems bewohnte Landesteil zahlreiche Autonomierechte. Die Eritrean Liberation Front (ELF) führt mit Unterstützung der Arabischen Liga und einiger kommunistischer Staaten im Kampf um die Unabhängigkeit in einem klassischen Partisanen- und Guerillakrieg. Die anfänglichen Erfolge der ELF provozieren die äthiopische Armee zu drakonischen Maßnahmen (Zerstörung ganzer Siedlungen).
Eritrea war seit 1890 italienische Kolonie. 1935 wurde das Land Ausgangspunkt für Mussolinis Eroberungskrieg gegen das Kaiserreich Äthiopien. Während des Zweiten Weltkriegs wurde Eritrea 1941 von britischen Truppen besetzt. 1952 wurde das Land durch eine Förderation mit Äthiopien verbunden.

Kommunistenjagd in Indonesien

1965 zerbricht die autoritäre Herrschaftsform der sog. gelenkten Demokratie des indonesischen Staatspräsidenten Achmed Sukarno. Die Auseinandersetzungen zwischen rechten Militärs und der Kommunistischen Partei Indonesien (PKI) eskalieren nach einem fehlgeschlagenen Putschversuch linker Armeeoffiziere am 30. September. Die Administration Sukarnos wird durch eine Militärverwaltung des Generals Kemusu Suharto ersetzt. Darüber hinaus nimmt die Armee massive und brutale Säuberungsaktionen gegen angebliche Mitglieder der PKI und anderer linker Organisationen vor. In einigen Städten der Republik nutzen soziale und religiöse Gruppen die veränderten Machtverhältnisse zur Austragung von Rivalitäten. Durch die pogromartige Verfolgung kommen mehr als 500 000 Menschen ums Leben; eine Million Menschen werden in Konzentrationslager gesperrt, in denen sie teilweise Jahrzehnte verbringen.

Kurdenaufstand im Irak

Der Guerillakrieg der Kurden gegen die irakische Zentralregierung geht mit unverminderter Härte weiter. Der Kurdenführer Mustafa Barsani hatte 1961 im Norden des Irak einen unabhängigen Kurdenstaat proklamiert. Die etwa zehn Millionen Kurden, die als Minderheiten auf dem Gebiet des Irak, des Iran, der Türkei und der Sowjetunion leben, fordern seit langem einen eigenen Staat. Die kriegerischen Auseinandersetzungen dauern bis 1970 an.

Krieg um Kaschmir

Vom 30. August bis zum 29. September 1965 kommt es zwischen Indien und Pakistan zu heftigen Kämpfen, Luft- und Panzergefechten um das umstrittene Kaschmir. Pakistan stoppt den indischen Angriff auf die pakistanische Grenze durch schwere Bombardements. Keine der Konfliktparteien erzielt territoriale Gewinne. UdSSR, USA und Großbritannien stellen während der Kämpfe die gesamte Wirtschaftshilfe für Indien und Pakistan ein. Am 20. September fordern die UN zur Einstellung der Kampfhandlungen auf, am 29. September herrscht Waffenruhe. Die Truppen werden jedoch erst nach Vermittlung Moskaus auf den bisherigen Grenzverlauf zurückgezogen.
Nach der Unabhängigkeitserklärung wurde die britische Kolonie Indien 1947 in das mohammedanische Pakistan und das hinduistische Indien aufgeteilt. In der Folge kam es in Kaschmir zu blutigen Auseinandersetzungen zwischen den beiden verfeindeten Religionsgruppen. Die Spaltung Kaschmirs 1949 in einen indisch-verwalteten und einen pakistanisch-verwalteten Teil hat nicht zur Befriedung der Region geführt, sondern vielmehr den Konflikt ausgeweitet.

Mobutu übernimmt Macht im Kongo

Staatspräsident Joseph Kasawubu entläßt am 13. Oktober seinen Rivalen Moïse Tschombé als Ministerpräsidenten. Tschombé geht ins Exil nach Spanien. Doch schon am 25. November kommt es zu einem Staatsstreich gegen Kasawubu durch General Sese Seko Mobutu. Mobutu schaltet alle politischen Gegner aus. Mit der Machtübernahme Mobutus gilt der seit 1960 andauernde Bürgerkrieg im Kongo als beendet, obwohl noch weiter Kämpfe stattfinden.
Als Belgien 1960 seine Kolonien (relativ unvorbereitet) in die Unabhängigkeit entließ, wurde die Demokratische Republik Kongo ausgerufen mit Kasawubu als Staats- und Patrice Emergy Lumumba als Ministerpräsident. Unmittelbar auf die Unabhängigkeitserklärung folgten Streiks, Meutereien und Aufstände: Die reiche Bergbauprovinz Katanga erklärte sich unter Moïse Tschombé für unabhängig, die belgischen Spezialisten verließen fluchtartig das Land (Kongokrise). In der Armee übernahm Mobutu die Führung. Im selben Jahr wurde Lumumba von Staatspräsident Kasawubu abgesetzt und verhaftet und vermutlich 1961 unter ungeklärten Umständen ermordet (1966 zum Nationalhelden erklärt). 1962 griffen die UN in die Wirren ein (1961 war bei Vermittlungsversuchen UN-Generalsekre-

tär Dag Hammerskjöld bei einem Flugzeugabsturz ums Leben gekommen) und beendeten militärisch den Abfall Katangas und der rebellischen Ostprovinzen. 1964 wurde Tschombé Ministerpräsident. Da er mit den prokommunistischen Rebellen nicht Herr wurde, rief er die USA um Hilfe und holte weiße Söldner ins Land. Im November 1964 eroberten Tschombés Truppen mit Unterstützung der weißen Söldner Stanleyville, die Hauptstadt der von den Kommunisten proklamierten Volksrepublik Kongo.

Bürgerkrieg in Laos

Der seit 1945 andauernde Bürgerkrieg in Laos geht auch 1965 weiter. In der Zeit vom 31. Januar bis zum 4. Februar kommt es zu einem mißlungenen Putschversuch antikommunistischer Armee- und Polizeieinheiten. Am 11. August protestiert die »Patriotische Front« gegen Bombardierungen laotischen Territoriums durch US-Flugzeuge.
Die kommunistisch orientierte Pathet-Lao-Bewegung und die Royalisten hatten 1961 eine Koalitionsregierung unter Suvanna Phuma gebildet. Laos blieb jedoch faktisch geteilt in eine von der Pathet-Lao-Bewegung kontrollierte nördliche Zone und in das von den Royalisten beherrschte Mekong-Tal; Suvanna Phuma schloß 1962 ein Bündnis mit den USA. 1963 brach die Koalition auseinander, als die Pathet-Lao-Minister aus Protest gegen die Ermordung des den Kommunisten nahestehenden Außenministers Quinim Pholsena ihr Amt niederlegten. Der Pathet Lao stößt seither weiter nach Süden vor, die US-Luftwaffe unterstützt die Regierungstruppen und bombardiert vom Pathet Lao besetzte Gebiete. Diese Bombardements sollen den Ho-Tschi-Minh-Pfad, den Verbindungs- und Versorgungsweg des Vietcong, auf laotischem Gebiet zerstören. Der Bürgerkrieg in Laos dauert bis 1975 an, wobei die Offensiven der Kommunisten meist in der Trockenzeit und die Gegenoffensiven der Regierungstruppen meist in der Regenzeit stattfinden. Bis 1970 erobert der Pathet Lao jedoch rund 70% des Landes.

Unabhängigkeit Rhodesiens

Die britische Kolonie Rhodesien erklärt unter Premierminister Ian Smith, einem entschiedenen Vertreter der Apartheid, am 11. November einseitig die Unabhängigkeit von Großbritannien. Die britische Regierung erklärt daraufhin Smith für abgesetzt und verhängt ein Embargo und Sanktionen. Großbritannien wollte Rhodesien die Unabhängigkeit erst gewähren, wenn die volle Beteiligung der Afrikaner an der Regierung verwirklicht wäre. Smith und seine radikale Rhodesian Front lehnen dies ab.

Rassenkonflikte in den USA

In den USA setzt sich 1965 der Kampf der schwarzen Bevölkerung gegen die Rassendiskriminierung fort. Die von Martin Luther King geführte Bürgerrechtsbewegung erzwingt mit dem sog. Alabamamarsch am 21. März die Verabschiedung eines Wahlrechtsgesetzes, das die Diskriminierung schwarzer Wähler in den Südstaaten verhindern soll. Aber auch gewalttätige Anschläge auf die Bürgerrechtsbewegung nehmen zu. Der Ku-Klux-Klan – er zählt in den Südstaaten der USA 40 000 Mitglieder – erschießt beispielsweise eine Organisatorin des Alabama-Marsches auf offener Straße. Während der gewaltlose Protest der Bürgerrechtsbewegung für den Süden der USA Erfolge erringt, verschärft sich die Situation in den Schwarzenghettos der Industriestädte des Nordens der USA. Die desolate soziale Lage in den Schwarzenvierteln führt am 11. August in Los Angeles zu den größten Rassenunruhen

der USA seit 1943. In den Ghettos findet die radikale Schwarzenorganisation der »Black Muslims« ihre Anhängerschaft. Nach dem Tode von Malcolm X. am 21. Februar organisieren sich viele Schwarze aus den Ghettos der Großstädte in der »Black-Power«-Bewegung.

Vietnamkrieg

1965 landen rund 500 000 US-Soldaten in Vietnam zur Bekämpfung des Kommunismus. Den von den USA so genannten Zwischenfall von Tonkin nahm US-Präsident Lyndon B. Johnson 1964 zum Anlaß, die Bombardierung des kommunistischen Nordvietnam zu befehlen. Damit begann die »amerikanische Phase« des Vietnamkriegs.

Die Kapitulation der französischen Truppen in Diên Biên Phu 1954 war die entscheidende Niederlage Frankreichs im Indochinakrieg, der seit 1945 andauernden »französischen Phase« des Vietnamkriegs. Im Waffenstillstand, der im selben Jahr zwischen der Demokratischen Republik Vietnam und Frankreich geschlossen wurde, wurde Vietnam am Fluß Ben Hai in der Nähe des 17. Breiten-

grads provisorisch geteilt. Während sich Nordvietnam unter Ho Chi Minh als kommunistischer Staat stabilisierte, proklamierte in Südvietnam 1955 der Katholikenführer Ngo Dinh Diem die Republik und regierte diktatorisch mit Unterstützung der USA und der Katholiken. 1960 schlossen sich die Widerstandsgruppen Südvietnams gegen die Gewaltherrschaft des US-gestützten Regimes zur Nationalen Befreiungsfront (FNL) zusammen, wegen der kommunistischen Führung auch als Vietcong bezeichnet (Viet Nam Cong San = vietnamesische Kommunisten).

Ausgewählte Neuerscheinungen auf dem Buchmarkt 1965

Die Auswahl berücksichtigt nicht nur Neuerscheinungen von literarischem oder wissenschaftlichem Wert, sondern auch vielgelesene Bücher des Jahres 1965. Innerhalb der einzelnen Länder sind die erschienenen Werke alphabetisch nach Autoren geordnet (siehe auch Übersichtsartikel auf S. 118).

Bundesrepublik Deutschland und DDR

Wolf Biermann
Die Drahtharfe
Balladen, Gedichte, Lieder
Unter dem Titel »Die Drahtharfe« veröffentlicht der wegen seiner kritischen Haltung 1963 aus der SED ausgeschlossene Schriftsteller und Liedermacher Wolf Biermann (* 1936) beim Wagenbach-Verlag in Berlin (West) die erste Sammlung seiner balladesken, gesellschaftskritischen und oft polemischen Gedichte und Lieder. In der musikalischen Tradition beruft sich Biermann auf Hanns Eisler.

Volker Braun
Provokation für mich
Gedichte
Beim Mitteldeutschen Verlag in Halle erscheint der Gedichtband »Provokation für mich« von Volker Braun (* 1939). Parteipolitisch konform behandelt Braun zeit- und gesellschaftspolitische Themen in einer saloppen, oft satirisch überspitzten und provozierenden Sprache, die vor allem bei der Jugend Anklang findet. Das Buch erscheint noch im selben Jahr in zweiter, erweiterter Auflage.

Rolf Dieter Brinkmann
Die Umarmung
Erzählungen
Schockierend wirkt auf einen Teil des Leserpublikums die freizügige sexuelle Darstellung in der Titelgeschichte von Rolf Dieter Brinkmanns (1940–1975) Erzählungsband »Die Umarmung«, der beim Verlag Kiepenheuer & Witsch in Köln erscheint. Tod, Zeugung und Geburt erscheinen als existentielle Grundsituationen in diesen Erzählungen, in denen der Autor nicht kritisch analysiert, sondern die Wirklichkeit durch das Nebeneinander gegensätzlicher Bildeindrücke zu erfassen versucht.

Hubert Fichte
Das Waisenhaus
Roman
Szenische Collagen, Assoziationen, Wirklichkeitsbruchstücke im Bewußtsein eines achtjährigen Jungen sind die Aufbauelemente in Hubert Fichtes (1935–1986) Roman »Das Waisenhaus«, das beim Verlag Rowohlt in Reinbek erscheint. Detlef ist Halbjude im nationalsozialistischen Deutschland. Während er auf seine Mutter wartet, die ihn aus dem Waisenhaus abholen soll, schießen ihm Gedanken und Erinnerungen durch den Kopf, die für Fichte die grauenvolle Realität im Hitler-Deutschland ausdrücken. Gesehen durch das Medium eines Achtjährigen, steigert sich vieles zur surrealistisch anmutenden Schreckensvision.

Wolfgang Hildesheimer
Tynset
Eine Art großer Monolog mit assoziativer Reihung von Episoden und Reflexionen ist Wolfgang Hildesheimers (* 1916) Buch »Tynset«, das beim Verlag Suhrkamp in Frankfurt am Main erscheint. Der Autor bezeichnet es ausdrücklich als »kein Roman«. Ein extremer Individualist, dem fast jeder Kontakt mit der Außenwelt fehlt, verbringt schlaflose Stunden. Er leidet zutiefst am Zustand der Gesellschaft, seine Weltflucht ist Ausdruck seiner Angst »vor der Stille der Nächte, in denen jene Gestalten am Werke sind, die keine Angst verspüren«. Während seiner Monologe entsteht die Bereitschaft, »die Wirklichkeit für eine irreführende Erfindung zu halten« und sich in einem Traumbereich anzusiedeln, der eine menschlichere Daseinsform außerhalb der Gesellschaft ermöglicht.

Uwe Johnson
Zwei Ansichten
Erzählung
Die Erzählung »Zwei Ansichten« von Uwe Johnson (1934–1984), erschienen beim Verlag Suhrkamp in Frankfurt am Main, ist der Versuch, die West-Ost-Konfrontation in Deutschland vor dem Hintergrund des Berliner Mauerbaus aufzurollen. Berichtet wird von der Begegnung des Pressefotografen B. aus Holstein und der Krankenschwester D. »in den Städten Berlin«. Die Kapitel sind abwechselnd aus der Sicht der beiden Hauptpersonen geschrieben.

Hermann Kant
Die Aula
Roman
Ironische Distanz bei der Auseinandersetzung mit der Vergangenheit und optimistische Identifizierung mit dem sozialistischen Staat vereinigt Hermann Kant (* 1926) in seinem ersten Roman »Die Aula«, der beim Verlag Rütten & Loening in Berlin (Ost) erscheint. Der Journalist und frühere Elektriker Robert Iswall, der zwischen 1949 und 1952 eine Arbeiter- und Bauernfakultät (ABF) besuchte, wird zehn Jahre nach dem Abschluß des Studiums gebeten, anläßlich der Schließung der ABF eine Festrede zu halten. Dieses erzählerische Grundgerüst benutzt Kant, um Anekdoten, Schnurren, Episoden, Glossen, Reflexionen zu erzählen, die illustrieren, »was aus uns«, d. h. der DDR, geworden ist.

Rainer und Sarah Kirsch
Gespräche mit dem Saurier
Gedichte
Mit farbigen Tafeln von Ronald Paris. Im Verlag Neues Leben in Berlin (Ost) erscheint die Anthologie »Gespräch mit dem Saurier« von Rainer (* 1934) und Sarah Kirsch (* 1935). Das Autorenpaar setzt sich hier kritisch mit dem real existierenden Sozialismus auseinander in der Absicht, durch Dichtung zur Lösung gesellschaftlicher und zwischenmenschlicher Probleme beizutragen.

Gabriele Wohmann
Abschied für länger
Roman
Beim Verlag Walter in Olten erscheint der Roman »Abschied für länger« von Gabriele Wohmann (* 1932), die in diesem Jahr den Georg-Mackensen-Literaturpreis und den Funkerzählungspreis des Süddeutschen Rundfunks erhält. Eine junge Frau, 33 Jahre alt, verläßt ihr Elternhaus, um bei ihrem Geliebten zu leben. Dieser Abschied von der Familie entwickelt sich jedoch zu einem Abschied vom Geliebten, da beide von ihren Bindungen nicht loskommen. Die Frau kehrt schließlich zur Familie zurück.

Frankreich

Raymond Queneau
Die blauen Blumen
(Les Fleurs bleues)
Roman
In seinem Roman »Die blauen Blumen« läßt Raymond Queneau (1903–1976) die Grenzen zwischen Vergangenheit und Gegenwart verwischen. Immer wenn der in vergangenen Jahrhunderten lebende Herzog d'Auge erwacht, versinkt der in der Gegenwart lebende Cidrolin in tiefen Schlaf und umgekehrt. Beide erscheinen nur als Produkt der Träume des andern. In verschiedenen Zeitaltern haben die beiden die gleichen Vorlieben und die gleichen Unarten. – Die deutsche Übersetzung erscheint 1966.

Alain Robbe-Grillet
Die blaue Villa in Hongkong
(La Maison de rendez-vous)
Roman
In dem Roman »Die blaue Villa in Hongkong« verarbeitet Alain Robbe-Grillet (* 1922) fast ausschließlich europäische Klischees über Hongkong zu einem Roman, in dem die Handlung durch eine Fülle von Handlungssträngen ersetzt wird, die in verschiedenen Variationen und an verschiedenen Personen durchprobiert werden. Die blaue Villa ist ein Luxusbordell, in dem sich ein Amerikaner den Alleinbesitz einer Prostituierten erkaufen will. Er begeht einen Mord, um sich das Geld zu beschaffen. – Die deutsche Übersetzung erscheint 1966.

Österreich

Herbert Eisenreich
Sozusagen Liebesgeschichten
Erzählungen
Der Band »Sozusagen Liebesgeschichten«, der beim Verlag Mohn in Gütersloh erscheint, enthält Erzählungen, in denen Herbert Eisenreich (* 1925) Probleme moderner Zweierbeziehungen zum Thema macht. Geschildert wird Liebe in den Auf- und Abschwüngen des Alltags, Angst, Unverständnis, fehlende Geborgenheit. Eisenreichs Augenmerk gilt dabei den »Durchschnittsmenschen«.

Polen

Jerzy Kosinski
Der bemalte Vogel
(The Painted Bird)
Roman
Krass realistisch schildert Jerzy Kosinski (* 1933), der sich seit 1957 in den USA aufhält, in »Der bemalte Vogel« den Überlebenskampf eines zu Beginn des Romans sechsjährigen Jungen während des Zweiten Weltkriegs unter dem Faschismus in einem osteuropäischen Staat. Das Buch zeichnet ein alptraumhaftes Bild des Bösen: Gewalt in allen Erscheinungsformen, von der sexuellen Perversion des Einzelnen bis hin zum kollektiven Sadismus, ist an der Tagesordnung. – Die deutsche Übersetzung erscheint 1965.

Schweiz

Robert Pinget
Augenblicke der Wahrheit
(Quelqu'un)
Roman
Der seit dem Ende des Zweiten Weltkriegs in Paris lebende Robert Pinget (* 1919) schildert in dem Roman »Augenblicke der Wahrheit« den Versuch eines Mannes, einen verlorenen Notizzettel wiederzufinden. Dabei kommt der Mann auf Dinge zu sprechen, die ihm »den Boden unter den Füßen wegziehen«. Sein Versuch, den Zettel zu finden, das Vergangene restlos zu rekonstruieren, scheitert. – Die deutsche Übersetzung erscheint 1967.

USA

Norman Mailer
Der Alptraum
(An American Dream)
Roman
Ekstase und Gewalt sind die Schlüsselbegriffe in Norman Mailers (* 1923) alptraumhafter Parabel des »American Dream«. Ein im Krieg ausgezeichneter Politiker, hin und her gerissen zwischen Gut und Böse, erwürgt seine Frau und gewinnt magische Kräfte. Durch die Sängerin Cherry, die er leidenschaftlich liebt, gerät er in die Unterwelt. – Die deutsche Übersetzung erscheint 1965.

Sylvia Plath
Ariel
(Ariel)
Gedichte
Postum erscheint die Gedichtsammlung »Ariel« der US-amerikanischen Schriftstellerin Sylvia Plath, die 1963 durch Freitod aus dem Leben geschieden ist. Während die Werke Sylvia Plaths zu Lebzeiten der Schriftstellerin so gut wie unbekannt geblieben sind, erfährt die Dichterin ab Mitte der 60er Jahre eine fast kultische Verehrung. – Die deutsche Übersetzung erscheint 1974.

Uraufführungen Schauspiel, Oper, Operette und Ballett 1965

Die bedeutendsten Uraufführungen aus Schauspiel, Oper, Operette und Ballett sind innerhalb der einzelnen Länder alphabetisch nach Autoren/Komponisten geordnet (siehe auch Übersichtsartikel »Musik« auf S. 82, »Theater« auf S. 24).

Bundesrepublik Deutschland und DDR

Hans Werner Henze
Der junge Lord
Komische Oper in zwei Akten
Ingeborg Bachmann schrieb nach Wilhelm Hauffs Märchen »Der Affe als Mensch« das Libretto zu Hans Werner Henzes (* 1926) komischer Oper »Der junge Lord«, die am 7. April in der Deutschen Oper Berlin uraufgeführt wird. Die moderne Buffo-Oper, deren Musik in erweitertem Sinn durchaus tonal ist, wird Henzes größter Erfolg. Ensembles wechseln mit lyrischen Passagen und parodistischen Einlagen.

Giselher Klebe
Jacobowsky und der Oberst
Oper in vier Akten
Für seine während des Zweiten Weltkriegs in Paris spielende Zwölftonoper »Jacobowsky und der Oberst«, die am 2. November in Hamburg uraufgeführt wird, hat Giselher Klebe (* 1925) den Text von Franz Werfels »Komödie einer Tragödie« gekürzt übernommen. Dem Text, der immer verständlich bleibt, kommt große Bedeutung zu. Im ersten Teil dient die Musik fast nur als Begleitung des Texts, gewinnt dann jedoch immer mehr Eigenständigkeit. Klebe verwendet unterschiedliche Zwölftonreihen, macht aber auch tonale Klangkombinationen hörbar.

Aribert Reimann
Ein Traumspiel
Oper
In Kiel kommt am 20. Juni die erste Oper von Aribert Reimann (* 1936) »Ein Traumspiel« in der Inszenierung von Joachim Klaiber und unter der musikalischen Leitung von Michael Gielen zur erfolgreichen Uraufführung. Diesem Werk, einer Auftragskomposition der Kieler Bühnen, liegt das gleichnamige Schauspiel des schwedischen Dramatikers August Strindberg (1849–1912) zugrunde, in dem der Autor über die nur ich-bezogene eigene Leidenswelt weit hinauskommt und in seinem »Traumspiel« tatsächlich zu einem Welt-Erleiden der gesamten Menschheit aufsteigt, einem Leid, das die zur Erde herabgestiegene Tochter des Gottes Indra am eigenen Leib in oft für sie demütigenden »Lebensstationen« erfahren muß. Reimanns kompositorische »Umsetzung« des Strindberg-Stoffes ist eine streng durchgeführte polyphone (mehrstimmige) Sinfonie, deren ständig wiederkehrendes und in allen Tonarten variiertes Hauptmotiv keine »Rollen« oder Handlungscharaktere gestattet, ebenso keine Soli oder vordergründig-bombastische Aktschlüsse.

Peter Weiss
Die Ermittlung
Oratorium in elf Gesängen
An 16 verschiedenen Orten in der Bundesrepublik Deutschland und der DDR, darunter an der Freien Volksbühne in Berlin (West) und in der Deutschen Akademie der Künste in Berlin (Ost), wird am 19. Oktober »Die Ermittlung« von Peter Weiss (1916–1982) uraufgeführt. Die Musik zu diesem »Oratorium in elf Gesängen« komponierte der Italiener Luigi Nono. »Die Ermittlung« ist eine szenische Dokumentation des Auschwitz-Prozesses in der Bundesrepublik. Neun namenlose Zeugen referieren vor Gericht, was Tausende von KZ-Häftlinge erlebten. Die 18 namentlich benannten Angeklagten sollen stellvertretend stehen für viele Kriegsverbrecher. Das Stück endet ohne Urteilsfindung. Weiss brandmarkt das nationalsozialistische Terrorregime als eine Form des kapitalistischen Systems. Unternehmen der Industrie werden als wirtschaftliche Nutznießer der KZ-Arbeit bloßgestellt.

Bernd Alois Zimmermann
Die Soldaten
Oper in 15 Szenen
Bernd Alois Zimmermanns (1918–1970) einzige Oper »Die Soldaten«, die am 15. Februar in Köln uraufgeführt wird, gilt als eines der kühnsten Opernwerke der Gegenwart und macht im modernen Musiktheater Furore. Zimmermann vereint in diesem Stück, dessen Libretto wörtlich auf dem gleichnamigen Schauspiel des Sturm-und-Drang-Dichters Jakob Michael Reinhold Lenz aufgebaut ist, die verschiedensten Richtungen der Zwölftonmusik. Jazz, gregorianischer Choral, Linienführungen Bachscher Prägung und elektronische Klänge, Tonbandgeräusche sowie Filmeinblendungen, Lichtspiele u. a. werden dabei verwendet. Außer einem 120-Mann-Orchester wird eine Jazz-Combo benötigt.

Frankreich

Marguerite Duras
Ganze Tage in den Bäumen
(Des Journées entières dans les arbres)
Stück in vier Bildern
Thema von Marguerite Duras' (* 1914) Schauspiel »Ganze Tage in den Bäumen«, das am 1. Dezember im Odéon in Paris uraufgeführt wird, ist die Flucht in Illusionen in einem Leben, in dem die Menschen einander völlig entfremdet sind. Die Illusionen vom Leben »ganzer Tage in den Bäumen, als ob es auf der Welt nur Vögel gäbe«, ist die Flucht aus dem niederdrückenden, vergeblichen Alltag: »Letztlich ist alles gleich, arbeiten, oder nicht arbeiten. Man fängt damit an, und man gewöhnt sich daran . . . und dann kann man nicht mehr davon lassen.«

Henry de Montherlant
Der Bürgerkrieg
(La Guerre Civil)
Schauspiel in drei Akten
Als Lehrstück gegen den Parlamentarismus der Fünften Republik in Frankreich wird Henry de Montherlants (1896–1972) Schauspiel »Der Bürgerkrieg« aufgefaßt, das am 26. Januar im Théâtre de l'Œuvre in Paris uraufgeführt wird. Dramatisiert wird der Bürgerkrieg zwischen Cäsar und Pompejus, die 48 v. Chr. im Namen einer diktatorisch verstandenen »Freiheit« gegeneinander kämpfen, zwei eitle Wichtigtuer, die nur auf Machterwerb und Publicity aus sind. Cato, der mit seinem Bekenntnis zum Rechtsstaat nicht mehr in die politische Landschaft paßt, wird verbannt.

Großbritannien

Edward Bond
Gerettet
(Saved)
Stück in 13 Szenen
Frustration und Gewalt kennzeichnen Edward Bonds (* 1934) Stück »Gerettet«, das am 3. November im Royal Court Theatre in London uraufgeführt wird. Gezeigt werden Menschen, die den gesellschaftlichen Verhältnissen nicht entkommen können. Len liebt Pam, doch diese zieht zu Fred, obwohl dieser sie schlecht behandelt und bei der Steinigung ihres Babys teilnahmslos zusieht. Die Steinigungsszene ruft heftige Diskussionen in der Öffentlichkeit hervor. Bond muß sich vorwerfen lassen, ein »Theater der Grausamkeit« zu schreiben, das den Menschen zu Unrecht als Bestie in der hochzivilisierten englischen Gesellschaft der Gegenwart zeige.

John Cranko/Kurt-Heinz Stolze
Onegin
Ballett in drei Akten (sechs Szenen)
John Crankos (1927–1973) Ballett-Kreation »Onegin« ist mit Peter Tschaikowskis Oper »Eugen Onegin« allein durch Alexander Puschkins Roman verbunden, der beiden Werken zugrundeliegt. Das abendfüllende Werk des Stuttgarter Staatsopern-Ballettchefs wird am 13. April im Großen Haus des Württembergischen Staatstheaters Stuttgart uraufgeführt. Verschiedene Tschaikowski-Melodien wurden hierfür von Kurt-Heinz Stolze, dem Stuttgarter Ballett-Dirigenten, eingerichtet und instrumentiert. Das Werk, das den arroganten Menschentyp Onegin als »überflüssigen Menschen« porträtiert, der niemanden liebt als sich selbst, bis es zu spät ist, hat bei der Uraufführung einen Riesenerfolg.

Harold Pinter
Die Heimkehr
(The Homecoming)
Schauspiel in zwei Akten
Harold Pinters (* 1930) Schauspiel »Die Heimkehr«, das am 26. März in Cardiff/Wales uraufgeführt wird, ist die naturalistische Studie eines verkommenen Milieus, in dem der Sexualität eine zentrale Stelle zukommt. Der Philosophieprofessor Teddy kehrt mit seiner Frau Ruth, einer ehemaligen Prostituierten, in sein Vaterhaus zurück, um Ruth der Familie vorzustellen. Die vier Männer dort – der Vater ist ein ehemaliger Metzger, ein Sohn ist Zuhälter, ein anderer Boxer, der Onkel verdient den Lebensunterhalt als Chauffeur – beschließen, sich Ruth zu teilen und sie als Prostituierte arbeiten zu lassen. Diese geht ohne weiteres Zögern auf den Vorschlag ein, handelt sich aber besonders günstige finanzielle Bedingungen aus. Teddy verläßt sein Vaterhaus ohne sie.

Italien

Antonio Bibalo
Das Lächeln am Fuße der Leiter
(The Smile At the Foot Of the Ladder)
Oper
Am 6. April geht in der Hamburgischen Staatsoper die Oper »Das Lächeln am Fuße der Leiter« des italienischen, seit 1952 in Norwegen lebenden Komponisten Antonio Bibalo (* 1922) erstmals in Szene. Das von Egon Monk inszenierte und von Theodor Bloomfield dirigierte Werk, das im Original-Untertitel als »Fünf Szenen nach der Erzählung von Henry Miller« bezeichnet ist, erntet starken Publikumsbeifall und wird danach auf verschiedenen deutschen und ausländischen Opernbühnen nachgespielt. Augusto, Clown und Zirkusattraktion, ist dazu verdammt, allabendlich die Besucher mit seinen Späßen und Leiterkunststückchen zum Lachen zu bringen, ohne daß er gefragt wird, wie es in seinem Inneren dabei aussieht. Zunehmend kommt er mit seinem Dasein in innere Konflikte. Der der Bühnenhandlung zugrundeliegende Stoff des US-amerikanischen Schriftstellers Henry Miller (1891–1980) wird durch Bibalos Oper zum sinnbildlichen Drama geformt, wobei sich der Komponist zahlreicher tonaler und atonaler Kompositionsweisen sowie raffinierter Mischtechniken, Klangreihungen und Clusterbildungen (Tontrauben) bedient.

Libanon

Georges Schéhadé
Der Auswanderer
(L'Emigré de Brisbane)
Stück in neun Bildern
Geld und sizilianische Bauernehre sind die Themen von Georges Schéhadés (* 1910) Stück »Der Auswanderer«, das am 12. Januar im Münchner Residenztheater uraufgeführt wird. Ein reich gewordener Auswanderer, an den sich niemand erinnert, kehrt in sein Heimatdorf zurück und stirbt. Sein Geld hat er seinem unehelichen Kind vermacht. Unter den Dorfbewohnern beginnt die Frage, wer von den ehrbaren Ehefrauen ein uneheliches Kind haben könnte. Die Frage führt zu Streit und Mord, da einerseits niemand die Familienehre angetastet sehen will, andererseits jeder das Geld haben möchte.

USA

Mitch Leigh
Der Mann von La Mancha
(Man of La Mancha)
Musical
Mitch Leigh (* 1928), Schüler von Paul Hindemith, gelingt mit dem Musical »Der Mann von La Mancha«, das am 22. November im New Yorker Anta Washington Square Theatre uraufgeführt wird, ein internationaler Erfolg, der als Hit der Saison 1965/66 prämiert wird. Zentrale Gestalt ist Don Quijote, die Titelgestalt des gleichnamigen Romans von Miguel de Cervantes Saavedra. Besonders bekannt werden die Songs »Dulcinea«, »I really like him«, »It'all the same« und »The impossible dream«. – Die deutschsprachige Erstaufführung findet 1968 in Wien statt.

Filme 1965

Die neuen Filme des Jahres 1965 sind im Länderalphabet und hier wiederum alphabetisch nach Regisseuren aufgeführt. Bei ausländischen Filmen steht unter dem deutschen Titel der Originaltitel (siehe auch Übersichtsartikel auf S. 100).

Bundesrepublik Deutschland und DDR

Jean-Marie Straub
Nicht versöhnt oder Es hilft nur Gewalt, wo Gewalt herrscht
Jean-Marie Straubs Film »Nicht versöhnt oder Es hilft nur Gewalt, wo Gewalt herrscht« ist die Verfilmung von Heinrich Bölls Roman »Billard um halb zehn«, die in Rückblenden erzählte Geschichte über drei Generationen einer Architektenfamilie von der Zeit vor dem Ersten Weltkrieg bis zum Jahr 1956. In den Hauptrollen sind zu sehen Henning Harmssen, Heinrich Hargesheimer, Martha Städner, Heiner Braun, Ulrich von Thüna, Ulrich Hopman, Ernst Kutzinski und Joachim Weiler. Bei der Uraufführung am 4. Juli in Berlin kommt es zum Eklat, das Publikum wendet sich vehement gegen Straubs »neue Erzählstrukturen im Film«. Alexander Kluge hingegen sagt im Saal: »Ich habe das Buch von Böll gelesen, und ich finde literarisch den Film besser als das Buch.«

Frankreich

Jean-Luc Godard
Elf Uhr nachts
(Pierrot le fou)
Jean-Paul Belmondo ist Pierrot le fou in Jean-Luc Godards Film »Elf Uhr nachts«, der Geschichte eines verheirateten Mannes, der alles aufgibt, um mit einem 17jährigen Mädchen (Anna Karina) in den Süden durchzubrennen und dabei in die kriminellen Machenschaften seiner Geliebten verwickelt wird. Als er entdeckt, daß sie ihn betrügt, erschießt er sie und den Nebenbuhler und sprengt sich selbst mit Dynamit in die Luft. Godard verfremdet die Handlung durch ironische Zwischentitel und hebt sie damit bewußt von der Realität ab.

Louis Malle
Viva Maria!
(Viva Maria!)
Die Stars Jeanne Moreau und Brigitte Bardot sind die Hauptdarstellerinnen in Louis Malles hintergründiger Revolutionspersiflage »Viva Maria!«. Als Stripteasetänzerinnen eines Wanderzirkus führen sie in einem nicht benannten lateinamerikanischen Staat eine Revolution zum Sieg. Der vergnüglich-spannungsreiche Film wird ein großer Publikumserfolg. In keinem anderen Film kommt das komödiantische Können von Brigitte Bardot so gut zur Geltung.

Griechenland

Michael Cacoyannis
Alexis Sorbas
(Zorba the Greek)
»Alexis Sorbas« von Michael Cacoyannis ist die Verfilmung des gleichnamigen Romans von Nikos Kasandsakis. Die Hauptrolle dieses aktionsreichen Spektakels spielt Anthony Quinn als der Typ des urwüchsigen, kompromißlosen, seine Leidenschaften auslebenden Mazedoniers Sorbas, den Cacoyannis einem intellektuellen Briten (Alan Bates) gegenüberstellt. Der Instinktmensch Sorbas, der »alle die für uns so komplizierten Probleme mit einem Schwertstreich löst«, wird zum Lehrmeister des Verstandesmenschen.

Großbritannien

Ken Annakin
Die tollkühnen Männer in ihren fliegenden Kisten
(Those Magnificent Men In Their Flying Machines)
Ein Wettfliegen von London nach Paris im Jahr 1910 inszeniert Ken Annakin in der Komödie »Die tollkühnen Männer in ihren fliegenden Kisten«. Hauptdarsteller in diesem Trick- und Gagspektakel sind Stuart Whitman, Sarah Miles, Alberto Sordi, Gert Fröbe und Jean-Pierre Cassel.

Richard Lester
Hi-Hi-Hilfe
(Help!)
Ein Jahr nach »A Hard Day's Night« realisiert Richard Lester seinen zweiten Musikfilm mit den Beatles John Lennon, Paul McCartney, Ringo Starr und George Harrison. Die Geschichte einer wilden Verfolgungsjagd von Großbritannien über die Alpen bis zu den Bahamas wird nicht als Agententhriller geboten, sondern als surrealistische Groteske. Dazwischen werden sieben neue Lieder der Beatles vorgestellt.

Richard Lester
Der gewisse Kniff
(The Knack)
Die Kunst der Verführung ist »Der gewisse Kniff«, den Richard Lester mit für die Zeit verblüffenden filmischen Innovationen in Szene setzt. Der Untermieter Tolen (Ray Brooks) hat diesen Kniff heraus, sein Vermieter Colin (Michael Crawford) möchte ihn lernen, das junge Mädchen Nancy (Rita Tushingham) ist dabei »Probierobjekt«.

Italien

Federico Fellini
Julia und die Geister
(Giulia degli Spiriti)
In seinem ersten Farbfilm stellt Federico Fellini Wirklichkeit und Einbildungskraft als gleichberechtigte Existenzebenen dar. Die vernachlässigte Ehefrau Julia, dargestellt durch Giulietta Masina, gelangt durch die Auseinandersetzung mit den imaginären Gestalten ihrer Phantasie zu einem neuen Selbstbewußtsein. Der Film ist – ebenso wie »La Dolce Vita« (1960) – von Fellinis Frau Giulietta Chasina inspiriert. Diese spielte bereits die Hauptrolle in seinen Filmen »La Strada – Das Lied der Straße« (1954) und »Die Nächte der Caribia« (1957).

Polen

Roman Polanski
Ekel
(Repulsion)
»Ekel« ist Roman Polanskis erster englischer Film. Erzählt wird das psychologische Drama eines Mädchens (Catherine Deneuve), das sich zunächst nur an alltäglich erscheinenden Dingen stört, dann jedoch einen immer größeren Ekel vor dem Sexuellen entwickelt und in eine Art Wahnsinn verfällt, in einer Wohnung völlig isoliert von der Außenwelt. Als sich ihr Freund (John Fraser) gewaltsam Zutritt zur Wohnung verschafft, erschlägt sie ihn. Den Hauswirt tötet sie mit einem Rasiermesser. Der vom Surrealismus und vom absurden Theater beeinflußte Film markiert den Beginn von Polanskis Karriere im Westen.

Tschechoslowakei

Miloš Forman
Die Liebe einer Blondine
(Lásky jedné plavovásky)
Ein großer Publikumserfolg wird Miloš Formans Film »Die Liebe einer Blondine« mit Hana Brejchová in der Hauptrolle. Der zwischen Unterhaltung und Komödie angesiedelte Streifen erzählt anekdotenhaft das erste Liebesabenteuer eines jungen Mädchens. Der Film begründet Formans internationalen Ruf als Vertreter des antikonformistischen tschechoslowakischen Jungfilms. Forman verbindet in seinen Filmen realistische Darstellung mit einer Neigung zum Grotesken.

USA

Blake Edwards
Das große Rennen rund um die Welt
(The Great Race)
Ein Autorennen von New York nach Paris im Jahr 1908 inszeniert Blake Edwards in der Komödie »Das große Rennen rund um die Welt«. In den Hauptrollen spielen Tony Curtis, Jack Lemmon, Natalie Wood, Peter Falk und George Macready.

Sportereignisse und -rekorde des Jahres 1965

Die Aufstellung erfaßt Rekorde, Sieger und Meister in wichtigen Sportarten. Aufgenommen wurden nur solche Wettbewerbe, die in den vergangenen Jahren bereits regelmäßig ausgetragen worden sind und ab 1965 kontinuierlich zu den Sportprogrammen gehörten. Sportarten in alphabetischer Reihenfolge.

Automobilsport

Grand-Prix-Rennen (Formel 1)

Großer Preis von (Datum) Kurs/Strecke (Länge)	Sieger (Land)	Marke	Ø km/h
Europa (13. 6.) Spa-Francorchamps (451,2 km)	Jim Clark (GBR)	Lotus	188,550
Belgien	ausgetragen als »Großer Preis von Europa«		
Deutschland (1. 8.) Nürburgring (342,15 km)	Jim Clark (GBR)	Lotus	160,542
England (10. 7.) Silverstone (376,8 km)	Jim Clark (GBR)	Lotus	180,274
Frankreich (27. 6.) Charade/Clermont-Ferrand (322,2 km)	Jim Clark (GBR)	Lotus	143,582
Italien (12. 9.) Monza (437 km)	Jackie Stewart (GBR)	BRM	209,961
Monaco (30. 5.) Monte Carlo (314,5 km)	Graham Hill (GBR)	BRM	119,687
Niederlande (18. 7.) Zandvoort (335,4 km)	Jim Clark (GBR)	Lotus	162,329
Mexiko (24. 10.) Mexico-City (325 km)	Richie Ginther (USA)	Honda	151,709
Südafrika (1. 1.) East London (333,1 km)	Jim Clark (GBR)	Lotus	157,667
USA (3. 10.) Watkins Glen (407,2 km)	Graham Hill (GBR)	BRM	173,751

Formel-1-Weltmeister (10 WM-Läufe)

Name (Land)	Marke	Punkte[1]	Siege
1. Jim Clark (GBR)	Lotus-Climax	54 (54)	6
2. Graham Hill (GBR)	BRM	40 (47)	2
3. Jackie Stewart (SCO)	BRM	33 (34)	1

1) Für das Gesamtklassement wurden nur die sechs besten Resultate gewertet; in Klammern die in allen Rennen herausgefahrene Punktzahl.

Langstreckenrennen

Kurs/Dauer (Datum)	Sieger (Land)	Marke	Ø km/h
Indianapolis/500 ms (31. 5.)	Jim Clark (GBR)	Lotus-Ford	242,505
Le Mans/24 h (19./20. 6.)	Jochen Rindt (AUT/GER)/ Maston Gregory (USA)	Ferrari	194,880
Nürburgring/1000 km (23. 5.)	John Surtees (GBR)/ Lodovico Scarfiotti (ITA)	Ferrari	145,775
Sebring/12 h (27. 3.)	Hall/Sharp (USA)	Chaparral-Chevrolet	136,343
Targa Florio/ 720 km (9. 5.)	Nino Vaccarella (ITA)/ Lorenzo Bandini (ITA)	Ferrari	102,562

Rallyes

Monte Carlo (19.–23. 1.)	Timo Mäkinen (FIN)/ Paul Easter (GBR)	Mini Cooper S
Akropolis	Skogh/Berggren	Volvo 122 S
San Remo	Cella/Gamenara	Lancia Fulvia HF
Großbritannien	Rauno Aaltonen (FIN)	Mini Cooper
Europameister	Rauno Aaltonen (FIN)	BMC
Deutsche Meister	A. Burkhardt/H. Hubert	

Boxen/Schwergewicht

Ort (Datum)	Weltmeister	Gegner	Ergebnis
Lewistown (25. 5.)	Cassius Clay (USA)	Sonny Liston (USA)	k. o. 1. Rd.
Las Vegas (22. 11.)	Cassius Clay (USA)	Floyd Patterson (USA)	k. o. 12. Rd.

Eiskunstlauf

Turnier	Ort	Datum
Weltmeisterschaften	Colorado Springs/USA	2.– 7. 3.
Europameisterschaften	Moskau	11.–15. 2.
Deutsche Meisterschaften	Köln	22.–24. 1.
Einzel	**Damen**	**Herren**
Weltmeister	Petra Burka (CAN)	Alain Calmat (FRA)
Europameister	Regina Heitzer (AUT)	Emmerich Danzer (AUT)
Deutsche Meister	Uschi Keßler (Mannheim)	Sepp Schönmetzler (Oberstdorf)

Paarlauf

Weltmeister	Ludmilla Belousova/Oleg Protopopov (URS)
Europameister	Ludmilla Belousova/Oleg Protopopov (URS)
Deutsche Meister	Sonja Pfersdorf/Günther Matzdorf (Nürnberg)

Eistanz

Weltmeister	Eva Romanova/Pavel Roman (ČSR)
Europameister	Eva Romanova/Pavel Roman (ČSR)
Deutsche Meister	Gabriele Rauch/Rudi Matysik (Berlin)

Fußball

Länderspiele	Ergebnis	Ort	Datum
Deutschland (+5, =1, −2)			
Deutschland – Italien	1:1	Hamburg	13. 3.
Deutschland – Zypern	5:0	Karlsruhe	24. 4.
Deutschland – England	0:1	Nürnberg	12. 5.
Schweiz – Deutschland	0:1	Basel	26. 5.
Brasilien – Deutschland	2:0	Rio de Janeiro	6. 6.
Schweden – Deutschland	1:2	Stockholm	26. 9.
Deutschland – Österreich	4:1	Stuttgart	9. 10.
Zypern – Deutschland	0:6	Nikosia	14. 11.
Österreich (+1, =2, −5)			
Italien – Österreich	4:1	Stuttgart	9. 10.
Österreich – DDR	1:1	Wien	25. 4.
DDR – Österreich	1:0	Leipzig	31. 10.
England – Österreich	3:2	London	
Frankreich – Österreich	1:2	Paris	28. 3.
UdSSR – Österreich	0:0	Moskau	16. 5.
Österreich – Ungarn	0:1	Wien	13. 6.
Ungarn – Österreich	3:0	Budapest	5. 9.
Schweiz (+3, =1, −1)			
Albanien – Schweiz	0:2	Tirana	11. 4.
Schweiz – Albanien	1:0	Genf	2. 5.
Schweiz – Deutschland	0:1	Basel	26. 5.
Holland – Schweiz	0:0	Amsterdam	17. 10.
Schweiz – Holland	2:1	Bern	14. 11.

Landesmeister

Deutschland	SV Werder Bremen
Österreich	ASK Linz
Schweiz	Lausanne Sports
Belgien	RSC Anderlecht
Dänemark	Esbjerg BK
England	Manchester United
Finnland	Haka Valkeakoski
Frankreich	FC Nantes
Holland	Feyenoord Rotterdam
Italien	Inter Mailand
Jugoslawien	Partizan Belgrad
Norwegen	Skeid Oslo
Schottland	FC Kilmarnock
Schweden	Malmö FF
Spanien	Real Madrid

Landespokal

Deutschland	Borussia Dortmund – Alemannia Aachen 2:0 (Hannover, 22. 5.)
Österreich	ASK Linz – Wiener Neustadt 1:1, 1:0

Landespokal (Fortsetzung)

Schweiz	FC Sion – Servette Genf 2:0
Belgien	RSC Anderlecht – Standard Lüttich
Dänemark	Aarhus GF 80
England	FC Liverpool – Ledds United 2:1 n. V.
Finnland	AIFK Turku
Frankreich	Stade Rennes – UA Sedan 2:2, 3:1
Holland	Feyenoord Rotterdam – Gothead Deventer 1:0
Italien	Juventus Turin – Inter Mailand
Jugoslawien	Partizan Belgrad
Schottland	Celtic Glasgow – Dunfermline Athletic 3:2
Spanien	Atletico Madrid – Real Saragossa 1:0

Europapokal der Landesmeister

	Ergebnis	Ort	Datum
Inter Mailand – Benfica Lissabon	1:0	Mailand	27. 5.

Inter Mailand: Sarti; Burgnich, Facchetti; Bedin, Guarneri, Picchi; Jair, Mazzola, Peiro, Suarez, Corso. – **Benfica Lissabon:** Costa Pereira; Cavem, Gruz; Raul, Germano, Neto; Augusto, Coluna, Torres, Eusebio, Simoes
Schiedsrichter: Dienst (Schweiz); **Tor:** 1:0 Jair (42.); **Zuschauer:** 65 000

Europapokal der Pokalsieger

	Ergebnis	Ort	Datum
West Ham United – TSV 1860 München	2:0	London	19. 5.

West Ham: Standen; Kirkup, Burkett; Peters, Brown, Moore, Sealey, Boyce, Hurst, Dear, Sissons. – **1860 München:** Radenkovic; Wagner, Kohlars; Bena, Reich, Luttrop; Heiß, Küppers, Brunnenmeier, Grosser, Rebele
Schiedsrichter: Zsolt (Ungarn); **Tore:** 1:0 Sealey (68.), 2:0 Sealey (71.); **Zuschauer:** 90 000

Messepokal

	Ergebnis	Ort	Datum
Ferencvaros Budapest – Juventus Turin	1:0	Budapest	24. 5.

Ferencvaros Budapest: Gezei; Novak, Matrai; Horvath, Juhasz, Orosz; Karaba, Varga, Albert, Rakosi, Fenyvesi

Gewichtheben/Superschwergewicht

Weltrekordhalter (Land)	Dreikampf	Drücken	Reißen	Stoßen
Viktor Andrejew (URS)		198,5 kg		
Leonid Tschabotdinski (URS)			173,0 kg	217,5 kg
Juri Wlassow (URS)	580,0 kg			

Leichtathletik

Deutsche Meisterschaften (Duisburg, 6. – 8. 8.)

Disziplin	Meister (Vereinsort)	Leistung
Männer		
100 m	Manfred Knickenberg (Wuppertal)	10,3
200 m	Josef Schwarz (München)	21,2
400 m	Jens Ulbricht (Hamburg)	47,5
800 m	Franz-Josef Kemper (Münster)	1:50,1
1500 m	Bodo Tümmler (Berlin)	3:45,6
5000 m	Werner Giske (Wolfsburg)	14:13,8
10 000 m	Lutz Philipp (Lübeck)	29:34,2
Marathon	Lothar Reinshagen (Hagen)	2:23:38,6
Mannschaft	VfL Eintracht Hagen	7:19:37,0
110 m Hürden	Hinrich John (Hannover)	14,4
200 m Hürden	Hinrich John (Hannover)	23,4
400 m Hürden	Rainer Schubert (München)	52,2
3000 m Hindernis	Manfred Letzerich (Wiesbaden)	8:41,8
4 × 100 m	SV Salamander Kornwestheim	40,6
4 × 400 m	ASC Darmstadt	3:11,6
3 × 1000 m	SC Charlottenburg	7:13,8
Hochsprung	Wolfgang Schillkowski (Wülfrath)	2,09
Stabhochsprung	Wolfgang Reinhardt (Leverkusen)	4,85
Weitsprung	Jörg Jüttner (Wolfsburg)	7,69
Dreisprung	Michael Sauer (Mainz)	16,01
Kugelstoßen	Werner Heger (Heidelberg)	18,01
Diskuswurf	Jens Reimer (Oberhausen)	55,81
Hammerwurf	Uwe Beyer (Kiel)	64,86
Speerwurf	Rolf Herings (Leverkusen)	78,41
Fünfkampf[1]	Horst Kley (Kornwestheim)	3635
Mannschaft	Polizei-SV (Berlin)	10 382
Zehnkampf[1]	Kurt Bendlin (Leverkusen)	7848
Mannschaft	Bayer 04 Leverkusen	22 019

Disziplin	Meister (Vereinsort)	Leistung
20 km Gehen	Hannes Koch (Hannover)	1:36:59,4
Mannschaft	Eintracht Frankfurt	5:00:55,0
50 km Gehen [2]	Karl-Heinz Pape (Salzgitter)	4:27:12,8
Mannschaft	Hannover 96	14:19:25,2
Frauen		
100 m	Erika Pollmann (Schalke)	12,0
200 m	Erika Pollmann (Schalke)	24,4
400 m	Antje Gleichfeld (Hamburg)	56,1
800 m	Antje Gleichfeld (Hamburg)	2:11,4
80 m Hürden	Inge Schell (München)	10,9
4 × 100 m	OSC Berlin	46,8
Hochsprung	Marlene Schmitz-Portz (Köln)	1,67
Weitsprung	Ursula Wittmann (Asselfingen)	6,36
Kugelstoßen	Marlene Klein (Euskirchen)	16,08
Diskuswurf	Kriemhild Limberg-Hausmann (Krefeld)	52,96
Speerwurf	Anneliese Gerhards (Lobberich)	54,51
Fünfkampf[1]	Renate Balck (Hamburg)	4537
Mannschaft	LG Alstertal-Garstedt Hamburg	13 013

1) 4./5. 9. Augsburg;
2) 19. 9. Bietigheim/Baden

Weltrekorde (Stand: 31. 12. 1965)

Disziplin	Name (Land)	Leistung	Datum	Ort
Männer				
100 m	Armin Hary (GER)	10,0	21. 6. 1960	Zürich
200 m (Gerade)	Dave Sime (USA)	20,0 y	9. 9. 1956	Sanger
	Henry Carr (USA)	20,2 y	4. 4. 1964	Tempe
200 m (Kurve)	Stone Johnson (USA)	20,5	2. 7. 1960	Stanford
	Ray Norton (USA)	20,5	2. 7. 1960	Stanford
	Adolph Plumper (USA)	44,9 y	25. 5. 1963	Tempe
400 m	Otis Davis (USA)	44,9	6. 9. 1960	Rom
	Carl Kaufmann (GER)	44,9	6. 9. 1960	Rom
800 m	Peter Snell (NSE)	1:44,3	3. 2. 1962	Christchurch
1000 m	Jürgen May (DDR)	2:16,2	20. 7. 1965	Erfurt
1500 m	Herbert Elliott (AUS)	3:35,6	6. 9. 1960	Rom
Meile	Jimmy Ryun (USA)	3:51,3	17. 7. 1965	Berkeley
3000 m	Kipchoge Keino (KEN)	7:39,6	27. 8. 1965	Hälsingborg
5000 m	Kipchoge Keino (KEN)	13:24,2	30. 11. 1965	Auckland
10 000 m	Ron Clarke (AUS)	27:39,4	14. 7. 1965	Oslo
110 m Hürden	Martin Lauer (GER)	13,2	7. 7. 1959	Zürich
	Warren Cawley (USA)	49,1	13. 9. 1964	Los Angeles
400 m Hürden	Gerhardus Potgieter (SAF)	49,3 y	16. 4. 1960	Bloemfontai
3000 m Hindern.	Gaston Roelants (BEL)	8:26,4	7. 8. 1965	Brüssel
4 × 100 m	USA	39,0	21. 10. 1964	Tokio
4 × 400 m	USA	3:00,7	21. 10. 1964	Tokio
Hochsprung	Walerie Brumel (URS)	2,28	21. 7. 1963	Moskau
Stabhochsprung	Fred Hansen (USA)	5,28	25. 7. 1964	Los Angeles
Weitsprung	Ralph Boston (USA)	8,35	29. 5. 1965	Modesto
Dreisprung	Jozef Schmidt (POL)	17,03	5. 8. 1960	Allenstein
Kugelstoß	Randy Matson (USA)	21,52	8. 5. 1965	College Station
Diskuswurf	Ludvik Danel (ČSR)	65,22	12. 10. 1965	Sokolov
Hammerwurf	Gyula Zsivotzky (UNG)	73,74	4. 9. 1965	Debrecen
Speerwurf	Terje Pedersen (NOR)	91,72	2. 9. 1964	Tokio
Zehnkampf	Yang Chuan-Kwang (TAI)	8089	27./28. 4. 63	Walnut
Frauen				
100 m	Irena Kirszenstein (POL)	11,1	9. 7. 1965	Prag
	Ewa Klobnkowska (POL)**	11,1	9. 7. 1965	Prag
200 m	Irena Kirszenstein (POL)	22,7	8. 8. 1965	Kattowitz
	Marina Itkina (URS)	53,4	14. 9. 1962	Belgrad
400 m	Sin Kim Dan (NKR)*	51,9	23. 10. 1962	Pjöngjang
	Judy Amoore (AUS)	52,4 y	27. 2. 1965	Perth
800 m	Ann Parker (GBR)	2:01,1	20. 10. 1964	Tokio
1500 m	Marise Chamberlain (NSE)*	4:19,0	8. 12. 1962	Perth
Meile	Marise Chamberlain (NSE)	4:41,4	8. 12. 1962	Perth
80 m Hürden	Irina Press (URS)	10,3	24. 10. 1965	Tiflis

Disziplin	Name (Land)	Leistung	Datum	Ort
200 m Hürden	Jennifer Meldrum (CAN)*	27,5	3. 7. 1965	Columbus
4 × 100 m	Polen	43,6	21. 10. 1964	Tokio
4 × 400 m	UdSSR	1:34,7	17. 8. 1963	Moskau
Hochsprung	Jolanda Balas (RUM)	1,91	16. 7. 1961	Sofia
Weitsprung	Mary Rand (GBR)	6,76	14. 10. 1964	Tokio
Kugelstoß	Tamara Press (URS)**	18,59	19. 9. 1965	Kassel
Diskuswurf	Tamara Press (URS)**	59,70	11. 8. 1965	Moskau
Speerwurf	Jelena Gortschakowa (URS)	62,40	16. 10. 1964	Tokio
Fünfkampf	Irina Press (URS)	5246	16./17. 10. 64	Tokio

y = Yardstrecke: 220 y = 201,17 m, 440 y = 402,34 m
* offiziell, auch rückwirkend, nicht anerkannt
** umstrittener Geschlechtsstatus

Deutsche Rekorde* (Stand: 31. 12. 1965)

Disziplin	Name (Ort)	Leistung	Datum	Ort
Männer				
100 m	Armin Hary (Frankfurt)	10,0	21. 6. 1960	Zürich
200 m (Kurve)	Manfred Germar (Köln)	20,6	1. 10. 1958	Wuppertal
200 m (Gerade)	Heinz Fütterer (Karlsruhe)	20,6	4. 9. 1955	Köln
400 m	Carl Kaufmann (Karlsruhe)	44,9	6. 9. 1960	Rom
800 m	Paul Schmidt (Hörde)	1:46,2	20. 7. 1965	Köln
1000 m	Jürgen May (Erfurt)	2:16,2	20. 7. 1965	Erfurt
	Paul Schmidt (Hörde)	*2:20,4*	*27. 9. 1958*	*Dortmund*
1500 m	Jürgen May (Erfurt)	3:36,4	14. 7. 1965	Erfurt
	Bodo Tümmler (Berlin)	*3:39,5*	*7. 7. 1965*	*Köln*
3000 m	Siegfried Hermann (Erfurt)	7:46,0	5. 8. 1965	Erfurt
	Harald Norpoth (Münster)	*7:55,2*	*5. 7. 1965*	*Karlsruhe*
5000 m	Siegfried Hermann (Erfurt)	13:30,0	11. 8. 1965	Potsdam
	Harald Norpoth (Münster)	*13:42,8*	*17. 7. 1965*	*Berlin*
10 000 m	Lutz Philipp (Lübeck)	28:35,6	12. 8. 1965	Augsburg
110 m Hürden	Martin Lauer (Köln)	13,2	7. 7. 1959	Zürich
400 m Hürden	Helmut Janz (Gladbeck)	49,9	2. 9. 1960	Rom
3000 m Hindern.	Hermann Buhl (Berlin/Ost)	8:34,0	3. 7. 1960	Moskau
	Hans Hüneke (Wolfsburg)	*8:37,4*	*3. 8. 1958*	*Kassel*
4 × 100 m	DVfL-Staffel	39,4	23. 8. 1964	Ostberlin
	DLV-Staffel	*39,5*	*29. 8. 1958*	*Köln*
	SC Leipzig	39,8	12. 7. 1964	Jena
	Bayer Leverkusen	*40,3*	*7. 7. 1965*	*Köln*
4 × 400 m	DLV-Staffel	3:02,7	8. 9. 1960	Rom
	Wuppertaler SV	3:06,3	18. 7. 1963	Hamburg
Hochsprung	Wolfgang Schillkowski (Wülfrath)	2,14	15. 10. 1965	Mexico-City
Stabhoch-sprung	Manfred Preußger (Leipzig)	5,15	27. 8. 1964	Leipzig
	Wolfgang Reinhardt (Leverkusen)	*5,11*	*4. 7. 1964*	*Leverkusen*
Weitsprung	Manfred Steinbach (Wolfsburg)	8,00	2. 9. 1960	Rom
Dreisprung	Hans-Joachim Rückborn (Berlin/Ost)	16,51	12. 9. 1965	Stuttgart
	Michael Sauer (Mainz)	*16,35*	*29. 8. 1965*	*Budapest*
Kugelstoß	Dietrich Urbach (München)	19,09	8. 9. 1964	München
Diskuswurf	Jens Reimers (Oberhausen)	59,11	2. 6. 1965	Krefeld
Hammerwurf	Uwe Beyer (Kiel)	68,09	18. 10. 1964	Tokio
Speerwurf	Manfred Stolle (Berlin/Ost)	83,28	29. 7. 1965	Helsinki
	Rolf Herings (Leverkusen)	*82,48*	*22. 9. 1961*	*Köln*
Zehnkampf	Manfred Bock (Hamburg)	8326	6./7. 6. 64	Liestal
Frauen				
100 m	Jutta Heine (Hannover)	11,4	11. 8. 1962	Prag
200 m (Gerade)	Gisela Birkemeyer (Berlin/Ost)	23,4	7. 8. 1960	Erfurt
200 m (Kurve)	Christa Stubnick (Berlin/Ost)	23,5	9. 9. 1956	Riesa
	Jutta Heine (Hannover)	*23,5*	*1. 9. 1961*	*Hannover*

Disziplin	Name (Ort)	Leistung	Datum	Ort
400 m	Gertrud Schmidt (Schwerin)	53,8	22. 8. 1965	Leipzig
	Helga Henning (Hannover)	*54,1*	*10. 8. 1963*	*Augsburg*
800 m	Antje Gleichfeld (Hamburg)	2:03,9	20. 10. 1964	Tokio
80 m Hürden	Gisela Birkemeyer (Berlin/Ost)	10,5	24. 7. 1960	Leipzig
	Centa Gastl (München)	*10,6*	*29. 7. 1956*	*Frechen*
4 × 100 m	DLV-Staffel	44,5	13. 9. 1964	Lodz
	Hannover 96	45,7	26. 8. 1962	Hagen
Hochsprung	Karin Rüger (Leipzig)	1,76	15. 8. 1964	Potsdam
	Ingrid Becker (Geseke)	*1,71*	*17. 6. 1961*	*Hamm*
Weitsprung	Hildrun Laufer (Berlin/Ost)	6,48	18. 7. 1964	Liberec
	Helga Hoffmann (Saarbrücken)	*6,45*	*13. 9. 1964*	*Lodz*
Kugelstoß	Renate Garisch (Rostock)	17,61	20. 10. 1964	Tokio
	Marlene Klein (Euskirchen)	*16,40*	*13. 8. 1965*	*München*
Diskuswurf	Ingrid Lotz (Leipzig)	57,21	19. 10. 1964	Tokio
	Kriemhild Limberg-Hausmann (Krefeld)	*55,86*	*30. 8. 1964*	*Jena*
Speerwurf	Marion Gräfe (Leipzig)	58,45	31. 8. 1963	Jena
	Anneliese Gerhards (Lobberich)	*57,66*	*27. 9. 1964*	*Ludwigs-hafen*
Fünfkampf	Inge Exner (Jena)	4886	23./24. 6. 65	Jena
	Jutta Heine (Köln)	*4767*	*1./2. 6. 63*	*Reichenhall*

* Der Deutsche Leichtathletik-Verband/DLV (Bereich: Bundesrepublik Deutschland einschl. West-berlin) und der Deutsche Verband für Leichtathletik/DVfL (Bereich: Deutsche Demokratische Republik) führten eine gemeinsame Rekordliste. Die DLV-Bestleistungen, die schlechter waren als der offizielle Deutsche Rekord, sind in der Tabelle in Kursivschrift gesetzt.

Pferdesport

Disziplin/Turnier	Sieger (Land)	Pferd (Stall)	Tag
Galopprennen			
Deutsches Derby	Micki Starosta (GER)	Waidwerk (Ravensberg)	27. 6.
Prix de l'Arc de Triomphe		Sea Bird (Ternynck)	
Trabrennen			
Deutsches Derby	Hans Frömming (GER)	Salesiana (Aschau)	5. 9.
Prix d'Amerique	Hans Frömming (GER)	Ozo	31. 1.
Turniersport			
Springreiten			
Europameisterschaften in Aachen			
Einzel	Hermann Schridde (GER)	Kamerad/Dozent	15. 8.
Deutsche Meisterschaften in Berlin			
Einzel	Peter Schmitz (Aachen)	Amsella	11. 7.
Deutsches Derby	Nelson Pessoa (BRA)	Gran Geste	12. 6.
Dressur			
Europameisterschaften in Kopenhagen			
Einzel	Henri Chammartin (SUI)	Wolfdietrich	
Mannschaft	BR Deutschland		
Deutsches Derby	Willi Schultheis (GER)	Memor	
Military			
Europameisterschaften in Moskau			
Einzel	Marian Babirecki (POL)	Volt	
Mannschaft	UdSSR		
Deutsche Meisterschaften			
Einzel	Horst Karsten	Angelika	

Radsport

Disziplin, Ort	Plazierung, Name (Land)	Zeit/Rückstand
Straßenweltmeisterschaft		
Profis (267,4 km) Lasarte, 5. 9.	1. Tom Simpson (GBR)	6:39:19
	2. Rudi Altig (GER)	5 m
	3. Paul Swerts (BEL)	3:40

Radsport (Fortsetzung)

Straßenweltmeisterschaft

Disziplin, Ort	Plazierung, Name (Land)	Zeit/Rückstand
Amateure (171,9 km) Lasarte 4. 9.	1. Botherel (FRA) 2. Lasa (SPA) 3. Monti (ITA)	4:12:52 gl. Zt. gl. Zt.

Rundfahrten (Etappen)

Disziplin, Ort	Plazierung, Name (Land)	Zeit/Rückstand
Tour de France (22) Datum: 22. 6. – 14. 7. Länge: 4177 km 130 Starter, 96 im Ziel	1. Felice Gimondi (ITA) 2. Raymond Poulidor (FRA) 3. Gianni Motta (ITA)	116:42:06 2:40 9:18
Giro d'Italia (22) Datum: 14. 5. – 6. 6. Länge: 4151 km	1. Vittorio Adorni (ITA) 2. Italo Zilioli (ITA) 3. Felice Gimondi (ITA)	 11:26 12:57
Tour de Suisse (7) Datum: 14.–20. 6. Länge: 1317 km	1. Franco Bitossi (ITA) 2. Jos Huysmans (BEL) 3. M. Mugnaini (ITA)	36:31:77 3:00 3:36

Schwimmen

Deutsche Meisterschaften (Itzehoe, 12.–15. 8.)

Disziplin	Meister (Vereinsort)	Leistung
Männer		
Freistil 100 m	Hans-Joachim Klein (Darmstadt)	54,7
Freistil 400 m	Holger Kirschke (Wetzlar)	4:25,0
Freistil 1500 m	Holger Kirschke (Wetzlar)	17:43,3
Freistil 4 × 100 m	DSW 1912 Darmstadt	3:50,2
Freistil 4 × 200 m	DSW 1912 Darmstadt	8:36,8
Brust 200 m	Fred Fries (Trier)	2:36,6
Delphin 200 m	Werner Freitag (Bremerhaven)	2:13,0
Rücken 200 m	Reinhart Blechert (Darmstadt)	2:18,1
Lagen 400 m	Holger Kirschke (Wetzlar)	5:03,7
Lagen 4 × 100 m	DSW 1912 Darmstadt	4:14,8
Kunstspringen	Ingo Scherf (Freiburg)	407,55
Turmspringen	Günther Schwemmer (Würzburg)	472,60
Wasserball	Amateur SC Duisburg	
Frauen		
Freistil 100 m	Gisela Dick (Düsseldorf)	1:05,1
Freistil 400 m	Margit Hettling (Bremen)	5:13,1
Freistil 4 × 100 m	Nikar Heidelberg	4:34,1
Brust 200 m	Uta Frommater (Oldenburg)	2:55,1
Delphin 100 m	Heike Hustede (Osnabrück)	1:10,2
Rücken 100 m	Gisela Bothe (Stuttgart)	1:16,5
Lagen 400 m	Heike Hustede (Osnabrück)	5:46,6
Lagen 4 × 100 m	Wasserfreunde Wuppertal	5:08,2
Kunstspringen	Ingeborg Busch (Mannheim)	217,25
Turmspringen	Ingeborg Busch (Mannheim)	293,40

Weltrekorde (Stand: 31. 12. 1965)

Disziplin	Name (Land)	Leistung	Datum	Ort
Männer				
Freistil 100 m	Alain Gottvalles (FRA)	52,9	13. 9. 1964	Budapest
Freistil 200 m	Don Schollander (USA)	1:57,6	1. 8. 1964	Los Altos
Freistil 400 m	Don Schollander (USA)	4:12,2	15. 10. 1964	Tokio
Freistil 800 m	Murray Rose (AUS)	8:51,5	26. 8. 1962	Los Altos
Freistil 1500 m	Steve Krause (USA)	16:58,6	15. 8. 1965	Maumee
Freistil 4 × 100 m	USA	3:33,2	14. 10. 1964	Tokio
Freistil 4 × 200 m	USA	7:52,1	18. 10. 1964	Tokio
Brust 100 m	Georgi Prokopenko (URS)	1:06,9	3. 9. 1964	Moskau
Brust 200 m	Ian O'Brien (AUS)	2:27,8	15. 10. 1964	Tokio
Delphin 100 m	Luis Nicolao (ARG)	57,0	27. 4. 1962	Rio
Delphin 200 m	Kevin Berry (AUS)	2:06,6	18. 10. 1964	Tokio
Rücken 100 m	Thompson Mann (USA)	59,6	16. 10. 1964	Tokio
Rücken 200 m	Jed Graef (USA)	2:10,3	13. 10. 1964	Tokio
Lagen 200 m	Richard Roth (USA)	2:14,9	15. 8. 1964	Maumee
Lagen 400 m	Richard Roth (USA)	4:45,4	14. 10. 1964	Tokio
Lagen 4 × 100 m	USA	3:58,4	16. 10. 1964	Tokio
Frauen				
Freistil 100 m	Dawn Fraser (AUS)	58,9	29. 2. 1964	Sydney
Freistil 200 m	Dawn Fraser (AUS)	2:11,6	27. 2. 1960	Sydney
Freistil 400 m	Martha Randall (USA)	4:38,0	26. 8. 1965	Monte Carlo
Freistil 800 m	Sharon Finneran (USA)	9:36,9	28. 9. 1964	Los Angeles
Freistil 1500 m	Patty Caretto (USA)	18:23,7	12. 8. 1965	Los Altos
Freistil 4 × 100 m	USA	4:03,8	15. 10. 1964	Tokio
Freistil 4 × 200 m	USA	9:00,1	14. 8. 1965	Maumee
Brust 100 m	Svetlana Babanina (URS)	1:16,5	11. 5. 1965	Taschkent
Brust 200 m	Galina Prosumenschi-kowa (URS)	2:45,3	12. 9. 1965	Groningen
Delphin 100 m	Ada Kok (HOL)	1:04,5	14. 8. 1965	Budapest
Delphin 200 m	Ada Kok (HOL)	2:25,3	12. 9. 1965	Groningen
Rücken 100 m	Catherine Ferguson (USA)	1:07,7	14. 10. 1964	Tokio
Rücken 200 m	Catherine Ferguson (USA)	2:27,4	18. 9. 1964	Los Angeles
Lagen 200 m	Donna de Varona (USA)	2:29,9	1. 8. 1964	Los Altos
Lagen 400 m	Donna de Varona (USA)	5:14,9	30. 8. 1964	New York
Lagen 4 × 100 m	USA	4:33,9	18. 10. 1964	Tokio

Deutsche Rekorde (Stand: 31. 12. 1965)

Disziplin	Name (Ort)	Leistung	Datum	Ort
Männer				
Freistil 100 m	Hans-Joachim Klein (Darmstadt)	54,0	12. 10. 1964	Tokio
Freistil 200 m	Hans-Joachim Klein (Darmstadt)	1:58,2	24. 5. 1964	Dortmund
Freistil 400 m	Holger Kirschke (Wetzlar)	4:19,9	15. 8. 1965	Rom
Freistil 800 m	Gerhard Hetz (Hof)	9:08,0	19. 5. 1962	Dortmund
Freistil 1500 m	Gerhard Hetz (Hof)	17:31,7	5. 8. 1962	Würzburg
Freistil 4 × 100 m	DSW 1912 Darmstadt	3:50,2	14. 8. 1965	Itzehoe
Freistil 4 × 200 m	DSW 1912 Darmstadt	8:36,8	13. 8. 1965	Itzehoe
Brust 100 m	Willi Donners (Wuppertal)	1:11,3	24. 7. 1965	London
Brust 200 m	Willi Donners (Wuppertal)	2:34,1	25. 8. 1965	Utrecht
Delphin 100 m	Werner Freitag (Bremerhaven)	59,7	16. 6. 1965	Würzburg
Delphin 200 m	Werner Freitag (Bremerhaven)	2:13,0	14. 8. 1965	Itzehoe
Rücken 100 m	Ernst-Joachim Küppers (Nordhorn)	1:00,8	29. 8. 1964	Dortmund
Rücken 200 m	Ernst-Joachim Küppers (Nordhorn)	2:12,6	22. 8. 1964	Magdeburg
Lagen 200 m	Gerhard Hetz (Hof)	2:17,8	18. 6. 1964	Dortmund
Lagen 400 m	Gerhard Hetz (Hof)	4:50,2	12. 10. 1963	Tokio
Lagen 4 × 100 m	DSW 1912 Darmstadt	4:14,8	15. 8. 1965	Itzehoe
Frauen				
Freistil 100 m	Traudi Beierlein (Darmstadt)	1:03,0	28. 8. 1964	Dortmund
Freistil 200 m	Ursel Brunner (Heidelbg.)	2:22,7	18. 5. 1963	Dortmund
Freistil 400 m	Margit Hettling (Bremen)	4:55,6	23. 8. 1964	Magdeburg
Freistil 800 m	Ursel Brunner (Heidelbg.)	10:40,9	19. 6. 1963	Heidelberg
Freistil 1500 m	Ursel Brunner (Heidelbg.)	20:08,1	19. 6. 1963	Heidelberg
Freistil 4 × 100 m	Nikar Heidelberg	4:33,0	16. 8. 1964	Berlin
Brust 100 m	Wiltrud Urselmann (Krefeld)	1:19,1	12. 3. 1960	Zürich
	Uta Frommater (Oldenburg)	1:19,1	16. 6. 1965	Würzburg
Brust 200 m	Martha Hoffmann (Wuppertal)	2:48,8	16. 8. 1964	Berlin
Delphin 100 m	Heike Hustede (Osnabrück)	1:07,8	29. 8. 1964	Magdeburg
Delphin 200 m	Heike Hustede (Osnabrück)	2:37,5	23. 5. 1964	Dortmund
Rücken 100 m	Helga (Schmidt-)Neuber (Mannheim)	1:11,4	22. 8. 1964	Magdeburg
Rücken 200 m	Helga (Schmidt-)Neuber (Mannheim)	2:41,4	24. 5. 1964	Dortmund
Lagen 200 m	Ursel Brunner (Heidelbg.)	2:39,8	18. 5. 1963	Dortmund
Lagen 400 m	Jutta Olbrisch (Bremen)	5:38,5	16. 8. 1964	Berlin
Lagen 4 × 100 m	Nikar Heidelberg	4:59,8	15. 8. 1964	Berlin

Ski alpin

	Herren	Damen
Deutsche Meister (Berchtesgaden, 26.–28. 2.)		
Abfahrt	Luggi Leitner	Burgl Färbinger
Slalom	Luggi Leitner	Heidi Schmid-Biebl
Riesenslalom	Adi Osterried	Heidi Schmid-Biebl
Kombination	Adi Osterried	Heidi Schmid-Biebl

Österreichische Meister		
Abfahrt	Karl Schranz	Traudl Hecher
Slalom	Heini Messner	Edith Zimmermann
Riesenslalom	Hugo Nindl	Grete Digruber
Kombination	Hugo Nindl	Edith Zimmermann

Schweizer Meister		
Abfahrt	Dumeng Giovanoli	Heidi Obrecht
Slalom	Georg Grünenfelder	Edith Hiltbrand
Riesenslalom	Edmund Bruggmann	Theres Obrecht
Kombination	Edmund Bruggmann	Edith Hiltbrand

Tennis

Meisterschaften	Ort	Datum
Wimbledon	London	21. 6.–3. 7.
French Open	Paris	19.–30. 5.
US Open	Forest Hills (Einzel, Mixed)	10.–19. 5.
	Chestnut Hills (Doppel)	30. 8.–4. 9.
Australian Open	Melbourne	20.–31. 1.
Int. Deutsche	Hamburg	5.–12. 8.
Daviscup-Endspiel	Sydney	
Federationscup	Melbourne	12.–18. 1.

Turnier	Sieger (Land) – Finalgegner (Land)	Ergebnis
Herren		
Wimbledon	Roy Emerson (AUS) – Fred Stolle (AUS)	6:2, 6:4, 6:4
French Open	Fred Stolle (AUS) – Tony Roche (AUS)	6:1, 6:4, 2:6, 6:2
US Open	Manuael Santana (SPA) – Eric Drysdale (SAF)	6:2, 7:9, 7:5, 6:1

Turnier	Sieger (Land) – Finalgegner (Land)		Ergebnis
Australian Open	Roy Emerson (AUS) – Fred Stolle (AUS)		7:9, 2:6, 6:4, 7:5, 6:1
Int. Deutsche			
Daviscup	Australien – Spanien 4:1		
Damen			
Wimbledon	Margaret Smith (AUS) – Maria Esther Bueno (BRA)		6:4, 7:5
French Open	Lesley Turner (AUS) – Margaret Smith (AUS)		6:3, 6:4
US Open	Margaret Smith (AUS) – Billy Jean Moffitt (USA)		8:6, 7:5
Australian Open	Margaret Smith (AUS) – M. Esther Bueno (BRA)		6:7, 6:4, 5:2 aufgegeben
Int. Deutsche	Margaret Smith (AUS) – Edda Budding (GER)		
Federationscup	Australien – USA		2:1
Herren-Doppel			
Wimbledon	John Newcombe (AUS)/ Tony Roche (AUS)	Ken Fletcher (AUS)/ Bob Hewitt (AUS)	7:5, 6:3, 6:4
French Open	Roy Emerson (AUS)/ Fred Stolle (AUS)	Ken Fletcher (AUS)/ Bob Hewitt (AUS)	6:8, 6:3, 8:6, 6:2
US Open	Roy Emerson (AUS)/ Fred Stolle (AUS)	Frank Froehling (USA)/ Charlie Pasarell (PUR)	6:4, 10:12, 7:5, 6:3
Australian Open	John Newcombe (AUS)/ Tony Roche (AUS)	Roy Emerson (AUS)/ Fred Stolle (AUS)	3:6, 4:6, 13:11, 6:3, 6:4
Int. Deutsche	Ingo Buding (GER)/ Chr. Kuhnke (GER)	Owen Davidson (AUS)/ John Bourly (AUS)	7:5, 6:4, 6:2
Damen-Doppel			
Wimbledon	M. Esther Bueno (BRA)/ Billy Jean Moffitt (USA)	Francoise Durr (FRA)/ Jeanine Lieffrig (FRA)	6:2, 7:5
French Open	Margaret Smith (AUS)/ Lesley Turner (AUS)	Francoise Durr (FRA)/ Jeanine Lieffrig (FRA)	6:3, 6:1
US Open	Nancy Richey (USA)/ Carole Graebner (USA)	Karen Hantze-Susman (USA)/ Billy Jean Moffitt (USA)	6:4, 6:4
Australian Open	Margaret Smith (AUS)/ Lesley Turner (AUS)	Robyn Ebbern (USA)/ Billy Jean Moffitt (USA)	1:6, 6:2, 6:3
Int. Deutsche	Margaret Smith (AUS)/ Lesley Turner (AUS)	Francoise Durr (FRA)/ Maria Esther Bueno (BRA)	6:3, 6:1
Mixed			
Wimbledon	Ken Fletcher (AUS)/ Margaret Smith (AUS)	Tony Roche (AUS)/ Judith Tegart (AUS)	12:10, 6:3
French Open	Ken Fletcher (AUS)/ Margaret Smith (AUS)	John Newcombe (AUS)/ Maria Esther Bueno (BRA)	6:4, 6:4
US Open	Fred Stolle (AUS)/ Margaret Smith (AUS)	Frank Froehling (USA)/ Judith Tegart (AUS)	6:2, 6:2
Australian Open	John Newcombe (AUS)/ Margaret Smith (AUS)	Owen Davidson (AUS)/ Robyn Ebbern (BRA)	

Abkürzung zu den Sportseiten

AFG	Afghanistan	CUB	Kuba	HOL	Niederlande	NOR	Norwegen	THA	Thailand
ALG	Algerien	DAN	Dänemark	IND	Indien	NSE	Neuseeland	TUN	Tunesien
ARG	Argentinien	DDR	Deutsche	IRA	Iran	PAK	Pakistan	TUR	Türkei
AUS	Australien		Demokratische	IRK	Irak	PAR	Paraguay	UNG	Ungarn
AUT	Österreich		Republik	IRL	Irland	PER	Peru	URS	Sowjetunion
BEL	Belgien	ECU	Ecuador	ISL	Island	PHI	Philippinen	URU	Uruguay
BOL	Bolivien	EGY	Ägypten	ISR	Israel	POL	Polen	USA	Vereinigte Staaten
BRA	Brasilien	ETH	Äthiopien	ITA	Italien	POR	Portugal		von Amerika
BUL	Bulgarien	FIN	Finnland	JAM	Jamaika	RUM	Rumänien	VAR	Vereinigte Arabi-
CAN	Kanada	FRA	Frankreich	JAP	Japan	SAF	Südafrika		sche Republik
CHI	Chile	GBR	Großbritannien	KEN	Kenia	SPA	Spanien	VEN	Venezuela
CHN	China	GER	Bundesrepublik	LUX	Luxemburg	SUI	Schweiz	VIE	Vietnam
COL	Kolumbien		Deutschland	MAR	Marokko	SWE	Schweden	YUG	Jugoslawien
COS	Costa Rica	GRE	Griechenland	MCO	Monaco	SYR	Syrien		
ČSR	Tschechoslowakei	GUA	Guatemala	MEX	Mexiko	TAI	Taiwan		

Nekrolog 1965

Bekannte Persönlichkeiten aus allen Bereichen des gesellschaftlichen Lebens, die im Jahr 1965 gestorben sind, werden – alphabetisch geordnet – in Kurzbiographien dargestellt.

Othmar Ammann
schweizerischer Ingenieur (* 26. 3. 1879, Feuerthalen), stirbt am 22. September in New York.
Ammann errichtete zahlreiche große Brücken in den USA, u. a. die George Washington Bridge und die Verrazano-Narrows Bridge (1298 m Spannweite) in New York.

Edward Victor Appleton

britischer Physiker, Physiknobelpreisträger 1947 (* 6. 9. 1892, Bradford), stirbt am 21. April in Edinburgh.
Appleton entdeckte bei seinen Forschungen über das Verhalten elektrisch leitender Schichten in der Atmosphäre die nach ihm benannte Appleton-Schicht bzw. F-Schicht. Hierfür erhielt er 1947 den Nobelpreis.

Selmar Aschheim
deutscher Gynäkologe (* 4. 10. 1878, Berlin), stirbt am 15. Februar in Paris.
Aschheims Entdeckung östrogener u. a. Substanzen im Harn schwangerer Frauen (1927) war die Grundlage für die Entwicklung des Schwangerschaftstests (Aschheim-Zondek-Reaktion).

Jacques Audiberti
französischer Schriftsteller (* 25. 3. 1899, Antibes), stirbt am 10. Juli in Paris.
Das Werk Audibertis, der zugleich als Avantgardist und als einer der letzten Symbolisten gilt, ist gekennzeichnet durch das Grundthema des Menschen, der vergeblich versucht, »dem Käfig seiner Natur zu entkommen«, und das Chaos heraufbeschwört durch seine Weigerung, mit der Ordnung der Dinge Kompromisse einzugehen. Formal sind seine Gedichte, Romane, Novellen und Dramen durch das Experimentieren mit der Sprache gekennzeichnet. Typisch sind grotesker Humor und surreale Phantasie. Die bekanntesten Werke sind die Theaterstücke »Quoat-Quoat« (1946), »Der Lauf des Bösen« (1947), »Die Zimmerwirtin« (1956), »Der Glapioeffekt« (1959), »Die Ameyss im Fleische« (1961).

Heinrich Barth

schweizerischer Philosoph (* 3. 2. 1890, Bern), stirbt am 22. Mai in Basel.
Barths christlich geprägte Existenzphilosophie postuliert die prinzipielle Trennung von philosophischem Wissen und existentiellem Glauben. Zu seinen Hauptwerken zählen »Philosophie der Erscheinung« (1947–1959) und »Erkenntnis der Existenz« (1965).

Bernard Mannes Baruch
US-amerikanischer Wirtschaftsfachmann (* 19. 8. 1870, Camden/South Carolina), stirbt am 20. Juni in New York.
Baruch war während des Ersten Weltkriegs wirtschaftspolitischer Berater von US-Präsident Woodrow Wilson. Unter Präsident Franklin D. Roosevelt war er ab 1934 maßgeblich beteiligt an der Verwirklichung des »New-Deal«-Wirtschaftsprogramms zur Überwindung der Wirtschaftskrise. Ab 1946 vertrat er die USA in der UN-Atomenergiekommission und legte den nach ihm benannten Baruchplan zur internationalen Kontrolle der Atomenergie vor, der 1948 am Veto der Sowjetunion scheiterte.

Moscheh Ya'akov Ben-Gavriél

eigentlich Eugen Hoeflich, israelischer Schriftsteller österreichischer Herkunft (* 15. 9. 1891, Wien), stirbt am 17. September in Jerusalem.
Der aus Wien stammende, 1927 nach Jerusalem ausgewanderte Ben-Gavriél schloß sich in Palästina der jüdischen Befreiungsbewegung an. In seinem Hauptwerk, dem Roman »Das Haus in der Karpfengasse« (1958), zeichnet er ein erschütterndes Bild der Schicksale von jüdischen Bewohnern eines großen Hauses in der Prager Altstadt zur Zeit der nationalsozialistischen Gewaltherrschaft.

Richard Billinger
österreichischer Schriftsteller (* 20. 7. 1890, Sankt Marienkirchen/Oberösterreich), stirbt am 7. Juni in Linz.
Billinger trat als naturverbundener, in seiner bäuerlichen Heimat verwurzelter Dichter und Dramatiker hervor. Für das Drama »Rauhnacht«, in dem volkstümliche und christliche Motive verbunden werden, erhielt er 1931 den Kleist-Preis. Weitere bekannte Werke sind die Dramen »Das Perchtenspiel« (1928), »Der Gigant« (1937) und »Paracelsus« (1943) sowie die Gedichtsammlung »Sichel am Himmel« (1931).

Julius Bissier
deutscher Maler (* 3. 12. 1893, Freiburg im Breisgau), stirbt am 18. Juni in Ascona.
Bissier wurde bekannt mit Tuschzeichnungen unter dem Einfluß östlicher Weisheitslehren. Zu Beginn der 30er Jahre ging er, befreundet mit Willi Baumeister, zu ungegenständlicher Malerei über, hatte jedoch während des Dritten Reichs keine Ausstellungsmöglichkeiten. 1955/56 begann er seine »Miniaturen« in Eiöltempera auf farbig lasiertem Grund.

Johannes Bobrowski
deutscher Schriftsteller (* 9. 4. 1917, Tilsit), stirbt am 2. September in Berlin.
Bobrowski war der erste in der DDR lebende Autor, dessen Werke in beiden deutschen Staaten gleichzeitig erscheinen. Sein Thema: Landschaft, Lebensart, Vorstellungsweise, Lieder, Märchen, Sagen, Mythologisches, Geschichte Deutschlands und des europäischen Ostens (Gedichtsammlungen »Sarmatische Zeit«, 1961, »Schattenland Ströme«, 1962). Ursprünglich hatte Bobrowski einen »Sarmatischen Divan« geplant in Anlehnung an Goethes »West-östlichen Divan« – Ausdruck für die Spannung zwischen West und Ost, Deutschen und Polen, die Bobrowski dichterisch gestaltet, und zugleich Ausdruck für Bobrowskis Orientierung an der deutschen Klassik. Bedeutend ist auch der Roman »Levins Mühle« (1964) über einen Juden zur Zeit des deutschen Kaiserreichs.

Martin Buber

jüdischer Religionsforscher und Religionsphilosoph (* 8. 2. 1878, Wien), stirbt am 13. Juni in Jerusalem.
Buber erstrebte die Erneuerung des abendländischen Judentums auf der Grundlage der Bibel und des ostjüdischen Chassidismus, wobei er das sog. dialogische Prinzip ins Zentrum seiner Anschauungen stellte (»Das Ich und das Du«, 1923). 1961 schloß er seine deutsche Bibelübersetzung ab. Buber setzte sich für die Versöhnung zwischen Juden und Deutschen ein.

Winston Churchill
britischer Staatsmann, Literaturnobelpreisträger 1953 (* 30. 11. 1874, Blenheim Palace, Woodstock/Oxfordshire), stirbt am 24. Januar in London.
Churchill wurde 1900 konservativer Unterhausabgeordneter, wechselte 1904 zu den Liberalen, war unter Herbert Asquith von 1908 bis 1910 Handels- und 1910/11 Innenminister und trieb als Erster Lord der Admiralität von 1911 bis 1915 die Flottenrüstung voran. Während des Ersten Weltkriegs war er unter David Lloyd George von 1917 bis 1919 Munitionsminister, von 1919 bis 1921 war er ebenfalls unter Lloyd George Kriegs- und Luftfahrtminister. 1924 wechselte er zu den Konservativen und war von 1924 bis 1929 unter Stanley Baldwin Schatzkanzler. Die Kritik am Abbau britischer Positionen in Indien, Forderungen nach verstärkter Aufrüstung und die scharfe Ablehnung der Appeasement-Politik Neville Chamberlains brachten ihn in wachsenden Gegensatz zur offiziellen Politik seiner Partei. Von 1929 bis 1939 zwar Unterhausmitglied, aber ohne Ministeramt und Einfluß, widmete er sich historischen Arbeiten. Erst nach dem Ausbruch des Zweiten Weltkriegs stieg sein Ansehen, da er stets zur Abwehr der aggressiven Politik des nationalsozialistischen Deutschen Reichs aufgerufen hatte. 1939 wurde er unter Neville Chamberlain Erster Lord der Admiralität, übernahm 1940 als Premierminister die Leitung des Kriegskoalitionskabinetts aus Konservativen und Labour Party, wurde zum Symbol des britischen Durchhaltewillens und war der Hauptinitiator der Allianz zwischen Großbritannien, den USA und der UdSSR. Für sein Ziel einer Zurückdrängung des sowjetischen Einflusses fand er nach dem Zweiten Weltkrieg nicht die Unterstützung der USA. 1945 trat er nach der Wahlniederlage zurück, von 1951 bis 1955 war er erneut Premierminister. 1953 erhielt er den Literaturnobelpreis »für seine Meisterschaft in der historischen Darstellung und der Biographie und für die glänzende Redekunst, mit der er sich für die Verteidigung unserer Zivilisation eingesetzt hat«.

Nat »King« Cole
eigentlich Nathaniel Coles, US-amerikanischer Jazzmusiker und Sänger (* 17. 3. 1917, Montgomery/Alabama), stirbt am 15. Februar in Santa Monica (US-Bundesstaat Kalifornien).
Cole trat als Pianist und Sänger hervor, 1939 gründete er sein eigenes Trio mit Gitarre und Baß. In den 50er Jahren war er erfolgreich als Sänger der sog. weichen Welle.

T(homas) S. Eliot
US-amerikanisch-britischer Dichter, Literaturnobelpreisträger 1948 (* 26. 9. 1888, Saint-Louis/Missouri), stirbt am 4. Januar in London.
Eliot, der als Lyriker, Dramatiker, Essayist und Kritiker hervortrat, wurde 1922 durch die Dichtung »Das wüste Land« berühmt. Literatur war für den vom christlichen Humanismus geprägten Eliot durch den bewußten und verfremdenden Rückgriff auf die Werke der literarischen Klassiker (Vergil, Dante Alighieri, William Shakespeare) die Möglichkeit, eine Sinndeutung der Welt zu leisten. Weitere bekannte Werke sind die »Vier Quartette« (1936–1942) und die Tragödie »Mord im Dom« (1935). 1948 erhielt er den Literaturnobelpreis »für seine außerordentliche Leistung als Wegbereiter der Dichtung der Gegenwart«.

Edgar Ende
deutscher Maler (* 23. 2. 1901, Altona/Hamburg), stirbt am 27. Dezember in Baiern bei Rosenheim.
Ende zählte zu den Hauptvertretern des deutschen Surrealismus. Er verfremdete Landschaften, schilderte Traumwelten und stellte imaginäre Innenräume dar.

Lucie Englisch

deutsche Schauspielerin (* 8. 2. 1902, Baden bei Wien), stirbt am 12. Oktober in Erlangen.
Lucie Englisch wurde einem breiten Publikum bekannt in heiteren Filmrollen, so in »Die Unschuld vom Lande« (1933) oder »So ein Früchtchen« (1942).

Faruk I.
König von Ägypten von 1937 bis 1952 (* 11. 2. 1920, Kairo), stirbt am 18. März im Exil in Rom.
Faruk folgte 1937 als 17jähriger seinem Vater Fuad I. auf dem Thron. Korruption und Mißwirtschaft führten 1952 zum Militärputsch des Generals Ali Muhammad Nagib und zum Sturz Faruks. Dies bedeutete faktisch das Ende der Monarchie in Ägypten, obwohl Faruks Sohn Fuad II. noch bis 1953 nominell König war.

Leopold Figl
österreichischer ÖVP-Politiker (* 2. 10. 1902, Rust), sirbt am 9. Mai in Wien.
Figl, während der Zugehörigkeit Österreichs zum nationalsozialistischen Deutschen Reich mehrfach im Konzentrationslager, war 1945 Mitbegründer der österreichischen Volkspartei (ÖVP). Von 1945 bis 1953 war er Bundeskanzler, als Außenminister von 1953 bis 1955 unterzeichnete er 1955 den österreichischen Staatsvertrag.

Gheorghe Gheorghiu-Dej
rumänischer Politiker (* 8. 11. 1901, Birlad), stirbt am 19. März in Bukarest.
Gheorghiu-Dej wurde 1954 Generalsekretär des ZK und 1955 1. Sekretär des ZK und bekleidete verschiedene Ministerämter, von 1952 bis 1955 war er Ministerpräsident. 1961 wurde er zum Präsident des Staatsrats (Staatsoberhaupt) gewählt.

Hans Knappertsbusch
deutscher Dirigent (* 12. 3. 1888, Elberfeld/Wuppertal), stirbt am 25. Oktober in München.
Knappertsbusch wurde 1922 Generalmusikdirektor in München und dirigierte von 1938 bis 1945 an der Wiener Staatsoper. Danach arbeitete er vorwiegend als Gastdirigent, u. a. bei den Bayreuther und den Salzburger Festspielen.

Stan Laurel

US-amerikanischer Komiker (* 16. 6. 1890, Ulverston/Lancashire), stirbt am 23. Februar in Santa Monica (US-Bundesstaat Kalifornien). Laurel verkörperte den Doof in dem Komikerduo Dick (Oliver Hardy) und Doof, dem berühmtesten Stummfilmkomikerpaar in den USA. Ihre gemeinsame Karriere begann 1927 und wurde in der Tonfilmzeit fortgesetzt.

Le Corbusier
eigentlich Charles-Édouard Jeanneret-Gris, französisch-schweizerischer Architekt, Städteplaner und Maler (* 6. 10. 1887, La Chaux-de-Fonds), stirbt am 27. August in Roquebrune-Cap-Martin im französischen Departement Alpes-Maritimes.
1918 war Le Corbusier einer der Mitbegründer des Purismus, einer Stilrichtung in der Malerei, die den Kubismus ablösen sollte und die rein (»pur«) funktionierende Maschine zum Leitbild erhob. 1925 wandte er sich verstärkt der Architektur zu und verlangte in seinen theoretischen Schriften eine Erneuerung nach den Grundsätzen der unverhüllten Materialwirkung und den Wohnbedürfnissen des Menschen. Ab 1929 schuf Le Corbusier repräsentative Gebäude sowie ganze Stadtteile in aller Welt. Er benutzte den Kubus als Grundform, ließ Flachdächer und

große Fenster vorherrschen und führte die Skelett- und Fertigbauweise ein. Als eine seiner schönsten Schöpfungen gilt die Wallfahrtskapelle in Ronchamp. Seine architektonische Grundformel lautete: »Architektur ist das kluge, korrekte und herrliche Spiel vereinter Körper im Licht.«

Malcolm X
eigentlich Malcolm Little, US-amerikanischer Bürgerrechtler (* 19. 5. 1925, Omaha), wird am 21. Februar in New York von Anhängern der Black Muslims ermordet (→ S. 34).

William Somerset Maugham
britischer Schriftsteller (* 25. 1. 1874, Paris), stirbt am 16. Dezember in Saint-Jean-Cap-Ferrat bei Nizza.
Maugham stellte in seinen Dramen und erzählerischen Werken gesellschaftliche Probleme dar, meist kritisch, skeptisch-ironisch, aber auch zynisch-desillusionierend, wenn es um Liebes- und Eheprobleme ging. Seine Hauptwerke: »Der Menschen Hörigkeit« (1915), »Silbermond und Kupfermünze« (1919), »Der bunte Schleier« (1926), »Einzahl – erste Person« (1931), »Auf Messers Schneide« (1944).

Paul Hermann Müller

schweizerischer Chemiker, Chemienobelpreisträger 1948 (* 12. 1. 1899, Olten), stirbt am 13. Oktober in Basel. 1939 entwickelte Müller das hochwirksame Kontaktgift DDT (Dichlordiphenyltrichloräthan), für das er 1940 das schweizerische Patent erhielt. Müller hatte entdeckt, daß DDT Insekten auch noch in einer schwachen Konzentration durch einfachen Kontakt tötet. Das Nobelpreiskomitee würdigte 1948 Müllers »Entdeckung der starken Wirkung von DDT als Kontaktgift gegen mehrere Arthropoden« (Arthropode = Gliederfüßler).

Walter Muschg
schweizerischer Literaturhistoriker (* 21. 5. 1898, Witikon/Zürich), stirbt am 6. Dezember in Basel.
Muschg wurde bekannt durch seine polemische »Tragische Literaturgeschichte« (1948).

Max Picard
schweizerischer Schriftsteller und Philosoph (* 5. 6. 1888, Schopfheim), stirbt am 3. Oktober in Sorengo bei Lugano.
Als erster unternahm Picard 1946 in seiner philosophisch-psychologischen Untersuchung »Hitler in uns selbst« den Versuch, den nationalsozialistischen Staat nicht historisch beschreibend, sondern psychologisch und geschichtsphilosophisch-metaphysisch zu erfassen. Den Nährboden für das Möglichwerden des

Hitlerstaats sah er in der »Diskontinuität des modernen Menschen«, der momentgebunden, sprunghaft lebe und dessen Existenz eines inneren Zusammenhalts entbehre. Innere Kontinuität ist für Picard nur durch die Hinwendung zu Christus und zu Gott möglich. Picard verfaßte außerdem Beiträge zur Kunsttheorie, Kulturphilosophie und Kulturkritik.

Oskar Reinhart
schweizerischer Kunstsammler (* 12. 6. 1885, Winterthur), stirbt am 16. September in Winterthur.
Reinhart, ursprünglich Kaufmann, zog sich mit 49 Jahren aus seinen Geschäften zurück, um sich ganz seinen bedeutenden Kunstsammlungen zu widmen. 1951 richtete er in Winterthur die Stiftung Oskar Reinhart mit über 600 Gemälden deutscher, österreichischer und schweizerischer Maler des 18. bis 20. Jahrhunderts ein.

Erich Rothacker
deutscher Philosoph (* 12. 3. 1888, Pforzheim), stirbt am 11. August in Bonn.
Rothacker schuf die Kulturanthropologie, wobei er Kultur als öffentlichen Lebensstil verstand, der im geschichtlichen Prozeß ausgebildet wird. Jede Kultur ist Ausdruck eines bestimmten »Welthorizontes«. Werke: »Logik und Systematik der Geisteswissenschaften« (1926), »Probleme der Kulturanthropologie« (1942), »Mensch und Geschichte« (1944), »Philosophische Anthropologie« (1964).

Adolf Schärf
österreichischer sozialdemokratischer Politiker (* 20. 4. 1890, Nikolsburg/Südmähren), stirbt am 28. Februar in Wien.
Schärf war ab 1945 Vorsitzender der SPÖ. 1957 wurde er zum Bundespräsidenten gewählt und 1963 wiedergewählt.

Albert Schweitzer

elsässischer evangelischer Theologe, Musiker, Arzt und Philosoph, Friedensnobelpreisträger 1952 (* 14. 1. 1875, Kaysersberg bei Colmar), stirbt am 4. September in Lambaréné in Gabun.
Schweitzer, ursprünglich Pfarrer, ging 1913 nach Lambaréné in Französisch-Westafrika (Gabun) und errichtete ein Tropenkrankenhaus und eine Leprastation. Die Finanzierung sicherte er durch Vortragsreisen und Orgelkonzerte. Theologisch widmete er sich vor allem der Leben-Jesu-Forschung.

Renée Sintenis
deutsche Bildhauerin (* 20. 3. 1888, Glatz), stirbt am 22. April in Berlin.
Sintenis wurde bekannt durch ihre meist impressionistisch modellierten Tierplastiken, die in den meisten deutschen und

vielen ausländischen Museen ausgestellt sind. Neben ihren Tierfiguren – oft Kleinplastiken – in Bronze, Terrakotta und Silberguß schuf sie auch Akte und Porträtfiguren. Ihr bekanntestes Werk ist die Symbolfigur des Berliner Bären.

Hermann Staudinger

deutscher Chemiker, Chemienobelpreisträger 1953 (* 23. 3. 1881, Worms), stirbt am 8. September in Freiburg im Breisgau. Staudinger erforschte die Makromoleküle, die vor allem bei der Entwicklung der Kunststoffe grundlegend sind. Hierfür erhielt er 1953 den Chemienobelpreis.

Adlai Ewing Stevenson
US-amerikanischer Politiker (* 5. 2. 1900, Los Angeles), stirbt am 14. Juli in London.
Stevenson trat 1952 und 1956 erfolglos als Präsidentschaftskandidat gegen Dwight D. Eisenhower an. Von 1961 bis 1965 war er Botschafter bei den Vereinten Nationen.

Paul Tillich
deutsch-US-amerikanischer evangelischer Theologe und Philosoph (* 20. 8. 1886, Starzeddel bei Guben), stirbt am 22. Oktober in Chicago/Illinois.
Tillich war in Berlin eine der zentralen Gestalten des Bunds religiöser Sozialisten. 1933 emigrierte er in die USA. Im Mittelpunkt von Tillichs Theologie steht das Verhältnis von Offenbarung und menschlich-historischer Wirklichkeit; der Seinsentfremdung des modernen Menschen stellte er ein in der Liebe realisiertes »Neues Sein« entgegen. Sein Hauptwerk ist die »Systematische Theologie« (1951–1966).

Georges Vantongerloo
belgischer Bildhauer und Maler (* 24. 11. 1886, Antwerpen), stirbt am 6. Oktober in Paris.
Vantongerloo war von 1917 bis 1921 Mitglied der De-Stijl-Gruppe und schuf Plastiken und Gemälde im Sinn eines strengen Geometrismus. 1924 veröffentlichte er mit »Die Kunst und ihre Zukunft« ein Bekenntnis zu einer wissenschaftlich, vor allem mathematisch bestimmten Kunst. Er wurde Mitglied der Künstlervereinigung Abstraction-Création, deren Vizepräsident er von 1931 bis 1937 war.

Edgar Varèse
US-amerikanischer Komponist (* 22. 12. 1883, Paris), stirbt am 6. November in New York.
Varèse dem Futurismus zugerechnetes Schaffen – Klang- und Geräuschmontagen, Riesenorchester, elektronische Musik u. a. – trug wesentlich zur Entwicklung der modernen Musik bei.

Personenregister

Das Personenregister enthält alle in diesem Buch genannten Personen (nicht berücksichtigt sind mythologische Gestalten und fiktive Persönlichkeiten sowie Eintragungen im Anhang mit Ausnahme des Nekrologs). Die Herrscher und Angehörige regierender Häuser mit selben Namen sind alphabetisch nach den Ländern ihrer Herkunft geordnet. Kursive Zahlen verweisen auf Abbildungen.

Plummer, Christopher 196
Podgorny, Nicolai W. 8, 194
Polanski, Roman 100, 120, 132
Polke, Sigmar 69
Pölnitz, Götz von 186
Pompidou, Georges 30, 72
Ponti, Carlo *64*
Poulidor, Raymond 117, 120
Prader, Georg 162
Press, Irina 164
Press, Tamara 134, 152, *161*
Previn, André 80
Prosumenschikowa, Galina 150
Protopopow, Oleg 46
Pulver, Liselotte 84, *95*, 146
Puschkin, Alexander 82

Q

Quant, Mary 174
Quator, Willi 196, *207*
Quinn, Freddy *130*

R

Rabanne, Paco 174
Radenkovic, Petar 177
Raimund, Ferdinand 25
Ramses II., König von Ägypten 174
Randall, Martha 136
Rapacki, Adam 30
Raysse, Martial 68
Read, Phil 177
Redman, Jim 177
Reed, Oliver *101*
Reimann, Aribert 82
Reimann, Brigitte 67
Reinhart, Oskar 231
Rembrandt 48
Rennert, Günther 190
Resa Pahlawi, Mohammad, Schah
   von Iran 152, *159*
Richter, Gerhard 69
Roberts, Pernell *147*
Roche, Tony 133
Rockwell, George L. *91*
Roelants, Gaston 133
Röhler, Klaus *118*
Roosevelt, Franklin D. *19*, 55, 230
Rosenberg, Ludwig 61, 84, *184*
Rosenthal, Hans *147*
Rossellini, Roberto 64
Rothacker, Erich 231
Rous, Stanley 180
Rudolf IV., der Stifter 84
Rudolph, Wilma 149
Rühmann, Heinz 84, *95*, 146
Rühmkorf, Peter 119
Rusk, Dean 173, 180

S

Sabah, Sabah As Salim As 8
Sachs, Nelly 32, 44, 164, 176
Sadek, Nariman 65
Sahir, Mohammed, König von
   Afghanistan 162

Saint Laurant, Yves 174
Saragat, Giuseppe 120, 122, 128
Sartre, Jean-Paul 119, 136
Sasson, Vidal *175*
Sato, Eisaku 8
Saussure, Horace-Benedicte de 128
Savalas, Telly 44
Saweljewa, Ludmilla *132*
Schäfer, Oswald 32
Schallück, Paul 134
Schamoni, Peter 100
Schamoni, Ulrich 100, 101
Schärf, Adolf 91, 231
Scharf, Kurt *166*, 209
Schasar, Salman 136, 138
Schell, Maria 146
Schiller, Friedrich von 25, 116
Schiller, Karl 154, 178, *185*
Schippenkötter, Suitbert 120
Schirra, Walter 206
Schlöndorff, Volker 100, 101
Schmid, Franz 45
Schmid, Toni 45
Schmid-Biebl, Heidi *29*
Schmidt, Acki 99
Schmidt, Helmut 154, 155
Schmidt, Siegfried 99
Schneider, Romy 146
Schnyder, Felix 104
Schöbel, Heinz *177*
Scholochow, Michail A. *207*
Schön, Helmut 161, 177, *193*
Schönhuber, Heinz 196
Schoof, Manfred 130
Schranz, Karl 29
Schröder, Gerhard 84, 90, 120, 140,
   152, *167*, 178, 201
Schruebbers, Hubert *185*
Schwarzhaupt, Elisabeth 136, 166
Schweitzer, Albert 44, 150, *231*
Schwinger, Julian 207
Scott, George C. *44*
Sealy, Alan 99
Seebohm, Hans-Christoph 94, 150
Seeler, Uwe 86, 161
Seidenfaden, Theodor *91*
Seidenfuß, Karl-Heinz 206
Seidowsky, Marian *101*
Sellner, Gustav Rudolf 83
Senanayake, Dudley Shelton 48
Senni, Antoine 70, 78
Shajust, Filippo 83
Shakespeare, William 24, 230
Shastri, Lal Bahadur 158
Shaw, Bernard 80
Shelton, Robert 55
Shepard, Alan 58
Siffre, Michel 78
Sihanuk, Norodom 84
Silja, Anja *148*
Simpson, Tom 150, 161
Simpson, Wallis *64*
Simpson, William H. *19*
Singh, Hari 158
Sinjen, Sabine *101*
Sintenis, Renée 231
Sirikit, Königin von Thailand 122

Smith, Ian 162, 178, *182*
Smith, Margaret 120, 133
Sobek, Hanne *99*
Sodat, Stefan 29
Soglo, Christophe 196, 200
Söhnker, Hans *146*
Sonny (eigentl. Salvatore Bono) *131*
Spaak, Paul Henri 30
Spindler, Gert *21*
Springer, Axel 129
Staffort, Thomas 206
Staiger, Emil 162
Stalin, Josef W. *19*, 46, 72
Starr, Maureen *132*
Starr, Ringo *115*, *132*
Staudinger, Hermann *231*
Steele, Barbara *101*
Stefanopulos, Stefanos 125, 152
Steffens, Günter 119
Stender, Hans-Joachim *15*
Stevens, George 44
Stevenson, Adlai Ewing 231
Stewart, Jackie 102, 149
Stewart, Michael 10
Stolle, Fred 120, 133
Stoltenberg, Gerhard *167*
Stolze, Karl Heinz 82
Stoph, Willi 32, 42, *156*
Stradling, Harry 80
Straub, Jean-Marie 132
Strauf, Hubert 113
Strauß, Franz Josef 102, 134, 140, 141,
   148, 152, 154, 155, 164, 167, 184
Strindberg, August 82
Stücklen, Richard 136
Suharto, Kemuso 162, 169
Sukarno, Achmed 8, 17, 136, *169*
Sydow, Max von 44
Szymaniak, Horst *193*

T

Taveri, Luigi 164, 177
Taylor, Maxwell D. 52, 120, 194
Teng Hsiao-ping 57
Tereschkowa, Walentina W. 58
Tewodros II. 35
Thadden, Adolf von *203*
Thate, Hilmar *176*
Thoelke, Wim *147*
Thyssen, Fritz 162
Tilkowski, Hans 162, *177*, *193*
Tiller, Nadja *62*
Tillich, Paul 231
Tito, Josip 19, 102
Toeroek, Alexander *138*
Tolstoi, Leo 132
Tomás, Américo Deus Rodrigues
   122
Tomonaga, Shinichiro 207
Totino, Dino Lora 128
Tragert, Manfred 194, 206
Trantum, Tom 46
Tran Van Huong 8
Trettner, Heinz 90
Trujillo y Molina, Rafael Leonidas
   74

Truman, Harry S. *92*
Tschaikowski, Pjotr I. 82
Tschombé, Moïse Kapenda 30, 72,
   75, 162, *183*
Tsirimokos, Elias 125
Tunku Abdul Rahman 143
Turner, Susan *112*
Tushingham, Rita *101*
Twiggy (eigentl. Lesley Hornby) 174
Tyus, Wyomia 122, 149

U

Ulbricht, Walter 10, *13*, 30, 32, *36*, 42,
   46, 57, 76, 102, 134, 138, *202*
Ulsaß, Lothar 162
Untung 169
Ürgüplü, Suat Hayri 32
U Thant, Sithu 32, 136, 150, 158, *173*,
   209

V

Valente, Caterina *130*
Vantongerloo, Georges 231
Varda, Agnès 132
Varèse, Edgar 231
Vaucher, Yvette 120, *129*
Vergil 230
Veth, Kurt 176
Vidor, King 64
Visconti, Luchino 150
Vitti, Monica *101*
Vogel, Hans-Jochen 152, 157, 192
Vo Nguyên Giap 16, 51
Vorster, Balthazar Johannes 17
Vostell, Wolf 68

W

Wagner, Richard 82, 148
Wagner, Robert 136
Wagner, Wieland 82, 148
Walcott, Jersey *98*
Walker, Gordon 10
Wallace, George C. 54, *55*
Walser, Martin *202*
Walsh, John *20*
Walt, Lewis 106
Wanner, G. *174*
Warhol, Andy 68
Warner, Jack L. *80*
Wassermann, Dale 190
Weber, Karl 60
Weber, Wolfgang 177, *193*
Weck, Peter 146
Weichmann, Herbert 102, *185*
Weigel, Helene 102
Weinstein, Adalbert 10
Weiss, Peter 25, 86, 119, 164, 176
Weizsäcker, Carl Friedrich von 44
Weizsäcker, Richard von 122, 129
Wellershoff, Dieter 119
Wellsley, Arthur 18
Wendt, Erich 10, 30, *38*
Wenke, Hans 114
Werfel, Franz 82, 190

Sachregister

Das Sachregister enthält Suchwörter zu den in den einzelnen Artikeln behandelten Ereignissen sowie Hinweise auf die im Anhang erfaßten Daten und Entwicklungen. Kalendariumseinträge sind nicht in das Register aufgenommen. Während politische Ereignisse unter den betreffenden Ländernamen zu finden sind (Beispiel »Bürgerrechtsbewegung« unter »USA«), wird das politische Geschehen in der Bundesrepublik unter den entsprechenen Schlagwörtern erfaßt. Begriffe zu herausragenden Ereignissen des Jahres sind ebenso direkt zu finden (Beispiel: »Jordanwasser« eben dort). Ereignisse und Begriffe, die einem großen Themenbereich (außer Politik) zuzuordnen sind, sind unter einem Oberbegriff aufgelistet (Beispiel: »Bilder vom Mond« unter »Raumfahrt«).

Abbildungen

Wolfgang Albrecht, Berlin (1); ADN Zentralbild, Berlin/DDR (5); Associated Press, Frankfurt (3); Bettmann Archive, New York/USA (39); Hannes Betzler (1); Klaus Brantl, München (1); British Aerospace, Military Aircrafts Div., Weybridge/GB (1); Burda-Verlag, Abt. Syndication, München (26); Deutsche Presse-Agentur, Frankfurt (118); Ernst Deyhle, Hamburg (2); Emil Lux GmbH, Wermelskirchen (2); EMI Record Ltd, London/GB (1); Atelier Fayer, Wien/A (2); S. Feicht, Stuttgart (1); Fritz Fenzl, München (1); Michael Friedel, Dietramszell (3); Globe Photo, New York/USA (1); Harenberg Kommunikation, Dortmund (105); Dieter Hauswald, Wiesbaden (3); Jürgen Heinemann (2); Heinrich Bauer Service KG, Zentraler Nachdruckdienst, Hamburg (8); Hessischer Rundfunk/Kurt Bethge, Kelkheim (1); H. Hofstätter, Offenbach (1); Hulton Picture Company, London/GB (4); IBM Deutschland GmbH, Stuttgart (1); Dr. A. Jensen (1); Gerold Jung, Ottobrunn (1); Heinz O. Jurisch, Berlin (1); Archiv Dr. Karkosch, Gilching (11); Katholische Nachrichten-Agentur Pressebild GmbH, Frankfurt (2); Keystone Pressedienst, Hamburg (99); Kicker-Sportmagazin, Olympia-Verlag GmbH, Nürnberg (3); Historisches Archiv der Friedr. Krupp GmbH, Essen (1); Life, Time/ Life Inc., New York/USA (5); Life/Carlo Bavagnoli (1); Life/Ralph Crane (1); Life/Fritz Goro (2); Life/Norman F. Gracy (1); Life/Henry Grossmann (1); Life/Yale Joel (1); Life/Mark Kauffmann (1); Life/Edward Kozeluh (1); Life/David Lees (1); Life/Tim Page (2); Life/Robert Yarnell Ritchie (1); Life/Steve Shapiro (1); Life/Arthur Schatz, Photography USA (1); Life/Paul Schutzer (3); Life/Fred Swartz (1); Life/T. Tanuma (1); Life/Stan Wayman (2); Magnum, Paris/F (1); Magnum/Charles Harbutt (1); Magnum/Marc Riband (3); Magnum/Burk Uzzle (3); Metelmann Photographie, Hamburg (2); Horst Müller, Düsseldorf (9); Frank Müller-May (1); Nora Records, London/GB (1); Pietro Pascuttini, Rom/I (1); Emil Perauer, München (1); PIP, New York/USA (1); Paul Popper Ltd, London/GB (7); Presse- und Informationsamt der Bundesregierung, Bonn (1); Reporters Associés, Paris/F (1); Ruhruniversität Bochum, Pressestelle (1); Ernst Scheel, Hamburg (1); Susanne Scheurich-Schneider (2); Schöner Wohnen, Gruner + Jahr, Hamburg/Ulf Knöppel (1); Schöner Wohnen/Richard Stradtmann (3); Schöner Wohnen/Horst Thanhäuser (1); Flip Schulke/Black Star, New York/USA (1); Scoop-Paris Match, Paris/F (8); Paris Match/ Charles Bonnay (1); Paris Match/Camus (1); Paris Match/ Carone (1); Paris Match/Jean-Claude Deutsch (1); Paris Match/Garofalo (1); Paris Match/Hathuc Khan (1); Paris Match/Levebvre (1); Paris Match/LeTellier (2); Paris Match/Nau (1); Paris Match/Jacques de Potier (1); Paris Match/Sauer (1); Paris Match/Saulnier (1); Paris Match/Vital (1); Simplicissimus/Ploog (1); Simplicissimus/Wigg Siegl (1); Siol, Pinneberg (1); Robert Stenuit (1); Stern Syndication, Hamburg (2); Stern-Archiv (2); Stern/Baatz (1); Stern/Blume (1); Stern/Bokelberg (3); Stern/Detsch (1); Stern/Döring (2); Stern/Hänseleid (1); Stern/ Rudi Herzog (1); Stern/Ihrt (1); Stern/Scheeler/Seeliger (3); Karin Szekessy, Hamburg (1); Thea Umlauf, Hamburg (1); United States Information Service, Bonn (6); VEBA AG, Düsseldorf (1); Verkehrsmuseum Nürnberg (3); Votava, Wien/A (4); Westdeutscher Rundfunk, Köln (1)

Trotz größter Sorgfalt konnten die Urheber des Bildmaterials nicht in allen Fällen ermittelt werden. Es wird gegebenenfalls um Mitteilung gebeten.